金融随机数学基础

第2版

冉启康 编著

U0400936

机械工业出版社
CHINA MACHINE PRESS

本书融合作者多年教学经验，深入浅出地介绍金融随机数学基础知识. 全书共分为 13 章：第 1 章与第 2 章介绍测度空间与概率空间、条件期望及 Jensen 不等式等基础知识；第 3 章到第 7 章介绍随机过程的相关知识，包括布朗运动、泊松过程、马尔可夫过程、鞅等；第 8 章到第 11 章主要介绍随机积分、伊藤公式与 Girsanov 定理、随机微分方程、随机控制基础等内容；第 12 章和第 13 章分别介绍离散时间的期权定价理论和连续时间的期权定价理论.

本书适合作为财经类院校数学、统计学、数理经济、金融工程等专业的研究生或高年级本科生教材，也可供经济、金融等行业的从业人员阅读参考.

图书在版编目（CIP）数据

金融随机数学基础/冉启康编著．—2 版．—北京：机械工业出版社，2023.7
ISBN 978-7-111-73091-0

Ⅰ．①金…　Ⅱ．①冉…　Ⅲ．①金融－经济数学－教材　Ⅳ．①F830

中国国家版本馆 CIP 数据核字（2023）第 074182 号

机械工业出版社（北京市百万庄大街 22 号　邮政编码 100037）
策划编辑：王春华　　　　责任编辑：王春华
责任校对：樊钟英　李　杉　　责任印制：常天培
北京铭成印刷有限公司印刷
2023 年 7 月第 2 版第 1 次印刷
186mm×240mm · 21.75 印张 · 538 千字
标准书号：ISBN 978-7-111-73091-0
定价：69.00 元

电话服务
客服电话：010-88361066
010-88379833
010-68326294

网络服务
机　工　官　网：www.cmpbook.com
机　工　官　博：weibo.com/cmp1952
金　书　网：www.golden-book.com
机工教育服务网：www.cmpedu.com

前言

在学习金融衍生产品定价、风险理论、保险精算、高级计量经济学等学科时，需要用到随机过程、随机分析、随机控制等随机数学的大量基础知识．目前，读者要掌握这些基础知识，需要学习几门不同的课程，这对于非概率统计专业的学生来说是很难实现的．为了满足教学需求，作者收集整理了一些国内外相关教材、专著、研究论文，再加上自己的理解，编写了本书．本书从基本概念出发，由浅入深地提供逻辑推演的思路和方法．对一些证明比较烦琐或超出读者知识范围的定理，略去了其证明过程，感兴趣的读者可查阅相关资料．

本书是为具备高等数学、线性代数、概率论与数理统计、常微分方程与偏微分方程等基础的高年级本科生或研究生编写的教材或教学参考书，也可作为经济、金融等行业的从业人员的参考用书．本书内容包括测度空间与概率空间、条件期望、随机过程、布朗运动、泊松过程、马尔可夫过程、鞅、随机积分、伊藤公式与 Girsanov 定理、随机微分方程、随机控制基础、离散时间的期权定价、连续时间的期权定价等，可以为金融衍生产品定价、风险理论、保险精算、高级计量经济学等后续课程的学习打下坚实的随机数学基础．

感谢上海财经大学研究生院和数学学院对作者完成本书提供的帮助．上海财经大学众多研究生和本科生为作者完成了大部分的文字输入工作，在此深表谢意．

由于作者水平有限，书中错误在所难免，恳请同行与读者批评指正．

教学建议

教学章节	教学要求	课时
第 1 章 测度空间与概率空间	熟悉 Lebesgue 测度空间及其性质 熟悉可测函数及其性质 熟悉可测函数的极限理论 熟悉 Lebesgue 积分理论 熟悉乘积测度与 Fubini 定理	4
	熟悉有界变差函数及 Stieltjes 积分 熟悉概率空间及随机变量、分布函数的定义	4
第 2 章 条件期望	熟悉随机变量关于随机事件的条件期望 掌握随机变量关于子 σ-代数的条件期望 掌握 Jensen 不等式	6
第 3 章 随机过程	掌握随机过程的基本概念 掌握随机过程的可测性	4
	掌握一致可积过程 掌握平稳过程 掌握停时理论	6
第 4 章 布朗运动	掌握布朗运动的定义 掌握布朗运动的性质 掌握与布朗运动有关的一些随机过程	8
第 5 章 泊松过程	掌握泊松过程的定义及性质 掌握与泊松过程有关的若干分布 掌握泊松过程的推广	8
第 6 章 马尔可夫过程	掌握离散时间的马尔可夫链 掌握连续时间的马尔可夫链 掌握连续时间的马尔可夫过程	8
第 7 章 鞅的基本理论	掌握鞅的定义及性质 掌握鞅的停时定理 掌握鞅的不等式 掌握鞅的收敛定理	8
	掌握平方可积鞅空间 掌握上（下）鞅的分解性质 掌握连续局部鞅的二次变差过程	8

（续）

教学章节	教学要求	课　时
第 8 章 随机积分	掌握布朗运动的随机积分 掌握连续平方可积鞅的随机积分	8
	掌握局部连续鞅的随机积分 掌握右连左极鞅的随机积分	2
	掌握半鞅的随机积分 了解分数布朗运动的随机积分	2
第 9 章 伊藤公式与 Girsanov 定理	掌握连续半鞅的伊藤公式 掌握带跳半鞅的伊藤公式 了解分数布朗运动的伊藤公式	8
	掌握指数鞅 掌握 Girsanov 定理	8
第 10 章 随机微分方程	掌握正向随机微分方程	4
	掌握倒向随机微分方程 了解超二次增长的倒向随机微分方程及其与偏微分方程的联系	2
	了解随机微分方程的近似计算 了解扩散过程	2
第 11 章 随机控制基础	了解随机控制问题的基本概念与预备知识 了解随机控制的极值原理 了解随机控制的动态规划原理	4
第 12 章 离散时间的期权定价	熟悉利息理论基础 掌握股价二叉树模型下单期及多期期权的定价 掌握离散时间模型下欧式期权及美式期权定价的基本理论	6
第 13 章 连续时间的期权定价	掌握连续时间的常用欧式期权定价公式 了解连续时间的美式期权定价公式	10
总课时		120

注：1. 建议课堂教学全部在多媒体教室完成．

2. 不同学校可以根据各自的教学要求和计划学时数对教学内容进行取舍．

目　　录

第1章 测度空间与概率空间

本章介绍金融随机数学的基本空间及基本理论，它们是全书的基础．首先，将实变函数中的测度空间与可测函数的一些基本概念及基本结论列举出来，这对学习概率空间、随机变量、随机过程等理论有着承先启后的作用．然后，介绍 Lebesgue(勒贝格)积分与 Stieltjes(斯蒂尔切斯)积分的定义及基本性质．最后，介绍概率空间与随机变量的相关理论．

1.1 Lebesgue 测度空间及其性质

定义 1.1.1 设 Ω 是实数空间 $\mathbf{R}$ 的一个非空子集，$\mathcal{F}$ 为 Ω 的一些子集构成的集合，集函数 μ 定义在 $\mathcal{F}$ 上，且满足下列条件：

(1) $\mu(\varnothing)=0$；

(2) $\forall A\in\mathcal{F}$, $\mu(A)\geqslant 0$；

(3) μ 具有可列可加性，即设 $\{A_k\}_{k=1}^{\infty}\subset\mathcal{F}$，且两两不交，那么

$$\mu(\bigcup_{k=1}^{\infty} A_k)=\sum_{k=1}^{\infty}\mu(A_k)$$

则称 μ 为 $\mathcal{F}$ 上的测度．

例如，设 $\Omega=\mathbf{R}$，$\mathcal{F}$ 为 $\mathbf{R}$ 上的一些区间构成的集合，则这些区间的长度 λ 就构成 $\mathcal{F}$ 的一个测度．

为了进一步讨论测度的性质，下面引入外测度的定义．

定义 1.1.2 $\forall E\subset\mathbf{R}$，记

$$Z_E=\left\{\sum_{k=1}^{\infty}\lambda(I_k)\mid\{I_k\}_{k=1}^{\infty}\text{ 为区间列，且 } E\subset\bigcup_{k=1}^{\infty}I_k\right\}$$

称 $m^*(E)=\inf\limits_{\{I_k\}}\{Z_E\}$ 为集合 E 的外测度，其中 $\lambda(I_k)$ 表示区间 I_k 的长度．

由 $Z_E\geqslant 0$ 知，$m^*(E)$ 必存在．

定义 1.1.3 设 $\forall A\in\mathcal{F}$，如果 A 总能被总长度任意小的区间列所覆盖，则称 A 为零集．即 $\forall\varepsilon>0$，$\exists$ 区间列 $\{I_k\}_{k=1}^{\infty}$，使得 $\sum\limits_{k=1}^{\infty}\lambda(I_k)<\varepsilon$, $A\subset\bigcup\limits_{k=1}^{\infty}I_k$，则称 A 为零集．

下面不加证明地列出一些测度与外测度的性质，对其证明感兴趣的读者请查阅相关的实变函数教材．

定理 1.1.1 (1)空集是零集；(2)$\mathbf{R}$ 上可数集是零集；(3)可列个零集的并仍是零集；(4) $\forall E\subset\mathbf{R}$，$E$ 为零集 $\Leftrightarrow m^*(E)=0$.

定义 1.1.4 设 $E\subset\mathbf{R}$，如果对任一 $A\subset\mathbf{R}$ 均有

$$m^*(A)=m^*(A\cap E)+m^*(A\cap E^c)$$

则称集合 E 为 Lebesgue 可测集．用 $\mathcal{M}$ 表示 $\mathbf{R}$ 上全体 Lebesgue 可测集的集合．

定理 1.1.2 (1)$\mathbf{R}$ 中任一零集是 Lebesgue 可测集．

(2)$\mathbf{R}$ 中任一区间是 Lebesgue 可测集.

(3)若 $E_1 \in \mathcal{M}$, $E_2 \in \mathcal{M}$, 则 $E_1 \cap E_2 \in \mathcal{M}$, $E_1 \cup E_2 \in \mathcal{M}$, $E_1 - E_2 \in \mathcal{M}$, $E_1^c \in \mathcal{M}$.

(4)若 $E_i \in \mathcal{M}$, $i=1, 2, \cdots$, 则 $\bigcup_{i=1}^{\infty} E_i \in \mathcal{M}$; 若 $E_i \cap E_j \in \varnothing$, $i \neq j$, 则

$$m^*\left(\bigcup_{i=1}^{\infty} E_i\right) = \sum_{i=1}^{\infty} m^*(E_i)$$

定义 1.1.5　设 Ω 是一个非空集合, $\mathcal{F}$ 为 Ω 的一些子集构成的集合.

(1)$\Omega \in \mathcal{F}$;

(2)若 $A \in \mathcal{F}$, 则 $A^c \in \mathcal{F}$;

(3)若 A_1, A_2, $\cdots \in \mathcal{F}$, 则 $\bigcup_{i=1}^{\infty} A_i \in \mathcal{F}$.

那么称 $\mathcal{F}$ 为一个 σ-代数.

定义 1.1.6　设 Ω 是一个非空集合, $\mathcal{F}$ 为 Ω 上的一个 σ-代数, μ 为 $\mathcal{F}$ 上的一个测度, 则称 $(\Omega, \mathcal{F}, \mu)$ 为一个测度空间.

由定理 1.1.2 知, $\mathcal{M}$ 是 $\mathbf{R}$ 上的一个 σ-代数.

定义 1.1.7　$\forall E \in \mathcal{M}$, 称 $m(E) = m^*(E)$ 为 E 的 Lebesgue 测度, 称测度空间 $(\mathbf{R}, \mathcal{M}, m)$ 为 Lebesgue 测度空间, 称 m 为 $\mathcal{M}$ 上的 Lebesgue 测度.

$\mathbf{R}$ 上的 Lebesgue 测度是 $\mathbf{R}$ 中一些特殊集合上的外测度, 它有下列性质.

定理 1.1.3　设 $(\mathbf{R}, \mathcal{M}, m)$ 为 Lebesgue 测度空间.

(1)$\mathbf{R}$ 上任一区间的 Lebesgue 测度就是该区间的长.

(2)零集的 Lebesgue 测度为零.

(3)设 A, $B \in \mathcal{M}$, 则

(a) 如果 $A \subset B$, 那么 $m(A) \leqslant m(B)$;

(b) 如果 $A \subset B$, 且 $m(A)$ 有限, 那么 $m(B-A) \geqslant m(B) - m(A)$.

(4) m 具有平移不变性. 即 $m(A+\{t\}) = m(A)$, 其中, t 为 $\mathbf{R}$ 中的单点, $A+\{t\} = \{a+t \mid a \in A\}$.

(5) 设 A, $A\Delta B \in \mathcal{M}$, 且 $m(A\Delta B)=0$, 则 $B \in \mathcal{M}$, 且 $m(A)=m(B)$, 其中,

$$A\Delta B = (A-B) \cup (B-A)$$

$\mathcal{M}$ 上的 Lebesgue 测度就是 $\mathcal{M}$ 上的外测度, 当 $A \subset \mathbf{R}$ 且不属于 $\mathcal{M}$ 时, 它没有 Lebesgue 测度, 但它有外测度.

定理 1.1.4　设 $(\mathbf{R}, \mathcal{M}, m)$ 为 Lebesgue 测度空间, m^* 为 $\mathbf{R}$ 上的外测度.

(1)任给 $A \subset \mathbf{R}$, $\varepsilon > 0$, 必存在开集 G, 使 $A \subset G$, 且

$$m(G) \leqslant m^*(A) + \varepsilon$$

(2)任给 $A \subset \mathbf{R}$, 必存在开集列 $\{G_n\}_{n=1}^{\infty}$, 使 $A \subset \bigcap_{n=1}^{\infty} G_n$, 且

$$m\left(\bigcap_{n=1}^{\infty} G_n\right) = m^*(A)$$

(3)任给 $E \in \mathcal{M}$, $\varepsilon > 0$, 必存在闭集 F, 使 $F \subset E$, 且

$$m(E-F) \leqslant \varepsilon$$

(4)任给 $E \in \mathcal{M}$, 必存在闭集列 $\{F_n\}_{n=1}^{\infty}$, 使 $E \supset \bigcup_{n=1}^{\infty} F_n$, 且

$$m\left(\bigcup_{n=1}^{\infty} F_n\right) = m(E)$$

定理 1.1.5 设$(\mathbf{R}, \mathcal{M}, m)$为 Lebesgue 测度空间，$\{A_n\}_{n=1}^{\infty} \subset \mathcal{M}$.

(1)如果$\{A_n\}_{n=1}^{\infty}$单调增加，即$A_n \subset A_{n+1}$，那么

$$m\left(\bigcup_{n=1}^{\infty} A_n\right) = \lim_{n\to\infty} m(A_n)$$

(2)如果$\{A_n\}_{n=1}^{\infty}$单调减小，且$m(A_1) < \infty$，那么

$$m\left(\bigcap_{n=1}^{\infty} A_n\right) = \lim_{n\to\infty} m(A_n)$$

前面定义了$\mathbf{R}$上的 Lebesgue σ-代数，下面定义另一种常用的σ-代数——Borel(博雷尔)σ-代数.

定义 1.1.8 设$\mathcal{G}$是Ω的一些子集构成的集族，如果$\mathcal{G}$不是一个σ-代数，则称包含$\mathcal{G}$的最小σ-代数为由$\mathcal{G}$生成的σ-代数，记为$\sigma(\mathcal{G})$. 如果$\mathcal{G}$是一个σ-代数，则$\mathcal{G}$生成的σ-代数$\sigma(\mathcal{G})$就是它本身.

定义 1.1.9 称由$\mathbf{R}$上所有区间(包括开区间、闭区间、半开半闭区间)生成的σ-代数为 Borel σ-代数，记为$\beta(\mathbf{R})$. $\beta(\mathbf{R})$中的元素称为 Borel 集.

对任一$x \in \mathbf{R}$，由$(-\infty, x) \in \beta(\mathbf{R})$，$(-\infty, x] \in \beta(\mathbf{R})$知$x = (-\infty, x] \cap [x, +\infty) \in \beta(\mathbf{R})$.

定理 1.1.6 $\mathbf{R}$上所有开集、闭集、任一有理数集、任一区间上的所有无理数构成的集合均为 Borel 集.

定理 1.1.7 下列集族生成的σ-代数均为$\beta(\mathbf{R})$:

(1)所有半开半闭区间;

(2)所有开区间;

(3)所有闭区间;

(4)所有开集;

(5)所有闭集;

(6)集族$\{[a, +\infty) \mid a \in \mathbf{R}\}$;

(7)集族$\{(-\infty, a] \mid a \in \mathbf{R}\}$;

(8)集族$\{(-\infty, a) \mid a \in \mathbf{R}\}$;

(9)集族$\{(a, +\infty) \mid a \in \mathbf{R}\}$.

定理 1.1.8 $\beta(\mathbf{R})$是由所有开区间经可列次交、并、余、补得到的集合.

前面已经定义了两个$\mathbf{R}$上的特殊σ-代数，一个为 **Lebesgue** σ-代数$\mathcal{M}$，另一个是 Borel σ-代数$\beta(\mathbf{R})$，下面讨论这两个σ-代数之间的关系.

由于$\mathcal{M}$包含$\mathbf{R}$中的所有区间，而$\beta(\mathbf{R})$是由$\mathbf{R}$中所有区间生成的σ-代数，故

$$\beta(\mathbf{R}) \subset \mathcal{M}$$

实变函数中有例子说明：存在$A \in \mathcal{M}$，但$A \notin \beta(\mathbf{R})$，因而$\beta(\mathbf{R})$是$\mathcal{M}$的真子集.

定义 1.1.10 设$(\Omega, \mathcal{F}, \mu)$为一测度空间，如果$\mathcal{F}$的任一零集的任一子集仍属于$\mathcal{F}$，则称$(\Omega, \mathcal{F}, \mu)$为完备的测度空间.

定义 1.1.11 设$(\Omega, \mathcal{F}, \mu)$为一测度空间，$\mathcal{G}$是包含$\mathcal{F}$且满足下列条件的最小$\sigma$-代数：$\forall A \in \mathcal{F}$，$E \subset A$，如果$\mu(A) = 0$，那么$E \in \mathcal{G}$. 即若$\mathcal{G}$为包含$\mathcal{F}$且包含$\mathcal{F}$的任一零集的所有子

集的最小 σ-代数，则称$\mathcal{G}$为$\mathcal{F}$的完备化．

定理 1.1.9　$\mathcal{M}$是$\beta(\mathbf{R})$的完备化．

1.2　可测函数及其性质

可测函数是实变函数中最重要的概念之一，它对理解随机变量有很大的帮助，因此本节将可测函数的性质列举出来，以使读者更好地掌握随机变量的相关性质．

定义 1.2.1　设$E\in\mathcal{M}$，f是以E为定义域的函数，如果对$\mathbf{R}$上的任意一个区间I，均有

$$f^{-1}(I)=\{x \mid x\in E, f(x)\in I\}\in\mathcal{M}$$

则称$f(x)$为 Lebesgue 可测函数，简称为可测函数．如果

$$f^{-1}(I)=\{x \mid x\in E, f(x)\in I\}\in\beta(\mathbf{R})$$

则称$f(x)$为 Borel 可测函数．

从定义可直接看出，Borel 可测函数必是 Lebesgue 可测函数．

定理 1.2.1　设$f(x)$为可测集E上的实函数，则下列陈述等价：

(1)$f(x)$为可测函数；

(2)$\forall a\in\mathbf{R}$，$f^{-1}((a, +\infty))\in\mathcal{M}$；

(3)$\forall a\in\mathbf{R}$，$f^{-1}([a, +\infty))\in\mathcal{M}$；

(4)$\forall a\in\mathbf{R}$，$f^{-1}((-\infty, a))\in\mathcal{M}$；

(5)$\forall a\in\mathbf{R}$，$f^{-1}((-\infty, a])\in\mathcal{M}$.

下面是几种常见的可测函数类：

(1)E上的常函数为可测函数；

(2)E上的连续函数为可测函数；

(3)E上的单调函数为可测函数．

可测函数有许多很好的性质，下面列举一些常用的性质.

定理 1.2.2　设$f(x)$为可测集E上的可测函数．

(1)$\forall a\in\overline{\mathbf{R}}=[-\infty, +\infty]$，$f^{-1}(\{a\})\in\mathcal{M}$；

(2)$\forall c\in\mathbf{R}$，$cf(x)$为E上的可测函数；

(3)$f^{+}(x)$，$f^{-}(x)$均为E上的可测函数，其中$f^{+}(x)=\max\{f(x), 0\}$，$f^{-}(x)=\max\{-f(x), 0\}$；

(4)$|f(x)|$为E上的可测函数；

(5)如果$g(x)$也为E上的可测函数，则$f(x)\pm g(x)$，$f(x)g(x)$均为E上的可测函数．

定理 1.2.3　设$\{f_n(x)\}_{n=1}^{\infty}$为可测集$E$上的一列可测函数，则下列函数均为$E$上的可测函数：

(1)$\forall k=1, 2, \cdots$，$\overline{F}_k(x)=\max\limits_{n\leqslant k}f_n(x)$；　(2)$\forall k=1, 2, \cdots$，$\underline{F}_k(x)=\min\limits_{n\leqslant k}f_n(x)$；

(3)$\forall k=1, 2, \cdots$，$G_k(x)=\sup\limits_{n\geqslant k}f_n(x)$；　(4)$\forall k=1, 2, \cdots$，$g_k(x)=\inf\limits_{n\geqslant k}f_n(x)$；

(5)$H(x)=\lim\limits_{n\to\infty}\sup f_n(x)=\overline{\lim\limits_{n\to\infty}} f_n(x)$；　(6)$h(x)=\lim\limits_{n\to\infty}\inf f_n(x)=\underline{\lim\limits_{n\to\infty}} f_n(x)$.

推论 1.2.1　设$\{f_n(x)\}_{n=1}^{\infty}$为可测集$E$上的一列可测函数，且$\forall x\in E$，均有$\lim\limits_{n\to\infty}f_n(x)=f(x)$，则$f(x)$也为$E$上的可测函数．

1.3 可测函数的极限理论

本节介绍可测函数的极限理论，包括几乎处处极限、依测度极限等．

定义 1.3.1 某一结论如果在可测集 E 上除一个零集外处处成立(在零集上可能不成立)，则称该结论在 E 上几乎处处成立．

例 1.3.1 设

$$D(x)=\begin{cases}1, & x\text{ 为有理数}\\ 0, & x\text{ 为无理数}\end{cases}$$

则 $D(x)$ 在 $\mathbf{R}$ 上几乎处处为 0，记为 $D(x)=0$，a. e. (almost everywhere，几乎处处).

例 1.3.2 设 $f_n(x)=x^n$，$x\in[0, 1]$，则 $f_n(x)\to 0$(a. e. in$[0, 1]$).

定理 1.3.1 设 $f(x)$，$g(x)$ 均为可测集 E 上的函数，$f(x)$ 是可测的，且 $f(x)=g(x)$ (a. e. in E)，则 $g(x)$ 也是 E 上的可测函数．

推论 1.3.1 设 $\{f_n(x)\}_{n=1}^{\infty}$ 为可测集 E 上的一列可测函数，且 $\lim\limits_{n\to\infty}f_n(x)=f(x)$ (a. e. in E)，则 $f(x)$ 也为 E 上的可测函数．

定义 1.3.2 设 $E\in\mathcal{M}$，f 为 E 上的实值函数，如果

$$f(x)=\begin{cases}c_1, & x\in E_1\\ c_1, & x\in E_2\\ \cdots & \\ c_n, & x\in E_n\end{cases}$$

其中，$E=\bigcup\limits_{i=1}^{n}E_i$，且当 $i\neq j$ 时 $E_i\cap E_j=\varnothing$，则称 f 为 E 上的简单函数．

例 1.3.3 Dirichlet 函数 $D(x)=\begin{cases}1, & x\text{ 为有理数}\\ 0, & x\text{ 为无理数}\end{cases}$为 $\mathbf{R}$ 上的简单函数．

例 1.3.4 符号函数 $\operatorname{sgn}(x)=\begin{cases}1, & x>0\\ 0, & x=0\\ -1, & x<0\end{cases}$为 $\mathbf{R}$ 上的简单函数．

如果 f 为 E 上的简单函数，由 $f(x)=\sum\limits_{i=1}^{n}c_iI_{E_i}(x)$ 知，f 为 E 上的可测函数．

定理 1.3.2 设 $E\in\mathcal{M}$，f 为 E 上的非负可测函数，则存在单调递增的简单函数列 $\{\varphi_n(x)\}_{n=1}^{\infty}$，使 $\forall x\in E$，有 $\lim\limits_{n\to\infty}\varphi_n(x)=f(x)$.

对 E 上的任意可测函数，由 $f=f^{+}-f^{-}$，其中 f^{+} 与 f^{-} 均为 E 上的非负可测函数知，存在单调递增的简单函数列 $\{\varphi_n(x)\}_{n=1}^{\infty}$ 与 $\{h_n(x)\}_{n=1}^{\infty}$，使得

$$f(x)=\lim_{n\to\infty}\varphi_n(x)-\lim_{n\to\infty}h_n(x)=\lim_{n\to\infty}[\varphi_n(x)-h_n(x)]=\lim_{n\to\infty}f_n(x)$$

结合可测函数的极限仍为可测函数，得到以下推论.

推论 1.3.2 设 $E\in\mathcal{M}$，f 为 E 上的可测函数的充分必要条件是存在简单函数列 $\{f_n(x)\}_{n=1}^{\infty}$，使 $\forall x\in E$，有 $\lim\limits_{n\to\infty}f_n(x)=f(x)$.

定义 1.3.3 设 E 为 $\mathbf{R}$ 上的点集(不一定是区间)，f 为 E 上的函数，如果 $x_0\in E$，且 $\forall\varepsilon>0$，$\exists\delta>0$，当 $x\in E$，$|x-x_0|<\delta$ 时，有 $|f(x)-f(x_0)|<\varepsilon$，则称 f 在 x_0 点连续．

例 1.3.5　Dirichlet 函数 $D(x)$在 $\mathbf{R}$ 上处处不连续．但 $D(x)$在$[0, 1]\cap\mathbf{Q}$ 及$[0, 1]/\mathbf{Q}$ 上均连续，其中，$\mathbf{Q}$ 表示有理数集．

例 1.3.6　设 $E=\{x_1, x_2, x_3\}$，则 $f(x)=\begin{cases}1, & x=x_1\\ 2, & x=x_2\\ 3, & x=x_3\end{cases}$ 为 E 上的连续函数．

定理 1.3.3　设 $E\in\mathcal{M}$，f 为 E 上的可测函数，则 $\forall\delta>0$，存在 E 的闭子集 E_δ，使得 $m(E-E_\delta)<\delta$，且 f 在 E_δ 上连续．

定义 1.3.4　设 $E\in\mathcal{M}$，$f_1(x)$，$f_2(x)$，…，$f_n(x)$，…为 E 上几乎处处有限的可测函数，如果 $\forall\varepsilon>0$，均有 $\lim\limits_{n\to\infty}m(\{x\mid x\in E, \mid f_n(x)-f(x)\mid\geqslant\varepsilon\})=0$，则称$\{f_n(x)\}$在 E 上依测度收敛于 $f(x)$，记为 $f_n(x)\xrightarrow{\mu}f(x)$.

由定义知，$f_n(x)\xrightarrow{\mu}f(x)\Leftrightarrow\forall\varepsilon>0$，$\forall\eta>0$，$\exists$ 自然数 N，当 $n>N$ 时，有 $m(\{x\mid x\in E, \mid f_n(x)-f(x)\mid\geqslant\varepsilon\})<\eta$.

下一定理描述了几乎处处收敛与依测度收敛之间的关系．

定理 1.3.4　设$\{f_n(x)\}$是 E 上几乎处处有限的可测函数列，且 $m(E)<\infty$．如果$\{f_n(x)\}$在 E 上几乎处处收敛于可测函数 $f(x)$，则$\{f_n(x)\}$在 E 上依测度收敛于 $f(x)$.

值得注意的是此定理的逆命题不成立，即依测度收敛推不出几乎处处收敛．但有下列结论：

定理 1.3.5(Riesz 定理)　若$\{f_n(x)\}$在 E 上依测度收敛于可测函数 $f(x)$，则必存在子列$\{f_{n_k}(x)\}$在 E 上几乎处处收敛于 $f(x)$.

测度空间中几种常用的极限理论概括如下．

定义 1.3.5　设 E 为 $\mathbf{R}^n$ 中的 Borel 可测集，$\mathcal{M}(E)$表示 E 上 Lebesgue 可测函数全体，μ 表示 $\mathbf{R}^n$ 上的 Lebesgue 测度．对$\{f_n(x)\}$，$f(x)\in\mathcal{M}(E)$，则

(1)如果 $\forall\varepsilon>0$，$\exists$ 自然数 N，当 $n\geqslant N$ 时，有 $\|f_n-f\|_\infty=\sup\limits_{x\in E}\mid f_n(x)-f(x)\mid<\varepsilon$，则称$\{f_n(x)\}$在 E 上一致收敛于 $f(x)$；

(2)如果 $\forall\varepsilon>0$，$x\in E$，$\exists$ 自然数 N，当 $n\geqslant N$ 时，有$|f_n(x)-f(x)|<\varepsilon$，则称$\{f_n(x)\}$在 E 上处处收敛于 $f(x)$，记为 $f_n(x)\to f(x)(\forall x\in E)$；

(3)如果存在 E 上的零集 F 使得

$$f_n(x)\to f(x)(\forall x\in E/F)$$

则称$\{f_n(x)\}$在 E 上几乎处处收敛于 $f(x)$，记为 $f_n(x)\to f(x)$(a. e. in E)；

(4)如果 $\forall\varepsilon>0$，$\exists$ 自然数 N，当 $n>N$ 时，有

$$\mu(\{x\in E\mid\mid f_n(x)-f(x)\mid\geqslant\delta\})<\varepsilon$$

对任意 $\delta>0$ 均成立，则称$\{f_n(x)\}$在 E 上依测度 μ 收敛于 $f(x)$，记为

$$f_n(x)\xrightarrow{\mu}f(x)$$

(注意，依测度收敛等价于 $\lim\limits_{n\to\infty}\mu(E\cap\{\mid f_n(x)-f(x)\mid\geqslant\sigma\})=0$)；

(5)如果 $\forall\varepsilon>0$，$\exists$ 自然数 N，当 $n>N$ 时，有

$$\|f_n-f\|_p=\left(\int_E|f_n(x)-f(x)|^p\mathrm{d}\mu\right)^{\frac{1}{p}}<\varepsilon$$

则称$\{f_n(x)\}$依 p-方收敛于 $f(x)$，记为 $f_n(x)\xrightarrow{L^p}f(x)$.

定理 1.3.6　设$\{f_n(x)\}$，$f(x)\in\mathcal{M}(E)$，则

(1)$\{f_n(x)\}$在 E 上一致收敛于 $f(x)\Rightarrow\{f_n(x)\}$在 E 上处处收敛于 $f(x)\Rightarrow\{f_n(x)\}$在 E 上几乎处处收敛于 $f(x)$；

(2)当 $m(E)<\infty$时，$\{f_n(x)\}$在 E 上几乎处处收敛于 $f(x)\Rightarrow\{f_n(x)\}$在 E 上依测度收敛于 $f(x)$，反之不成立；

(3)$\{f_n(x)\}$依 p-方收敛于 $f(x)\Rightarrow\{f_n(x)\}$在 E 上依测度收敛于 $f(x)$，反之不成立；

(4)当 $m(E)<\infty$时，$\{f_n(x)\}$在 E 上一致收敛于 $f(x)\Rightarrow\{f_n(x)\}$依 p-方收敛于$f(x)$，反之不成立.

1.4　Lebesgue 积分理论

本节将在测度空间$(\mathbf{R},\mathcal{M},\mu)$上建立积分并讨论这种积分的性质. 首先，我们引入非负简单函数的 Lebesgue 积分理论.

定义 1.4.1　设 $E\in\mathcal{M}$，f 为 E 上的非负简单函数，即

$$f(x)=\begin{cases}a_1, & x\in E_1\\ a_2, & x\in E_2\\ \vdots & \vdots\\ a_n, & x\in E_n\end{cases}$$

其中，$a_i\geqslant 0$，$E=\bigcup\limits_{i=1}^{n}E_i$，且当 $i\neq j$ 时，$E_i\cap E_j=\varnothing$. 如果 $\sum\limits_{i=1}^{n}a_i m(E_i)<\infty$，则称 f 在 E 上的 Lebesgue 积分为 $\int_E f(x)\mathrm{d}\mu=\sum\limits_{i=1}^{n}a_i m(E_i)$. 如果$\sum\limits_{i=1}^{n}a_i m(E_i)=\infty$，则称 f 在 E 上不可积.

例 1.4.1　由定义知 $\int_0^1 D(x)\mathrm{d}\mu=0\times 1+1\times 0=0$，即 Dirichlet 函数在[0，1]上的 Lebesgue 积分为 0. 但由数学分析知，Dirichlet 函数在[0，1]上的 Riemann(黎曼)积分不存在.

下面介绍一般非负函数的 Lebesgue 积分理论.

定义 1.4.2　设 $E\in\mathcal{M}$，f 为 E 上的非负函数，令

$$Y(E,f)=\{\int_E\varphi(x)\mathrm{d}\mu\mid\varphi\text{ 为满足 }0\leqslant\varphi\leqslant f\text{ 的简单函数}\}$$

如果$\sup Y(E,f)<\infty$，则称 f 在 E 上的 Lebesgue 积分为$\sup Y(E,f)$，记为 $\int_E f(x)\mathrm{d}\mu$. 如果$\sup Y(E,f)=\infty$，则称 f 在 E 上不可积.

注： 如果 $E=[a,b]$，则记 $\int_E f(x)\mathrm{d}\mu$ 为$\int_a^b f(x)\mathrm{d}\mu$，或 $\int_a^b f(x)\mathrm{d}\mu(x)$. 规定

$$\int_b^a f(x)\mathrm{d}\mu=-\int_a^b f(x)\mathrm{d}u$$

定理 1.4.1　设 $E\in\mathcal{M}$，f 为 E 上的非负函数，则 $\int_E f(x)\mathrm{d}\mu=\int_{\mathbf{R}}f(x)I_E(x)\mathrm{d}\mu$.

定理 1.4.2　设 $E\in\mathcal{M}$，f，g 为 E 上的非负函数.

(1)若 $m(E)=0$，则 $\int_E f(x)\mathrm{d}\mu=0$；

(2)对任意非负常数 α，有 $\int_E \alpha f(x)\mathrm{d}\mu = \alpha\int_E f(x)\mathrm{d}\mu$；

(3)对任意 A，$B\in\boldsymbol{\mathcal{M}}$，若 $A\cap B=\varnothing$，则 $\int_{A\cup B} f(x)\mathrm{d}\mu = \int_A f(x)\mathrm{d}\mu + \int_B f(x)\mathrm{d}\mu$；

(4)若 $f(x)\leqslant g(x)$ 在 E 上几乎处处成立，则 $\int_E f(x)\mathrm{d}\mu \leqslant \int_E g(x)\mathrm{d}\mu$；

(5) $\int_E [f(x)+g(x)]\mathrm{d}\mu = \int_E f(x)\mathrm{d}\mu + \int_E g(x)\mathrm{d}\mu$；

(6)若 $A\subset B$，则 $\int_A f(x)\mathrm{d}\mu \leqslant \int_B f(x)\mathrm{d}\mu$；

(7)若 $m(E)>0$，则 $\int_E f(x)\mathrm{d}\mu = 0 \Leftrightarrow f(x) = 0(\text{a. e. in } E)$.

定理 1.4.3　设$\{E_n\}_{n=1}^{\infty}$为一列单调递增的可测集，且 $E = \lim\limits_{n\to\infty} E_n = \bigcup\limits_{n=1}^{\infty} E_n$，$f$ 为 E 上的非负可积函数，则 $\lim\limits_{n\to\infty}\int_{E_n} f(x)\mathrm{d}\mu = \int_E f(x)\mathrm{d}\mu$.

定理 1.4.4 (Levi 定理)　设$\{f_n(x)\}_{n=1}^{\infty}$，$f(x)$均为可测集 E 上的非负可测函数，且 $\lim\limits_{n\to\infty} f_n(x) = f(x)(\text{a. e. in } E)$.

(1)如果$\{f_n(x)\}_{n=1}^{\infty}$单调递增，则有 $\lim\limits_{n\to\infty}\int_E f_n(x)\mathrm{d}\mu = \int_E f(x)\mathrm{d}\mu$；

(2)如果$\{f_n(x)\}_{n=1}^{\infty}$单调递减，且 $\int_E f_1(x)\mathrm{d}\mu < \infty$，则有 $\lim\limits_{n\to\infty}\int_E f_n(x)\mathrm{d}\mu = \int_E f(x)\mathrm{d}\mu$.

定理 1.4.5 (Fatou 引理)　设$\{f_n(x)\}_{n=1}^{\infty}$为可测集 E 上的非负可测函数列，则有

$$\int_E \varliminf_{n\to\infty} f_n(x)\mathrm{d}\mu \leqslant \varliminf_{n\to\infty}\int_E f_n(x)\mathrm{d}\mu$$

定理 1.4.6　设$\{f_n(x)\}_{n=1}^{\infty}$为可测集 E 上的非负可测函数列，则有

$$\int_E \sum_{n=1}^{\infty} f_n(x)\mathrm{d}\mu = \sum_{n=1}^{\infty}\int_E f_n(x)\mathrm{d}\mu$$

最后引入任一可测函数的 Lebesgue 积分理论.

一般可测函数的 Lebesgue 积分有多种定义方式，下面介绍几种常用的定义.

定义 1.4.3　设 $f(x)$为可测集 E 上的可测函数，如果 $\int_E f^+(x)\mathrm{d}\mu$ 与 $\int_E f^-(x)\mathrm{d}\mu$ 均为有限数，则称 $f(x)$在 E 上可积，且 $\int_E f(x)\mathrm{d}\mu = \int_E f^+(x)\mathrm{d}\mu - \int_E f^-(x)\mathrm{d}\mu$.

为了给出等价定义，下面引入大和、小和的概念.

对 E 的任一划分 T：$E=\bigcup_{k=1}^{n} E_k$，令 $S(T,f) = \sum\limits_{i=1}^{n} M_i\mu(E_i)$，$s(T,f) = \sum\limits_{i=1}^{n} m_i\mu(E_i)$，其中 $M_i = \sup\limits_{x\in E_i} f(x)$，$m_i = \inf\limits_{x\in E_i} f(x)$，称 $S(T, f)$与 $s(T, f)$分别为划分 T 对应的大和与小和. 与微积分中达布大和与达布小和类似，大和与小和有下列性质：

(1) $s(T, f)\leqslant S(T, f)$；

(2)对 T 进行细分时，大和不增，小和不减.

定义 1.4.3′　设 $f(x)$ 为可测集 E 上的可测函数，如果 $\inf\limits_{T} S(T, f)=\sup\limits_{T} s(T, f)$，则称 $f(x)$ 在 E 上可积，且 $\int_E f(x)\mathrm{d}\mu = \sup\limits_{T} s(T,f)$.

定义 1.4.3″　设 $f(x)$ 为可测集 E 上的有界可测函数，且 $m\leqslant f(x)\leqslant M$，在 $[m, M]$ 中取一组分点 $m=l_0<l_1<l_2<\cdots<l_{n-1}<l_n=M$，记该划分为 T. 再记

$$\delta(T) = \max_{1\leqslant k\leqslant n}\{l_k - l_{k-1}\}, E_k = f^{-1}([l_{k-1}, l_k])$$

则 $E_k\in\mathcal{M}$. 对任取的 $\zeta_k\in[l_{k-1}, l_k]$，作和 $\sum\limits_{k=1}^{n}\zeta_k\mu(E_k)$，如果极限 $\lim\limits_{\delta(T)\to 0}\sum\limits_{k=1}^{n}\zeta_k\mu(E_k)$ 存在，且极限与划分 T 及 ζ_k 的取法无关，则称 $f(x)$ 在 E 上可积，且 $\int_E f(x)\mathrm{d}\mu = \lim\limits_{\delta(T)\to 0}\sum\limits_{k=1}^{n}\zeta_k\mu(E_k)$.

记 E 上 Lebesgue 可积的函数全体为 $L^1(E)$.

一般可测函数的 Lebesgue 积分有下列性质：

定理 1.4.7　设 E 为可测集.

(1) 若 $\mu(E)<\infty$，则 E 上任一有界可测函数必可积.

(2) 若 $f(x)\in L^1(E)$，则 $f(x)$ 必在 E 上几乎处处有限.

(3) 若 $f(x)\in L^1(E)$，则 $|f(x)|\in L^1(E)$，且 $\left|\int_E f(x)\mathrm{d}\mu\right|\leqslant\int_E |f(x)|\mathrm{d}\mu$.

(4) 若 $f(x)=0$ (a. e. in E)，则 $\int_E f(x)\mathrm{d}\mu = 0$.

(5) 若 $f(x)\in L^1(E)$，则对任意常数 α，有 $\int_E \alpha f(x)\mathrm{d}\mu = \alpha\int_E f(x)\mathrm{d}\mu$.

(6) 若 $f(x)\in L^1(A)$，$f(x)\in L^1(B)$，且 $A\cap B=\varnothing$，则

$$\int_{A\cup B} f(x)\mathrm{d}\mu = \int_A f(x)\mathrm{d}\mu + \int_B f(x)\mathrm{d}\mu$$

(7) 若 $f(x)$，$g(x)\in L^1(E)$，且 $f(x)\leqslant g(x)$ 在 E 上几乎处处成立，则

$$\int_E f(x)\mathrm{d}\mu\leqslant\int_E g(x)\mathrm{d}\mu$$

(8) 若 $f(x)$，$g(x)\in L^1(E)$，则 $\int_E [f(x)+g(x)]\mathrm{d}\mu = \int_E f(x)\mathrm{d}\mu + \int_E g(x)\mathrm{d}\mu$.

(9) 若 $g(x)\in L^1(E)$，$f(x)$ 在 E 上可测，且 $|f(x)|\leqslant|g(x)|$ (a. e. in E)，则 $f(x)\in L^1(E)$.

(10) 若 $f(x)\in L^1(E)$，则 $\mu(E)\inf\limits_{x\in E} f(x)\leqslant\int_E f(x)\mathrm{d}\mu\leqslant\mu(E)\sup\limits_{x\in E} f(x)$.

(11) 若 $f(x)$，$g(x)\in L^1(\mathbf{R})$，且对任意 $E\in\mathcal{M}$，均有 $\int_E f(x)\mathrm{d}\mu\leqslant\int_E g(x)\mathrm{d}\mu$，则有 $f(x)\leqslant g(x)$ (a. e. in $\mathbf{R}$). 特别地，对任意 $E\in\mathcal{M}$，均有 $\int_E f(x)\mathrm{d}\mu = \int_E g(x)\mathrm{d}\mu$，则有 $f(x)=g(x)$ (a. e. in $\mathbf{R}$).

(12) 设 $f(x)$ 为 $\mathbf{R}$ 上的非负可测函数，任给 $E\in\mathcal{M}$，则 $\int_E f(x)\mathrm{d}\mu$ 对应 $[0, +\infty]$ 上的一个数，令 $\nu(E)=\int_E f(x)\mathrm{d}\mu$，则 ν 为 $\mathcal{M}$ 上的一个测度.

定理 1.4.8（Lebesgue 控制收敛定理）　设$\{f_n(x)\}_{n=1}^{\infty}$为可测集 E 上的可测函数列，$g(x)\in L^1(E)$，且对一切 n 均有 $|f_n(x)|\leqslant g(x)$(a. e. in E)，$\lim\limits_{n\to\infty}f_n(x)=f(x)$(a. e. in E)．则有 $f(x)\in L^1(E)$，且 $\lim\limits_{n\to\infty}\int_E f_n(x)\mathrm{d}\mu=\int_E \lim\limits_{n\to\infty}f(x)\mathrm{d}\mu=\int_E f(x)\mathrm{d}\mu$.

定理 1.4.9　设 $f(x)$ 为 $\mathbf{R}$ 上的可积函数，$g_n(x)=f(x)I_{[-n,n]}(x)$，$h_n(x)=\min\{f(x),\ n\}$，则

(1) $\lim\limits_{n\to\infty}\int_{\mathbf{R}}|f(x)-g_n(x)|\mathrm{d}\mu=0$.

(2) $\lim\limits_{n\to\infty}\int_{\mathbf{R}}|f(x)-h_n(x)|\mathrm{d}\mu=0$.

定理 1.4.10（Lebesgue 积分的绝对连续性）　设 $f(x)$为可测集 E 上的可积函数，则对 $A\in E$，有 $\lim\limits_{\mu(A)\to 0}\int_A f(x)\mathrm{d}\mu=0$.

定理 1.4.11（Beppo-Levi 定理）　设$\{f_n(x)\}_{n=1}^{\infty}$为可测集 E 上的可测函数列，如果 $\sum\limits_{n=1}^{\infty}\int_E f_n(x)\mathrm{d}\mu<\infty$，则和函数 $\sum\limits_{n=1}^{\infty}f_n(x)$ 在 E 上几乎处处收敛，且和函数为可积函数，并有

$$\int_E\sum_{n=1}^{\infty}f_n(x)\mathrm{d}\mu=\sum_{n=1}^{\infty}\int_E f_n(x)\mathrm{d}\mu$$

定理 1.4.12（Riemann 积分与 Lebesgue 积分的关系）　设 $f(x)$为$[a,\ b]$上的有界函数，则有

(1) $f(x)$在$[a,\ b]$上 Riemann 可积$\Leftrightarrow f(x)$在$[a,\ b]$上几乎处处连续．

(2) $f(x)$在$[a,\ b]$上 Riemann 可积$\Rightarrow f(x)$在$[a,\ b]$上 Lebesgue 可积，且

$$\int_{[a,b]}f(x)\mathrm{d}\mu=\int_a^b f(x)\mathrm{d}x$$

1.5　乘积测度与 Fubini 定理

本节介绍 $\mathbf{R}^n$ 上的 Lebesgue 测度、Lebesgue 积分及其性质．

在本节中，我们指定两个集合 Ω_1 与 Ω_2 的乘积 $\Omega_1\times\Omega_2$ 为它们的笛卡儿积，即

$$\Omega_1\times\Omega_2=\{(\omega_1,\omega_2)\mid\omega_1\in\Omega_1,\omega_2\in\Omega_2\}$$

设 I_1，I_2 为 $\mathbf{R}$ 上的区间，则称 $I=I_1\times I_2$ 为 $\mathbf{R}^2$ 上的区间，称 $l(I)=\lambda(I_1)\times\lambda(I_2)$为区间 I 的长度．同理，称 $I=I_1\times I_2\times\cdots\times I_n$ 为 $\mathbf{R}^n$ 上的区间，称 $l(I)=\lambda(I_1)\times\lambda(I_2)\times\cdots\times\lambda(I_n)$为区间 I 的长度．

定义 1.5.1　设$\forall A\subset\mathbf{R}^n$，如果 A 总能被总长度任意小的区间列所覆盖，则称 A 为零集．

显然，$\mathbf{R}^2$ 上的散点列$\{(x_1,\ y_1),\ (x_2,\ y_2),\ \cdots,\ (x_n,\ y_n),\ \cdots\}$必为零集．$\mathbf{R}^2$ 上的任何直线、曲线、线段均为零集．$\mathbf{R}^3$ 上的任何线、平面、曲面均为零集．$\mathbf{R}^n$ 上的任何低维子空间均为零集．

定义 1.5.2　称所有区间生成的 σ-代数为 Borel σ-代数．$\mathbf{R}^n$ 上 Borel σ-代数加上所有零集称为 Lebesgue σ-代数．

由于 $\mathbf{R}^n$ 上零集均为 Lebesgue 可测集，故对任何 $A\subset\mathbf{R}$，$a\in\mathbf{R}$，$A\times\{a\}$必为 Lebesgue

可测集，不论 A 是否为 Lebesgue 可测集．

现将乘积 σ- 代数推广到一般测度空间中．设(Ω_1, F_1, P_1)与(Ω_2, F_2, P_2)是两个测度空间．

令 $\Omega=\Omega_1\times\Omega_2$，现构造 Ω 上的 σ- 代数及测度．

定义 1.5.3　称由$\{A\times B \mid \forall A\in\mathcal{F}_1, B\in\mathcal{F}_2\}$生成的 σ-代数为$\mathcal{F}_1$ 与$\mathcal{F}_2$ 的乘积 σ-代数，记为$\mathcal{F}_1\times\mathcal{F}_2$.

记$\mathcal{H}=\{A\times B \mid A\in\mathcal{F}_1, B\in\mathcal{F}_2\}$，则称$\mathcal{H}$为 Ω 的矩形族，显然，$\mathcal{F}_1\times\mathcal{F}_2=\sigma(\mathcal{H})$. 记

$$\mathcal{R}=\{A\times\Omega_2 \mid A\in\mathcal{F}_1\}\cup\{\Omega_1\times B \mid B\in\mathcal{F}_2\}$$

称 $\mathcal{R}$ 为 Ω 的柱形族．

定理 1.5.1　(1) $\mathcal{F}_1\times\mathcal{F}_2=\sigma(\mathcal{R})$.

(2)$\mathcal{F}_1\times\mathcal{F}_2$ 是使投影映射

$$\mathcal{P}_{r_1}:\Omega\to\Omega_1, \mathcal{P}_{r_1}(\omega_1,\omega_2)=\omega_1$$
$$\mathcal{P}_{r_2}:\Omega\to\Omega_2, \mathcal{P}_{r_2}(\omega_1,\omega_2)=\omega_2$$

同时为可测映射的最小 σ-代数．

定理 1.5.2　设 $\beta(\mathbf{R})$为 $\mathbf{R}$ 上的 Borel σ-代数，则

$$\mathcal{F}_1=\{B_1\times B_2 \mid B_1, B_2\in\beta(\mathbf{R})\}$$
$$\mathcal{F}_2=\{I_1\times I_2 \mid I_1, I_2 \text{ 为 } \mathbf{R} \text{ 中的区间}\}$$

生成 $\mathbf{R}^2$ 中同一 σ-代数．

下面介绍著名的单调类定理．

定义 1.5.4　设$(\Omega_1, \mathcal{F}_1)$，$(\Omega_2, \mathcal{F}_2)$，…，$(\Omega_n, \mathcal{F}_n)$是 n 个可测空间．令 $\Omega=\Omega_1\times\Omega_2\times\cdots\times\Omega_n$，$\mathcal{F}=\sigma\{A_1\times A_2\times\cdots\times A_n \mid A_1\in\mathcal{F}_1, A_2\in\mathcal{F}_2, \cdots, A_n\in\mathcal{F}_n\}$，则称$(\Omega, \mathcal{F})$为$(\Omega_1, \mathcal{F}_1)$，$(\Omega_2, \mathcal{F}_2)$，…，$(\Omega_n, \mathcal{F}_n)$的乘积空间．

定义 1.5.5　设$\mathcal{A}$为非空集合 Ω 上的子集族，若$\mathcal{A}$满足：

(1)$\Omega\in\mathcal{A}$；

(2)若 $A\in\mathcal{A}$，则 $A^c\in\mathcal{A}$；

(3)若 $A_1, A_2, \cdots, A_n\in\mathcal{A}$，则 $\bigcup\limits_{i=1}^{n}A_i\in\mathcal{A}$，

则称$\mathcal{A}$为一个域．

从定义可看出，σ- 代数一定是域，反之不然．

定义 1.5.6　设$\mathcal{F}$为非空集合 Ω 上的子集族，如果$\mathcal{F}$满足：

(1)若$\{A_n\}_{n=1}^{\infty}\subset\mathcal{F}$，且 $A_n\subset A_{n+1}$，则有 $\bigcup\limits_{n=1}^{\infty}A_n\in\mathcal{F}$；

(2)若$\{A_n\}_{n=1}^{\infty}\subset\mathcal{F}$，且 $A_{n+1}\subset A_n$，则有 $\bigcap\limits_{n=1}^{\infty}A_n\in\mathcal{F}$，

那么称$\mathcal{F}$为一个单调类(即满足单调集列的极限封闭的集族称为单调类).

显然，任一 σ-代数一定是单调类，但单调类不一定是 σ-代数．

定理 1.5.3（单调类定理）　设$\mathcal{A}$为一个域，则包含$\mathcal{A}$的最小单调类与$\mathcal{A}$生成的 σ-代数相同.

设$(\Omega_1, \mathcal{F}_1, P_1)$与$(\Omega_2, \mathcal{F}_2, P_2)$是两个测度空间，令 $\Omega=\Omega_1\times\Omega_2$，前面已经构造了 Ω 上的乘积 σ-代数，现构造$(\Omega, \mathcal{F}_1\times\mathcal{F}_2)$上的测度．

由于$\mathcal{F}_1\times\mathcal{F}_2=\sigma(\{A\times B\mid A\in\mathcal{F}_1,\ B\in\mathcal{F}_2\})$，故$\mathcal{F}_1\times\mathcal{F}_2$中可能有的元素不能分解为$A\times B$的形式，从而对任意$C\in\mathcal{F}_1\times\mathcal{F}_2$，不能按$\mu(C)=P_1(A)\times P_2(B)$来定义测度$\mu$.

定义 1.5.7（截口的定义）　设$A\subset\Omega_1\times\Omega_2$，$\forall\omega_2\in\Omega_2$，称

$$A_{\omega_2}=\{\omega_1\mid\omega_1\in\Omega_1,(\omega_1,\omega_2)\in A\}$$

为A关于ω_2的截口.

同理可定义A关于$\omega_1\in\Omega_1$的截口A_{ω_1}.

定理 1.5.4　(1)如果A^1，$A^2\in\Omega_1\times\Omega_2$，且$A^1$，$A^2$不交，则对任意$\omega_1\in\Omega_1$，$\omega_2\in\Omega_2$，$A^1_{\omega_1}$与$A^2_{\omega_1}$不交，$A^1_{\omega_2}$与$A^2_{\omega_2}$不交；

(2)并的截口等于截口的并，即如果$\{A^n\}_{n=1}^{\infty}\in\Omega_1\times\Omega_2$，则$\left(\bigcup\limits_{n=1}^{\infty}A^n\right)_{\omega_2}=\bigcup\limits_{n=1}^{\infty}A^n_{\omega_2}$.

定理 1.5.5　设$A\in\mathcal{F}_1\times\mathcal{F}_2$，则对任意$\omega_1\in\Omega_1$，$\omega_2\in\Omega_2$，有$A_{\omega_2}\in\mathcal{F}_1$，$A_{\omega_1}\in\mathcal{F}_2$. 即二维可测空间$(\Omega_1\times\Omega_2,\ \mathcal{F}_1\times\mathcal{F}_2)$中任一可测集的截口必为一维可测空间中的可测集.

从定义可看出，$\forall A\in\mathcal{F}_1\times\mathcal{F}_2$，对任意$\omega_1\in\Omega_1$，$\omega_2\in\Omega_2$，$P_1(A_{\omega_2})$，$P_2(A_{\omega_1})$有意义.

定理 1.5.6　设$(\Omega_1,\ \mathcal{F}_1,\ P_1)$与$(\Omega_2,\ \mathcal{F}_2,\ P_2)$是两个测度空间，且$P_1$与$P_2$均为有限测度. 则$\forall A\in\mathcal{F}=\mathcal{F}_1\times\mathcal{F}_2$，映射$P_1(A_g)$：$\Omega_2\to\mathbf{R}$，$\omega_2\to P_1(A_{\omega_2})$是$\mathcal{F}_2$可测函数；映射$P_2(A_g)$：$\Omega_1\to\mathbf{R}$，$\omega_1\to P_2(A_{\omega_1})$是$\mathcal{F}_1$可测函数；$\int_{\Omega_2}P_1(A_{\omega_2})\mathrm{d}P_2=\int_{\Omega_1}P_2(A_{\omega_1})\mathrm{d}P_1$.

定理 1.5.7　设$(\Omega_1,\ \mathcal{F}_1,\ P_1)$与$(\Omega_2,\ \mathcal{F}_2,\ P_2)$是两个测度空间，且$P_1$与$P_2$均为有限测度，则映射$P$：$\mathcal{F}_1\times\mathcal{F}_2\to\mathbf{R}$，$P(A)=\int_{\Omega_2}P_1(A_{\omega_2})\mathrm{d}P_2=\int_{\Omega_1}P_2(A_{\omega_1})\mathrm{d}P_1$为$(\Omega_1\times\Omega_2,\ \mathcal{F}_1\times\mathcal{F}_2)$上的测度，且对任意$C\in\{A\times B\mid A\in\mathcal{F}_1,\ B\in\mathcal{F}_2\}$，有$P(C)=P_1(A)\times P_2(B)$.

定义 1.5.8　称由定理1.5.7确定的测度P为$\mathcal{F}_1\times\mathcal{F}_2$上的乘积测度，记为$P_1\times P_2$.

这样就得到了$(\Omega_1,\ \mathcal{F}_1,\ P_1)$与$(\Omega_2,\ \mathcal{F}_2,\ P_2)$的乘积测度空间$(\Omega_1\times\Omega_2,\ \mathcal{F}_1\times\mathcal{F}_2,\ P_1\times P_2)$.

注：当$(\Omega_1,\ \mathcal{F}_1,\ P_1)$与$(\Omega_2,\ \mathcal{F}_2,\ P_2)$均为完备的测度空间时，$(\Omega_1\times\Omega_2,\ \mathcal{F}_1\times\mathcal{F}_2,\ P_1\times P_2)$不一定是完备的.

例 1.5.1　设$(\mathbf{R},\ \mathcal{M},\ m)$为Lebesgue测度空间，显然，它是完备的测度空间. 但$(\mathbf{R}\times\mathbf{R},\ \mathcal{M}\times\mathcal{M},\ m\times m)$不是完备的. 事实上，取$A$为$\mathcal{M}$中的零集，$B$为$[0,\ 1]$上的不可测集$(B\notin\mathcal{M})$，则$A\times B$为$\mathbf{R}^2$中的零集，它是$\mathcal{M}\times\mathcal{M}$中的零集$A\times[0,\ 1]$的子集，但$A\times B\notin\mathcal{M}\times\mathcal{M}$，否则$(A\times B)_{\omega_1}=B\in\mathcal{M}$. 因此$(\mathbf{R}\times\mathbf{R},\ \mathcal{M}\times\mathcal{M},\ m\times m)$不是完备的.

与$\mathbf{R}^1$类似，可以定义$\mathbf{R}^n$的Borel σ-代数、Lebesgue σ-代数及Lebesgue测度，同样Lebesgue测度空间是完备的.

定理 1.5.8　设$(\Omega_1,\ \mathcal{F}_1,\ P_1)$与$(\Omega_2,\ \mathcal{F}_2,\ P_2)$是两个测度空间，$f$：$\Omega_1\times\Omega_2\to\mathbf{R}$为$\mathcal{F}_1\times\mathcal{F}_2$可测函数，则$\forall\omega_1\in\Omega_1$，$f_{\omega_1}$：$\omega_2\to f(\omega_1,\ \omega_2)$关于$\mathcal{F}_2$可测；$\forall\omega_2\in\Omega_2$，$f_{\omega_2}$：$\omega_1\to f(\omega_1,\ \omega_2)$关于$\mathcal{F}_1$可测.

定理 1.5.9　设$(\Omega_1,\ \mathcal{F}_1,\ P_1)$与$(\Omega_2,\ \mathcal{F}_2,\ P_2)$是两个测度空间，$f$：$\Omega_1\times\Omega_2\to\mathbf{R}$为$\mathcal{F}_1\times\mathcal{F}_2$非负可测函数，则$h(\omega_1)=\int_{\Omega_2}f(\omega_1,\omega_2)\mathrm{d}P_2$关于$\mathcal{F}_1$可测；$h(\omega_2)=\int_{\Omega_1}f(\omega_1,\ \omega_2)\mathrm{d}P_1$关于$\mathcal{F}_2$可测.

定理 1.5.10（Fubini 定理）　设$(\Omega_1, \mathcal{F}_1, P_1)$与$(\Omega_2, \mathcal{F}_2, P_2)$是两个测度空间，$f$：$\Omega_1\times\Omega_2\to\mathbf{R}$为$P=P_1\times P_2$可积函数，则有$\int_{\Omega_2} f(\omega_1,\omega_2)\mathrm{d}P_2 \in L^1(\Omega_1)$，$\int_{\Omega_1} f(\omega_1,\omega_2)\mathrm{d}P_1 \in L^1(\Omega_2)$，且

$$\int_{\Omega_1\times\Omega_2} f(\omega_1,\omega_2)\mathrm{d}P = \int_{\Omega_1}\left(\int_{\Omega_2} f(\omega_1,\omega_2)\mathrm{d}P_2\right)\mathrm{d}P_1 = \int_{\Omega_2}\left(\int_{\Omega_1} f(\omega_1,\omega_2)\mathrm{d}P_1\right)\mathrm{d}P_2$$

定理 1.5.11　设$E\subset\mathbf{R}$，$f(x)$是E上非负可测函数，称$G_f=\{(x, y)\mid x\in E, 0\leqslant y\leqslant f(x)\}$为$f(x)$的下方图形．则有$G_f$是$\mathscr{M}^2$可测集，且$\mu_2(G_f)=\int_E f(x)\mathrm{d}\mu$，其中$(\mathbf{R}^2, \mathscr{M}^2, \mu_2)$表示$\mathbf{R}^2$中 Lebesgue 测度空间．

1.6 有界变差函数及 Stieltjes 积分

1.6.1 有界变差函数

有界变差函数在后面介绍随机积分与伊藤公式时将起到重要的作用，本节首先介绍有界变差函数的定义及性质．

定义 1.6.1（有界变差函数）　设$f(x)$在$[a, b]$上有定义，将$[a, b]$分为n段，得一划分T，如果$\sup\limits_T\left\{\sum\limits_{i=0}^{n-1}\mid f(x_{i+1})-f(x_i)\mid\right\}<\infty$，则称$f(x)$在$[a, b]$上是有界变差函数，记$\bigvee\limits_a^b f(x)=\sup\limits_T\left\{\sum\limits_{i=0}^{n-1}\mid f(x_{i+1})-f(x_i)\mid\right\}<\infty$，称其为$f(x)$在$[a, b]$上的全变差，其中$\sup\limits_T$表示对所得划分取上确界．为了定义函数$f(x)$在无界区间$[a, +\infty)$上的全变差，我们要求$\lim\limits_{x\to+\infty} f(x)=f(+\infty)<\infty$，并规定

$$\bigvee_a^\infty f(x)=\sup_{A>a}\left\{\bigvee_a^A f(x)\right\}$$

注：连续性对有界变差不起任何作用．

例 1.6.1（连续函数不是有界变差函数的例子）　设

$$f(x)=\begin{cases} x\cos\dfrac{\pi}{2x}, & x\neq 0 \\ 0, & x=0 \end{cases}$$

显然$f(x)$是$[0, 1]$上的连续函数，对$[0, 1]$按下列方法划分：

$$0<\frac{1}{2n}<\frac{1}{2n-1}<\cdots<\frac{1}{3}<\frac{1}{2}<1$$

则$\sum\limits_{i=0}^{2n-1}\mid f(x_{i+1})-f(x_i)\mid>1+\dfrac{1}{2}+\cdots+\dfrac{1}{n}$，故$\sup\limits_T\sum\limits_{i=0}^{n-1}\mid f(x_{i+1})-f(x_i)\mid=\infty$，从而$f(x)$不是$[0, 1]$上的有界变差函数．

下面介绍几个有界变差函数的判定定理．

定理 1.6.1　设$f(x)$在$[a, b]$上每一点均为有限值，且$f(x)$为单调函数，则$f(x)$在$[a, b]$上为有界变差函数．

证明　对$[a, b]$的任一划分T，不妨设$f(x)$为单调增加函数，对任一划分T：$a=$

$x_0<x_1<\cdots<x_n=b$，则有

$$\sum_{i=1}^{n}|f(x_{i+1})-f(x_i)|=f(b)-f(a)$$

故 $\sup\limits_{T}\sum\limits_{i=1}^{n}|f(x_{i+1})-f(x_i)|<\infty$，即 $\bigvee\limits_{a}^{b}f(x)=f(b)-f(a)<\infty$. ■

定理 1.6.2 如果 $f(x)$在$[a, b]$上满足如下条件，则 $f(x)$在$[a, b]$上是有界变差函数：可将$[a, b]$分为有限个区间$[a_k, a_{k+1}]$，其中 $k=0, 1, 2, \cdots, m-1$，$a_0=a, \cdots, a_m=b$，使 $f(x)$在每个$[a_k, a_{k+1}]$上单调.

证明 对$[a, b]$的任一划分 T，在 T 中加入分点得 T'必有

$$\sum_{T}|f(x_{k+1})-f(x_k)|\leqslant\sum_{T'}|f(x_{k+1})-f(x_k)|$$

将所有 a_k 加入划分 T 中，设得到的新划分为 T'，则有

$$\sum_{T'}|f(x_{i+1})-f(x_i)|=\sum_{k=0}^{m-1}|f(a_{k+1})-f(a_k)|$$

故

$$\sup_{T}\left\{\sum_{i=0}^{n-1}|f(x_{i+1})-f(x_i)|\right\}\leqslant\sum_{k=0}^{m-1}|f(a_{k+1})-f(a_k)|<\infty$$

从而 $f(x)$是$[a, b]$上的有界变差函数. ■

定理 1.6.3 如果 $f(x)$在$[a, b]$上满足 Lipschitz 条件，则 $f(x)$在$[a, b]$上是有界变差函数，且

$$\bigvee_{a}^{b}f(x)\leqslant L(b-a)$$

证明 因为

$$\sum_{k=0}^{n-1}|f(x_{k+1})-f(x_k)|\leqslant L\sum_{k=0}^{n-1}(x_{k+1}-x_k)=L(b-a)$$

从而 $\bigvee\limits_{a}^{b}f(x)\leqslant L(b-a)<\infty$. ■

定理 1.6.4 如果 $f(x)$在$[a, b]$上可导，且$|f'(x)|\leqslant L$，则 $f(x)$在$[a, b]$上是有界变差函数.

证明 由

$$|f(x_1)-f(x_2)|=|f'(\zeta)(x_2-x_1)|\leqslant L|x_2-x_1|$$

知结论成立. ■

定理 1.6.5 如果 $f(x)$在$[a, b]$上可表示为

$$f(x)=c+\int_{a}^{x}\varphi(t)\mathrm{d}t$$

其中，$\int_{a}^{b}|\varphi(t)|\mathrm{d}t<\infty$，则 $f(x)$在$[a, b]$上是有界变差函数，且 $\bigvee\limits_{a}^{b}f(x)\leqslant\int_{a}^{b}|\varphi(t)|\mathrm{d}t$.

证明 因为

$$\sum_{i=0}^{n-1}|f(x_{i+1})-f(x_i)|=\sum_{i=0}^{n-1}\left|\int_{x_i}^{x_{i+1}}\varphi(x)\mathrm{d}x\right|\leqslant\sum_{i=0}^{n-1}\int_{x_i}^{x_{i+1}}|\varphi(x)|\mathrm{d}x=\int_{a}^{b}|\varphi(x)|\mathrm{d}x$$

故 $\sup\limits_{T}\sum\limits_{i=0}^{n-1}|f(x_{i+1})-f(x_i)|\leqslant\int_a^b|\varphi(x)|\mathrm{d}x$，从而结论成立． ■

定理 1.6.6 任一有界变差函数是有界的．

证明 $\forall x\in(a,b)$，则$[a,x]$与$[x,b]$构成$[a,b]$的一个划分 T，从而有

$$\sum_{T}|f(x_{i+1})-f(x_i)|=|f(x)-f(a)|+|f(b)-f(x)|\leqslant\bigvee_a^b f(x)$$

所以

$$|f(x)|\leqslant|f(x)-f(a)|+|f(a)|\leqslant|f(a)|+\bigvee_a^b f(x)$$ ■

定理 1.6.7 任意两个有界变差函数的和、差、积仍为有界变差函数．

证明 设 $h(x)=f(x)+g(x)$，则

$$\begin{aligned}\sum_{k=0}^{n-1}|h(x_{k+1})-h(x_k)|&\leqslant\sum_{k=0}^{n-1}[|f(x_{k+1})-f(x_k)|+|g(x_{k+1})-g(x_k)|]\\&\leqslant\bigvee_a^b f(x)+\bigvee_a^b g(x)\end{aligned}$$

从而

$$\bigvee_a^b(f(x)+g(x))\leqslant\bigvee_a^b f(x)+\bigvee_a^b g(x)<\infty$$

令 $P(x)=f(x)g(x)$，因为$|f(x)|\leqslant M$，$|g(x)|\leqslant M$，所以

$$\begin{aligned}&\sum_{k=0}^{n-1}|P(x_{k+1})-P(x_k)|\\&=\sum_{k=0}^{n-1}|P(x_{k+1})-f(x_{k+1})g(x_k)+f(x_{k+1})g(x_k)-P(x_k)|\\&\leqslant\sum_{k=0}^{n-1}|f(x_{k+1})||g(x_{k+1})-g(x_k)|+\sum_{k=0}^{n-1}|g(x_k)||f(x_{k+1})-f(x_k)|\\&\leqslant M\bigvee_a^b g(x)+M\bigvee_a^b g(x)\end{aligned}$$

故

$$\bigvee_a^b f(x)g(x)\leqslant M\bigvee_a^b g(x)+M\bigvee_a^b f(x)<\infty$$ ■

定理 1.6.8 设 $f(x)$和 $g(x)$均为有界变差函数，且$|g(x)|\geqslant\dfrac{1}{\sigma}>0$，则$\dfrac{f(x)}{g(x)}$也是有界变差函数．

证明 只需证明$\dfrac{1}{g(x)}$是有界变差函数即可，因为

$$\begin{aligned}\sum_{i=0}^{n-1}\left|\frac{1}{g(x_{i+1})}-\frac{1}{g(x_i)}\right|&=\sum_{i=0}^{n-1}\left|\frac{g(x_{i+1})-g(x_i)}{g(x_{i+1})g(x_i)}\right|\\&\leqslant\frac{1}{\sigma^2}\sum_i|g(x_{i+1})-g(x_i)|\leqslant\frac{1}{\sigma^2}\bigvee_a^b g(x)\end{aligned}$$

故

$$\bigvee_a^b \frac{1}{g(x)} \leqslant \frac{1}{\sigma^2} \bigvee_a^b g(x) < \infty$$

从而$\frac{f(x)}{g(x)}$是$[a, b]$上的有界变差函数．■

定理 1.6.9　若$f(x)$在$[a, c]$，$[c, b]$上均为有界变差函数，则$f(x)$在$[a, b]$上也为有界变差函数，且$\bigvee_a^b f(x) = \bigvee_a^c f(x) + \bigvee_c^b f(x)$.

证明　对$[a, b]$的任一点c，如果c不是分点，则将c加入使其成为分点，那么

$$\begin{aligned}\sum_T |f(x_{k+1}) - f(x_k)| &\leqslant \sum_{T'} |f(x_{k+1}) - f(x_k)| \\ &= \sum_{[a,c]} |f(x_{k+1}) - f(x_k)| + \sum_{[c,b]} |f(x_{k+1}) - f(x_k)| \\ &\leqslant \bigvee_a^c f(x) + \bigvee_c^b f(x)\end{aligned}$$

故$\bigvee_a^b f(x) \leqslant \bigvee_a^c f(x) + \bigvee_c^b f(x) < \infty$.

另外，

$$\begin{aligned}&\sum_{[a,c]} |f(x_{k+1}) - f(x_k)| + \sum_{[c,b]} |f(x_{k+1}) - f(x_k)| \\ &= \sum_{[a,b]} |f(x_{k+1}) - f(x_k)| \leqslant \bigvee_a^b f(x)\end{aligned}$$

故$\bigvee_a^c f(x) + \bigvee_c^b f(x) \leqslant \bigvee_a^b f(x)$，从而$\bigvee_a^b f(x) = \bigvee_a^c f(x) + \bigvee_c^b f(x)$.■

定理 1.6.10　如果$f(x)$为$[a, b]$上的有界变差函数，则$f(x) = \bigvee_a^x f(t)$是$[a, b]$上的增函数．

证明　因为对任意$x_1 < x_2$，$\bigvee_a^{x_2} f(x) = \bigvee_a^{x_1} f(x) + \bigvee_{x_1}^{x_2} f(x)$，从而$\bigvee_a^{x_1} f(x) \leqslant \bigvee_a^{x_2} f(x)$.■

定理 1.6.11　$f(x)$在$[a, b]$上为有界变差函数$\Leftrightarrow \exists$有界单调递增函数$F(x)$，使得$\forall x' < x''$，x'，$x'' \in [a, b]$，均有$|f(x'') - f(x')| \leqslant F(x'') - F(x')$．称$F(x)$为强函数．

证明　“$\Rightarrow$”，若$f(x)$是有界变差函数，令$g(x) = \bigvee_a^x f(t)$，则$g(x)$是有界增函数．则$\forall x' < x''$，$|f(x') - f(x'')| \leqslant \bigvee_{x'}^{x''} f(x) = g(x'') - g(x')$.

“$\Leftarrow$”，由$\sum_{i=0}^{n-1} |f(x_{i+1}) - f(x_i)| \leqslant \sum_{i=0}^{n-1} [F(x_{i+1}) - F(x_i)] = F(b) - F(a)$知，

$$\bigvee_a^b f(x) \leqslant F(b) - F(a) < \infty$$

从而$f(x)$是$[a, b]$上的有限变差函数．■

定理 1.6.12　$f(x)$是$[a, b]$上的有界变差函数$\Leftrightarrow f(x)$能表示为两个有界增函数的差，即存在两个有界增函数$g(x)$和$h(x)$，使得$f(x) = g(x) - h(x)$.

证明 “⇒”，设强函数为 $F(x)$，令 $g(x)=F(x)$，$h(x)=F(x)-f(x)$. 则 $f(x)=g(x)-h(x)$，$g(x)$是有界增函数．往证 $h(x)$也是增函数．$\forall x_1<x_2$，因为

$$\begin{aligned} h(x_2)-h(x_1) &= g(x_2)-f(x_2)-g(x_1)+f(x_1) \\ &= [F(x_2)-F(x_1)]-[f(x_2)-f(x_1)]\geqslant 0 \end{aligned}$$

故 $h(x)$是有界增函数．

“⇐”，令 $F(x)=g(x)+h(x)$，则 $F(x)$是有界增函数，因为 $\forall x_1<x_2$，

$$\begin{aligned} |f(x_1)-f(x_2)| &= |g(x_1)-h(x_1)-g(x_2)+h(x_2)| \\ &\leqslant [g(x_2)-g(x_1)]+[h(x_2)-h(x_1)] \\ &= F(x_2)-F(x_1) \end{aligned}$$

故 $F(x)$是强函数，从而 $f(x)$是有界变差函数． ■

定理 1.6.13 $[a, b]$上的有界变差函数 $f(x)$在$[a, b]$中任一点都有左极限与右极限．

证明 因为 $f(x)=h(x)-g(x)$，由于 $h(x)$，$g(x)$都是单调函数，故 $h(x)$，$g(x)$的左、右极限都存在，从而 $f(x)$在$[a, b]$中任一点的左、右极限都存在． ■

下列结论的证明是容易的，请读者自己完成．

定理 1.6.14 若 $f(x)$是$[a, b]$上的有界变差函数，且 $f(x)$在 x_0 上连续，则 $g(x)=\bigvee_a^x f(t)$也在 x_0 上连续．

定理 1.6.15 若 $f(x)$是$[a, b]$上的有界变差函数，且 $f(x)$在$[a, b]$上连续，则存在两个连续增函数 $h(x)$，$g(x)$，使得 $f(x)=g(x)-h(x)$.

1.6.2 Stieltjes 积分

下面我们介绍 Stieltjes 积分，它是由荷兰数学家 Stieltjes 建立的一种积分，故称为 Stieltjes 积分．它是 Riemann(黎曼)积分的一种推广，在 Riemann 积分 $\int_a^b f(x)\mathrm{d}x$ 中，将 $\mathrm{d}x$ 推广为 $\mathrm{d}g(x)$，且 $g(x)$不一定可微，就成了 Stieltjes 积分．本节我们将介绍 Stieltjes 积分的定义及性质，在随机变量的数学期望、随机积分等内容中我们将大量使用 Stieltjes 积分的相关知识．

定义 1.6.2 (Stieltjes 积分) 设 $f(x)$，$g(x)$是闭区间$[a, b]$上两个有界函数，任给$[a, b]$一个划分

$$T: a=x_0<x_1<\cdots<x_n=b$$

和任意取点 $\zeta_i\in[x_{i-1}, x_i]$，$i=1, 2, \cdots, n$，作和 $\sum_{i=1}^n f(\zeta_i)[g(x_i)-g(x_{i-1})]$，记

$$\lambda(T)=\max\{\Delta x_1, \Delta x_2, \cdots, \Delta x_n\}$$

若 $\lim_{\lambda(T)\to 0}\sum_{i=1}^n f(\zeta_i)[g(x_i)-g(x_{i-1})]$ 存在，且极限 I 与 T 的划分及 ζ_i 的选取无关，则称 I 为 $f(x)$关于 $g(x)$在$[a, b]$上的 Stieltjes 积分，记为 $I=\int_a^b f(x)\mathrm{d}g(x)$.

注： $\mathrm{d}g(x)$不是 $g(x)$的微分，$g(x)$可能不可微．

有时为了区别 Riemann 积分，将 Stieltjes 积分记为 $(s)\int_a^b f(x)\mathrm{d}g(x)$.

下面我们讨论 Stieltjes 积分的可积性．

用 M_k 与 m_k 分别表示 $f(x)$在$[x_{k-1}, x_k]$上的上确界与下确界．记

$$s(T)=\sum m_k \Delta g(x_k), S(T)=\sum M_k \Delta g(x_k)$$

分别为划分 T 对应的大和与小和．

当 $g(x)$为$[a, b]$上的增函数时，$s(T)$和 $S(T)$与黎曼积分的达布大和与达布小和有完全一样的结论.

定理 1.6.16 若 $g(x)$为$[a, b]$上的增函数，$f(x)$在$[a, b]$上有界，则 $\int_a^b f(x)\mathrm{d}g(x)$ 存在的充要条件是对任一划分 T，有 $\lim\limits_{\lambda(T)\to 0}\sum\limits_{k=1}^{n}\omega_k \Delta g(x_k)=0$，其中 $\omega_k=M_k-m_k$.

定理 1.6.17 若 $f(x)$在$[a, b]$上连续，$g(x)$是$[a, b]$上的有界变差函数，则 $\int_a^b f(x)\mathrm{d}g(x)$ 存在．进一步，设 $g(x)=g_1(x)-g_2(x)$，其中，$g_1(x)$，$g_2(x)$为增函数，则有

$$\int_a^b f(x)\mathrm{d}g(x)=\int_a^b f(x)\mathrm{d}g_1(x)-\int_a^b f(x)\mathrm{d}g_2(x)$$

证明 因为

$$\begin{aligned}
&\lim_{\lambda(T)\to 0}\sum_{i=1}^{n} f(\zeta_i)[g(x_i)-g(x_{i-1})]\\
=&\lim_{\lambda(T)\to 0}\left\{\sum_{i=1}^{n} f(\zeta_i)[g_1(x_i)-g_1(x_{i-1})]-\sum_{i=1}^{n} f(\zeta_i)[g_2(x_i)-g_2(x_{i-1})]\right\}\\
=&\int_a^b f(x)\mathrm{d}g_1(x)-\int_a^b f(x)\mathrm{d}g_2(x)
\end{aligned}$$

■

定理 1.6.18 若函数 $\int_a^b f(x)\mathrm{d}x$ 存在，$g(x)$在$[a, b]$上满足 Lipschitz 条件，即 $\forall a\leqslant x\leqslant \bar{x}\leqslant b$，有 $|g(\bar{x})-g(x)|\leqslant L(\bar{x}-x)$，其中 $L>0$ 为常数，则 $\int_a^b f(x)\mathrm{d}g(x)$ 存在．

证明 首先，当 g 既满足 Lipschitz 条件又是增函数时，对任一划分 T，有$\Delta g(x_i)\leqslant L\Delta x_i$，从而

$$\sum_{i=1}^{n}\omega_i \Delta g(x_i)\leqslant L\sum_{i=1}^{n}\omega_i \Delta x_i$$

故有 $\lim\limits_{\lambda(T)\to 0}\sum\limits_{i=1}^{n}\omega_i \Delta g(x_i)=0$，从而 $\int_a^b f(x)\mathrm{d}g(x)$ 存在．

其次，当 $g(x)$仅满足 Lipschitz 条件时，令 $g(x)=Lx-[Lx-g(x)]\triangleq g_1(x)-g_2(x)$，因 $g_1(x)$既是增函数又满足 Lipschitz 条件，故 $\int_a^b f(x)\mathrm{d}g_1(x)$ 存在．又因为

$$\begin{aligned}
|g_2(x_1)-g_2(x_2)|&=|Lx_1-g(x_1)-Lx_2-g(x_2)|\\
&\leqslant L|x_1-x_2|+|g(x_2)-g(x_1)|\\
&\leqslant 2L|x_2-x_1|
\end{aligned}$$

故 $g_2(x)$也满足 Lipschitz 条件，当 $x_1\leqslant x_2$ 时，

$$g_2(x_2)-g_2(x_1)=Lx_2-Lx_1+g(x_1)-g(x_2)$$
$$=L(x_2-x_1)-[g(x_2)-g(x_1)]\geqslant 0$$

故 $g_2(x)$ 也是增函数，则有 $\int_a^b f(x)\mathrm{d}g_2(x)$ 存在，从而 $\int_a^b f(x)\mathrm{d}g(x)$ 存在. ■

下面介绍 Stieltjes 积分的主要性质.

定理 1.6.19 (1)设 $g(x)$ 在 $[a, b]$ 上处处有限，则 $\int_a^b \mathrm{d}g(x)=g(b)-g(a)$；

(2)如果 $\int_a^b f_1(x)\mathrm{d}g(x)$，$\int_a^b f_2(x)\mathrm{d}g(x)$ 均存在，则

$$\int_a^b [f_1(x)\pm f_2(x)]\mathrm{d}g(x)=\int_a^b f_1(x)\mathrm{d}g(x)\pm\int_a^b f_2(x)\mathrm{d}g(x)$$

(3)如果 $\int_a^b f(x)\mathrm{d}g_1(x)$，$\int_a^b f(x)\mathrm{d}g_2(x)$ 均存在，则

$$\int_a^b f(x)\mathrm{d}[g_1(x)\pm g_2(x)]=\int_a^b f(x)\mathrm{d}g_1(x)\pm\int_a^b f(x)\mathrm{d}g_2(x)$$

(4) $\int_a^b cf(x)\mathrm{d}[kg(x)]=ck\int_a^b f(x)\mathrm{d}g(x)$；

(5) 若 $a<c<b$，且 $\int_a^c f(x)\mathrm{d}g(x)$，$\int_a^b f(x)\mathrm{d}g(x)$，$\int_c^b f(x)\mathrm{d}g(x)$ 都存在，则

$$\int_a^b f(x)\mathrm{d}g(x)=\int_a^c f(x)\mathrm{d}g(x)+\int_c^b f(x)\mathrm{d}g(x)$$

注：若 $a<c<b$，则由 $\int_a^c f(x)\mathrm{d}g(x)$，$\int_c^b f(x)\mathrm{d}g(x)$ 存在，不能推出 $\int_a^b f(x)\mathrm{d}g(x)$ 存在.

例如，设 $f(x)=\begin{cases}0, & -1\leqslant x\leqslant 0\\ 1, & 0<x\leqslant 1\end{cases}$，$g(x)=\begin{cases}0, & -1\leqslant x<0\\ 1, & 0\leqslant x\leqslant 1\end{cases}$，显然 $\int_{-1}^0 f(x)\mathrm{d}g(x)=0$，$\int_0^1 f(x)\mathrm{d}g(x)=0$（因为 $\Delta g(x_i)=0$）. 但 $\int_{-1}^1 f(x)\mathrm{d}g(x)$ 不存在，事实上，对 $[-1, 1]$ 的任一划分，设 0 不是分点，且 $0\in(x_{k-1}, x_k)$，此时若取 $\zeta_k=0$，则 $\sum_{i=1}^n f(\zeta_i)\Delta g(x_i)=0$，若另取 $\zeta_k>0$，则 $\sum_{i=1}^n f(\zeta_i)\Delta g(x_i)=f(\zeta_k)=1$，故不可积.

定理 1.6.20 若 $\int_a^b g(x)\mathrm{d}f(x)$ 存在，$f(x)$，$g(x)$ 是 $[a, b]$ 上的有界函数，则 $\int_a^b f(x)\mathrm{d}g(x)$ 也存在，且

$$\int_a^b f(x)\mathrm{d}g(x)=f(x)g(x)\big|_a^b-\int_a^b g(x)\mathrm{d}f(x)$$

证明 对 $[a, b]$ 的任一个划分

$$T: a=x_0<x_1<\cdots<x_n=b$$

由

$$\begin{aligned}
&\sum_{i=0}^{n-1} f(\zeta_{i+1})[g(x_{i+1})-g(x_i)] \\
&=\sum_{i=1}^{n} f(\zeta_i)g(x_i)-\sum_{i=0}^{n-1} f(\zeta_{i+1})g(x_i) \\
&=-\left\{g(a)f(\zeta_1)+\sum_{i=1}^{n-1} g(x_i)[f(\zeta_{i+1})-f(\zeta_i)]-g(b)f(\zeta_n)\right\} \\
&=f(x)g(x)\Big|_a^b-\{g(a)[f(\zeta_1)-f(a)]+\sum_{i=1}^{n-1} g(x_i)[f(\zeta_{i+1})-f(\zeta_i)]+ \\
&\quad g(b)[f(b)-f(\zeta_n)]\}
\end{aligned}$$

考虑对$[a,b]$作分割 T'：$a\leqslant\zeta_1\leqslant\zeta_2\leqslant\cdots\leqslant\zeta_n\leqslant b$，即得新划分．显然有 $x_i\in[\zeta_i,\zeta_{i+1}]=[\eta_i,\eta_{i+1}]$，$i=1,2,\cdots,n-1$，且当 $\lambda(T)=\max(x_i-x_{i-1})\to 0$ 时，$\lambda(T')\leqslant 2\lambda(T)\to 0$. 故由 $\int_a^b g(x)\mathrm{d}f(x)$ 存在知，

$$\lim_{\lambda(T)\to 0}\{g(a)[f(\zeta_1)-f(a)]+\sum_{i=1}^{n-1} g(x_i)[f(\zeta_{i+1})-f(\zeta_i)]+g(b)[f(b)-f(\zeta_n)]\}$$
$$=\int_a^b g(x)\mathrm{d}f(x)$$

即

$$\lim_{\lambda(T)\to 0}\sum_{i=0}^{n-1} f(\zeta_{i+1})[g(x_{i+1})-g(x_i)]=f(x)g(x)\big|_a^b-\int_a^b g(x)\mathrm{d}f(x)$$

所以

$$\int_a^b f(x)\mathrm{d}g(x)=f(x)g(x)\big|_a^b-\int_a^b g(x)\mathrm{d}f(x)$$ ■

定理 1.6.21 若 f 在$[a,b]$上 Riemann 可积，且存在$[a,b]$上 Riemann 可积函数 $\varphi(x)$，使 $g(x)=c+\int_a^x\varphi(t)\mathrm{d}t$，则 $\int_a^b f(x)\mathrm{d}g(x)=\int_a^b f(x)\varphi(x)\mathrm{d}x$.

证明 先证 $\int_a^b f(x)\mathrm{d}g(x)$ 可积．由 $\varphi(x)$可积知 $|\varphi(t)|\leqslant L$，从而

$$|g(x_1)-g(x_2)|=\left|\int_{x_1}^{x_2}\varphi(t)\mathrm{d}t\right|\leqslant L|x_1-x_2|$$

从而 $\int_a^b f(x)\mathrm{d}g(x)$ 可积．下面证明 $\int_a^b f(x)\mathrm{d}g(x)=\int_a^b f(x)\varphi(x)\mathrm{d}x$.

当 $\varphi(x)$为正时，

$$\begin{aligned}
\int_a^b f(x)\mathrm{d}g(x)&=\lim_{\lambda(T)\to 0}\sum_{i=0}^{n-1} f(\zeta_{i+1})[g(x_{i+1})-g(x_i)] \\
&=\lim_{\lambda(T)\to 0}\sum_{i=0}^{n-1} f(\zeta_{i+1})\int_{x_i}^{x_{i+1}}\varphi(x)\mathrm{d}x \\
&=\lim_{\lambda(T)\to 0}\sum_{i=0}^{n-1}\int_{x_i}^{x_{i+1}} f(\zeta_{i+1})\varphi(x)\mathrm{d}x
\end{aligned}$$

又因为

$$\int_a^b f(x)\varphi(x)\mathrm{d}x = \sum_{i=0}^{n-1}\int_{x_i}^{x_{i+1}} f(x)\varphi(x)\mathrm{d}x$$

所以

$$\begin{aligned}&\left|\sum_{i=0}^{n-1} f(\zeta_{i+1})[g(x_{i+1}) - g(x_i)] - \int_a^b f(x)\varphi(x)\mathrm{d}x\right|\\ =&\left|\sum_{i=0}^{n-1}\int_{x_i}^{x_{i+1}}[f(\zeta_{i+1}) - f(x)]\varphi(x)\mathrm{d}x\right|\\ \leqslant&\sum_{i=0}^{n-1}\omega_i\int_{x_i}^{x_{i+1}}|\varphi(x)\mathrm{d}x| = \sum_{i=0}^{n-1}\omega_i M\Delta x_i \underset{\lambda(T)\to 0}{\longrightarrow} 0\end{aligned}$$

故

$$\int_a^b f(x)\mathrm{d}g(x) = \int_a^b f(x)\varphi(x)\mathrm{d}x$$

当 φ 为一般函数时，令 $\varphi_1(t)=\dfrac{|\varphi(t)|+\varphi(t)}{2}$，$\varphi_2(t)=\dfrac{|\varphi(t)|-\varphi(t)}{2}$，则 $\varphi_1(t)$，$\varphi_2(t)$ 均非负，且 $\varphi(t)=\varphi_1(t)-\varphi_2(t)$，$g(x) = c+\int_a^x \varphi_1(t)\mathrm{d}t-\int_a^x\varphi_2(t)\mathrm{d}t = g_1(x) - g_2(x)$，

$$\begin{aligned}\int_a^b f(x)\mathrm{d}g(x) &=\int_a^b f(x)\mathrm{d}g_1(x) - \int_a^b f(x)\mathrm{d}g_2(x)\\ &=\int_a^b [f(x)\varphi_1(x) - f(x)\varphi_2(x)]\mathrm{d}x = \int_a^b f(x)\varphi(x)\mathrm{d}x\end{aligned}$$

证毕．■

下面两个定理也是非常有用的，我们省去它们的证明．

定理 1.6.22（中值定理）　设 $f(x)$在$[a, b]$上有界，$m\leqslant f(x)\leqslant M$，$g(x)$在$[a, b]$上单调增加，且 $\int_a^b f(x)\mathrm{d}g(x)$ 存在，则存在 $\mu\in[m, M]$，使

$$\int_a^b f(x)\mathrm{d}g(x) = \mu[g(b) - g(a)]$$

定理 1.6.23　(1) 设 $f_n(x)$在$[a, b]$上连续，且 $f_n(x)$在$[a, b]$上一致收敛于 $f(x)$，$g(x)$在$[a, b]$上是有界变差函数，则 $\lim\limits_{n\to\infty}\int_a^b f_n(x)\mathrm{d}g(x) = \int_a^b f(x)\mathrm{d}g(x)$.

(2) 设 $f(x)$在$[a, b]$上连续，$g_n(x)$是一致有界变差的，即

$$\sup_n \sup_T \sum_i |g_n(x_i) - g_n(x_{i-1})| \leqslant M$$

且

$$\lim_{n\to\infty} g_n(x) = g(x), \forall\, x \in [a,b]$$

则

$$\lim_{n\to\infty}\int_a^b f(x)\mathrm{d}g_n(x) = \int_a^b f(x)\mathrm{d}g(x)$$

1.7 概率空间

定义 1.7.1 设$(\Omega, \mathcal{F})$是一个可测空间，即$\mathcal{F}$为非空集合Ω上的一个σ-代数，定义$\mathcal{F}$上的一个非负集函数如下：

(1)对任意$A\in\mathcal{F}$，有$0\leqslant P(A)\leqslant 1$；

(2)$P(\Omega)=1$；

(3)若$A_1, A_2, \cdots\in\mathcal{F}$，且$A_i\cap A_j=\varnothing$，$i\neq j$，则$P\left(\bigcup\limits_{i=1}^{\infty}A_i\right)=\sum\limits_{i=1}^{\infty}P(A_i)$；

则称P为$\mathcal{F}$上的概率测度，简称概率，称$(\Omega, \mathcal{F}, P)$是一个概率空间．若$A\in\mathcal{F}$，则称$P(A)$的值为事件A发生的概率．

定义 1.7.2 设$(\Omega, \mathcal{F}, P)$是一个概率空间，称非空集合Ω为样本空间，称Ω中每个元素为一个样本点，称σ-代数$\mathcal{F}$中的每一元素为一个随机事件，简称事件．集合Ω也是一个随机事件，称其为必然事件，称空集$\varnothing$为不可能事件，称事件$\Omega\setminus A$为事件A的对立事件或逆事件，记为A^c或$\overline{A}$.

与集合运算法则一致，可以定义事件的运算：$A\setminus B=A-B$，$A\cap B$，$A\cup B$等．$A\cap B$也记为AB，当$AB=\varnothing$时，$A\cup B$也记为$A+B$. 如果$AB=\varnothing$，则称事件A与B是互不相容的．

定理 1.7.1 设A，B，C是任意事件，则它们满足：

(1)交换律：$A\cup B=B\cup A$，$A\cap B=B\cap A$；

(2)结合律：$A\cup(B\cup C)=(A\cup B)\cup C$，$A\cap(B\cap C)=(A\cap B)\cap C$；

(3)分配律：$A\cup(B\cap C)=(A\cup B)\cap(A\cup C)$，$A\cap(B\cup C)=(A\cap B)\cup(A\cap C)$；

(4)De Morgan律：对任意事件列$\{A_n\}_{n=1}^{\infty}$，有$\overline{\bigcup\limits_{i=1}^{n}A_i}=\bigcap\limits_{i=1}^{n}\overline{A_i}$，$\overline{\bigcap\limits_{i=1}^{n}A_i}=\bigcup\limits_{i=1}^{n}\overline{A_i}$，且

$$\overline{\bigcup_{i=1}^{\infty}A_i}=\bigcap_{i=1}^{\infty}\overline{A_i},\ \overline{\bigcap_{i=1}^{\infty}A_i}=\bigcup_{i=1}^{\infty}\overline{A_i}$$

定义 1.7.3 对任意事件列$\{A_n\}_{n=1}^{\infty}$，如果$A_1\subset A_2\subset\cdots\subset A_n\subset\cdots$，则称$\{A_n\}_{n=1}^{\infty}$是单调递增的事件列，记为$A_n\uparrow$．如果$A_1\supset A_2\supset\cdots\supset A_n\supset\cdots$，则称$\{A_n\}_{n=1}^{\infty}$是单调递减的事件列，记为$A_n\downarrow$．记

$$\lim_{n\to\infty}A_n=\begin{cases}\bigcup\limits_{i=1}^{\infty}A_i\text{，若 }A_i\text{ 是单调递增的}\\ \bigcap\limits_{i=1}^{\infty}A_i\text{，若 }A_i\text{ 是单调递减的}\end{cases}$$

称$\lim\limits_{n\to\infty}A_n$为单调事件列$\{A_n\}_{n=1}^{\infty}$的极限．

定义 1.7.4 对任意两个事件A与B，如果$P(AB)=P(A)P(B)$，则称A与B相互独立.

概率测度有下列性质.

定理 1.7.2 (1)$P(\varnothing)=1$；

(2)有限可加性：若$A_1, A_2, \cdots, A_n\in\mathcal{F}$，且$A_i\cap A_j=\varnothing$，$i\neq j$，则$P\left(\bigcup\limits_{i=1}^{n}A_i\right)=\sum\limits_{i=1}^{n}P(A_i)$；

(3)对立事件的概率：$P(\overline{A})=1-P(A)$；

(4)若 $A\subset B$，则 $P(A)\leqslant P(B)$，且 $P(B-A)=P(B)-P(A)$；

(5)半可加性：对任意 A_1，A_2，…，$A_n\in\mathcal{F}$，有 $P\left(\bigcup\limits_{i=1}^{n}A_i\right)\leqslant\sum\limits_{i=1}^{n}P(A_i)$；

(6) 连续性：如果 $\{A_n\}$ 是单调事件列(单调递增或单调递减)，则

$$P(\lim_{n\to\infty}A_n)=\lim_{n\to\infty}P(A_n)$$

定义 1.7.5 对事件列 $\{A_n\}_{n=1}^{\infty}$，记 $G_n=\bigcup\limits_{j=n}^{\infty}A_n$，$D_n=\bigcap\limits_{j=n}^{\infty}A_n$，则 $\{G_n\}_{n=1}^{\infty}$ 是单调递减序列，$\{D_n\}$ 是单调递增序列，称 $\lim\limits_{n\to\infty}G_n=\bigcap\limits_{n=1}^{\infty}G_n=\bigcap\limits_{n=1}^{\infty}\bigcup\limits_{j=n}^{\infty}A_j$ 为 $\{A_n\}_{n=1}^{\infty}$ 的上极限，记为 $\overline{\lim\limits_{n\to\infty}}A_n$. 称 $\lim\limits_{n\to\infty}D_n=\bigcup\limits_{n=1}^{\infty}D_n=\bigcup\limits_{n=1}^{\infty}\bigcap\limits_{j=n}^{\infty}A_j$ 为 $\{A_n\}_{n=1}^{\infty}$ 的下极限，记为 $\underline{\lim\limits_{n\to\infty}}A_n$.

显然，$\omega\in\underline{\lim\limits_{n\to\infty}}A_n$ 等价于存在 N，当 $n>N$ 时，ω 属于所有 A_n. 同理，$\omega\in\overline{\lim\limits_{n\to\infty}}A_n$ 等价于 ω 属于无穷多个 A_n，有时也记 $\overline{\lim\limits_{n\to\infty}}A_n$ 为 $\{A_n\ \text{i. o.}\}$，i. o. 是 infinitely often 的缩写．显然，$\underline{\lim\limits_{n\to\infty}}A_n\subset\overline{\lim\limits_{n\to\infty}}A_n$.

由概率的连续性知，$P(\underline{\lim\limits_{n\to\infty}}A_n)=\lim\limits_{n\to\infty}P(\bigcap\limits_{j=n}^{\infty}A_j)$，$P(\overline{\lim\limits_{n\to\infty}}A_n)=\lim\limits_{n\to\infty}P(\bigcup\limits_{j=n}^{\infty}A_j)$.

定理 1.7.3 (Borel-Cantelli 引理) 对事件列 $\{A_n\}_{n=1}^{\infty}$，(1)如果 $\sum\limits_{i=1}^{\infty}P(A_i)<\infty$，则 $P(A_n\ \text{i. o.})=0$；(2)如果 $\{A_n\}$ 相互独立，且 $\sum\limits_{i=1}^{\infty}P(A_i)=\infty$，则 $P(A_n\ \text{i. o.})=1$.

证明 (1) $P(\{A_n\ \text{i. o.}\})=P(\overline{\lim\limits_{n\to\infty}}A_n)=\lim\limits_{n\to\infty}P(\bigcup\limits_{j=n}^{\infty}A_j)\leqslant\lim\limits_{n\to\infty}\sum\limits_{j=n}^{\infty}P(A_j)=0.$

(2) 由基本不等式 $1-|x|\leqslant e^{-|x|}$ 知，

$$P(\bigcap_{j=n}^{m}\overline{A}_j)=\prod\nolimits_{j=n}^{m}P(\overline{A}_j)=\prod\nolimits_{j=n}^{m}(1-P(A_j))$$

$$\leqslant\prod\nolimits_{j=n}^{m}e^{-P(A_j)}=e^{-\sum_{j=n}^{m}P(A_j)}$$

所以，$\lim\limits_{m\to\infty}P(\bigcap\limits_{j=n}^{m}\overline{A}_j)=0.$

从而得到

$$P(A_n\text{i. o.})=P(\overline{\lim_{n\to\infty}}A_n)=\lim_{n\to\infty}P(\bigcup_{j=n}^{\infty}A_j)$$

$$=\lim_{n\to\infty}\lim_{m\to\infty}P(\bigcup_{j=n}^{m}A_j)=\lim_{n\to\infty}\lim_{m\to\infty}(1-P(\bigcap_{j=n}^{m}\overline{A}_j))=1$$ ■

有时也将 Borel-Cantelli 引理叙述为下列形式：

定理 1.7.3′(Borel-Cantelli 引理) 对事件列 $\{A_n\}_{n=1}^{\infty}$，(1)如果 $\sum\limits_{i=1}^{\infty}P(A_i)<\infty$，则

$\sum_{j=1}^{\infty} I_{A_j}(\omega) < \infty$, a. e. in Ω；(2) 如果 $\{A_n\}_{n=1}^{\infty}$ 相互独立，且 $\sum_{i=1}^{\infty} P(A_i) = \infty$，则 $\sum_{j=1}^{\infty} I_{A_j}(\omega) = \infty$, a. e. in Ω.

推论 1.7.1 设 $\{A_n\}_{n=1}^{\infty}$ 是独立事件列，则 $P(A_n \text{ i. o.})=1$，或者 $P(A_n \text{ i. o.})=0$.

证明 当 $\sum_{i=1}^{\infty} P(A_i) = \infty$ 时，$P(A_n \text{ i. o.})=1$；当 $\sum_{i=1}^{\infty} P(A_i) < \infty$ 时，$P(A_n \text{ i. o.}) = 0$. ■

随机变量是随机数学中最重要的概念之一，下面介绍随机变量及其分布的相关知识.

定义 1.7.6 设 $(\Omega, \mathcal{F}, P)$ 是一个概率空间，$\zeta=\zeta(\omega)$ 是 Ω 到 $\mathbf{R}$ 的映射，且任给实数 C，有 $\{\omega \mid \zeta(\omega)\leqslant C\}\in\mathcal{F}$，则称 $\zeta=\zeta(\omega)$ 为一个随机变量.

对于随机变量 X，下列结论是容易证明的：$\forall A\in\beta(\mathbf{R})$，$X^{-1}(A)\in\mathcal{F}$.

事实上，记 $\mathcal{A}=\{A \mid X^{-1}(A)\in\mathcal{F}, A\subset\mathbf{R}\}$，只需证明 $\beta(\mathbf{R})\subset\mathcal{A}$ 即可. 先证明 $\mathcal{A}$ 是一个 σ-代数，因为 $X^{-1}(\mathbf{R})=\Omega\in\mathcal{F}$，故 $\mathbf{R}\in\mathcal{A}$；又因为对任一 $A\in\mathcal{A}$，有 $X^{-1}(A)\in\mathcal{F}$，于是

$$X^{-1}(\overline{A}) = \{\omega \mid X(\omega) \in \overline{A}\} = \overline{\{\omega \mid X(\omega) \in A\}} = \overline{X^{-1}(A)} \in \mathcal{F}$$

故 $\overline{A}\in\mathcal{A}$；进一步，对任意 $A_j\in\mathcal{A}$，满足 $X^{-1}(A_j)\in\mathcal{F}$，$j=1, 2, \cdots$，因为

$$X^{-1}\left(\bigcup_{j=1}^{\infty} A_j\right) = \left\{\omega \mid X(\omega) \in \bigcup_{j=1}^{\infty} A_j\right\} = \bigcup_{j=1}^{\infty} \{\omega \mid X(\omega) \in A_j\} = \bigcup_{j=1}^{\infty} X^{-1}(A_j) \in \mathcal{F}$$

所以 $\bigcup_{j=1}^{\infty} A_j\in\mathcal{A}$，故 $\mathcal{A}$ 是一个 σ-代数. 另外，由于 $(-\infty, x]\in\mathcal{A}$，$\beta(\mathbf{R})=\sigma((-\infty, x], x\in\mathbf{R})$，所以结论成立.

定义 1.7.7 设 $(\Omega, \mathcal{F}, P)$ 是一个概率空间，ζ 是其上的一个随机变量，称集函数

$$P_{\zeta}:\beta(\mathbf{R}) \to [0,1], \forall B \in \beta(\mathbf{R}), P_{\zeta}(B) = P(\zeta^{-1}(B))$$

为随机变量 ζ 的分布. 易证 $(\mathbf{R}, \beta(\mathbf{R}), P_{\xi})$ 是一个新的概率空间. 设 ζ 与 η 是两个随机变量，可以是不同概率空间中的随机变量，如果任给 $B\in\beta(\mathbf{R})$，均有 $P_{\zeta}(B)=P_{\eta}(B)$，则称 ζ 与 η 同分布. 称

$$F_{\zeta}(x) = P_{\zeta}((-\infty,x]) = P(\omega \mid \zeta(\omega) \leqslant x), x \in (-\infty, +\infty)$$

为随机变量 ζ 的分布函数. 易证同一概率空间中的随机变量同分布的充要条件是它们的分布函数相等.

定义 1.7.8 设 $(\Omega, \mathcal{F}, P)$ 是一个概率空间，$\zeta=\zeta(\omega)=(\zeta_1(\omega), \zeta_2(\omega), \cdots, \zeta_n(\omega))$ 是 Ω 到 $\mathbf{R}^n$ 的映射，且任给实数向量 $(C_1, C_2, \cdots, C_n)$，有 $\{\omega \mid \zeta_1(\omega)\leqslant C_1, \zeta_2(\omega)\leqslant C_2, \cdots, \zeta_n(\omega)\leqslant C_n\}\in\mathcal{F}$，则称 $\zeta=\zeta(\omega)$ 为一个 n 维随机变量. 称函数

$$F_{\zeta}(x_1,x_2,\cdots,x_n) = P\left(\bigcap_{i=1}^{n} \{\omega \mid \zeta_i(\omega) \leqslant x_i\}\right), (x_1,x_2,\cdots,x_n) \in \mathbf{R}^n$$

为 n 维随机变量 ζ 的分布函数.

定义 1.7.9 设 $(\Omega, \mathcal{F}, P)$ 是一个概率空间，X 是其上的一维随机变量，如果积分

$$\int_{\Omega} X\mathrm{d}P = \int_{\mathbf{R}} x\mathrm{d}F_X(x)$$

存在，则称积分值为 X 的数学期望，记为 $E(X)$.

因为可测函数不一定可积，故随机变量的数学期望不一定存在. 随机变量是特殊的测度空间 $(\Omega, \mathcal{F}, P)$ 上的可测函数，因而可测函数的收敛性质全部成立.

对随机变量，我们有下列常用的收敛定理及不等式．

记$\{X_n\}$在Ω上几乎处处收敛于X为$X_n \to X$，a. s. in Ω，其中 a. s. 是 almost sure 的简写，也称$\{X_n\}$以概率1收敛于X. 称$\{X_n\}$依测度P收敛于X为$\{X_n\}$依概率收敛于X，记为$X_n \xrightarrow{P} X$.

定理 1.7.4　设X_n，X是定义在$(\Omega, \mathcal{F}, P)$上的随机变量，则$X_n \to X$，a. s. in $\Omega \Leftrightarrow \forall \varepsilon > 0$，有

$$\lim_{k\to\infty} P\left(\bigcup_{n=k}^{\infty} \{\omega \mid X_n(\omega) - X(\omega) \mid \geqslant \varepsilon\}\right) = 0$$

推论 1.7.2　若对任意$\varepsilon > 0$有

$$\sum_{n=1}^{\infty} P\{\omega \mid X_n(\omega) - X(\omega) \mid \geqslant \varepsilon\} < \infty$$

则$X_n \to X$，a. s. in Ω.

定理 1.7.5　(1) 如果$X_n \to X$，a. s. in Ω，则$X_n \xrightarrow{P} X$；

(2) 若$X_n \xrightarrow{P} X$，则存在子列$\{X_{n_k}\}$，使得当$k \to \infty$时，$X_{n_k} \to X$，a. s.；

(3) 如果m，$n \to \infty$时，$X_m - X_n \xrightarrow{P} 0$，则可找到随机变量$X$，使得

$$X_{n_k} \to X, \text{a. s.}\ (n_k \to \infty),\ X_n \xrightarrow{P} X.$$

定义 1.7.10　设随机变量列$\{X_n\}$，X对应的分布函数列分别为$\{F_n(x)\}$，$F(x)$. A为$F(x)$的连续点组成的集合，如果

$$\lim_{n\to\infty} F_n(x) = F(x), \forall x \in A$$

则称$\{X_n\}$依分布收敛于X，记为$X_n \xrightarrow{L} X$，或$X_n \xrightarrow{F} X$，或$X_n \xrightarrow{w} X$，或$X_n \xrightarrow{d} X$.

定理 1.7.6　(1) 设$X_n \xrightarrow{P} X$，则$X_n \xrightarrow{F} X$.

(2) 如果$X_n - Y_n \xrightarrow{P} 0$，且$Y_n \xrightarrow{F} Z$，则$X_n \xrightarrow{F} Z$.

一般情况下，依分布收敛推不出依概率收敛，但下列结论成立：

定理 1.7.7　设$X_n \xrightarrow{P} C \Leftrightarrow X_n \xrightarrow{F} C$，其中，$C$为常数．

定义 1.7.11　设$(\Omega, \mathcal{F}, P)$为一概率空间，$0 \leqslant p < \infty$，称集合

$$L^p(\Omega, \mathcal{F}, P) = \left\{X : X \in \mathcal{F} \mid \beta(\mathbf{R}), \int_{\Omega} |X|^p \mathrm{d}P < \infty\right\}$$

为$(\Omega, \mathcal{F}, P)$上的L^p空间，简记为$L^p(\Omega)$. 这里，$X \in \mathcal{F} \mid \beta(\mathbf{R})$表示$X: \Omega \to \mathbf{R}$，且对任意$A \in \beta(\mathbf{R})$，有$X^{-1}(A) \in \mathcal{F}$.

称集合$L^\infty(\Omega, \mathcal{F}, P) = \{X: X \in \mathcal{F} \mid \beta(\mathbf{R})$，且存在实数$a$，使$|X| \leqslant a$，a. s.$\}$为$(\Omega, \mathcal{F}, P)$上的$L^\infty$空间，简记为$L^\infty(\Omega)$. 用$\| X \|_p = (E[\,|X|^p])^{\frac{1}{p}}$表示$L^p(\Omega)$中的范数；用$\| X \|_\infty = \inf\{a: |X| \leqslant a$, a. e.$\}$表示$L^\infty(\Omega)$中的范数．若$X$，$Y \in L^2(\Omega, \mathcal{F}, P)$且$\int_\Omega XY \mathrm{d}P = 0$，则称$X$，$Y$是互相垂直的，记为$X \perp Y$；若$X_n \in L^2(\Omega, \mathcal{F}, P)$，$n \geqslant 0$，且两两垂直，则称$\{X_n, n \geqslant 0\}$为$L^2(\Omega, \mathcal{F}, P)$的一个正交集．

定义 1.7.12　如果$\{X_n, X\} \subset L^r(\Omega)$，$r > 0$，且$\lim_{n\to\infty} E(|X_n - X|^r) = 0$，则称$\{X_n\}$ L^r-收敛于X，简记为$X_n \xrightarrow{L^r} X$，或$X_n \xrightarrow{r} X$. 当$r = 2$时，也称$\{X_n\}$均方收敛于X.

下面我们不加证明地列出一些常用的收敛定理，对其证明感兴趣的读者请查阅相关资料．

定理 1.7.8　(1)如果 $X_n \xrightarrow{L^p} X$，$p>0$，则有 $E|X|^p<\infty$；

(2)如果 $X_n \xrightarrow{L^p} X$，$p>0$，则有 $E|X_n|^p \to E|X|^p$；

(3)如果存在常数 $p>0$，使得 $X_n \xrightarrow{L^p} X$，则有 $X_n \xrightarrow{P} X$；反之，若 $X_n \xrightarrow{P} X$，且$\{X_n\}$几乎处处一致有界，即 $\|X_n\|_\infty<M$(常数)，则有 $X_n \xrightarrow{L^p} X$.

定理 1.7.9　设所涉及的矩均存在，则有

(1)Chebyshev 不等式：设 $\lambda>0$，对任意 $p>0$，有

$$P(|X|>\lambda) \leqslant \frac{1}{\lambda^p}E[|X|^p]$$

(2)C_r 不等式：对任意 $r>0$，有

$$E|X+Y|^r \leqslant C_rE|X|^r+C_rE|Y|^r,\text{其中}$$

$$C_r=\begin{cases}1, & r\leqslant 1\\ 2^{r-1}, & r>1\end{cases}$$

(3)Hölder 不等式：设 $p>1$，$\dfrac{1}{p}+\dfrac{1}{q}=1$，有

$$E|XY| \leqslant [E(|X|^p)]^{\frac{1}{p}}[E|X|^q]^{\frac{1}{q}}$$

特别地，当 $p=q=2$ 时，称为 Schwartz 不等式；

(4)Minkowski 不等式：设 $r\geqslant 1$，有

$$(E|X+Y|^r)^{\frac{1}{r}} \leqslant (E|X|^r)^{\frac{1}{r}}+(E|Y|^r)^{\frac{1}{r}}$$

(5)函数 $\ln E|X|^r$ 是 $r\geqslant 0$ 时的凸函数；函数$(E|X|^r)^{1/r}$是 $r>0$ 时的非降函数；

(6)Jensen 不等式：设 ϕ：$\mathbf{R}\mapsto\mathbf{R}$ 为凸函数，且 $E(\phi(X))<\infty$，则有

$$\phi(E(X)) \leqslant E(\phi(X))$$

特别地，$|E(X)|\leqslant E|X|$，及对 $p\geqslant 1$，有

$$|E(X)|^p \leqslant [E|X|^p]$$

(7) 矩不等式：设 X 为任意随机变量，g 为 $\mathbf{R}$ 上的非负 Borel 可测偶函数，并且 g 在 $[0,\infty)$上非降，则对每个 $a\geqslant 0$，有

$$\frac{Eg(X)-g(a)}{\|g(X)\|_\infty} \leqslant P\{|X|\geqslant a\} \leqslant \frac{Eg(X)}{|g(a)|}$$

如果 g 只在 $\mathbf{R}$ 上非降，则上面不等式里中间那一项可以换为 $P\{X\geqslant a\}$，$\forall a\in\mathbf{R}$. 特别地，取 $g(x)=\mathrm{e}^{rx}$，$r>0$，则有

$$\frac{E\mathrm{e}^{rX}-\mathrm{e}^{ra}}{\|\mathrm{e}^{rX}\|_\infty} \leqslant P\{X\geqslant a\} \leqslant \mathrm{e}^{-ra}E\mathrm{e}^{rX}.$$

取 $g(x)=|x|^r$，$r>0$，则有

$$\frac{E|X|^r-a^r}{\|\mathrm{e}^{rX}\|_\infty} \leqslant P\{|X|\geqslant a\} \leqslant \frac{E|X|^r}{a^r}$$

不等式右边就是 Chebyshev 不等式．

定理 1.7.10　设$\{X_n, X\}\subset L^1(\Omega)$，则 $X_n \xrightarrow{L^1} X \Leftrightarrow X_n \xrightarrow{P} X$，且 $E|X_n|\to E|X|$.

前面，我们介绍了随机事件的独立性，现我们将其推广如下：

定义 1.7.13　给定概率空间$(\Omega, \mathcal{F}, P)$，若$P(A\cap B)=P(A)P(B)$，则称事件A，$B\in\mathcal{F}$独立；若对任意有限指标集$\{i_1, i_2, \cdots, i_k\}\subset I$，均有

$$P(A_{i_1}\cap A_{i_2}\cap\cdots\cap A_{i_k})=P(A_{i_1})P(A_{i_2})\cdots P(A_{i_k})$$

则称事件族$\{A_i, i\in I\}$独立；若任给$A\in\mathcal{F}_1$，$B\in\mathcal{F}_2$，均有A与B独立，则两个σ-代数$\mathcal{F}_1$和$\mathcal{F}_2$是独立的．设$\{\xi_i, i\in I\}$是一族随机变量，若它们生成的σ-代数$\sigma(\xi_i)$族相互独立，则称这个随机变量族是独立的．

类似地，我们可以定义一个随机变量和一个σ-代数的独立性．

可以证明，随机变量X和Y独立当且仅当对任意有界连续函数f和g，均有

$$E[f(X)g(Y)]=E[f(X)]E[g(Y)]$$

并且若随机变量X和Y相互独立且$E(|f(X, Y)|)<\infty$，则

$$E[f(X,Y)]=E[g(X)]$$

其中，$g(x)=E[f(x, Y)]$.

第 2 章　条件期望

在概率论中，我们学习了随机变量的条件分布．设$(\Omega, \mathcal{F}, P)$是一个概率空间，(X, Y)是其上的一个二维离散型随机向量，如果$P(Y=y_j)>0$，则

$$P(X = x_i \mid Y = y_j) = \frac{P(X = x_i, Y = y_j)}{P(Y = y_j)} = \frac{p_{ij}}{p_{\cdot j}}$$

如果$P(X=x_i)>0$，则

$$P(Y = y_j \mid X = x_i) = \frac{P(X = x_i, Y = y_j)}{P(X = x_i)} = \frac{p_{ij}}{p_{i \cdot}}$$

当(X, Y)为二维连续型随机向量时，对给定的$y\in \mathbf{R}$，如果$f_Y(y)>0$，则在条件$Y=y$下，X的条件密度函数为

$$f_{X|Y}(x \mid y) = \frac{f(x,y)}{f_Y(y)}, -\infty < x < +\infty$$

对应的条件分布函数为

$$F_{X|Y}(x \mid y) = \int_{-\infty}^{x} \frac{f(u,y)}{f_Y(y)} \mathrm{d}u, -\infty < x < +\infty$$

类似地，对给定的$x\in \mathbf{R}$，如果$f_X(x)>0$，则在条件$X=x$下，Y的条件密度函数为

$$f_{Y|X}(y \mid x) = \frac{f(x,y)}{f_X(x)}, -\infty < y < +\infty$$

对应的条件分布函数为

$$F_{Y|X}(y \mid x) = \int_{-\infty}^{y} \frac{f(x,v)}{f_X(x)} \mathrm{d}v, -\infty < y < +\infty$$

本章分别介绍随机变量关于随机事件的条件期望与随机变量关于一个子σ-代数的条件期望．

2.1　随机变量关于随机事件的条件期望

定义 2.1.1　设$(\Omega, \mathcal{F}, P)$是一个概率空间，(X, Y)为其上的一个二维连续型随机向量，如果积分$\int_{-\infty}^{+\infty} y f_{Y|X}(y \mid x)\mathrm{d}y$绝对收敛，则称$Y$在条件$X=x$下的条件期望为

$$E(Y \mid X = x) = \int_{-\infty}^{+\infty} y f_{Y|X}(y \mid x)\mathrm{d}y$$

相应地，如果积分$\int_{-\infty}^{+\infty} [y - E(Y \mid X = x)]^2 f_{Y|X}(y \mid x)\mathrm{d}y$收敛，则称$Y$在条件$X=x$下的条件方差为

$$D(Y \mid X = x) = \int_{-\infty}^{+\infty} [y - E(Y \mid X = x)]^2 f_{Y|X}(y \mid x)\mathrm{d}y$$

类似地，条件期望$E(X \mid Y=y)$与条件方差$D(X \mid Y=y)$分别定义为

$$E(X \mid Y = y) = \int_{-\infty}^{+\infty} x f_{X|Y}(x \mid y)\mathrm{d}x$$

$$D(X \mid Y=y)=\int_{-\infty}^{+\infty}[x-E(X \mid Y=y)]^2 f_{X|Y}(x \mid y)\mathrm{d}x$$

定义 2.1.2　设$(\Omega, \mathcal{F}, P)$是一个概率空间，(X, Y)为其上的一个二维离散型随机向量，如果级数 $\sum_j y_j P(Y=y_j \mid X=x_i)$ 绝对收敛，则称Y在条件$X=x_i$下的条件期望为

$$E(Y \mid X=x_i)=\sum_j y_j P(Y=y_j \mid X=x_i)=\sum_j y_j \frac{p_{ij}}{p_{i\cdot}}$$

如果级数 $\sum_j [y_j-E(Y \mid X=x_i)]^2 P(Y=y_j \mid X=x_i)$ 收敛，则称Y在条件$X=x_i$下的条件方差为

$$D(Y \mid X=x_i)=\sum_j [y_j-E(Y \mid X=x_i)]^2 P(Y=y_j \mid X=x_i)$$

类似地，条件期望$E(X \mid Y=y)$与条件方差$D(X \mid Y=y)$分别定义为

$$E(X \mid Y=y_j)=\sum_i x_i P(X=x_i \mid Y=y_j)=\sum_i x_i \frac{p_{ij}}{p_{\cdot j}}$$

$$D(X \mid Y=y_j)=\sum_i [x_i-E(X \mid Y=y_j)]^2 P(X=x_i \mid Y=y_j)$$

定义 2.1.3　设$(\Omega, \mathcal{F}, P)$是一个概率空间，X为其上的一个一维随机变量，A为任一随机事件，满足$P(A)>0$，则X在条件A下的条件期望为

$$E(X \mid A)=\frac{E(1_A X)}{P(A)}$$

条件方差为

$$D(X \mid A)=E[(X-E(X \mid A))^2 \mid A]=E(X^2 \mid A)-(E(X \mid A))^2$$

从上述定义可以看出，无论(X, Y)是离散型随机向量还是连续型随机向量，均有以下性质.

性质 2.1.1　如果随机变量X与Y独立，则有

$$E(X \mid Y=y)=E(X), E(Y \mid X=x)=E(Y)$$

性质 2.1.2（全期望公式）　设X与Y是任意两个随机变量：

(1)如果Y是一个离散型随机变量，则有

$$E(X)=\sum_j P(Y=y_j)E(X \mid Y=y_j)$$

(2)如果Y是一个连续型随机变量，则有

$$E(X)=\int_{-\infty}^{+\infty} E(X \mid Y=y) f_Y(y)\mathrm{d}y$$

证明　我们仅对X与Y均为离散型随机变量的情形给予证明，因为

$$\begin{aligned}
&\sum_j P(Y=y_j)E(X \mid Y=y_j)\\
&=\sum_j P(Y=y_j)\sum_i x_i P(X=x_i \mid Y=y_j)\\
&=\sum_j \sum_i x_i P(Y=y_j)P(X=x_i \mid Y=y_j)\\
&=\sum_j \sum_i x_i P(X=x_i, Y=y_j)=\sum_i x_i \sum_j P(X=x_i, Y=y_j)
\end{aligned}$$

$$=\sum_i x_i p_{i\cdot} = E(X)$$

证毕.

特别地，在性质2.1.2的(2)中，我们取 $X=1_A$，其中 A 是任一随机事件，则得到下列由连续型随机变量导出的全概率公式：

$$P(A)=\int_{-\infty}^{+\infty} f_Y(y)P(A \mid Y=y)\mathrm{d}y$$

例 2.1.1 设 $\{X_i\}_{i=1}^{\infty}$ 是一个 i. i. d.(独立同分布)随机序列，X 是一个离散型随机变量，X 与 $\{X_i\}_{i=1}^{\infty}$ 独立，且 X 的可能取值为 $\{1, 2, \cdots\}$，$E(X)$，$E(X_i)$ 存在，则有

$$E\left(\sum_{i=1}^{X} X_i\right)=E(X)E(X_1)$$

证明 由全期望公式有

$$\begin{aligned}
E\left(\sum_{i=1}^{X} X_i\right) &= \sum_{k=1}^{\infty} E\left(\sum_{i=1}^{X} X_i \mid X=k\right)P(X=k)\\
&= \sum_{k=1}^{\infty} E\left(\sum_{i=1}^{k} X_i \mid X=k\right)P(X=k)\\
&= \sum_{k=1}^{\infty} E\left(\sum_{i=1}^{k} X_i\right)P(X=k)\\
&= \sum_{k=1}^{\infty} kE(X_1)P(X=k)\\
&= E(X_1)\sum_{k=1}^{\infty} kP(X=k)\\
&= E(X_1)E(X)
\end{aligned}$$

■

例 2.1.2 已知 X_1，X_2，$\cdots$，X_n 相互独立，且分别服从参数为 λ_1，λ_2，$\cdots$，λ_n 的指数分布，求概率 $P(X_1=\min\{X_1, X_2, \cdots, X_n\})$.

解 首先，我们有

$$P(X_1=\min\{X_1,X_2,\cdots,X_n\})=P(X_1\leqslant \min\{X_2,X_3,\cdots,X_n\})$$

记 $Y=\min\{X_2, X_3, \cdots, X_n\}$，则

$$P(X_1=\min\{X_1,X_2,\cdots,X_n\})=P(X_1\leqslant Y)$$

由连续型随机变量导出的全概率公式知，

$$\begin{aligned}
P(X_1=\min\{X_1,X_2,\cdots,X_n\}) &= \int_{-\infty}^{+\infty} f_{X_1}(x)P(X_1\leqslant Y \mid X_1=x)\mathrm{d}x\\
&= \int_0^{+\infty} \lambda_1 \mathrm{e}^{-\lambda_1 x}P(x\leqslant Y \mid X_1=x)\mathrm{d}x.
\end{aligned}$$

由 X_1 与 Y 独立知，

$$\begin{aligned}
&P(X_1=\min\{X_1,X_2,\cdots,X_n\})\\
&= \int_0^{+\infty} \lambda_1 \mathrm{e}^{-\lambda_1 x}P(\min\{X_2,X_3,\cdots,X_n\}\geqslant x)\mathrm{d}x
\end{aligned}$$

$$=\int_0^{+\infty}\lambda_1 e^{-\lambda_1 x}P(X_2\geqslant x)P(X_3\geqslant x)\cdots P(X_n\geqslant x)dx$$
$$=\int_0^{+\infty}\lambda_1 e^{-\lambda_1 x}e^{-\lambda_2 x}e^{-\lambda_3 x}\cdots e^{-\lambda_n x}dx$$
$$=\frac{\lambda_1}{\lambda_1+\lambda_2+\cdots+\lambda_n}$$ ■

2.2　随机变量关于子 σ-代数的条件期望

由定义 2.1.3 知，随机变量 X 关于随机事件的条件期望为一个数．现设$(\Omega, \mathcal{F}, P)$是一个概率空间，X 为其上的一个一维随机变量，$\mathcal{F}_1$ 为$\mathcal{F}$的子 σ-代数，现我们讨论条件期望 $E(X\mid\mathcal{F}_1)$．由于$\mathcal{F}_1$ 是一些随机事件的集合，故 $E(X\mid\mathcal{F}_1)$不应再是一个数．

定理 2.2.1　设$(\Omega, \mathcal{F}, P)$是一个概率空间，X 为其上的一个随机变量，满足 $X\in L^1(\Omega)$，$\mathcal{F}_1$ 为$\mathcal{F}$的子 σ-代数，则存在唯一的(几乎必然相等意义下)随机变量 $\widetilde{X}\in L^1(\Omega)$，满足

(1)$\widetilde{X}$ 是$\mathcal{F}_1$ 可测的；

(2)对任意 $A\in\mathcal{F}_1$，有 $\int_A X dP=\int_A \widetilde{X} dP$.

证明　略．

定义 2.2.1　称定理 2.2.1 中的 $\widetilde{X}$ 为随机变量 X 关于子 σ-代数$\mathcal{F}_1$ 的条件期望，记为 $E(X\mid\mathcal{F}_1)$.

由定义知，条件期望 $E(X\mid\mathcal{F}_1)$是一个随机变量，它没有具体的表达式，且在几乎必然意义下是唯一的．如果 $A\in\mathcal{F}$，则称

$$P(A\mid\mathcal{F}_1):=E(1_A\mid\mathcal{F}_1),$$

为事件 A 关于子 σ-代数$\mathcal{F}_1$ 的条件概率，显然它也是一个随机变量．

下面讨论条件期望 $E(X\mid\mathcal{F}_1)$的性质．

定理 2.2.2　设$(\Omega, \mathcal{F}, P)$是一个概率空间，X，Y 为其上的随机变量，满足 $X\in L^1(\Omega)$，$Y\in L^1(\Omega)$，$\mathcal{F}_1$ 为$\mathcal{F}$的子 σ-代数，则下列结论成立：

(1)$E(C\mid\mathcal{F}_1)=C$，a. s.，其中 C 为任意常数.

(2)$E(E(X\mid\mathcal{F}_1))=E(X)$.

(3)若 $X=Y$，a. s.，则 $E(X\mid\mathcal{F}_1)=E(Y\mid\mathcal{F}_1)$，a. s..

(4)对任意的常数 a，$b\in\mathbf{R}$，有 $E(aX+bY\mid\mathcal{F}_1)=aE(X\mid\mathcal{F}_1)+bE(Y\mid\mathcal{F}_1)$.

(5)若 $X\leqslant Y$，a. s.，则 $E(X\mid\mathcal{F}_1)\leqslant E(Y\mid\mathcal{F}_1)$，a. s..

(6)若 X 与$\mathcal{F}_1$ 独立，则 $E(X\mid\mathcal{F}_1)=E(X)$，特别地，$\forall X\in L^1(\Omega)$，有

$$E(X\mid\{\Omega,\varnothing\})=E(X)$$

(7)若 Y 是$\mathcal{F}_1$ 可测的，函数 $\varphi(x, y)$满足 $E[\,|\varphi(X, Y)|\,]<+\infty$，则

$$E(\varphi(X,Y)\mid\mathcal{F}_1)=E(\varphi(X,y)\mid\mathcal{F}_1)\mid_{y=Y}，\text{a. s.}$$

这里 $E(\varphi(X, y)\mid\mathcal{F}_1)\mid_{y=Y}$表示先将 y 视为常数，求出条件期望 $E(\varphi(X, y)\mid\mathcal{F}_1)$后，再将 y 换为随机变量 Y. 特别地，

(i) 若 Y 关于$\mathcal{F}_1$ 可测，且 $XY\in L^1(\Omega)$，则有

$$E(XY\mid\mathcal{F}_1)=YE(X\mid\mathcal{F}_1)$$

(ii)$E(X \mid \mathcal{F})=X$.

(8)$\mathcal{F}_1$与$\mathcal{F}_2$均为$\mathcal{F}$的子 σ-代数，满足$\mathcal{F}_1 \subset \mathcal{F}_2 \subset \mathcal{F}$，则

$$E(E(X \mid \mathcal{F}_1) \mid \mathcal{F}_2)=E(E(X \mid \mathcal{F}_2) \mid \mathcal{F}_1)=E(X \mid \mathcal{F}_1), \text{ a. s.}$$

(9)若 $\{X_n, n \geqslant 1\}$是非负单调增加的随机序列，则

$$E[\sup_{n \geqslant 1} X_n \mid \mathcal{F}_1]=\sup_{n \geqslant 1} E(X_n \mid \mathcal{F}_1), \text{ a. s.}$$

(10)设 $\{X_n, n \geqslant 1\}$是一个随机序列，满足

1) $\lim\limits_{n \to \infty} X_n=X$, a. s.；

2) 存在 $Y \in L^1(\Omega)$，使得 $|X_n| \leqslant Y (\forall n \geqslant 1)$；

则 $\lim\limits_{n \to \infty} E[X_n \mid \mathcal{F}_1]=E(X \mid \mathcal{F}_1)$, a. s.

(11)设$\{\mathcal{F}_n\}$是$\mathcal{F}$的单调递增子 σ-代数列，记$\widetilde{\mathcal{F}}=\sigma(\bigcup\limits_{n=1}^{\infty} \mathcal{F}_n)$，如果

$$X \in L^1(\Omega)，且关于\widetilde{\mathcal{F}}可测，则有 \lim_{n \to \infty} E(X \mid \mathcal{F}_n)=X.$$

证明　(1)的证明：记 $X=C$，$\forall B \in \beta(\mathbf{R})$，如果 $C \in B$，则 $X^{-1}(B)=\Omega \in \mathcal{F}_1$，如果 $C \notin B$，则 $X^{-1}(B)=\varnothing \in \mathcal{F}_1$，从而 C 是$\mathcal{F}_1$可测的．又因为对任意 $A \in \mathcal{F}_1$，有 $\int_A C \mathrm{d}P=\int_A C \mathrm{d}P$. 所以，$E(C \mid \mathcal{F}_1)=C(\text{a. s.})$.

(2)的证明：记 $Y=E(X \mid \mathcal{F}_1)$，由条件期望的定义知，$Y$ 是$\mathcal{F}_1$可测的，且对任意 $A \in \mathcal{F}_1$，有 $\int_A X \mathrm{d}P=\int_A Y \mathrm{d}P$，取 $A=\Omega$，则有 $\int_\Omega X \mathrm{d}P=\int_\Omega Y \mathrm{d}P$，即 $E[Y]=E[X]$，从而得到

$$E(E(X \mid \mathcal{F}_1))=E(X)$$

(4)的证明：首先证明 $E(X+Y \mid \mathcal{F}_1)=E(X \mid \mathcal{F}_1)+E(Y \mid \mathcal{F}_1)$．记 $\widetilde{X}=E(X \mid \mathcal{F}_1)$，$\widetilde{Y}=E(Y \mid \mathcal{F}_1)$，则由条件期望的定义及可测函数的性质知，$\widetilde{X}+\widetilde{Y}$ 是$\mathcal{F}_1$可测的，再由测度积分的性质知，对任意 $A \in \mathcal{F}_1$，有 $\int_A (X+Y) \mathrm{d}P=\int_A (\widetilde{X}+\widetilde{Y}) \mathrm{d}P$，从而由条件期望的定义知，$E(X+Y \mid \mathcal{F}_1)=E(X \mid \mathcal{F}_1)+E(Y \mid \mathcal{F}_1)$. 其次证明对任意的常数 $a \in \mathbf{R}$，有

$$E(aX \mid \mathcal{F}_1)=aE(X \mid \mathcal{F}_1)$$

事实上，当 $a=0$ 时，结论显然成立．当 $a \neq 0$ 时，记 $Y=E(aX \mid \mathcal{F}_1)$，由条件期望的定义知，对任意 $A \in \mathcal{F}_1$，有 $\int_A Y \mathrm{d}P=\int_A aX \mathrm{d}P$，从而得到 $\int_A \frac{1}{a} Y \mathrm{d}P=\int_A X \mathrm{d}P$. 再由 Y 是$\mathcal{F}_1$可测的知，$\frac{1}{a}Y$ 是$\mathcal{F}_1$可测的．由条件期望的定义知，$E(X \mid \mathcal{F}_1)=\frac{1}{a}Y$，即

$$Y=aE(X \mid \mathcal{F}_1)$$

这就证明了 $E(aX \mid \mathcal{F}_1)=aE(X \mid \mathcal{F}_1)$.

(5)的证明：首先，$E(Y \mid \mathcal{F}_1)-E(X \mid \mathcal{F}_1)$关于$\mathcal{F}_1$可测；其次，$\forall A \in \mathcal{F}_1$，

$$\int_A \{E(Y \mid \mathcal{F}_1)-E(X \mid \mathcal{F}_1)\} \mathrm{d}P=\int_A E(Y-X \mid \mathcal{F}_1) \mathrm{d}P=\int_A (Y-X) \mathrm{d}P \geqslant 0$$

从而 $E(Y \mid \mathcal{F}_1)-E(X \mid \mathcal{F}_1) \geqslant 0$.

结论(3)是(5)的推论.

(6)的证明：对任意 $A\in\mathcal{F}_1$，则有 1_A 与 X 独立，从而

$$\int_A E(X\mid\mathcal{F}_1)\mathrm{d}P=\int_A X\mathrm{d}P=E(1_AX)=E(1_A)E(X)=\int_A E(X)\mathrm{d}P$$

由 $A\in\mathcal{F}_1$ 的任意性知，

$$E(X\mid\mathcal{F}_1)=E(X)$$

(7)的证明：对(7)我们只证特殊情况，即若 Y 关于$\mathcal{F}_1$ 可测，且 $XY\in L^1(\Omega)$，则有

$$E(XY\mid\mathcal{F}_1)=YE(X\mid\mathcal{F}_1)$$

一般情况的证明，请读者自己完成.

事实上，设 $Y=1_A$，当 $A\in\mathcal{F}_1$ 时，由定义知，对任意 $B\in\mathcal{F}_1$，有

$$\begin{aligned}\int_B E(1_AX\mid\mathcal{F}_1)\mathrm{d}P&=\int_B 1_AX\mathrm{d}P=\int_{BA}X\mathrm{d}P\\&=\int_{AB}E(X\mid\mathcal{F}_1)\mathrm{d}P=\int_B 1_AE(X\mid\mathcal{F}_1)\mathrm{d}P\end{aligned}$$

由 B 的任意性知，

$$E(1_AX\mid\mathcal{F}_1)=1_AE(X\mid\mathcal{F}_1)(\text{a. s.})$$

即当 Y 为$\mathcal{F}_1$可测示性函数时，结论成立. 由条件期望的线性性知，当 Y 为$\mathcal{F}_1$可测的简单函数时，结论也成立. 又因为，任一关于$\mathcal{F}_1$可测的随机变量可由一列关于$\mathcal{F}_1$可测的单调简单函数逼近，这样由我们下面即将介绍的条件期望的单调收敛定理就推得，对任意 Y 关于$\mathcal{F}_1$ 可测，且 $XY\in L^1(\Omega)$，均有

$$E(XY\mid\mathcal{F}_1)=YE(X\mid\mathcal{F}_1)$$

(8)的证明：对任意 $A\in\mathcal{F}_1$，有 $A\in\mathcal{F}_2$，从而

$$\int_A E\{E(X\mid\mathcal{F}_2)\mid\mathcal{F}_1\}\mathrm{d}P=\int_A E(X\mid\mathcal{F}_2)\mathrm{d}P=\int_A X\mathrm{d}P=\int_A E(X\mid\mathcal{F}_1)\mathrm{d}P$$

由 $A\in\mathcal{F}_1$的任意性知，

$$E\{E(X\mid\mathcal{F}_2)\mid\mathcal{F}_1\}=E(X\mid\mathcal{F}_1)$$

而 $E\{E(X\mid\mathcal{F}_1)\mid\mathcal{F}_2\}=E(X\mid\mathcal{F}_1)$，则可测性是显然的.

(9)的证明：(9)的结论是后面定理 2.2.4 的特例.

(10)的证明：令 $Z_n=\sup\limits_{k\geqslant n}|X_n-X|$，则 $Z_n\downarrow 0$，且 $|Z_n|\leqslant 2Y$，所以由控制收敛定理知，$E(Z_n)\downarrow 0$. 又因为

$$|E(X_n\mid\mathcal{F}_1)-E(X\mid\mathcal{F}_1)|\leqslant E(Z_n\mid\mathcal{F}_1)$$

且 $E(Z_n\mid\mathcal{F}_1)$非负单调递减，设其极限为 ξ，显然 $\xi\geqslant 0$，并且有

$$E(\xi)=E(E(\xi\mid\mathcal{F}_1))\leqslant E(E(Z_n\mid\mathcal{F}_1))=E(Z_n)\to 0$$

从而 $E(\xi)=0$，即 $\xi=0(\text{a. s.})$. 故有

$$\lim_{n\to\infty}E[X_n\mid\mathcal{F}_1]=E(X\mid\mathcal{F}_1),\text{a. s.}$$

(11)的证明留给读者自己完成. ■

定理 2.2.3(条件期望的单调收敛定理) 设 $\{X_n, X\}\subset L^1(\Omega)$，如果 $0\leqslant X_n\uparrow X$，a. s.，则有 $0\leqslant E(X_n\mid\mathcal{F}_1)\uparrow E(X\mid\mathcal{F}_1)(\text{a. s.})$.

证明 由 $X_n\leqslant X_{n+1}(\text{a. s.})$知，$E(X_n\mid\mathcal{F}_1)\leqslant E(X_{n+1}\mid\mathcal{F}_1)(\text{a. s.})$. 因而$\lim\limits_{n\to\infty}E(X_n\mid\mathcal{F}_1)$几

乎必然存在．记此极限为 $\widetilde{X}$，显然，$\widetilde{X}$ 关于 $\mathcal{F}_1$ 可测．另一方面，对任意 $B\in\mathcal{F}_1$，我们有

$$\int_B E(X_n \mid \mathcal{F}_1)\mathrm{d}P=\int_B X_n\mathrm{d}P$$

由测度积分的单调收敛定理知，对任意 $B\in\mathcal{F}_1$，

$$\int_B \widetilde{X}\mathrm{d}P=\int_B X\mathrm{d}P$$

故 $E(X\mid\mathcal{F}_1)=\widetilde{X}$(a. s.)．所以，

$$0\leqslant E(X_n\mid\mathcal{F}_1)\uparrow E(X\mid\mathcal{F}_1),\ \text{a. s.}$$

证毕．■

由条件期望的单调收敛定理立即得到：若存在随机变量 $Y\in L^1(\Omega)$，使得 $\forall n\geqslant1$，均有 $X_n\geqslant Y$，且 $X_n\uparrow X$(a. s.)，则有

$$E(X_n\mid\mathcal{F}_1)\uparrow E(X\mid\mathcal{F}_1),\ \text{a. s.}$$

若 $\{A_k\}$ 是一列两两不交的事件，则有

$$P\Big(\sum_{k=1}^{\infty}A_k\mid\mathcal{F}_1\Big)=\sum_{k=1}^{\infty}P(A_k\mid\mathcal{F}_1),\ \text{a. s.}$$

定理 2.2.4（条件期望的 Fatou 引理）　设 $X,\ Z\in L^1(\Omega)$，$\{X_n\}\subset L^1(\Omega)$，如果 $\forall n\geqslant1$，均有 $X_n\geqslant Y$(a. s.)，或者 $X_n\leqslant Z$(a. s.)，则分别有

$$E(\varliminf_{n\to\infty}X_n\mid\mathcal{F}_1)\leqslant\varliminf_{n\to\infty}E(X_n\mid\mathcal{F}_1),\ \text{a. s.}$$

或者

$$\varlimsup_{n\to\infty}E(X_n\mid\mathcal{F}_1)\leqslant E(\varlimsup_{n\to\infty}X_n\mid\mathcal{F}_1),\ \text{a. s.}$$

特别地，如果 $\forall n\geqslant1$，$Y\leqslant X_n\leqslant Z$，且 $X_n\to X$(a. s.)，则有

$$E(X_n\mid\mathcal{F}_1)\to E(X\mid\mathcal{F}_1),\ \text{a. s.}$$

证明　先考虑特殊情形，即 $X_n\geqslant0$(a. s.)，$\forall n\geqslant1$. 此时有

$$X_n\geqslant\inf_{k\geqslant n}X_k\uparrow\varliminf_{n\to\infty}X_n,$$

由单调收敛定理知，

$$\varliminf_{n\to\infty}E(X_n\mid\mathcal{F}_1)\geqslant\lim_{n\to\infty}E(\inf_{k\geqslant n}X_k\mid\mathcal{F}_1)=E(\varliminf_{n\to\infty}X_n\mid\mathcal{F}_1),\ \text{a. s.}$$

对一般情形，考虑 X_n-Y 即可．■

定理 2.2.5（r 方收敛定理）　设 $X_n\xrightarrow{L^r}X$，其中，$r\geqslant1$，则有

$$E(X_n\mid\mathcal{F}_1)\xrightarrow{L^r}E(X\mid\mathcal{F}_1)$$

证明　由条件 Jensen 不等式知，

$$\begin{aligned}E(|E(X_n\mid\mathcal{F}_1)-E(X\mid\mathcal{F}_1)|^r)&=E(|E(X_n-X\mid\mathcal{F}_1)|^r)\\&\leqslant E(E(|X_n-X|^r\mid\mathcal{F}_1))=E(|X_n-X|^r)\to0\end{aligned}$$

■

定义 2.2.2　设 $(\Omega,\ \mathcal{F},\ P)$ 是一个概率空间，$X,\ Y$ 为其上的随机变量，满足 $X\in L^1(\Omega)$，称条件期望 $E(X\mid\sigma(Y))$ 为 X 关于 Y 的条件期望，记为 $E(X\mid Y)$.

同理，我们记 $E(X\mid Y_1,\ Y_2,\ \cdots,\ Y_n)\triangleq E(X\mid\sigma(Y_1,\ Y_2,\ \cdots,\ Y_n))$.

定义 2.2.3　设 $(\Omega,\ \mathcal{F},\ P)$ 是一个概率空间，$\mathcal{F}_1$ 是 $\mathcal{F}$ 的一个子 σ-代数，$\mathcal{G}_1$，$\mathcal{G}_2$ 是 $\mathcal{F}$ 的

任意两个子集，如果对任意 $A\in\mathscr{G}_1$，$B\in\mathscr{G}_2$，均有

$$P(A_1A_2\mid\mathcal{F}_1)=P(A_1\mid\mathcal{F}_1)P(A_2\mid\mathcal{F}_1)$$

则称 $\mathscr{G}_1$，$\mathscr{G}_2$ 关于 σ-代数$\mathcal{F}_1$条件独立．

例 2.2.1 (1) 任意两个事件 A，B 总是关于$\mathcal{F}$条件独立的．(2) 两个事件 A，B 关于$\mathcal{F}$的最小子 σ-代数$\mathcal{F}_1=\{\Omega,\ \varnothing\}$条件独立就是 A 与 B 独立．

条件期望在定义鞅等随机过程中起着关键性作用．下面介绍一个条件期望在预测中的重要应用．

例 2.2.2 设 X，Y 为两个随机变量，$g(x)$为 $\mathbf{R}$ 上的任一 Borel 可测函数，则

$$E[(Y-g(X))^2]\geqslant E[(Y-E(Y\mid X))^2]$$

即在已知随机变量 X 的条件下，$E(Y\mid X)$是 Y 在均方意义下的最佳预测．

证明
$$\begin{aligned}E[(Y-g(X))^2\mid X]&=E[(Y-E(Y\mid X)+E(Y\mid X)-g(X))^2\mid X]\\&=E[(Y-E(Y\mid X))^2\mid X]+E[(E(Y\mid X)-g(X))^2\mid X]+\\&\quad 2E[(E(Y\mid X)-g(X))(Y-E(Y\mid X))\mid X]\end{aligned}$$

因为 $E(Y\mid X)-g(X)$关于 $\sigma(X)$可测，故

$$\begin{aligned}&E[(E(Y\mid X)-g(X))(Y-E(Y\mid X))\mid X]\\&=(E(Y\mid X)-g(X))E[(Y-E(Y\mid X))\mid X]=0\end{aligned}$$

所以

$$\begin{aligned}&E[(Y-g(X))^2\mid X]\\&=E[(Y-E(Y\mid X))^2\mid X]+E[(E(Y\mid X)-g(X))^2\mid X]\\&\geqslant E[(Y-E(Y\mid X))^2\mid X]\end{aligned}$$

证毕． ■

下面，我们介绍条件期望的平滑性．

定义 2.2.4 设 $B\in\mathcal{F}_1$，如果 B 中除它本身与空集$\varnothing$外，没有其他子集属于$\mathcal{F}_1$，则称 B 为$\mathcal{F}_1$ 的原子．

条件期望的平滑性是指 $E(X\mid\mathcal{F}_1)$在$\mathcal{F}_1$ 的原子上是一个常数．一般地，X 在$\mathcal{F}_1$ 的原子上不是常数，但经过条件期望后就是常数了，相当于将 X 平滑了．

定理 2.2.6 设 B 为$\mathcal{F}_1$ 的原子，且 $P(B)>0$，则任给 $\omega\in B$，有

$$E(X\mid\mathcal{F}_1)(\omega)=E(X\mid B)=\frac{\int_B X\mathrm{d}P}{P(B)}$$

证明 先证对任意 $\omega\in B$，$E(X\mid\mathcal{F}_1)(\omega)$必为常数．事实上，如若不然，则 $E(X\mid\mathcal{F}_1)$在 B 上至少取两个值 a 与 b，且 $a\neq b$. 于是 $B\cap\{E(X\mid\mathcal{F}_1)=a\}\in\mathcal{F}_1$ 且 $B\cap\{E(X\mid\mathcal{F}_1)=b\}\in\mathcal{F}_1$，且它们均不为空集．这样 B 的子集 $B\cap\{E(X\mid\mathcal{F}_1)=a\}$仍属于$\mathcal{F}_1$，这与 B 为原子矛盾. 设对任意 $\omega\in B$，$E(X\mid\mathcal{F}_1)(\omega)=C$. 因为

$$\int_B X\mathrm{d}P=\int_B E(X\mid\mathcal{F}_1)\mathrm{d}P=CP(B)$$

从而

$$C=\frac{\int_B X\mathrm{d}P}{P(B)}$$

■

在本节的最后，我们简单介绍一下条件方差及其性质．

定义 2.2.5(条件方差)　设 X 是任一随机变量，$\mathcal{F}_t$ 是一个子 σ-代数，则 X 关于 $\mathcal{F}_t$ 的条件方差定义为

$$\mathrm{Var}(X \mid \mathcal{F}_t) = E(X^2 \mid \mathcal{F}_t) - (E(X \mid \mathcal{F}_t))^2$$

关于条件方差，有下列全方差公式．

定理 2.2.7　设 X 和 Y 是两个随机变量，则有

$$\mathrm{Var}(X) = E\{\mathrm{Var}(X \mid Y)\} + \mathrm{Var}\{E(X \mid Y)\}$$

证明　因为上式右边

$$\begin{aligned}
&E\{\mathrm{Var}(X \mid Y)\} + \mathrm{Var}\{E(X \mid Y)\}\\
=&E\{E(X^2 \mid Y) - (E(X \mid Y))^2\} + E\{(E(X \mid Y))^2\} - \{E(E(X \mid Y))\}^2\\
=&E(X^2) - \{E(X)\}^2\\
=&\mathrm{Var}(X)
\end{aligned}$$

所以定理得证．■

例 2.2.3　设 $\{X_n\}_{n=1}^{\infty}$ 是 i. i. d.，$\{N_t,\ t\geqslant 0\}$ 是标准泊松过程，且 $\{X_n\}_{n=1}^{\infty}$ 与 $\{N_t,\ t\geqslant 0\}$ 是独立的，记 $S_t = \sum_{i=1}^{N_t} X_i$，则有

$$\mathrm{Var}(S_t) = E(N_t)\mathrm{Var}(X_1) + (E(X_1))^2\mathrm{Var}(N_t)$$

证明　由全方差公式知，

$$\begin{aligned}
\mathrm{Var}(S_t) &= E\{\mathrm{Var}(S_t \mid N_t)\} + \mathrm{Var}\{E(S_t \mid N_t)\}\\
&= E\{\mathrm{Var}(X_1 + X_2 + \cdots + X_{N_t} \mid N_t)\} + \mathrm{Var}\{E(X_1 + X_2 + \cdots + X_{N_t} \mid N_t)\}\\
&= E\{N_t\mathrm{Var}(X_1)\} + \mathrm{Var}\{N_t E(X_1)\}\\
&= E(N_t)\mathrm{Var}(X_1) + (E(X_1))^2\mathrm{Var}(N_t)
\end{aligned}$$

■

2.3　Jensen 不等式

Jensen 不等式是以丹麦数学家 Johan Jensen 命名的一个不等式．它给出了期望的凸函数值和凸函数的期望值之间的关系．在中文中，Jensen 不等式通常称为琴生不等式或詹森不等式．

定义 2.3.1　(1)(凸集)设 $S\subset\mathbf{R}^d$，$d\geqslant 1$，如果，$\forall\, x$，$y\in S$，$0<\lambda<1$，均有

$$\lambda x + (1-\lambda)y \in S$$

则称 S 为 $\mathbf{R}^d$ 中的凸集．

(2)(凸函数)若 $f(x)$ 为 $\mathbf{R}$ 上的函数，满足：$\forall\, x$，$y\in\mathbf{R}$，$0<\lambda<1$，均有

$$f(\lambda x + (1-\lambda)y) \leqslant \lambda f(x) + (1-\lambda)f(y)$$

则称 $f(x)$ 为 $\mathbf{R}$ 上的凸函数．

定义 2.3.2　设 $A\subset\mathbf{R}^d$，称包含在 A 中的最大开集为 A 的开核，记为 A°.

由定义知：如果 A 是一个开集，则 $A^{\circ}=A$.

为了引入 Jensen 不等式，我们需要下列引理．

引理 2.3.1　设 $f(x)$ 为 $\mathbf{R}$ 中的凸子集 S 上的凸函数，则必存在线性函数列 $f_n(x)=a_n x+b_n$ 满足

(1) $f_n(x)\leqslant f(x)$，$\forall n\geqslant 1$，$x\in S$；

(2)对任给 $x\in S^{o}$，有 $f(x)=\sup\limits_{n\geqslant 1} f_n(x)$，其中 S^{o} 为 S 的开核．

定理 2.3.1 (Jensen 不等式)　设 $f(x)$ 为 $\mathbf{R}$ 中的凸子集 S 上的凸函数，X 为一维随机变量，且 $X(\Omega)\subset S$，$E|f(X)|<\infty$，则有：$f(E[X])\leqslant E[f(X)]$.

证明　因为 $\mathbf{R}$ 中的凸子集必为区间，无论 S 为何种区间，总可设 $S^{o}=(\alpha,\beta)$，$S-S^{o}$ 至多只有两点 α，β，且由 $X(\Omega)\subset S$ 知 $E(X)\in S$，从而只有两种可能：(1) $E(X)\in S^{o}$；(2) $E(X)\in S-S^{o}$.

如果(1) $E(X)\in S^{o}$ 成立，则 $x=E(X)\in S^{o}$，由引理 2.3.1 知，存在线性函数列 $f_n(x)=a_nx+b_n$满足：

① $f_n(x)\leqslant f(x)$，$\forall n\geqslant 1$，$x\in S$；

② $f(E(X))=\sup\limits_{n\geqslant 1} f_n(E(X))=\sup\limits_{n\geqslant 1}(a_nE(X)+b_n)=\sup\limits_{n\geqslant 1}E(a_nX+b_n)=\sup\limits_{n\geqslant 1}E(f_n(X))$.

将①代入②得到

$$f(E(X))\leqslant \sup_{n\geqslant 1}E(f(X))=E(f(X))$$

从而结论成立．

如果 $E(X)\in S-S^{o}$，不妨设 $E(X)=\alpha$. 因为 $\forall\omega\in\Omega$，有 $X(\omega)\in S=[\alpha,\beta]$，则 $X(\omega)=\alpha(\text{a. s. }\omega\in\Omega)$，从而 $f(X)=f(\alpha)(\text{a. s. }\omega\in\Omega)$，所以 $f(E(X))=f(\alpha)=E(f(\alpha))=E(f(X))$，结论得证．■

例 2.3.1　因为 $y=|x|$是 $\mathbf{R}$ 上的凸函数，所以对任一满足 $E|X|<\infty$的随机变量 X，必有 $|E(X)|\leqslant E(|X|)$.

例 2.3.2　对任一 $p\geqslant 1$，因为 $y=|x|^{p}$ 是 $\mathbf{R}$ 上的凸函数，所以对任一满足 $E|X^{p}|<\infty$的随机变量 X，必有 $|E(X)|^{p}\leqslant E(|X|^{p})$.

定理 2.3.2 (条件 Jensen 不等式)　设 $(\Omega,\mathcal{F},P)$是一个概率空间，$\mathcal{F}_1$ 为 $\mathcal{F}$ 的子 σ-代数，$f(x)$为 $\mathbf{R}$ 中的凸子集 S 上的凸函数，X 为一维随机变量，且 $X(\Omega)\subset S$，$E|f(X)|<\infty$，则有 $f(E[X\mid\mathcal{F}_1])\leqslant E[f(X)\mid\mathcal{F}_1]$.

证明　取$\{f_n\}$为满足引理 2.3.1 中的函数列，并记

$$A^{o}=\{\omega\mid\omega\in\Omega,E(X\mid\mathcal{F}_1)(\omega)\in S^{o}\}$$
$$A_{\alpha}=\{\omega\mid\omega\in\Omega,E(X\mid\mathcal{F}_1)(\omega)=\alpha\}$$
$$A_{\beta}=\{\omega\mid\omega\in\Omega,E(X\mid\mathcal{F}_1)(\omega)=\beta\}$$

则有 $A^{o}\cup A_{\alpha}\cup A_{\beta}=\Omega$.

$\forall\omega\in\Omega$，若 $\omega\in A^{o}$，则

$$\begin{aligned}f(E[X\mid\mathcal{F}_1](\omega))&=\sup_{n\geqslant 1}f_n(E(X\mid\mathcal{F}_1](\omega))=\sup_{n\geqslant 1}E[f_n(X)\mid\mathcal{F}_1](\omega)\\&\leqslant E[f(X)\mid\mathcal{F}_1](\omega)\end{aligned}$$

从而结论成立．

若 $\omega\in A_{\alpha}$，则由 $A_{\alpha}=\{\omega\mid\omega\in\Omega,E(X\mid\mathcal{F}_1)(\omega)=\alpha\}\in\mathcal{F}_1$知，

$$\int_{A_{\omega}}X\mathrm{d}P=\int_{A_{\omega}}E(X|\mathcal{F}_1)\mathrm{d}P$$

从而

$$\int_{A_\omega}(X-\alpha)\mathrm{d}P=\int_{A_\omega}E((X-\alpha)\mid\mathcal{F}_1)\mathrm{d}P=0$$

再由 $X-\alpha\geqslant 0$ 知，$X-\alpha=0$，a. s. 于 A_α.

又因为

$$\begin{aligned}1_{A_\alpha}f(E(X\mid\mathcal{F}_1))&=1_{A_\alpha}f(\alpha)=1_{A_\alpha}E(f(\alpha)\mid\mathcal{F}_1)=E(1_{A_\alpha}f(\alpha)\mid\mathcal{F}_1)\\&=E(1_{A_\alpha}f(X)\mid\mathcal{F}_1)=1_{A_\alpha}E(f(X)\mid\mathcal{F}_1)\end{aligned}$$

所以

$$f(E(X\mid\mathcal{F}_1))(\omega)=E(f(X)\mid\mathcal{F}_1)(\omega),\forall\,\omega\in A_\alpha$$

类似地，可证当 $\omega\in A_\beta$ 时结论也成立，证毕. ■

例 2.3.3 由定理 2.3.2 知，$|E(X\mid\mathcal{F}_1)|\leqslant E(|X|\mid\mathcal{F}_1)$；对任一 $p\geqslant 1$，有

$$[E(X\mid\mathcal{F}_1)]^p\leqslant E(|X|^p\mid\mathcal{F}_1)$$

第 3 章　随机过程

在概率论中我们的研究对象是一个或有限个随机变量，虽然也讨论了随机变量序列，但我们总是假定随机变量序列是相互独立的．在实际应用中，我们经常需要对一些随机现象的变化过程进行研究．例如，未来任一时刻某股票的价格是一个随机变量，我们如果要研究该股票价格在未来一段时刻内的变化趋势，则需要讨论股价在每一点的随机变量构成的一族随机变量，我们称同一概率空间中一些随机变量的集合为一个随机过程．

3.1　随机过程的基本概念

本节讨论由一维随机变量的集合构成的随机过程的概念及其基本性质．

定义 3.1.1（随机过程）　设$(\Omega, \mathcal{F}, P)$是一个概率空间，$T\subset \mathbf{R}$是一个给定的参数集，如任给一个$t\in T$，都有唯一的一个随机变量X_t与之对应，则称随机变量集合$\{X_t, t\in T\}$为概率空间$(\Omega, \mathcal{F}, P)$上的一个随机过程.

由于实际问题中大多数T都是表示时间集，故在任一随机过程中，我们称T为时间集. 当T为可数集时，我们称$\{X_t, t\in T\}$为离散时间的随机过程．如果T是$\mathbf{R}$中的某个区间，则称$\{X_t, t\in T\}$为连续时间的随机过程．

定义 3.1.2（状态空间）　设$(\Omega, \mathcal{F}, P)$是一个概率空间，$\{X_t, t\in T\}$为其上的一个随机过程，全部X_t的可能取值的集合称为随机过程$\{X_t, t\in T\}$的状态空间或相空间，记为E.

按照定义 3.1.1，一个随机过程$\{X_t, t\in T\}$是一些随机变量X_t的集合．实际上，还可以将$\{X_t, t\in T\}$理解为一个二元函数$X(t, \omega)$：$T\times\Omega\mapsto\mathbf{R}$，满足对任一$t\in T$，$A\in\beta(\mathbf{R})$，$X_t^{-1}(A)\in\mathcal{F}$．所以，有时我们也用一个字母$X$或$Y$表示一个随机过程，此时，要结合上下文区分$X$是表示一个随机过程还是一个随机变量．一个随机过程$\{X_t, t\in T\}$是$T\times\Omega$上的二元函数，当固定某个$\omega\in\Omega$时，$X_t(\omega)$就是$T$上的一个一元函数，我们称这个一元函数为该随机过程的一条路径或轨道，显然，一个随机过程的路径数与样本空间的样本数相等. 随机过程$\{X_t, t\in T\}$通常也记为$\{X(t, \omega)\}_{t\in T}$或$\{X(t)\}_{t\in T}$．特别地，如果$T=\{0, 1, 2, \cdots\}$，则称随机过程$\{X_t\}_{t\in T}=\{X_0, X_1, \cdots\}$为一个随机序列．

例 3.1.1　用$S_n(n=1, 2, \cdots)$表示未来第n天某股票的收盘价，则$\{S_n, n=1, 2, \cdots\}$是一个离散时间的随机过程．

例 3.1.2　用$T_t(t>0)$表示未来t时刻的上证指数，则$\{T_t, t>0\}$是一个连续时间的随机过程．

例 3.1.3（随机游动）　设一个质点初始时刻$t=0$在a点，下一时刻$t=1$可能是向左移动一个单位，也可能是向右移动一个单位．已知向右移动的概率为$p\in(0, 1)$，向左移动的概率为$1-p$，用$\{S_i, i=0, 1, 2, \cdots\}$表示该质点的位置坐标，则$\{S_i, i=0, 1, 2, \cdots\}$是一个离散时间的随机过程，称该过程为一个随机游动．用$\{\zeta_i, i=0, 1, 2, \cdots\}$表示服从$B(1, p)$分布的一个 i. i. d.，则$S_i=a+\sum_{j=1}^{i}\zeta_j$，其中$S_0=a, i=1,2,\cdots$.

定义 3.1.3（d 维随机过程）　设$(\Omega, \mathcal{F}, P)$是一个概率空间，$T\subset \mathbf{R}$是一个给定的参数集，若任给一个$t\in T$，都有唯一的一个d维随机向量$X_t=(X_t^1, X_t^2, \cdots, X_t^d)$与之对应，则称随机向量集合$\{X_t, t\in T\}$为概率空间$(\Omega, \mathcal{F}, P)$上的一个$d$维随机过程．

定义 3.1.4（右连左极过程）　设$\{X_t, t\geqslant 0\}$是一个随机过程，如果它的每一条路径都是连续的，则称$\{X_t, t\geqslant 0\}$是一个连续过程；如果它的每一条路径的每一点都是右连续且左极限存在的，则称它为右连左极过程，简记为 RCLL 过程．

定义 3.1.5（纯连续随机过程与纯间断随机过程）　设$\{X_t, t\geqslant 0\}$是一个随机过程，若满足$P(\{\omega \mid X.(\omega)$是$[0, \infty)$上的连续函数$\})=1$，即几乎每一条路径都是连续的，则称$\{X_t, t\geqslant 0\}$是纯连续的随机过程．同样，若$P(\{\omega \mid X.(\omega)$是$[0, \infty)$上的连续函数$\})=0$，则称$\{X_t, t\geqslant 0\}$是纯间断的随机过程．

注意连续过程与连续时间过程的区别．

定义 3.1.6（随机等价）　设$(\Omega, \mathcal{F}, P)$是一个概率空间，$\{X_t, t\in T\}$，$\{Y_t, t\in T\}$是其上的两个随机过程，如果对任一$t\in T$，均有$P(X_t\neq Y_t)=0$，则称$\{Y_t, t\in T\}$是$\{X_t, t\in T\}$的修正，也称$\{Y_t, t\in T\}$与$\{X_t, t\in T\}$随机等价．

注意，如果$\{Y_t, t\in T\}$与$\{X_t, t\in T\}$随机等价，则对每个$t\in T$，均存在一个零测集N_t，使得当$\omega\notin N_t$时，有$X_t(\omega)=Y_t(\omega)$，但是，当T不是可数集时，$N=\bigcup\limits_{t\in T} N_t$不一定是零测集，甚至可能不是随机事件了．

引理 3.1.1　如果$\{Y_t, t\in[0, T]\}$是$\{X_t, t\in[0, T]\}$的一个修正，则有

$$P(X_{t_1}=Y_{t_1}, X_{t_2}=Y_{t_2}, \cdots, X_{t_n}=Y_{t_n})=1, \forall 0\leqslant t_1\leqslant \cdots \leqslant t_n\leqslant T \tag{3.1}$$

证明　如果式(3.1)不成立，则有

$$P(X_{t_1}=Y_{t_1}, X_{t_2}=Y_{t_2}, \cdots, X_{t_n}=Y_{t_n})<1$$

从而存在集合$\Omega_0\in\mathcal{F}$，满足$P(\Omega_0)>0$，$\forall \omega\in\Omega_0$，$\exists j(\omega)\in\{1, 2, \cdots, n\}$，使得$X_{t_j}(\omega)\neq Y_{t_j}(\omega)$，记$A_i=\{X_{t_i}\neq Y_{t_i}\}$，则$\Omega_0=\bigcup_{i=1}^n A_i$，且至少存在一个$i$使得$P(A_i)>0$，这是一个矛盾．■

下面的例子表明随机等价过程的路径可以几乎必然不相同．

例 3.1.4　设$\{B_t\}$是一个布朗运动（它是一个路径连续的过程），$U\sim \exp(1)$，对$t\geqslant 0$，令

$$V_t(\omega)=\begin{cases} B_t(\omega), & U(\omega)\neq t \\ B_t(\omega)+1, & U(\omega)=t \end{cases}$$

要证明$\{V_t\}$，$\{B_t\}$随机等价，由引理 3.1.1 知，只需证明$\{V_t\}$是$\{B_t\}$的一个修正即可，事实上，对所有$t\geqslant 0$，

$$P(V_t\neq B_t)=P(U=t)=0$$

另外，由$\{\omega: \forall t\in[0, \infty), V_t(\omega)=B_t(\omega)\}=\varnothing$知，

$$P(V_t=B_t, \forall t\in[0,\infty))=0$$

即这两个过程没有一条路径是相同的，但它们仍是随机等价的．

上例也表明：随机等价过程不一定有相同的路径．

定义 3.1.7　设$\{X_t, t\in T\}$，$\{Y_t, t\in T\}$是同一概率空间的两个随机过程，若

$$P(X_t=Y_t, \forall t\in T)=1$$

则称$\{X_t\}$与$\{Y_t\}$是无区别的.

当$\omega \notin N_t$时，有$X_t(\omega)=Y_t(\omega)$，并且$N=\bigcup_{t\in T} N_t$一定是零测集．若两个随机过程无区别，则这两个随机过程一定随机等价，反之不然。我们称与 0 无区别的随机过程为不足道过程．

下面介绍两个重要的概念：平稳增量过程与独立增量过程，它们是后面定义布朗运动、泊松过程等随机过程时必不可少的条件.

定义 3.1.8（平稳增量过程） 设$(\Omega, \mathcal{F}, P)$为一个概率空间，$\{X_t, t\geqslant 0\}$为其上的一个随机过程，如果对任意的s，$t\in[0, +\infty)$，$h>0$，均有$X_{t+h}-X_t$与$X_{s+h}-X_s$同分布，则称$\{X_t, t\geqslant 0\}$为一个平稳增量过程．

定义 3.1.9（独立增量过程） 设$(\Omega, \mathcal{F}, P)$为一个概率空间，$\{X_t, t\geqslant 0\}$为其上的一个随机过程，如果对任意的$0\leqslant t_1<t_2\leqslant t_3<t_4<\infty$，均有$X_{t_4}-X_{t_3}$与$X_{t_2}-X_{t_1}$独立，则称$\{X_t, t\geqslant 0\}$为独立增量过程．

平稳增量过程是指一个连续时间过程，在任意两个时间段上，只要间隔时间相等，则过程在这两个时间段上的差的分布就相同，差的分布与时间段的起始点无关．而独立增量过程则表示任意两个时间区间，如果除了端点外没有交集，则随机过程在这两个时间段上的差构成的两个随机变量相互独立．

3.2 随机过程的可测性

设$(\Omega, \mathcal{F}, P)$是一个概率空间，如果$\mathcal{F}$关于P是不完备的，总可以使之完备化，所以我们总是假定$(\Omega, \mathcal{F}, P)$是一个完备的概率空间．

对$\mathcal{F}$的任意一族子σ-代数$\{\mathcal{F}_\alpha, \alpha\in\Gamma\}$，显然$\bigcap_{\alpha\in\Gamma}\mathcal{F}_\alpha$仍是$\mathcal{F}$的一个子$\sigma$-代数，但$\bigcup_{\alpha\in\Gamma}\mathcal{F}_\alpha$就不一定是一个$\sigma$-代数了，用$\bigvee_{\alpha\in\Gamma}\mathcal{F}_\alpha$表示由$\bigcup_{\alpha\in\Gamma}\mathcal{F}_\alpha$生成的$\sigma$-代数．

定义 3.2.1（由过程X生成的σ-代数流） 设$X=\{X_t, t\geqslant 0\}$是一个随机过程，称$\{\mathcal{F}_t^X=\sigma\{X_s, s\leqslant t\}, t\geqslant 0\}$为由过程$X$生成的$\sigma$-代数流．

注意，我们用附号$\sigma(X)$表示$\mathcal{F}$的子σ-代数$\sigma\{X^{-1}(A) \mid \forall A\in\beta(\mathbf{R})\}$，同理，$\sigma(X, Y)$表示$\sigma\{X^{-1}(A), Y^{-1}(B) \mid \forall A\in\beta(\mathbf{R}), B\in\beta(\mathbf{R})\}$，以此类推。显然，$X$是关于$\sigma(X)$可测的，$X$，$Y$均关于$\sigma(X, Y)$可测，且有$\sigma(X)\subset\sigma(X, Y)$.

定义 3.2.2（连续的σ-代数流） 设$\{\mathcal{F}_t, t\geqslant 0\}$是$\mathcal{F}$的子$\sigma$-代数集，记$\mathcal{F}_{t^-}=\sigma\{\bigcup_{s<t}\mathcal{F}_s\}$，$\mathcal{F}_{t^+}=\bigcap_{s>t}\mathcal{F}_s$，如果对任意$t\geqslant 0$，均有$\mathcal{F}_t=\mathcal{F}_{t^+}$，则称$\{\mathcal{F}_t, t\geqslant 0\}$是右连续的；如果对任意$t\geqslant 0$，均有$\mathcal{F}_t=\mathcal{F}_{t^-}$，则称$\{\mathcal{F}_t, t\geqslant 0\}$是左连续的；如果$\{\mathcal{F}_t, t\geqslant 0\}$既是左连续的又是右连续的，则称$\{\mathcal{F}_t, t\geqslant 0\}$是连续的．

定义 3.2.3 设$\{\mathcal{F}_t, t\geqslant 0\}$是$\mathcal{F}$的一个子$\sigma$-代数流，如果满足下列条件：

(1)单调性：对$s\leqslant t$，$\mathcal{F}_s\subset\mathcal{F}_t$；

(2)完备性：$\mathcal{F}_0$包含$\mathcal{F}$的所有P零集；

(3)$\{\mathcal{F}_t, t\geqslant 0\}$是右连续的；

则称$\{\mathcal{F}_t, t\geqslant 0\}$满足通常性条件．称$(\Omega, \mathcal{F}, P, \{\mathcal{F}_t\}_{t\geqslant 0})$为一个过滤概率空间．

在实际应用中，σ-代数流代表能够获得的信息流．随机变量X是$\mathcal{F}_t$可测的，表示信息集$\mathcal{F}_t$能够完全确定X的值，在$\mathcal{F}_t$条件下，X是已知的，即$E[X \mid \mathcal{F}_t]=X$.

定义 3.2.4（适应过程）　设$(\Omega, \mathcal{F}, P, \{\mathcal{F}_t\}_{t\geqslant 0})$为一个过滤概率空间，$\{X_t, t\geqslant 0\}$是其上的一个随机过程，如果对任意$t\geqslant 0$均有$E[X_t \mid \mathcal{F}_t]=X_t$，则称$\{X_t, t\geqslant 0\}$为一个适应过程．如果$X_t=(X_t^1, X_t^2, \cdots, X_t^d)$是一个$d$维随机过程，且它的每一个分量$\{X_t^i, t\geqslant 0\}(i=1, 2, \cdots, d)$是一维适应过程，则称$X_t=(X_t^1, X_t^2, \cdots, X_t^d)$是一个$d$维适应过程．

例 3.2.1　如果$\mathcal{F}_t=\sigma(X_s, s\leqslant t)$，则$\{X_t, t\geqslant 0\}$是$\{\mathcal{F}_t\}_{t\geqslant 0}$适应过程．

定义 3.2.5（离散时间的适应过程）　设$\{X_n, n=0, 1, 2, \cdots\}$是$(\Omega, \mathcal{F}, P)$上的随机过程，$\{\mathcal{F}_n, n=0, 1, 2, \cdots\}$是满足单调性的一个$\sigma$-代数，若对$n\geqslant 0$，均有$X_n$是$\mathcal{F}_n$可测的，则称$\{X_n, n=0, 1, 2, \cdots\}$是$\{\mathcal{F}_n, n=0, 1, 2, \cdots\}$适应过程.

按照随机过程的定义，对任一固定的t，一元函数X_t是关于$\mathcal{F}$可测的. 而适应过程要求对任一固定的t，一元函数X_t是关于$\mathcal{F}_t$可测的．但是，适应过程不能保证$X(t, \omega)$作为$[0, +\infty)\times\Omega$上的二元函数是$\beta(\mathbf{R}_+)\times\mathcal{F}$可测的．

定义 3.2.6（可测的随机过程）　设$(\Omega, \mathcal{F}, P)$是一个概率空间，$X=\{X_t, t\geqslant 0\}$为其上的一个随机过程，如果$X_t(\omega)$作为$[0, +\infty)\times\Omega$上的二元函数是$\beta(\mathbf{R}_+)\times\mathcal{F}$可测的，即$\forall B\in\beta(\mathbf{R})$，均有$X^{-1}(B)\in\beta(\mathbf{R}_+)\times\mathcal{F}$，则称随机过程$X=\{X_t, t\geqslant 0\}$是可测的随机过程.

由上面的讨论知，适应过程不能保证是可测过程．同理可定义d维可测过程：若$X=\{X_t, t\geqslant 0\}$（其中$X_t=(X_t^1, X_t^2, \cdots, X_t^d)$）是一个$d$维随机过程，$\forall B\in\beta(\mathbf{R}^d)$，均有$X^{-1}(B)\in\beta(\mathbf{R}_+)\times\mathcal{F}$，则称随机过程是$d$维可测过程．

定义 3.2.7　设$(\Omega, \mathcal{F}, P)$为一概率空间，Γ为一指标集，$1\leqslant p\leqslant\infty$，若$\forall t\in\Gamma$，有$X_t\in L^p(\Omega)$，则称$X=\{X_t, t\in\Gamma\}$为$(\Omega, \mathcal{F}, P)$上的$L^p$过程．若$X=\{X_t, t\in\Gamma\}$为$(\Omega, \mathcal{F}, P)$上的$L^p$过程，且$\sup\limits_{t\in\Gamma}\| X_t \|_p<\infty$，则称$X=\{X_t, t\in\Gamma\}$为$(\Omega, \mathcal{F}, P)$上的$L^p$有界过程，记$\| X \|_p=\sup\limits_{t\in\Gamma}\| X_t \|_p$，则全体$L^p$有界过程是一个赋范线性空间．

定义 3.2.8（循序过程）　设$(\Omega, \mathcal{F}, P, \{\mathcal{F}_t\}_{t\geqslant 0})$为一个过滤概率空间，$X=\{X_t, t\geqslant 0\}$为其上的一个随机过程，如果对任一$T>0$，$X(t, \omega)$：$[0, T]\times\Omega\mapsto\mathbf{R}$都是$\beta([0, T])\times\mathcal{F}_T$可测的，则称$X=\{X_t, t\geqslant 0\}$为循序可测的过程，简称循序过程．

循序过程必为可测过程，也一定是适应过程，反之不然．下面介绍一个描述它们关系的定理．

定理 3.2.1　(1) 可测的适应过程必存在一个循序可测的修正；(2) 左（或右）连续的适应过程必是循序可测的过程．

证明　(1)的证明感兴趣的读者可以参看参考文献[71].

下面证明(2)，只证左连续的情形，对固定的$t>0$，定义随机过程$\{X^{(n)}, n\geqslant 1\}$如下：

$$X_s^{(n)}(\omega) = X_0(\omega)1_{\{0\}}(s) + \sum_{k=1}^{\infty} X_{\frac{kt}{2^n}}(\omega)1_{\left(\frac{k-1}{2^n}t, \frac{kt}{2^n}\right]}(s)$$

则$X^{(n)}$是$([0, t]\times\Omega, \beta[0, t]\times\mathcal{F}_t)$到$(\mathbf{R}, \beta(\mathbf{R}))$的可测函数，又因为

$$\lim_{n\to\infty} X^{(n)} = X$$

从而，对任一$t>0$，$X(s, \omega)$：$[0, t]\times\Omega\mapsto\mathbf{R}$都是$\beta[0, t]\times\mathcal{F}_t$可测的，即$X$是循序可测的．

如果$[0,+\infty)\times\Omega$中的子集A的示性函数$1_A(t,\omega)$(其中$(t,\omega)\in[0,+\infty)\times\Omega$)为循序可测的，则称$A$为$[0,+\infty)\times\Omega$中的循序可测子集。易证：$A$为$[0,+\infty)\times\Omega$中的循序可测子集的充要条件是$\forall t>0$，$A\cap[0,t]\times\Omega\in\beta[0,t]\times\mathcal{F}_t$；$[0,+\infty)\times\Omega$中的所有循序可测子集构成$\beta[0,+\infty]\times\mathcal{F}$的一个子$\sigma$-代数，我们称这个$\sigma$-代数为$[0,+\infty)\times\Omega$上的循序$\sigma$-代数，记这个$\sigma$-代数为$\mathscr{D}$. ■

定理 3.2.2 随机过程$\{X_t,t\geqslant 0\}$循序可测的充要条件是它关于循序σ-代数$\mathscr{D}$可测.

证明 因为

$$\mathscr{D}=\{A\subset[0,+\infty)\times\Omega;\forall t\in[0,+\infty),A\cap([0,+\infty)\times\Omega)\in\beta[0,t]\times\mathcal{F}_t\}$$

且$\mathscr{D}$是$\beta[0,+\infty]\times\mathcal{F}$的一个子$\sigma$-代数，显然$\forall B\in\beta(\mathbf{R})$，$X^{-1}(B)\in\mathscr{D}$的充要条件是对任意的$t\in[0,+\infty)$，$X^{-1}(B)\cap([0,t]\times\Omega)\in\beta([0,t])\times\mathcal{F}_t$，即$\{X_t,t\geqslant 0\}$是循序可测过程。 ■

下面介绍另外两类重要的过程：可料过程、可选过程.

定义 3.2.9(可料σ-代数) 设$(\Omega,\mathcal{F},P,\{\mathcal{F}_t\}_{t\geqslant 0})$为一个过滤概率空间，称由其上的全体连续适应过程生成的σ-代数为可料σ-代数，记为$\mathcal{P}$.

如果X是一个随机变量，则由定义知，$\sigma(X)$是$\mathcal{F}$的一个子σ-代数. 如果X是一个可测的随机过程，则$\sigma(X)=\sigma(\{A\mid A\in\beta(\mathbf{R}_+)\times\mathcal{F},A=X^{-1}(B),\forall B\in\beta(\mathbf{R})\})$是$\beta(\mathbf{R}_+)\times\mathcal{F}$的子$\sigma$-代数. 同理，全体连续适应过程生成的$\sigma$-代数也为$\beta(\mathbf{R}_+)\times\mathcal{F}$的子$\sigma$-代数. 即$\mathcal{P}$为$\beta(\mathbf{R}_+)\times\mathcal{F}$的子$\sigma$-代数.

定义 3.2.10 称$(\Omega,\mathcal{F},P,\{\mathcal{F}_t\}_{t\geqslant 0})$中关于$\mathcal{P}$可测的随机过程为$\{\mathcal{F}_t,t\geqslant 0\}$可料过程.

显然，$(\Omega,\mathcal{F},P,\{\mathcal{F}_t\}_{t\geqslant 0})$上的连续适应过程为$\{\mathcal{F}_t,t\geqslant 0\}$可料过程.

更一般地，我们有下列结论.

定理 3.2.3 $(\Omega,\mathcal{F},P,\{\mathcal{F}_t\}_{t\geqslant 0})$中左连续的适应过程必为$\{\mathcal{F}_t,t\geqslant 0\}$可料过程，且$\mathcal{P}=\sigma(\mathcal{R})$，其中，$\mathcal{R}$表示下列集族：

$$\mathcal{R}=\{[0]\times G_0,\forall G_0\in\mathcal{F}_0;(s,t]\times G,\forall G\in\mathcal{F}_s,\forall s,t\in[0,+\infty),s<t\} \tag{3.2}$$

证明 因为X为左连续的适应过程，对$n\geqslant 1$，构造如下过程：

$$X^{(n)}(s,\omega)=\begin{cases}X(0,\omega), & s=0\\ X\left(\dfrac{k}{2^n},\omega\right), & \dfrac{k}{2^n}<s\leqslant\dfrac{k+1}{2^n}\end{cases}$$

$k=0,1,2,\cdots$. 则对任意$B\in\beta(\mathbf{R})$，有

$$(X^{(n)})^{-1}(B)=(\{0\}\times X_0^{-1}(B))\cup\left(\frac{k}{2^n},\frac{k+1}{2^n}\times X_{\frac{k}{2^n}}^{-1}(B)\right)$$

由X的适应性知，$X_0^{-1}(B)\in\mathcal{F}_0$，$X_{\frac{k}{2^n}}^{-1}(B)\in\mathcal{F}_{\frac{k}{2^n}}$，所以$(X^{(n)})^{-1}(B)$为$\mathcal{R}$中的集合的可列并，从而$X^{(n)}$关于$\sigma(\mathcal{R})$可测. 再由$X$的左连续性知，

$$\lim_{n\to\infty}X^{(n)}(s,\omega)=X(s,\omega),\forall(s,\omega)\in[0,+\infty)\times\Omega$$

所以，X是$\sigma(\mathcal{R})$可测的.

最后，证明$\sigma(\mathcal{R})=\mathcal{P}$. 事实上，因为所有连续适应过程必为可料过程，而$\mathcal{P}$是使这些过程为可测的最小$\sigma$-代数，所以$\mathcal{P}\subset\sigma(\mathcal{R})$. 要证明$\sigma(\mathcal{R})\subset\mathcal{P}$，只需证明$\mathcal{R}$中每个元素的示性函数是某个连续适应过程序列的极限. $\forall(s,t]\times G\in\mathcal{R}$，显然存在在$[0,s]$上为0的连续函数列$\{\phi_n\}$，使得$\lim\limits_{n\to\infty}\phi_n=1_{(s,t]}$，又因为$G\in\mathcal{F}_s$，故

$$Y^{(n)}(u,\omega)\equiv\phi_n(u)1_G(\omega)$$

为连续适应过程，且 $\lim\limits_{n\to\infty}Y^{(n)}=1_{(s,t]\times G}$，这就完成了定理证明. ■

可以证明，对于离散时间的适应过程 $\{X_n, \mathcal{F}_n, n\geqslant 0\}$，它是可料过程的充分必要条件是对 $n\geqslant 0$，X_n 是 $\mathcal{F}_{n-1}$ 可测的，其中，$\mathcal{F}_{-1}=\{\Omega, \varnothing\}$.

定义 3.2.11（可选 σ-代数）　设 $(\Omega, \mathcal{F}, P, \{\mathcal{F}_t\}_{t\geqslant 0})$ 为一个过滤概率空间，称由其上的全体右连左极适应过程生成的 σ-代数为可选 σ-代数，记为 $\mathcal{O}$.

由定义知，$\mathcal{P}\subset\mathcal{O}\subset\beta(\mathbf{R}_+)\times\mathcal{F}$.

定义 3.2.12（可选过程）　称 $(\Omega, \mathcal{F}, P, \{\mathcal{F}_t\}_{t\geqslant 0})$ 中关于 $\mathcal{O}$ 可测的随机过程为 $\{\mathcal{F}_t, t\geqslant 0\}$ 可选过程.

显然，$(\Omega, \mathcal{F}, P, \{\mathcal{F}_t\}_{t\geqslant 0})$ 上右连左极适应过程为 $\{\mathcal{F}_t, t\geqslant 0\}$ 可选过程. 综上所述，我们得到下列定理.

定理 3.2.4　设 $(\Omega, \mathcal{F}, P, \{\mathcal{F}_t, t\geqslant 0\})$ 为一个过滤概率空间，且 Φ_1 表示全体可料过程构成的集合，Φ_2 表示全体循序可测过程构成的集合，Φ_3 表示适应可测过程构成的集合，则有

$$\Phi_1\subset\Phi_2\subset\Phi_3$$

3.3　一致可积过程

一致可积性在讨论鞅的收敛定理时起着重要的作用，本节介绍一致可积的定义及其基本性质.

定义 3.3.1（一致可积族）　记 $f=\{f_t: t\in\Gamma\}$ 是测度空间 $(\Omega, \mathcal{F}, \mu)$ 上一族 $\mathcal{F}$ 可测函数，如果

$$\lim_{k\to\infty}\sup_{t\in\Gamma}\int_{\{|f_t|\geqslant k\}}|f_t|\,\mathrm{d}\mu=0\left(\text{即}\lim_{k\to\infty}\int_{\{|f_t|\geqslant k\}}|f_t|\,\mathrm{d}\mu=0\text{ 对 } t \text{ 一致成立}\right)\tag{3.3}$$

则称 $f=\{f_t: t\in\Gamma\}$ 在 $(\Omega, \mathcal{F}, \mu)$ 上是一致可积的.

类似地，对随机变量族 $\{X_\alpha, \alpha\in\Gamma\}$，如果 $\{X_\alpha, \alpha\in\Gamma\}\subset L^1(\Omega)$，且

$$\lim_{c\to+\infty}\sup_{\alpha\in\Gamma}\int_{\{|X_\alpha|\geqslant c\}}|X_\alpha|\,\mathrm{d}P=0\tag{3.4}$$

则称 $\{X_\alpha, \alpha\in\Gamma\}$ 是一致可积的.

由定义，下列结论是显然的:

(1) 对随机变量族 $\{X_\alpha, \alpha\in\Gamma\}$，如果 $\{X_\alpha, \alpha\in\Gamma\}\subset L^1(\Omega)$，且存在 $Y\in L^1(\Omega)$，使得

$$|X_\alpha|\leqslant Y, \forall\alpha\in\Gamma$$

则 $\{X_\alpha, \alpha\in\Gamma\}$ 是一致可积的.

(2) 对随机变量族 $\{X_\alpha, \alpha\in\Gamma\}$，如果 $\{X_\alpha, \alpha\in\Gamma\}\subset L^1(\Omega)$，且 Γ 是有限集，则 $\{X_\alpha, \alpha\in\Gamma\}$ 是一致可积的.

(3) 对随机变量族 $\{X_\alpha, \alpha\in\Gamma\}$，如果存在另一个一致可积的随机变量族 $\{Y_\beta, \beta\in\Lambda\}$，使得对任意 $\alpha\in\Gamma$，必存在 $\beta\in\Lambda$，满足

$$|X_\alpha|\leqslant|Y_\beta|$$

则 $\{X_\alpha, \alpha\in\Gamma\}$ 是一致可积的.

下面我们讨论一致可积的性质及判别方法.

定义 3.3.2 设$\{X_\alpha, \alpha\in\Gamma\}$是一族随机变量，如果$\forall\varepsilon>0$，存在$\delta>0$，使得当$F\in\mathcal{F}$，且$P(F)\leqslant\delta$时，有$\sup\limits_{\alpha\in\Gamma}\int_F|X_\alpha|\mathrm{d}P\leqslant\varepsilon$，则称$\{X_\alpha, \alpha\in\Gamma\}$具有积分绝对连续性．

定理 3.3.1 设$\{X_\alpha, \alpha\in\Gamma\}\subset L^1(\Omega)$，则$\{X_\alpha, \alpha\in\Gamma\}$是一致可积族的充分必要条件是$\{X_\alpha, \alpha\in\Gamma\}$是$L^1$有界的，且它具有积分绝对连续性．

证明 "$\Rightarrow$"，因为$\{X_\alpha, \alpha\in\Gamma\}$是一致可积族，所以$\forall\varepsilon>0$，存在$c>0$，使得

$$\sup_{\alpha\in\Gamma}\int_{\{|X_\alpha|\geqslant c\}}|X_\alpha|\mathrm{d}P<\frac{\varepsilon}{2} \tag{3.5}$$

$\forall F\in\mathcal{F}$，$\alpha\in\Gamma$，因为

$$\int_F|X_\alpha|\mathrm{d}P=\int_{\{|X_\alpha|\geqslant c\}\cap F}|X_\alpha|\mathrm{d}P+\int_{\{|X_\alpha|<c\}\cap F}|X_\alpha|\mathrm{d}P \tag{3.6}$$

特别地，在式(3.6)中取$F=\Omega$得，

$$\int_\Omega|X_\alpha|\mathrm{d}P\leqslant\int_{\{|X_\alpha|\geqslant c\}}|X_\alpha|\mathrm{d}P+c\leqslant\sup_{\alpha\in\Gamma}\int_{\{|X_\alpha|\geqslant c\}}|X_\alpha|\mathrm{d}P+c<\frac{\varepsilon}{2}+c<\infty$$

所以$\sup\limits_{\alpha\in\Gamma}\int_\Omega|X_\alpha|\mathrm{d}P<\infty$，即$\{X_\alpha, \alpha\in\Gamma\}$是$L^1$有界的．

另一方面，由式(3.6)知，

$$\int_F|X_\alpha|\mathrm{d}P\leqslant\int_{\{|X_\alpha|\geqslant c\}}|X_\alpha|\mathrm{d}P+cP(F) \tag{3.7}$$

取$\delta=\frac{\varepsilon}{2c}$，当$P(F)<\delta$时，由式(3.5)和式(3.7)知，

$$\sup_{\alpha\in\Gamma}\int_F|X_\alpha|\mathrm{d}P<\varepsilon$$

必要性得证．

"$\Leftarrow$"，因为$\{X_\alpha, \alpha\in\Gamma\}$是$L^1$有界且具有积分绝对连续性，所以$\forall\varepsilon>0$，$\exists\delta>0$，当$P(F)<\delta$时，有$\sup\limits_{\alpha\in\Gamma}\int_F|X_\alpha|\mathrm{d}P<\varepsilon$，取$c\geqslant\dfrac{\sup\limits_{\alpha\in\Gamma}\int_\Omega|X_\alpha|\mathrm{d}P}{\delta}$，则有

$$\sup_{\alpha\in\Gamma}P(|X_\alpha|\geqslant c)=\sup_{\alpha\in\Gamma}\int_{|X_\alpha|\geqslant c}\mathrm{d}P\leqslant\sup_{\alpha\in\Gamma}\int_{|X_\alpha|\geqslant c}\frac{|X_\alpha|}{c}\mathrm{d}P\leqslant\frac{\sup\limits_{\alpha\in\Gamma}\int_\Omega|X_\alpha|\mathrm{d}P}{c}\leqslant\delta$$

故由积分绝对连续性知，

$$\sup_{\alpha\in\Gamma}\int_{|X_\alpha|\geqslant c}|X_\alpha|\mathrm{d}P\leqslant\varepsilon$$

所以$\{X_\alpha, \alpha\in\Gamma\}$是一致可积的，证毕． ■

定理 3.3.2 设$\{\xi_n\}$和ξ均为$(\Omega, \mathcal{F}, P)$上的随机变量，$E(|\xi|)<\infty$，$E(|\xi_n|)<\infty$ $(\forall n\geqslant0)$，则

$$\xi_n\to\xi(L^1\text{ 收敛})\Leftrightarrow\xi_n\to\xi(\text{依概率收敛})\text{，且}\{\xi_n\}\text{是一致可积的} \tag{3.8}$$

证明 "$\Rightarrow$"，设$\xi_n\to\xi$（L^1收敛），即$E|\xi_n-\xi|\to0$，则由第1章测度的极限理论知$\xi_n\to\xi$（依概率收敛），下面证明$\{\xi_n\}$是一致可积的．事实上，则$\forall A\in F$，有

$$E(|\xi_n|,A)=\int_A|\xi_n|\mathrm{d}P\leqslant\int_A|\xi_n-\xi|dP+\int_A|\xi|\mathrm{d}P\leqslant E(|\xi_n-\xi|)+E(|\xi|,A)$$

$\forall\varepsilon>0$，由 $E|\xi_n-\xi|\to 0$ 知，存在 $N>0$，使得当 $n>N$ 时，有 $E|\xi_n-\xi|<\frac{\varepsilon}{2}$. 又因为 $E|\xi_n|<\infty$，$E|\xi|<\infty$，所以存在 $\delta>0$，当 $P(A)<\delta$ 时，$E(|\xi|,A)<\frac{\varepsilon}{2}$，当 $n\leqslant N$ 时，$E(|\xi_n|,A)<\varepsilon$，从而，当 $n\geqslant 0$，$P(A)<\delta$ 时，有

$$E[|\xi_n|,A]<\varepsilon \tag{3.9}$$

又由 $E|\xi_n-\xi|\to 0$ 知，$E|\xi_n|\to E|\xi|<\infty$，故 $E|\xi_n|$ 有界，所以存在实数 α，使

$$\alpha=\sup_n E|\xi_n|<\infty$$

取 $k\geqslant\frac{\alpha}{\delta}$，$A=\{\omega\,|\,|\xi_n(\omega)|\geqslant k\}$，显然 $A\in F$，且对任意 $n\geqslant 0$，有

$$P(A)=P[|\xi_n|\geqslant k]=\int_{|\xi_n|\geqslant k}\mathrm{d}P\leqslant\int_{|\xi_n|\geqslant k}\frac{|\xi_n|}{k}\mathrm{d}P\leqslant\frac{1}{k}E|\xi_n|\leqslant\frac{\alpha}{k}\leqslant\delta$$

从而由式(3.9)知，$E[|\xi_n|,A]<\varepsilon(\forall n\geqslant 0)$，即对所有 n 均有

$$\int_{\{|\xi_n|\geqslant k\}}|\xi_n|\,\mathrm{d}P\leqslant\varepsilon$$

故 $\sup\limits_n\int_{\{|\xi_n|\geqslant k\}}|\xi_n|\,\mathrm{d}P\leqslant\varepsilon$，所以 $\lim\limits_{k\to\infty}\int_{\{|\xi_n|\geqslant k\}}|\xi_n|\,\mathrm{d}P=0$，必要性得证.

“$\Leftarrow$”，设 $\{\xi_n\}$ 一致可积，且 $\xi_n\to\xi$（依概率收敛），由 Fatou 引理知，

$$E|\xi|=\int_\Omega|\xi|\,\mathrm{d}P\leqslant\varliminf_{n\to\infty}\int_\Omega|\xi_n|\,\mathrm{d}P\leqslant\sup_{n\geqslant 0}\int_\Omega|\xi_n|\,\mathrm{d}P$$

因 $\{\xi_n\}$ 一致可积，由定理 3.3.1 知，$\sup\limits_{n\geqslant 0}\int_\Omega|\xi_n|\,\mathrm{d}P<\infty$，且由 $\{\xi_n\}$ 一致可积的定义知，$\{|\xi_n|\}$ 也一致可积，从而 $\{|\xi_n-\xi|\}$ 也一致可积，由定义知，$\forall\varepsilon>0$，$\exists k>1$，使得

$$\sup_{n\geqslant 0}E\{|\xi_n-\xi|;\{|\xi_n-\xi|\geqslant k\}\}\leqslant\frac{\varepsilon}{2}$$

取 $\delta=\frac{\varepsilon}{2k}>0$，由 $\xi_n\to\xi$（依概率）知，存在 N，当 $n\geqslant N$ 时，

$$P(|\xi_n-\xi|\geqslant\varepsilon)<\delta$$

从而，当 $n\geqslant N$ 时，有

$$\begin{aligned}E|\xi_n-\xi|=&E(|\xi_n-\xi|;\{|\xi_n-\xi|\geqslant\varepsilon\}\cap\{|\xi_n-\xi|<k\})+\\&E(|\xi_n-\xi|;\{|\xi_n-\xi|\geqslant\varepsilon\}\cap\{|\xi_n-\xi|\geqslant k\})+\\&E(|\xi_n-\xi|;\{|\xi_n-\xi|<\varepsilon\})\\\leqslant&\int_{\{|\xi_n-\xi|\geqslant\varepsilon\}}\frac{k}{|\xi_n-\xi|}|\xi_n-\xi|\,\mathrm{d}P+E[|\xi_n-\xi|;|\xi_n-\xi|\geqslant k]+\varepsilon\\\leqslant&k\delta+\frac{\varepsilon}{2}+\varepsilon=2\varepsilon\end{aligned}$$

所以 $\xi_n\to\xi$（L^1 收敛），证毕. ■

定理 3.3.3　设 ξ 是概率空间 $(\Omega,\mathcal{F},P)$ 上的任一随机变量，满足 $E(|\xi|)<\infty$. $\{G_\alpha,\alpha\in\Gamma\}$ 是 $\mathcal{F}$ 的一族子 σ-代数，则 Ω 上的随机变量族 $F(G)=\{F(G_\alpha)=E(\xi\mid G_\alpha),\alpha\in\Gamma\}$ 是一致可积的.

证明　不妨设 $\xi\geqslant 0$，否则将证明过程中的 ξ 换为 $|\xi|$.

$$\begin{aligned}
&\int_{\{F(G_\alpha)>k\}} F(G_\alpha)\mathrm{d}P = \int_{\{F(G_\alpha)>k\}} E(\xi \mid G_\alpha)\mathrm{d}P \\
&= \int_\Omega I_{\{F(G_\alpha)>k\}} E(\xi \mid G_\alpha)\mathrm{d}P = E[I_{\{F(G_\alpha)>k\}} E(\xi \mid G_\alpha)] \\
&= E[E(I_{\{F(G_\alpha)>k\}}\xi \mid G_\alpha)] = E[I_{\{F(G_\alpha)>k\}}\xi] = \int_{\{F(G_\alpha)>k\}} \xi \mathrm{d}P \\
&= \int_{\{F(G_\alpha)>k\}\cap\{\xi\leqslant J\}} \xi\mathrm{d}P + \int_{\{F(G_\alpha)>k\}\cap\{\xi>J\}} \xi\mathrm{d}P \\
&\leqslant JP(F(G_\alpha)>k) + \int_{\{\xi>J\}} \xi\mathrm{d}P \leqslant J\int_{\{F(G_\alpha)>k\}} \mathrm{d}P + \int_{\{\xi>J\}} \xi\mathrm{d}P \\
&\leqslant J\int_\Omega \frac{F(G_\alpha)}{k}\mathrm{d}P + \int_{\{\xi>J\}} \xi\mathrm{d}P \\
&\leqslant \frac{J}{k}E[F(G_\alpha)] + \int_{\{\xi>J\}} \xi\mathrm{d}P \\
&= \frac{J}{k}E[\xi] + \int_{\{\xi>J\}} \xi\mathrm{d}P
\end{aligned}$$

因此，$\lim\limits_{k\to\infty} \sup\limits_{\alpha\in\Gamma} \int_{\{F(G_\alpha)>k\}} F(G_\alpha)\mathrm{d}P \leqslant \int_{\{\xi>J\}} \xi\mathrm{d}P$，两边令 $J\to\infty$ 得

$$\lim_{k\to\infty} \sup_{\alpha\in\Gamma} \int_{\{F(G_\alpha)>K\}} F(G_\alpha)\mathrm{d}P = 0$$

所以 $F(G)=\{F(G_\alpha)=E(\xi \mid G_\alpha),\ \alpha\in\Gamma\}$ 是一致可积的. ■

定理 3.3.4 设 $\{X_\alpha,\ \alpha\in\Gamma\}$ 是一族随机变量，$g(t)$ 是定义在 $[0,+\infty)$ 上的非负递增函数，且满足：

(1) $\dfrac{g(t)}{t}\to+\infty\ (t\to+\infty)$,

(2) $\sup\limits_{\alpha\in\Gamma} Eg(|X_\alpha|)<+\infty$,

则 $\{X_\alpha,\ \alpha\in\Gamma\}$ 一致可积.

证明 因为 $\sup\limits_{\alpha\in\Gamma} Eg(|X_\alpha|)<+\infty$，所以存在 $c>0$，使得 $\sup\limits_{\alpha\in\Gamma} Eg(|X_\alpha|)=c$，再由

$$\frac{g(t)}{t}\to+\infty \quad (t\to+\infty)$$

知，$\forall\varepsilon>0$，$\exists N>0$，使当 $t\geqslant N$ 时，有 $\dfrac{g(t)}{t}\geqslant\dfrac{c}{\varepsilon}$，因此，在集合 $\{\omega: |X_\alpha|\geqslant N\}$ 上有

$$\frac{g(|X_\alpha(\omega)|)}{|X_\alpha(\omega)|}\geqslant\frac{c}{\varepsilon}$$

即

$$|X_\alpha|\leqslant\frac{\varepsilon}{c}g(|X_\alpha|)$$

所以

$$\sup_{\alpha\in\Gamma}\int_{\{|X_\alpha|\geqslant N\}} |X_\alpha|\mathrm{d}P \leqslant \frac{\varepsilon}{c}\sup_{\alpha\in\Gamma} Eg(|X_\alpha|)\leqslant\varepsilon$$

即

$$\lim_{N\to\infty}\sup_{\alpha\in\Gamma}\int_{\{|X_\alpha|\geqslant N\}}|X_\alpha|\,\mathrm{d}P=0$$

证毕． ■

例 3.3.1 对任意 $p>1$，在定理 3.3.4 中取 $g(t)=t^p$，则得到 L^p 有界过程必是一致可积的．

定理 3.3.5 设$\{X_n,\ n\geqslant1\}$为 $L^r(\Omega)$中的随机序列，其中，$r>0$. 则下列三个结论等价：

(1)$\{X_n,\ n\geqslant1\}$在 $L^r(\Omega)$中依范数收敛；

(2)$\{X_n,\ n\geqslant1\}$为 $L^r(\Omega)$中柯西列；

(3)$\{|X_n|^r,\ n\geqslant1\}$ 是一致可积的，且存在随机变量 X，使得当 $n\to\infty$时，

$$X_n\xrightarrow{P}X$$

证明 "(1)⇒(2)"：设$\{X_n,\ n\geqslant1\}$在 $L^r(\Omega)$中依范数收敛于 X. 由 C_r 不等式知，当 m，$n\to\infty$时，

$$E(|X_m-X_n|^r)\leqslant C_rE|X_m-X|^r+C_rE|X_n-X|^r\to0$$

即$\{X_n,\ n\geqslant1\}$为 $L^r(\Omega)$中的柯西列．

"(2)⇒(3)"：由$\{X_n,\ n\geqslant1\}$为 $L^r(\Omega)$中的柯西列知，$\forall\varepsilon>0$，存在自然数 $N\geqslant1$，使得当 n，$m\geqslant N$ 时，有 $\int_\Omega|X_m-X_n|^r\mathrm{d}P<\varepsilon$，又由 C_r 不等式知，$\forall A\in\mathcal{F}$，有

$$\int_A|X_n|^r\mathrm{d}P<C_r\int_A|X_m|^r\mathrm{d}P+C_r\int_A|X_n-X_m|^r\mathrm{d}P$$

取 $m=N$，则由上面两个不等式知，当 $n\geqslant N$ 时，有

$$\int_A|X_n|^r\mathrm{d}P<C_r\int_A|X_N|^r\mathrm{d}P+C_r\,\varepsilon$$

从而得到

$$\sup_{n\geqslant N}\int_\Omega|X_n|^r\mathrm{d}P<C_r\int_\Omega|X_N|^r\mathrm{d}P+C_r\,\varepsilon<\infty$$

且存在 $\delta>0$，当 $P(A)\leqslant\delta$ 时，

$$\sup_{n\geqslant N}\int_A|X_n|^r\mathrm{d}P<C_r\int_A|X_N|^r\mathrm{d}P+C_r\,\varepsilon<2C_r\,\varepsilon$$

由定理 3.3.1 知，$\{|X_n|^r,\ n\geqslant N\}$是一致可积的，又因为$\{|X_n|^r,\ n=1,\ 2,\ \cdots,\ N-1\}$是一致可积的，所以$\{|X_n|^r,\ n\geqslant1\}$是一致可积的． 另一方面，$\forall\varepsilon>0$，由

$$P\{|X_m-X_n|>\varepsilon\}\leqslant\frac{1}{\varepsilon^r}E|X_m-X_n|^r\to0,\ m,n\to\infty$$

知，存在随机变量 X，使得当 $n\to\infty$时，

$$X_n\xrightarrow{P}X$$

"(3)⇒(1)"：因为$\{|X_n|^r,\ n\geqslant1\}$ 是一致可积的，且存在随机变量 X，使得当 $n\to\infty$时，

$$X_n\xrightarrow{P}X$$

我们可以断定$|X|^r\in L^1(\Omega)$. 事实上，由 $X_n\xrightarrow{P}X$ 知，存在子列$\{X_{n_k},\ k\geqslant1\}$，使得

$$X_{n_k} \xrightarrow[k\to\infty]{\text{a. s.}} X$$

则有$|X_{n_k}|^r \xrightarrow[k\to\infty]{\text{a. s.}} |X|^r$. 由 Fatou 引理得到

$$\begin{aligned} E|X|^r &= E(\underline{\lim}_{k\to\infty} |X_{n_k}|^r) = E(\underline{\lim}_{k\to\infty} |X_{n_k}|^r) \\ &\leqslant \underline{\lim}_{k\to\infty} E(|X_{n_k}|^r) \leqslant \sup_{n\geqslant 1} E(|X_n|^r) \end{aligned}$$

由$\{|X_n|^r, n\geqslant N\}$一致可积知，$\sup\limits_{n\geqslant 1} E(|X_n|^r) < \infty$. 故$|X|^r \in L^1(\Omega)$.

最后，我们证明$\{X_n, n\geqslant 1\}$在$L^r(\Omega)$中依范数收敛于X. 事实上，因为

$$\begin{aligned} \int_\Omega |X_n - X|^r \mathrm{d}P &\leqslant \int_{|X_n - X| \leqslant \varepsilon} |X_n - X|^r \mathrm{d}P + \int_{|X_n - X| > \varepsilon} |X_n - X|^r \mathrm{d}P \\ &\leqslant \varepsilon^r + \left\{ C_r \int_{|X_n - X| > \varepsilon} |X_n|^r \mathrm{d}P + C_r \int_{|X_n - X| > \varepsilon} |X|^r \mathrm{d}P \right\} \end{aligned}$$

由$P(|X_n - X| > \varepsilon) \to 0$，及$\{|X_n|^r\}$一致可积得到

$$\int_{|X_n - X| > \varepsilon} |X_n|^r \mathrm{d}P \to 0, \quad n\to\infty$$

又由$|X|^r \in L^1(\Omega)$知，

$$\int_{|X_n - X| > \varepsilon} |X|^r \mathrm{d}P \to 0, \quad n\to\infty$$

从而

$$\int_\Omega |X_n - X|^r \mathrm{d}P \to 0, \quad n\to\infty$$

这就证明了(1)成立. ■

由定理 3.3.5 马上得到下面一个有用的推论.

推论 3.3.1 (1)若当$n\to\infty$时，$X_n \xrightarrow{P} X$，且$\sup\limits_{n\geqslant 1} E(|X_n|^r) < \infty$，$r>0$，则对任意$\tilde{r} < r$，均有$X_n \xrightarrow{L^{\tilde{r}}} X(n\to\infty)$.

(2)$X_n \xrightarrow{P} X(n\to\infty)$，且存在自然数$N$，使得当$n\geqslant N$时，有$|X_n| \leqslant Y \in L^r(\Omega)$，$r>0$，则有$X_n \xrightarrow{L^r} X(n\to\infty)$.

证明 (1)对任意$\tilde{r} < r$，由于

$$\begin{aligned} \int_{\{|X_n|^{\tilde{r}} \geqslant c\}} |X_n|^{\tilde{r}} \mathrm{d}P &\leqslant \int_{\{|X_n|^{\tilde{r}} \geqslant c\}} |X_n|^{\tilde{r}} \frac{|X_n|^{r-\tilde{r}}}{c^{\frac{r-\tilde{r}}{r}}} \mathrm{d}P \leqslant c^{\frac{r-\tilde{r}}{r}} \int_{\{|X_n|^{\tilde{r}} \geqslant c\}} |X_n|^r \mathrm{d}P \\ &\leqslant c^{-\frac{r-\tilde{r}}{r}} E(|X_n|^r) \leqslant c^{-\frac{r-\tilde{r}}{r}} \sup_{n\geqslant 1} E(|X_n|^r) \underset{c\to\infty}{\to} 0 \end{aligned}$$

故$\{|X_n|^{\tilde{r}}, n\geqslant 1\}$一致可积，由定理 3.3.5 知，$X_n \xrightarrow{L^{\tilde{r}}} X(n\to\infty)$.

(2) 显然$\{|X_n|^r, n\geqslant N\}$是一致可积的. 取$\widetilde{X}_n = 0$，$n\leqslant N-1$，

$$Y_n = \begin{cases} \widetilde{X}_n, & n \leqslant N-1 \\ X_n, & n \geqslant N \end{cases}$$

则由定理 3.3.5 知，$Y_n \xrightarrow{L^r} X(n\to\infty)$，从而 $X_n \xrightarrow{L^r} X(n\to\infty)$. ■

例 3.3.2 设$\{\xi_n,\ n\geqslant 1\}$是一致可积随机变量序列，则有

$$\lim_{n\to\infty} E\left(\frac{1}{n}\sup_{1\leqslant k\leqslant n}|\xi_k|\right)=0.$$

证明 因为

$$\begin{aligned}
&E(|X|\vee|Y|I_{[|X|\vee|Y|\geqslant C]})\\
=&\int_{[|X|\geqslant|Y|]}|X|\vee|Y|I_{[|X|\vee|Y|\geqslant C]}\mathrm{d}P+\int_{[|X|\leqslant|Y|]}|X|\vee|Y|I_{[|X|\vee|Y|\geqslant C]}\mathrm{d}P\\
=&\int_{[|X|\geqslant|Y|]}|X|I_{[|X|\geqslant C]}\mathrm{d}P+\int_{[|X|\leqslant|Y|]}|Y|I_{[|Y|\geqslant C]}\mathrm{d}P\\
\leqslant& E(|X|I_{[|X|\geqslant C]})+E(|Y|I_{[|Y|\geqslant C]})
\end{aligned}$$

所以

$$\begin{aligned}
E\left(\frac{1}{n}\sup_{1\leqslant k\leqslant n}|\xi_k|\right)&=E\left(\frac{1}{n}\sup_{1\leqslant k\leqslant n}|\xi_k|I_{[\sup_{1\leqslant k\leqslant n}|\xi_k|\geqslant C]}\right)+E\left(\frac{1}{n}\sup_{1\leqslant k\leqslant n}|\xi_k|I_{[\sup_{1\leqslant k\leqslant n}|\xi_k|<C]}\right)\\
&\leqslant\frac{1}{n}\sum_{i=1}^{n}E(|\xi_i|I_{[|\xi_i|\geqslant C]})+\frac{C}{n}\\
&\leqslant\sup_{\xi\in\mathcal{H}}E(|\xi|I_{[|\xi|\geqslant C]})+\frac{C}{n}
\end{aligned}$$

由一致可积性知，对$\varepsilon>0$，存在 C_0，当 $C>C_0$ 时，$\left|\sup_{\xi\in\mathcal{H}}E(|\xi|I_{[|\xi|\geqslant C]})\right|<\varepsilon/2$.

对上述ε，取 $N=\frac{2C}{\varepsilon}$，则当 $n>N$ 时，$\frac{C}{n}<\frac{\varepsilon}{2}$，所以有

$$E\left(\frac{1}{n}\sup_{1\leqslant k\leqslant n}|\xi_k|\right)<\varepsilon$$ ■

例 3.3.3 设 $\mathcal{H}\subset L^1(\Omega,\ \mathcal{F},\ P)$，若 $\mathcal{H}$ 满足

$$A_n\in\mathcal{F},A_n\searrow\varnothing\Rightarrow\lim_{n\to\infty}\sup_{\xi\in\mathcal{H}}\int_{A_n}|\xi|\mathrm{d}P=0$$

则对任给 $\varepsilon>0$，存在 $\delta>0$，使得

$$A\in\mathcal{F},P(A)<\delta\Rightarrow\sup_{\xi\in\mathcal{H}}\int_{A}|\xi|\mathrm{d}P\leqslant\varepsilon$$

证明 （反证）若不然，存在$\varepsilon>0$，对 $\delta_n=\frac{1}{2^n}$，都存在 $B_n\in\mathcal{F}$，使得

$$P(B_n)<\delta_n=\frac{1}{2^n}\text{ 且}\sup_{\xi\in\mathcal{H}}\int_{B_n}|\xi|\mathrm{d}P\geqslant\varepsilon$$

由 Borel-Cantelli 引理，根据 $\sum_{n=1}^{\infty}P(B_n)<\infty$，可得 $P(\bigcap_{n=1}^{\infty}\bigcup_{k=n}^{\infty}B_k)=0$.

取 $C_n=\bigcup_{k=n}^{\infty}B_k$，则$\sup_{\xi\in\mathcal{H}}\int_{C_n}|\xi|\mathrm{d}P\geqslant\varepsilon$，且 $P(\bigcap_{m=1}^{\infty}C_m)=0$.

取 $A_n=C_n\setminus\bigcap_{m=1}^{\infty}C_m$，则 A_n 单调下降趋于$\varnothing$，但对任意 n，都有

$$\sup_{\xi\in\mathcal{H}}\int_{A_n}|\xi|\mathrm{d}P\geqslant\varepsilon$$

这与条件矛盾. ■

定义 3.3.3 设$\{X_n, X\}\subset L^1(\Omega)$，如果对任意有界随机变量$Y$，均有

$$\lim_{n\to\infty} E(X_n Y) = E(XY)$$

则称$\{X_n\}$弱收敛于X. 如果一族随机变量满足任一随机序列必有弱收敛的子列，则称该随机变量族为弱紧的。

定理 3.3.6 可积随机变量族$\{X_\alpha, \alpha\in\Gamma\}\subset L^1(\Omega)$一致可积的充要条件为它是弱紧的.

证明 见 P. A. Meyer 的 *Probability and Potential*（Blaisdell Publishing Company，1966）. ■

定义 3.3.4 设$\{X_n, n\geqslant 1\}$为一列随机变量，$\mathcal{F}_1$ 为一个子 σ-代数，如果$\forall\varepsilon>0$，均存在一个随机变量 $\eta\in\mathcal{F}_1$，使得

$$\operatorname*{esssup}_n E(|\xi_n| 1_{\{|\xi_n|>\eta\}} \mid \mathcal{F}_1) < \varepsilon, \text{ a. s.}$$

则称$\{X_n, n\geqslant 1\}$关于$\mathcal{F}_1$条件一致可积，其中，esssup$\mathscr{H}$表示随机变量族 $\mathscr{H}$的本性上确界，其定义为：设 $\mathscr{H}$是一族非空随机变量，称 η 为 $\mathscr{H}$的本性上确界，如果(1)对任意 $\xi\in\mathscr{H}$，均有 $\xi\leqslant\eta$，a. s.；(2) $\forall\xi\in\mathscr{H}$，对任一满足 $\xi\leqslant\tilde{\eta}$(a. s.)的随机变量 $\tilde{\eta}$，均有 $\eta\leqslant\tilde{\eta}$，a. s.. 同理可定义本性下确界 essinf$\mathscr{H}$，只需将本性上确界中不等式全部反号即可。

下列定理是关于一致可积与条件一致可积序列的极限性质，感兴趣的读者自己完成证明.

定理 3.3.7 (1)若$\{X_n\}$一致可积，则有

$$E(\varliminf_{n\to\infty} X_n) \leqslant \varliminf_{n\to\infty} E(X_n) \leqslant \varlimsup_{n\to\infty} E(X_n) \leqslant E(\varlimsup_{n\to\infty} X_n)$$

(2)若$\{X_n\}$关于子 σ-代数$\mathcal{F}_1$ 条件一致可积，则有

$$E(\varliminf_{n\to\infty} X_n \mid \mathcal{F}_1) \leqslant \varliminf_{n\to\infty} E(X_n \mid \mathcal{F}_1) \leqslant \varlimsup_{n\to\infty} E(X_n \mid \mathcal{F}_1) \leqslant E(\varlimsup_{n\to\infty} X_n \mid \mathcal{F}_1).$$

3.4 平稳过程

有一类随机过程，其统计特性或者统计变化规律与所选取的时间起点无关，即整个随机过程的统计特性不随时间的推移而变化，这就是所谓的平稳过程. 本节主要介绍严平稳过程和宽平稳过程的定义和性质，及其两者之间的关系.

首先，我们引入随机过程有限维分布函数族的定义.

定义 3.4.1 设$(\Omega, \mathcal{F}, P)$为一个概率空间，$X=\{X_t, t\geqslant 0\}$是其上的一个随机过程，对任意的$t\in[0, +\infty)$，X_t 是一个随机变量，称其分布函数

$$F_X(t,x) = P(X_t \leqslant x), x\in\mathbf{R}$$

为$\{X_t, t\geqslant 0\}$的一维分布函数. 对任意的 $t_1, t_2, \cdots, t_n\in[0, +\infty)$，$(X_{t_1}, X_{t_2}, \cdots, X_{t_n})$是一个 n 维随机向量，称其分布函数

$$\begin{aligned} &F_X(t_1,t_2,\cdots,t_n;x_1,x_2,\cdots,x_n) \\ &= P(X_{t_1}\leqslant x_1, X_{t_2}\leqslant x_2,\cdots,X_{t_n}\leqslant x_n),(x_1,x_2,\cdots,x_n)\in\mathbf{R}^n \end{aligned}$$

为$\{X_t, t\geqslant 0\}$的 n 维分布函数. 称所有有限维分布函数的全体为$\{X_t, t\geqslant 0\}$的有限维分布函数族.

定理 3.4.1 (1)任一随机过程$\{X_t, t\geqslant 0\}$的有限维分布函数族满足下列相容性条件：

1)对$(1, 2, \cdots, n)$的任一重排$(i_1, i_2, \cdots, i_n)$有

$$F_X(t_1, t_2, \cdots, t_n; x_1, x_2, \cdots, x_n) = F_X(t_{i_1}, t_{i_2}, \cdots, t_{i_n}; x_{i_1}, x_{i_2}, \cdots, x_{i_n}) \tag{3.10}$$

$(x_1, x_2, \cdots, x_n) \in \mathbf{R}^n$.

2)对任意 $m<n$，有

$$\begin{aligned} & F_X(t_1, t_2, \cdots, t_m; x_1, x_2, \cdots, x_m) \\ = & F_X(t_1, t_2, \cdots, t_m, t_{m+1}, \cdots, t_n; x_1, x_2, \cdots, x_m, +\infty, \cdots, +\infty) \end{aligned} \tag{3.11}$$

(2)如果函数族

$$F_X(t_1, t_2, \cdots, t_n; x_1, x_2, \cdots, x_n), (x_1, x_2, \cdots, x_n) \in \mathbf{R}^n, t_1, t_2, \cdots, t_n \in [0, +\infty)$$

满足：

1)对固定的 $t_1, t_2, \cdots, t_n \in [0, +\infty)$，$F_X(t_1, t_2, \cdots, t_n; x_1, x_2, \cdots, x_n)$是某个 n 维随机向量的分布函数；

2)相容性条件式(3.10)和式(3.11)；

则必存在概率空间$(\Omega, \mathcal{F}, P)$及其上的随机过程 $X=\{X_t, t\geqslant 0\}$，使得 $F_X(t_1, t_2, \cdots, t_n; x_1, x_2, \cdots, x_n)$是随机过程 $X=\{X_t, t\geqslant 0\}$的有限维分布函数族.

证明　(1)由分布函数的性质直接得到，称式(3.10)和式(3.11)为分布函数族的相容性条件.(2)是 1931 年由苏联数学家柯尔莫哥洛夫证明的，称之为有限维分布函数族的柯尔莫哥洛夫存在性定理，这里，我们略去具体证明过程. ■

利用有限维分布函数族，我们能够引入严平稳过程的定义.

定义 3.4.2（严平稳过程）　设 $X=\{X_t, t\geqslant 0\}$是一个随机过程，如果它的任意 n 维分布函数都有

$$F_X(t_1, t_2, \cdots, t_n; x_1, x_2, \cdots, x_n) = F_X(t_1+s, t_2+s, \cdots, t_n+s; x_1, x_2, \cdots, x_n)$$

其中 $t_1+s, t_2+s, \cdots, t_n+s, t_1, t_2, \cdots, t_n \in [0, +\infty)$，则称 $X=\{X_t, t\geqslant 0\}$为一个严平稳随机过程.

由定义知，严平稳过程的任意 n 维分布函数不随时间变化而变化，这一特性反映在随机过程的一、二维分布函数及数字特征方面具有下面的性质.

定理 3.4.2　若 $X=\{X_t, t\geqslant 0\}$为严平稳过程，则它的一维分布函数与时间无关.

证明　设 $X=\{X_t, t\geqslant 0\}$的一维分布函数为 $F_X(t_1; x_1)$，由严平稳性知，

$$F_X(t_1; x_1) = F_X(t_1+s; x_1)$$

取 $s=-t_1$，则有

$$F_X(t_1, x_1) = F_X(0, x_1) \triangleq F_X(x_1)$$

证毕. ■

由此我们可以计算严平稳过程 $X=\{X_t, t\geqslant 0\}$的均值、方差等数字特征：

$$E[X(t)] = \int_{-\infty}^{+\infty} x_1 \mathrm{d}F_X(x_1) \triangleq M_X$$

$$E[X^2(t)] = \int_{-\infty}^{+\infty} x_1^2 \mathrm{d}F_X(x_1) \triangleq \Psi_X^2$$

$$\sigma_X^2 = E[X^2(t)] - E^2[X(t)] = \Psi_X^2 - M_X^2$$

显然，$X=\{X_t, t\geqslant 0\}$的均值、方差都与时间 t 无关，由此知，当随机过程为严平稳过程时，该过程的所有样本函数总是在它们均值水平线上下波动，样本曲线偏离水平直线的幅度正好是 $\sqrt{D(X(x))}=\sigma_X$.

定理 3.4.3　严平稳过程 $X=\{X_t,\ t\geqslant 0\}$ 的二维分布函数只与时间间隔有关，而与时间起点无关．

证明　设 $X=\{X_t,\ t\geqslant 0\}$ 的二维分布函数为 $F_X(t_1,\ t_2;\ x_1,\ x_2)$，由严平稳性知，

$$F_X(t_1,t_2;x_1,x_2)=F_X(t_1+s,t_2+s;x_1,x_2)$$

取 $s=-t_1$，则有

$$F_X(t_1,t_2;x_1,x_2)=F_X(0,t_2-t_1;x_1,x_2)\triangleq F_X(t_2-t_1;x_1,x_2)$$

证毕. ■

此式表明，严平稳过程的二维分布函数仅依赖于时间间隔，而与时间起点无关．进一步，我们可以计算严平稳过程 $X=\{X_t,\ t\geqslant 0\}$ 的协方差函数表达式．记

$$R_X(t_1,\ t_2)=E[X(t_1)X(t_2)]=\iint_{R^n}x_1x_2\,\mathrm{d}F_X(t_1,\ t_2;\ x_1,\ x_2)$$

$$=\iint_{R^n}x_1x_2\mathrm{d}F_X(t_2-t_1;\ x_1,\ x_2)=R_X(t_2-t_1)$$

所以，

$$\begin{aligned}C_X(t_1,\ t_2)&=R_X(t_1,\ t_2)-M_X(t_1)M_X(t_2)\\&=R_X(t_2-t_1)-M_X\cdot M_X=R_X(t_2-t_1)-M_X^2\\&=C_X(t_2-t_1)\end{aligned}$$

设 $\{X_t,\ t\in T\}$ 为一个随机过程，$X(t_1)$ 和 $X(t_2)$ 是在任意两个时刻 t_1 和 t_2 时的状态，称二阶原点混合矩 $E[X(t_1)X(t_2)]$ 为随机过程的相关函数，记为 $R_X(t_1,\ t_2)$．称 $X(t_1)$ 和 $X(t_2)$ 的二阶中心混合矩 $E\{[X(t_1)-EX(t_1)][X(t_2)-EX(t_2)]\}$ 为 $\{X(t),\ t\in T\}$ 的中心化相关函数，记为 $C_X(t_1,\ t_2)$，显然有

$$C_X(t_1,t_2)=R_X(t_1,t_2)-EX(t_1)EX(t_2)$$

定义 3.4.3（宽平稳过程）　设 $X=\{X_t,\ t\geqslant 0\}$ 是一个随机过程，如果

$$E[X(t)]=M_X=C$$

其中 C 为常数，且 $E[X^2(t)]<\infty$，$R_X(t_1,\ t_2)=E[X(t_1)X(t_2)]=R_X(\tau)$，$\tau=t_2-t_1$，则称 $X=\{X_t,\ t\geqslant 0\}$ 为宽平稳过程．

下面讨论严平稳过程和宽平稳过程的关系.

严平稳过程不一定是宽平稳过程，因为严平稳过程不一定存在二阶矩．宽平稳过程也不一定是严平稳过程，因为宽平稳过程只保证 $X=\{X_t,\ t\geqslant 0\}$ 的一阶矩和二阶矩不随时间的推移而改变，但不能保证其有限维分布不随时间的推移而改变．不难验证：严平稳过程当其二阶矩存在时一定是宽平稳过程，反之不一定成立，但宽平稳的高斯过程（正态过程）是严平稳过程．

下面介绍一个更加一般的平稳过程——相关系数平稳过程.

定义 3.4.4　如果随机过程 $X=\{X_t,\ t\in T\}$ 满足对任意 $t\in T$，有 $M_X(t)=E[X(t)]<\infty$，$D_X(t)=E\{[X(t)-E(X(t))]^2\}<\infty$，则称它为一个二阶矩过程．

定义 3.4.5（相关系数平稳过程）　如果随机过程 $X=\{X_t,\ t\in T\}$ 满足

(1) $X=\{X_t,\ t\in T\}$ 是二阶矩过程；

(2) 对于任意的 t，$t+\tau\in T$，有

$$\rho(t,t+\tau)=\frac{\mathrm{Cov}(X(t),X(t+\tau))}{\sqrt{\mathrm{Var}(X(t))\mathrm{Var}(X(t+\tau))}}=\rho(\tau)$$

即自相关系数是单变量 τ 的函数，则称 $\{X(t),\ t\in T\}$ 为自相关系数平稳过程，简称为相关系数平稳过程．若 T 为离散集，则称 $\{X(t),\ t\in T\}$ 是相关系数平稳序列．

由定义可知，宽平稳过程必定是相关系数平稳过程，但是反过来不一定成立．因为宽平稳过程的均值和方差都是常量，而相关系数平稳过程的均值和方差可以随时间变化，这一特点使其能够更好地描述金融实际中遇到的各种随机过程.

下列性质是显然的．

定理 3.4.4　设 $X=\{X_t,\ t\in T\}$ 为相关系数平稳过程，则其相关系数函数有下列性质：(1)$\rho(0)=1$；(2) $\rho(-\tau)=\rho(\tau)$；(3)$\rho(\tau)\leqslant\rho(0)$.

对于随机过程 $\{X_t,\ t\in T\}$，称当 $\Delta t\to 0$ 时，过程的增量与时间增量 Δt 的比的均方极限为随机过程的均方导数，记为 $\dot{X}(t)$，$X'(t)$ 或 $\frac{\mathrm{d}X(t)}{\mathrm{d}t}$，即

$$\frac{\mathrm{d}X}{\mathrm{d}t}=\lim_{\Delta t\to 0}\frac{X(t+\Delta t)-X(t)}{\Delta t},(L^2)$$

如果 $\{X(t),\ t\in T\}$ 在 T 上每一点都是均方可微的，则称 $\{X(t),\ t\in T\}$ 在 T 上均方可微．

对于随机过程 $\{X_t,\ t\in T\}$ 的均方导数，有如下结论：

(1)随机过程 $\{X_t,\ t\subset T\}$ 的导数 $\dot{X}(t)$ 的均值函数等于均值函数的导数：

$$E[\dot{X}(t)]=[m_X(t)]'$$

可推广为随机过程的 n 阶导数的均值等于它的均值的 n 阶导数．

(2)随机过程 $\{X_t,\ t\in T\}$ 的导数的中心化相关函数等于它的中心化相关函数的二阶混合偏导数：

$$C_{\dot{X}}(t_1,t_2)=\frac{\partial^2 C_X(t_1,t_2)}{\partial t_1\,\partial t_2}$$

(3) 弱平稳过程的任意阶导数(如果存在的话)仍是弱平稳过程．

3.5　停时理论

停时(stopping time)是一类随机时刻，它是指具有某种与将来无关性质的随机时刻，或者说它是相对于某个信息流可观察的随机时刻．停时理论在随机过程(特别是鞅)的理论研究及期权定价、保险精算等领域的模型研究中发挥着重要的作用．

定义 3.5.1(停时)　设 $(\Omega,\ \mathcal{F},\ P)$ 为一个概率空间，$\{\mathcal{F}_t\}_{t\geqslant 0}$(或离散时间的 $\{\mathcal{F}_n,\ n=0,\ 1,\ \cdots\}$)为 $\mathcal{F}$ 的一个满足单调递增的子 σ-代数集，记 $\overline{\mathbf{R}}_+=[0,\ +\infty)\cup\{+\infty\}$，$\overline{\mathbf{N}}_+=\{0,\ 1,\ 2,\ \cdots\}\cup\{+\infty\}$．如果 τ：$\Omega\mapsto\overline{\mathbf{R}}_+$(或 τ：$\Omega\mapsto\overline{\mathbf{N}}_+$)满足对任意 $t\in\mathbf{R}_+$(对应地 $n\in\mathbf{N}_+=\{0,\ 1,\ 2,\ \cdots\}$)均有

$$\{\omega\mid\omega\in\Omega,\tau(\omega)\leqslant t\}\in\mathcal{F}_t\quad(\text{对应地}\{\omega\mid\omega\in\Omega,\tau(\omega)\leqslant n\}\in\mathcal{F}_n)$$

则称 τ 为 $\{\mathcal{F}_t\}_{t\geqslant 0}$ 停时(对应地 τ 为 $\{\mathcal{F}_n,\ n\geqslant 0\}$ 停时).

对离散时间的停时，$\{\omega\mid\omega\in\Omega,\ \tau(\omega)\leqslant n\}\in\mathcal{F}_n$ 与 $\{\omega\mid\omega\in\Omega,\ \tau(\omega)=n\}\in\mathcal{F}_n$ 等价．

如果将条件 $\{\tau\leqslant t\}\in\mathcal{F}_t$ 改为 $\{\tau<t\}\in\mathcal{F}_t$，则称 τ 为宽停时，也叫可选时．显然，如果 $\{\mathcal{F}_t\}$ 是右连续的，则可选时必为停时．

用 τ 表示某随机现象未来发生的时刻，$\{\tau\leqslant t\}$ 表示该现象在 t 时刻之前已经发生，$\mathcal{F}_t$ 表示 t 时刻所已知的信息．若 τ 为停时，即 $\{\tau\leqslant t\}\in\mathcal{F}_t$，则表明该随机现象相对于信息流

$\{\mathcal{F}_t\}_{t\geqslant 0}$来说是可观察的．

例 3.5.1 某人在参加赌博时决定当胜局累计达 100 次时停止赌博，未来停止赌博时刻为 τ，$\mathcal{F}_n$ 是赌到第 n 局时赌博者所掌握的信息，则$\{\tau=n\}$仅依赖于前 n 局的结果，故$\{\tau=n\}\in\mathcal{F}_n$，即 τ 为一个$\{\mathcal{F}_n, n\geqslant 0\}$停时．

例 3.5.2 非负常数 a 是任一 σ-代数流$\{\mathcal{F}_t, t\geqslant 0\}$(或$\{\mathcal{F}_n, n\geqslant 0\}$)停时．

证明 因为 $\forall t\geqslant 0$，

$$\{a\leqslant t\}=\begin{cases}\varnothing, & \text{如果 } a>t\\ \Omega, & \text{如果 } a\leqslant t\end{cases}$$

故$\{a\leqslant t\}\in\mathcal{F}_t$，即 a 是$\{\mathcal{F}_t, t\geqslant 0\}$停时． ■

例 3.5.3 设$\{X_t, t\geqslant 0\}$为$\{\mathcal{F}_t, t\geqslant 0\}$适应过程，且$\{X_t, t\geqslant 0\}$的每一条路径都是连续的，则首达 a 的时间 $\tau_a(\omega)=\inf\{t\,|\,t\geqslant 0, X_t(\omega)\geqslant a\}$是$\{\mathcal{F}_t, t\geqslant 0\}$停时.

证明 设 D 为 $\mathbf{R}$ 上非负有理数全体，由于 $X(t, \omega)$是连续的，则

$$\begin{aligned}\{\omega\,|\,\tau_a(\omega)>t\}&=\bigcup_{k=1}^{\infty}\left\{\min_{0\leqslant r\leqslant t}(a-X_r)\geqslant\frac{1}{k}\right\}\\&=\bigcup_{k=1}^{\infty}\bigcap_{\substack{r\in D\\0\leqslant r\leqslant t}}\left\{\omega\,|\,(a-X_r(\omega))\geqslant\frac{1}{k}\right\}\in\mathcal{F}_t\end{aligned}$$

所以$\{\omega\,|\,\tau_a(\omega)\leqslant t\}\in\mathcal{F}_t$，即 $\tau_a(\omega)$是$\{\mathcal{F}_t, t\geqslant 0\}$停时． ■

例 3.5.4 (Wald 等式) 设$\{X_n, n\geqslant 1\}$为独立同分布随机变量序列，$\mu=E(X_n)<\infty$，τ 为$\{\mathcal{F}_n=\sigma(X_m, m\leqslant n), n\geqslant 1\}$停时，且 $E(\tau)<\infty$，则有

$$E\left(\sum_{n=1}^{\tau}X_n\right)=E(\tau)E(X_1)$$

证明 令

$$1_n=\begin{cases}1, & \tau\geqslant n\\0, & \tau<n\end{cases}$$

则有

$$\sum_{n=1}^{\tau}X_n=\sum_{n=1}^{\infty}X_n1_n$$

由于$\{1_n=0\}=\{\tau<n\}=\bigcup_{k=1}^{n-1}\{\tau=k\}\in\mathcal{F}_{n-1}$，$\{1_n=1\}=\{\tau\geqslant n\}=\left(\bigcup_{k=1}^{n-1}\{\tau=k\}\right)^c\in\mathcal{F}_{n-1}$故 1_n 是$\mathcal{F}_{n-1}$可测的，所以 1_n 与 X_n 独立，从而

$$E\left(\sum_{n=1}^{\tau}X_n\right)=\sum_{n=1}^{\infty}E(X_n1_n)=\sum_{n=1}^{\infty}E(X_n)E(1_n)=E(X_1)\sum_{n=1}^{\infty}P(\tau\geqslant n)=E(X_1)E(\tau)$$ ■

定理 3.5.1 若 τ 是$\{\mathcal{F}_t, t\geqslant 0\}$停时，则 $\forall t\geqslant 0$，$\{\tau<t\}\in\mathcal{F}_t$，且$\{\tau=t\}\in\mathcal{F}_t$；若 τ 是$\{\mathcal{F}_n, n\geqslant 0\}$停时，则 $\forall n\geqslant 0$，$\{\tau<n\}\in\mathcal{F}_n$，且$\{\tau=n\}\in\mathcal{F}_n$.

证明 (1) $\{\tau<t\}=\bigcup_{k=1}^{\infty}\left\{\tau\leqslant t-\frac{1}{k}\right\}\in\mathcal{F}_t$，且 $\{\tau=t\}=\{\tau\leqslant t\}-\{\tau<t\}=\{\tau\leqslant t\}\cap\{\tau\geqslant t\}\in\mathcal{F}_t$.

(2) $\{\tau<n\}=\{\tau\leqslant n-1\}\in\mathcal{F}_{n-1}\subset\mathcal{F}_n$，$\{\tau=n\}=\{\tau\leqslant n\}-\{\tau\leqslant n-1\}\in\mathcal{F}_n$. ■

例 3.5.5 求证 τ 为$\{\mathcal{F}_{t^+}, t\geqslant 0\}$停时的充要条件是 $\forall t\geqslant 0$，$\{\tau<t\}\in\mathcal{F}_t$.

证明　必要性．设 τ 为$\{\mathcal{F}_{t^+},\ t\geqslant 0\}$停时，则有 $\forall\, t\geqslant 0$，$\{\tau\leqslant t\}\in\mathcal{F}_{t^+}$，而

$$\{\tau<t\}=\bigcup_{n=1}^{\infty}\left\{\tau\leqslant t-\frac{1}{n}\right\}\in\mathcal{F}_t$$

$\{\tau=n\}\in\mathcal{F}_n$，$\forall\, n\geqslant 1$. ■

下面我们再给出几个停时的例子．

例 3.5.6　X_t 是一个从 0 时开始的适应过程，A 是一个开集，那么 X_t 至 A 的首达时刻

$$T_A=\inf\{t\geqslant 0,X_t\in A\}$$

是一个停时．

例 3.5.7　如果 X_t 是一个从 0 时开始的适应过程，$a>0$，那么 X_t 对区间$(-\infty,\ a]$的逃逸时刻

$$T_a=\inf\{t>0,X_t>a\}$$

也是一个停时(注意：没有要求 X_t 路径连续).

注意，如果上面的例子中永远不会有 $X_t\in A$ 或 $X_t>a$，即集合是空集，那么我们规定 $T_a=+\infty$.

例 3.5.8　如果 X_t 是一个从 0 时开始的适应过程，在区间 $t\in[0,\ T]$内，X_t 第一次达到它在这个时段内最大值的时刻

$$T_{\max}=\inf\{t\in[0,T],X_t=\sup_{s\in[0,T]}X_s\}$$

不是一个停时。因为只有时间到了 T，我们才知道 X_t 在哪一个 $t\in[0,\ T]$达到最大值，从而才能确定 $T_{\max}$。也就是说，当在真正的 $T_{\max}$时刻时，我们并不知道 X_t 是取到或未取到这一事实．

定理 3.5.2　(1) 设$\{\mathcal{F}_t,\ t\geqslant 0\}$为右连续，则 τ 为$\{\mathcal{F}_t,\ t\geqslant 0\}$停时的充要条件为$\{\tau<t\}\in\mathcal{F}_t$(在没有右连续的情况下，$\{\tau<t\}\in\mathcal{F}_t$ 不一定能推出 τ 为$\mathcal{F}_t$ 停时).

(2)τ 为$\{\mathcal{F}_n,\ n\geqslant 0\}$停时的充要条件为 $\forall\, n\geqslant 1$，$\{\tau=n\}\in\mathcal{F}_n$.

证明　(1) $\forall\,\varepsilon>0$，$\{\tau\leqslant t\}=\bigcap\limits_{k=1}^{\infty}\left\{\tau<t+\dfrac{1}{k}\right\}\in\mathcal{F}_{t+\varepsilon}$，令 $\varepsilon\to 0^+$ 得$\{\tau\leqslant t\}\in\mathcal{F}_{t^+}=\mathcal{F}_t$.

(2) $\forall\, n\geqslant 1$，$\{\tau\leqslant n\}\in\bigcup\limits_{k=1}^{n}\{\tau=k\}\in\mathcal{F}_n$. ■

定理 3.5.3　(1) 设 τ_1，τ_2 为 $\{\mathcal{F}_t,\ t\geqslant 0\}$停时，则

$$\tau_1+\tau_2,\tau_1\vee\tau_2=\max\{\tau_1,\tau_2\},\tau_1\wedge\tau_2=\min\{\tau_1,\tau_2\}$$

均为$\{\mathcal{F}_t,\ t\geqslant 0\}$停时.

(2)设 τ_1，τ_2，…为一列$\{\mathcal{F}_t,\ t\geqslant 0\}$停时，则

1)$\sup\limits_{n\geqslant 1}\tau_n$ 是$\{\mathcal{F}_t,\ t\geqslant 0\}$停时；

2)若$\{\mathcal{F}_t,\ t\geqslant 0\}$右连续，则$\inf\limits_{n\geqslant 1}\tau_n$，$\overline{\lim\limits_{n\to\infty}}\,\tau_n$，$\underline{\lim\limits_{n\to\infty}}\,\tau_n$ 都是$\{\mathcal{F}_t,\ t\geqslant 0\}$停时．

证明　(1)对 $t=0$，$\{\tau_1+\tau_2=0\}=\{\tau_1=0\}\cap\{\tau_2=0\}\in\mathcal{F}_0$.

当 $t>0$ 时，$\{\tau_1+\tau_2>t\}=\{\tau_1+\tau_2>t,\ 0<\tau_1<t\}\cup\{\tau_1+\tau_2>t,\ \tau_1=0\}\cup\{\tau_1>t,\ \tau_2=0\}\cup\{\tau_1>t,\ \tau_2>0\}$. 而

$$\{\tau_1+\tau_2>t,0<\tau_1<t\}=\bigcup_{r\in Q\cap(0,t)}(\{r<\tau_1<t\}\cap\{\tau_2>t-r\})\in\mathcal{F}_t$$

$$\{\tau_1+\tau_2>t,\tau_1=0\}=\{\tau_1=0\}\cap\{\tau_2>t\}\in\mathcal{F}_t$$
$$\{\tau_1>t,\tau_2=0\}=\{\tau_2=0\}\cap\{\tau_1>t\}\in\mathcal{F}_t$$
$$\{\tau_1>t,\tau_2>0\}=\{\tau_1>t\}\cap\{\tau_2>0\}\in\mathcal{F}_t$$

从而$\{\tau_1+\tau_2>t\}\in\mathcal{F}_t$，即$\tau_1+\tau_2$是$\{\mathcal{F}_t,\ t\geqslant 0\}$停时．再由$\{\tau_1\vee\tau_2\leqslant t\}=\{\tau_1\leqslant t\}\cap\{\tau_2\leqslant t\}\in\mathcal{F}_t$及$\{\tau_1\wedge\tau_2\leqslant t\}=\{\tau_1\leqslant t\}\cup\{\tau_2\leqslant t\}\in\mathcal{F}_t$得$\tau_1\vee\tau_2=\max\{\tau_1,\ \tau_2\}$，$\tau_1\wedge\tau_2=\min\{\tau_1,\ \tau_2\}$均为$\{\mathcal{F}_t,\ t\geqslant 0\}$停时．

(2)因为$\{\sup\limits_{n\geqslant 1}\tau_n\leqslant t\}=\bigcap\limits_{n=1}^{\infty}\{\tau_n\leqslant t\}\in\mathcal{F}_t$，故$\sup\limits_{n\geqslant 1}\tau_n$是$\{\mathcal{F}_t,\ t\geqslant 0\}$停时．由$\{\inf\limits_{n\geqslant 1}\tau_n<t\}=\bigcap\limits_{n=1}^{\infty}\{\tau_n<t\}\in\mathcal{F}_t$及$\{\mathcal{F}_t,\ t\geqslant 0\}$的右连续性知，$\inf\limits_{n\geqslant 1}\tau_n$为$\{\mathcal{F}_t,\ t\geqslant 0\}$停时．再由$\varliminf\limits_{n\to\infty}\tau_n=\sup\limits_{k\geqslant 1}\inf\limits_{n\geqslant k}\tau_n$及$\varlimsup\limits_{n\to\infty}\tau_n=\inf\limits_{k\geqslant 1}\sup\limits_{n\geqslant k}\tau_n$知，$\varlimsup\limits_{n\to\infty}\tau_n$，$\varliminf\limits_{n\to\infty}\tau_n$都是$\{\mathcal{F}_t,\ t\geqslant 0\}$停时．■

定义 3.5.2　设$(\Omega,\ \mathcal{F},\ P)$为一个概率空间，$\{\mathcal{F}_t\}_{t\geqslant 0}$为$\mathcal{F}$的一个子$\sigma$-代数流，$\tau$为$\{\mathcal{F}_t\}_{t\geqslant 0}$停时，定义

$$\mathcal{F}_\tau=\{A\mid A\in\mathcal{F}_\infty,\forall t\geqslant 0,\{\tau\leqslant t\}\cap A\in\mathcal{F}_t\}$$
$$\mathcal{F}_{\tau-}=\mathcal{F}_0\vee\sigma\{\{\tau>t\}\cap B\mid\forall t\geqslant 0,B\in\mathcal{F}_t\}$$

显然，$\mathcal{F}_\tau$与$\mathcal{F}_{\tau-}$均为$\mathcal{F}$的子σ-代数．分别称$\mathcal{F}_\tau$与$\mathcal{F}_{\tau-}$为τ前事件域与严格τ前事件域．

对τ前事件域与严格τ前事件域，我们有下列结论．

定理 3.5.4　设$(\Omega,\ \mathcal{F},\ P,\ \{\mathcal{F}_t,\ t\geqslant 0\})$为一个过滤概率空间，$\sigma$，$\tau$为$\{\mathcal{F}_t,\ t\geqslant 0\}$任意两个停时，则有

(1)τ是$\mathcal{F}_{\tau-}$可测的，且$\mathcal{F}_{\tau-}\subset\mathcal{F}_\tau$；

(2)若$A\in\mathcal{F}_\sigma$，则$A\cap\{\sigma\leqslant\tau\}\in\mathcal{F}_\tau$，$A\cap\{\sigma<\tau\}\in\mathcal{F}_{\tau-}$；

(3)若$A\in\mathcal{F}_\infty$，则$A\cap\{\tau=\infty\}\in\mathcal{F}_{\tau-}$；

(4)若$\sigma\leqslant\tau$，则$\mathcal{F}_\sigma\subset\mathcal{F}_\tau$，$\mathcal{F}_{\sigma-}\subset\mathcal{F}_{\tau-}$；

(5)若$\sigma\leqslant\tau$，且在$\{\tau<\infty\}$上有$\sigma<\tau$，则有$\mathcal{F}_\sigma\subset\mathcal{F}_{\tau-}$；

(6) 设$\{\tau_n,\ n\geqslant 1\}$为一列单调停时，(i) 如果$\tau_n\downarrow\tau$，且$\{\mathcal{F}_t,\ t\geqslant 0\}$为右连续的，则$\mathcal{F}_\tau=\bigcap\limits_n\mathcal{F}_{\tau_n}$；(ii) 如果$\tau_n\uparrow\tau$，则$\mathcal{F}_{\tau-}=\bigvee\limits_n\mathcal{F}_{\tau_n^-}$；

(7)设$\{\tau_n,\ n\geqslant 1\}$为一列单调停时，(i) 如果$\tau_n\downarrow\tau$，$\{\mathcal{F}_t,\ t\geqslant 0\}$为右连续的，且对每个$n\geqslant 1$，在$\{0<\tau_n<\infty\}$上有$\tau<\tau_n$，则有

$$\mathcal{F}_\tau=\bigcap_n\mathcal{F}_{\tau_n^-}$$

(ii) 如果$\tau_n\uparrow\tau$，且对每个$n\geqslant 1$，在$\{0<\tau<\infty\}$上有$\tau_n<\tau$，则有

$$\mathcal{F}_{\tau-}=\bigvee_n\mathcal{F}_{\tau_n}$$

(8)设$A\in\mathcal{F}_\infty$，τ为停时，则$A\in\mathcal{F}_\tau$的充要条件是

$$\tau_A(\omega)=\begin{cases}\tau(\omega),\ \omega\in A\\+\infty,\ \omega\notin A\end{cases}$$

为停时．

证明　(1)对任意$t\in\mathbf{R}_+$，由$\mathcal{F}_{\tau-}$的定义知，$\Omega\cap\{t<\tau\}\in\mathcal{F}_{\tau-}$，即$\{t<\tau\}\in\mathcal{F}_{t-}$，从而$\{\tau\leqslant t\}\in\mathcal{F}_{\tau-}$，这就是说$\tau$为$\mathcal{F}_{\tau-}$可测．

欲证$\mathcal{F}_{\tau-}\subset\mathcal{F}_\tau$，需证$\mathcal{F}_{\tau-}$的元素属于$\mathcal{F}_\tau$，显然$\mathcal{F}_{\tau-}$的元素$B(\in\mathcal{F}_0)$必属于$\mathcal{F}_\tau$，$\mathcal{F}_{\tau-}$的另一类元素$A\cap\{t<\tau\}$也为$\mathcal{F}_\tau$的元素，此外$A\in\mathcal{F}_\tau$．事实上，对任意$s\geqslant 0$，

$$[A\cap\{t<\tau\}]\cap\{\tau\leqslant s\}=\begin{cases}\varnothing, s\leqslant t\\ A\cap\{\tau\leqslant s\}\setminus A\cap\{\tau\leqslant t\}, t<s\end{cases}$$

由此可见，$[A\cap\{t<\tau\}]\cap\{\tau\leqslant s\}\in\mathcal{F}_s$，对任意 s，这就证明了$[A\cap\{t<\tau\}]\in\mathcal{F}_{\tau}$.

(2)设 $A\in\mathcal{F}_{\sigma}$，往证对任意 $t\in\mathbf{R}_+$，$[A\cap\{\sigma\leqslant\tau\}]\cap\{\tau\leqslant t\}\in\mathcal{F}_t$，我们有

$$[A\cap\{\sigma\leqslant\tau\}]\cap\{\tau\leqslant t\}=[A\cap\{\sigma\leqslant t\}]\cap[\sigma\wedge t\leqslant\tau\wedge t]\cap\{\tau\leqslant t\} \tag{3.12}$$

但 $\sigma\wedge t\in\mathcal{F}_t$，这是因为对任意 $s\in\mathbf{R}_+$ 有

$$\{\sigma\wedge t\leqslant s\}=\begin{cases}\Omega, & t\leqslant s\\ \{\sigma\leqslant s\}, & s<t\end{cases}$$

故对任意 $s\in\mathbf{R}_+$，$\{\sigma\wedge t\leqslant s\}\in\mathcal{F}_s$. 同理 $\tau\wedge t\in\mathcal{F}_t$，故$[\sigma\wedge t\leqslant\tau\wedge t]\in\mathcal{F}_t$，另一方面，$A\cap\{\sigma\leqslant t\}\in\mathcal{F}_t$(因为 $A\in\mathcal{F}_{\sigma}$)，$\{\tau\leqslant t\}\in\mathcal{F}_t$. 故式(3. 12)的右边都$\mathcal{F}_t$ 可测，从而左边也$\mathcal{F}_t$ 可测．

又因为

$$A\cap\{\sigma<\tau\}=\bigcup_{r\text{有理数}}[A\cap\{\sigma\leqslant r\}\cap\{r<\tau\}] \tag{3.13}$$

但 $A\cap\{\sigma\leqslant r\}\in\mathcal{F}_r$，故式(3.13)右边并集中的每一项都属于$\mathcal{F}_{t-}$，从而 $A\cap\{\sigma<\tau\}\in\mathcal{F}_{\tau-}$.

(3)集合类$\{B: B\cap\{\tau=\infty\}\in\mathcal{F}_{\tau-}\}$构成 σ 域，故只需证当 $A\in\mathcal{F}_n$ 时 $A\cap\{\tau=\infty\}\in\mathcal{F}_{\tau-}$ 即可. 这时

$$A\cap\{\tau=\infty\}=\bigcap_{m\geqslant n}[A\cap\{\tau>m\}]$$

但此式右边每一项为$\mathcal{F}_{\tau^-}$ 可测．故 $A\cap\{\tau=\infty\}$为$\mathcal{F}_{\tau-}$ 可测．证毕．

(4)先证$\mathcal{F}_{\sigma}\subset\mathcal{F}_{\tau}$. 对任意 $A\in\mathcal{F}_{\sigma}$，由假设知，$A\cap\{\sigma\leqslant\tau\}=A$，

但由(2)知，$A\cap\{\sigma\leqslant\tau\}\in\mathcal{F}$，故 $A\in\mathcal{F}_{\tau}$.

要证$\mathcal{F}_{\sigma-}\subset\mathcal{F}_{\tau-}$，需证$\mathcal{F}_{\sigma-}$ 的元素为$\mathcal{F}_{\tau-}$ 可测．首先$\mathcal{F}_{\sigma-}$ 的元素 $B(\in\mathcal{F}_0)$也是$\mathcal{F}_{\tau-}$ 的元素，考虑$\mathcal{F}_{\sigma-}$ 的另一种元素 $A\cap\{t<\sigma\}$，$A\in\mathcal{F}_t$. 因为 $A\cap\{t<\sigma\}$为$\mathcal{F}_t$ 可测，故

$$[A\cap\{t<\sigma\}]\cap\{t<\tau\}\in\mathcal{F}_{\tau-}$$

但由假设$[A\cap\{t<\sigma\}]\cap\{t<\tau\}=A\cap\{t<\sigma\}$，故

$$A\cap\{t<\sigma\}\in\mathcal{F}_{\tau-}$$

(5)对每个 $A\in\mathcal{F}_{\sigma-}$，往证 $A\in\mathcal{F}_{\tau-}$. 由假设有

$$A=[A\cap\{\sigma=0\}]\cup[A\cap\{\sigma<\tau\}]\cup[A\cap\{\tau=\infty\}]$$

但此式右边三项都$\mathcal{F}_{\tau-}$ 可测，故 A 为$\mathcal{F}_{\tau-}$ 可测．

(6)(i)由条件及(4)知，$\mathcal{F}_{\tau}\subset\mathcal{F}_{\tau_n}$，故

$$\mathcal{F}_{\tau}\subset\bigcap_n\mathcal{F}_{\tau_n}$$

往证包含关系，即证对任意 $A\in\bigcap_n\mathcal{F}_{\tau_n}$，有 $A\in\mathcal{F}_{\tau}$. 由 $A\in\mathcal{F}_{\tau_n}(n=1, 2, \cdots)$知，对每个 $t\in\mathbf{R}_+$，$A\cap\{\tau_n\leqslant t\}\in\mathcal{F}_t$，但由 $A\cap\{\tau<t\}=\bigcup_n[A\cap\{\tau_n<t\}]\in\mathcal{F}_t$ 知，

$$A\cap\{\tau\leqslant t\}\in\mathcal{F}_{t^+}=\mathcal{F}_t$$

故 $A\in\mathcal{F}_{\tau}$.

(ii) 由条件及(4)知，$\mathcal{F}_{\tau_n^-}\subset\mathcal{F}_{\tau-}$，故 $\bigvee_n\mathcal{F}_{\tau_n^-}\subset\mathcal{F}_{\tau-}$. 现证包含关系反过来也成立。事实上，$\forall A\in\mathcal{F}_t$，

$$A\cap\{t<\tau\}=\bigcup_n[A\cap\{t<\tau_n\}]\in\bigvee_n\mathcal{F}_{\tau_n^-}$$

(7) (i)由(4)知，$\mathcal{F}_{\tau}\subset\mathcal{F}_{\tau_n^-}$，故$\mathcal{F}_{\tau}\subset\bigcap_n\mathcal{F}_{\tau_n^-}$. 现证包含关系反过来也成立。事实上，由

(5)知，

$$\bigcap_n \mathcal{F}_{\tau_n^-} \subset \bigcap_n \mathcal{F}_{\tau_n} = \mathcal{F}_\tau$$

(ii)由(4)知，$\mathcal{F}_{\tau_n} \subset \mathcal{F}_{\tau^-}$，故$\bigvee_n \mathcal{F}_{\tau_n} \subset \mathcal{F}_{\tau^-}$．又由(5)及(1)知，

$$\bigvee_n \mathcal{F}_{\tau_n} \subset \mathcal{F}_{\tau^-} = \bigvee_n \mathcal{F}_{\tau_n^-} \subset \bigvee_n \mathcal{F}_{\tau_n}$$

由此推出$\mathcal{F}_{\tau^-} = \bigvee_n \mathcal{F}_{\tau_n}$.

(8) 首先τ_A是Ω到$\overline{\mathbf{R}}_+$的映射，且对任意$t \geqslant 0$，有

$$\{\tau_A \leqslant t\} = A \cap \{\tau \leqslant t\}$$

从而知(8)的结论成立． ■

最后，我们给出在随机微分方程讨论中需要用到的随机区间的定义．

定义 3.5.3 设σ，τ是两个$\{\mathcal{F}_t, t \geqslant 0\}$停时，且满足$\sigma \leqslant \tau$，称$\Omega \times [0, +\infty)$的任一子集为一个随机集，记

$$[[\sigma,\tau)) := \{(t,\omega) \mid \sigma(\omega) \leqslant t < \tau(\omega)\}$$
$$[[\sigma,\tau]] := \{(t,\omega) \mid \sigma(\omega) \leqslant t \leqslant \tau(\omega)\}$$
$$((\sigma,\tau)) := \{(t,\omega) \mid \sigma(\omega) < t < \tau(\omega)\}$$
$$((\sigma,\tau]] := \{(t,\omega) \mid \sigma(\omega) < t \leqslant \tau(\omega)\}$$

称$((\sigma, \tau]]$，$[[\sigma, \tau))$，$[[\sigma, \tau]]$，$((\sigma, \tau))$为随机区间，有时也将它们分别记为$]]\sigma,\tau]]$，$[[\sigma, \tau[[$，$[[\sigma, \tau]]$，$]]\sigma, \tau[[$．定义$[[\tau]]=[[\tau, \tau]]$，称$[[\tau]]$为τ的图．

随机区间有很多性质，感兴趣的读者可查阅相关资料．

定义 3.5.4(D类过程) 设$\{X_t, \mathcal{F}_t, t \geqslant 0\}$为一个随机过程，记$\Lambda$为所有$\{\mathcal{F}_t, t \geqslant 0\}$停时的集合，如果随机变量族

$$\{X_\tau 1_{\{\tau<\infty\}} : \tau \in \Lambda\}$$

是一致可积的，则称$X=\{X_t, t \geqslant 0\}$是一个D类过程，记为$X \in (\mathrm{D})$.

定义 3.5.5(LD类过程) 设$\{X_t, \mathcal{F}_t, t \geqslant 0\}$为一个随机过程，若对任意$u>0$，随机变量族$\{X_{\tau \wedge u}, \tau \in \Lambda\}$是一致可积的，则称$\{X_t, t \geqslant 0\}$为局部D类过程(LD类过程)．记为$X \in (\mathrm{LD})$.

第 4 章　布朗运动

布朗运动是最为重要的一类随机过程，它是马尔可夫过程，是独立平稳增量过程，也是鞅 . 1827 年，英国植物学家罗伯特・布朗在观察水中的悬浮颗粒时发现这些小粒子的运动是非常不规则的，这种不规则运动被称为布朗运动 . 布朗运动的首个数学解释由爱因斯坦在 1905 年给出 . 1925 年，维纳(Wiener)在理论上证明了这种过程的存在性，即可以用该分布作为颗粒运动的数学描述 . 今天，布朗运动在生物学、量子物理、金融数学等学科领域中被广泛运用 .

4.1　布朗运动的定义

定义 4.1.1（布朗运动）　设$\{X_t,\ t\geqslant 0\}$是一维随机过程，满足：

(1) $\forall \omega\in\Omega$，有 $X_0(\omega)=0$；

(2) $\forall t>0$，$X_t\sim N(0,\ c^2 t)$，其中，$c>0$ 是一个常数；

(3)它是独立增量过程；

(4)它的每一条路径都是连续的；

则称该过程为一个布朗运动 . 如果常数 $c=1$，则称该过程为标准布朗运动 .

例 4.1.1　设每经过 Δt 时间，一个粒子可能以概率 $P=\dfrac{1}{2}$向左移动 $\Delta x>0$ 距离，以概率 $q=\dfrac{1}{2}$向右移动 Δx 距离，且每次移动是独立的 . 记

$$\overline{X_i} = \begin{cases} +1, & 若第\ i\ 次向右 \\ -1, & 若第\ i\ 次向左 \end{cases}$$

用 $X(t)$表示 t 时刻粒子的位置，并假设初始位置为 0，则

$$X(0)=0,\quad X(t)=\Delta_x(X_1+X_2+\cdots+X_{[\frac{t}{\Delta t}]})$$

由于 $E[X_i]=0$，$\mathrm{Var}(X_i)=1$，则有

$$E[X(t)]=0,\quad \mathrm{Var}(X(t))=(\Delta x)^2\left[\frac{t}{\Delta t}\right]$$

现设 Δt 趋近于 0，记 $\Delta x=c\sqrt{\Delta t}$，其中 $c>0$ 由物理意义确定 . 则在 $\Delta t\to 0$ 时有

$$E[X(t)]=0,\ \lim_{\Delta t\to 0}\mathrm{Var}(X(t))=\lim_{\Delta t\to 0}c^2\Delta t\left[\frac{t}{\Delta t}\right]=c^2 t$$

对任意 $0<t_1<t_2$，　令

$$n_1=\left[\frac{t_1}{\Delta t}\right],\ n_2=\left[\frac{t_2}{\Delta t}\right]$$

则有

$$X(t_1)=\Delta x(X_1+X_2+\cdots+X_{n_1}),\quad X(t_2)=\Delta x(X_1+X_2+\cdots+X_{n_2})$$

由于$\{X_i\}$是一列独立同分布的随机变量，所以 $X(t_2)-X(t_1)=\Delta x(X_{n_1+1}+X_{n_1+2}+\cdots+X_{n_2})$与$X(t_1)=\Delta x(X_1+X_2+\cdots+X_{n_1})$独立，即$\{X(t),\ t\geqslant 0\}$是独立增量过程 . 再由中心极限定理知，

$$\lim_{\Delta t\to 0}P\left\{\frac{\sum_{i=1}^{\left[\frac{t}{\Delta t}\right]}\Delta x\cdot X_i-0}{\sqrt{c^2t}}\leqslant x\right\}=\Phi(x)$$

即

$$\lim_{\Delta t\to 0}P\left\{\frac{X(t)}{\sqrt{c^2t}}\leqslant x\right\}=\Phi(x)$$

故当 $\Delta t\to 0$ 时，$X(t)\sim N(0, c^2t)$. $X(t)$的连续性也是显然的，由定义知，$\{X(t), t\geqslant 0\}$是一个布朗运动．■

例 4.1.2（布朗运动在股价模型中的应用） 设股价的平均收益率为 $\mu>0$，初始时刻的股价为 S_0，记 $t>0$ 时刻股票的价格为 S_t.

(1)先讨论无风险情况下的股票价格．显然有 $S_t=S_0\mathrm{e}^{\mu t}$．为了便于推出有风险情形的 S_t，我们作如下细化，即将$[0, t]$分成 n 等份，则每段时间长度为 $\Delta t=\dfrac{t}{n}$，于是有

$$\begin{aligned}S_{t_1}&=S_0\mathrm{e}^{\Delta t\mu}\\S_{t_2}&=S_1\mathrm{e}^{\Delta t\mu}\\&\vdots\\S_{t_n}&=S_{t_{n-1}}\mathrm{e}^{\Delta t\mu}\end{aligned}$$

得到 $S_{t_n}=S_t=S_0\mathrm{e}^{n\Delta t\mu}=S_0\mathrm{e}^{t\mu}$.

(2) 现考虑有风险情况下的股票价格．在(1)的基础上加入风险项 e^{aZ_1+b}，其中假设 $Z_1\sim N(0, 1)$，a，b 为待定常数．于是有

$$S_{t_1}=S_0\mathrm{e}^{\Delta t\mu}\mathrm{e}^{aZ_1+b}$$

之所以要用 e^{aZ_1+b}来刻画风险，是为了避免出现股价为负的情形．因为股价的平均收益率为 μ，故设

$$E(S_{t_1})=S_0\mathrm{e}^{\Delta t\mu+b}E(\mathrm{e}^{aZ_1})=S_0\mathrm{e}^{\mu\Delta t+b}\mathrm{e}^{\frac{a^2}{2}}=S_0\mathrm{e}^{\mu\Delta t}$$

解得 $b=-\dfrac{1}{2}a^2$，所以

$$S_{t_1}=S_0\mathrm{e}^{\mu\Delta t+aZ_1-\frac{a^2}{2}}$$

同理设

$$\begin{aligned}S_{t_2}&=S_{t_1}\mathrm{e}^{\mu\Delta t+aZ_2-\frac{a^2}{2}}\\&\vdots\\S_{t_n}&=S_{t_{n-1}}\mathrm{e}^{\mu\Delta t+aZ_n-\frac{a^2}{2}}\end{aligned}$$

并假设 Z_1，Z_2，…，Z_n 相互独立．从而得到

$$\begin{aligned}S_{t_n}=S_t&=S_0\mathrm{e}^{n\Delta t\mu+a(Z_1+Z_2+\cdots+Z_n)+nb}\\&=S_0\mathrm{e}^{t\mu+aX(t)+nb}=S_0\mathrm{e}^{t\mu+aX(t)-\frac{n}{2}a^2}\end{aligned}$$

其中，$X(t)=Z_1+Z_2+\cdots+Z_n\sim N(0, n)$. 令 $a=\sqrt{\Delta t}\sigma$，σ 是一个常数，于是有

$$S_t=S_0\mathrm{e}^{t\mu}\mathrm{e}^{\sqrt{\Delta t}\sigma X(t)-\frac{\Delta t\sigma^2n}{2}}=S_0\mathrm{e}^{(\mu-\frac{1}{2}\sigma^2)t+\sigma W(t)}$$

其中，$\{W_t,\ t\geqslant 0\}$表示一个标准布朗运动．该股价模型是保罗·萨缪尔森（Paul A. Samuelson）在 1965 年首次提出的．它改进了 Bachelier 在 1900 年提出的股价模型，称$\{S_t,\ t\geqslant 0\}$为一个几何布朗运动，后面我们将知道，$\{S_t,\ t\geqslant 0\}$是随机微分方程

$$\begin{cases} \mathrm{d}S_t = \mu S_t \mathrm{d}t + \sigma S_t \mathrm{d}t \\ S_0 = S_0 \end{cases}$$

的唯一解．■

定义 4.1.2（d 维布朗运动）　设$\{X_t,\ t\geqslant 0\}$是 d 维随机过程，满足：

（1）对 $\omega\in\Omega$ 有 $X_0(\omega)=\mathbf{0}$，其中 $\mathbf{0}$ 表示 $\mathbf{R}^d$ 中的零向量；

（2）$\forall t>0$，$X_t\sim N(0,\ c^2 t\boldsymbol{I})$，其中，$c>0$ 是一个常数，$\boldsymbol{I}$ 是 $d\times d$ 单位矩阵，这里 $c^2 t\boldsymbol{I}$ 表示 $X_t=(X_t^1,\ X_t^2,\ \cdots,\ X_t^d)$的协方差矩阵；

（3）它是独立增量过程；

（4）它的每一条路径都是连续的；

则称该过程为一个 d 维布朗运动．如果常数 $c=1$，则称该过程为 d 维标准布朗运动．

法国数学家 Lévy 证明了 d 维布朗运动总是存在的．

由定义知，如果$\{X_t,\ t\geqslant 0\}$是 d 维布朗运动，则 $\forall t>0$，X_t^1，X_t^2，$\cdots$，X_t^d 是两两不相关的，从而是相互独立的，且不难验证对任意 $1\leqslant k\leqslant d$，$\{X_t^k,\ t\geqslant 0\}$是一维布朗运动．

4.2　布朗运动的性质

定理 4.2.1（布朗运动是平稳增量过程）　设$\{X_t,\ t\geqslant 0\}$是 d 维标准布朗运动，则它是平稳增量过程．

证明　$\forall 0\leqslant s<t$，往证 X_t-X_s 与 $X_{t-s}-X_0$ 同分布．设 $\varphi_{X_t}(u_1,\ u_2,\ \cdots,\ u_d)=E\mathrm{e}^{iX_t\boldsymbol{U}}$为 X_t 的特征函数，其中，

$$\boldsymbol{U}=\begin{pmatrix} u_1 \\ u_2 \\ \vdots \\ u_d \end{pmatrix}\in\mathbf{R}^d$$

则

$$\begin{aligned} \varphi_{X_t}(u_1,u_2,\cdots,u_d) &= E\mathrm{e}^{iX_t\boldsymbol{U}} = E[\mathrm{e}^{i(X_t-X_s)\boldsymbol{U}}\mathrm{e}^{i(X_s-X_0)\boldsymbol{U}}] \\ &= E[\mathrm{e}^{i(X_t-X_s)\boldsymbol{U}}]E[\mathrm{e}^{i(X_s-X_0)\boldsymbol{U}}] \\ &= \varphi_{X_t-X_s}(u_1,u_2,\cdots,u_d)\varphi_{X_s-X_0}(u_1,u_2,\cdots,u_d) \end{aligned}$$

从而，

$$\begin{aligned} \varphi_{X_t-X_s}(u_1,u_2,\cdots,u_d) &= \frac{\varphi_{X_t}(u_1,u_2,\cdots,u_d)}{\varphi_{X_s}(u_1,u_2,\cdots,u_d)} \\ &= \frac{\mathrm{e}^{\frac{1}{2}t\boldsymbol{U}'\boldsymbol{U}}}{\mathrm{e}^{\frac{1}{2}s\boldsymbol{U}'\boldsymbol{U}}} = \mathrm{e}^{\frac{1}{2}\boldsymbol{U}'(t-s)\boldsymbol{U}} = \varphi_{X_{t-s}-X_0}(u_1,u_2,\cdots,u_d) \end{aligned}$$

结论得证．■

定理 4.2.2　设$\{X_t,\ t\geqslant 0\}$是 d 维标准布朗运动，则对任意 $0<t_1<t_2<\cdots<t_k$，$k>1$，有$(X_{t_1},\ X_{t_2},\ \cdots,\ X_{t_k})$服从 kd 维正态分布．

证明 由布朗运动是独立增量过程知，

$$X_{t_1}-X_0,\ X_{t_2}-X_{t_1},\ X_{t_3}-X_{t_2},\ \cdots,\ X_{t_k}-X_{t_{k-1}}$$

相互独立，从而$(X_{t_1}-X_0,\ X_{t_2}-X_{t_1},\ \cdots,\ X_{t_k}-X_{t_{k-1}})$服从正态分布．

令

$$E=\begin{pmatrix} \boldsymbol{I} & \boldsymbol{I} & \cdots & \boldsymbol{I} \\ 0 & \boldsymbol{I} & \cdots & \boldsymbol{I} \\ \vdots & \vdots & & \vdots \\ 0 & 0 & \cdots & \boldsymbol{I} \end{pmatrix} \in \mathbf{R}^{kd}$$

其中，$\boldsymbol{I}$是$d\times d$单位矩阵．由于

$$(X_{t_1},\ X_{t_2},\ \cdots,\ X_{t_k})=(X_{t_1}-X_0,\ X_{t_2}-X_{t_1},\ \cdots,\ X_{t_k}-X_{t_{k-1}})\boldsymbol{E}$$

由正态分布的性质知，$(X_{t_1},\ X_{t_2},\ \cdots,\ X_{t_k})$服从正态分布． ■

定理 4.2.3 设$\{B(t),\ t\geqslant 0\}$是标准布朗运动，则对任意的$0<t_1<t_2<\cdots<t_n$，有$(B(t_1),\ \cdots,\ B(t_n))$的联合密度函数为$f(x_1,\ x_2,\ \cdots,\ x_n)=f_{t_1}(x_1)f_{t_2-t_1}(x_2-x_1)\cdots f_{t_n-t_{n-1}}(x_n-x_{n-1})$，其中

$$f_t(x)=\frac{1}{\sqrt{2\pi t}}\mathrm{e}^{-\frac{x^2}{2t}}$$

证明 因为

$$\begin{aligned} P(B(t_2)\leqslant x_2 \mid B(t_1)=x_1) &= P(B(t_2)-x_1\leqslant x_2-x_1 \mid B(t_1)=x_1) \\ &= P(B(t_2)-B(t_1)\leqslant x_2-x_1 \mid B(t_1)=x_1) \\ &= P(B(t_2)-B(t_1)\leqslant x_2-x_1) \\ &= \int_{-\infty}^{x_2-x_1}\frac{1}{\sqrt{2\pi(t_2-t_1)}}\mathrm{e}^{-\frac{y^2}{2(t_2-t_1)}}\mathrm{d}y \end{aligned}$$

所以

$$f_{B(t_2)\mid B(t_1)}(x_2\mid x_1)=\frac{1}{\sqrt{2\pi(t_2-t_1)}}\mathrm{e}^{-\frac{(x_2-x_1)^2}{2(t_2-t_1)}}=f_{t_2-t_1}(x_2-x_1)$$

以此类推得

$$\begin{aligned} f(x_1,x_2,\cdots,x_n) &= f_{B(t_1)}(x_1)f_{B(t_2)\mid B(t_1)}(x_2\mid x_1)f_{B(t_3)\mid B(t_2),B(t_1)}(x_3\mid x_2,x_1) \\ &\quad \cdots f_{B(t_n)\mid B(t_{n-1}),\cdots,B(t_1)}(x_n\mid x_{n-1},\cdots,x_1) \\ &= f_{B(t_1)}(x_1)f_{B(t_2)\mid B(t_1)}(x_2\mid x_1)f_{B(t_3)\mid B(t_2)}(x_3\mid x_2)\cdots f_{B(t_n)\mid B(t_{n-1})}(x_n\mid x_{n-1}) \\ &= f_{t_1}(x_1)f_{t_2-t_1}(x_2-x_1)\cdots f_{t_n-t_{n-1}}(x_n-x_{n-1}) \end{aligned}$$

证毕． ■

例 4.2.1 已知$\{W(t),\ t\geqslant 0\}$是标准布朗运动，$0<t_1<t_2<\cdots<t_n$，求$(W(t_1),\ W(t_2),\ \cdots,\ W(t_n))$的特征函数．

解 记$t_0=0$，定义增量$\xi_k=W(t_k)-W(t_{k-1})$，$k=1,\ 2,\ \cdots,\ n$，则$\xi_1,\ \xi_2,\ \cdots,\ \xi_n$是相互独立的，且

$$\xi_k\sim N(0,t_k-t_{k-1}),\ W_{t_k}=\sum_{i=1}^{k}\xi_i,k=1,2,\cdots,n$$

故

$$\begin{aligned}\varphi(t_1,t_2,\cdots,t_n;u_1,\cdots,u_n) &= E\left[\exp\left(j\sum_{k=1}^{n}u_kW(t_k)\right)\right]\\ &=E[\exp(j(u_1+\cdots+u_n)\xi_1)]\times\cdots\times E[\exp(ju_n\xi_n)]\\ &=\exp\left(-\frac{1}{2}(u_1+\cdots+u_n)^2t_1\right)\times\cdots\times\exp\left(-\frac{1}{2}u_n^2(t_n-t_{n-1})\right)\end{aligned}$$ ■

一类比布朗运动更广的过程是高斯(Gauss)过程．

定义 4.2.1（高斯过程）　设 $\{X_t,\ t\geqslant 0\}$ 是一维随机过程，如果 $\forall k\in\mathbf{N}^+$，对取自 $(0,+\infty)$ 的任意 k 个时间点 $t_1,\ t_2,\ \cdots,\ t_k$，均有

$$(X_{t_1},X_{t_2},\cdots,X_{t_k})\sim N(\mu_{t_1,t_2,\cdots,t_k},\Sigma_{t_1,t_2,\cdots,t_k})$$

其中，

$$\mu_{t_1,t_2,\cdots,t_k}=(EX_{t_1},EX_{t_2},\cdots,EX_{t_k}),\ \Sigma_{t_1,t_2,\cdots,t_k}=(\mathrm{Cov}(X_{t_i},X_{t_j}))_{1\leqslant i,\ j\leqslant k}$$

则称此随机过程为高斯过程，也称为正态过程．

显然，高斯过程是一个二阶矩过程，且布朗运动 $\{B(t),\ t\geqslant 0\}$ 是均值函数为 $m(t)=E(B(t))=0$，协方差函数为 $\gamma(s,\ t)=\mathrm{cov}(B(t),\ B(s))=\min(t,\ s)$ 的高斯过程（正态过程）．

例 4.2.2　设 $\{B(t),\ t\geqslant 0\}$ 是一个标准布朗运动，求证：对任意 $0<s<t$，有

$$(B(s),B(t))\sim N(\boldsymbol{\mu},\boldsymbol{\Sigma})$$

其中，$\boldsymbol{\mu}=(0,\ 0)'$，$\boldsymbol{\Sigma}=\begin{bmatrix}s & s\\ s & t\end{bmatrix}$.

证法一　因为随机向量有下列性质：如果 $X\sim N(\mu_1,\ \sigma_1^2)$，$Y\sim N(\mu_2,\ \sigma_2^2)$ 是相互独立的，则 $(X,\ X+Y)\sim N(\boldsymbol{\mu},\ \boldsymbol{\Sigma})$，其中

$$\boldsymbol{\mu}=(\mu_1,\ \mu_1+\mu_2)',\boldsymbol{\Sigma}=\begin{pmatrix}\sigma_1^2 & \sigma_1^2\\ \sigma_1^2 & \sigma_1^2+\sigma_2^2\end{pmatrix}$$

设 $X=B(s)$，$Y=B(t)-B(s)$，则 $(B(s),\ B(t))=(X,\ X+Y)$，由上述性质马上得证．

证法二　由 $\{B(t),\ t\geqslant 0\}$ 是高斯过程，且 $\mathrm{Cov}(B(s),\ B(t))=s\wedge t$ 知结论成立． ■

定理 4.2.4　设 $W=\{W_t,\ t\geqslant 0\}$ 是一维标准布朗运动，则下列结论成立：

(1) 对称性：$-W$ 也是一个标准布朗运动；

(2) 自相似性：对任意的常数 $a>0$ 和固定的时间指标 $t>0$，有 $W(at)$ 与 $a^{\frac{1}{2}}W(t)$ 同分布；

(3) 时间可逆性：令 $B(t)=W(T)-W(T-t)$，则 $\{B(t),\ 0\leqslant t\leqslant T\}$ 也是一个标准布朗运动；

(4) 平移不变性：令 $B(t)=W(t+a)-W(a)$，$t\geqslant 0$，$a>0$ 是常数，则 $\{B(t),\ t\geqslant 0\}$ 是一个标准布朗运动；

(5) 尺度不变性：

$$\left\{\frac{W(ct)}{\sqrt{c}},\ t\geqslant 0\right\}(c>0)$$

是标准布朗运动；

(6) 布朗运动的几乎所有路径在任何区间上都不是单调的；

(7) 布朗运动的几乎所有路径在任何点都是不可微的；

(8)布朗运动的几乎所有路径在任何区间上都是无限变差的，更一般地，有下列结论：若

$$Y_n = \sum_{k=1}^{2^n}\left[W\left(\frac{kt}{2^n}\right)-W\left(\frac{(k-1)t}{2^n}\right)\right]^2$$

则有

$$\lim_{n\to\infty} Y_n = t \text{ (a. s. 且 } L^2\text{) 且} \sup_{n\geqslant 1}\sum_{k=1}^{2^n}\left[W\left(\frac{kt}{2^n}\right)-W\left(\frac{(k-1)t}{2^n}\right)\right]=\infty \text{ (a. s.)}$$

(9)设 $\Delta t>0$，对于固定的时刻 $t>0$，定义增量 $\Delta W(t)=W(t+\Delta t)-W(t)$，那么对于任意固定的 $x>0$，有

$$\lim_{\Delta t\to 0^+} P\left(\left|\frac{\Delta W_t}{\Delta t}\right|>x\right)=1$$

下面我们仅给出(7)、(8)与(9)的证明，其余结论的证明留给读者自己完成．

证明

(7)的证明：只需证明对任意 $l=0, 1, 2, \cdots$，W 的几乎所有路径在区间$[l, l+1)$上是处处不可微的．先证 $l=0$ 的情形，因为

$$\begin{aligned}A &=\{\omega \mid \omega\in\Omega,\text{存在 } s\in[0,1),\text{使得 } W_t(\omega)\text{在 } s \text{ 点是可微的}\}\\
&\subset\{\omega \mid \omega\in\Omega,\text{存在 } s\in[0,1),\text{使得 } W_t(\omega)\text{在 } s \text{ 点是右可微的}\}\\
&\subset\bigcup_{k=1}^{\infty}\left\{\omega \mid \omega\in\Omega,\text{存在 } s\in[0,1),\text{使得}\lim_{t\to s}\frac{W_t(\omega)-W_s(\omega)}{t-s}<k\right\}\\
&\subset\bigcup_{k=1}^{\infty}\{\omega \mid \omega\in\Omega,\text{存在 } s\in[0,1)\text{和 } \delta=\delta(s,\omega)>0,\text{使得}\\
&\qquad\text{当 } s\leqslant t<s+\delta \text{ 时，有 } |W_t(\omega)-W_s(\omega)|\leqslant k(t-s)\}\end{aligned} \tag{4.1}$$

取 n 充分大，使得 $4/n<\delta$，则对满足 $ns<i\leqslant ns+1$ 的整数 i，有

$$\frac{i-1}{n}\leqslant s<\frac{i}{n}<\frac{i+1}{n}<\frac{i+2}{n}<\frac{i+3}{n}=\frac{4}{n}+\frac{i-1}{n}<s+\delta$$

故当 $s\leqslant t<s+\delta$ 时，有 $|W_t(\omega)-W_s(\omega)|\leqslant k(t-s)$，能推出

$$\begin{aligned}|W_{\frac{i+3}{n}}(\omega)-W_{\frac{i+2}{n}}(\omega)| &\leqslant |W_{\frac{i+3}{n}}(\omega)-W_s(\omega)|+|W_{\frac{i+2}{n}}(\omega)-W_s(\omega)|\\
&\leqslant k\left|\frac{i+3}{n}-s\right|+k\left|\frac{i+2}{n}-s\right|\leqslant k\,\frac{4}{n}+k\left(\frac{i+2}{n}-\frac{i-1}{n}\right)=\frac{7k}{n}\end{aligned}$$

同理能推出

$$|W_{\frac{i+2}{n}}(\omega)-W_{\frac{i+1}{n}}(\omega)|\leqslant\frac{5k}{n}<\frac{7k}{n}$$

$$|W_{\frac{i+1}{n}}(\omega)-W_{\frac{i}{n}}(\omega)|\leqslant\frac{3k}{n}<\frac{7k}{n}$$

故当 $s\leqslant t<s+\delta$ 时，有 $|W_t(\omega)-W_s(\omega)|\leqslant k(t-s)$，能推出对任意 $j=i+1, i+2, i+3$ 都有

$$|W_{\frac{j}{n}}(\omega)-W_{\frac{j-1}{n}}(\omega)|\leqslant\frac{7k}{n}$$

所以

$\{\omega \mid \omega\in\Omega$，存在 $s\in[0, 1)$和 $\delta=\delta(s, \omega)>0$，使得当 $s\leqslant t<s+\delta$ 时，有 $|W_t(\omega)-W_s(\omega)|\leqslant k(t-s)\}$

$$\subset \bigcap_{n>\frac{4}{\delta}ns<i\leqslant ns+1}\bigcup_{i+1\leqslant j\leqslant i+3}\bigcap\left\{\omega \mid \omega\in\Omega,\left|W_{\frac{j}{n}}(\omega)-W_{\frac{j-1}{n}}(\omega)\right|\leqslant\frac{7k}{n}\right\}$$

$$\subset \bigcup_{m=1}^{\infty}\bigcap_{n\geqslant m}\bigcup_{1\leqslant i\leqslant n+1}\bigcap_{i+1\leqslant j\leqslant i+3}\left\{\omega \mid \omega\in\Omega,\left|W_{\frac{j}{n}}(\omega)-W_{\frac{j-1}{n}}(\omega)\right|\leqslant\frac{7k}{n}\right\}=B(k)$$

从而 $A\subset\bigcup_{k=1}^{\infty}B(k)$. 又因为

$$P(B(k))\leqslant\sum_{m=1}^{\infty}P\left(\bigcap_{n\geqslant m}\bigcup_{1\leqslant i\leqslant n+1}\bigcap_{i+1\leqslant j\leqslant i+3}\left\{\omega \mid \omega\in\Omega,\left|W_{\frac{j}{n}}(\omega)-W_{\frac{j-1}{n}}(\omega)\right|\leqslant\frac{7k}{n}\right\}\right)$$

而

$$\begin{aligned}
&P\left(\bigcap_{n\geqslant m}\bigcup_{1\leqslant i\leqslant n+1}\bigcap_{i+1\leqslant j\leqslant i+3}\left\{\omega \mid \omega\in\Omega,\left|W_{\frac{j}{n}}(\omega)-W_{\frac{j-1}{n}}(\omega)\right|\leqslant\frac{7k}{n}\right\}\right)\\
&\leqslant\overline{\lim_{n\to\infty}}P\left(\bigcup_{1\leqslant i\leqslant n+1}\bigcap_{i+1\leqslant j\leqslant i+3}\left\{\omega \mid \omega\in\Omega,\left|W_{\frac{j}{n}}(\omega)-W_{\frac{j-1}{n}}(\omega)\right|\leqslant\frac{7k}{n}\right\}\right)\\
&\leqslant\overline{\lim_{n\to\infty}}\sum_{i=1}^{n+1}P\left(\bigcap_{i+1\leqslant j\leqslant i+3}\left\{\omega \mid \omega\in\Omega,\left|W_{\frac{j}{n}}(\omega)-W_{\frac{j-1}{n}}(\omega)\right|\leqslant\frac{7k}{n}\right\}\right)\\
&=\overline{\lim_{n\to\infty}}\sum_{i=1}^{n+1}\prod_{j=i+1}^{i+3}P\left(\left\{\omega \mid \omega\in\Omega,\left|W_{\frac{j}{n}}(\omega)-W_{\frac{j-1}{n}}(\omega)\right|\leqslant\frac{7k}{n}\right\}\right)\\
&=\overline{\lim_{n\to\infty}}(n+1)\left[P\left(\left\{\omega \mid \omega\in\Omega,\left|W_{\frac{1}{n}}(\omega)\right|\leqslant\frac{7k}{n}\right\}\right)\right]^{3}\\
&=\overline{\lim_{n\to\infty}}(n+1)\left[\int_{|y|\leqslant\frac{7k}{n}}\mathrm{e}^{-\frac{y^2}{2/n}}\frac{1}{\sqrt{2\pi/n}}\mathrm{d}y\right]^{3}\\
&=\overline{\lim_{n\to\infty}}(n+1)\left[\int_{|y|\leqslant\frac{7k}{\sqrt{n}}}\mathrm{e}^{-\frac{y^2}{2}}\frac{1}{\sqrt{2\pi n}}\mathrm{d}y\right]^{3}\\
&\leqslant\overline{\lim_{n\to\infty}}(n+1)\left[\int_{|y|\leqslant\frac{7k}{\sqrt{n}}}\mathrm{d}y\right]^{3}\\
&=\overline{\lim_{n\to\infty}}(n+1)\left[\frac{14k}{\sqrt{n}}\right]^{3}=0
\end{aligned}$$

所以，$P\left(\bigcup_{k=1}^{\infty}B(k)\right)=0$，从而得到 $P(A)=0$，在证明过程中，我们使用了概率空间的完备性．类似可证 $l=1$，2，…的情形．

(8)的证明： 因为 $E(Y_n)=\sum_{k=1}^{2^n}E\left[W\left(\frac{kt}{2^n}\right)-W\left(\frac{(k-1)t}{2^n}\right)\right]^2=\sum_{k=1}^{2^n}\frac{t}{2^n}=t$，所以

$$\begin{aligned}
E(|Y_n-t|^2)=\mathrm{Var}(Y_n)&=\mathrm{Var}\left\{\sum_{k=1}^{2^n}\left[W\left(\frac{kt}{2^n}\right)-W\left(\frac{(k-1)t}{2^n}\right)\right]^2\right\}\\
&=\frac{t^2}{2^{2n}}\mathrm{Var}\left\{\sum_{k=1}^{2^n}\left[\frac{W\left(\frac{kt}{2^n}\right)-W\left(\frac{(k-1)t}{2^n}\right)}{\sqrt{t/2^n}}\right]^2\right\}
\end{aligned}$$

由于 $\sum_{k=1}^{2^n}\left[\frac{W\left(\frac{kt}{2^n}\right)-W\left(\frac{(k-1)t}{2^n}\right)}{\sqrt{t/2^n}}\right]^2 \sim \chi^2(2^n)$，所以 $E(|Y_n-t|^2)=\frac{2\times 2^n t^2}{2^{2n}}$，从而得到 $\lim\limits_{n\to\infty}E(|Y_n-t|^2)=0$，即 $\lim\limits_{n\to\infty}Y_n=t(L^2)$.

下面证明 $\lim\limits_{n\to\infty}Y_n=t$，a. s.. 事实上，由切比雪夫不等式知，

$$P(|Y_n-t|\geqslant\varepsilon)\leqslant\frac{\operatorname{Var}(Y_n)}{\varepsilon^2}=\frac{2\times 2^{-n}t^2}{\varepsilon^2}$$

所以有 $\sum_{n=1}^{\infty}P(|Y_n-t|\geqslant\varepsilon)<\infty$，由 Borel-Cantelli 引理知，

$$P(\omega\mid 有无穷多个\ n，使得\ |Y_n(\omega)-t|\geqslant\varepsilon)=0$$

从而

$$P(\omega\mid 存在自然数\ N，使得当\ n>N\ 时，有\ |Y_n(\omega)-t|<\varepsilon)=1$$

即 $\lim\limits_{n\to\infty}Y_n=t(\text{a. s.})$.

最后，我们证明 $\sup\limits_{n\geqslant 1}\sum_{k=1}^{2^n}\left[W\left(\frac{kt}{2^n}\right)-W\left(\frac{(k-1)t}{2^n}\right)\right]=\infty(\text{a. s.})$. 因为对任意固定的 ω，$W_g(\omega)$在区间$[0, t]$上是一致连续的，所以

$$\lim_{n\to\infty}\max_{1\leqslant k\leqslant 2^n}\left|W\left(\frac{kt}{2^n}\right)-W\left(\frac{(k-1)t}{2^n}\right)\right|=0$$

由

$$Y_n\leqslant\max_{1\leqslant k\leqslant 2^n}\left|W\left(\frac{kt}{2^n}\right)-W\left(\frac{(k-1)t}{2^n}\right)\right|\sup_{n\geqslant 1}\sum_{k=1}^{2^n}\left|W\left(\frac{kt}{2^n}\right)-W\left(\frac{(k-1)t}{2^n}\right)\right|$$

及 $\lim\limits_{n\to\infty}Y_n=t(\text{a. s.})$得

$$\sup_{n\geqslant 1}\sum_{k=1}^{2^n}\left[W\left(\frac{kt}{2^n}\right)-W\left(\frac{(k-1)t}{2^n}\right)\right]=\infty\ (\text{a. s.})$$

证毕.

(9)的证明：

$$\lim_{\Delta t\to 0^+}P\left(\left|\frac{\Delta W(t)}{\Delta t}\right|>x\right)=\lim_{\Delta t\to 0^+}P(|\Delta W(t)|>x\Delta t)=\lim_{\Delta t\to 0^+}\frac{2}{\sqrt{2\pi\Delta t}}\int_{x\Delta t}^{+\infty}\exp\left(-\frac{y^2}{2\Delta t}\right)\mathrm{d}y$$

$$=\lim_{\Delta t\to 0^+}\sqrt{\frac{2}{\pi}}\int_{x\sqrt{\Delta t}}^{+\infty}\exp\left(-\frac{z^2}{2}\right)\mathrm{d}z=\sqrt{\frac{2}{\pi}}\int_0^{+\infty}\exp\left(-\frac{z^2}{2}\right)\mathrm{d}z=1$$

证毕. ■

定义 4.2.2 设 $W=\{W_t, t\geqslant 0\}$是标准布朗运动，对 $t>0$，将$[0, t]$分为 n 段，记分法为 Π：$0=t_0<t_1<\cdots<t_n=t$，令 $\lambda(\Pi)=\max(t_1-t_0, t_2-t_1, \cdots, t_n-t_{n-1})$，称 $\lambda(\Pi)\to 0$ 时，

$$Y_n=\sum_{i=1}^{n}(Y_{t_i}-Y_{t_{i-1}})^2$$

的概率极限为 $W=\{W_t, t\geqslant 0\}$在$[0, t]$上的二次变差，记为$[W]_t$.

定理 4.2.5 当 $\lambda(\Pi)\to 0$ 时，有

$$\lim_{\lambda(\Pi)\to 0} Y_n = t(L^2 \text{ 意义下})$$

从而$[W]_T=t$.

证明 与定理4.2.4类似，我们有$E(Y_n)=t$，且

$$E(|Y_n-t|^2)=\mathrm{Var}(Y_n)=\mathrm{Var}\{\sum_{k=1}^{n}[W(t_k)-W(t_{k-1})]^2\}$$

$$=\mathrm{Var}\left\{\sum_{k=1}^{n}(t_k-t_{k-1})\left[\frac{W(t_k)-W(t_{k-1})}{\sqrt{(t_k-t_{k-1})}}\right]^2\right\}=\sum_{k=1}^{n}(t_k-t_{k-1})^2\mathrm{Var}\left[\frac{W(t_k)-W(t_{k-1})}{\sqrt{(t_k-t_{k-1})}}\right]^2$$

由于$\left[\frac{W(t_k)-W(_{k-1})}{\sqrt{t_k-t_{k-1}}}\right]^2\sim\chi^2(1)$，所以

$$E(|Y_n-t|^2)=2\sum_{k=1}^{n}(t_k-t_{k-1})^2\leqslant 2\lambda(T)\sum_{k=1}^{n}(t_k-t_{k-1})=2\lambda(T)t$$

从而得到$\lim\limits_{\lambda(T)\to 0}E(|Y_n-t|^2)=0$，即$\lim\limits_{n\to\infty}Y_n=t(L^2)$. ■

定理4.2.6(对称性) 设$\{B_t,t\geqslant 0\}$是一个标准布朗运动，则

$$P\{B(t_0+t)>x_0\mid B(t_0)=x_0\}=\frac{1}{2}$$

上式表明，给定初始条件$B(t_0)=x_0$，对于任意的$t>0$，布朗运动在t_0+t时刻的位置高于或低于初始位置的概率相等，这种性质称为布朗运动的对称性.

证明 因为

$$f_{B(t_0+t)|B(t_0)}(x\mid x_0)=\frac{1}{\sqrt{2\pi t}}\mathrm{e}^{-\frac{(x-x_0)^2}{2t}}$$

所以

$$P\{B(t_0+t)>x_0\mid B(t_0)=x_0\}=\int_{x_0}^{+\infty}f_{B(t_0+t)|B(t_0)}(x\mid x_0)\mathrm{d}x$$
$$=P\{B(t_0+t)\leqslant x_0\mid B(t_0)=x_0\}$$

即

$$P\{B(t_0+t)>x_0\mid B(t_0)=x_0\}=\frac{1}{2}$$

证毕. ■

定理4.2.7 设$\{X_t,t\geqslant 0\}$是一个d维标准布朗运动，则对任何正数k，均有

$$P[\bigcap_{t\in[0,\infty)}\{|X_t|\leqslant k\}]=0$$

证明 首先证明$\bigcap\limits_{t\in[0,\infty)}\{|X_t|\leqslant k\}$是一个随机事件，从而存在概率. 事实上，设$D$为$[0,\infty)$上全体有理数的集合，由$\{X_t,t\geqslant 0\}$是连续过程知，

$$\bigcap_{t\in[0,\infty)}\{|X_t|\leqslant k\}=\bigcap_{t\in D}\{|X_t|\leqslant k\}$$

由于$\{|X_t|\leqslant k\}$是随机事件，而可数个随机事件的交仍是随机事件，故$\bigcap\limits_{t\in[0,\infty)}\{|X_t|\leqslant k\}$是一个随机事件. 又因为

$$P[\bigcap_{t\in[0,\infty)}\{|X_t|\leqslant k\}]\leqslant P[|X_t|\leqslant k]$$

$$=\int_{|x|\leqslant k}\frac{1}{(2\pi t)^{\frac{n}{2}}}\mathrm{e}^{-\frac{|x|^2}{2t}}\mathrm{d}x$$

$$=\int_{|x|\leqslant k}\frac{1}{(2\pi t)^{\frac{d}{2}}}\mathrm{d}x=\frac{V_d(k)}{(2\pi t)^{\frac{d}{2}}}\underset{t\to\infty}{\longrightarrow}0$$

其中，$V_d(k)$表示 $\mathbf{R}^d$ 中半径为 k 的球的体积．由 $t\in[0,\infty)$是任意的知结论成立． ■

定义 4.2.3 设$\{X_t: t\geqslant 0\}$是一个值域为 $X\subset\mathbf{R}$ 的$\{\mathcal{F}_t, t\geqslant 0\}$适应过程，如果对任一可测函数 $f: X\to\mathbf{R}$，均存在可测函数 $g: X\to\mathbf{R}$，使得

$$E[f(X_t)\mid\mathcal{F}_s]=g(X_s)$$

对所有 $0\leqslant s\leqslant t$ 成立，则称$\{X_t\}$为一个关于$\{\mathcal{F}_t, t\geqslant 0\}$的马尔可夫过程．

我们将在第 6 章详细地介绍马尔可夫过程及其性质．

定理 4.2.8（马尔可夫性） 一个布朗运动$\{B_t, t\geqslant 0\}$是一个关于$\{\mathcal{F}_t=\sigma(B_s, 0\leqslant s\leqslant t), t\geqslant 0\}$的马尔可夫过程．

证明 首先注意到，对给定的$\mathcal{F}_s$，B_s 的值是确定的，设 $B_s=x$，则对所有 $\omega\in\Omega$，有

$$E[f(B_t)\mid\mathcal{F}_s](\omega)=E[f(x+(B_t-B_s))\mid\mathcal{F}_s](\omega)$$

因为 B_t-B_s 是独立于$\mathcal{F}_s$ 的，所以

$$E[f(B_t)\mid\mathcal{F}_s](\omega)=E[f(x+(B_t-B_s))]\mid_{x=B_s}$$

$$=\int_{\mathbf{R}}f(x+y)p(y)\mathrm{d}y\mid_{x=B_s}=g(B_s)$$

其中，$p(y)$表示均值为 0、方差为$(t-s)\sigma^2$ 的正态分布的密度函数，证毕． ■

定理 4.2.9（布朗运动与中心极限定理） 设$\{B_t\}$是定义在概率空间$(\Omega, \mathcal{F}, P)$上的布朗运动，定义随机变量 $\xi_{ni}(\omega)$：$(\Omega, \mathcal{F}, P)\to(\mathbf{R}, B)$为

$$\xi_{ni}(\omega)=\sqrt{n}\cdot\left(B\left(\frac{i}{n},\omega\right)-B\left(\frac{i-1}{n},\omega\right)\right),i=1,2,\cdots,n$$

则 ξ_{ni} 具有下列性质：

(1) 对任意 $n\in\mathbf{N}$，ξ_{n1}，ξ_{n2}，…，ξ_{nn} 是独立的；

(2) $\xi_{ni}\sim N(0, \sigma^2)$，$1\leqslant i\leqslant n$，$n\in\mathbf{N}$；

且由定义知，

$$\frac{1}{\sqrt{n}}\sum_{i=1}^{k}\xi_{ni}=\frac{B_k}{n}$$

则有 $\frac{1}{\sqrt{n}}\sum_{i=1}^{[nt]}\xi_{ni}=B_{[nt]/n}\to B_t\sim N(0,\sigma^2 t)(n\to\infty)$ 依分布收敛．

性质(1)和性质(2)表明 $\xi_{ni}(1\leqslant i\leqslant n, n\geqslant 1)$构成的三角形随机变量矩阵列，每行随机变量都是独立同分布的．而由中心极限定理知，对任一固定的 t，$[nt]^{-1/2}\sum_{i=1}^{[nt]}\xi_{ni}$ 依分布收敛于 $N(0, \sigma^2)$，从而当 $n\to\infty$时有

$$\frac{1}{\sqrt{n}}\sum_{i=1}^{[nt]}\xi_{ni}\xrightarrow{d}B_t\sim N(0,\sigma^2 t)\tag{4.2}$$

上式表明布朗运动为上述形式的部分和提供一种渐近极限，而且是在分布收敛意义下（有限维分布，甚至更广泛意义下）的极限，设$\{X_{ni}: i=1, 2, \cdots, n, n\geqslant 1\}$是一个随机变量阵

列，称过程

$$S_n(t)=\frac{1}{\sqrt{n}}\sum_{i=1}^{[nt]}X_{ni},t\in[0,1]$$

为$\{X_{ni}: i=1, 2, \cdots, n, n\geqslant 1\}$的一个部分和过程.

下面我们介绍布朗运动在期权定价中常用的几个性质.

定理 4.2.10 设$\{B_t, t\geqslant 0\}$是一维标准布朗运动，则有

$$P(\sup_{t\geqslant 0}B(t)=\infty)=1$$

证明 令 $Z=\sup\limits_{t\geqslant 0}B(t)$. 由自相似性，对任何 $c>0$，cZ 与 Z 同分布. 对 $u>0$，

$$P(Z\in(0,u))=P(cZ\in(0,u))=P(Z\in(0,u/c))$$

由 $c>0$ 的任意性知，$P(Z\in(0, u))=0$. 所以 $P(Z\in\{0, \infty\})=1$.

$$\begin{aligned}P(Z=0)&=P\Big(B(t)\leqslant 0,\forall t\geqslant 0,\sup_{t\geqslant 0}B(t)=0\Big)\\&\leqslant P\Big(B(1)\leqslant 0,\sup_{t\geqslant 0}[B(t+1)-B(1)]=0\Big)\\&=P(B(1)\leqslant 0)P(Z=0)=\frac{1}{2}P(Z=0)\end{aligned}$$

所以 $P(Z=0)=0$，$P(Z=\infty)=1$. 证毕. ■

定理 4.2.11 设$\{B_t, t\geqslant 0\}$是一维标准布朗运动，则有

$$P\Big(\limsup_{t\geqslant 0}B(t)=\infty,\liminf_{t\geqslant 0}B(t)=-\infty\Big)=1$$

证明 存在 Ω_0，使得 $P(\Omega_0)=1$，且对 $\omega\in\Omega_0$，$B(t, \omega)$关于 t 是连续函数且$\sup\limits_{t\geqslant 0}B(t, \omega)=\infty$. 所以对任何 $t>0$，$\sup\limits_{u\leqslant t}B(u, \omega)<\infty$，从而$\sup\limits_{u>t}B(u, \omega)=\infty$. 所以 $P(\limsup\limits_{t\geqslant 0}B(t)=\infty)=1$. 因为$\{-B(t); t\geqslant 0\}$也是布朗运动，所以 $P\Big(\limsup\limits_{t\geqslant 0}(-B(t))=\infty\Big)=1$，即 $P\Big(\liminf\limits_{t\geqslant 0}B(t)=-\infty\Big)=1$.

定义 4.2.4 设$\{B(t), t\geqslant 0\}$为标准布朗运动，令

$$T_a=\inf\{t;t>0,B(t)=a\}$$

称 T_a 为$\{B(t), t\geqslant 0\}$首次到达 a 的时刻，简称为首达 a 的时刻.

下面我们讨论 T_a的性质.

首先，我们求 T_a 的分布函数 $F_{T_a}(t)=P(T_a\leqslant t)$. 由全概率公式有

$$P(B(t)\geqslant a)=P(B(t)\geqslant a\mid T_a\leqslant t)P(T_a\leqslant t)+P(B(t)\geqslant a\mid T_a>t)P(T_a>t)$$

显然，

$$P(B(t)\geqslant a\mid T_a>t)=0$$

又由布朗运动的对称性知，在$\{T_a\leqslant t\}$的条件下，即当 $B(T_a)=a$ 时，$\{B(t)\geqslant a\}$与$\{B(t)\leqslant a\}$是等可能的，即

$$P(B(t)\geqslant a\mid T_a\leqslant t)=P(B(t)<a\mid T_a\leqslant t)=\frac{1}{2}$$

所以 $P(T_a\leqslant t)=2P(B(t)\geqslant a)$. 于是当 $a>0$ 时，有

$$F_{T_a}(t)=P(T_a\leqslant t)=2P(B(t)\geqslant a)$$
$$=\frac{2}{\sqrt{2\pi t}}\int_a^{+\infty}\mathrm{e}^{-\frac{u^2}{2t}}\mathrm{d}u=\sqrt{\frac{2}{\pi}}\int_{\frac{a}{\sqrt{t}}}^{+\infty}\mathrm{e}^{-\frac{x^2}{2}}\mathrm{d}x$$
$$=2\left(1-\Phi\left(\frac{a}{\sqrt{t}}\right)\right)$$

$$f_{T_a}(t)=F'_{T_a}(t)=\begin{cases}\frac{a}{\sqrt{2\pi}}t^{-\frac{3}{2}}\mathrm{e}^{-\frac{a^2}{2t}}, & t>0\\ 0, & t\leqslant 0\end{cases}$$

性质 4.2.1(布朗运动的常返性) $P(T_a<\infty)=1$.

证明 直接计算得

$$P(T_a<\infty)=\lim_{t\to\infty}P(T_a\leqslant t)=\lim_{t\to\infty}\frac{2}{\sqrt{2\pi}}\int_{\frac{a}{\sqrt{t}}}^{+\infty}\mathrm{e}^{-\frac{u^2}{2}}\mathrm{d}u=\frac{2}{\sqrt{2\pi}}\int_0^{+\infty}\mathrm{e}^{-\frac{u^2}{2}}\mathrm{d}u=1$$ ■

性质 4.2.2 $ET_a=+\infty$.

证明 直接计算得

$$ET_a=\int_0^{+\infty}P(T_a>t)\mathrm{d}t=\frac{2}{\sqrt{2\pi}}\int_0^{+\infty}\int_0^{\frac{a}{\sqrt{t}}}\mathrm{e}^{-\frac{u^2}{2}}\mathrm{d}u\mathrm{d}t$$
$$=\frac{2}{\sqrt{2\pi}}\int_0^{+\infty}\int_0^{\frac{a^2}{u^2}}\mathrm{d}t\,\mathrm{e}^{-\frac{u^2}{2}}\mathrm{d}u$$
$$=\frac{2a^2}{\sqrt{2\pi}}\int_0^{+\infty}\frac{1}{u^2}\mathrm{e}^{-\frac{u^2}{2}}\mathrm{d}u$$
$$\geqslant\frac{2a^2}{\sqrt{2\pi}}\int_0^1\frac{1}{u^2}\mathrm{e}^{-\frac{u^2}{2}}\mathrm{d}u$$
$$\geqslant\frac{2a^2\mathrm{e}^{-\frac{1}{2}}}{\sqrt{2\pi}}\int_0^1\frac{1}{u^2}\mathrm{d}u=\infty$$ ■

性质 4.2.3 T_{-a}与 T_a 有相同的分布.

证明 由布朗运动的对称性立即得到. ■

由性质 1 和性质 2 知，布朗运动以概率 1 迟早会到达 a，但它的平均时间却是无穷的。并且布朗运动从任何一点出发到达 a 的概率都是 1。性质 $P(T_a<\infty)=1$ 称为布朗运动的常返性。

定义 4.2.5 设$\{B(t), t\geqslant 0\}$为标准布朗运动，令

$$M(t)=\max_{0\leqslant u\leqslant t}B(u),\quad m(t)=\min_{0\leqslant u\leqslant t}B(u)$$

分别称它们为$\{B(t), t\geqslant 0\}$在$[0, t]$上的最大值和最小值.

性质 4.2.4 $M(t)$的分布函数为 $F_{M(t)}(x)=1-\sqrt{\frac{2}{\pi}}\int_{\frac{x}{\sqrt{t}}}^{+\infty}\mathrm{e}^{-\frac{y^2}{2}}\mathrm{d}y$.

证明 因为$\{M_t\geqslant a\}=\{T_a\leqslant t\}$，所以

$$P(M_t\geqslant a)=P(T_a\leqslant t)=\frac{2}{\sqrt{2\pi}}\int_{\frac{a}{\sqrt{t}}}^{+\infty}\mathrm{e}^{-\frac{y^2}{2}}\mathrm{d}y$$

从而

$$F_{M(t)}(x)=P(M(t)\leqslant x)=1-\sqrt{\frac{2}{\pi}}\int_{\frac{x}{\sqrt{t}}}^{+\infty}\mathrm{e}^{-\frac{y^2}{2}}\mathrm{d}y.$$ ■

$F_{m(t)}(x)$可类似计算.

4.3 与布朗运动有关的一些随机过程

本节我们讨论与布朗运动有关的一些过程，如吸收布朗运动、积分布朗运动、布朗桥、几何布朗运动、反射布朗运动、分数布朗运动等，它们在期权定价模型、利率模型、风险模型等模型的建立过程中应用非常广泛.

定义 4.3.1(吸收布朗运动)　设$\{X_t,\ t\geqslant 0\}$为标准布朗运动，令

$$Z(t)=\begin{cases}X(t), & t<T_x\\ x, & t\geqslant T_x\end{cases}$$

则称$\{Z_t,\ t\geqslant 0\}$为在$x(x>0)$点被吸收的布朗运动.

由定义知，过程$\{Z_t,\ t\geqslant 0\}$一旦到达x便被吸收，其停留在x处的概率为

$$P(Z(t)=x)=P(T_x\leqslant t)=\frac{2}{\sqrt{2\pi t}}\int_x^{\infty}\mathrm{e}^{-\frac{y^2}{2t}}\mathrm{d}y$$

Z_t的分布函数为

$$\begin{aligned}P(Z(t)\leqslant y)&=P(X(t)\leqslant y,T_x>t)+P(X(t)\leqslant y,T_x\leqslant t)\\&=P(X(t)\leqslant y,T_x>t)\\&=P(X(t)\leqslant y)-P(X(t)\leqslant y,\max_{0\leqslant s\leqslant t}X(s)\geqslant x)\\&=P(X(t)\leqslant y)-P(X(t)\geqslant 2x-y)\\&=P(X(t)\leqslant y)-P(X(t)\leqslant 2x-y)\\&=\begin{cases}1, & y>x\\ \dfrac{2}{\sqrt{2\pi t}}\displaystyle\int_x^{\infty}\mathrm{e}^{-\frac{u^2}{2t}}\mathrm{d}u, & y=x\\ \dfrac{1}{\sqrt{2\pi t}}\displaystyle\int_{y-2x}^{y}\mathrm{e}^{-\frac{u^2}{2t}}\mathrm{d}u, & y<x\end{cases}\end{aligned}$$

定义 4.3.2(积分布朗运动)　设$\{X_t,\ t\geqslant 0\}$为标准布朗运动，令$S(t)=\int_0^t X(u)\mathrm{d}u$，称$\{S(t),\ t\geqslant 0\}$为积分布朗运动.

后面我们将证明对任意$t>0$，$S(t)\sim N\left(0,\ \frac{t^3}{3}\right)$.

定义 4.3.3(布朗桥)　设$\{B_t,\ t\in[0,\ 1]\}$是一个标准的布朗运动，称过程

$$B^0=\{B^0(t)=B_t-tB(1),\ t\in[0,\ 1]\}$$

为一个布朗桥.

显然，对任意$t\in[0,\ 1]$，有$E(B_t^0)=0$，直接计算易知，对任意$0\leqslant s\leqslant t\leqslant 1$，有

$$\mathrm{Cov}(B_t^0,B_s^0)=s(1-t)$$

且$\{B_t^0,\ t\in[0,\ 1]\}$是高斯过程. 对固定的$s\in(0,\ 1)$，由

$$E[B_1B_s^0]=E[B_1B_s-s(B_1)^2]=s\wedge 1-s=0$$

知，B_t^0 与 B_1 相互独立．类似地，对任意 $0<s_0<s_1<\cdots<s_n<1$，由 B^0 在这些时间点上的投影得到的随机向量$(B_{s_1}^0, B_{s_2}^0, \cdots, B_{s_n}^0)$是独立于 B_1 的，从而$\{B_s^0, s\in(0,1)\}$独立于 B_1．

可以证明：如果$\{X(t), 0\leqslant t\leqslant 1\}$是一个高斯过程，且 $E(X(t))=0$ 及对任意 $0\leqslant s\leqslant t\leqslant 1$有 $\mathrm{Cov}(X(s), X(t))=s(1-t)$，则$\{X(t), 0\leqslant t\leqslant 1\}$是一个布朗桥．

布朗桥过程在经验分布函数的应用中起着非常重要的作用．设 $X_1, X_2, \cdots, X_n, \cdots$ 独立同分布，且 $X_k\sim U(0,1)$，对 $0<s<1$，记

$$N_n(s)=\sum_{i=1}^{n} I_{(X_i\leqslant s)}$$

则 $N_n(s)$表示前 n 个 $X_1, X_2, \cdots, X_n$ 中取值不超过 s 的个数．再记 $F_n(s)=\frac{1}{n}N_n(s)$，称 $F_n(s)$为经验分布函数，显然 $N_n(s)\sim B(n, s)$，由强大数定理有

$$P\left(\lim_{n\to\infty}F_n(s)=s\right)=1$$

由 Borel-Cantelli 引理知，

$$P\left(\lim_{n\to\infty}\sup_{0<s<1}|F_n(s)-s|=0\right)=1$$

即 $F_n(s)$以概率 1 一致地收敛于 s. 令 $\alpha_n(s)=\sqrt{n}(F_n(s)-s)$，则

$$E(\alpha_n(s))=\sqrt{n}(EF_n(s)-s)=0$$

$$D(\alpha_n(s))=(\sqrt{n})^2 D\left(\frac{N_n(s)}{n}\right)=s(1-s)$$

$$\lim_{n\to\infty}P(\alpha_n(s)\leqslant x)=\frac{1}{\sqrt{2\pi s(1-s)}}\int_{-\infty}^{x}\mathrm{e}^{-\frac{u^2}{2s(1-s)}}\mathrm{d}u, \forall x\in\mathbf{R}$$

所以当 $n\to\infty$时，$\{\alpha_n(s), 0\leqslant s\leqslant 1\}$的极限过程即为布朗桥过程．

定义 4.3.4（几何布朗运动） 设$\{B_t, t\geqslant 0\}$为标准布朗运动，称随机过程

$$X_t(\omega)=X_0\exp(\mu t+\sigma B_t(\omega)), t>0, \omega\in\Omega$$

为带漂移率 $\mu\in\mathbf{R}$、波动率 $\sigma>0$ 的几何布朗运动，其中，B_t 是一个标准布朗运动．

在概率论中，由对数正态分布理论知，如果 $\xi\sim N(\mu, \sigma^2)$，那么

$$E\mathrm{e}^{\xi}=\mathrm{e}^{\mu+\frac{\sigma^2}{2}}, D\mathrm{e}^{\xi}=\mathrm{e}^{2\mu+\sigma^2}(\mathrm{e}^{\sigma^2}-1)$$

所以得

$$E[X_t]=\exp\left\{\mu t+\frac{\sigma^2 t}{2}\right\}, D[X_t]=\exp\{2\mu t+\sigma^2 t\}[\exp\{\sigma^2 t\}-1]$$

定义 4.3.5（反射布朗运动） 设$\{B_t, t\geqslant 0\}$是一个标准布朗运动，$Y(t)=|B(t)|$，称$\{Y(t), t\geqslant 0\}$为在原点反射的布朗运动．

由布朗运动的性质可以求得反射布朗运动的分布：当 $y>0$ 时，

$$\begin{aligned}P(Y(t)\leqslant y)&=P(|B(t)|\leqslant y)=P(-y\leqslant B(t)\leqslant y)\\&=2P(B(t)\leqslant y)-1=\frac{2}{\sqrt{2\pi t}}\int_{-\infty}^{y}\mathrm{e}^{-\frac{u^2}{2t}}\mathrm{d}u-1\end{aligned}$$

所以，反射布朗运动的分布函数为

$$F_Y(y)=\begin{cases}P(Y(t)\leqslant y)=0, & y\leqslant 0\\ P(Y(t)\leqslant y)=\frac{2}{\sqrt{2\pi t}}\int_{-\infty}^{y}\mathrm{e}^{-\frac{u^2}{2t}}\mathrm{d}u-1, & y>0\end{cases}$$

定义 4.3.6(带漂移的布朗运动) 设$\{B(t), t\geqslant 0\}$为标准布朗运动，记$X(t)=B(t)+\mu t$，μ为常数，称$\{X(t), t\geqslant 0\}$为带有漂移系数μ的布朗运动.

下面我们介绍分数布朗运动的定义. 分数布朗运动的严格数学定义是1940年由Kolmogorov(柯尔莫哥洛夫)给出的. 1968年Mandelbrot和Van Ness给出了分数布朗运动基于标准布朗运动的随机积分表达式. 今天，分数布朗运动不仅在数学、物理等学科的理论研究中起着重要的作用，而且在金融界(股票市场、投资管理、风险控制)、医学界、地质界及国防上都有着广泛的应用.

定义 4.3.7 设$(\Omega, \mathcal{F}, P)$是一个概率空间，$H\in(0, 1)$是一个常数，$B^H=\{B_t^H, t\geqslant 0\}$是其上的一个高斯过程，且满足下列条件：

(1)$B_0^H(\omega)=0$，$\forall \omega\in\Omega$；

(2)$\forall t\geqslant 0$，$E(B_t^H)=0$；

(3)$\forall s, t\geqslant 0$，$E(B_s^H B_t^H)=\frac{v_H}{2}(s^{2H}+t^{2H}-|t-s|^{2H})$，其中，$v_H$为正常数；

则称$B^H=\{B_t^H, t\geqslant 0\}$为$(\Omega, \mathcal{F}, P)$上的一个分数布朗运动(Fractional Brownian Motion, FBM)，称H为分数布朗运动的Hurst指数. 如果$v_H=1$，则称B_H为一个标准分数布朗运动.

1968年，Mandelbrot与Van Ness具体构造了一类分数布朗运动. 即对$0<H<1$，分数布朗运动$B_H\equiv\{B_H(t), t\in\mathbf{R}\}$定义为

$$B_H(t)\equiv\frac{1}{\Gamma\left(H+\frac{1}{2}\right)}\left[\int_{-\infty}^{0}\left[(t-s)^{H-\frac{1}{2}}-(-s)^{H-\frac{1}{2}}\right]\mathrm{d}B(s)+\int_{0}^{t}(t-s)^{H-\frac{1}{2}}\mathrm{d}B(s)\right], t\in\mathbf{R}$$

其中，$B=\{B_t, t\geqslant 0\}$是标准布朗运动，并且对任意的$t<0$，记号$\int_0^t$解释为$-\int_t^0$. 显然，$\{B_H(t), t\in\mathbf{R}\}$是一个零均值的高斯过程，且$B_H(0)=0$.

对$H\in\left(\frac{1}{2}, 1\right)$，1988年Barton等人利用Hilbert空间再生核理论，构造了下述分数布朗运动：

$$B_H^{(1)}(t)\equiv\frac{1}{\Gamma\left(H-\frac{1}{2}\right)}\left[\int_0^t u^{\frac{1}{2}-H}\left[\int_u^t s^{H-\frac{1}{2}}(s-u)^{H-\frac{3}{2}}\mathrm{d}s\right]\mathrm{d}B(u)\right], t\in[0,T]$$

对$H\in\left(0, \frac{1}{2}\right)$，1999年Decreusefond等人利用高斯超几何函数的性质，得到了下述分数布朗运动：

$$B_H(t)=\frac{2^{-2H}\pi}{\Gamma(H)\sin(\pi H)}\int_0^t s^{H-\frac{1}{2}}\mathrm{d}B(s)+\frac{\Gamma(2-2H)}{2\Gamma(1-2H)\Gamma\left(H+\frac{1}{2}\right)}\times$$

$$\int_0^t(t-s)^{H-\frac{1}{2}}\left[\int_0^1(1-u)^{-2H}\left(1-\frac{s}{t}u\right)^{H-\frac{1}{2}}\mathrm{d}u\right]\mathrm{d}B(s), t\in[0,1]$$

分数布朗运动还有很多其他形式，下列形式也是一种常用的分数布朗运动：

$$B_t^H=\int_0^t Z_H(t,s)\mathrm{d}W_s$$

这里 $W=\{W_t, t\geqslant 0\}$ 是一个标准布朗运动，$Z_H(t, s)$是一个确定的核，满足：

(1) $\dfrac{\partial Z_H(t, s)}{\partial t}=c_H\left(H-\dfrac{1}{2}\right)\left(\dfrac{s}{t}\right)^{\frac{1}{2}-H}(t-s)^{H-\frac{3}{2}}, t>s$；

(2) $Z_H(t, s)=0, t\leqslant s$；

其中，c_H 是一个仅依赖于 H 的常数．当 $t>s$ 时，$Z_H(t, s)$也可以写为下列形式：

$$Z_H(t,s)=k_H\left[\left(\frac{s}{t}\right)^{H-\frac{1}{2}}(t-s)^{H-\frac{1}{2}}-\left(H-\frac{1}{2}\right)s^{\frac{1}{2}-H}\int_0^t u^{H-\frac{3}{2}}(u-s)^{H-\frac{1}{2}}\mathrm{d}u\right]$$

其中，$k_H=\sqrt{\dfrac{2H\Gamma\left(\frac{3}{2}-H\right)}{\Gamma\left(\frac{1}{2}+H\right)\Gamma(2-2H)}}$.

特别地，当 $t>s$ 时，且 $\frac{1}{2}<H<1$ 时，$Z_H(t, s)$可以简写为下列形式：

$$Z_H(t,s)=\left(H-\frac{1}{2}\right)k_H s^{\frac{1}{2}-H}\int_0^t u^{H-\frac{1}{2}}(u-s)^{H-\frac{3}{2}}\mathrm{d}u$$

以下我们所指的分数布朗运动均是指标准分数布朗运动．

定理 4.3.1 设$(\Omega, \mathcal{F}, P)$是一个概率空间，$B^H=\{B_t^H, t\geqslant 0\}$是其上的一个 Hurst 指数为 H 的分数布朗运动，则下列结论成立：

(1)自相似性：对任意的常数 $\alpha>0$ 和固定的时间指标 $t>0$，有 $B_{\alpha t}^H$ 与 $\alpha^H B_t^H$ 同分布；

(2)平稳增量过程，即 $\forall t\geqslant 0, h>0$，有 $B_{t+h}^H-B_h^H$ 与 B_t^H 同分布，但它不是独立增量过程；

(3)当 $\frac{1}{2}<H<1$ 时，它是长相依的，即

$$\sum_{n=1}^{\infty}\mathrm{Cov}(B_1^H-B_0^H, B_{n+1}^H-B_n^H)=\sum_{n=1}^{\infty}\rho_H(n)=\infty$$

且 $\rho_H(n)=\mathrm{Cov}(B_1^H, B_{n+1}^H-B_n^H)>0$；

(4)当 $0<H<\frac{1}{2}$ 时，$\rho_H(n)<0$，且

$$\sum_{n=1}^{\infty}|\rho_H(n)|<\infty$$

(5)当 $H=\frac{1}{2}$ 时，它是标准布朗运动；

(6)当 $H\neq\frac{1}{2}$ 时，它既不是马尔可夫过程，也不是半鞅；

(7) $\forall s, t\geqslant 0, E(|B_s^H-B_t^H|^2)=|t-s|^{2H}$；

(8)在任意有限区间上，它都不是有界变差的，当 $0<H<\frac{1}{2}$ 时，它在任意有限区间上的二次变差都不存在，当 $\frac{1}{2}<H<1$ 时，它在任意有限区间上的二次变差都等于 0；

(9) Burkholder-Davis-Gundy (BDG)不等式：对任意 $0<H<1$，$0<p<\infty$ 及任一停时 τ，必存在只依赖于 p，H 的常数 $C_{p,H}$，使得

$$\| \sup_{0\leqslant t\leqslant \tau} |B_t^H| \|_p \leqslant C_{p,H} \| \tau^H \|_p$$

当$\frac{1}{2}\leqslant H<1$时，对任意$0<p<\infty$及任一停时τ，必存在只依赖于p，H的常数$m_{p,H}$，使得

$$\| \tau^H \|_p \leqslant m_{p,H} \| \sup_{0\leqslant t\leqslant \tau} |B_t^H| \|_p$$

证明　我们只介绍一下(2)中非独立增量过程的证明，其余结论的证明请读者查阅相关资料.

由平稳增量过程知，$\forall\, 0<s<t$，$B_t^H-B_s^H$与B_{t-s}^H同分布，所以，

$$B_t^H-B_s^H \sim N(0,(t-s)^{2H})$$

而自相关函数

$$\rho(t,k)=\frac{\mathrm{Cov}(B_t^H-B_0^H, B_t^H-B_{t+k}^H)}{t^H k^H}=\frac{E[B_t^H(B_{t+k}^H-B_t^H)]}{t^H k^H}$$
$$=\frac{\frac{1}{2}[(t^{2H}+(t+k)^{2H}-k^{2H}]-t^{2H}}{t^H k^H}$$

特别地，取$k=t$，则有

$$\rho(t,t)=\frac{\frac{1}{2}(2t)^{2H}-t^{2H}}{t^{2H}}=\frac{1}{2}\times 2^{2H}-1$$

从而，当$0<H<\frac{1}{2}$时，$\rho(t,t)<0$，$B_{t+t}^H-B_t^H$与B_t^H不独立. 当$\frac{1}{2}<H<1$时，$\rho(t,t)>0$，则$B_{t+t}^H-B_t^H$与B_t^H也不独立，故分数布朗运动不是独立增量过程. ■

分数布朗运动最基本的两条性质是自相似性和增量平稳性，在实际应用中，这两条性质极其重要.

下面我们给出多维分数布朗运动的定义.

定义 4.3.8　设对每个$0<H_i<1$，$1\leqslant i\leqslant d$，$\{B_t^{H_i}, t\geqslant 0\}$均为一个一维分数布朗运动，且$\{B_t^{H_i}, t\geqslant 0\}(1\leqslant i\leqslant d)$为$d$个独立的随机过程，记

$$B^H=\{(B_t^{H_1}, B_t^{H_2}, \cdots, B_t^{H_d}), t\geqslant 0\}$$

则称B^H为d维分数布朗运动，显然，当$H=(H_1, H_2, \cdots, H_d)=\left(\frac{1}{2}, \frac{1}{2}, \cdots, \frac{1}{2}\right)$时，$B^H$为$d$维标准布朗运动.

由d维分数布朗运动的定义可直接得到下列性质.

定理 4.3.2　设$B^H=\{(B_t^{H_1}, B_t^{H_2}, \cdots, B_t^{H_d}), t\geqslant 0\}$为$d$维分数布朗运动，$\boldsymbol{G}$为$d\times d$正交矩阵，则$B^H\boldsymbol{G}=\{B_t^H\boldsymbol{G}, t\geqslant 0\}$仍为$d$维分数布朗运动.

第5章 泊松过程

泊松过程是由法国著名数学家泊松在1837年首先提出的，1943年帕尔姆在电话业务问题的研究中运用了这一过程，后来辛钦于20世纪50年代在服务系统的研究中又进一步发展了它．今天，泊松过程在电信学、密码学、保险学、精算学、风险理论、金融数学等学科领域中被广泛地运用．

5.1 泊松过程的定义及性质

为了叙述泊松过程的定义和性质，我们首先回顾一下概率论中服从泊松分布和指数分布的随机变量的定义．

定义 5.1.1 称概率空间$(\Omega, \mathcal{F}, P)$上的离散型随机变量 X 服从参数为$\lambda>0$ 的泊松分布，如果 X 只取非负整数$k=0, 1, 2, \cdots$，且

$$P(X=k)=\frac{\lambda^k}{k!}\mathrm{e}^{-\lambda}$$

记为 $X\sim P(\lambda)$.

泊松分布的重要特性是可加性：如果 $X\sim P(\lambda_1)$，$Y\sim P(\lambda_2)$，且 X 与 Y 相互独立，则 $X+Y\sim P(\lambda_1+\lambda_2)$.

定义 5.1.2 称概率空间$(\Omega, \mathcal{F}, P)$上的连续型随机变量 X 服从参数为$\lambda>0$ 的指数分布，如果 X 的密度函数为

$$f(x)=\begin{cases}\lambda\,\mathrm{e}^{-\lambda x}, & x>0\\ 0, & x\leqslant 0\end{cases}$$

记为 $X\sim \mathrm{Exp}(\lambda)$.

指数分布有许多很好的特性，常用的有如下性质．

性质 5.1.1 设 $X\sim \mathrm{Exp}(\lambda_1)$，$Y\sim \mathrm{Exp}(\lambda_2)$，且 X 与 Y 相互独立，则有

(1)无记忆性：对任意 $s>0$，$t\geqslant 0$，$P(X-s>t \mid X>s)=P(X>t)$，即在 $X>s$ 的条件下，$X-s$ 仍然服从参数为 λ 的指数分布 $\mathrm{Exp}(\lambda)$；

(2)$\min(X, Y)\sim \mathrm{Exp}(\lambda_1+\lambda_2)$；

(3)$P(X<Y)=\dfrac{\lambda_1}{\lambda_1+\lambda_2}$.

泊松过程有多种定义方法，我们首先用计数过程来定义泊松过程．

定义 5.1.3（计数过程） 设$\{N_t, t\geqslant 0\}$是一维随机过程，如果 $N(t_0)$表示某一随机事件在 t_0 时刻为止(即 $t\leqslant t_0$)发生的次数，则称$\{N_t, t\geqslant 0\}$为一个计数过程．

由定义知，计数过程必须满足下列条件：

(1) $\forall\omega\in\Omega$，$t\geqslant 0$ 有 $N_t(\omega)\geqslant 0$；

(2) $\forall t\geqslant 0$，N_t 是一个离散型随机变量，可能取值为整数；

(3) $\forall s<t$，必有 $N_s\leqslant N_t$；

(4) $\forall s<t$，N_t-N_s 等于发生在$(s, t]$内的事件数．

计数过程在实际中有着广泛的应用，例如，一段时间内 110 接到的报警次数、保险公

司赔付次数、超市收银台等待结账的顾客人数等.

定义 5.1.4 (泊松过程)　设$\{X_t;\ t\in[0,\ \infty)\}$是概率空间$(\Omega,\ \mathcal{F},\ P)$上的计数过程,且满足下列条件:

(1)$X_0\equiv 0$;

(2)它是独立、平稳增量过程;

(3)对任意$t>0$, $X(t)\sim P(\lambda t)$,其中λ是一个大于0的常数,即

$$P(X(t)=k)=\frac{(\lambda t)^k}{k!}\mathrm{e}^{-\lambda t},k=0,1,2,\cdots$$

则称$\{X_t,\ t\geqslant 0\}$为强度为λ的泊松过程.

由定义可看出,泊松过程有下列性质:

(1)对每个$t>0$, X_t的取值为$\{0,\ 1,\ 2,\ \cdots\}$;

(2)$\forall\omega\in\Omega$, $X_t(\omega)$是非负整值右连续阶梯函数,且每个间断点的跃度为1;

(3)由独立、平稳增量过程知,$\forall n\geqslant 1$,设k_1, k_2, $\cdots$, k_n是非负整数,t_0, t_1, $\cdots$, t_n是实数,满足$0<t_0<t_1<\cdots<t_n$,则有

$$\begin{aligned}&P(\{X_{t_1}-X_{t_0}=k_1\}\cap\{X_{t_2}-X_{t_1}=k_2\}\cap\cdots\cap\{X_{t_n}-X_{t_{n-1}}=k_n\})\\&=\prod_{i=1}^{n}P(X_{t_i-t_{i-1}}=k_i)\end{aligned}$$

(4)在$[0,\ t]$时间内有k个跳点的概率等于

$$P(X_t=k)=\frac{(\lambda t)^k}{k!}\mathrm{e}^{-\lambda t},\ k=0,1,2,\cdots$$

有时用定义5.1.4来验证泊松过程有一定的困难,特别是条件(3)不好判断,因而我们引入下列等价定义.

定义 5.1.5 (泊松过程)　设$\{X_t;\ t\in[0,\ \infty)\}$是概率空间$(\Omega,\ \mathcal{F},\ P)$上的计数过程,且满足下列条件:

(1)$X_0\equiv 0$;

(2)它是独立、平稳增量过程;

(3)对$t\to 0^+$, $P(X(t)=1)=\lambda t+o(t)$;

(4)对$t\to 0^+$, $P(X(t)\geqslant 2)=o(t)$;

则称$\{X_t,\ t\geqslant 0\}$是强度为λ的时齐泊松过程,简称泊松过程.

下面我们证明定义5.1.4与定义5.1.5是等价的.

定理 5.1.1　定义5.1.4与定义5.1.5是等价的.

证明　定义5.1.4蕴含定义5.1.5是显然的,下面证明定义5.1.5蕴含定义5.1.4.

记$P_k(t)=P(X(t)=k)$.由定义5.1.5知,

$$\begin{aligned}P_0(t+h)&=P(X(t)=0,X(t+h)-X(t)=0)\\&=P(X(t)=0)P(X(t+h)-X(t)=0)\\&=P_0(t)P(X(h)=0)\\&=P_0(t)[1-\lambda h+o(h)]\end{aligned}$$

因此有

$$\frac{P_0(t+h)-P_0(t)}{h}=-\lambda P_0(t)+\frac{o(h)}{h}$$

令 $h\to 0$ 得，$P_0'(t)=-\lambda P_0(t)$. 结合 $P_0(0)=P(X_0=0)=1$ 有

$$P_0(t)=\mathrm{e}^{-\lambda t}$$

下面证明对所有 $n\geqslant 1$，均有 $P_n(t)=\mathrm{e}^{-\lambda t}\dfrac{(\lambda t)^n}{n!}$. 事实上，对所有 $n\geqslant 1$，由

$$\begin{aligned}P_n(t+h)&=P\{X(t+h)=n,X(t+h)-X(t)=0\}+P\{X(t+h)=n,X(t+h)-X(t)=1\}+\\&\quad P\{X(t+h)=n,X(t+h)-X(t)\geqslant 2\}\\&=P(X(t)=n,X(t+h)-X(t)=0)+P(X(t)=n-1,X(t+h)-X(t)=1)+\\&\quad P(X(t+h)=n,X(t+h)-X(t)\geqslant 2)\end{aligned}$$

得

$$P_n(t+h)=(1-\lambda h)P_n(t)+\lambda hP_{n-1}(t)+o(h)$$

即

$$\frac{P_n(t+h)-P_n(t)}{h}=-\lambda P_n(t)+\lambda P_{n-1}(t)+\frac{o(h)}{h}$$

令 $h\to 0$ 得，$P_n'(t)=-\lambda P_n(t)+\lambda P_{n-1}(t)$，或$[\mathrm{e}^{\lambda t}P_n(t)]'=\lambda\mathrm{e}^{\lambda t}P_{n-1}(t)$

结合 $P_1(0)=P(X_0=1)=0$ 有

$$P_1(t)=\lambda t\mathrm{e}^{-\lambda t}$$

假设 $P_{n-1}(t)=\mathrm{e}^{-\lambda t}\dfrac{(\lambda t)^{n-1}}{(n-1)!}$，则 $[\mathrm{e}^{\lambda t}P_n(t)]'=\dfrac{\lambda(\lambda t)^{n-1}}{(n-1)!}$，结合 $P_n(0)=P(X_0=n)=0$ 得

$$P_n(t)=\mathrm{e}^{-\lambda t}\frac{(\lambda t)^n}{n!}$$

证毕. ■

在定义 5.1.4 与定义 5.1.5 中都用到了计数过程的概念，有时，计数过程也不好验证，故下列泊松过程的等价定义有时更好用.

定义 5.1.6 称概率空间$(\Omega,\mathcal{F},P)$上随机过程$\{X_t,\ t\in[0,\infty)\}$为泊松过程，如果

(1)对每个 $t>0$，X_t 的取值为$\{0,1,2,\cdots\}$；

(2)$X_0\equiv 0$；

(3)$\forall\omega\in\Omega$，$X_t(\omega)$是非负整值右连续阶梯函数，且每个间断点的跃度为 1；

(4)存在 $\lambda>0$，使 $P(X_t=k)=\mathrm{e}^{-\lambda t}\dfrac{(\lambda t)^k}{k!}$，$\forall t\in(0,\infty)$，$k=0,1,2,\cdots$；

(5)$\{X_t,\ t\in[0,\infty)\}$具有独立、平稳增量.

定义 5.1.6 与前两种定义的等价性请读者自己完成. 下面我们通过泊松过程存在性的证明来说明泊松过程的构造.

定理 5.1.2 强度为 λ 的泊松过程总是存在的.

证明 设$(\Omega,\mathcal{F},P)$是一个完备的概率空间，$\{Y_k,\ k=1,2,\cdots\}$是其上一列服从参数为 λ 的指数分布的 i. i. d.. 令 $T_0\equiv 0$，$T_n=\sum\limits_{k=1}^{n}Y_k(n\geqslant 1)$. 因为 $E(Y_k)\equiv\dfrac{1}{\lambda}$，$D(Y_k)=\dfrac{1}{\lambda^2}$ $(\forall k=1,2,\cdots)$，故$\{Y_k\}_{k=1}^{\infty}$独立同分布，且 $D(Y_i)<C$，由柯尔莫哥洛夫强大数定理知，$\{Y_k\}$服从强大数定理. 所以

$$\frac{T_n}{n}-\frac{1}{\lambda}\underset{n\to\infty}{\longrightarrow}0\ (\text{a. e.})，即\lim_{n\to\infty}\frac{T_n}{n}=\frac{1}{\lambda}(\text{a. e.})$$

因为 $P(Y_k\leqslant 0)=0$，所以 $\forall\omega\in\Omega$，不妨设 $Y_k(\omega)>0$，$\lim\limits_{n\to\infty}T_n(\omega)=+\infty$．从而，$\forall t\geqslant 0$，总存在 $k\geqslant 0$ 使 $T_k(\omega)\leqslant t<T_{k+1}(\omega)$．现令 $X_t(\omega)=k$，因为对固定的 ω 及 t，$X_t(\omega)$是唯一确定的．下面证明$\{X_t, t\geqslant 0\}$就是一个泊松过程．

事实上，由构造有：

(1) $X_0(\omega)\equiv 0$（根据 $T_0(\omega)\equiv 0<T_1(\omega)$）；

(2)显然 $\forall\omega\in\Omega$，$X_t(\omega)$关于 t 是非负、整值单调递增函数，间断点的跃度为 1.

下面证明右连续性，$\forall t_0\in[0,\infty)$，因 $T_n\uparrow\infty$，从而必有 k 使

$$T_k(\omega)\leqslant t_0<T_{k+1}(\omega)$$

从而 $\exists\delta>0$ 使 $T_k(\omega)<t_0+\delta<T_{k+1}(\omega)$，即 $\forall 0\leqslant t\leqslant\delta$，$X_{t_0+t}(\omega)=k=X_{t_0}(\omega)$，因而$\{X_t, t\geqslant 0\}$是右连续的．

往证 $\forall t\in(0,\infty)$，$X_t\sim P(\lambda t)$．事实上，因为 $Y_k\sim\mathrm{Exp}(\lambda)$，故 Y_k 的特征函数为

$$\varphi(\alpha)=E[\mathrm{e}^{i\alpha Y_k}]=\int_0^{\infty}\mathrm{e}^{i\alpha y}\lambda\mathrm{e}^{-\lambda y}\mathrm{d}y=\frac{\lambda}{\lambda-i\alpha}$$

由于$\{Y_k\}$独立同分布，从而 $T_n=\sum\limits_{k=1}^{n}Y_k$ 的特征函数为 $\varphi_{T_n}(\alpha)=(\varphi(\alpha))^n=\left(\dfrac{\lambda}{\lambda-i\alpha}\right)^n$．我们知道自由度为 n 的 χ^2 分布的特征函数与密度函数为

$$\psi_n(\alpha)=\left(\frac{1}{1-2i\alpha}\right)^{\frac{n}{2}},\quad f_n(x)=\begin{cases}\left[2^{\frac{n}{2}}\Gamma\left(\dfrac{n}{2}\right)\right]^{-1}x^{\frac{n}{2}-1}\mathrm{e}^{-\frac{x}{2}}, & x\geqslant 0\\ 0, & x<0\end{cases}$$

所以 $\varphi_{T_n}(\alpha)=\psi_{2n}\left(\dfrac{\alpha}{2\lambda}\right)$．由特征函数与密度函数的关系

$$f(x)=\frac{1}{2\pi}\int_{-\infty}^{+\infty}\mathrm{e}^{-itx}\varphi(t)\mathrm{d}t$$

知，

$$f_{T_n}(x)=\frac{1}{2\pi}\int_{-\infty}^{+\infty}\mathrm{e}^{-itx}\psi_{2n}\left(\frac{t}{2\lambda}\right)\mathrm{d}t=\frac{2\lambda}{2\pi}\int_{-\infty}^{+\infty}\psi_{2n}(s)\mathrm{e}^{-2\lambda xsi}\mathrm{d}s=2\lambda f_{2n}(2\lambda x)$$

即 T_n 的密度函数为 $2\lambda f_{2n}(2\lambda x)$，从而 T_n 的分布函数为

$$\begin{aligned}F_{T_n}(t)&=\int_0^t 2\lambda f_{2n}(2\lambda x)\mathrm{d}x\\&=\frac{1}{2^n(n-1)!}\int_0^t(2\lambda x)^{n-1}\mathrm{e}^{-\lambda x}2\lambda\mathrm{d}x\\&=\frac{\lambda^n}{(n-1)!}\int_0^t x^{n-1}\mathrm{e}^{-\lambda x}\mathrm{d}x\end{aligned}$$

所以

$$P(X_t=k)=P(T_k\leqslant t<T_{k+1})=F_{T_k}(t)-F_{T_{k+1}}(t)=\mathrm{e}^{-\lambda t}\frac{(\lambda t)^k}{k!}\quad(k\geqslant 0)$$

最后证明$\{X_t, t\in[0,\infty)\}$是独立、平稳增量过程．

先证 $\forall s, t\in[0,\infty)$，$k\geqslant 0$，$j\geqslant 0$，有

$$P(X_{s+t}=k+j, X_s=j)=\mathrm{e}^{-\lambda s}\frac{(\lambda s)^j}{j!}\mathrm{e}^{-\lambda t}\frac{(\lambda t)^k}{k!}\tag{5.1}$$

若已证好，则由归纳推理可得

$$P(X_s=j,X_{s+t_1}=j+k_1,X_{s+t_1+t_2}=j+k_1+k_2,\cdots,X_{s+t_1+t_2+\cdots+t_n}=j+k_1+k_2+\cdots+k_n)$$

$$=\mathrm{e}^{-\lambda s}\frac{(\lambda s)^j}{j!}\prod_{i=1}^{n}\mathrm{e}^{-\lambda t_i}\frac{(\lambda t_i)^{k_i}}{k_i!}$$

两边对 $j\geqslant 0$ 求和得

$$P[X_{s+t_1}-X_s=k_1,X_{s+t_1+t_2}-X_{s+t_1}=k_2,\cdots,X_{s+t_1+\cdots+t_n}-X_{s+t_1+\cdots+t_{n-1}}=k_n]$$

$$=\prod_{i=1}^{n}\mathrm{e}^{-\lambda t_i}\frac{(\lambda t_i)^{k_i}}{k_i!}=\prod_{i=1}^{n}P(X_{t_i}=k_i)$$

从而$\{X_t,\ t\in[0,\ \infty)\}$是独立、平稳增量过程.

下面证明式(5.1). 当 $k=0$ 时，由 T_j 与 Y_{j+1} 独立知，

$$P(X_{s+t}=j,X_s=j)=P(T_j\leqslant s<T_{j+1},T_j\leqslant s+t<T_{j+1})$$

$$=P(T_j\leqslant s,s+t<T_{j+1})\ (s<T_{j+1}\ \text{等其他条件是恒成立的})$$

$$=P(T_j\leqslant s,T_j+Y_{j+1}>s+t)=\int_0^s \mathrm{d}x\int_{s+t-x}^{+\infty}f_{T_j}(x)f_{Y_{j+1}}(y)\mathrm{d}y$$

$$=\int_0^s \mathrm{d}x\int_{s+t-x}^{+\infty}\frac{\lambda^j}{(j-1)!}x^{j-1}\mathrm{e}^{-\lambda x}\lambda\mathrm{e}^{-\lambda y}\mathrm{d}y$$

$$=\int_0^s\Big[\frac{\lambda^j}{(j-1)!}x^{j-1}\mathrm{e}^{-\lambda s-\lambda t}\Big]\mathrm{d}x=\mathrm{e}^{-\lambda s}\frac{(\lambda s)^j}{j!}\mathrm{e}^{-\lambda t}$$

从而 $k=0$ 时，结论成立.

当 $k\geqslant 1$ 时，令 $Y=Y_{j+2}+Y_{j+3}+\cdots+Y_{j+k}$，则

$$P[X_{s+t}=j+k,X_s=j]=P[T_j\leqslant s<T_{j+1},T_{j+k}\leqslant s+t<T_{j+k+1}]$$

$$=P[T_j\leqslant s,T_j+Y_{j+1}>s,T_j+Y_{j+1}+\cdots+Y_{j+k}\leqslant s+t,$$
$$T_j+Y_{j+1}+\cdots+Y_{j+k+1}>s+t]$$

$$=P[T_j\leqslant s,T_j+Y_{j+1}>s,T_j+Y_{j+1}+Y\leqslant s+t,T_j+Y_{j+1}+Y+Y_{j+k+1}>s+t]$$

$$=\int_D\frac{\lambda^j}{(j-1)!}x^{j-1}\mathrm{e}^{-\lambda x_1}\cdot(\lambda\mathrm{e}^{-\lambda x_2})\cdot\frac{\lambda^{k-1}}{(k-2)!}x_3^{k-2}\mathrm{e}^{-\lambda x_3}\cdot\lambda\mathrm{e}^{-\lambda x_4}\mathrm{d}x_1\mathrm{d}x_2\mathrm{d}x_3\mathrm{d}x_4$$

其中，

$$D=\{0\leqslant x_1\leqslant s,x_1+x_2>s,0\leqslant x_1+x_2+x_3\leqslant s+t,$$
$$x_3\geqslant 0,x_1+x_2+x_3+x_4>s+t\}$$

从而

$$P[X_{s+t}=j+k,X_s=j]$$

$$=\int_0^s\mathrm{d}x_1\cdot\int_{x_2>s-x_1}\mathrm{d}x_2\cdot\int_{0\leqslant x_3\leqslant s+t-x_1-x_2}\mathrm{d}x_3\cdot\int_{s+t-x_1-x_2-x_3}^{\infty}f\mathrm{d}x_4$$

$$=\int_0^s\mathrm{d}x_1\int_{x_2>s-x_1}\mathrm{d}x_2\cdot\int_{0\leqslant x_3\leqslant s+t-x_1-x_2}\mathrm{d}x_3\Big[\frac{\lambda^j}{(j-1)!}x_1^{j-1}\mathrm{e}^{-\lambda x_1}\cdot(\lambda\mathrm{e}^{-\lambda x_2})\times$$
$$\frac{\lambda^{k-1}}{(k-2)!}x_3^{k-2}\mathrm{e}^{-\lambda x_3}\cdot\lambda\mathrm{e}^{-\lambda(s+t-x_1-x_2-x_3)}\Big]$$

$$=\mathrm{e}^{-\lambda(s+t)}\int_0^s\mathrm{d}x_1\int_{s-x_1}^{s+t-x_1}\mathrm{d}x_2\int_0^{s+t-x_1-x_2}\frac{\lambda^j}{(j-1)!}\cdot\frac{\lambda^k}{(k-2)!}x_1^{j-1}x_3^{k-2}\mathrm{d}x_3$$

$$=\mathrm{e}^{-\lambda(s+t)}\int_0^s\mathrm{d}x_1\int_{s-x_1}^{s+t-x_1}\mathrm{d}x_2\Big[\frac{\lambda^j}{(j-1)!}\cdot\frac{\lambda^k}{(k-1)!}x_1^{j-1}(s+t-x_1-x_2)^{k-1}\Big]$$

$$=\mathrm{e}^{-\lambda(s+t)}\int_0^s \mathrm{d}x_1 \int_{s-x_1}^{s+t-x_1} \mathrm{d}x_2 \left[\frac{\lambda^j}{(j-1)!}\cdot\frac{\lambda^k}{(k-1)!}x_1^{j-1}(s+t-x_1-x_2)^{k-1}\right]$$

$$=\mathrm{e}^{-\lambda(s+t)}\int_0^s \mathrm{d}x_1\left[\frac{\lambda^j}{(j-1)!}\cdot\frac{\lambda^k}{k!}x_1^{j-1}t^k\right]$$

$$=\mathrm{e}^{-\lambda s}\frac{(\lambda s)^j}{j!}\cdot \mathrm{e}^{-\lambda t}\frac{(\lambda t)^k}{k!}$$

这说明当 $k\geqslant 1$ 时式(5.1)也成立，证毕． ■

下列定理描述了泊松过程的路径性质，正是这些路经性质，使得泊松过程在建模中成为不连续过程的首选过程．

定理 5.1.3　设$\{X_t;\ t\in[0,\infty)\}$是概率空间$(\Omega,\mathcal{F},P)$上的泊松过程，则

(1)它是纯间断的；

(2)对每个固定的 $t_0\in[0,\infty)$，$P(\{\omega \mid X_t(\omega)$在 t_0 连续$\})=1$.

证明　(1) 对任意 $u\in[0,\infty)$，令

$$A_u=\{\omega\mid X(\cdot,\omega)\text{ 在}[0,u]\text{上连续}\},\quad A_\infty=\{\omega\mid X(\cdot,\omega)\text{ 在}[0,\infty)\text{上连续}\}$$

则 $A_n\supset A_{n+1}\supset\cdots$，且 $A_n\downarrow A_\infty$，由概率的连续性质知，

$$\begin{aligned}0\leqslant P[A_\infty]&=\lim_{n\to\infty}P[A_n]-\lim_{n\to\infty}P(\{\omega\mid X_t(\omega)\text{ 在}[0,n]\text{上连续}\})\\&=\lim_{n\to\infty}P[\{\omega\mid X_0(\omega)=X_n(\omega)\}]\\&=\lim_{n\to\infty}P(\{\omega\mid X_n(\omega)=0\})=\lim_{n\to\infty}\mathrm{e}^{-\lambda n}=0\end{aligned}$$

故(1)得证．

(2)当 $t_0=0$ 时，由泊松过程的定义知，它在 0 点是右连续的，从而 $t_0=0$ 结论成立．当 $t_0>0$ 时，

$$\begin{aligned}&P(\{\omega\mid X_t(\omega)\text{ 在 }t_0\text{ 连续}\})\\&=P\left(\bigcap_{n\geqslant 1}^{\infty}\left\{\omega\,\middle|\,X\left(t_0+\frac{1}{n},\omega\right)-X\left(t_0-\frac{1}{n},\omega\right)=0\right\}\right)\\&=\lim_{n\to\infty}P\left[\left\{\omega\,\middle|\,X\left(t_0+\frac{1}{n},\omega\right)-X\left(t_0-\frac{1}{n},\omega\right)=0\right\}\right]\\&=\lim_{n\to\infty}P\left(\left\{\omega\,\middle|\,X\left(\frac{2}{n},\omega\right)=0\right\}\right)=1\end{aligned}$$

故(2)得证． ■

定义 5.1.7（泊松随机测度）　设(E,ρ)是完备的可分度量空间（有可数稠密子集），$\beta(E)$是 E 中全体 Borel 集，λ 是$\beta(E)$上的有限测度（$\lambda(E)<\infty$），$(\Omega,\mathcal{F},P)$是一个概率空间，φ：$\Omega\times\beta(E)\mapsto\mathbf{R}$，若有

(1) $\forall A\in\beta(E)$，$\varphi(A)\triangleq\varphi(\cdot,A)$是服从参数为 $\lambda(A)$ 的泊松分布的随机变量，即

$$P[\varphi(A)=k]=\mathrm{e}^{-\lambda(A)}\frac{[\lambda(A)]^k}{k!},k\geqslant 0$$

(2)固定 $\omega\in\Omega$，$\varphi(\omega,\cdot)$是 $\beta(E)$上的有限测度；

(3)对两两不交的 $A_1,A_2,\cdots,A_n$，$\{\varphi(A_1),\varphi(A_2),\cdots,\varphi(A_n)\}$相互独立；

则称 φ 是强度为 λ 的泊松随机测度．

5.2 与泊松过程有关的若干分布

本节介绍几个与泊松过程有关的随机过程的定义及性质，它们在实际中有着广泛的应用．

定义 5.2.1 设$\{N_t;\ t\geqslant 0\}$是概率空间$(\Omega,\ \mathcal{F},\ P)$上强度为$\lambda$的泊松过程，$\{Y_n:\ n\in \mathbf{N}\}$是一个 i. i. d. 随机变量序列，且$\{N_t\}$与$\{Y_n\}$独立，则称$X_t=\sum\limits_{i=1}^{N_t}Y_i\ (t\geqslant 0)$为一个复合泊松过程．它的中心化过程

$$X_t^c=X_t-\lambda tE(Y_1),t\geqslant 0$$

称为一个补偿泊松过程．显然$\{\widetilde{N}_t;\ t\geqslant 0\}$是一个补偿泊松过程，其中，$\widetilde{N}_t=N_t-\lambda t$.

易证，泊松过程$\{N_t;\ t\geqslant 0\}$的特征函数为

$$\varphi_{N_t}(u)=E[\mathrm{e}^{iuN_t}]=\exp(\lambda t[\mathrm{e}^{iu}-1]),u\in\mathbf{R}$$

而补偿泊松过程$\{\widetilde{N}_t;\ t\geqslant 0\}$的特征函数为

$$\varphi_{\widetilde{N}_t}(u)=E[\mathrm{e}^{iu(\widetilde{N}_t-\lambda t)}]=\exp(\lambda t[\mathrm{e}^{iu}-1-iu]),u\in\mathbf{R}$$

设$\{N_t;\ t\geqslant 0\}$是一个泊松过程，由于它是一个计数过程，N_t表示$[0,\ t]$时间内事件发生的总次数．记$S_0=0$，S_1表示第一次事件发生的时刻，S_n表示第n次事件发生的时刻．设$X_n=S_n-S_{n-1}$，$n=1,\ 2,\ \cdots$，它表示第$n-1$次事件发生时刻到第n次事件发生时刻的间隔．显然$\{S_n,\ n\geqslant 0\}$与$\{X_n,\ n\geqslant 1\}$均为随机过程，且有下列关系：

$$\begin{aligned}\{\omega\mid N_t(\omega)\geqslant n\}&=\{\omega\mid S_n(\omega)\leqslant t\}\\ \{\omega\mid N_t(\omega)=n\}&=\{\omega\mid S_n(\omega)\leqslant t<S_{n+1}(\omega)\}\\ &=\{\omega\mid S_n(\omega)\leqslant t\}-\{\omega\mid S_{n+1}(\omega)\leqslant t\}\end{aligned}$$

下面我们讨论$\{S_n,\ n\geqslant 0\}$与$\{X_n,\ n\geqslant 1\}$的性质．分别用$F_{S_n}(t)$，$F_{X_n}(t)$，$f_{S_n}(t)$，$f_{X_n}(t)$，$\varphi_{S_n}(t)$，$\varphi_{X_n}(t)$表示S_n与X_n的分布函数、密度函数与特征函数．则有当$t<0$时，$F_{S_n}(t)=0$；当$t\geqslant 0$时，

$$F_{S_n}(t)=P(S_n\leqslant t)=P(N_t\geqslant n)=1-P(N_t<n)=1-\sum_{k=0}^{n-1}\frac{(\lambda t)^k}{k!}\mathrm{e}^{-\lambda t}$$

故

$$f_{S_n}(t)=\frac{\lambda(\lambda t)^{n-1}}{(n-1)!}\mathrm{e}^{-\lambda t},t\geqslant 0$$

特别地，有

$$f_{S_1}(t)=f_{X_1}(t)=\begin{cases}\lambda\mathrm{e}^{-\lambda t}, & t\geqslant 0\\ 0, & t<0\end{cases}$$

即S_1与X_1服从参数为λ的指数分布．对一般情形，我们有下列定理：

定理 5.2.1 设$\{N_t;\ t\in[0,\ \infty)\}$是概率空间$(\Omega,\ \mathcal{F},\ P)$上的时齐泊松过程，强度为$\lambda$，则有下列结论：

(1) $\forall n\geqslant 1$，$(S_1,\ S_2,\ \cdots,\ S_n)$的密度函数为

$$h(t_1,t_2,\cdots,t_n)=\begin{cases}\lambda^n\mathrm{e}^{-\lambda t_n}, & 0<t_1<t_2<\cdots<t\\ 0, & 其他\end{cases}$$

(2) $\{X_k;\ k=1,\ 2,\ \cdots\}$独立同分布，均服从参数为$\lambda$的指数分布；

(3) $P[S_n<\infty]=1$；

(4) $P(\lim\limits_{n\to\infty}S_n=\infty)=1$.

证明

(1)的证明：$\forall n\geqslant 1$，$0<t_1<t_2<\cdots<t_n$，取 $h>0$ 充分小，使得

$$0<t_1-\frac{h}{2}<t_1<t_1+\frac{h}{2}<t_2-\frac{h}{2}<t_2<t_2+\frac{h}{2}<\cdots<t_n-\frac{h}{2}<t_n<t_n+\frac{h}{2}$$

因为

$$\begin{aligned}&\left\{t_1-\frac{h}{2}<S_1\leqslant t_1+\frac{h}{2},t_2-\frac{h}{2}<S_2\leqslant t_2+\frac{h}{2},\cdots,t_n-\frac{h}{2}<S_n\leqslant t_n+\frac{h}{2}\right\}\\&=\left\{N\left(t_1-\frac{h}{2}\right)=0,N\left(t_1+\frac{h}{2}\right)-N\left(t_1-\frac{h}{2}\right)=1,N\left(t_2-\frac{h}{2}\right)-N\left(t_1+\frac{h}{2}\right)=0,\right.\\&\quad\left.N\left(t_2+\frac{h}{2}\right)-N\left(t_2-\frac{h}{2}\right)=1,\cdots,N\left(t_n+\frac{h}{2}\right)-N\left(t_n-\frac{h}{2}\right)=1\right\}\cup G_n\end{aligned}$$

其中，

$$\begin{aligned}G_n=&\left\{N\left(t_1-\frac{h}{2}\right)=0,N\left(t_1+\frac{h}{2}\right)-N\left(t_1-\frac{h}{2}\right)=1,N\left(t_2-\frac{h}{2}\right)-N\left(t_1+\frac{h}{2}\right)=0,\right.\\&\left.N\left(t_2+\frac{h}{2}\right)-N\left(t_2-\frac{h}{2}\right)=1,\cdots,N\left(t_n+\frac{h}{2}\right)-N\left(t_n-\frac{h}{2}\right)\geqslant 2\right\}\end{aligned}$$

由等价定义 5.1.5 知，

$$\begin{aligned}&P\left(\left\{t_1-\frac{h}{2}<S_1\leqslant t_1+\frac{h}{2},t_2-\frac{h}{2}<S_2\leqslant t_2+\frac{h}{2},\cdots,t_n-\frac{h}{2}<S_n\leqslant t_n+\frac{h}{2}\right\}\right)\\&=(\lambda h)^n\mathrm{e}^{-\lambda\left(t_n+\frac{h}{2}\right)}+o(h^n)\\&=(\lambda h)^n\mathrm{e}^{-\lambda t_n}+o(h^n)\end{aligned}$$

故当 $0<t_1<t_2<\cdots<t_n$ 时，

$$\begin{aligned}&h(t_1,t_2,\cdots,t_n)\\&=\lim_{h\to0^+}\frac{P\left(\left\{t_1-\frac{h}{2}<S_1\leqslant t_1+\frac{h}{2},t_2-\frac{h}{2}<S_2\leqslant t_2+\frac{h}{2},\cdots,t_n-\frac{h}{2}<S_n\leqslant t_n+\frac{h}{2}\right\}\right)}{h^n}\\&=\lim_{h\to0^+}\frac{(\lambda h)^n\mathrm{e}^{-\lambda t_n}+o(h^n)}{h^n}\\&=\lambda^n\mathrm{e}^{-\lambda t_n}\end{aligned}$$

即

$$h(t_1,t_2,\cdots,t_n)=\begin{cases}\lambda^n\mathrm{e}^{-\lambda t_n}, & 0<t_1<t_2<\cdots<t_n\\0, & \text{其他}\end{cases}$$

故(1)得证.

(2)的证明：由上面的定义，显然有

$$\begin{cases}X_1=S_1\\X_2=S_2-S_1\\\vdots\\X_n=S_n-S_{n-1}\end{cases}$$

令

$$\begin{cases}x_1 = t_1 \geqslant 0\\ x_2 = t_2 - t_1 \geqslant 0\\ \vdots\\ x_n = t_n - t_{n-1} \geqslant 0\end{cases},\quad 即 \quad \begin{cases}t_1 = x_1\\ t_2 = x_1 + x_2\\ \vdots\\ t_n = x_1 + x_2 + \cdots + x_n\end{cases}$$

因为

$$J = \frac{\partial (t_1, t_2, \cdots, t_n)}{\partial (x_1, x_2, \cdots, x_n)} = 1$$

故 $\forall n \geqslant 1$，$(X_1, X_2, \cdots, X_n)$的密度函数为

$$g(x_1, x_2, \cdots, x_n) = \begin{cases}\lambda^n \mathrm{e}^{-\lambda(x_1+x_2+\cdots+x_n)}, & x_i \geqslant 0, 1 \leqslant i \leqslant n\\ 0, & 其他\end{cases}$$

再由 $f_{X_1}(x_1) = \begin{cases}\lambda \mathrm{e}^{-\lambda x_1}, & x_1 \geqslant 0\\ 0, & x_1 < 0\end{cases}$ 可得 $f_{X_k}(x_k) = \begin{cases}\lambda \mathrm{e}^{-\lambda x_k}, & x_k \geqslant 0\\ 0, & x_k < 0\end{cases}$，且 $g(x_1, x_2, \cdots, x_n) = \prod_{k=1}^{n} f_{X_k}(x_k)$，故(2)得证.

(3) 的证明：由

$$f_{S_n}(t) = \begin{cases}\frac{\lambda (\lambda t)^{n-1}}{(n-1)!}\mathrm{e}^{-\lambda t}, & t \geqslant 0\\ 0, & t < 0\end{cases}$$

知 $P[S_n < \infty] = 1$.

(4)的证明：设 $A_n = \{\omega \mid X_t(\omega)$在$[0, n]$内有无穷多个间断点$\}$，由每个间断点的跃度为 1 知，$A_n = \{\omega \mid N(n, \omega) = \infty\}$，因为

$$P[\{\omega \mid N_t(\omega) \text{ 在 } t = n \text{ 点连续}\}] = 1$$

故 $P[A_n] = 0$. 另一方面，因为

$$\{\lim_{n\to\infty} S_n < \infty\} \subset \bigcup_{n=1}^{\infty} A_n (\text{有限时间内有无穷多个间断点})$$

所以

$$P[\lim_{n\to\infty} S_n = \infty] \geqslant 1 - P[\bigcup_{n=1}^{\infty} A_n] \geqslant 1 - \sum_{n=1}^{\infty} P[A_n] = 1$$

故有

$$P[\lim_{n\to\infty} S_n = \infty] = 1$$

证毕. ■

定理 5.2.2 设$\{N_t; t \geqslant 0\}$是概率空间$(\Omega, \mathcal{F}, P)$上的泊松过程，X_n 表示第 $n-1$ 次事件发生时刻到第 n 次事件发生时刻的间隔，则对任意 $0 < s < t$，必有

$$P[X_1 \leqslant s \mid N(t) = 1] = \frac{s}{t}$$

证明

$$P[X_1 \leqslant s \mid N(t) = 1] = \frac{P\{X_1 \leqslant s, N(t) = 1\}}{P\{N(t) = 1\}}$$

$$= \frac{P\{N(s)=1, N(t)-N(s)=0\}}{P\{N(t)=1\}}$$

$$= \frac{(\lambda s)e^{-\lambda s}e^{-\lambda(t-s)}}{(\lambda t)e^{-\lambda t}} = \frac{s}{t}$$

■

定理 5.2.3　设$\{N_t;\ t\geqslant 0\}$是概率空间(Ω，$\mathcal{F}$，P)上的泊松过程，对任意$n\geqslant 1$，在条件$N(t)=n$下，(S_1，S_2，…，S_n)的条件密度函数为

$$h_{(S_1,S_2,\cdots,S_n|N(t)=n)}(t_1,t_2,\cdots,t_n) = \begin{cases} \frac{n!}{t^n}, & 0<t_1<t_2<\cdots<t_n\leqslant t \\ 0, & \text{其他} \end{cases}$$

证明　对任给$0<t_1<t_2<\cdots<t_n\leqslant t_{n+1}=t$，取$h_i>0$，$1\leqslant i\leqslant n$，使得$t_i+h_i<t_{i+1}$，$1\leqslant i\leqslant n$，则有

$$P[t_i<S_i\leqslant t_i+h_i, 1\leqslant i\leqslant n \mid N(t)=n]$$

$$= \frac{P\{N(t_i+h_i)-N(t_i)=1, 1\leqslant i\leqslant n, N(t_{j+1})-N(t_j+h_j)=0, 1\leqslant j\leqslant n\}}{P\{N(t)=n\}}$$

$$= \frac{(\lambda h_1)e^{-\lambda h_1}\cdots(\lambda h_n)e^{-\lambda h_n}e^{-\lambda(t-h_1-h_2-\cdots-h_n)}}{\frac{(\lambda t)^n}{n!}e^{-\lambda t}} = \frac{n!}{t^n}h_1h_2\cdots h_n$$

从而结论成立． ■

反之，我们有下列两个判断一个过程是泊松过程的充分条件，感兴趣的读者自己完成其证明过程．

定理 5.2.4　(1)设$\{N_t;\ t\geqslant 0\}$是概率空间(Ω，$\mathcal{F}$，P)上的一个计数过程，记$S_0=0$，S_1表示第一次事件发生的时刻，S_n表示第n次事件发生的时刻．X_n表示第$n-1$次事件发生时刻到第n次事件发生时刻的间隔，如果$\{X_n;\ n\geqslant 1\}$满足：

(a)$\{X_n;\ n\geqslant 1\}$是独立同分布的；

(b)分布函数$F_{X_n}(0)=0$；

(c)对任意$0<s<t$，有

$$P[X_1\leqslant s \mid N(t)=1] = \frac{s}{t}$$

则$\{N_t;\ t\geqslant 0\}$必为泊松过程．

(2)如果$\{X_n;\ n\geqslant 1\}$满足：

(a)$\{X_n;\ n\geqslant 1\}$是独立同分布的；

(b)$E[X_n]<\infty$，且分布函数满足$F_{X_n}(0)=0$；

(c)对任意$0<s<t$，有

$$P[S_n\leqslant s \mid N(t)=n] = \left(\frac{s}{t}\right)^n$$

则$\{N_t;\ t\geqslant 0\}$必为泊松过程．

5.3　泊松过程的推广

1. 非时齐泊松过程

在泊松过程中，$P[X_t=k]=e^{-\lambda t}\frac{(\lambda t)^k}{k!}$，$k=0$，1，…，$t\in[0,\infty)$，现将此条件变为

$P[X_t=k]=\mathrm{e}^{-m(t)}\dfrac{[m(t)]^k}{k!}$，其中，$m(t)=\int_0^t\lambda(s)\mathrm{d}s$，而 $\lambda(t)=\lim\limits_{h\to 0}\dfrac{1-P[X(t+h)-X(t)=0]}{h}$，称$\{X_t,\ t\in[0,\ \infty)\}$为非时齐泊松过程．

具体定义如下．

定义 5.3.1　设计数过程$\{X_t,\ t\geqslant 0\}$满足：

(1) $X_0\equiv 0$；

(2)具有独立增量；

(3) $\forall t>0$ 和充分小的 $\Delta t>0$，有

$$P(X(t+\Delta t)-X(t)=1)=\lambda(t)\Delta t+o(\Delta t)$$
$$P(X(t+\Delta t)-X(t)\geqslant 2)=o(\Delta t)$$

其中，$\lambda(t)>0$，且

$$m(t)=\int_0^t\lambda(s)\mathrm{d}s<\infty$$

则称$\{X(t),\ t\geqslant 0\}$服从强度为 $\lambda(t)$ 的非时齐的泊松过程．

对非时齐的泊松过程，下列结论成立．

定理 5.3.1　如果$\{X(t),\ t\geqslant 0\}$是非时齐的泊松过程，则

$$P[X_t=k]=\mathrm{e}^{-m(t)}\frac{[m(t)]^k}{k!},k=0,1,\cdots,\forall t\in[0,\infty)$$

证明　令 $\psi(z,t)=\sum\limits_{k=0}^{\infty}P(X(t)=k)z^k,|z|<1$，则

$$\begin{aligned}\psi(z,t+h)&=\sum_{k=0}^{\infty}P(X(t+h)=k)z^k\\&=\sum_{k=0}^{\infty}\sum_{j=0}^{\infty}P(X(t+h)=k,X(t)=j)z^{k-j}z^j\\&=\psi(z,t)E[z^{X(t+h)-X(t)}]\end{aligned}$$

而

$$\begin{aligned}\frac{1}{h}[E(z^{X(t+h)-X(t)})-1]=&\frac{1}{h}[P(X(t+h)-X(t)=0)-1]+\\&\frac{z}{h}P(X(t+h)-X(t)=1)+\\&\frac{1}{h}\sum_{k=2}^{\infty}z^kP(X(t+h)-X(t)=k)\end{aligned}$$

故

$$\lim_{h\to 0^+}\frac{1}{h}[E(z^{X(t+h)-X(t)})-1]=\lambda(t)[z-1]$$

所以

$$\begin{cases}\dfrac{\partial}{\partial t}\psi(z,t)=\psi(z,t)\lambda(t)[z-1]\\\psi(z,0)=1\end{cases}$$

解得

$$\psi(z,t)=\sum_{k=0}^{\infty}\mathrm{e}^{-m(t)}\frac{[m(t)]^k}{k!}z^k, m(t)=\int_0^t\lambda(s)\mathrm{d}s$$

从而

$$P[X_t=k]=\mathrm{e}^{-m(t)}\frac{[m(t)]^k}{k!}, k=0,1,\cdots, \forall t\in[0,\infty)$$

证毕．■

2. **复合泊松过程**

前面已经给出了复合泊松过程的定义，下面我们进一步讨论它的性质。我们先看一个具体的例子．设在$[0, t]$时间内，保险公司的赔付次数服从强度为λ的泊松过程，且每笔赔付的赔付额为Y_i，则到时刻t为止，保险公司的赔付总额为

$$X_t=\sum_{i=1}^{N_t}Y_i$$

则$\{X_t: t\geqslant 0\}$就是一个复合泊松过程．

如果Y_i的方差有限，那么一个复合泊松过程的均值、方差、协方差函数分别为

$$E(X_t)=\lambda tE(Y_1), \mathrm{Var}(X_t)=\lambda tE(Y_1^2)$$

及

$$\mathrm{Cov}(X_s,X_t)=\lambda\min(s,t)E(Y_1^2)$$

显然，一个复合泊松过程的路径是不连续的．但是，下列定理表明当$t\to t_0$时，增量$X_t-X_{t_0}$大于$\varepsilon>0$的概率趋于0.

定理 5.3.2　一个复合泊松过程是依概率连续的，即任给$t_0\in[0, +\infty)$，$\varepsilon>0$，有

$$\lim_{t\to t_0}P(|X_t-X_{t_0}|\geqslant\varepsilon)=0$$

证明　固定$\varepsilon>0$，先考虑$t>t_0$的情形，如果$\{N_t\}$在$[t_0, t]$之间没有跳跃，那么

$$|X_t-X_{t_0}|=\left|\sum_{i=N_{t_0}+1}^{N_t}Y_i\right|=0$$

即

$$\{\omega\mid N_t(\omega)=N_{t_0}(\omega)\}\subset\{\omega\mid |X_t(\omega)-X_{t_0}(\omega)|=0\}$$

所以$\{|X_t-X_{t_0}|>0\}\subset\{N_t>N_{t_0}\}$. 从而当$t\to t_0^+$时有

$$P(|X_t-X_{t_0}|>\varepsilon)\leqslant P\{N_t-N_{t_0}>0\}=1-\mathrm{e}^{-\lambda(t-t_0)}\to 0$$

同理可证，当$t\to t_0^-$时结论也成立，证毕．■

定理 5.3.3　一个复合泊松过程$\sum_{i=1}^{N_t}Y_i(t\geqslant 0)$是独立、平稳增量过程．

证明　因为当$s<t$时，

$$X_t-X_s=\sum_{i=N_s+1}^{N_t}Y_i=\sum_{i=1}^{N_t-N_s}Y_{N_s+i}\overset{d}{=}\sum_{i=1}^{N_t-N_s}Y_i$$

再由$N_t-N_s\overset{d}{=}N_{t-s}$(表示它们同分布)知，

$$X_t-X_s\overset{d}{=}\sum_{i=1}^{N_{t-s}}Y_i=X_{t-s}$$

增量的平稳性得证．下面证明对 $0\leqslant r<s<t$，X_s-X_r 与 X_t-X_s 是独立的．对所有 Borel 集 A 与 B，类似上面的讨论有

$$P(X_s-X_r\in A, X_t-X_s\in B)\overset{d}{=}P\left(\sum_{i=1}^{N_s-N_r}Y_i\in A,\sum_{i=1}^{N_t-N_s}Y'_i\in B\right)$$

其中，Y'_1，Y'_2，…是与 Y_1 同分布的 i.i.d. 随机变量序列，且独立于 Y_1，Y_2，…与$\{N_t\}$．由于 N_s-N_r 与 N_t-N_s 是独立的，且均独立于$\{Y_i, Y'_i\}$，所以有

$$P\left(\sum_{i=1}^{N_s-N_r}Y_i\in A,\sum_{i=1}^{N_t-N_s}Y'_i\in B\right)=P\left(\sum_{i=1}^{N_s-N_r}Y_i\in A\right)P\left(\sum_{i=1}^{N_t-N_s}Y'_i\in B\right)$$

因此，X_s-X_r 与 X_t-X_s 的独立性得证．■

定理 5.3.4　设 $W(t)=\sum_{i=1}^{N_t}X_i,(t\geqslant 0)$ 是一个复合泊松过程，X 是独立于 W_t 的随机变量，且与 X_i 同分布，其分布函数为 $F(x)$，那么对任一函数 $h(x)$，下列结论成立：

$$E[W(t)h(W(t))]=\lambda tE[Xh(W(t)+X)]$$

证明　由全期望公式得

$$\begin{aligned}
E[W(t)h(W(t))]&=\sum_{n=0}^{\infty}E[W(t)h(W(t))\mid N(t)=n]\mathrm{e}^{-\lambda t}\frac{(\lambda t)^n}{n!}\\
&=\sum_{n=0}^{\infty}E\left[\sum_{i=1}^{n}X_ih\left(\sum_{i=1}^{n}X_i\right)\right]\mathrm{e}^{-\lambda t}\frac{(\lambda t)^n}{n!}\\
&=\sum_{n=0}^{\infty}\mathrm{e}^{-\lambda t}\frac{(\lambda t)^n}{n!}\sum_{i=1}^{n}E\left[X_ih\left(\sum_{i=1}^{n}X_i\right)\right]\\
&=\sum_{n=0}^{\infty}\mathrm{e}^{-\lambda t}\frac{(\lambda t)^n}{(n-1)!}nE\left[X_nh\left(\sum_{i=1}^{n}X_i\right)\right]\\
&=\sum_{n=1}^{\infty}\mathrm{e}^{-\lambda t}\frac{(\lambda t)^n}{(n-1)!}\int E\left[X_nh\left(\sum_{i=1}^{n}X_i\right)\mid X_n=x\right]\mathrm{d}F(x)\\
&=\lambda t\int_{-\infty}^{+\infty}x\sum_{m=0}^{\infty}\mathrm{e}^{-\lambda t}\frac{(\lambda t)^m}{m!}E\left[h\left(\sum_{i=1}^{m}X_i+x\right)\right]\mathrm{d}F(x)\\
&=\lambda t\int_{-\infty}^{+\infty}x\sum_{m=0}^{\infty}E\left[h\left(\sum_{i=1}^{N_t}X_i+x\right)\mid N_t=m\right]P(N_t=m)\mathrm{d}F(x)\\
&=\lambda t\int_{-\infty}^{+\infty}xE[h(W(t)+x)]\mathrm{d}F(x)\\
&=\lambda t\int_{-\infty}^{+\infty}E[Xh(W(t)+X)\mid X=x]\mathrm{d}F(x)\\
&=\lambda tE[Xh(W(t)+X)]
\end{aligned}$$

证毕．■

推论 5.3.1　在定理 5.3.4 的条件下，对任意的正整数 n，有

$$E[(W(t))^n]=\lambda t\sum_{j=0}^{n-1}C_{n-1}^{j}E[(W(t))^j]E(X^{n-j})$$

证明　在定理5.3.4中取 $h(x)=x^{n-1}$，代入即得．■

由推论5.3.1有

$$E[W(t)]=\lambda tE(X)$$

$$E[(W(t))^2]=\lambda tE(X^2)+(\lambda t)^2(E(X))^2$$

推论5.3.2　在定理5.3.4的条件下，如果 X_i 是离散型随机变量，可能取值为1，2，…．记

$$\alpha_j=P\{X_i=j\},j\geqslant 1,P_j=P\{W(t)=j\},j\geqslant 0$$

则有

$$P_0=\mathrm{e}^{-\lambda t},P_n=\frac{\lambda t}{n}\sum_{j=1}^{n}j\alpha_jP_{n-j},n\geqslant 1$$

证明　当 $n=0$ 时，$P_0=P\{W(t)=0\}=P\{N(t)=0\}=\mathrm{e}^{-\lambda t}$，故结论成立．对任意的正整数 n，令

$$h(x)=\begin{cases}\dfrac{1}{n}, & x=n\\ 0, & x\neq n\end{cases}$$

则

$$W(t)h(W(t))=I_{\{W(t)=n\}}$$

从而有

$$\begin{aligned}P[W(t)=n]&=E[W(t)h(W(t))]=\lambda tE[Xh(W(t)+X)]\\&=\lambda t\sum_j E[Xh(W(t)+X)\mid X=j]\alpha_j\\&=\lambda t\sum_j jE[h(W(t)+j)]\alpha_j\\&=\lambda t\sum_j j\ \frac{1}{n}P\{W(t)+j=n\}\alpha_j=\frac{\lambda t}{n}\sum_{j=1}^{n}j\alpha_jP_{n-j}\end{aligned}$$

■

下面计算复合泊松过程的特征函数，设 $X(t)=\sum_{i=1}^{N_t}Y_i(t\geqslant 0)$ 是一个复合泊松过程，其特征函数记为 $\varphi_{X_t}(u)=E(\mathrm{e}^{uiX_t})$．设 φ_Y 表示 Y_i 的特征函数，则在条件 $N_t=k$ 下，对 $u\in\mathbf{R}$ 有

$$\begin{aligned}\varphi_{X_t}(u)&=E(E[\mathrm{e}^{iu\sum_j^{N_t}Y_j}\mid N_t])=\sum_{k=0}^{\infty}E(\mathrm{e}^{iu\sum_{j=1}^{k}Y_j})P(N_t=k)\\&=\mathrm{e}^{-\lambda t}\sum_{k=0}^{\infty}\frac{(\varphi_Y(u)\lambda t)^k}{k!}=\mathrm{e}^{\lambda t[\varphi_Y(u)-1]}\end{aligned}$$

由这个公式，立即得到补偿泊松过程的特征函数为

$$\varphi_{X_t^c}(u)=E[\mathrm{e}^{iu[X_t-\lambda tE(Y_1)]}]=\mathrm{e}^{\lambda t[\varphi_Y(u)-1-iuE(Y_1)]}$$

特别地，如果 Y_j 服从均值 $\mu\in\mathbf{R}$、方差 $\sigma^2>0$ 的正态分布，那么复合泊松过程的密函数 f_{X_t} 可以具体表示出来．事实上，由

$$P\Big(\sum_{j=1}^{k}Y_j\leqslant x\mid N_t=k\Big)=P\Big(\sum_{j=1}^{k}Y_j\leqslant x\Big)=\Phi_{(ku,k\sigma^2)}(x)$$

知，

$$P(X_t \leqslant x)=\sum_{k=0}^{\infty}P(X_t \leqslant x \mid N_t=k)P(N_t=k)$$

$$=\sum_{k=0}^{\infty}\Phi_{(ku,k\sigma^2)}(x)\frac{(\lambda t)^k}{k!}\mathrm{e}^{-\lambda t}$$

从而得到密度函数

$$f_{X_t}(x)=\sum_{k=0}^{\infty}\frac{1}{\sqrt{2\pi k\sigma^2}}\mathrm{e}^{-\frac{(x-k\mu)^2}{2k\sigma^2}}\frac{(\lambda t)^k}{k!}\mathrm{e}^{-\lambda t},x\in\mathbf{R}$$

我们还可以用分布函数 F 来表示补偿泊松过程的特征函数：由

$$\varphi_Y(u)=\int_{-\infty}^{\infty}\mathrm{e}^{ius}\mathrm{d}F(s),\int_{-\infty}^{\infty}\mathrm{d}F(s)=1 \text{ 及 } E(Y_1)=\int_{-\infty}^{\infty}s\mathrm{d}F(s)$$

得到

$$\varphi_{X_t^c}(u)=\exp(\lambda t\int_{-\infty}^{+\infty}[\mathrm{e}^{ius}-1-ius]\mathrm{d}F(s)),u\in\mathbf{R}$$

3. Lévy 过程

Lévy 过程是以法国科学家 Paul Lévy(1886—1971)的名字命名的一种连续时间的随机过程，它满足零初值、左极右连、独立增量等．其中最有名的是泊松过程以及布朗运动．由于带跳的 Lévy 过程具有非对称的尖峰厚尾性质和不连续性，克服了正态分布的对称性，而且可以很好地描述突发事件带来的影响，近年来带跳的 Lévy 过程在金融保险中得到越来越广泛的应用．

定义 5.3.2 设$\{X_t\}$是一个$\{\mathcal{F}_t\}$适应的随机过程，$X_0=0$，a. s.，且满足下列条件：

(1)$\{X_t\}$是独立、平稳增量过程，即

$$X_{t+s}-X_t \text{ 独立于} \mathcal{F}_t,\text{且 } X_{t+s}-X_t \overset{d}{=} X_s,\text{对任意 } s\geqslant 0$$

(2)$\{X_t\}$是依概率连续的；

则称$\{X_t\}$是一个 Lévy 过程．

可以证明任一 Lévy 过程必存在一个右连左极的修正．因此，通常将右连左极加入到 Lévy 过程的定义中．

定义 5.3.3 若$\{X_t\}$是一个满足 $X_0=0$，a. s.，有独立平稳增量，且是依概率连续的，则称该过程为本性 Lévy 过程．

可以将 Lévy 过程的定义推广到 d 维过程，如果一个 d 维过程的每一个分量均为一维 Lévy 过程，则称该过程为一个 d 维 Lévy 过程．同样，任一 d 维 Lévy 过程必存在一个修正，使得每一个坐标分量过程有右连左极路径．

定理 5.3.5 如果$\{X_t,\ t\geqslant 0\}$，$\{Y_t,\ t\geqslant 0\}$是两个 Lévy 过程，那么$\{X_t+Y_t,\ t\geqslant 0\}$仍是 Lévy 过程，即两个 Lévy 过程的和仍是 Lévy 过程．

由这个定理知，一个带漂移的布朗运动加上一个复合泊松过程仍是一个 Lévy 过程，即

$$X_t=\mu t+\sigma B_t+\sum_{i=1}^{N_t}Y_i,t\geqslant 0$$

是一个 Lévy 过程，其中，$\{N_t:\ t\geqslant 0\}$，$\{Y_n:\ n\in\mathbf{R}\}$和$\{B_t:\ t\geqslant 0\}$相互独立．显然，$\{X_t,\ t\geqslant 0\}$也是一个右连左极过程．

定义 5.3.4　设 X 是一个 d 维随机变量，如果对任意正整数 n，都存在 n 个独立同分布的 d 维随机变量 X_1，X_2，…，X_n，使得

$$X = X_1 + X_2 + \cdots + X_n$$

则称 X 是无穷可分的．

定义 5.3.5　设 $\varphi(x_1, x_2, \cdots, x_d)$ 是一个 d 维随机变量的特征函数，如果对任意正整数 n，都存在一个 d 维随机变量的特征函数 $\varphi_n(x_1, x_2, \cdots, x_d)$，使得

$$\varphi(x_1, x_2, \cdots, x_d) = [\varphi_n(x_1, x_2, \cdots, x_d)]^n$$

则称特征函数 $\varphi(x_1, x_2, \cdots, x_d)$ 是无穷可分的，同理可定义分布函数的无穷可分性．

由定义直接得到：如果 X 是无穷可分的，则其特征函数与分布函数均是无穷可分的．

定理 5.3.6　设 $\{X_t, t \geqslant 0\}$ 是一维 Lévy 过程，则 $\forall t > 0$，X_t 必是无穷可分的．

证明　对任意正整数 n，由

$$X_t = \sum_{i=1}^{n} \left[X\left(\frac{it}{n}\right) - X\left(\frac{(i-1)t}{n}\right) \right]$$

马上得到结论成立，证毕．■

定义 5.3.6　设 $\{X_t, t \geqslant 0\}$ 是强度为 λ 的一维泊松过程，$\{\zeta_n: n=1, 2, \cdots\}$ 是一列独立同分布的 d 维随机变量序列，其分布

$$\nu = P_{\zeta_1} = P \circ \zeta_1^{-1}$$

满足

$$\nu(\{0\}) = P(\zeta = 0) = 0$$

令

$$N_t = \begin{cases} \zeta_n, & X_{t-} < n = X_t \\ 0, & \text{其他} \end{cases}$$

则称 $\{N_t, t \geqslant 0\}$ 是特征测度为 $\lambda\nu$ 的泊松点过程．

对任一 d 维随机向量序列 X，我们知道，它的特征函数为

$$\varphi_X(u_1, u_2, \cdots, u_d) = E[\mathrm{e}^{-iXu'}]$$

其中，

$$u = (u_1, u_2, \cdots, u_d)$$

下面我们不加证明地给出 Lévy 过程特征函数的两个重要定理.

定理 5.3.7　设 $\{X_t, t \geqslant 0\}$ 是 d 维 Lévy 过程，则必存在一个函数

$$\psi(u) = i\langle a, u\rangle + \frac{1}{2}u\boldsymbol{\Sigma}u' + \int_{\mathbf{R}^d} \left[1 - \mathrm{e}^{i\langle x, u\rangle} + \frac{i'\langle x, u\rangle}{1 + |x|^2}\right] \Pi(\mathrm{d}x) \tag{5.2}$$

使得

$$\varphi_{X_t}(u_1, u_2, \cdots, u_d) = E[\mathrm{e}^{-iX_t u'}] = \mathrm{e}^{-t\psi(u)}, \forall u \in \mathbf{R}^d$$

其中，$\boldsymbol{\Sigma}$ 是一个非负定 d 阶方阵，Π 是 $\beta(\mathbf{R}^d)$ 上的一个测度，满足

$$\Pi(\{0\}) = 0, \int_{\mathbf{R}^d} \frac{|x|^2}{1 + |x|^2} \Pi(\mathrm{d}x) < \infty \tag{5.3}$$

且式(5.2)与式(5.3)等价于

$$\psi(u) = i\langle a, u\rangle + \frac{1}{2}u\boldsymbol{\Sigma}u' + \int_{\mathbf{R}^d} [1 - \mathrm{e}^{i\langle x, u\rangle} + i\langle x, u\rangle I_{\{|x|<1\}}] \Pi(\mathrm{d}x) \tag{5.4}$$

$$\Pi(\{0\}) = 0, \int_{\mathbf{R}^d} (1 \wedge | x |^2) \Pi(\mathrm{d}x) < \infty \tag{5.5}$$

该定理称为 Lévy-Khintchine 公式，称 Π 为 Lévy 过程的 Lévy 测度．反之，对任一满足式(5.2)与式(5.3)的函数 $\psi(u)$，必存在一个 d 维 Lévy 过程$\{X_t, t \geqslant 0\}$，使得其特征函数为

$$\varphi_{X_t}(u_1, u_2, \cdots, u_d) = E[\mathrm{e}^{-iX_t u'}] = \mathrm{e}^{-t\psi(u)}, \forall u \in \mathbf{R}^d$$

且$\{X_t, t \geqslant 0\}$的跳过程$\{\Delta X_t = X_t - X_{t^-}, t \geqslant 0\}$是以 Π 为特征测度的泊松点过程．

如果 $X = \{X_t, t \geqslant 0\}$是 d 维 Lévy 过程，称 $\psi(u)$为 X 的特征函数的指数，称 Π 为 X 的 Lévy 测度，称 $u\boldsymbol{\Sigma}u'$ 为 X 的高斯成分．

定理 5.3.8 设$\{X_t, t \geqslant 0\}$是一个 d 维 Lévy 过程，则它是有界变差过程的充要条件是

(1)它的高斯成分为 0，即 $\boldsymbol{\Sigma} = 0$；

(2)它的 Lévy 测度满足：

$$\int_{\mathbf{R}^d} (1 \wedge | x |) \Pi(\mathrm{d}x) < \infty$$

因为

$$\varphi_{X_t^c}(u) = \exp\left(\lambda t \int_{-\infty}^{+\infty} [\mathrm{e}^{ius} - 1 - ius] \mathrm{d}F(s)\right), u \in \mathbf{R}$$

设 $\mathrm{d}\Pi(s) = \dfrac{\mathrm{d}F(s)}{\lambda}$，则可以看出 X^c 也是一个 Lévy 过程．

最后，讨论具有无限 Lévy 测度的 Lévy 过程的一个标准结构．设$\{N_t^{(k)}, t \geqslant 0\}(k \geqslant 1)$是一列独立的泊松过程，强度分别为 $\lambda_k > 0$，又设 $\mu_k(k \geqslant 1)$是一列实数．那么对任一自然数 N，

$$X_t^{(N)} = \sum_{k=1}^{N} \mu_k (N_t^{(k)} - \lambda_k t), t \geqslant 0$$

仍是一个 Lévy 过程，其 Lévy 测度(读者自己验证)为

$$\Pi^{(N)} = \sum_{k=1}^{N} \lambda_k \delta_{\mu_k}$$

其中，δ_{μ_k} 表示 $\beta(\mathbf{R})$上集中在 μ_k 的测度．其特征函数为

$$\varphi_{X_t^{(N)}}(u) = \exp\left\{t \int_{-\infty}^{+\infty} [\mathrm{e}^{ius} - 1 - ius] \Pi^{(N)}(\mathrm{d}s)\right\}, u \in \mathbf{R}$$

且当 $N \to \infty$时，$X_t^{(N)}$ 的均方极限存在，极限为

$$X_t = \sum_{k=1}^{\infty} \mu_k (N_t^{(k)} - \lambda_k t)$$

如果假定

$$\sum_{k=1}^{\infty} \lambda_k \mu_k^2 < \infty$$

那么极限过程也是一个 Lévy 过程，Lévy 测度为

$$\Pi = \sum_{k=1}^{\infty} \lambda_k \delta_{\mu_k}$$

且满足 $\Pi(\mathbf{R}) = \sum_{k=1}^{\infty} \lambda_k$，它可能是无限的．

第 6 章　马尔可夫过程

“马尔可夫性”是俄罗斯数学家马尔可夫在 1906 年最早提出的，它是指在给定“现在”的条件下，“将来”与“过去”独立的一类随机过程，它是独立性的一种推广．本章将讨论三类常用的马尔可夫过程，一类是时间和状态都是离散的马尔可夫过程(即马尔可夫链)；一类是时间连续、状态离散的马尔可夫链；还有一类是时间连续、状态空间也是连续区间的马尔可夫过程．马尔可夫过程在自然科学、工程技术、生命科学及管理科学等诸多领域有着广泛的应用．

6.1　离散时间的马尔可夫链

定义 6.1.1（马尔可夫链）　设$\{X_n, n=0,1,2,\cdots\}$是概率空间$(\Omega, \mathcal{F}, P)$上的一个离散时间的随机过程，若它满足：

(1) $\forall n$，X_n 为离散型随机变量，其可能取值为 E，其中 $E=\{0,1,2,\cdots\}$或 E 为$\{0,1,2,\cdots\}$的子集；

(2)对任意正整数 k，有

$$P\{X_{n+k}=i_{n+k} \mid X_0=i_0, X_1=i_1, \cdots, X_n=i_n\}=P\{X_{n+k}=i_{n+k} \mid X_n=i_n\}$$

则称$\{X_n, n=0,1,2,\cdots\}$为一个马尔可夫链，称 E 为马尔可夫链的状态空间．

条件(2)称为马尔可夫性．它表示第 n 步在状态 i_n 时，第 $n+k$ 步在状态 i_{n+k} 的概率与第 n 步之前所处的状态无关．易证条件(2)等价于下列两个条件中的任意一个：

(a) 对任意正整数 $n\geqslant 2$，$0\leqslant t_1<t_2<\cdots<t_n$，有

$$P\{X_{t_n}=i_n \mid X_{t_1}=i_1, X_{t_2}=i_2, \cdots, X_{t_{n-1}}=i_{n-1}\}=P\{X_{t_n}=i_n \mid X_{t_{n-1}}=i_{n-1}\}$$

(b)对任意正整数 $k\geqslant 1$，有

$$\begin{aligned}&P\{X_{n+1}=i_{n+1}, X_{n+2}=i_{n+2}, \cdots, X_{n+k}=i_{n+k} \mid X_0=i_0, X_1=i_1, \cdots, X_n=i_n\}\\&\quad=P\{X_{n+1}=i_{n+1}, X_{n+2}=i_{n+2}, \cdots, X_{n+k}=i_{n+k} \mid X_n=i_n\}\end{aligned}$$

定义 6.1.2（转移概率）　设$\{X_n, n=0,1,2,\cdots\}$是一个马尔可夫链，称 $P\{X_{n+1}=j \mid X_n=i\}=p_{ij}(n)$为$\{X_n, n=0,1,2,\cdots\}$在 n 时刻的一步转移概率．它表示在 n 时刻由状态 i 一步转移到状态 j 的概率．

称矩阵

$$\boldsymbol{P}(n)=(p_{ij}(n))=\begin{pmatrix}p_{00}(n) & p_{01}(n) & \cdots\\ p_{10}(n) & p_{11}(n) & \cdots\\ \vdots & \vdots & \end{pmatrix}$$

为马尔可夫链在 n 时刻的一步转移矩阵．显然 $\boldsymbol{P}(n)$有如下性质：

(1) $p_{ij}(n)\geqslant 0$；

(2) $\sum_{j\in E} p_{ij}(n)=1$.

由性质(2)知，一步转移矩阵的每行元素之和为 1.

定义 6.1.3（k 步转移概率）　设$\{X_n, n=0,1,2,\cdots\}$是一个马尔可夫链，称$\boldsymbol{P}\{X_{n+k}=j \mid X_n=i\}=p_{ij}^{(k)}(n)$为$\{X_n, n=0,1,2,\cdots\}$在 n 时刻的 k 步转移概率．称

$$\boldsymbol{P}^{(k)}(n)=\begin{pmatrix} p_{00}^{(k)}(n) & p_{01}^{(k)}(n) & \cdots \\ p_{10}^{(k)}(n) & p_{11}^{(k)}(n) & \cdots \\ \vdots & \vdots & \end{pmatrix}$$

为马尔可夫链在 n 时刻的 k 步转移矩阵.

显然 $\boldsymbol{P}^{(k)}(n)$ 也有如下性质:

(1) $p_{ij}^{(k)}(n)\geqslant 0$;

(2) $\sum\limits_{j\in E} p_{ij}^{(k)}(n)=1$.

例 6.1.1 设 $\{\xi_n, n\geqslant 0\}$ 为独立同分布的离散型随机变量序列，对任意 $k\geqslant 0$，有 $E(\xi_k)=0$，取 $X_n=\sum\limits_{k=0}^{n}\xi_k$，$\mathcal{F}_n=\sigma(X_0, \cdots, X_n)(n=0, 1, 2, \cdots)$，显然 $X\triangleq\{X_n, \mathcal{F}_n, n\geqslant 0\}$ 是马尔可夫过程，但不是平稳过程.

例 6.1.2 设 $\{\xi_n, n\geqslant 0\}$ 为独立同分布的离散型随机变量序列，$P(\xi_n=E\xi_n)<1$，取 $X_n=\xi_n$，$\mathcal{F}_n=\sigma(X_0, X_1, \cdots, X_n)(n=0, 1, 2, \cdots)$，显然，$X\triangleq\{X_n, \mathcal{F}_n, n\geqslant 1\}$ 是马尔可夫过程，也是平稳过程.

例 6.1.3 设 ξ 为概率空间 $(\Omega, \mathcal{F}, P)$ 上非退化的随机变量，取 $X_n=\xi$，$\mathcal{F}_n=\sigma(X_m, m\leqslant n)(n=1, 2, \cdots)$，显然 $X\triangleq\{X_n, \mathcal{F}_n, n\geqslant 1\}$ 是马尔可夫过程，又是平稳过程.

下面我们介绍离散时间马尔可夫链的转移概率的性质:

定理 6.1.1 设 $\{X_n, n=0, 1, 2, \cdots\}$ 是一个马尔可夫链，则有

$$\begin{aligned}&P\{X_0=i_0, X_1=i_1, \cdots, X_n=i_n\}\\&=P\{X_0=i_0\}p_{i_0 i_1}(0)p_{i_1 i_2}(1)\cdots p_{i_{n-1} i_n}(n-1)\end{aligned}$$

证明

$$\begin{aligned}&P\{X_0=i_0, X_1=i_1, \cdots, X_n=i_n\}\\&=P\{X_n=i_n \mid X_0=i_0, X_1=i_1, \cdots, X_{n-1}=i_{n-1}\}P\{X_0=i_0, X_1=i_1, \cdots, X_{n-1}=i_{n-1}\}\\&=P\{X_n=i_n \mid X_{n-1}=i_{n-1}\}P\{X_0=i_0, X_1=i_1, \cdots, X_{n-1}=i_{n-1}\}\\&\ \ \vdots\\&=P\{X_0=i_0\}p_{i_0 i_1}(0)p_{i_1 i_2}(1)\cdots p_{i_{n-1} i_n}(n-1)\end{aligned}$$

■

从定理 6.1.1 可知，由一步转移概率可以求得马尔可夫链的任意前 $n+1$ 维联合分布.

定理 6.1.2 (Kolmogorov-Champman 方程，简称 K-C 方程) 设 $\{X_n, n=0, 1, 2, \cdots\}$ 是一个马尔可夫链，则对任意正整数 l, k，有

$$P_{ij}^{(k+l)}(m)=\sum_{r\in E} p_{ir}^{(k)}(m)p_{rj}^{(l)}(m+k)$$

证明

$$\begin{aligned}P_{ij}^{(k+l)}(m)&=P(X_{m+k+l}=j \mid X_m=i)\\&=\frac{P(X_{m+k+l}=j, X_m=i)}{P(X_m=i)}\\&=\sum_{r\in E}\frac{P(X_{m+k+l}=j, X_m=i, X_{m+k}=r)}{P(X_m=i, X_{m+k}=r)}\cdot\frac{P(X_m=i, X_{m+k}=r)}{P(X_m=i)}\end{aligned}$$

$$= \sum_{r\in E} P(X_{m+k+l} = j \mid X_m = i, X_{m+k} = r) P(X_{m+k} = r \mid X_m = i)$$

$$= \sum_{r\in E} P(X_{m+k+l} = j \mid X_{m+k} = r) P(X_{m+k} = r \mid X_m = i)$$

$$= \sum_{r\in E} p_{ir}^{(k)}(m) p_{rj}^{(l)}(m+k)$$ ■

定理 6.1.2 的矩阵形式为

$$\boldsymbol{P}^{(k+l)}(m) = \boldsymbol{P}^{(k)}(m)\boldsymbol{P}^{(l)}(m+k)$$

如果 $P\{X_{n+k}=j \mid X_n=i\}$只与 i，j 及 k 有关，而与 n 无关，则称马尔可夫链为时齐的马尔可夫链，以下我们只讨论时齐的马尔可夫链．对时齐的马尔可夫链，Kolmogorov-Chapman 方程为

$$p_{ij}^{(k+l)} = \sum_{r\in E} p_{ir}^{(k)} p_{rj}^{(l)} \tag{6.1}$$

矩阵形式为

$$\boldsymbol{P}^{(k+l)} = \boldsymbol{P}^{(k)}\boldsymbol{P}^{(l)} \tag{6.2}$$

记 $\boldsymbol{P}=\boldsymbol{P}^{(1)}$，则

$$\boldsymbol{P}^{(n)} = \boldsymbol{P}^{(n-1)}\boldsymbol{P} = \boldsymbol{P}^{(n-2)}\boldsymbol{P}^2 = \cdots \boldsymbol{P}^n$$

即 n 步转移矩阵等于一步转移矩阵的 n 次方．

定义 6.1.4（初始分布） 设$\{X_n, n=0, 1, 2, \cdots\}$是一个马尔可夫链，称 $p_0(i)=P(X_0=i)(i\in E)$为马尔可夫链的初始分布．显然有

$$p_0(i) \geqslant 0, \sum_{i\in E} p_0(i) = 1$$

例 6.1.4（不可越壁的随机游动） 设一质点在线段[1，5]上随机游动，状态空间为 $E=\{1, 2, 3, 4, 5\}$，每秒钟发生一次随机游动，移动规则为

(1)移动前在 1 处，则以概率 1 移动到 2 处；

(2)移动前在 5 处，则以概率 1 移动到 4 处；

(3)移动前在 2，3，4 处，则分别以概率 1/3 向左、向右移动或留在原处．

用 X_n 表示 n 时刻质点的位置，则$\{X_n, n=0, 1, 2, \cdots\}$是一个时齐的马尔可夫链，其一步转移矩阵为

$$\boldsymbol{P} = \begin{pmatrix} 0 & 1 & 0 & 0 & 0 \\ \frac{1}{3} & \frac{1}{3} & \frac{1}{3} & 0 & 0 \\ 0 & \frac{1}{3} & \frac{1}{3} & \frac{1}{3} & 0 \\ 0 & 0 & \frac{1}{3} & \frac{1}{3} & \frac{1}{3} \\ 0 & 0 & 0 & 1 & 0 \end{pmatrix}$$

例 6.1.5（赌徒输光问题） 设赌徒的初始本金为 $0\leqslant i\leqslant n$ 单位，每局以概率 p 赢 1 单位的钱，以概率 $1-p\triangleq q$ 输 1 单位的钱，当输光或赢到 n 单位钱时，赌博停止．用 $X_n(n\geqslant 0)$ 表示第 n 局时该赌徒的资金数，则$\{X_n, n\geqslant 0\}$是一个时齐的马尔可夫链，其一步转移矩阵为

$$
\boldsymbol{P}=\begin{pmatrix}
1 & 0 & 0 & 0 & \cdots & 0 & 0 & 0\\
q & 0 & p & 0 & \cdots & 0 & 0 & 0\\
0 & q & 0 & p & \cdots & 0 & 0 & 0\\
\vdots & \vdots & \vdots & \vdots & & \vdots & \vdots & \vdots\\
0 & 0 & 0 & 0 & \cdots & q & 0 & p\\
0 & 0 & 0 & 0 & \cdots & 0 & 0 & 1
\end{pmatrix}
$$

例 6.1.6 在上例中，设初始本金为 2 单位，$p=q=\frac{1}{2}$，$n=3$，求该赌徒经过 4 次赌博输光的概率．

解 本题要计算条件概率 $P(X_4=0\mid X_0=2)=p_{20}^{(4)}$，因为$\{X_n, n\geqslant 0\}$的一步转移矩阵为

$$
\boldsymbol{P}=\begin{pmatrix}
1 & 0 & 0 & 0\\
\frac{1}{2} & 0 & \frac{1}{2} & 0\\
0 & \frac{1}{2} & 0 & \frac{1}{2}\\
0 & 0 & 0 & 1
\end{pmatrix}
$$

故

$$
\boldsymbol{P}^{(4)}=\boldsymbol{P}^4=\begin{pmatrix}
1 & 0 & 0 & 0\\
\frac{5}{8} & \frac{1}{16} & 0 & \frac{5}{16}\\
\frac{5}{16} & 0 & \frac{1}{16} & \frac{5}{8}\\
0 & 0 & 0 & 1
\end{pmatrix}
$$

从而 $p_{20}^{(4)}=\frac{5}{16}$. ■

设$\{X_n, n=0, 1, 2, \cdots\}$是一个时齐的马尔可夫链，其状态空间为 $E=\{0, 1, 2, \cdots\}$，记 $\Omega^*=\{\omega^* \mid \omega^*=(\omega(0), \omega(1), \cdots), \omega\in\Omega\}$，即 Ω^* 是 Ω 的路径空间．记

$$
\begin{bmatrix} n\\ j \end{bmatrix}=\{\omega^*\in\Omega^* \mid \omega(n)=j\}
$$

如果 A 是 E 的子集，记

$$
\begin{bmatrix} n\\ A \end{bmatrix}=\{\omega^*\in\Omega^* \mid \omega(n)\in A\}
$$

如果 A_k 均为 E 的子集，则记

$$
\bigcap_{k=1}^{n}\begin{pmatrix} i_k\\ A_k \end{pmatrix}=\begin{pmatrix} i_1, & i_2, & \cdots, & i_n\\ A_1, & A_2, & \cdots, & A_n \end{pmatrix}
$$

定义 6.1.5（推移算子） 设$\{X_n, n=0, 1, 2, \cdots\}$是一个时齐的马尔可夫链，其状态空间为 $E=\{0, 1, 2, \cdots\}$，设映射 θ_n：$\Omega^*\to\Omega^*$ 满足

$$
\theta_n(\omega^*)=(\theta_n(\omega)(0), \theta_n(\omega)(1), \cdots)
$$

且

$$\theta_n(\omega)(m) = \omega(m+n)$$

即对任给 $A \subset E$，$m \geqslant 0$，有

$$\theta_n \begin{vmatrix} m+n \\ A \end{vmatrix} = \begin{vmatrix} m \\ A \end{vmatrix}$$

则称 θ_n 为 Ω^* 上的 n 步推移算子．

在 Ω^* 上定义 σ-代数：

$$\mathcal{F}^* = \sigma\left(\begin{vmatrix} n \\ j \end{vmatrix} : \forall\, n = 0,1,2,\cdots, j \in E\right)$$

定义

$$P^i\left(\begin{vmatrix} 0, & 1, & \cdots, & n \\ i_0, & i_1, & \cdots, & i_n \end{vmatrix}\right) = \delta_{ii_0} p_{i_0 i_1} p_{i_1 i_2} \cdots p_{i_{n-1} i_n}$$

其中，

$$\delta_{ii_0} = \begin{cases} 1, & i = i_0 \\ 0, & i \neq i_0 \end{cases}$$

则 P^i 可以延拓为 $\mathcal{F}^*$ 上的概率测度，延拓后的测度仍记为 P^i，这样就得到一个新的概率空间$(\Omega^*, \mathcal{F}^*, P^i)$．称它为由 P 导出的马尔可夫概率空间．显然有

$$p_{ij}^{(n)} = P^i\left(\begin{vmatrix} n \\ j \end{vmatrix}\right)$$

对推移算子，由定义可直接得到下列结论．

定理 6.1.3 (1) 对任意 $A \subset E$，$m \geqslant 0$，有

$$\theta_n^{-1} \begin{vmatrix} m \\ A \end{vmatrix} = \begin{vmatrix} m+n \\ A \end{vmatrix}$$

(2)对任意 $B \in \mathcal{F}^*$，有 $\theta_n^{-1} B \in \mathcal{F}^*$，即 θ_n 为$(\Omega^*, \mathcal{F}^*)$到$(\Omega^*, \mathcal{F}^*)$的可测映射；

(3)对任意 $A \subset E^n$，$B \in \mathcal{F}^*$，$j \in E$，有

$$P^i\left(\begin{bmatrix} (0,1,\cdots,n-1) & n \\ A & j \end{bmatrix} \theta_{n+1}^{-1}(B)\right) = P^i\left(\begin{bmatrix} (0,1,\cdots,n-1) & n \\ A & j \end{bmatrix}\right) P^j(\theta_1^{-1}(B))$$

其中，

$$\begin{vmatrix} (0,1,\cdots,n-1) \\ A \end{vmatrix} = \{\omega^* \mid (\omega(i_0), \omega(i_1), \cdots, \omega(i_{n-1})) \subset \Lambda, \omega \in \Omega\}$$

为了更深入地研究马尔可夫过程，需要对状态进行分类，这将涉及一系列的定义和性质，下面我们分别介绍．

定义 6.1.6（可达） 设$\{X_n, n=0, 1, 2, \cdots\}$是一个时齐的马尔可夫链，其状态空间为 $E=\{0, 1, 2, \cdots\}$，如果存在 $n \geqslant 0$，使得 $p_{ij}^{(n)} > 0$，则称状态 i 可达状态 j，记为 $i \to j$．如果 $i \to j$ 且 $j \to i$，则称 i 与 j 互通，记为 $i \leftrightarrow j$．

定理 6.1.4 互通关系是一种等价关系，即

(1)自反性：$i \leftrightarrow i$；

(2)对称性：如果 $i \leftrightarrow j$，那么 $j \leftrightarrow i$；

(3)传递性：如果 $i \leftrightarrow j$，$j \leftrightarrow k$，那么 $i \leftrightarrow k$．

证明　(1)与(2)是显然的，下面证明(3).

因为 $i\leftrightarrow j$，$j\leftrightarrow k$，所以 $i\to j$，$j\to k$，故存在 $n\geqslant 0$，$m\geqslant 0$，使得

$$p_{ij}^{(n)}>0,\ p_{jk}^{(m)}>0$$

由 Kolmogorov-Chapman 方程知，

$$p_{ik}^{(n+m)}=\sum_{r\in E}p_{ir}^{(m)}p_{rk}^{(n)}\geqslant p_{ij}^{(m)}p_{jk}^{(n)}>0$$

所以 $i\to k$，同理可证 $k\to i$，证毕．■

定义 6.1.7　设$\{X_n,\ n=0,\ 1,\ 2,\ \cdots\}$是一个时齐的马尔可夫链，其状态空间为 $E=\{0,\ 1,\ 2,\ \cdots\}$，记从状态 i 出发，在第 n 步首达 j 的概率为 $f_{ij}^{(n)}$，即

$$f_{ij}^{(n)}=P^{i}\left(\begin{vmatrix}1,2,\cdots,n-1,n\\ j^{c},j^{c},\cdots,j^{c},j\end{vmatrix}\right)$$

其中，$j^{c}=E-\{j\}$，并规定 $f_{ij}^{(0)}=0$，$f_{ii}^{(0)}=1$.

记

$$f_{ij}=\sum_{n=1}^{\infty}f_{ij}^{(n)}=P^{i}\left(\bigcup_{n=1}^{\infty}\begin{vmatrix}n\\ j\end{vmatrix}\right)$$

它表示从状态 i 出发，在有限步到达 j 的概率．用 μ_i 表示从状态 i 出发再返回 i 的平均返回时间，即

$$\mu_i=\begin{cases}\infty, & 若\ f_{ii}<1\\ \sum_{n=1}^{\infty}nf_{ii}^{(n)}, & 若\ f_{ii}=1\end{cases}$$

定义 6.1.8（首达时刻）　记

$$T_j(\omega)=\begin{cases}1, & 若\ \omega\in\begin{vmatrix}1\\ j\end{vmatrix}\\ n, & 若\ \omega\in\begin{vmatrix}1, & 2, & \cdots, & n-1, & n\\ j^{c}, & j^{c}, & \cdots, & j^{c}, & j\end{vmatrix}\\ \infty, & 若\ \omega\in\begin{vmatrix}1, & 2, & \cdots\\ j^{c}, & j^{c}, & \cdots\end{vmatrix}\end{cases}$$

称 T_j 为首达 j 的时刻．记

$$T_{ij}(\omega)=\begin{cases}\min\{n:X(0)=i,X(n)=j,n\geqslant 0\}\\ \infty，若上述集合为空集\end{cases}$$

称 T_{ij} 为从状态 i 出发首达 j 的时刻．

定义 6.1.9　记从状态 i 出发，无穷多次到达 j 的概率为 g_{ij}，即

$$g_{ij}=P^{i}\left(\bigcap_{m=1}^{\infty}\bigcup_{n=m}^{\infty}\begin{vmatrix}n\\ j\end{vmatrix}\right)$$

定理 6.1.5　对任意 i，$j\in E$ 及 $n\geqslant 1$，有

(1) $p_{ij}^{(n)}=\sum_{l=1}^{n}f_{ij}^{(l)}p_{jj}^{(n-l)}$；　(6.3)

(2)若 $g_{ii}=1$，$f_{ij}>0$，则 $g_{ij}=1$；

(3)$g_{ij}=f_{ij}\lim\limits_{m\to\infty}(f_{jj})^m$.

证明　(1)因为$\{X(0)=i,\ X(n)=j\}\subset\{T_{ij}\leqslant n,\ X(n)=j\}$，所以

$$
\begin{aligned}
p_{ij}^{(n)} &= P(X(n)=j\mid X(0)=i)\\
&=P(T_{ij}\leqslant n, X(n)=j\mid X(0)=i)\\
&=\sum_{l=1}^{n}P(T_{ij}=l, X(n)=j\mid X(0)=i)\\
&=\sum_{l=1}^{n}P(T_{ij}=l\mid X(0)=i)P(X(n)=j\mid T_{ij}=l, X(0)=i)\\
&\quad(\text{因为 }\forall A,B,C,\text{有 }P(AB\mid C)=P(A\mid C)P(B\mid AC))\\
&=\sum_{l=1}^{n}f_{ij}^{(l)}P(X(n)=j\mid X(0)=i, X(k)\neq j, 1\leqslant k\leqslant l-1, X(l)=j)\\
&=\sum_{l=1}^{n}f_{ij}^{(l)}P(X(n)=j\mid X(l)=j)=\sum_{l=1}^{n}f_{ij}^{(l)}p_{jj}^{(n-l)}
\end{aligned}
$$

(2)因为

$$
\begin{aligned}
g_{ij} &= P^i\left(\bigcap_{m=1}^{\infty}\bigcup_{n=m}^{\infty}\begin{pmatrix}n\\ j\end{pmatrix}\right)\geqslant P^i\left(\bigcap_{s=1}^{\infty}\bigcup_{t=s}^{\infty}\begin{pmatrix}t\\ i\end{pmatrix}, \bigcap_{m=1}^{\infty}\bigcup_{n=m}^{\infty}\begin{pmatrix}n\\ j\end{pmatrix}\right)\\
&= P^i\left(\bigcap_{s=1}^{\infty}\bigcup_{t=s}^{\infty}\begin{pmatrix}t\\ i\end{pmatrix}\right)-P^i\left(\bigcap_{s=1}^{\infty}\bigcup_{t=s}^{\infty}\begin{pmatrix}t\\ i\end{pmatrix}, \bigcup_{m=1}^{\infty}\bigcap_{n=m}^{\infty}\begin{pmatrix}n\\ j^c\end{pmatrix}\right)\\
&= g_{ii}-\lim_{m\to\infty}P^i\left(\bigcap_{s=1}^{\infty}\bigcup_{t=s}^{\infty}\begin{pmatrix}t\\ i\end{pmatrix}, \bigcap_{n=m}^{\infty}\begin{pmatrix}n\\ j^c\end{pmatrix}\right)\\
&= g_{ii}-\lim_{m\to\infty}\lim_{s\to\infty}P^i\left(\bigcup_{t=s}^{\infty}\begin{pmatrix}t\\ i\end{pmatrix}, \bigcap_{n=m}^{\infty}\begin{pmatrix}n\\ j^c\end{pmatrix}\right)
\end{aligned}
$$

当 $s>m>0$ 时，

$$
\begin{aligned}
&P^i\left(\bigcup_{t=s}^{\infty}\begin{pmatrix}t\\ i\end{pmatrix}, \bigcap_{n=m}^{\infty}\begin{pmatrix}n\\ j^c\end{pmatrix}\right)\\
\leqslant&\sum_{t=s}^{\infty}P^i\left(\begin{pmatrix}m, & \cdots, & s-1, & s, & \cdots, & t-1, & t\\ j^c, & \cdots, & j^c, & i^c, & \cdots, & i^c, & i\end{pmatrix}, \bigcap_{n=t+1}^{\infty}\begin{pmatrix}n\\ j^c\end{pmatrix}\right)\\
=&\sum_{t=s}^{\infty}P^i\left(\begin{pmatrix}m, & \cdots, & s-1, & s, & \cdots, & t-1, & t\\ j^c, & \cdots, & j^c, & i^c, & \cdots, & i^c, & i\end{pmatrix}, \theta_{t+1}^{-1}\begin{pmatrix}0,1,\cdots\\ j^c\end{pmatrix}\right)\\
=&\sum_{t=s}^{\infty}P^i\left(\begin{pmatrix}m, & \cdots, & s-1, & s, & \cdots, & t-1, & t\\ j^c, & \cdots, & j^c, & i^c, & \cdots, & i^c, & i\end{pmatrix}\right)P^i\left(\begin{pmatrix}1, & 2, & \cdots, & n, & \cdots\\ j^c, & j^c, & \cdots, & j^c, & \cdots\end{pmatrix}\right)\\
=&\sum_{t=s}^{\infty}P^i\left(\begin{pmatrix}m, & \cdots, & s-1, & s, & \cdots, & t-1, & t\\ j^c, & \cdots, & j^c, & i^c, & \cdots, & i^c, & i\end{pmatrix}\right)(1-f_{ij})\\
=&P^i\left(\bigcup_{t=s}^{\infty}\begin{pmatrix}t\\ i\end{pmatrix}, \bigcap_{n=m}^{s-1}\begin{pmatrix}n\\ j^c\end{pmatrix}\right)(1-f_{ij})
\end{aligned}
$$

从而

$$\lim_{m\to\infty}\lim_{s\to\infty}P^i\left(\bigcup_{t=s}^{\infty}\binom{t}{i},\ \bigcap_{n=m}^{\infty}\binom{n}{j^c}\right)\leqslant(1-f_{ij})\lim_{m\to\infty}\lim_{s\to\infty}P^i\left(\bigcup_{t=s}^{\infty}\binom{t}{i},\ \bigcap_{n=m}^{\infty}\binom{n}{j^c}\right)$$

由 $1-f_{ij}<1$ 知,

$$\lim_{m\to\infty}\lim_{s\to\infty}P^i\left(\bigcup_{t=s}^{\infty}\binom{t}{i},\ \bigcap_{n=m}^{\infty}\binom{n}{j^c}\right)=0$$

所以 $g_{ij}\geqslant g_{ii}=1$,即得 $g_{ij}=1$.

(3)令 $g_{ij}(m)=P^i\left(\bigcup_{1\leqslant n_1<n_2<\cdots<n_m}\bigcap_{s=1}^{m}\binom{n_s}{j}\right)$,$m\geqslant1$,则

$$\begin{aligned}g_{ij}(m+1)&=P^i\left(\bigcup_{1\leqslant n_1<n_2<\cdots<n_{m+1}}\bigcap_{s=1}^{m+1}\binom{n_s}{j}\right)\\&=\sum_{k=1}^{\infty}f_{ij}^{(k)}g_{jj}(m)=g_{jj}(m)f_{ij}\end{aligned}$$

由于 $g_{ij}(1)=f_{ij}$,$\lim\limits_{m\to\infty}g_{ij}(m)=g_{ij}$,且

$$g_{ij}(m+1)=g_{jj}(m)f_{ij}=g_{ij}(m-1)f_{ij}f_{jj}=\cdots=f_{ij}(f_{jj})^m$$

从而得到

$$g_{ij}=f_{ij}\lim_{m\to\infty}(f_{jj})^m$$

证毕. ■

定义 6.1.10 如果集合$\{n:n\geqslant1,\ p_{ii}^{(n)}>0\}$非空,用 d 表示该集合的最大公约数,即 $d=d(i)=\text{G.C.D.}\{n:n\geqslant1,\ p_{ii}^{(n)}>0\}$,则称 $d(i)$为状态 i 的周期.如果 $d>1$,则称 i 为周期的.如果 $d=1$,则称 i 为非周期的.如果$\{n:n\geqslant1,\ p_{ii}^{(n)}>0\}$是空集,则规定 $d(i)=+\infty$.

当状态 i 为周期的,且周期为 $d<+\infty$时,不能推出对任意的自然数 n,均有 $p_{ii}^{(nd)}>0$,但有下列定理.

定理 6.1.6 如果状态 i 的周期为 $d<+\infty$,则存在正整数 M,使得对一切 $n\geqslant M$,均有 $p_{ii}^{(nd)}>0$.

证明 记$\{n:n\geqslant1,\ p_{ii}^{(n)}>0\}=\{n_1,\ n_2,\ \cdots\}$,$t_k=\text{G.C.D.}\{n_1,\ n_2,\ \cdots,\ n_k\}$,$k\geqslant1$.则有

$$t_1\geqslant t_2\geqslant\cdots\geqslant d\geqslant1$$

故必存在正整数 N,使得 $t_N=t_{N+1}=\cdots=d$,因此 $d=\text{G.C.D.}\{n_1,\ n_2,\ \cdots,\ n_N\}$.由数论理论知,存在正整数 M,使得对一切 $n\geqslant M$,均有

$$nd=\sum_{k=1}^{N}a_kn_k,\text{其中},a_k\text{ 为正整数}$$

因此,当 $n\geqslant M$ 时,

$$p_{ii}^{(nd)}=p_{ii}^{\left(\sum_{k=1}^{N}a_kn_k\right)}\geqslant p_{ii}^{(a_1n_1)}p_{ii}^{(a_2n_2)}\cdots p_{ii}^{(a_Nn_N)}\geqslant\prod_{k=1}^{N}(p_{ii}^{(n_k)})^{a_k}>0$$ ■

定义 6.1.11 (1)如果 $f_{ii}=1$,则称状态 i 是常返的;如果 $f_{ii}<1$,则称状态 i 是非常返的.(2)如果状态 i 是常返的,且 $\mu_i=\sum\limits_{k=1}^{\infty}kf_{ii}^{(k)}<\infty$,则称状态 i 是正常返的;如果

$\mu_i = \sum_{k=1}^{\infty} k f_{ii}^{(k)} = \infty$，则称状态 i 是零常返的．(3) 称非周期的正常返状态为遍历状态．

定义 6.1.12　如果对任意 $i, j \in E$，都有

$$\lim_{n \to \infty} p_{ij}^{(n)} = p_j$$

其中，$p_j > 0$，即无论从哪个状态出发，最终到达状态 j 的概率都接近于正常数 p_j，则称马尔可夫链是一个遍历的马尔可夫链，或马尔可夫链具有遍历性．

为了进一步讨论常返状态的性质，我们需要下列引理：

引理 6.1.1　(1)G. C. D. $\{n: n \geqslant 1, p_{ii}^{(n)} > 0\}$ = G. C. D. $\{n: n \geqslant 1, f_{ii}^{(n)} > 0\}$.

(2)设 $\{a_n, n \geqslant 0\}$ 是一个数列，其母函数为 $A(s) = \sum_{n=0}^{\infty} a_n s^n$．如果 $\{a_n, n \geqslant 0\}$ 是有界数列，则任给 $|s| < 1$，级数 $A(s) = \sum_{n=0}^{\infty} a_n s^n$ 收敛．如果任给 $|s| < 1$，数列 $\{a_n, n \geqslant 0\}$ 和 $\{b_n, n \geqslant 0\}$ 的母函数 $A(s) = \sum_{n=0}^{\infty} a_n s^n$ 和 $B(s) = \sum_{n=0}^{\infty} b_n s^n$ 均收敛，则 $\{a_n\}$ 与 $\{b_n\}$ 的卷积 $c_n = \sum_{k=0}^{n} a_k b_{n-k}$ $(n \geqslant 0)$ 的母函数为

$$C(s) = A(s)B(s) \tag{6.4}$$

定理 6.1.7　(1) 状态 i 常返的充要条件是

$$\sum_{n=0}^{\infty} p_{ii}^{(n)} = \infty$$

如果状态 i 是非常返的，则

$$\sum_{n=0}^{\infty} p_{ii}^{(n)} = \frac{1}{1 - f_{ii}}$$

(2)对任意状态 i，有

$$g_{ij} = \begin{cases} f_{ij}, & j \text{ 常返} \\ 0, & j \text{ 非常返} \end{cases}$$

(3)状态 i 常返当且仅当 $g_{ii} = 1$；如果 i 非常返，则 $g_{ii} = 0$.

证明　(1)记数列 $\{p_{ii}^{(n)}\}_{n \geqslant 1}$，$\{f_{ii}^{(n)}\}_{n \geqslant 1}$ 的母函数分别为 $P(s)$ 与 $F(s)$．在式(6.3)两边同乘 s^n，并对 $n \geqslant 1$ 求和，由引理 6.1.1 得

$$P(s) - 1 = P(s)F(s)$$

因为当 $0 \leqslant s < 1$ 时有 $F(s) < f_{ii} \leqslant 1$，所以

$$P(s) = \frac{1}{1 - F(s)}, 0 \leqslant s < 1 \tag{6.5}$$

又因为当 $s \uparrow 1$ 时，$P(s)$ 不减，且对任意正整数 N 有

$$\sum_{n=0}^{N} p_{ii}^{(n)} s^n \leqslant P(s) \leqslant \sum_{n=0}^{\infty} p_{ii}^{(n)}, 0 \leqslant s < 1 \tag{6.6}$$

在式(6.6)中先令 $s \uparrow 1$，再令 $N \to \infty$，则得到

$$\lim_{s\uparrow 1}P(s)=\sum_{n=0}^{\infty}p_{ii}^{(n)} \tag{6.7}$$

类似地，有

$$\lim_{s\uparrow 1}F(s)=\sum_{n=0}^{\infty}f_{ii}^{(n)}=f_{ii} \tag{6.8}$$

在式(6.5)中令 $s\uparrow 1$，由式(6.7)、式(6.8)知结论成立，证毕.

(2)由定理6.1.5的(3)知，

$$g_{ij}=f_{ij}\lim_{m\to\infty}(f_{jj})^m \tag{6.9}$$

马上得到

$$g_{ij}=\begin{cases}f_{ij}, & f_{jj}=1\\ 0, & f_{jj}<1\end{cases}$$

故(2)得证.

(3)由(2)直接得到. ■

定理6.1.8　如果状态 i 常返且周期为 d，则

$$\lim_{n\to\infty}p_{ii}^{(nd)}=\begin{cases}\dfrac{d}{\mu_i}, & \mu_i<\infty\\ 0, & \mu_i=\infty\end{cases} \tag{6.10}$$

证明　对 $n\geqslant 0$，令 $r_n=\sum\limits_{v=n+1}^{\infty}f_v$，其中，$f_v=f_{jj}^{(v)}$. 则有

$$\sum_{n=0}^{\infty}r_n=\sum_{n=1}^{\infty}nf_v=\mu_j \tag{6.11}$$

令 $r_0=1$，将 $f_v=r_{v-1}-r_v$ 代入 $p_{ii}^{(n)}=\sum\limits_{l=0}^{n}f_{ii}^{(l)}p_{ii}^{(n-l)}$，并记 $p_v=p_{jj}^{(v)}$，得

$$p_n=-\sum_{v=1}^{n}(r_v-r_{v-1})p_{n-v}$$

即

$$\sum_{v=0}^{n}r_vp_{n-v}=\sum_{v=0}^{n-1}r_vp_{n-1-v}$$

这表明 $\sum\limits_{v=0}^{n}r_vp_{n-v}$ 的值与 n 无关，由 $r_0p_0=1$ 知，对任意 $n\geqslant 0$，有

$$\sum_{v=0}^{n}r_vp_{n-v}=1 \tag{6.12}$$

设 $\overline{\lim\limits_{n\to\infty}}p_{nd}=\lambda$，因为当 k 不是 d 的倍数时有 $p_k=0$，所以

$$\lambda=\overline{\lim_{n\to\infty}}p_{nd}=\overline{\lim_{n\to\infty}}p_k \tag{6.13}$$

由上极限定义知，存在子列 $\{n_m\}$ 满足 $n_m\to\infty$，且 $\lambda=\lim\limits_{m\to\infty}p_{n_md}$. 任取 s 使得 $f_s>0$，由 d 整除 s，及 $f_j=1$ 得

$$\begin{aligned}\lambda &= \lim_{m\to\infty} p_{n_m d} = \left(f_s p_{n_m d-s} + \sum_{v=1,v\neq s}^{n_m d} f_v p_{n_m d-v}\right) \\ &\leqslant f_s \varliminf_{m\to\infty} p_{n_m d-s} + \left(\sum_{v=1,v\neq s}^{n_m d} f_v\right)\varlimsup_{m\to\infty} p_m \\ &\leqslant f_s \varliminf_{m\to\infty} p_{n_m d-s} + (1-f_s)\lambda \end{aligned} \tag{6.14}$$

于是 $\varliminf_{m\to\infty} p_{n_m d-s}\geqslant\lambda$. 结合式(6.13)得

$$\lim_{m\to\infty} p_{n_m d-s} = \lambda$$

上式对每一个使得 $f_s>0$ 的 s 以及每一个使得 $\lim_{m\to\infty} p_{n_m d}=\lambda$ 的子列$\{n_m\}$均成立. 由于 s 是 d 的倍数，从而得到

$$\lim_{m\to\infty} p_{n_m d-2s} = \lim_{m\to\infty} p_{(n_m d-s)-s} = \lambda$$

以此类推，得到

$$\lim_{m\to\infty} p_{n_m d-u} = \lambda$$

对形如 $u=\sum_{i=1}^{l} c_i d_i$ 的 u 成立，其中，c_i，d_i 均为正整数，满足

$$f_{d_i} > 0, i = 1,2,\cdots,l$$

由周期 d 的定义知，存在满足 $f_{d_i}>0$ 的 d_i，$i=1$，2，…，l，使得 d_1，d_2，…，d_l 的最大公因子也是 d. 于是当 k 大于某个正整数 k_0 时，必存在正整数 c_i，使得

$$kd = \sum_{i=1}^{l} c_i d_i$$

这样就证明了对每个 $k\geqslant k_0$，有

$$\lim_{m\to\infty} p_{(n_m-k)d} = \lambda$$

在式(6.12)中令 $n=(n_m-k_0)d$，并注意到 v 不是 d 的整数倍时有 $p_v=0$，则得

$$\sum_{v=0}^{n_m-k_0} r_{vd}\, p_{(n_m-k_0-v)d} = 1$$

令 $m\to\infty$，则有当 $\sum_{v=0}^{\infty} r_{vd}<\infty$ 时，$\lambda\sum_{v=0}^{\infty} r_{vd}=1$，否则 $\lambda=0$.

从而得到

$$\lambda = \frac{1}{\sum_{v=0}^{\infty} r_{vd}}$$

因为当 v 不是 d 的整数倍时，$f_v=0$，故由 r_n 的定义知，

$$r_{vd} = \frac{1}{d}\sum_{j=vd}^{vd+d-1} r_j$$

由式(6.11)知，

$$\sum_{v=0}^{\infty} r_{vd} = \frac{1}{d}\sum_{v=0}^{\infty} r_v = \frac{\mu_j}{d}$$

即

$$\lambda = \frac{d}{\mu_j}$$

与计算$\overline{\lim\limits_{n\to\infty}} p_{nd}$类似的方法，可得$\underline{\lim\limits_{n\to\infty}} p_{nd} = \dfrac{d}{\mu_j}$，证毕. ■

推论 6.1.1　设状态i常返，则

(1)i零常返的充要条件是$\lim\limits_{n\to\infty} p_{ii}^{(n)} = 0$；

(2)i遍历的充要条件是$\lim\limits_{n\to\infty} p_{ii}^{(n)} = \dfrac{1}{\mu_i} > 0$.

定理 6.1.9　如果状态j是遍历状态，且$i\to j$，则

$$\lim_{n\to\infty} p_{ij}^{(n)} = \frac{1}{\mu_j}$$

证明　记$p_{ii}^{(n)}$和$f_{ii}^{(n)}$($n\geqslant 0$)形式上的矩母函数分别为$P_i^{(t)}$和$F_i^{(t)}$($n\geqslant 0$)，即$P_i(t) = \sum\limits_{n=0}^{\infty} e^{tn} p_{ii}^{(n)}$，$t<0$；$F_i(t) = \sum\limits_{n=0}^{\infty} e^{tn} f_{ii}^{(n)}$，$t<0$.

由

$$p_{ii}^{(n)} = \sum_{k=1}^{n} f_{ii}^{(k)} p_{ii}^{(n-k)}$$

知，

$$\begin{aligned} P_i(t) &= p_{ii}^{(0)} + \sum_{n=1}^{\infty} e^{tn} p_{ii}^{(n)} = 1 + \sum_{n=1}^{\infty} e^{tn} + \sum_{k=1}^{\infty} f_{ii}^{(k)} p_{ii}^{(n-k)} \\ &= 1 + \sum_{k=1}^{\infty} f_{ii}^{(k)} \sum_{k=1}^{\infty} e^{tn} p_{ii}^{(n-k)} = 1 + \sum_{k=1}^{\infty} e^{tk} f_{ii}^{(k)} \sum_{n=k}^{\infty} e^{t(n-k)} p_{ii}^{(n-k)} \\ &= 1 + P_i(t)\sum_{k=0}^{\infty} e^{tk} f_{ii}^{(k)} = 1 + P_i(t)F_i(t) \end{aligned}$$

故

$$P_i(t) = \frac{1}{1-F_i(t)}, t<0$$

由于正常返保证了级数绝对收敛，且求和可交换顺序，所以

$$(1-e^t)P_i(t) = \frac{1-e^t}{1-F_i(t)}$$

一方面，

$$\lim_{t\uparrow 0^-}(1-e^t)P_i(t) = \lim_{t\uparrow 0^-}\frac{\sum\limits_{n=0}^{\infty} e^{tn} p_{ii}^{(n)}}{\sum\limits_{n=0}^{\infty} e^{tn}} = \lim_{t\uparrow 0^-}\lim_{k\to\infty}\frac{\sum\limits_{n=0}^{k} e^{tn} p_{ii}^{(n)}}{\sum\limits_{n=0}^{k} e^{tn}}$$

$$= \lim_{k\to\infty}\sum_{n=0}^{k}\frac{p_{ii}^{(n)}}{k} = \lim_{k\to\infty} p_{ii}^{(k)}$$

另一方面，

$$\lim_{t\uparrow 0^-}\frac{1-e^t}{1-F_i(t)} = \lim_{t\uparrow 0^-}\frac{-e^t}{-\sum_{n=0}^{\infty} ne^{tn} f_{ii}^{(n)}} = \frac{1}{\sum_{n=0}^{\infty} nf_{ii}^{(n)}} = \frac{1}{\mu_i}$$

所以

$$\lim_{k\to\infty} p_{jj}^{(n)} = \frac{1}{\mu_j}$$

当 $i\neq j$ 时，因为 $p_{ij}^{(n)} = \sum_{k=1}^{n} f_{ij}^{(k)} p_{jj}^{(n-k)}$ ，所以

$$0 \leqslant p_{ij}^{(n)} - \sum_{k=1}^{m} f_{ij}^{(k)} p_{jj}^{(m-k)} = \sum_{k=m+1}^{n} f_{ij}^{(k)} p_{jj}^{(n-k)} \leqslant \sum_{k=m+1}^{n} f_{ij}^{(k)}$$

因为 $\sum_{k=1}^{n} f_{ij}^{(k)} = f_{ij} \leqslant 1$ ，所以当 $m\to\infty$时，有 $\sum_{k=m+1}^{n} f_{ij}^{(k)} \to 0$. 由 j 的常返性得

$$\lim_{n\to\infty} p_{ij}^{(n)} = \sum_{k=0}^{\infty} f_{ij}^{(k)}\frac{1}{\mu_j} = \frac{1}{\mu_j} = \lim_{n\to\infty} p_{jj}^{(n)}$$

证毕． ■

由定理 6.1.9 知，如果$\{X_n,\ n=0,\ 1,\ 2,\ \cdots\}$是不可约的马尔可夫链，且它的每一个状态均是非周期、正常返的，则它是一个遍历的马尔可夫链；如果它的状态是有限的，且每个状态均是非周期的，则它也是一个遍历的马尔可夫链．称$\left\{\frac{1}{\mu_j},\ j\in E\right\}$为马尔可夫链的极限分布．

定理 6.1.10　*如果 $i\leftrightarrow j$，则*

(1) i 与 j 同为常返或非常返．若为常返，则它们同为正常返或零常返；

(2) i 与 j 有相同的周期．

证明　(1)因为 $i\leftrightarrow j$，则存在 $l\geqslant 1$ 和 $n\geqslant 1$，使得

$$p_{ij}^{(l)} = \alpha > 0, p_{ji}^{(n)} = \beta > 0$$

由 K-C 方程知，

$$p_{ii}^{(l+m+n)} \geqslant p_{ij}^{(i)} p_{jj}^{(m)} p_{ji}^{(n)} = \alpha\beta p_{jj}^{(m)} \tag{6.15}$$

$$p_{ji}^{(n+m+l)} \geqslant p_{ij}^{(n)} p_{ii}^{(m)} p_{ij}^{(l)} = \alpha\beta p_{ii}^{(m)} \tag{6.16}$$

将上两式的两边从 1 到∞求和，得

$$\sum_{m=1}^{\infty} p_{ii}^{(l+m+n)} \geqslant \alpha\beta\sum_{m=1}^{\infty} p_{jj}^{(m)},\ \sum_{m=1}^{\infty} p_{jj}^{(l+m+n)} \geqslant \alpha\beta\sum_{m=1}^{\infty} p_{ii}^{(m)}$$

从而 $\sum_{m=1}^{\infty} p_{jj}^{(m)}$ 与 $\sum_{m=1}^{\infty} p_{ii}^{(m)}$ 同为无穷大或同为有限，即 i 与 j 同为常返或非常返．在式(6.15)和式(6.16)两边同时令 $m\to\infty$，则有

$$\lim_{m\to\infty} p_{ii}^{(l+m+n)} \geqslant \alpha\beta \lim_{m\to\infty} p_{jj}^{(m)},\ \lim_{m\to\infty} p_{jj}^{(l+m+n)} \geqslant \alpha\beta \lim_{m\to\infty} p_{ii}^{(m)}$$

因此，$\lim_{m\to\infty} p_{jj}^{(m)}$ 和 $\lim_{m\to\infty} p_{ii}^{(m)}$ 同为零或同为正，即 i 与 j 同为零常返或正常返．

(2)因为 $p_{ij}^{(l)}=\alpha>0$，$p_{ji}^{(n)}=\beta>0$，设 i 的周期为 d，j 的周期为 t．则对任一使 $p_{jj}^{(m)}>0$ 的 m，必有 $p_{ii}^{(l+m+n)}>0$，从而 d 整除 $l+m+n$，又因为 $p_{ii}^{(l+n)}\geqslant p_{ij}^{(l)}p_{ji}^{(n)}=\alpha\beta>0$，故 d 整除 $l+n$，从而得到 d 整除 m，所以 $d\leqslant t$，同理可证 $t\leqslant d$，因此有 $t=d$，证毕． ■

下面我们讨论状态空间的分解．

定义 6.1.13　设 C 是状态空间 E 的子集，如果对任给 $i\in C$ 及 $k\notin C$ 都有 $p_{ik}=0$，即一旦进入了状态集 C，就永远留在 C 内了，则称 C 为一个闭集．如果闭集 C 中的所有状态是互通的，则称 C 为不可约的．如果马尔可夫链$\{X_n，n=0，1，2，\cdots\}$的状态空间 E 中任意两个状态都是互通的，则称马尔可夫链$\{X_n，n=0，1，2，\cdots\}$是不可约的．如果状态 i 满足 $p_{ii}=1$，则称状态 i 为吸收的．

显然，如果状态 i 为吸收的，则单点集$\{i\}$为闭集 i.

定理 6.1.11　(1) 任一马尔可夫链$\{X_n，n=0，1，2，\cdots\}$的状态空间 E 必可唯一地分解为有限个或无限可列个互不相交的子集 D，C_1，C_2，…的并，使得

(a)每个 C_i 都是由常返态组成的不可约闭集；

(b)C_i 中的状态同类全是正常返，或者全是零常返，它们有相同的周期，且

$$\forall j,k\in C_i，有\ f_{jk}=1$$

(c)D 由全体非常返状态组成，且从 C_i 中出发的状态不能到达 D 中的状态．

(2)周期为 d 的一个可约马尔可夫链$\{X_n，n=0，1，2，\cdots\}$的状态空间 E 必可唯一地分解为 d 个互不相交的子集 G_0，G_1，G_2，…，G_{d-1}的并，使得从 G_r 中任一状态出发，经一步转移必进入 G_{r+1} 中，其中规定 $G_d=G_0$.

(3)设$\{X_n，n=0，1，2，\cdots\}$是周期为 d 的不可约马尔可夫链，则

(a)$\{X_n，n=0，1，2，\cdots\}$的子集$\{X_{nd}，n=0，1，2，\cdots\}$也是一个马尔可夫链，其转移矩阵为

$$\mathbf{P}^{(d)}=(p_{ij}^{(d)})$$

在新链状态空间的分解中，每一个 G_r 是不可约的闭集，且 G_r 中的每个状态都是非周期的；

(b) 如果$\{X_n，n=0，1，2，\cdots\}$是常返的马尔可夫链，则$\{X_{nd}，n=0，1，2，\cdots\}$也是一个常返的马尔可夫链．

证明　(1)记 C 为全体常返状态构成的集合，$D=E-C$ 为全体非常返状态构成的集合．则有

$$E=D\cup C_1\cup C_2\cup\cdots$$

其中，C_k 是由常返状态构成的不可约闭集，由定理 6.1.10 知，C_k 中的状态具有相同的类型，且每个 C_k 中的状态不能到达 D 中的状态．

(2) 对任一状态 i，定义

$$G_r=\{j：对某个\ n\geqslant 0,p_{ij}^{(nd+r)}>0\},r=0,1,\cdots,d-1 \tag{6.17}$$

由 C 是不可约的知，

$$\bigcup_{r=0}^{d-1} G_r=C$$

另一方面，如果存在 $j\in G_r\cap G_s$，由式(6.17)知必存在 n 与 m，使得 $p_{ij}^{(nd+r)}>0$，

$p_{ij}^{(md+s)}>0$. 又因为 $i\leftrightarrow j$，所以存在 $h>0$，使得 $p_{ji}^{(h)}>0$，从而有

$$p_{ii}^{(nd+r+h)} \geqslant p_{ij}^{(nd+r)} p_{ji}^{(h)} > 0$$
$$p_{ii}^{(md+s+h)} \geqslant p_{ij}^{(md+s)} p_{ji}^{(h)} > 0$$

因此得到 d 能整除 $r+h$，也能整除 $s+h$，从而得 d 能整除

$$(r+h)-s+h=r-s$$

由于 $0\leqslant r$，$s\leqslant d-1$，故 $r-s=0$，即 $G_r=G_s$，这说明当 $r\neq s$ 时，$G_r\cap G_s=\varnothing$.

下面证明 $\forall j\in G$，$\sum\limits_{k\in G_{r+1}} p_{jk}=1$.

事实上，

$$1=\sum_{k\in C}p_{jk}+\sum_{k\notin G_{r+1}}p_{jk}=\sum_{k\in G_{r+1}}p_{jk}$$

最后一个等式是 因为 $p_{ij}^{(nd+r)}>0$，故当 $k\notin G_{r+1}$时，由 $0=p_{ik}^{(nd+r+1)}\geqslant p_{ij}^{(nd+r)}p_{jk}$知，$p_{jk}=0$.

最后证明分解的唯一性，只需证明$\{G_r\}$与 i 的选择无关，即如果对某固定的 i，状态 j 与 k 同属于某个 G_r，则对另外选定的 i'，状态 j 与 k 仍属于同一 G'_{r}(r 与 r'可以不同). 事实上，设对 i 分得G_0，G_1，…，G_{d-1}，对 i'分得G'_0，G'_1，…，G'_{d-1}，又假定 j，$k\in G_r$，$i'\in G_s$，则当 $r\geqslant s$ 时，自 i'出发，只能在 $r-s$，$r-s+d$，$r-s+2d$，…步上到达 j 或 k，故 j 与 k 都属于G'_{r-s}；当 $r<s$ 时，自 i'出发，只能在 $d-(s-r)==r-s+d$，$r-s+2d$，…步上到达 j 或k，故 j 与 k 都属于 G'_{r-s+d}.

(3)由(2)知，G_r 对$\{X_{nd}\}$是闭集．对任给 j，$k\in G_r$，因为$\{X_n\}$不可约，所以存在自然数 N，使得 $p_{jk}^{(N)}>0$，由(2)知，N 必为 nd 形式，即对$\{X_{nd}\}$，状态 $j\to k$，同理可证 $k\to j$，从而 $j\leftrightarrow k$，即 G_r 不可分．由定理 6.1.6 知，存在 $M>0$，对一切 $n\geqslant M$，有 $p_{jj}^{(nd)}>0$，所以$\{X_{nd}\}$中状态 j 的周期为 1.

设$\{X_n\}$常返，$\forall j\in G_r$，由周期的定义知，当 $n\neq 0(\mathrm{mod}(d))$时，$p_{jj}^{(n)}=0$，从而 $f_{jj}^{(n)}=0$，故

$$1=\sum_{n=1}^{\infty}f_{jj}^{(n)}=\sum_{n=1}^{\infty}f_{jj}^{(nd)}$$

所以，$\{X_{nd}$，$n=0，1，2，\cdots\}$也是一个常返的马尔可夫链．■

在本节的最后，我们介绍马尔可夫链的平稳分布．

定义 6.1.14　设马尔可夫链$\{X_n$，$n=0，1，2，\cdots\}$的状态空间 $E=\{0，1，\cdots\}$，一步转移矩阵为

$$\boldsymbol{P}=(p_{ij})$$

如果存在非负数列$\{\pi_n$，$n=0，1，2，\cdots\}$满足

$$\sum_{j=0}^{\infty}\pi_j=1,\pi_j=\sum_{i=0}^{\infty}\pi_i p_{ij},j=0,1,\cdots$$

则称$\{\pi_n$，$n=0，1，2，\cdots\}$为马尔可夫链$\{X_n$，$n=0，1，2，\cdots\}$的平稳分布．

由定义知，

$$\pi_j=\sum_{i=0}^{\infty}\pi_i p_{ij}=\sum_{i=0}^{\infty}\left(\sum_{k=0}^{\infty}\pi_k p_{ki}\right)p_{ij}=\sum_{k=0}^{\infty}\pi_k\left(\sum_{i=0}^{\infty}p_{ki}p_{ij}\right)=\sum_{k=0}^{\infty}\pi_k p_{kj}^{(2)}$$

$$\vdots$$

$$= \sum_{i=0}^{\infty} \pi_i p_{ij}^{(n)}, n \geqslant 1$$

记 $\Pi=\{\pi_0, \pi_1, \cdots\}$，则在平稳分布的马尔可夫链中，有

$$\Pi = \Pi \cdot P = \Pi \cdot P^{(2)} = \cdots$$

如果马尔可夫链$\{X_n, n=0, 1, 2, \cdots\}$存在平稳分布 $\Pi=\{\pi_0, \pi_1, \cdots\}$，且它的初始分布也为 $\Pi=\{\pi_0, \pi_1, \cdots\}$，即 $P(X(0)=i)=\pi_i$，$i=0, 1, \cdots$，则

$$P(X(n)=j) = \sum_{i=0}^{\infty} P(X(0)=i)P(X(n)=j \mid X(0)=i)$$

$$= \sum_{i=0}^{\infty} \pi_i p_{ij}^{(n)} = \pi_j = P(X(0)=j)$$

从而

$$\begin{aligned} P(X(n)=j_0, X(n+1)=j_1, \cdots, X(n+m)=j_m) \\ = P(X(n)=j_0) p_{j_0 j_1} \cdots p_{j_{m-1} j_m} \\ = P(X(0)=j_0) p_{j_0 j_1} \cdots p_{j_{m-1} j_m} \\ = P(X(0)=j_0, X(1)=j_1, \cdots, X(m)=j_m) \end{aligned}$$

这表明$\{X_n, n=0, 1, 2, \cdots\}$是一个平稳过程.

定理 6.1.12 不可约非周期马尔可夫链是正常返的充要条件是：它存在平稳分布，且此时平稳分布就是极限分布$\left\{\dfrac{1}{\mu_j}, j\in E\right\}$.

证明 (充分性)设存在平稳分布 $\Pi=\{\pi_0, \pi_1, \cdots\}$，则有

$$\pi_j = \sum_{i=0}^{\infty} \pi_i p_{ij}^{(n)}, n \geqslant 1$$

由于 $\pi_j \geqslant 0$，$\sum\limits_{j=0}^{\infty} \pi_j = 1$，由控制收敛定理知，

$$\pi_j = \lim_{n\to\infty} \sum_{i=0}^{\infty} \pi_i p_{ij}^{(n)} = \sum_{i=0}^{\infty} \pi_i \lim_{n\to\infty} p_{ij}^{(n)} = \frac{1}{\mu_j} \sum_{i=0}^{\infty} \pi_i = \frac{1}{\mu_j}$$

又因为

$$\sum_{j=0}^{\infty} \pi_j = \sum_{j=0}^{\infty} \frac{1}{\mu_j} = 1$$

所以，至少存在一个 $\pi_i = \dfrac{1}{\mu_i} > 0$，即 $\mu_i < \infty$. 再由

$$\lim_{n\to\infty} p_{ii}^{(n)} = \frac{1}{\mu_i} > 0$$

知，i 为正常返状态，由不可约性知，所有状态都是正常返的，且

$$\pi_j = \frac{1}{\mu_j} > 0, \forall j \in E$$

(必要性)因为非周期且正常返的马尔可夫链是遍历链，从而

$$\lim_{n\to\infty} p_{ij}^{(n)} = \frac{1}{\mu_j} > 0, \forall j \in E$$

且 $\mu_j<\infty$. 由 K-C 方程知，

$$p_{ij}^{(m+n)}=\sum_{k\in E}p_{ik}^{(m)}p_{kj}^{(n)}\geqslant\sum_{k=0}^{N}p_{ik}^{(m)}p_{kj}^{(n)}$$

令 $m\to\infty$，得

$$\frac{1}{\mu_j}\geqslant\sum_{k=0}^{N}\frac{1}{\mu_k}p_{kj}^{(n)}$$

令 $N\to\infty$，得

$$\frac{1}{\mu_j}\geqslant\sum_{k=0}^{\infty}\frac{1}{\mu_k}p_{kj}^{(n)}\tag{6.18}$$

另一方面，如果存在 $j\in E$，使得

$$\frac{1}{\mu_j}>\sum_{k=0}^{\infty}\frac{1}{\mu_k}p_{kj}^{(n)}$$

则因为

$$1=\sum_{k-0}^{\infty}p_{kj}^{(n)}\geqslant\sum_{k-0}^{N}p_{kj}^{(n)}$$

令 $n\to\infty$，再令 $N\to\infty$，从而得

$$1\geqslant\sum_{k=0}^{\infty}\frac{1}{\mu_k}\tag{6.19}$$

再由式(6.18)、式(6.19)知，

$$1\geqslant\sum_{j=0}^{\infty}\frac{1}{\mu_j}>\sum_{j=0}^{\infty}\sum_{k=0}^{\infty}\frac{1}{\mu_k}p_{kj}^{(n)}=\sum_{k=0}^{\infty}\left(\frac{1}{\mu_k}\sum_{j=0}^{\infty}p_{kj}^{(n)}\right)=\sum_{k=0}^{\infty}\frac{1}{\mu_k}$$

即

$$\sum_{j=0}^{\infty}\frac{1}{\mu_j}>\sum_{k=0}^{\infty}\frac{1}{\mu_k}\text{（矛盾）}$$

故 $\forall j\in E$，均有

$$\frac{1}{\mu_j}=\sum_{k=0}^{\infty}\frac{1}{\mu_k}p_{kj}^{(n)}$$

令 $n\to\infty$，得

$$\frac{1}{\mu_j}=\sum_{k=0}^{\infty}\frac{1}{\mu_k}\frac{1}{\mu_j}=\frac{1}{\mu_j}\sum_{k=0}^{\infty}\frac{1}{\mu_k}$$

即得

$$\sum_{k=0}^{\infty}\frac{1}{\mu_k}=1$$

故 $\left\{\frac{1}{\mu_j},\ j\in E\right\}$ 为平稳分布，证毕． ■

由以上定理马上得到下列推论：

推论 6.1.2　(1)不可约非周期马尔可夫链，若所有状态是非常返或所有状态是零常返的，则它不存在平稳分布；(2)不可约非周期的有限状态马尔可夫链必存在平稳分布．

例 6.1.7 设马尔可夫链$\{X_n, n=0, 1, 2, \cdots\}$的状态空间为$E=\{1, 2\}$，且一步转移矩阵为

$$P=\begin{pmatrix}\frac{3}{4} & \frac{1}{4}\\ \frac{5}{8} & \frac{3}{8}\end{pmatrix}$$

求平稳分布及$\lim\limits_{n\to\infty}\boldsymbol{P}^n$.

解 令$\Pi=\{\pi_1, \pi_2\}$，由$\Pi=\Pi\cdot\boldsymbol{P}$，解得

$$\pi_1=\frac{5}{7},\pi_2=\frac{2}{7}$$

再由$\pi_j=\lim\limits_{n\to\infty}p_{ij}^{(n)}=\frac{1}{\mu_j}$，$j=1, 2$知，

$$\mu_1=\frac{7}{5},\mu_2=\frac{7}{2}$$

从而

$$\lim_{n\to\infty}P^n=\begin{pmatrix}\frac{5}{7} & \frac{2}{7}\\ \frac{5}{7} & \frac{2}{7}\end{pmatrix}$$ ■

6.2 连续时间的马尔可夫链

6.1 节我们讨论了时间和状态都是离散的马尔可夫链，本节我们讨论时间连续、状态离散的马尔可夫过程，即连续时间的马尔可夫链.

定义 6.2.1 设随机过程$\{X(t), t\geqslant 0\}$的状态空间为$E=\{i_n, n\geqslant 1\}$，若对任意的$0\leqslant t_0<t_1<t_2<\cdots<t_{n+1}$，及任意的$i_0, i_1, i_2, \cdots, i_{n+1}\in E$，均有

$$\begin{aligned}P\{X(t_{n+1})=i_{n+1}\mid X(t_0)=i_0,X(t_1)=i_1,\cdots,X(t_n)=i_n\}\\=P\{X(t_{n+1})=i_{n+1}\mid X(t_n)=i_n\}\end{aligned}\tag{6.20}$$

则称$\{X(t), t\geqslant 0\}$为连续时间的马尔可夫链.

记

$$P\{X(s+t)=j\mid X(s)=i\}=p_{ij}(s,t)\tag{6.21}$$

它表示系统在s时刻处于状态i，经过时间t后在时刻$s+t$转移到状态j的转移概率，通常称它为转移概率函数.

定义 6.2.2 若式(6.21)的转移概率函数与s无关，则称连续时间马尔可夫链具有平稳的转移概率函数，称该马尔可夫链为连续时间的齐次(或时齐)马尔可夫链. 此时转移概率函数为$p_{ij}(s, t)=p_{ij}(t)$. 称$\boldsymbol{P}(t)=(p_{ij}(t))(i, j\in E, t\geqslant 0)$为转移概率矩阵. 即

$$\boldsymbol{P}(t)=(p_{ij}(t))=\begin{pmatrix}p_{00}(t) & p_{01}(t) & p_{02}(t) & \cdots\\ p_{10}(t) & p_{11}(t) & p_{12}(t) & \cdots\\ \vdots & \vdots & \vdots & \\ p_{n0}(t) & p_{n1}(t) & p_{n2}(t) & \cdots\\ \vdots & \vdots & \vdots & \end{pmatrix}\tag{6.22}$$

对时齐的连续时间马尔可夫链，其在0时刻进入状态 i，在接下来的 s 个单位时间内过程未离开状态 i，我们想知道在随后的 t 个单位时间中过程仍不离开状态 i 的概率是多少，由马尔可夫性知，过程在时刻 s 处于状态 i 的条件下，在区间 $[s, s+t]$ 中仍处于状态 i 的概率正是它处在状态 i 至少 t 个单位时间的(无条件)概率，若记 ε_i 为过程在转移到另一状态之前停留在状态 i 的时间，则对一切 $s, t \geqslant 0$ 有

$$P\{\varepsilon_i > s+t \mid \varepsilon_i > s\} = P\{\varepsilon_i > t\}$$

所以，随机变量 ε_i 具有无记忆性，因此，ε_i 服从指数分布．由此可知，一个连续时间的马尔可夫链每当它进入状态 i，就具有如下性质：

(1)在转移到另一个状态之前处在状态 i 的时间服从参数为 λ_i 的指数分布；

(2)当过程离开状态 i 时，接着以概率 p_{ij} 进入状态 j，且 $\sum\limits_{j \neq i} p_{ij} = 1$.

当 $\lambda_i = \infty$ 时，称状态 i 是瞬时状态，因为过程一旦进入状态就离开；若 $\lambda_i = 0$，称状态为吸收状态，因为过程一旦进入就永远不再离开．

现在，我们可以看出，一个连续时间的可尔可夫链从一个状态转移到另一个状态，但在转移到另一个状态之前，它在各个状态停留的时间服从指数分布，而且在状态 i 停留的时间与下一个状态必须是相互独立的随机变量．

连续时间的可尔可夫链 $\{X(t), t \geqslant 0\}$，其初始分布记为

$$\pi_i = p_i(0) = P\{X(0) = i\}, i \in E \tag{6.23}$$

$\{X(t), t \geqslant 0\}$ 在 t 时刻取各状态的概率

$$p_j(t) = P\{X(t) = j\}, j \in E, t \geqslant 0$$

称为它在时刻 t 的绝对(概率)分布．

对于转移概率函数，规定

$$\lim_{t \to 0} p_{ij}(t) = \delta_{ij} = \begin{cases} 1, & i = j \\ 0, & i \neq j \end{cases} \tag{6.24}$$

上式称为连续性条件或正则性条件．

定理 6.2.1(Kolmogorov-Chapman 方程) 连续时间的齐次马尔可夫链的转移概率函数满足

$$p_{ij}(t+s) = \sum_{k \in I} p_{ik}(t) p_{kj}(s) \tag{6.25}$$

证明 由全概率公式和马尔可夫性知，

$$\begin{aligned} p_{ij}(t+s) &= P\{X(t+s) = j \mid X(0) = i\} \\ &= \sum_{k \in I} P\{X(t+s) = j, X(t) = k \mid X(0) = i\} \\ &= \sum_{k \in I} P\{X(t) = k \mid X(0) = i\} P\{X(t+s) = j \mid X(t) = k\} \\ &= \sum_{k \in I} P\{X(t) = k \mid X(0) = i\} P\{X(s) = j \mid X(0) = k\} \\ &= \sum_{k \in I} p_{ik}(t) p_{kj}(s) \end{aligned}$$

证毕． ■

称式(6.24)为连续时间的齐次马尔可夫链的 Kolmogorov-Chapman 方程，简称 K-C 方

程．由 K-C 方程，马上得到下列结论．

定理 6.2.2 设齐次马尔可夫链满足连续性条件(6.24)，则对于任意固定的 i，$j\in E$，转移概率函数 $p_{ij}(t)$是 t 的一致连续函数．

证明 设 $\Delta t>0$，由 K-C 方程，有

$$\begin{aligned}p_{ij}(t+\Delta t)-p_{ij}(t)&=\sum_{k\in I}p_{ik}(\Delta t)p_{kj}(t)-p_{ij}(t)\\&=p_{ii}(\Delta t)p_{ij}(t)-p_{ij}(t)+\sum_{k\neq i}p_{ik}(\Delta t)p_{kj}(t)\\&=-[1-p_{ii}(\Delta t)]p_{ij}(t)+\sum_{k\neq i}p_{ik}(\Delta t)p_{kj}(t)\end{aligned}$$

由此可知，

$$p_{ij}(t+\Delta t)-p_{ij}(t)\geqslant-[1-p_{ii}(\Delta t)]p_{ij}(t)\geqslant-[1-p_{ii}(\Delta t)]$$

以及

$$p_{ij}(t+\Delta t)-p_{ij}(t)\leqslant\sum_{k\neq i}p_{ik}(\Delta t)p_{kj}(t)\leqslant\sum_{k\neq i}p_{ik}(\Delta t)=1-p_{ii}(\Delta t)$$

因此，

$$|p_{ij}(t+\Delta t)-p_{ij}(t)|\leqslant1-p_{ii}(\Delta t)$$

对于 $\Delta t<0$，可得到类似的不等式．因此，

$$|p_{ij}(t+\Delta t)-p_{ij}(t)|\leqslant1-p_{ii}(|\Delta t|)$$

由连续性条件，令 $\Delta t\to0$ 可得到证明． ■

例 6.2.1 若 $X=\{X(t),\ t\geqslant0\}$是零初值的独立增量过程，则 X 是马尔可夫链．

证明 对任意 t_1，t_2，…，$t_{n+1}\in(0,\ +\infty)$，且 $0=t_0<t_1<t_2<\cdots<t_{n+1}$，及任意的 i_0，i_1，i_2，…，$i_{n+1}\in E$，因为

$$\begin{aligned}&P\{X(t_{n+1})=i_{n+1}\mid X(t_0)=i_0,X(t_1)=i_1,\cdots,X(t_n)=i_n\}\\&=\frac{P\{X(t_0)=i_0,X(t_1)=i_1,\cdots,X(t_n)=i_n,X(t_{n+1})=i_{n+1}\}}{P\{X(t_0)=i_0,X(t_1)=i_1,\cdots,X(t_n)=i_n\}}\\&=\frac{P\{X(t_0)=i_0\}P\{X(t_1)-X(t_0)=i_1-i_0\},\cdots,P\{X(t_{n+1})-X(t_n)=i_{n+1}-i_n\}}{P\{X(t_0)=i_0\}P\{X(t_1)-X(t_0)=i_1-i_0\},\cdots,P\{X(t_n)-X(t_{n-1})=i_n-i_{n-1}\}}\\&=P\{X(t_{n+1})-X(t_n)=i_{n+1}-i_n\}\end{aligned}$$

另外，因为

$$\begin{aligned}P\{X(t_{n+1})=i_{n+1}\mid X(t_n)=i_n\}&=P\{X(t_{n+1})-X(t_n)=i_{n+1}-i_n\mid X(t_n)-X(0)=i_n\}\\&=P\{X(t_{n+1})-X(t_n)=i_{n+1}-i_n\}\end{aligned}$$

因此，

$$P\{X(t_{n+1})=i_{n+1}\mid X(t_1)=i_1,\cdots,X(t_n)=i_n\}=P\{X(t_{n+1})=i_{n+1}\mid X(t_n)=i_n\}$$

即 X 是连续时间的马尔可夫链． ■

例 6.2.2 泊松过程$\{N(t),\ t\geqslant0\}$是连续时间的齐次马尔可夫链．

证明 由例 6.2.1 知，泊松过程是马尔可夫链，下面证明齐次性．当 $j\geqslant i$ 时，由泊松过程的定义，得到

$$P\{X(s+t)=j\mid X(s)=i\}=P\{X(s+t)-X(s)=j-i\}=\mathrm{e}^{-\lambda t}\frac{(\lambda t)^{j-i}}{(j-i)!}$$

当 $j<i$ 时，由于过程的增量只取非负整数值，因此，$p_{ij}(s,\ t)=0$，故

$$p_{ij}(s,t)=p_{ij}(t)=\begin{cases}e^{-\lambda t}\dfrac{(\lambda t)^{j-i}}{(j-i)!}, & j\geqslant i\\ 0, & j<i\end{cases}$$

即转移概率函数只与 t 有关，因此，泊松过程具有齐次性．■

定理 6.2.3 设 $p_{ij}(t)$是齐次连续时间马尔可夫链的转移概率函数，则有

(1) $\lim\limits_{\Delta t\to 0}\dfrac{p_{ij}(\Delta t)}{\Delta t}\triangleq q_{ij}<\infty$，$i\neq j$；　(6.26)

(2) $\lim\limits_{\Delta t\to 0}\dfrac{1-p_{ii}(\Delta t)}{\Delta t}\triangleq q_{ii}\leqslant\infty$，$i\in I$　(6.27)

称 q_{ij} 是齐次连续时间马尔可夫链从状态 i 到状态 j 的转移概率密度或转移速率，也称为从状态 i 到状态 j 的跳跃强度．转移速率函数描述了马尔可夫链的转移概率函数在零时刻对时间的变化率．定理中极限的概率意义为：在长为 Δt 的时间区间内，过程从状态 i 转移到状态 j 的概率 $p_{ij}(\Delta t)$等于 $q_{ij}\Delta t$ 加上一个比 Δt 高阶的无穷小量；从状态 i 到转移到另一其他状态的转移概率 $1-p_{ii}(\Delta t)$等于 $q_{ii}\Delta t$ 加上一个比 Δt 高阶的无穷小量．转移速率函数也可以表示为以下形式：当 Δt 充分小时，

$$P\{X(\Delta t)=i\mid X(0)=i\}=p_{ii}(\Delta t)=1-q_{ii}\Delta t+o(\Delta t)$$
$$P\{X(\Delta t)=j\mid X(0)=i\}=p_{ij}(\Delta t)=q_{ij}\Delta t+o(\Delta t),\ i\neq j$$

推论 对有限齐次马尔可夫过程，有

$$q_{ii}=\sum_{j\neq i}q_{ij}<\infty \tag{6.28}$$

证明 由 $\sum\limits_{j\in I}p_{ij}(\Delta t)=1$ 知,$1-p_{ii}(\Delta t)=\sum\limits_{j\neq i}p_{ij}(\Delta t)$，由于求和是在有限集上进行，因此，

$$\lim_{\Delta t\to 0}\frac{1-p_{ii}(\Delta t)}{\Delta t}=\lim_{\Delta t\to 0}\sum_{j\neq i}\frac{p_{ij}(\Delta t)}{\Delta t}=\sum_{j\neq i}q_{ij}$$

即 $q_{ii}=\sum\limits_{j\neq i}q_{ij}<\infty$，证毕. ■

对于状态是无限的齐次马尔可夫过程，一般只有 $q_{ii}\geqslant\sum\limits_{j\neq i}q_{ij}$．

如果连续时间齐次马尔可夫链的状态空间为有限 $E=\{0,1,2,\cdots,n\}$，则其转移概率速率可构成以下形式的 $\boldsymbol{Q}$ 矩阵：

$$\boldsymbol{Q}=\begin{pmatrix}q_{00} & q_{01} & \cdots & q_{0n}\\ q_{10} & -q_{11} & \cdots & q_{1n}\\ \vdots & \vdots & & \vdots\\ q_{n0} & q_{n1} & \cdots & -q_{nn}\end{pmatrix} \tag{6.29}$$

由式(6.29)知，$\boldsymbol{Q}$ 矩阵的每一行元素之和为 0，主对角线元素为负或为 0，其余 $j\neq i$ 时，$q_{ij}\geqslant 0$.

如果 $\forall i\in E$，均有 $q_{ii}=\sum\limits_{j\neq i}q_{ij}<\infty$，则称 $\boldsymbol{Q}$ 矩阵为保守的 $\boldsymbol{Q}$ 矩阵，显然，当 E 为有限集时，其 $\boldsymbol{Q}$ 矩阵必为保守的 $\boldsymbol{Q}$ 矩阵．

在离散时间的马尔可夫链中，我们已经看到，K-C 方程有着重要的应用，对齐次马尔

可夫链，其 n 步转移矩阵等于一步转移矩阵的 n 次方，进而可知，一个马尔可夫链的概率分布完全由它的一步转移矩阵与它的初始分布所决定．现我们在连续时间的马尔可夫链中，引入两个用来决定其转移概率函数的公式．

定理 6.2.4（Kolmogorov 向后方程）　设 $p_{ij}(t)$是满足连续性条件的有限齐次马尔可夫链的转移概率函数，则对一切 i，j 及 $t \geqslant 0$，有

$$p'_{ij}(t)=\sum_{k\neq i} q_{ik}p_{kj}(t)-q_{ii}p_{ij}(t)\quad i=0,1,2,\cdots,n \tag{6.30}$$

证明　由 K-C 方程，

$$\begin{aligned}p_{ij}(t+\Delta t)-p_{ij}(t)&=\sum_{k=0}^{n}p_{ik}(\Delta t)p_{kj}(t)-p_{ij}(t)\\&=\sum_{k\neq i}p_{ik}(\Delta t)p_{kj}(t)+(p_{ii}(\Delta t)p_{ij}(t)-p_{ij}(t))\\&=\sum_{k\neq i}p_{ik}(\Delta t)p_{kj}(t)-(1-p_{ii}(\Delta t))p_{ij}(t)\end{aligned}$$

于是，由速率函数 q_{ij} 的定义，得

$$\begin{aligned}p'_{ij}(t)&=\lim_{\Delta t\to 0}\frac{p_{ij}(t+\Delta t)-p_{ij}(t)}{\Delta t}\\&=\sum_{k\neq i}\lim_{\Delta t\to 0}\frac{p_{ik}(\Delta t)}{\Delta t}p_{kj}(t)-\lim_{\Delta t\to 0}\frac{1-p_{ii}(\Delta t)}{\Delta t}p_{ij}(t)\\&=\sum_{k\neq i}q_{ik}p_{kj}(t)-q_{ii}p_{ij}(t)\end{aligned}$$

■

类似地，我们可以证明下列定理．

定理 6.2.5（Kolmogorov 向前方程）　在连续性条件下，有

$$p'_{ij}(t)=\sum_{k\neq j}p_{ik}(t)q_{kj}-p_{ij}(t)q_{jj}\,,\ i=0,1,2,\cdots n \tag{6.31}$$

利用 Kolmogorov 向后方程和向前方程及初始条件

$$\begin{cases}p_{ii}(0)=1,\\p_{ij}(0)=0,i\neq j\end{cases}$$

可以求出 $p_{ij}(t)$．向后方程和向前方程可以分别写成如下矩阵形式：

$$\boldsymbol{P}'(t)=\boldsymbol{Q}\boldsymbol{P}(t) \tag{6.32}$$

$$\boldsymbol{P}'(t)=\boldsymbol{P}(t)\boldsymbol{Q} \tag{6.33}$$

此时 $\boldsymbol{Q}$ 矩阵为

$$\boldsymbol{Q}=\begin{pmatrix}-q_{00} & q_{01} & q_{02} & \cdots\\ q_{10} & -q_{11} & q_{12} & \cdots\\ q_{20} & q_{21} & -q_{22} & \cdots\\ \vdots & \vdots & \vdots & \end{pmatrix} \tag{6.34}$$

其中，矩阵 $\boldsymbol{P}'(t)$的元素为矩阵 $\boldsymbol{P}(t)$各元素的导数．

可以看出，连续时间马尔可夫链转移概率函数的求解问题就是矩阵微分方程的求解问题，其转移概率函数由其转移速率矩阵 $\boldsymbol{Q}$ 决定．

特别地，若 $\boldsymbol{Q}$ 矩阵是一个有限维矩阵，则式(6.32)和式(6.33)的解为

$$\boldsymbol{P}(t)=\mathrm{e}^{\boldsymbol{Q}t}=\sum_{j=0}^{\infty}\frac{(\boldsymbol{Q}t)^j}{j!} \tag{6.35}$$

有关齐次马尔可夫链在时刻 t 处在状态 $j\in E$ 的绝对分布 $p_j(t)$，我们有下面的定理．

定理 6.2.6（Fokker-Planck 方程）　齐次马尔可夫链在时刻 t 处在状态 $j\in E$ 的绝对分布 $p_j(t)$满足下列方程：

$$p_j'(t)=-p_j(t)q_{jj}+\sum_{k\neq j}p_k(t)q_{kj} \tag{6.36}$$

证明　由于 $p_j(t)=\sum_{i\in I}p_ip_{ij}(t)$，将向前方程两边乘以 p_i，并对 i 求和，得

$$\sum_{i\in I}p_ip'_{ij}(t)=\sum_{i\in I}(-p_ip_{ij}(t)q_{jj})+\sum_{i\in I}\sum_{k\neq j}p_ip_{ik}(t)q_{kj}$$

因此，

$$p_j'(t)=-p_j(t)q_{jj}+\sum_{k\neq j}p_kq_{kj}$$

■

定义 6.2.3　对给定的 $\boldsymbol{Q}$ 矩阵 $\boldsymbol{Q}=(q_{ij})$，若有马尔可夫过程 $X=\{X(t),\ t\geqslant 0\}$的转移矩阵为 $\boldsymbol{P}(t)=(p_{ij}(t))$，且 $\boldsymbol{P}'(t)\mid_{t=0}=\boldsymbol{Q}$，则称此马尔可夫过程为 $\boldsymbol{Q}$ 过程．

下面我们介绍连续时间的马尔可夫链的强马尔可夫性．

定义 6.2.4　设$\{X_t,\ t\geqslant 0\}$是一个离散状态的马尔可夫过程，状态空间为 $E=\{0,1,2,\cdots\}$，$n\geqslant 1$ 是一个固定的整数，$\{\tau_1,\tau_2,\cdots,\tau_n\}$是满足单调性的 n 个停时，即

$$\tau_1\leqslant\tau_2\leqslant\cdots\leqslant\tau_n$$

如果对任意 $t\geqslant 0$，$j\in E$，$i_k\in E$，$1\leqslant k\leqslant n$，均有

$$\begin{aligned}&P\{X(\tau_n+t)=j\mid X(0)=i_0,X(\tau_k)=i_k,1\leqslant k\leqslant n\}\\&=P\{X(\tau_n+t)=j\mid X(\tau_n)=i_n\}\end{aligned}$$

则称$\{X_t,\ t\geqslant 0\}$关于$\{\tau_1,\tau_2,\cdots,\tau_n\}$具有强马尔可夫性．

对一个右连续的时齐马尔可夫链$\{X_t,\ t\geqslant 0\}$，设$\{\tau_1,\tau_2,\cdots,\tau_n,\cdots\}$为它的跳时刻，即

$$\tau_n=\inf\{t\mid t>\tau_{n-1},X(t)\neq X(\tau_{n-1})\},n\geqslant 1$$

规定 $\tau_0=0$. 用 T_n 表示第 $n-1$ 次跳跃与第 n 次跳跃之间的时间间隔，即

$$T_n=\tau_n-\tau_{n-1},n\geqslant 1,T_0=0$$

并记 $Y^{(n)}(t)=X(\tau_n+t)$，可以证明$\{Y^{(n)}(t),\ t\geqslant 0\}$是一个时齐的马尔可夫链，且$\{Y^{(n)}(t),\ t\geqslant 0\}$与$\{X_t,\ t\geqslant 0\}$有相同的转移矩阵 $P(t)=(p_{ij}(t))$与 $\boldsymbol{Q}$ 矩阵 $\boldsymbol{Q}=(q_{ij})$.

定理 6.2.7　设$\{X_t,\ t\geqslant 0\}$是一个离散状态的马尔可夫过程，状态空间为 $S=\{0,1,2,\cdots\}$，它的跳时刻为$\{\tau_1,\tau_2,\cdots,\tau_n,\cdots\}$，则对任意正整数 $n\geqslant 1$，$\{X_t,\ t\geqslant 0\}$关于$\{\tau_1,\tau_2,\cdots,\tau_n\}$具有强马尔可夫性．

6.3　连续时间的马尔可夫过程

在本节中，我们介绍状态空间为任意集合的连续时间的马尔可夫过程，由于其性质的证明需要涉及很深的测度论知识，这将给没有学习过测度论的读者造成困难，故我们略去证明过程．

考虑概率空间 $(\Omega,\mathcal{F},P)$ 上的一个连续时间的随机过程$\{X_t,\ t\geqslant 0\}$，设其相空间为 $(E,\mathcal{E})$，其中，$\mathcal{E}$为 E 上的一个 σ-代数，即 $(E,\mathcal{E})$是一个可测空间．

定义 6.3.1　设$(\Omega, \mathcal{F}, P)$是一个概率空间，$\{\mathcal{F}_t, t\geqslant 0\}$是 F 中一族满足单调不减的子$\sigma$-代数，如果随机过程$\{X_t, t\geqslant 0\}$满足$\mathcal{F}^t=\sigma(X_s, s\geqslant t)$与$\mathcal{F}_t$关于$\sigma(X_t)$条件独立，即$\forall A\in\mathcal{F}_t$，$B\in\mathcal{F}^t$，有

$$P\{A\cap B\mid X(t)\}=P\{A\mid X(t)\}P\{B\mid X(t)\}$$

则称$\{X_t, t\geqslant 0\}$是关于$\{\mathcal{F}_t, t\geqslant 0\}$的马尔可夫过程．特别地，如果$\mathcal{F}_t=\sigma(X_s, 0\leqslant s\leqslant t)$，则称$\{X_t, t\geqslant 0\}$是一个马尔可夫过程．如果 E 是一个可数集，$\mathcal{E}$为 E 的幂集，则称状态空间为$(E, \mathcal{E})$的马尔可夫过程$\{X_t, t\geqslant 0\}$为可数状态的马尔可夫过程．

对于马尔可夫过程的判定，有下列定理．

定理 6.3.1　设$\{X_t, t\geqslant 0\}$是一个以$(E, \mathcal{E})$为状态空间的随机过程，则下列结论等价：

(1)$\{X_t, t\geqslant 0\}$是一个马尔可夫过程；

(2)对任意 $0\leqslant t_1\leqslant t_2\leqslant\cdots\leqslant t_n\leqslant u$，$A\in\mathcal{E}$，有

$$P\{X(u)\in A\mid X(t_1),X(t_2),\cdots,X(t_n)\}=P\{X(u)\in A\mid X(t_n)\}$$

(3)$\forall\, 0\leqslant t_1\leqslant t_2\leqslant\cdots\leqslant t_n\leqslant u$，及任一 $E\mapsto E$ 的有界可测映射 f(即 $f\in b\mathcal{E}$)有

$$E[f(X(u))\mid X(t_1),X(t_2),\cdots,X(t_n)]=E[f(X(u))\mid X(t_n)]$$

定义 6.3.2　设$(E, \mathcal{E})$是一个可测空间，如果映射 P：$\mathbf{R}_+\times E\times\mathbf{R}_+\times\mathcal{E}\to\mathbf{R}$ 满足下列条件：

(1)对固定的$(s, x, t)\in\mathbf{R}_+\times E\times\mathbf{R}_+$，$P(s, x, t, \cdot)$是$\mathcal{E}$上的测度，且 $P(s, A, t, E)=1$；

(2)对固定的$(s, t, A)\in\mathbf{R}_+\times\mathbf{R}_+\times\mathcal{E}$，$P(s, \cdot, t, A)\in\mathcal{E}$；

(3)对任意的 $0\leqslant s<t<u$，$x\in E$，$A\in\mathcal{E}$，有

$$P(s,x,u,A)=\int_E P(t,y,u,A)P(s,x,t,\mathrm{d}y) \tag{6.37}$$

则称 $P(s, x, t, A)$为一个转移函数．称式(6.37)为转移函数的 Kolmogorov-Chapman 方程式(也称为 K-C 方程式)．

特别地，如果存在函数 $P(t, x, A)$使得

$$P(s,x,t,A)=P(t-s,x,A),\forall\, 0\leqslant s<t,x\in E,A\in\mathcal{E}$$

则称 $P(s, x, t, A)$为时齐的转移函数．对于时齐的转移函数，K-C 方程式变为：对任意的 s，$t>0$，$x\in E$，$A\in\mathcal{E}$，有

$$P(s+t,x,A)=\int_E P(t,y,A)P(s,x,\mathrm{d}y)$$

定义 6.3.3　设$\{X_t, t\geqslant 0\}$是以$(E, \mathcal{E})$为状态空间的随机过程，$P(s, x, t, A)$为$(E, \mathcal{E})$上的转移函数，如果$\forall\, 0\leqslant t<u$，$f\in b\mathcal{E}$，均有

$$E[f(X(u))\mid F_t]=P_{t,u}(X(t),f)$$

其中，

$$P_{t,u}(X(t),f)=\int_E f(y)P(t,x,u,\mathrm{d}y)$$

则称$\{X_t, t\geqslant 0\}$是以 $P(s, x, t, A)$为转移函数的马尔可夫过程．如果 $P(s, x, t, A)$为时齐的转移函数，则称$\{X_t, t\geqslant 0\}$为时齐的马尔可夫过程．

定理 6.3.2　定义 6.2.3 与定义 6.2.1 是相容的，即$\{X_t, t\geqslant 0\}$是以 $P(s, x, t, A)$为转移函数的马尔可夫过程，则$\{X_t, t\geqslant 0\}$必为马尔可夫过程．

如果$\{X_t, t\geqslant 0\}$是以$P(s, x, t, A)$为转移函数的马尔可夫过程，其转移函数$P(s, x, t, A)$的含义为：给定$X(s)=x$时，$X(t)\in A$的条件概率，即

$$P(s,x,t,A)=P(X(t)\in A \mid X(s)=x)$$

定理 6.3.3　设(E, ε)是随机过程$\{X_t, t\geqslant 0\}$的状态空间，μ是(E, ε)上的概率测度，$P(s, x, t, A)$是一个转移函数，则$\{X_t, t\geqslant 0\}$是以$P(s, x, t, A)$为转移函数，以μ为初始分布(即$\mu=P\cdot X_0^{-1}$)的马尔可夫过程的充要条件是：$\forall\, 0\leqslant t_1<t_2<\cdots<t_n$，$f\in b\,\varepsilon_n$，均有

$$\begin{aligned}&E[f(X(t_1),X(t_2),\cdots,X(t_n)]\\&=\int_E\mu(\mathrm{d}x_0)\int_E P(0,x_0,t_1,\mathrm{d}x_1)\cdots\int_E f(x_1,x_2,\cdots,x_n)P(t_{n-1},x_{n-1},t_n,\mathrm{d}x_n)\end{aligned}$$

其中，$P(0, x, 0, A)=1_A(x)$.

定义 6.3.4　设$\{X_t, t\geqslant 0\}$是一个以$P(s, x, t, A)$为转移函数的马尔可夫过程，且

$$(E,\varepsilon)=(\mathbf{R},\beta(\mathbf{R}))$$

称

$$F(s,x,t,y)=P(s,x,t,(-\infty,y])=P(X(t)\leqslant y \mid X(s)=x),$$
$$\forall\, 0\leqslant s<t, x\in\mathbf{R}, y\in\mathbf{R}$$

为马尔可夫过程$\{X_t, t\geqslant 0\}$的转移概率分布函数.

特别地，当$t=s$时，规定

$$F(s,x,s,y)=\begin{cases}0, & x>y\\1, & x\leqslant y\end{cases}$$

定理 6.3.4　转移概率分布函数$F(s, x, t, y)$满足下列性质：

(1)对固定的$(s, x, t)\in\mathbf{R}_+\times\mathbf{R}\times\mathbf{R}_+$，$F(s, x, t, g)$是$\mathbf{R}$上的分布函数；

(2)对固定的$(s, t, y)\in\mathbf{R}_+\times\mathbf{R}_+\times\mathbf{R}$，$F(s, g, t, y)$是$\mathbf{R}$上的Borel可测函数；

(3)对任意的$0\leqslant s<u<t$，$x\in\mathbf{R}$，$y\in\mathbf{R}$，有K-C方程

$$F(s,x,t,y)=\int_{-\infty}^{+\infty}F(u,z,t,y)\mathrm{d}_z(s,x,u,z)$$

如果$F(s, x, t, y)$关于y的导数存在，则称

$$f(s,x;t,y)=\frac{\partial}{\partial y}F(s,x;t,y)$$

为马尔可夫过程的转移密度函数.

转移概率分布函数与转移密度函数有许多非常有用的性质，感兴趣的读者可查阅相关资料.

下面我们介绍近年来被广泛使用的几类马尔可夫过程的推广过程，一类是半马尔可夫过程，一类是隐马尔可夫过程，还有一类是均马氏过程.

前面已经知道，若$\{X_t, t\geqslant 0\}$是一个马尔可夫链，$0=t_0<t_1<t_2<\cdots<t_n<\cdots$是该链发生状态转移的时刻，则随机序列$X=\{X_n=X(t_n), n=0, 1, 2, \cdots\}$是一离散时间的马尔可夫链，而且链$X$在状态$X(t_n)$逗留的时间$\tau_{n+1}=t_{n+1}-t_n(n=0, 1, 2, \cdots)$是指数分布的随机变量，其分布的参数可能依赖于状态$X_n$. 现在，如果保留$\{X_n, n\geqslant 0\}$是一马尔可夫链的要求，但允许$\tau_{n+1}(n=0, 1, 2, \cdots)$可以是依赖于状态$X_n$和$X_{n+1}$的任意分布，则过程$\{X_t, t\geqslant 0\}$称为一个半马尔可夫过程. 其严格的数学定义为：

定义 6.3.5（半马尔可夫过程） 设 $X=\{X_t, t\geqslant 0\}$ 是一个最多只有可数个状态 E 的连续时间的随机过程，如果它满足：

(1)对任意 $i, j\in E$，若已知过程处于状态 i，则它下一次转移到状态 j 的概率是 p_{ij}；

(2)若已知过程处于状态 i，且它下一次转移到状态 j，则它在状态 i 的逗留时间的分布为 F_{ij}；

则称 $X=\{X_t, t\geqslant 0\}$ 是一个半马尔可夫过程(SMP)。

定义 6.3.6（隐马尔可夫链） 设 $X=\{X_n, n\geqslant 1\}$ 是取值于有限状态空间 $E=\{1, 2, \cdots, l\}$ 上的齐次马尔可夫链，但是每个 X_n 的取值范围及具体转移路线是不可观测的，而 $\{Y_n, n\geqslant 1\}$ 是一个与 $\{X_n, n\geqslant 1\}$ 有某种联系，且取值于有限集 $V=\{v_1, v_2, \cdots, v_m\}$ 的可观测、独立的随机变量序列，称 $\{(X_n, Y_n), n\geqslant 1\}$ 为一个隐马尔可夫链．

设 $\pi=\{\pi_1, \pi_2, \cdots, \pi_l\}$ 为 X 的初始分布，即

$$\pi_i = P(X_1 = i), i = 1,2,\cdots,l$$

记

$$p_{ij} = P(X_{n+1} = j \mid X_n = i), i,j \in E$$

为 X 的一步转移概率，$A=(p_{ij})_{i,j\in E}$ 为 X 的一步转移矩阵．记

$$b_{ij} = P(Y_n = v_j \mid X_n = i), i \in E, v_j \in V$$

它表示当状态在 n 时刻取到 i 的条件下，观察序列在 n 时刻取到 v_j 的概率．并记 $B=(b_{ij})_{i\in E, j=1,2,\cdots,m}$．由于 X 是不可观测的，则 π、A、B 均不能通过观测得到．称参数组 $\lambda=(\pi, A, B)$ 为隐马尔可夫链 $\{(X_n, Y_n), n\geqslant 1\}$ 的数学模型．设观测样本的时间长度为 N，记 $X=\{X_1, X_2, \cdots, X_N\}$，$Y=\{Y_1, Y_2, \cdots, Y_N\}$，$x=\{i_1, i_2, \cdots, i_N\}$，$y=\{y_1, y_2, \cdots, y_N\}$，其中 $i_k\in E$，$y_k\in V$，则下列隐马尔可夫条件成立：

$$P(Y = y, X = x) = \pi_{i_1} b_{i_1 y_1} a_{i_1 i_2} \cdots b_{i_{N-1} y_{N-1}} a_{i_{N-1} i_N} b_{i_N y_N}$$

定义 6.3.7 设 $X=\{X_t, \mathcal{F}_t, t\in T\}(T\subset \mathbf{R}^1)$ 是状态空间 $(E, \mathcal{E})$ 上的适应过程．若

$$E(X_t \mid \mathcal{F}_s) = E(X_t \mid X_s)(\forall s \leqslant t, s, t \in T)$$

则称 X 是均马氏过程．

显然，马氏过程是均马氏过程．

第7章 鞅的基本理论

鞅是现代金融理论的核心工具．它是由法国数学家 Lévy 在 1939 年首次提出的，美国数学家 Doob 将其理论发扬光大．鞅理论是根据观测到的发展趋势对随机过程进行分类，如果一个随机过程的路径没有显示出明显的趋势或周期性，那么它就是鞅．平均而言，未来呈上升趋势的随机过程被称为下鞅，未来呈下降趋势的随机过程被称为上鞅．今天，关于鞅的研究工作突飞猛进，并与其他学科相互渗透形成了一些新的学科分支，它们在经济、金融、管理、工程、军事等众多领域发挥着重要作用．本章将介绍一些鞅理论的基础知识，由于鞅理论是一个非常庞大的体系，因此我们只介绍与金融衍生产品定价直接相关的部分理论．

7.1 鞅的定义及性质

定义 7.1.1（鞅的定义） 设$(\Omega, \mathcal{F}, P)$为一个概率空间，$T\subset\mathbf{R}$，$\{\mathcal{F}_t: t\in T\}$是$\mathcal{F}$的一列单调非降的子$\sigma$-子代数，$\{X_t: t\in T\}$是$(\Omega, \mathcal{F}, P)$中以$\{\mathbf{R}, \beta(\mathbf{R})\}$为状态空间的随机过程，如果$\{X_t: t\in T\}$满足下列三个条件：

(1)可积性：$\forall t\in T$，$E(|X_t|)<\infty$；

(2)适应性：$\{X_t: t\in T\}$是$\{\mathcal{F}_t: t\in T\}$适应的；

(3)无趋势性：对$\forall s\leqslant t$，$s, t\in T$，均有$E(X_t|\mathcal{F}_s)=X_s$；

则称 X 为一个$\{\mathcal{F}_t: t\in T\}$鞅．

如果将无趋势性条件(3)改为有向下趋势，即$E(X_t|\mathcal{F}_s)\leqslant X_s$，则称$X=\{X_t, t\in T\}$是$\{\mathcal{F}_t: t\in T\}$上鞅；若将无趋势性条件(3)改为有向上趋势，即$E(X_t|\mathcal{F}_s)\geqslant X_s$，则称$X=\{X_t, t\in T\}$是$\{\mathcal{F}_t: t\in T\}$下鞅．显然，鞅既是上鞅，又是下鞅．若果$\mathcal{F}_t=\sigma(X_s: s\leqslant t, s\in T, t\in T)$，则称$X=\{X_t, t\in T\}$是一个鞅．

若$T=\{0, 1, 2, \cdots\}$，则称$\{X_t, t\in T\}$为离散时间鞅，若 T 为一个区间，则称$\{X_t, t\in T\}$为连续时间鞅．

如果$X=\{X_t, t\in T\}$，$Y=\{Y_t, t\in T\}$是两个随机过程，$\mathcal{F}_t=\sigma(Y_s: s\leqslant t, s, t\in T)$，且$\{X_t, \mathcal{F}_t, t\in[0, \infty)\}$是鞅，则称$X=\{X_t, t\in T\}$是关于$Y=\{Y_t, t\in T\}$的鞅．

注 7.1.1 如果$\mathcal{F}_t=\sigma(X_s: s\leqslant t, s, t\in T)$，$X=\{X_t, t\in T\}$的适应性是恒成立的．

注 7.1.2 在证明一个过程是鞅时，由于适应性条件是无趋势性条件在$s=t$时的特殊情况，故验证时，只需证明条件(1)和(3)就可以了．

注 7.1.3 一个过程是鞅，无趋势性条件的含义为：在 s 时刻为止的信息条件下，过程在 s 之后的未来任一时刻的期望值等于 s 时刻的值，即过程没有趋势．

一般来说，风险资产的价格变化在给定信息集下并非完全不可预测．比如说折扣发行的零息票债券的价格会随着到期日的临近越来越接近其面值，即越来越大，显然，这是一个下鞅．类似地，股票通常会有一个正的预期收益，因而也不具有鞅性．

下面，我们列举一些在后面的讨论中经常用到的鞅的例子．

例 7.1.1 设$(\Omega, \mathcal{F}, P)$是一个概率空间，$\{X_n, n=0, 1, \cdots\}$是$(\Omega, \mathcal{F}, P)$上的一个随机游动，即$X_0=0$，$X_n=\xi_1+\xi_2+\cdots+\xi_n$，$n\geqslant1$，其中$\{\xi_k, k\geqslant1\}$是独立同分布的随

机变量列，且 $P(\xi_k=1)=p$，$P(\xi_k=-1)=1-p=q$，$0<p<1$．令 $\mathcal{F}_n=\sigma(X_s:0\leqslant s\leqslant n)$，则

(1) $X=(X_n, \mathcal{F}_n, n\in T)$是鞅$\Leftrightarrow p=q$；

(2) X 是下鞅$\Leftrightarrow p\geqslant q$；

(3) X 是上鞅$\Leftrightarrow p\leqslant q$.

证明 (1)若 X 是鞅，则有

$$E[X_{n+1}\mid\mathcal{F}_n]=E[X_n\mid\mathcal{F}_n]+E[\xi_{n+1}\mid\mathcal{F}_n]=X_n+E[\xi_{n+1}]=X_n+(p-q)=X_n$$

所以 $p=q$. 反之，若 $p=q$，则

$$E[X_{n+1}\mid\mathcal{F}_n]=E[X_n\mid\mathcal{F}_n]+E[\xi_{n+1}\mid\mathcal{F}_n]=X_n$$

$$E[X_{n+2}\mid\mathcal{F}_n]=X_n+E[\xi_{n+2}\mid\mathcal{F}_n]+E[\xi_{n+1}\mid\mathcal{F}_n]=X_n+(p-q)+(q-p)=X_n$$

$$\vdots$$

$$E[X_{n+m}\mid\mathcal{F}_n]=X_n,\forall m\geqslant 1$$

$\{X_n, n\in T\}$的可积性与适应性是显然的，所以 X 是鞅．

(2)与(3)可以类似证明． ■

例 7.1.2 设$\{X_t, t\geqslant 0\}$是概率空间$(\Omega, \mathcal{F}, P)$上的一维标准布朗运动，令$\mathcal{F}_t=\sigma(X_s:0\leqslant s\leqslant t)$，$t\geqslant 0$，则

(1) $\{X_t, \mathcal{F}_t, t\geqslant 0\}$ 是鞅；

(2) $\{X_t^2-t, \mathcal{F}_t, t\geqslant 0\}$是鞅；

(3) $\forall\alpha\in\mathbf{R}$，$\{e^{\alpha X_t-\frac{\alpha^2 t}{2}}, \mathcal{F}_t, t\geqslant 0\}$也是鞅．

证明 (1)$\{X_t, t\geqslant 0\}$的可积性与适应性是显然的．下面证明无趋势性，对任意 $0\leqslant s\leqslant t$，因为

$$\begin{aligned}E(X_t\mid\mathcal{F}_s)&=E[(X_t-X_s)+X_s\mid\mathcal{F}_s]=E[(X_t-X_s)\mid\mathcal{F}_s]+E[X_s\mid\mathcal{F}_s]\\&=E[X_t-X_s]+X_s=X_s\end{aligned}$$

所以，$\{X_t, \mathcal{F}_t, t\geqslant 0\}$ 是鞅．

(2)$\{X_t^2-t, \mathcal{F}_t, t\geqslant 0\}$的可积性与适应性也是显然的．又因为对任意 $0\leqslant s\leqslant t$，

$$\begin{aligned}E[(X_t^2-t)\mid\mathcal{F}_s]&=E(X_t^2\mid\mathcal{F}_s)-t=E[(X_t+X_s-X_s)^2\mid\mathcal{F}_s]-t\\&=E[X_s^2\mid\mathcal{F}_s]-2E[X_s(X_t-X_s)\mid\mathcal{F}_s]+E[(X_t-X_s)^2\mid\mathcal{F}_s]-t\\&=X_s^2-2X_s\cdot 0+(t-s)-t=X_s^2-s\end{aligned}$$

所以，$\{X_t^2-t, \mathcal{F}_t, t\geqslant 0\}$是鞅．

(3)$\{e^{\alpha X_t-\frac{\alpha^2 t}{2}}, \mathcal{F}_t, t\geqslant 0\}$的可积性与适应性仍是显然的．只需证明无趋势性，因为如果 $X\sim N(0, \sigma^2)$，则

$$E[e^{i\alpha X}]=e^{-\frac{\sigma^2\alpha^2}{2}},E[e^{\alpha X}]=e^{\frac{\sigma^2\alpha^2}{2}}$$

由 $X_t-X_s\sim N[0, (t-s)]$ 知，

$$\begin{aligned}E[e^{\alpha X_t-\frac{\alpha^2 t}{2}}\mid\mathcal{F}_s]&=E[e^{\alpha(X_t-X_s)}e^{\alpha X_s-\frac{\alpha^2 t}{2}}\mid\mathcal{F}_s]\\&=e^{\alpha X_s-\frac{\alpha^2 t}{2}}E[e^{\alpha(X_t-X_s)}\mid\mathcal{F}_s]=e^{\alpha X_s-\frac{\alpha^2 t}{2}}E[e^{\alpha(X_t-X_s)}]\\&=e^{\alpha X_s-\frac{\alpha^2 t}{2}}e^{\frac{\alpha^2(t-s)}{2}}=e^{\alpha X_s-\frac{\alpha^2 s}{2}}\end{aligned}$$

所以$\{e^{2X_t-\frac{a^2t}{2}}, \mathcal{F}_t, t\geqslant 0\}$是鞅．■

例 7.1.3　设$\{X_t, t\geqslant 0\}$是独立增量过程，且数学期望为常数，即存在常数$m\in\mathbf{R}$，使得$\forall t\geqslant 0$，$E(X_t)=m$．令$\mathcal{F}_t=\sigma\{X_s, 0\leqslant s\leqslant t\}$，则$\{X_t, \mathcal{F}_t, t\geqslant 0\}$是鞅．

证明　对任意$0\leqslant s\leqslant t$，因为

$$E(X_t\mid\mathcal{F}_s)=E[(X_t-X_s)+X_s\mid\mathcal{F}_s]=E[X_t-X_s]+X_s=X_s$$

故$\{X_t, \mathcal{F}_t, t\geqslant 0\}$是鞅．■

例 7.1.4　设$\{X_t, t\geqslant 0\}$是一个强度为λ的泊松过程，$\mathcal{F}_t=\sigma(X_t: 0\leqslant s\leqslant t)$，则$\{X_t, \mathcal{F}_t, t\geqslant 0\}$是一个下鞅，$\{X_t-\lambda t, \mathcal{F}_t, t\geqslant 0\}$是一个鞅．

证明　$\{X_t: t\in[0,\infty)\}$的可积性与适应性是显然的．对任意$0\leqslant s\leqslant t$，

$$\begin{aligned}E(X_t\mid\mathcal{F}_s)&=E[(X_t-X_s)+X_s\mid\mathcal{F}_s]\\&=E[(X_t-X_s)\mid\mathcal{F}_s]+E[X_s\mid\mathcal{F}_s]\\&=E[X_t-X_s]+X_s\\&=E[X_{t-s}]+X_s\\&=\lambda(t-s)+X_s\geqslant X_s\end{aligned}$$

所以$\{X_t, \mathcal{F}_t, t\geqslant 0\}$是一个下鞅，类似可证$\{X_t-\lambda t, \mathcal{F}_t, t\geqslant 0\}$是一个鞅．■

例 7.1.5　(Polya 坛子抽样模型)考虑一个装有红球和黄球的坛子。假设最初坛子中有红黄两种球各一个，每次都按如下规则有放回地随机抽取：如果取出的是红球，则放回的同时再加入一个红球；如果取出的是黄球，也采取同样的做法。用M_n表示第n次抽取后坛子中红球所占的比例，求证：$\{M_n, n\geqslant 0\}$是其自身生成的σ-代数流的鞅．

证明　用X_n表示第n次抽取后坛子中红球的个数，则$X_0=1$，对$n\geqslant 1$，$0\leqslant k\leqslant n+2$，有

$$P(X_{n+1}=k+1\mid X_n=k)=\frac{k}{n+2}$$

$$P(X_{n+1}=k\mid X_n=k)=1-\frac{k}{n+2}=\frac{n+2-k}{n+2}$$

且$M_n=\dfrac{X_n}{n+2}$．$\{M_n, n\geqslant 0\}$的可积性与适应性是显然的，下面证明无趋势性．事实上，

$$\begin{aligned}&E(X_{n+1}\mid X_n=k)\\&=k\cdot P(X_{n+1}=k\mid X_n=k)+(k+1)\cdot P(X_{n+1}=k+1\mid X_n=k)\\&=k\cdot\frac{n+2-k}{n+2}+(k+1)\cdot\frac{k}{n+2}=\frac{(n+3)k}{n+2}\end{aligned}$$

所以

$$E(X_{n+1}\mid X_n)=\frac{(n+3)X_n}{n+2}\tag{7.1}$$

又因为$\{X_n\}$是一个马尔可夫链，所以

$$\begin{aligned}E(M_{n+1}\mid X_0,X_1,\cdots,X_n)&=E(M_{n+1}\mid X_n)=E\left(\frac{X_{n+1}}{n+1+2}\mid X_n\right)\\&=\frac{1}{n+3}E(X_{n+1}\mid X_n)=\frac{1}{n+3}\frac{(n+3)X_n}{n+2}=\frac{X_n}{n+2}=M_n\end{aligned}$$

■

例 7.1.6　设$\{\xi_n, n\geqslant 0\}$为独立同分布的随机序列，其公共分布为

$$P(\xi_n=1)=P(\xi_n=-1)=\frac{1}{2}$$

对 $n\geqslant 2$，取 $V_n=\begin{cases}1, & 当\ \xi_{n-1}+\xi_{n-2}=-2\\ 0, & 其他\end{cases}$，$X_1=0$，$X_n=X_{n-1}+V_n\xi_n(n=2, 3, \cdots)$，$\mathcal{F}_n=\sigma(\xi_0, \xi_1, \cdots, \xi_n)(n=1, 2, \cdots)$，则 $X=(X_n, F_n, n\geqslant 1)$是鞅，但不是马氏过程，也不是平稳过程．

证明　因为$V=(V_n, \mathcal{F}_n, n\geqslant 2)$有界且是可料序列，$E(\xi_i\xi_j)=E(\xi_i)E(\xi_j)=0(i\neq j)$，由定理 7.1.3 知 $X=(X_n,\mathcal{F}_n,n\geqslant 1)$是鞅．下面证明 $X=(X_n,\mathcal{F}_n,n\geqslant 1)$不是马氏过程．因为

$$\begin{aligned}P(X_2=-1,X_3=0)&=P(V_2\xi_2=-1,V_3\xi_3=1)\\&=P(\xi_0=-1,\xi_1=-1,\xi_2=-1,\xi_3=1)=\frac{1}{16}\end{aligned}$$

而$\{V_3\xi_3=1, V_4\xi_4=1\}=\{V_3=1, \xi_3=-1, V_4=1, \xi_4=1\}=\varnothing$，故

$$P(X_2=-1,X_3=0,X_4=1)=P(V_2\xi_2=-1,V_3\xi_3=1,V_4\xi_4=1)=0$$

所以

$$P(X_4=1\,|\,X_3=0,X_2=-1)=\frac{P(X_2=-1,X_3=0,X_4=1)}{P(X_2=-1,X_3=0)}=0 \tag{7.2}$$

又因为

$$\{V_2\xi_2=1,V_3\xi_3=-1\}=\{V_2=1,\xi_2=1,V_3=1,\xi_3=-1\}=\varnothing$$

所以

$$\begin{aligned}P(X_3=0)=&P(\{V_2\xi_2=1,V_3\xi_3=-1\}\cup\{V_2\xi_2=-1,V_3\xi_3=1\}\cup\\&\{V_2\xi_2=V_3\xi_3=0\}=0+P(\xi_0=-1,\xi_1=-1,\xi_2=-1,\xi_3=1)+\\&P(\{\xi_1=-1\}\cup\{\xi_0=1,\xi_1=-1,\xi_2=1\})=\frac{11}{16}\end{aligned}$$

$$\begin{aligned}P(X_3=0,X_4=1)=&P(\{V_2\xi_2=1,V_3\xi_3=-1,V_4\xi_4=1\}\cup\\&\{V_2\xi_2=-1,V_3\xi_3=1,V_4\xi_4=1\}\cup\{V_2\xi_2=0,V_3\xi_3=0,V_4\xi_4=1\})\\=&P(\varnothing)+P(\varnothing)+P(\xi_1=1,\xi_2=-1,\xi_3=-1,\xi_4=1)=\frac{1}{16}\end{aligned}$$

故

$$P(X_4=1\,|\,X_3=0)=\frac{P(X_3=0,X_4=1)}{P(X_3=0)}=\frac{1}{11} \tag{7.3}$$

由式(7.2)、式(7.3)知，

$$P(X_4=1\,|\,X_3=0,X_2=-1)\neq P(X_4=1\,|\,X_3=0)$$

故 X 不是马尔可夫过程．X 不是平稳过程是显然的． ■

定理 7.1.1　设$(\Omega, \mathcal{F}, P)$是一个概率空间，$\{\mathcal{F}_t: t\in T\}$是 F 满足单调递增的子σ-代数流，ξ是$(\Omega, \mathcal{F}, P)$中的一个随机变量，满足 $E(|\xi|)<\infty$，则 $X=\{X_t=E(\xi|\mathcal{F}_t)$，$t\in T\}$是一个$\{\mathcal{F}_t: t\in T\}$鞅．

证明　由 Jensen 不等式知，

$$\forall t\in T,E[|X_t|]=E[|E(\xi|\mathcal{F}_t)|]\leqslant E[E(|\xi\|\mathcal{F}_t)]=E(|\xi|)<\infty$$

故可积性得证．又因为，对任意 $0\leqslant s\leqslant t$，

$$E[X_t\mid\mathcal{F}_s]=E[E(\xi\mid\mathcal{F}_t)\mid F_s]=E[\xi\mid\mathcal{F}_s]=X_s$$

所以，X 是一个 $\{F_t: t\in T\}$ 鞅．■

例 7.1.7（由马尔可夫链转移概率的特征向量导出的鞅）　设 $\{Y_n, n\geqslant 0\}$ 是一个马尔可夫链，其转移矩阵为 $P=\{p_{ij}\}_{i,j\in E}$，如果存在常数 $\lambda\neq 0$ 使得

$$\lambda f(i)=\sum_{j\in E}p_{ij}f(j),\quad \forall i\in E$$

则称 λ 为马尔可夫链 $\{Y_n, n\geqslant 0\}$ 的特征值，称 $\{f(0), f(1), \cdots, f(i), \cdots\}$ 为 P 的右特征向量．如果 $\forall n\geqslant 0$，$E[|f(Y_n)|]<\infty$，令 $X_n=\lambda^{-n}f(Y_n)$，则 $\{X_n\}_{n\geqslant 0}$ 是 $\{Y_n\}_{n\geqslant 0}$ 鞅．

证明　因为 $\forall n\geqslant 0$，$E(|X_n|)=E[|\lambda^{-n}f(Y_n)|]=|\lambda|^{-n}E[|f(Y_n)|]<\infty$，故可积性成立．

令 $\mathcal{F}_t=\sigma(Y_s, 0\leqslant s\leqslant t)$，则

$$\begin{aligned}E(X_{n+1}\mid\mathcal{F}_n)&=E[\lambda^{-(n+1)}f(Y_{n+1})\mid\mathcal{F}_n]=\lambda^{-(n+1)}E[f(Y_{n+1})\mid\mathcal{F}_n]\\&=\lambda^{-n}\lambda^{-1}E[f(Y_{n+1}\mid Y_n)]\\&=\lambda^{-n}\lambda^{-1}\sum_{j\in E}f(j)p_{Y_nj}\\&=\lambda^{-n}f(Y_n)\\&=X_n\end{aligned}$$

所以，$\{X_n\}_{n\geqslant 0}$ 是 $\{Y_n\}_{n\geqslant 0}$ 鞅．

进一步可证：如果 $\{Y_n\}_{n\geqslant 0}$ 是一个离散时间的马尔可夫过程，则其转移分布函数为

$$F(y\mid z)=P(Y_{n+1}\leqslant y\mid Y_n=z)$$

如果 $\forall n\geqslant 0$，有 $E[|f(Y_n)|]<\infty$，且 $\exists\lambda\neq 0$，使得

$$\lambda f(y)=\int_E f(z)\mathrm{d}F(z\mid y),\forall y\in E$$

（称 λ 为马尔可夫过程 $\{Y_n\}_{n\geqslant 0}$ 的特征值，称 f 为 λ 对应的特征函数），令 $X_n=\lambda^{-n}f(Y_n)$，则 $\{X_n\}_{n\geqslant 0}$ 是 $\{Y_n\}_{n\geqslant 0}$ 鞅．■

例 7.1.8（Wald 鞅）　设 $Y_0=0$，$\{Y_n\}_{n\geqslant 1}$ 是一个 i. i. d.，且 Y_1 的矩母函数处处存在，记为

$$\phi(\lambda)=E[\mathrm{e}^{\lambda Y_1}]$$

令 $X_0=1$，$X_n=\phi^{-n}(\lambda)\mathrm{e}^{\lambda(Y_1+Y_2+\cdots+Y_n)}$，则 $\{X_n\}_{n\geqslant 0}$ 是一个 $\{Y_n\}_{n\geqslant 0}$ 鞅．

证明　设 $S_0=0$，$S_n=Y_1+Y_2+\cdots+Y_n$，则 $\{S_n\}_{n\geqslant 0}$ 是一个马尔可夫过程．用 G 表示 Y_1 的分布函数，由 $P(S_{n+1}\leqslant y\mid S_n=x)=G(y-x)$ 知，

$$\int_{\mathbf{R}}\mathrm{e}^{\lambda y}\mathrm{d}G(y-x)=\mathrm{e}^{\lambda x}\int_{\mathbf{R}}\mathrm{e}^{\lambda z}\mathrm{d}G(z)=\mathrm{e}^{\lambda x}\phi(\lambda)$$

故 $\phi(\lambda)$ 是一个特征值，对应的特征函数为 $f(y)=\mathrm{e}^{\lambda y}$．由例 7.1.7 知，

$$X=\{X_n=\phi^{-n}(\lambda)f(S_n)=\phi^{-n}(\lambda)\mathrm{e}^{\lambda S_n},n\geqslant 0\}$$

是 $\{S_n\}_{n\geqslant 0}$ 鞅，从而得到 $\{X_n\}_{n\geqslant 0}$ 是一个 $\{Y_n\}_{n\geqslant 0}$ 鞅，证毕．■

特别地，如果 $Y_i\sim N(0,\sigma^2)$，则 $\phi(\lambda)=\mathrm{e}^{\frac{\lambda^2\sigma^2}{2}}$，且

$$X=\{X_n=\phi^{-n}(\lambda)f(S_n)=\mathrm{e}^{\lambda(Y_1+Y_2+\cdots+Y_n)-\frac{n}{2}\lambda^2\sigma^2},n\geqslant 0\}$$

是$\{Y_n\}_{n\geqslant 0}$鞅．再令$\lambda=\frac{\mu}{\sigma^2}$，$\mu\neq 0$，则

$$X=\{X_n=\phi^{-n}(\lambda)f(S_n)=\mathrm{e}^{\frac{\mu}{\sigma^2}(Y_1+Y_2+\cdots+Y_n)-\frac{n\mu^2}{2\sigma^2}},n\geqslant 0\}$$

是$\{Y_n\}_{n\geqslant 0}$鞅．

定理 7.1.2　如果$\{X_t,\ t\in T\}$是鞅，则$\forall s,\ t\in T$，$E[X_t]=E[X_s]$.

证明　因为$\forall s,\ t\in T$，不妨设$s\leqslant t$，因为$X_s=E[X_t\mid\mathcal{F}_s]$，两边取期望得结论成立．■

同理，对上鞅有$E[X_t]\leqslant E[X_0]$；对下鞅有$E[X_t]\geqslant E[X_0]$.

定理 7.1.3　设$\{X_n:\ n=0,\ 1,\ \cdots\}$是概率空间$(\Omega,\ \mathcal{F},\ P)$上的$\{\mathcal{F}_n:\ n=0,\ 1,\ \cdots\}$适应过程，且$E(|X_n|)<\infty$，$n=0,\ 1,\ 2,\ \cdots$，则$\{X_n,\ \mathcal{F}_n:\ n=0,\ 1,\ \cdots\}$是鞅的充分必要条件是

$$\forall n\geqslant 0,\text{有 } E[X_{n+1}\mid\mathcal{F}_n]=X_n$$

证明　必要性显然．下面证明充分性．设$m\geqslant 1$,

$$\begin{aligned}E(X_{n+m}\mid\mathcal{F}_n)&=E[E[X_{n+m}\mid\mathcal{F}_{n+m-1}]\mid\mathcal{F}_n]=E[X_{n+m-1}\mid\mathcal{F}_n]=\cdots\\&=E[X_{n+1}\mid\mathcal{F}_n]=X_n\end{aligned}$$

所以$\{X_n,\ \mathcal{F}_n,\ n=0,\ 1,\ \cdots\}$是鞅．■

定理 7.1.4　设$\{X_t,\ \mathcal{F}_t,\ t\in T\}$，$\{Y_t,\ \mathcal{F}_t,\ t\in T\}$为鞅(或下鞅)，则

(1) $\{X_t+Y_t,\ \mathcal{F}_t,\ t\in T\}$为鞅(或下鞅)；

(2) $\{X_t\wedge Y_t,\ \mathcal{F}_t,\ t\in T\}$为上鞅．

证明　(1)是显然的，只证(2)．因为

$$\forall t\in T,E|X_t\wedge Y_t|\leqslant[E|X_t|+E|Y_t|]<\infty$$

故$\{X_t\wedge Y_t,\ F_t,\ t\in T\}$是可积的．又因为

$$\forall s,t\in T,s\leqslant t,E[X_t\wedge Y_t\mid\mathcal{F}_s]\leqslant E[X_t\mid\mathcal{F}_s]=X_s$$

同理

$$E[X_t\wedge Y_t\mid\mathcal{F}_s]\leqslant Y_s$$

故

$$E[X_t\wedge Y_t\mid\mathcal{F}_s]\leqslant Y_s\wedge X_s$$

所以，$\{X_t\wedge Y_t,\ \mathcal{F}_t,\ t\in T\}$为上鞅．■

定理 7.1.5　设$\{X_t,\ \mathcal{F}_t,\ t\in T\}$为鞅(或下鞅)，$f$为$\mathbf{R}$上的凸函数(或相应地，非降凸函数)，$E(|f(X_t)|)<\infty$，则$\{f(X_t),\ \mathcal{F}_t,\ t\in T\}$为下鞅．

证明　若$\{X_t,\ \mathcal{F}_t,\ t\in T\}$为鞅，$f$为$\mathbf{R}$上的凸函数，则由 Jensen 不等式有$\forall s\leqslant t$,

$$E[f(X_t)\mid\mathcal{F}_s]\geqslant f[E(X_t\mid\mathcal{F}_s)]=f[X_s]$$

所以$\{f(X_t),\ \mathcal{F}_t,\ t\in T\}$为下鞅．同理可证$\{X_t,\ \mathcal{F}_t,\ t\in T\}$为下鞅的情形．■

例 7.1.9　(1)若$\{X_t,\ \mathcal{F}_t,\ t\in T\}$为鞅(或非负下鞅)，

$$E(|X_t|^p)<\infty,\forall t\in T,1\leqslant p<\infty$$

则$\{|X_t|^p,\ \mathcal{F}_t,\ t\in T\}$为下鞅．

(2)若$\{X_t,\ \mathcal{F}_t,\ t\in T\}$为下鞅，则$\{X_t^+,\ \mathcal{F}_t,\ t\in T\}$也为下鞅，其中$X_t^+=X_t\vee 0$.

证明　(1)因为$f(x)=|x|^p(1\leqslant p<\infty)$为$\mathbf{R}$上的凸函数，故$\{X_t,\ \mathcal{F}_t,\ t\in T\}$为下鞅．

(2) 因为$f(x)=x^+$是$\mathbf{R}$上的非负凸函数，从而结论成立．■

7.2 鞅的停时定理

鞅的停时定理简单地说就是一个满足特定条件的鞅的停止过程仍保持原有的特性，本节我们将分别介绍离散时间鞅与连续时间鞅的几个常用停时定理.

7.2.1 离散时间鞅的停时定理

为了建立离散时间鞅的停时定理，我们首先引入鞅差序列的定义：

定义 7.2.1 若 $Y=\{Y_n, \mathcal{F}_n, n=0, 1, \cdots\}$ 为可积适应序列，且对每个 $n\geqslant 0$，均有

$$E[Y_{n+1} \mid \mathcal{F}_n] = 0(\geqslant 0), \text{ a. e.}$$

则称 Y 为鞅差(或下鞅差)序列.

引理 7.2.1 若 $X=\{X_n, \mathcal{F}_n, n\geqslant 0\}$ 为鞅(或下鞅)，$Y_n=X_n-X_{n-1}$，$n\geqslant 1$，$Y_0=X_0$，则 $Y=\{Y_n, \mathcal{F}_n, n\geqslant 0\}$ 为鞅差(或下鞅差)序列，反之，若 $Y=\{Y_n, \mathcal{F}_n, n\geqslant 0\}$ 为鞅差(或下鞅差)序列，令 $X_n=\sum_{j=0}^{n} Y_j$，则 $X=\{X_n, \mathcal{F}_n, n\geqslant 0\}$ 为鞅(或下鞅).

证明 设 X 为鞅序列，则 $\forall n\geqslant 0$，

$$E[Y_{n+1} \mid \mathcal{F}_n] = E[X_{n+1}-X_n \mid \mathcal{F}_n] = E[X_{n+1} \mid \mathcal{F}_n] - E[X_n \mid \mathcal{F}_n] = X_n - X_n = 0$$

所以，$Y=\{Y_n, \mathcal{F}_n, n\geqslant 0\}$ 为鞅差序列.

反之，设 Y 为鞅差，则

$$E[X_{n+1} \mid \mathcal{F}_n] = E[Y_{n+1}+X_n \mid \mathcal{F}_n] = E[Y_{n+1} \mid \mathcal{F}_n] + E[X_n \mid \mathcal{F}_n] = 0 + X_n$$

故 $X=\{X_n, \mathcal{F}_n, n\geqslant 0\}$ 为鞅，类似可证下鞅差的情形，证毕. ■

在第 3 章，我们已经知道，对随机序列 $V=\{V_n, \mathcal{F}_n, n\in \mathbf{N}\}$，若 $V_0\in\mathcal{F}_0$，且当 $n\geqslant 0$ 时，$V_{n+1}\in\mathcal{F}_n$，则 V 是一个可料过程.

定义 7.2.2 (鞅变换)若 $X=\{X_n, \mathcal{F}_n, n\in\mathbf{N}\}$ 是一个鞅(下鞅)，$V=\{V_n, \mathcal{F}_n, n\in\mathbf{N}\}$ 为一个可料过程，定义新的随机序列 $Z=\{Z_n, n\in\mathbf{N}\}$ 如下：

$$Z_n = X_0V_0 + \sum_{j=1}^{n} V_j(X_j - X_{j-1}), \quad n\in\mathbf{N}$$

称 $Z=\{Z_n, \mathcal{F}_n, n\in\mathbf{N}\}$ 为一个鞅(下鞅)变换，记为 $Z=V\cdot X$.

引理 7.2.2 若 X 为鞅(下鞅)，V 为有界可料(非负有界可料)过程，则 Z 是鞅(下鞅).

证明 设 $\{X_n, \mathcal{F}_n, n\in\mathbf{N}\}$ 是鞅，由 Z_n 的定义知，Z_n 是可积的，且是 $\mathcal{F}_n$ 可测的. 因而 $Z=\{Z_n, \mathcal{F}_n, n\in\mathbf{N}\}$ 是可积适应过程，又因为

$$Z_{n+1}-Z_n = V_{n+1}(X_{n+1}-X_n), \quad V_{n+1}\in\mathcal{F}_n$$

所以，

$$\begin{aligned}
E[Z_{n+1}-Z_n \mid \mathcal{F}_n] &= E[V_{n+1}(X_{n+1}-X_n) \mid \mathcal{F}_n] \\
&= E[V_{n+1}\cdot X_{n+1} \mid \mathcal{F}_n] - E[V_{n+1}\cdot X_n \mid \mathcal{F}_n] \\
&= V_{n+1}E[X_{n+1} \mid \mathcal{F}_n] - V_{n+1}E[X_n \mid \mathcal{F}_n] \\
&= V_{n+1}X_n - V_{n+1}X_n = 0
\end{aligned}$$

故

$$E[Z_{n+1} \mid \mathcal{F}_n] = E[Z_n \mid \mathcal{F}_n] = Z_n$$

即 Z 是鞅，类似可证下鞅的情形，证毕. ■

这里我们使用了如下性质：可积适应过程 $Z=\{Z_n, \mathcal{F}_n, n\in\mathbf{N}\}$ 是鞅的充分必要条件是

$$E[Z_{n+1} \mid \mathcal{F}_n] = Z_n$$

由引理 7.2.2，我们可以得到下列重要定理，它是鞅的停时理论的基础．首先我们引入一个记号：设 $(\Omega, \mathcal{F}, P)$ 为概率空间，$X=\{X_n, \mathcal{F}_n, n=0, 1, 2, \cdots\}$ 为其上的鞅，τ 为 $\{\mathcal{F}_n, n\geqslant 0\}$ 停时，此时 τ 的取值范围为 $\{0, 1, 2, \cdots, \infty\}$，记

$$X_n^\tau = X_{\tau\wedge n}$$

称 $X^\tau=\{X_n^\tau, \mathcal{F}_n, n=0, 1, 2, \cdots\}$ 为 X 在 τ 处的停止过程．

定理 7.2.1 若 $X=\{X_n, \mathcal{F}_n, n\in\mathbf{N}\}$ 为鞅（下鞅），T 为停时，则 $X^T=\{X_{T\wedge n}, \mathcal{F}_n, n\in\mathbf{N}\}$ 必是鞅（下鞅）．

证明 取 $V_n=1_{(n\leqslant T)}$，则 $V_n=1-1_{(T\leqslant n-1)}$，$n\geqslant 1$．因为 $\{\omega;\ T(\omega)\leqslant n-1\}\in\mathcal{F}_{n-1}$，所以 $\{\omega;\ 1_{\{T\leqslant n-1\}}=1\}=\{\omega;\ T(\omega)\leqslant n-1\}\in\mathcal{F}_{n-1}$，$\{\omega;\ 1_{(T\leqslant n-1)}=0\}\in\mathcal{F}_{n-1}$，$1_{(T\leqslant n-1)}\in\mathcal{F}_{n-1}$，$1-1_{(T\leqslant n-1)}\in\mathcal{F}_{n-1}$，$V_n\in\mathcal{F}_{n-1}$，故 $\{V_n, \mathcal{F}_n, n\in\mathbf{N}\}$ 是可料过程，且非负有下界．若 $T\geqslant n$，则

$$Z_n = (V\cdot X)_n = X_0 1_{\{0\leqslant T\}} + \sum_{j=1}^{n}(X_j - X_{j-1})1_{(j\leqslant T)} = X_0 + \sum_{j=1}^{n}(X_j - X_{j-1}) = X_n$$

若 $T<n$，则

$$Z_n = (V\cdot X)_n = X_0 1_{\{0\leqslant T\}} + \sum_{j=1}^{T}(X_j - X_{j-1})1_{(j\leqslant T)} = X_0 + \sum_{j=1}^{T}(X_j - X_{j-1}) = X_T$$

所以 $Z_n=(V\cdot X)_n=X_{n\wedge T}=(X^T)_n$，由 $Z=\{Z_n=(V\cdot X)_n, \mathcal{F}_n, n\in\mathbf{N}\}$ 是鞅知，X^T 为鞅．类似可以证明下鞅的情形．■

定理 7.2.2（有界停时定理） 设 $X=\{X_n, \mathcal{F}_n, n\in\mathbf{N}\}$ 为下鞅（鞅），τ，T 为 $\{\mathcal{F}_n, n\in\mathbf{N}\}$ 有界停时，且 $\tau\leqslant T$，则 $E(X_T\mid\mathcal{F}_\tau)\geqslant X_\tau(=X_\tau)$，a.s.．

证明 若 $X=\{X_n, n\in\mathbf{N}\}$ 为下鞅，设 τ，$T\leqslant k$，则 $V_n\equiv 1_{(\tau<n\leqslant T)}=1_{\{n\leqslant T\}}-1_{\{n\leqslant\tau\}}$ 是非负可料的，由定义 7.2.2 知，$V\cdot X$ 是下鞅．又因为 $V_0=0$，故 $(V\cdot X)_0=V_0X_0=0$．此外，因为 $\tau\leqslant k$，$T\leqslant k$，所以 $(V\cdot X)_k=X_T-X_\tau$，于是

$$\begin{aligned} E(X_T - X_\tau) &= E(V\cdot X)_k = E[E(V\cdot X)_k \mid \mathcal{F}_{k-1}] \\ &\geqslant E[(V\cdot X)_{k-1}] \geqslant \cdots \geqslant E[(V\cdot X)_0] = 0 \end{aligned} \tag{7.4}$$

任取 $A\in\mathcal{F}_\tau$，记 T_A 和 τ_A 为 T 和 τ 在 A 上的限制，另取 $T'=T_A\wedge(k+1)$，$\tau'=\tau_A\wedge(k+1)$，则 T'，τ' 是有界停时，且 $T'\geqslant\tau'$，则 $X_T 1_A=X_{T'}$，$X_\tau 1_A=X_{\tau'}$，将 T'，τ' 替代不等式(7.4)中的 T，τ，得到

$$E(X_T 1_A - X_\tau 1_A) = E(X_{T'} - X_{\tau'}) \geqslant 0$$

即

$$E(X_T 1_A) \geqslant E(X_\tau 1_A), \forall A \in \mathcal{F}_\tau$$

由条件期望的定义知，

$$E(X_T \mid \mathcal{F}_\tau) \geqslant E(X_\tau \mid \mathcal{F}_\tau) = X_\tau$$

X 为鞅的情形类似可证．■

推论 7.2.1 设 $X=\{X_n, n\in\mathbf{N}\}$ 为下鞅（鞅），S，T 为有界停时，则

$$E(X_T \mid \mathcal{F}_S) \geqslant X_{T\wedge S}(= X_{T\wedge S}), \quad \text{a.e.}$$

证明 因为 S，T 为有界停时，所以 $S\vee T$ 也是有界停时，于是

$$E[X_T \mid \mathcal{F}_S]=E[X_T 1_{\{T\leqslant S\}}+X_T 1_{\{T>S\}} \mid \mathcal{F}_S]=X_T 1_{\{T\leqslant S\}}+1_{\{T>S\}}E[X_{T\vee S} \mid \mathcal{F}_S]$$

因为 $T\vee S\geqslant S$，由定理 7.2.2 知，$E[X_{T\vee S} \mid \mathcal{F}_S]\geqslant X_S$，所以

$$E[X_T \mid \mathcal{F}_S]=X_T 1_{\{T\leqslant S\}}+1_{\{T>S\}}E[X_{T\vee S} \mid \mathcal{F}_S]\geqslant(=)X_T 1_{\{T\leqslant S\}}+1_{\{T>S\}}X_S$$

当 $\omega\in\{T\leqslant S\}$时，$X_T 1_{\{T\leqslant S\}}+X_S 1_{\{T>S\}}=X_T$，当 $\omega\in\{T>S\}$时，$X_T 1_{\{T\leqslant S\}}+X_S 1_{\{T>S\}}=X_S$，所以，

$$E(X_T \mid \mathcal{F}_S)\geqslant(=)X_T 1_{\{T\leqslant S\}}+X_S 1_{\{T>S\}}=X_{S\wedge T}$$ ■

推论 7.2.2　设 $X=\{X_n,\mathcal{F}_n,n\in\mathbf{N}\}$为下鞅(鞅)，$T$ 是$\{\mathcal{F}_n,n\in\mathbf{N}\}$有界停时，则

$$E[|X_{T\wedge n}|]\leqslant 2E[X_n^+]-E[X_0],\quad E[|X_T|1_{\{T<\infty\}}]\leqslant 3\sup_n E[|X_n|]$$

证明　因为

$$E[|X_{T\wedge n}|]=2E[X_{T\wedge n}^+]-E[X_{T\wedge n}]$$

且 $T\wedge n\leqslant n$，由定理 7.2.1 知，

$$E[X_n^+]=E[E[X_n^+ \mid \mathcal{F}_{T\wedge n}]]\geqslant E[X_{T\wedge n}^+]$$

又因为 $T\wedge n\geqslant 0$，定理 7.2.2 知，

$$E[X_{T\wedge n}]=E[E[X_{T\wedge n} \mid \mathcal{F}_0]]\geqslant E[X_0]$$

所以

$$E[|X_{T\wedge n}|]\leqslant 2E[X_n^+]-E[X_0]$$

又因为

$$E[|X_{T\wedge n}|1_{\{T<\infty\}}]\leqslant E[|X_{T\wedge n}|]\leqslant 2\sup_{k\leqslant n}E[X_k^+]+E[|X_0|]\leqslant 3\sup_{k\leqslant n}E[|X_k|]$$

令 $n\to\infty$，由 Fatou 引理得

$$E(|X_T|1_{\{T<\infty\}})\leqslant 3\sup_n E(|X_n|)$$ ■

定理 7.2.3　若 $X=\{X_n,\mathcal{F}_n,n=0,1,2,\cdots\}$为概率空间$(\Omega,\mathcal{F},P)$上的 L^1 有界鞅(或 L^1 有界非负下鞅)，τ 为任一$\{\mathcal{F}_n\}$停时，则 X^τ 也是 L^1 有界鞅(或 L^1 有界非负下鞅)，且有

$$\|X_\tau\|_1\leqslant\|X^\tau\|_1\leqslant\|X\|_1$$

其中，$X_\tau\triangleq\lim_{n\to\infty}X_{\tau\wedge n}$，a. s.. 若 X 为一致可积鞅(相应地，上鞅)，则 X^τ 亦然 .

证明　由定理 7.2.1 知 X^τ 是鞅 . 若 X 是 L^1 有界鞅或 L^1 有界非负下鞅(设 X 是 L^1 有界鞅，则$|X|$是 L^1 有界非负下鞅)，因 $X_\tau=\lim_{n\to\infty}X_{\tau\wedge n}$，a. s.，所以

$$\|X_\tau\|_1=E(|X_\tau|)=E[\lim_{n\to\infty}|X_{\tau\wedge n}|]\leqslant\sup_{n\geqslant 0}E(|X_{\tau\wedge n}|)=\|X^\tau\|_1$$

因$|X|$是非负下鞅，$\{\tau=k\}\in\mathcal{F}_k$，所以，当 $k<n$ 时，

$$E(|X_k| \mid \mathcal{F}_k)\leqslant E(|X_n| \mid \mathcal{F}_k)$$

从而

$$\int_{\{\tau=k\}}|X_k|\mathrm{d}P\leqslant\int_{\{\tau=k\}}|X_n|\mathrm{d}P$$

故

$$\begin{aligned}E[|X_{\tau\wedge n}|]&=\sum_{k=0}^{n-1}\int_{\{\tau=k\}}|X_k|\mathrm{d}P+\int_{\{\tau\geqslant n\}}|X_n|\mathrm{d}P\leqslant\sum_{k=0}^{n-1}\int_{\{\tau=k\}}|X_n|\mathrm{d}P+\int_{\{\tau\geqslant n\}}|X_n|\mathrm{d}P\\&=E(|X_n|),\ \forall n\geqslant 0\end{aligned}$$

所以

$$\| X^{\tau} \|_1 \equiv \sup_{n\geqslant 0} E(|X_{\tau\wedge n}|) \leqslant \sup_{n\geqslant 0} E(|X_n|) \equiv \| X \|_1 < \infty$$

若 X 是一致可积鞅，则 X 是 L^1 有界的鞅，前面已证 X^{τ} 是一个鞅，且 $\| X_{\tau} \|_1 < \infty$. 往证 $\{X_{n\wedge\tau}: n\geqslant 0\}$ 是 L^1 收敛的，若已证，则由定理 3.3.2 知，X^{τ} 是一致可积鞅. 事实上，当 $m<n$ 时，

$$\begin{aligned}\| X_{n\wedge\tau} - X_{m\wedge\tau} \|_1 &= \int_{\Omega} |X_{n\wedge\tau} - X_{m\wedge\tau}| \mathrm{d}P \\ &= \int_{\{\tau<m\}} |X_{\tau} - X_{\tau}| \mathrm{d}P + \int_{\{m\leqslant\tau<n\}} |X_{\tau} - X_m| \mathrm{d}P + \int_{\{\tau\geqslant n\}} |X_n - X_m| \mathrm{d}P \\ &= \int_{\{m\leqslant\tau<n\}} |X_{\tau} - X_m| \mathrm{d}P + \int_{\{\tau\geqslant n\}} |X_n - X_m| \mathrm{d}P\end{aligned}$$

因 X 是一致可积鞅，由鞅收敛定理知，存在 $X_{\infty}\in L^1$，使得 $\lim\limits_{n\to\infty} X_n \overset{L^1}{=} X_{\infty}$，所以

$$\lim_{\substack{n\to\infty \\ m\to\infty}} \int_{\Omega} |X_n - X_m| \mathrm{d}P = 0$$

则有

$$\lim_{\substack{n\to\infty \\ m\to\infty}} \int_{\{\tau\geqslant n\}} |X_n - X_m| \mathrm{d}P = 0$$

而

$$\int_{\{m\leqslant\tau<n\}} |X_{\tau} - X_m| \mathrm{d}P \leqslant \int_{\{m\leqslant\tau<\infty\}} |X_{\tau} - X_m| \mathrm{d}P$$

令 $Y_m = 1_{\{m\leqslant\tau<\infty\}} |X_{\tau} - X_m|$，则

$$\lim_{n\to\infty} X_n = X_{\infty} \text{ a. s.}, \quad \lim_{m\to\infty} Y_m = |X_{\infty} - X_{\infty}| = 0, \text{ a. s.}$$

下面证明 $Y_m \xrightarrow{L^1} 0$，这只需证明 $\{Y_m\}$ 一致可积即可. 因为

$$0 \leqslant Y_m \leqslant 1_{\{m\leqslant\tau<\infty\}} [|X_{\tau}| + |X_m|] \leqslant 1_{\{m\leqslant\tau<\infty\}} |X_{\tau}| + |X_m| \triangleq |\overline{X}_m| + |X_m|$$

$$\begin{aligned}\lim_{k\to 0} \sup_{m\geqslant 0} \int_{\{|\overline{X}_m|\geqslant k\}} |\overline{X}_m| \mathrm{d}P &= \lim_{k\to 0} \sup_{m\geqslant 0} \int_{\{|\overline{X}_m|\geqslant k\}\cap\{\tau\geqslant m\}} |X_{\tau}| \mathrm{d}P \\ &\leqslant \lim_{k\to 0} \int_{\{|X_{\tau}|\geqslant k\}} |X_{\tau}| \mathrm{d}P = 0\end{aligned}$$

所以 $\{Y_m, m\geqslant 0\}$ 也是一致可积的，则 $Y_m \xrightarrow{L^1} 0$，即 $\lim\limits_{m\to\infty} \int_{\Omega} 1_{\{m\leqslant\tau<\infty\}} |X_{\tau} - X_m| \mathrm{d}P \to 0$，从而 $\| X_{n\wedge\tau} - X_{m\wedge\tau} \|_1 \xrightarrow[n\to\infty]{m\to\infty} 0$，由 L^1 的完备性知，$\{X_{n\wedge\tau}: n\geqslant 0\}$ 是 L^1 收敛的. ■

定理 7.2.4 设 $X=\{X_n, \mathcal{F}_n, n=0, 1, 2, \cdots\}$ 是概率空间 $(\Omega, \mathcal{F}, P)$ 上的一致可积鞅，τ，η 均为 $\{\mathcal{F}_n\}$ 停时，$\tau\leqslant\eta$（处处），则

$$E(|X_{\tau}|) < \infty, \ E(|X_{\eta}|) < \infty, \text{且 } E(X_{\eta} | \mathcal{F}_{\tau}) = X_{\tau} \tag{7.5}$$

证明 设 X 为鞅，令 $\tau_n = \tau 1_{\{\tau\leqslant n\}} + \infty \cdot 1_{\{\tau>n\}} (n\geqslant 0)$，即

$$\tau_n(\omega) = \begin{cases} \tau(\omega), & \tau(\omega) \leqslant n \\ \infty, & \tau(\omega) > n \end{cases}$$

首先证明 $X_{\tau_n}=E[X_\infty|\mathcal{F}_{\tau_n}]$，从而 X_{τ_n} 是$\mathcal{F}_{\tau_n}$可测的，其中，

$$\mathcal{F}_{\tau_n}=\{A:A\in\mathcal{F},\text{且 }\forall m,A\cap\{\tau_n\leqslant m\}\in\mathcal{F}_m\}$$

$\forall A\in\mathcal{F}_{\tau_n}$，有

$$\int_A X_{\tau_n}\mathrm{d}P=\sum_{k=0}^{n}\int_{A\cap\{\tau_k=k\}}X_k\mathrm{d}P+\int_{A\cap\{\tau_k=\infty\}}X_\infty\mathrm{d}P$$

因为 $A\cap\{\tau_n=k\}\in\mathcal{F}_k$，所以

$$\int_{A\cap\{\tau_n=k\}}X_k\mathrm{d}P=\int_{A\cap\{\tau_n=k\}}X_\infty\mathrm{d}P$$

从而

$$\int_A X_{\tau_n}\mathrm{d}P=\sum_{k=0}^{n}\int_{A\cap\{\tau_k=k\}}X_k\mathrm{d}P+\int_{A\cap\{\tau_k=\infty\}}X_\infty\mathrm{d}P=\int_A X_\infty\mathrm{d}P$$

故

$$E[X_\infty|\mathcal{F}_{\tau_n}]=X_{\tau_n}\tag{7.6}$$

下面证明 $E(|X_\tau|)<\infty$，设 G 为 Ω 的一个子集族，$A\subset\Omega$，记

$$A\cap G=\{B|B=A\cap D,D\in G\}$$

则可证$\{\tau=\tau_n\}\cap\mathcal{F}_\tau=\{\tau=\tau_n\}\cap\mathcal{F}_{\tau_n}$，若 $\tau_n\geqslant\tau$，则$\mathcal{F}_{\tau_n}\supset\mathcal{F}_\tau$，$\{\tau=\tau_n\}\in\mathcal{F}_\tau\in\mathcal{F}_{\tau_n}$，从而$\mathcal{F}_\tau=\{\tau=\tau_n\}\cap\mathcal{F}_\tau=\{\tau=\tau_n\}\cap\mathcal{F}_{\tau_n}$，即$\{\tau=\tau_n\}\cap\mathcal{F}_{\tau_n}=\mathcal{F}_\tau$.

由条件期望的性质，$\forall G$ 是 σ-代数，$A\in G$，$G_1=A\cap G$，则 $E[X|G]1_A=E[X|A\cap G]1_A$，取 $A=\{\tau=\tau_n\}$，$G=G_{\tau_n}\Rightarrow E[X|\mathcal{F}_{\tau_n}]1_{\{\tau=\tau_n\}}=E[X|\{\tau=\tau_n\}|\mathcal{F}_{\tau_n}]1_{\{\tau=\tau_n\}}$，则由式(7.6)知，

$$\begin{aligned}X_{\tau_n}&=E[X_\infty|\mathcal{F}_{\tau_n}]\\X_{\tau_n}1_{\{\tau=\tau_n\}}&=E[X_\infty|\mathcal{F}_{\tau_n}]1_{\{\tau=\tau_n\}}\\&=E[X_\infty|\mathcal{F}_{\tau_n}\cap\{\tau=\tau_n\}]1_{\{\tau=\tau_n\}}\\&=E[X_\infty|\mathcal{F}_\tau\cap\{\tau=\tau_n\}]1_{\{\tau=\tau_n\}}\\&=E[X_\infty|\mathcal{F}_{\tau_n}]1_{\{\tau=\tau_n\}}\end{aligned}\tag{7.7}$$

由于$\{\tau=\tau_n\}\underset{n\to\infty}{\uparrow}\Omega$，在式(7.7)中令 $n\to\infty$，则有

$$X_\iota=E[X_\infty|\mathcal{F}_n],\ \text{a. s.}$$

类似地 $X_\eta=E[X_\infty|\mathcal{F}_\eta]$，则

$$E(|X_\tau|)=E(|E[X_\infty|\mathcal{F}_\tau]|)\leqslant E[E(|X_\infty||\mathcal{F}_\tau)]=E[|X_\infty|]<\infty$$

而

$$E[X_\eta|\mathcal{F}_\tau]=E[E(X_\infty|\mathcal{F}_\eta)|\mathcal{F}_\tau]=E[X_\infty|\mathcal{F}_\tau]=X_\tau$$ ■

定理 7.2.5　设 $X=\{X_n,\mathcal{F}_n,n=0,1,2,\cdots\}$为概率空间$(\Omega,\mathcal{F},P)$上的一致可积鞅，$\tau_0$，$\tau_1$，$\tau_2$，…，$\tau_\infty$ 均为$\{\mathcal{F}_n\}$停时，且 $\tau_0\leqslant\tau_1\leqslant\cdots\leqslant\tau_\infty$，则$\{X_{\tau_n},\mathcal{F}_{\tau_n},n=0,1,\cdots\}$是鞅.

证明　因为 X 是鞅，τ_n 是停时，所以对任意 $n\geqslant0$，

$E[|X_{\tau_n}|]<\infty$，$E[X_{\tau_{n+m}}|\mathcal{F}_{\tau_n}]=X_{\tau_n}$，从而$\{X_{\tau_n},\mathcal{F}_{\tau_n},n=0,1,\cdots\}$是鞅. ■

7.2.2 连续时间鞅的停时理论

本小节我们讨论连续时间鞅的停时理论，设 $X=\{X_t, \mathcal{F}_t, t\geqslant 0\}$ 是上鞅(或下鞅)，我们总是假定 $\{\mathcal{F}_t, t\geqslant 0\}$ 是满足通常性条件的.

定理 7.2.6 设 $X=\{X_t, \mathcal{F}_t, t\geqslant 0\}$ 是右连续的下鞅，σ，τ 是两个 $\{\mathcal{F}_t, t\geqslant 0\}$ 有界停时，且 $\sigma\leqslant\tau$，则 X_σ，$X_\tau\in L^1(\Omega)$，且有

$$E(X_\tau \mid \mathcal{F}_\sigma)\geqslant X_\sigma, \text{ a. s.}$$

证明 首先，我们证明 X_σ，$X_\tau\in L^1(\Omega)$. 任给 $n\geqslant 0$，定义

$$D_n=\{k2^{-n}:k=0,1,2,\cdots\},\ \sigma_n(\omega)=\inf\{t\in D_n:t\geqslant\sigma(\omega)\},\ \forall\,\omega\in\Omega$$

因为 $D_n\subset D_{n+1}$，所以 σ_n 与 σ_{n+1} 均是值域为 D_{n+1} 的 $\{\mathcal{F}_t, t\in D_{n+1}\}$ 有界停时，对离散时间的下鞅 $\{X_t, \mathcal{F}_t, t\in D_{n+1}\}$，由 Doob 有界停时定理知，$X_{\sigma_n}$ 与 $X_{\sigma_{n+1}}$ 都是可积的，且

$$X_{\sigma_{n+1}}\leqslant E(X_{\sigma_n}\mid \mathcal{F}_{\sigma_{n+1}})$$

所以 $\{X_{\sigma_n}, n\geqslant 0\}$ 是一致可积的. 再由 $X=\{X_t, \mathcal{F}_t, t\geqslant 0\}$ 是右连续的知，当 $n\to\infty$ 时，

$$X_{\sigma_n}\to X_\sigma, \text{ a. s.}$$

因而

$$X_{\sigma_n}\to X_\sigma,\ L^1$$

从而 $X_\sigma\in L^1(\Omega)$，同理可证 $X_\tau\in L^1(\Omega)$.

最后，证明 $E(X_\tau\mid\mathcal{F}_\sigma)\geqslant X_\sigma$, a. s. 成立. 事实上，定义

$$\tau_n=\inf\{t\in D_n, t\geqslant\tau\}$$

则有 $\tau_n\geqslant\sigma_n$，且它们均为有界停时，对任意 $A\in\mathcal{F}_\sigma=\bigcap\limits_{n\geqslant 0}\mathcal{F}_{\sigma_n}$，由离散时间的 Doob 停时定理知，

$$\int_A X_{\tau_n}\mathrm{d}P\geqslant\int_A X_{\sigma_n}\mathrm{d}P,\ \forall\, n\geqslant 0$$

由 L^1 收敛性得

$$\int_A X_\tau\mathrm{d}P\geqslant\int_A X_\sigma\mathrm{d}P, \forall\, n\geqslant 0$$

证毕. ∎

定理 7.2.7 σ 是 $\{\mathcal{F}_t, t\geqslant 0\}$ 停时，X 是 $\mathcal{F}_\sigma$ 可测的随机变量，则 $\forall\, t\geqslant 0$，有

$$E(X\mid\mathcal{F}_t)=E(X\mid\mathcal{F}_{\sigma\wedge t})$$

证明 因为 $\mathcal{F}_{\sigma\wedge t}=\mathcal{F}_\sigma\cap\mathcal{F}_t$，所以由条件期望的性质知，只需证明 $E(X\mid\mathcal{F}_t)$ 关于 $\mathcal{F}_\sigma$ 可测即可.

因为一个随机变量 Y 关于 $\mathcal{F}_\sigma$ 可测的充要条件为任给 $s\geqslant 0$，$Y\cdot 1_{\{\sigma\leqslant s\}}$ 是 $\mathcal{F}_s$ 可测的(请读者自己完成这个性质的证明). 而

$$\begin{aligned}E(X\mid\mathcal{F}_t)&=E(\{X\cdot 1_{\{\sigma\leqslant t\}}+X\cdot 1_{\{\sigma>t\}}\}\mid\mathcal{F}_t)\\&=X\cdot 1_{\{\sigma\leqslant t\}}+1_{\{\sigma>t\}}E(X\mid\mathcal{F}_t)\end{aligned}$$

右边第一项显然是 $\mathcal{F}_\sigma$ 可测。对第二项，取任意 $s\geqslant 0$，

$$1_{\{\sigma>t\}}E(X\mid\mathcal{F}_t)1_{\{\sigma\leqslant s\}}=1_{\{t<\sigma\leqslant s\}}E(X\mid\mathcal{F}_t)$$

当 $t<s$ 时，右边是 $\mathcal{F}_s$ 可测函数与 $\mathcal{F}_t$ 可测函数的乘积，显然是 $\mathcal{F}_s$ 可测的，当 $t\geqslant s$ 时，右边

等于 0，从而也是$\mathcal{F}_s$ 可测的，证毕．■

定理 7.2.8　设 $X=\{X_t,\ \mathcal{F}_t,\ t\geqslant 0\}$是右连续的下鞅(或鞅)，$\tau$ 为任一$\{\mathcal{F}_t,\ t\geqslant 0\}$停时，则 X 的 τ 停止过程

$$X^{\tau}=\{X_{t\wedge\tau},t\geqslant 0\}$$

也是关于$\{\mathcal{F}_t,\ t\geqslant 0\}$的下鞅(或鞅)．

证明　因为对任一固定的 $t\geqslant 0$，$\tau\wedge t$ 是有界停时，由定理 7.2.6 知，X^{τ} 为$\{\mathcal{F}_t,\ t\geqslant 0\}$适应的可积过程．对任一 $s<t$，因为 $X_{t\wedge\tau}$是$\mathcal{F}_{t\wedge\tau}$可测的，由定理 7.2.6 及定理 7.2.7 知，

$$E(X_{t\wedge\tau}\mid\mathcal{F}_s)=E(X_{t\wedge\tau}\mid\mathcal{F}_{t\wedge\tau\wedge s})=E(X_{t\wedge\tau}\mid\mathcal{F}_{s\wedge\tau})\geqslant X_{s\wedge\tau}$$

所以，$X^{\tau}=\{X_{t\wedge\tau},\ t\geqslant 0\}$也是关于$\{\mathcal{F}_t,\ t\geqslant 0\}$的下鞅，证毕．■

定理 7.2.9　设 $X=\{X_t,\ \mathcal{F}_t,\ t\geqslant 0\}$为概率空间$(\Omega,\ \mathcal{F},\ P)$上的随机过程，如果对任一$\{\mathcal{F}_t,\ t\geqslant 0\}$停时 τ 均有

$$E[X_{\tau}]=0,\quad X_{\tau}\in L^1(\Omega)$$

则 $X=\{X_t,\ \mathcal{F}_t,\ t\geqslant 0\}$为一个 L^1 有界鞅．

证明　取 $\tau=\infty$，因为 $E[X_{\infty}]=0$，$X_{\infty}\in L^1(\Omega)$，且$\forall A\in\mathcal{F}$，有

$$\int_A X_{\infty}\mathrm{d}P=-\int_{A^c}X_{\infty}\mathrm{d}P \tag{7.8}$$

又因为对任意$\{\mathcal{F}_t,\ t\geqslant 0\}$停时 τ，$\forall A\in\mathcal{F}_{\tau}$，记

$$e_A(\omega)=\begin{cases}\tau(\omega), & \omega\in A\\ \infty, & \omega\notin A\end{cases}$$

则 e_A 是$\{\mathcal{F}_t,\ t\geqslant 0\}$停时(因为$\{e_A(\omega)\leqslant t\}=A\cap\{\tau\leqslant t\}$)．现$\forall A\in\mathcal{F}_t$，则 e_A 是$\{\mathcal{F}_t,\ t\geqslant 0\}$停时，故 $E[X_{e_A}]=0$，从而

$$\int_A X_{\tau}\mathrm{d}P=-\int_{A^c}X_{\infty}\mathrm{d}P \tag{7.9}$$

取 $\tau=t$，由式(7.8)和式(7.9)知，$\forall A\in\mathcal{F}_t$，有

$$\int_A X_{\infty}\mathrm{d}P=\int_A X_t\mathrm{d}P$$

故 $X_t=E[X_{\infty}\mid\mathcal{F}_t]$，$\forall t\geqslant 0$，即 $X=\{X_t,\ \mathcal{F}_t,\ t\geqslant 0\}$是一个 L^1 有界鞅．■

定义 7.2.3[鞅(上鞅、下鞅)反列]　如果可积序列 $X=\{X_n,\ \mathcal{F}_n,\ n\geqslant 0\}$满足：

(1)$\mathcal{F}_0\supset\mathcal{F}_1\supset\mathcal{F}_2\supset\cdots$；

(2)$E(X_n\mid\mathcal{F}_{n+1})\leqslant X_n$；

则称 $X=\{X_n,\ \mathcal{F}_n,\ n\geqslant 0\}$为上鞅反列，同理可定义下鞅及鞅反列．

引理 7.2.3　$X=\{X_t,\ \mathcal{F}_t,\ t\geqslant 0\}$为上鞅，$\{\sigma_n,\ n\geqslant 1\}$为递减停时列，则$\{X_{\sigma_n},\ n\geqslant 1\}$为一致可积族．

证明　见参考文献[66]中的引理 5.4.3.■

定理 7.2.10　$X=\{X_t,\ \mathcal{F}_t,\ t\geqslant 0\}$为右连续上鞅，且它控制某个正则鞅，则对任意两个 σ，τ，$\sigma\leqslant\tau$(a.s.)，有

$$E(X_{\tau}\mid\mathcal{F}_{\sigma})\leqslant X_{\sigma},\ \text{a.s.}$$

证明　定义停时序列 τ_n，σ_n 如下：

$$\tau_n=\sum_{k=1}^{\infty}\frac{k}{2^n}1_{\left\{\frac{k-1}{2^n}\leqslant\tau<\frac{k}{2^n}\right\}}+\infty 1_{\{\tau=\infty\}}$$

$$\sigma_n = \sum_{k=1}^{\infty} \frac{k}{2^n} 1_{\left\{\frac{k-1}{2^n} \leqslant \sigma < \frac{k}{2^n}\right\}} + \infty 1_{\{\sigma = \infty\}}$$

于是对任意 n，可设 $\sigma_n \leqslant \tau_n$(a. s.)，否则以 $\sigma_n \wedge \tau_n$ 代替 σ_n，显然，当 $n \to \infty$ 时，$\tau_n \downarrow \tau$，$\sigma_n \downarrow \sigma$，由离散时间鞅的停时定理知，

$$E(X_{\tau_n} \mid \mathcal{F}_{\sigma_n}) \leqslant X_{\sigma_n}, \quad \text{a. s.}, \quad n = 1, 2, \cdots \tag{7.10}$$

往证$(X_{\sigma_n}, n \geqslant 1)$，$(X_{\tau_n}, n \geqslant 1)$为一致可积族．只需对一族去证明，为此，记 $Y_n = X_{\sigma_n}$，$\mathscr{G}_n = \mathcal{F}_{\sigma_n}$，于是$(Y_n, \mathscr{G}_n, n \geqslant 1)$为上鞅反列，这是因为(由离散时间鞅停时定理)

$$E(Y_n \mid \mathscr{G}_{n+1}) = E(X_{\sigma_n} \mid \mathcal{F}_{\sigma_{n+1}}) \leqslant X_{\sigma_{n+1}} = Y_{n+1}, \text{ a. s.}$$

由引理 7.2.3 知，$\{Y_n = X_{\sigma_n}, n \geqslant 1\}$为一致可积族．

取任意 $A \in \mathcal{F}_\sigma$，因为$\mathcal{F}_\sigma \subset \mathcal{F}_{\sigma_n}$，$n=1, 2, \cdots$，故 $A \in \mathcal{F}_{\sigma_n}$，由式(7.10)得

$$\int_A X_{\tau_n} P(\mathrm{d}\omega) \leqslant \int_A X_{\sigma_n} P(\mathrm{d}\omega)$$

因为(X_{τ_n})及(X_{σ_n})一致可积，且 X 右连续，所以令 $n \to \infty$，上面不等式变为

$$\int_A X_\tau P(\mathrm{d}\omega) \leqslant \int_A X_\sigma P(\mathrm{d}\omega)$$

对任意 $A \in \mathcal{F}_\sigma$. 这就是 $E(X_\tau \mid \mathcal{F}_\sigma) \leqslant X_\sigma$(a. s.)，证毕． ■

注 7.2.1 若 $X = (X_t, \mathcal{F}_t, t \in \mathbf{R}_+)$为非负右连续上鞅，且对停时 τ，有 $X_\tau = 0$，则在$\{\tau \leqslant t\}$上，有 $X_t = 0$.

注 7.2.2 设 X 为右连续正则鞅，σ，τ 为停时，且 $\sigma \leqslant \tau$(a. s.)，则

$$E(X_\tau \mid \mathcal{F}_\sigma) = X_\sigma, \text{ a. s.}$$

注 7.2.3 在定理 7.2.10 相同条件下(或在 X 为正则鞅条件下)，对任意停时 σ，τ 有

$$E(X_\tau \mid \mathcal{F}_\sigma) \leqslant X_{\tau \wedge \sigma}$$

(X 为正则鞅时上式取等号)．特别地，$X^\tau = \{X_t^\tau, \mathcal{F}_t, t \geqslant 0\}$为上鞅．

事实上，由右连续性知，$X_\tau \in \mathcal{F}_\tau$，故 $X_\tau 1_{\{\tau \leqslant \sigma\}} \in \mathcal{F}_\sigma$，再由定理 7.2.10 有

$$\begin{aligned} E(X_\tau \mid \mathcal{F}_\sigma) &= E(X_\tau 1_{(\tau \leqslant \sigma)} + X_{\tau \vee \sigma} 1_{(\tau > \sigma)} \mid \mathcal{F}_\sigma) \\ &\leqslant X_\tau 1_{(\tau \leqslant \sigma)} + X_\sigma 1_{(\tau > \sigma)} = X_{\tau \wedge \sigma}, \quad \text{a. s.} \end{aligned}$$

定理 7.2.11 设 X 为右连续适应过程，若停时 σ，τ 使得 X^σ 及 X^τ 都为上鞅，则 $X^{\sigma \wedge \tau}$ 也为上鞅．

证明 设 μ 为任意停时，于是

$$\begin{aligned} |X_\mu^{\sigma \vee \tau} 1_{\{\sigma \vee \tau > 0\}}| &= |X_{(\sigma \wedge \mu) \vee (\tau \wedge \mu)} 1_{\{\sigma \vee \tau > 0\}}| \\ &= |1_{\{\sigma > \tau\}} 1_{\{\sigma > 0\}} X_{\sigma \wedge \mu} + 1_{\{\sigma \leqslant \tau\}} 1_{\{\tau > 0\}} X_{\tau \wedge \mu}| \\ &\leqslant |1_{\{\sigma > 0\}} X_\mu^\sigma| + |1_{\{\tau > 0\}} X_\mu^\tau| \end{aligned}$$

由此知，当 μ 取遍所有的停时时，随机变量族$\{X_\mu^{\sigma \vee \tau} 1_{\{\sigma \vee \tau > 0\}}\}_{\mu \in \mathcal{J}}$为一致可积族．剩下要证过程 $X^{\sigma \vee \tau} 1_{\{\sigma \vee \tau > 0\}}$ 为上鞅．对任意 $0 \leqslant s \leqslant t$，有

$$\begin{aligned} E\{X_{(\sigma \vee \tau) \wedge t} 1_{\{\sigma \vee \tau > 0\}} \mid \mathcal{F}_s\} &= E\{X_{(\sigma \vee \tau) \wedge t} 1_{\{0 < \sigma \vee \tau \leqslant s\}} + X_{(\sigma \vee \tau) \wedge t} 1_{\{\sigma \vee \tau > s\}} \mid \mathcal{F}_s\} \\ &= E\{X_{(\sigma \vee \tau) \wedge s} 1_{\{0 < \sigma \vee \tau \leqslant s\}} + X_{\sigma \wedge t} 1_{\{\sigma > \tau \vee s\}} + X_{\tau \wedge t} 1_{\{\tau \geqslant \sigma, \tau > s\}} \mid \mathcal{F}_s\} \\ &= X_{(\sigma \vee \tau) \wedge s} 1_{\{0 < \sigma \vee \tau \leqslant s\}} + E\{E(X_{\sigma \wedge t} 1_{\{\sigma > \tau \vee s\}} \mid \mathcal{F}_{\tau \vee s}) \mid \mathcal{F}_s\} + \\ &\quad E\{X_{\tau \wedge t} 1_{\{\tau \geqslant \sigma, \tau > s\}} \mid \mathcal{F}_s\} \end{aligned}$$

$$
\begin{aligned}
&\leqslant X_{(\sigma\vee\tau)\wedge s}1_{\{0<\sigma\vee\tau\leqslant s\}}+E\{1_{\{\sigma>\tau\vee s\}}X^{\sigma}_{(\tau\vee s)\wedge t}\mid\mathcal{F}_s\}+\\
&\quad E\{X_{\tau\wedge t}1_{\{\tau\geqslant\sigma,\tau>s\}}\mid\mathcal{F}_s\}\\
&=X_{(\sigma\vee\tau)\wedge s}1_{\{0<\sigma\vee\tau\leqslant s\}}+E\{1_{\{\sigma>\tau\vee s\}}X_{(\tau\vee s)\wedge t}+\\
&\quad 1_{\{\tau\geqslant\sigma,\tau>s\}}X_{\tau\wedge t}\mid\mathcal{F}_s\}\\
&=X_{(\sigma\vee\tau)\wedge s}1_{\{0<\sigma\vee\tau\leqslant s\}}+E\{1_{\{\tau>s\}}1_{\{\sigma>\tau\vee s\}}X_{(\tau\vee s)\wedge t}+\\
&\quad 1_{\{\tau\leqslant s\}}1_{\{\sigma>\tau\vee s\}}X_{(\tau\vee s)\wedge t}+1_{\{\tau\geqslant\sigma,\tau>s\}}X_{\tau\wedge t}\mid\mathcal{F}_s\}\\
&=X_s^{\sigma\vee\tau}1_{\{0<\sigma\vee\tau\leqslant s\}}+E\{1_{\{\tau>s\}}X_{\tau\wedge t}+1_{\{\tau\leqslant s<\sigma\}}X_s\mid\mathcal{F}_s\}\\
&\leqslant X_s^{\sigma\vee\tau}1_{\{0<\sigma\vee\tau\leqslant s\}}+1_{\{\tau>s\}}X_{\tau\wedge s}+1_{\{\tau\leqslant s<\sigma\}}X_s\\
&=X_s^{\sigma\vee\tau}1_{\{0<\sigma\vee\tau\leqslant s\}}+1_{\{\tau\vee\sigma>s\}}X_s\\
&=X_s^{\sigma\vee\tau}1_{\{\sigma\vee\tau>0\}}
\end{aligned}
$$

证毕. ■

注 7.2.4 由此立刻推知，右连续适应过程 X 是局部上鞅(鞅)，当且仅当存在趋于 $+\infty$ 的(注意不必上升)停时序列 $\{\tau_n\}$，使得过程 $X^{\tau_n}1_{\{0<\tau_n\}}$ 类(D)类上鞅(一致可积鞅).

注 7.2.5 每个右连续上鞅都为局部上鞅，每个右连续鞅都为局部鞅. 事实上，令

$$\tau_n=\inf\{t: |X_t|\geqslant n\}\wedge n$$

由右连续性知，停时序列 $\{\tau_n\}$ 上升趋于 $+\infty$，τ_n 有界。对任意停时 σ，有

$$
\begin{aligned}
|X_\sigma^{\tau_n}|=|X_{\tau_n\wedge\sigma}|&=|X_{\tau_n}|1_{\{\tau_n\leqslant\sigma\}}+|X_\sigma|1_{\{\sigma<\tau_n\}}\\
&\leqslant|X_{\tau_n}|+n
\end{aligned}
$$

故 $(X_\sigma^{\tau_n}, \sigma\in\mathcal{D})$ 为一致可积族，而且 $X^{\tau_n}1_{\{\tau_n>0\}}$ 为上鞅.

7.3 鞅的不等式

鞅的不等式在理论研究和实际应用中的运用非常广泛，它们在概率论、数据模型和随机变量序列研究中是最基本的工具之一. 非常著名并且运用广泛的不等式当属 Doob 极大不等式、柯尔莫哥洛夫不等式、Doob 下鞅的上穿不等式等，利用鞅的不等式我们可以解决实际生活中的许多问题，本节我们介绍鞅的几个重要不等式.

7.3.1 离散时间鞅的不等式

引入下列记号，设 $X=\{X_n, n\in\mathbf{N}\}$ 是一个随机序列，记

$$X_n^*=\sup_{k\leqslant n}|X_k|,\quad X^*=\sup_{k\in N}|X_k|$$

定理 7.3.1(Doob 不等式) 设 $X=\{X_n, \mathcal{F}_n, n\geqslant 0\}$ 为鞅或非负下鞅，则

(1) $E[\sup\limits_{n\geqslant 0}|X_n|]\leqslant\dfrac{\mathrm{e}}{\mathrm{e}-1}[1+\sup\limits_{n\geqslant 0}E(|X_n|\ln^+|X_n|)]$；

(2) $\|\sup\limits_{n\geqslant 0}|X_n|\|_p\leqslant q\|X\|_p(p>1, q>1, \dfrac{1}{p}+\dfrac{1}{q}=1)$，其中，$\|X\|_p=\sup\limits_{n\geqslant 0}\|X_n\|_p$.

为了证明定理 7.3.1，需要首先证明下列引理.

引理 7.3.1 设 $X=\{X_n, \mathcal{F}_n, n\geqslant 0\}$ 为上鞅，则对任意常数 $\lambda>0$ 和任一 $n\geqslant 0$，有

$$\lambda P(\inf_{k\leqslant n}X_k<-\lambda)=\int_{\{\inf\limits_{k\leqslant n}X_k<-\lambda\}}-X_n\mathrm{d}P \tag{7.11}$$

$$\lambda P(\sup_{m\leqslant n} X_m > \lambda) \leqslant E(X_0) - \int_{\{\sup\limits_{m\leqslant n} X_m \leqslant \lambda\}} X_n \mathrm{d}P \tag{7.12}$$

$$\lambda P(\sup_{k\leqslant n} |X_k| > \lambda) \leqslant E[X_0] + 2E[X_n^-]\ (X_n^- = (-X_n) \vee 0) \tag{7.13}$$

证明　记 $A_0=\{X_0<-\lambda\}, A_k=\{X_0\geqslant-\lambda, X_1\geqslant-\lambda,\cdots,X_{k-1}\geqslant-\lambda, X_k<-\lambda\}, k\geqslant 1$，显然，$\{A_n\}_{n\geqslant 0}$两两不交，且$\forall k\geqslant 0$，$A_k\in\mathcal{F}_k$. 由 X 为上鞅知，对任意 $k\leqslant n$，有

$$\int_{A_k} X_n \mathrm{d}P \leqslant \int_{A_k} X_k \mathrm{d}P$$

所以

$$\begin{aligned}\lambda P(\inf_{k\leqslant n} X_k < -\lambda) &= \lambda P(\bigcup_{k=0}^{n} A_k) = \lambda \sum_{k=0}^{n} P(A_k) \\ &= \sum_{k=0}^{n} \int_{A_k} \lambda \mathrm{d}P \leqslant \sum_{k=0}^{n} \int_{A_k} -X_k \mathrm{d}P \\ &\leqslant \sum_{k=0}^{n} \int_{A_k} -X_n \mathrm{d}P = -\int_{\bigcup\limits_{k=0}^{n} A_k} X_n \mathrm{d}P \\ &= \int_{\{\inf\limits_{k\leqslant n} X_k < -\lambda\}} -X_n \mathrm{d}P\end{aligned}$$

式(7.11)得证.

再令

$$\tau = \inf\{k: k\geqslant 0, X_k > \lambda\} \wedge n, \tau_k = \tau \wedge k,\quad k = 0,1,\cdots,n$$

则 τ，τ_k 均为$\{\mathcal{F}_n, n\geqslant 0\}$停时，且

$$0 = \tau_0 \leqslant \tau_1 \leqslant \cdots \leqslant \tau_n = \tau, \tau_k \leqslant \tau_{k-1} + 1$$

从而有

$$\mathcal{F}_0 = \mathcal{F}_{\tau_0} \subset \mathcal{F}_{\tau_1} \subset \cdots \subset \mathcal{F}_{\tau_n} = \mathcal{F}_\tau$$

且 X_{τ_k} 是$\mathcal{F}_{\tau_k}$可测的. 对任一 $0\leqslant k<n$，取 $A\in\mathcal{F}_{\tau_k}$，则有

$$A \cap \{\tau_k = j\} \cap \{\tau_{k+1} > j\} \in \mathcal{F}_j$$

由 X 为上鞅知，

$$\int_{A\cap\{\tau_k=j\}\cap\{\tau_{k+1}>j\}} X_j \mathrm{d}P \geqslant \int_{A\cap\{\tau_k=j\}\cap\{\tau_{k+1}>j\}} X_{j+1} \mathrm{d}P$$

所以

$$\int_A (X_{\tau_k} - X_{\tau_{k+1}}) \mathrm{d}P = \sum_{j=0}^{k} \int_{A\cap\{\tau_k=j\}\cap\{\tau_{k+1}>j\}} (X_j - X_{j+1}) \mathrm{d}P \geqslant 0$$

特别地，$\forall A\in\mathcal{F}_0\subset\mathcal{F}_{\tau_k}$，$k\geqslant 0$，由上式可得

$$\int_A (X_0 - X_\tau) \mathrm{d}P = \sum_{j=0}^{n-1} \int_A (X_{\tau_k} - X_{\tau_{k+1}}) \mathrm{d}P \geqslant 0$$

所以

$$X_0 \geqslant E(X_\tau \mid \mathcal{F}_0)$$

从而

$$E[X_0] \geqslant E(X_\tau) = \int_{\{\sup\limits_{k\leqslant n} X_k > \lambda\}} X_\tau \mathrm{d}P + \int_{\{\sup\limits_{k\leqslant n} X_k \leqslant \lambda\}} X_\tau \mathrm{d}P$$

$$\geqslant \lambda P(\sup_{k\leqslant n} X_k > \lambda) + \int_{\{\sup\limits_{k\leqslant n} X_k \leqslant \lambda\}} X_n \mathrm{d}P$$

式(7.12)得证.

再由

$$\{\sup_{k\leqslant n} |X_k| > \lambda\} \subset \{\sup_{k\leqslant n} X_k > \lambda\} \cup \{\inf_{k\leqslant n} X_k < -\lambda\}$$

及对任一 $A \in \mathcal{F}$，有

$$E[X_n^-] = \int_{\{X_n < 0\}} -X_n \mathrm{d}P \geqslant \int_A -X_n \mathrm{d}P$$

将式(7.11)与式(7.12)相加即得式(7.13)成立，证毕. ■

注 7.3.1 由引理 7.3.1 知，若 $X=\{X_n, \mathcal{F}_n, n\geqslant 0\}$是鞅或非负下鞅，则有

$$\lambda P(\sup_{k\leqslant n} |X_k| > \lambda) \leqslant \int_{\{\sup\limits_{k\leqslant n} |X_k| > \lambda\}} |X_n| \mathrm{d}P$$

$$\lambda P(\sup_{n\geqslant 0} |X_n| > \lambda) \leqslant \sup_{n\geqslant 0} E(|X_n|)$$

事实上，若 $X=\{X_n, \mathcal{F}_n, n\geqslant 0\}$是非负下鞅，则$\{-X_n, \mathcal{F}_n, n\geqslant 0\}$是上鞅. 由引理 7.3.1 知，

$$\lambda P(\sup_{k\leqslant n} |X_k| > \lambda) = \lambda P(\sup_{k\leqslant n} X_k > \lambda) = \lambda P(\inf_{k\leqslant n}(-X_k) < -\lambda)$$

$$\leqslant \int_{\{\inf\limits_{k\leqslant n}(-X_k) < -\lambda\}} -(-X_n) \mathrm{d}P \leqslant \int_{\{\sup\limits_{k\leqslant n} |X_k| > \lambda\}} |X_n| \mathrm{d}P$$

其他情况类似可证.

定理 7.3.1 的证明 设 $X=\{X_n, \mathcal{F}_n, n\geqslant 0\}$为鞅，$\forall n\geqslant 0$，$\lambda > 0$，令

$$\overline{F}_n^*(\lambda) = P[X_n^* > \lambda]$$

则 X_n^* 的分布函数为

$$F_n^*(\lambda) = \begin{cases} 1-\overline{F}_n^*(\lambda), & \lambda > 0 \\ 0, & \lambda \leqslant 0 \end{cases}$$

由注 7.3.1 知，

$$\overline{F}_n^*(\lambda) \leqslant \frac{1}{\lambda} \int_{\{X_n^* > \lambda\}} |X_n| \mathrm{d}P$$

设 $\phi(\lambda)$为 $\mathbf{R}$ 上非降右连续函数，且 $\phi(0)=0$，则

$$E[\phi(X_n^*)] = \int_\Omega \phi(X_n^*) \mathrm{d}P = \int_{[0,+\infty)} \phi(\lambda) \mathrm{d}[1-\overline{F}_n^*(\lambda)]$$

$$= -\int_{[0,+\infty)} \phi(\lambda) \mathrm{d}\overline{F}_n^*(\lambda)$$

$$= -\phi(\lambda)\overline{F}_n^*(\lambda)\Big|_0^{+\infty} + \int_{[0,+\infty)} \overline{F}_n^*(\lambda) \mathrm{d}\phi(\lambda)$$

因为 $\phi(0)=0$，所以 $\phi(0)\overline{F}_n^*(0)-\phi(+\infty)\overline{F}_n^*(+\infty)\leqslant 0$，故

$$\begin{aligned}E[\phi(X_n^*)]&\leqslant\int_{[0,+\infty)}\bar{F}_n^*(\lambda)\mathrm{d}\phi(\lambda)\leqslant\int_{(0,+\infty)}\left(\frac{1}{\lambda}\int_{\{X_n^*>\lambda\}}|X_n|\mathrm{d}P\right)\mathrm{d}\phi(\lambda)\\&=\int_{(0,+\infty)}\int_{\{X_n^*>\lambda\}}\frac{1}{\lambda}|X_n|\mathrm{d}P\mathrm{d}\phi(\lambda)\\&=\int_{\{X^*\geqslant 0\}}|X_n|\left[\int_{[0,X_n^*]}\frac{1}{\lambda}\mathrm{d}\phi(\lambda)\right]\mathrm{d}P(\text{由 Fubini 定理,交换积分次序})\end{aligned}\tag{7.14}$$

在式(7.14)中取 $\phi(\lambda)=(\lambda-1)^+$，则有

$$\begin{aligned}E([X_n^*-1])\leqslant E([X_n^*-1]^+)&=E\left(|X_n|\int_{(1,X_n^*)}\frac{1}{\lambda}\mathrm{d}\phi(\lambda);X_n^*>1\right)\\&=E\left(|X_n|\int_{(1,X_n^*)}\frac{1}{\lambda}\mathrm{d}\lambda;X_n^*>1\right)\\&=E[|X_n|\ln X_n^*;X_n^*>1]=E[|X_n|\ln^+X_n^*]\end{aligned}$$

由初等不等式

$$\forall a>0,b>0,\quad a\ln^+b\leqslant a\ln^+a+\frac{b}{\mathrm{e}}$$

知，

$$E(|X_n|\ln^+X_n^*)\leqslant E\left[|X_n|\ln^+|X_n|+\frac{X_n^*}{\mathrm{e}}\right]$$

故

$$E[X_n^*]\leqslant 1+E[|X_n|\ln^+|X_n|]+\frac{1}{\mathrm{e}}E[X_n^*]$$

即

$$E[X_n^*]\leqslant\frac{\mathrm{e}}{\mathrm{e}-1}\{1+E[|X_n|\ln^+|X_n|]\}$$

因为 $X_n^*\uparrow X^*$，由 Fatou(法都)引理知，

$$E[\varliminf_{n\to\infty}X_n^*]\leqslant\varliminf_{n\to\infty}E[X_n^*]$$

所以，

$$E[X^*]\leqslant\frac{\mathrm{e}}{\mathrm{e}-1}[1+\sup_{n\geqslant 0}E(|X_n|\ln^+|X_n|)]$$

(1)得证.

下面证明(2). 在式(7.14)中取 $\phi(\lambda)=\lambda^p$，则有

$$\begin{aligned}E[(X_n^*)^p]&\leqslant E[|X_n|\int_{(0,X_n^*)}p\lambda^{p-1}\cdot\frac{1}{\lambda}\mathrm{d}\lambda]\\&=\frac{p}{p-1}E[|X_n|(X_n^*)^{p-1}]\\&=qE(|X_n|(X_n^*)^{p-1})\end{aligned}$$

由 Hölder 不等式知，

$$\begin{aligned}E[(X_n^*)^p]&\leqslant q\,(E[|X_n|^p])^{\frac{1}{p}}\cdot(E\,(X_n^*)^{q(p-1)})^{\frac{1}{q}}\\&=q\,(E(|X_n|^p))^{\frac{1}{p}}\cdot[E((X_n^*)^p)]^{\frac{1}{q}}\end{aligned}\tag{7.15}$$

不妨设 $\| X \|_p < \infty$（否则(2)显然成立），从而

$$\| X_n^* \|_p = \| \sup_{k\leqslant n} X_k \|_p \leqslant \| \sum_{k=0}^{n} | X_k | \|_p \leqslant \sum_{k=0}^{n} \| X_k \|_p < \infty$$

若 $\| X_n^* \|_p = 0$（对一切 n），因 $X_n^* \uparrow X^*$，a. e.，则有 $\| X^* \|_p = 0$，从而(2)式成立．若存在一个 $n_0 \geqslant 0$，使 $\| X_{n_0}^* \|_p > 0$，则由 $X_n^* \uparrow X^*$ 知，对一切 $n > n_0$，均有 $\| X_n^* \|_p > 0$，式(7.15)两边同除 $[E((X_n^*)^p)]^{\frac{1}{q}}$，即得

$$\| X_n^* \|_p \leqslant q \| X_n \|_p$$

令 $n \to \infty$ 即得(2)式，证毕．■

注 7.3.2　在证明过程中，我们推导得到

$$\| X_n^* \|_p \leqslant q \| X_n \|_p$$

它等价于

$$\{E(\sup_{k\leqslant n} | X_k |)^p\}^{1/p} \leqslant q \{E(| X_n |)^p\}^{1/p}$$

如果 $\{X_n, n\geqslant 1\}$ 是非负下鞅，上述不等式仍成立。此不等式称为 Doob 极大不等式．

定理 7.3.2（柯尔莫哥洛夫不等式）　设 $\{X_n, n\geqslant 1\}$ 为 L^2-鞅，即对每个 $n\geqslant 1$，都有 $EX_n^2 < \infty$，则有：

(1) $E(\sup_{k\leqslant n} X_k^2) \leqslant 4EX_n^2$；

(2) 对任意 $\lambda > 0$，有 $P\{\sup_{k\leqslant n} | X_k | \geqslant \lambda\} \leqslant \dfrac{EX_n^2}{\lambda^2}$；

(3) 对任意 $\lambda > 0$，有 $\lambda^2 P[X^* > \lambda] \leqslant \sup_{n\geqslant 0} EX_n^2$.

证明　(1) 因为 $\{X_n, n\geqslant 1\}$ 为鞅，所以 $\{X_n^2, n\geqslant 1\}$ 为非负下鞅，由 Doob 极大不等式知，

$$\{E(\sup_{k\leqslant n} | X_k |)^2\}^{1/2} \leqslant 2 \{E(| X_n |)^2\}^{1/2}$$

两边平方后知结论成立．

(2) 由注 7.3.1 知，若 $\{X_n, n\geqslant 1\}$ 为非负下鞅，则有

$$\lambda P(\sup_{k\leqslant n} | X_k | > \lambda) \leqslant \int_{\{\sup_{k\leqslant n} | X_k | > \lambda\}} | X_n | \mathrm{d}P$$

从而

$$\lambda P(\sup_{k\leqslant n} | X_k | > \lambda) \leqslant E(| X_n |)$$

因为 $\{X_n^2, n\geqslant 1\}$ 为非负下鞅，所以

$$\lambda^2 P(\sup_{k\leqslant n} | X_k |^2 > \lambda^2) \leqslant E(| X_n |^2)$$

由 $P(\sup_{k\leqslant n} | X_k |^2 > \lambda^2) = P(\sup_{k\leqslant n} | X_k | > \lambda)$ 知，结论成立．

(3) 如果 $\sup_{n\geqslant 1} EX_n^2 = \infty$，则结论显然成立．如果 $\sup_{n\geqslant 1} EX_n^2 < \infty$，则在结论(2)两边令 $n \to \infty$，得 $\lambda^2 P[X^* > \lambda] \leqslant \sup_{n\geqslant 0} EX_n^2$ 成立．■

下面我们介绍下鞅的上穿不等式．这个不等式给出了下鞅在有穷区间内的平均“振荡”次数的估计式．它是证明鞅的收敛定理的一个有力工具．

引理 7.3.2（数列的上穿不等式）　设 $x=(x_0, x_1, \cdots, x_n, \cdots)$ 为广义实数列（每个元素可取 $\pm\infty$），$a<b$ 为两个实数，令

$$u_0(x)=u_0(x_0,x_1,\cdots)=1, u_{n+1}(x)=\begin{cases}1, & x_n>b\\ u_n(x), & x_n\in[a,b]\\ 0, & x_n<a\end{cases}$$

例如，$u_1(x)=\begin{cases}1, & x_0\geqslant a\\ 0, & x_0<a\end{cases}$，若 $x_n>b$，且存在 $m>0$，使 $x_{n-m}<a$，则当 $n-m<k<n$ 时，$x_k\in[a, b]$，我们称 $(x_0, x_1, \cdots, x_n, \cdots)$ 在时刻 n 上穿 $[a, b]$. 设

$$g_n^{[a,b]}(x)=\begin{cases}1, & (x_0,x_1,\cdots)\text{ 在时刻 } n \text{ 上穿}[a,b]\\ 0, & \text{否则}\end{cases}$$

并规定 $g_0^{[a,b]}(x)=0$，称 $g_n^{[a,b]}(x)$ 为上穿函数．再令

$$U_n^{[a,b]}(x)=\sum_{k=0}^{n} g_k^{[a,b]}(x)$$

则 $U_n^{[a,b]}(x)$ 表示 x 在 n 时刻为止上穿 $[a, b]$ 的次数，也即 $x_0, x_1, \cdots, x_n$ 上穿 $[a, b]$ 的次数，则有

$$(b-a)U_n^{[a,b]}(x)\leqslant\sum_{k=1}^{n}(x_k-a)(u_{k+1}(x)-u_k(x)), \forall n\geqslant 1$$

该不等式称为数列的上穿不等式．

证明　由定义知，如果 $g_k^{[a,b]}(x)=1$，则有：$x_k>b$，且存在 $m>0$，使得 $x_{k-m}<a$，且 $\forall k-m<j<k$，$x_j\in[a, b]$. 从而，

$$u_{k+1}(x)=1, u_k(x)=u_{k-1}(x)=\cdots=u_{k-m+1}(x)=0$$

这意味着

$$u_{k+1}(x)-u_k(x)=1$$

所以

$$U_n^{[a,b]}(x)\leqslant\sum_{k=1}^{n}(u_{k+1}(x)-u_k(x))^+, \forall n\geqslant 1$$

又因为

$$u_{k+1}(x)-u_k(x)>0\Rightarrow u_{k+1}(x)=1, u_k(x)=0\Rightarrow x_k>b$$
$$u_{k+1}(x)-u_k(x)<0\Rightarrow u_{k+1}(x)=0, u_k(x)=1\Rightarrow x_k<b$$

所以

$$(b-a)(u_{k+1}(x)-u_k(x))^+\leqslant(x_k-a)(u_{k+1}(x)-u_k(x))$$

从而得到

$$\begin{aligned}(b-a)U_n^{[a,b]}(x)&\leqslant\sum_{k=1}^{n}(b-a)(u_{k+1}(x)-u_k(x))^+\\ &\leqslant\sum_{k=1}^{n}(x_k-a)(u_{k+1}(x)-u_k(x)), \forall n\geqslant 1\end{aligned}$$ ■

定理 7.3.3（Doob 下鞅的上穿不等式）　设 $X=\{X_n, \mathcal{F}_n, n\geqslant 0\}$ 为下鞅，在路径意义下，$u_k(X)$，$g_n^{[a,b]}(X)$，$U_n^{[a,b]}(X)$ 定义与引理 7.3.2 相同．记

$$U^{[a,b]}(X)=\sum_{k=0}^{\infty}g_k^{[a,b]}(X)$$

它表示 X 上穿$[a,b]$的总次数．它是一个随机变量，则有

$$E[U_n^{[a,b]}(X)]\leqslant\frac{E(|X_n|)+|a|}{b-a},E[U^{[a,b]}(X)]\leqslant\frac{\sup\limits_{n\geqslant 0}E(|X_n|)+|a|}{b-a}$$

证明　由 $u_k(X)$的定义知，$u_k(X)$仅依赖于 X_0，X_1，…，X_{k-1}，记$\mathcal{F}_k=\sigma(X_m,m\leqslant k)$，则 $u_k(X)$是$\mathcal{F}_{k-1}$可测的，从而对$\forall k\geqslant 1$，有

$$E[u_k(X)(X_k-a)]=E[E(u_k(X)(X_k-a)\mid\mathcal{F}_{k-1})]=E[u_k(X)E((X_k-a)\mid\mathcal{F}_{k-1})]$$

由$\{X_k\}$是下鞅知，

$$E[u_k(X)(X_k-a)]\geqslant E[u_k(X)(X_{k-1}-a)]\tag{7.16}$$

又由上穿不等式知，

$$(b-a)E[U_n^{[a,b]}(X)]\leqslant E[\sum_{k=1}^{n}(X_k-a)(u_{k+1}(X)-u_k(X))]$$

将式(7.16)代入得

$$\begin{aligned}(b-a)E[U_n^{[a,b]}(X)]&\leqslant E\Big\{\sum_{k=1}^{n}[(X_k-a)u_{k+1}(X)-u_k(X)(X_{k-1}-a)]\Big\}\\&=E[(X_n-a)u_{n+1}(X)-u_1(X)(X_0-a)]\\&\leqslant E[(X_n-a)u_{n+1}(X)]\leqslant E[|X_n-a|]\end{aligned}$$

故

$$(b-a)E[U_n^{[a,b]}(X)]\leqslant E(|X_n|)+|a|$$

(1)得证．令 $n\to+\infty$得(2)． ■

7.3.2　连续时间鞅的不等式

本小节我们介绍一些连续时间鞅的不等式，其中很多与离散时间鞅的不等式相对应．

设 $T=[0,+\infty)$，$T^+=(0,+\infty)$，设$\{X_t;t\in T\}$是一个随机过程，指定 T 的一个可列子集 $D=\{t_1,t_2,\cdots\}$，记 $U_n=\{t_1,t_2,\cdots,t_n\}$为 D 的前 n 个元素，将 U_n 的元素按大小重新排列，设

$$t_{\alpha_1}<t_{\alpha_2}<\cdots<t_{\alpha_n}$$

用 $V^{[a,b]}(U_n)$表示 $X_{t_{\alpha_1}}$，$X_{t_{\alpha_2}}$，…，$X_{t_{\alpha_n}}$ 严格上穿区间$[a,b]$的次数。这里严格上穿指的是 $X_{t_{\alpha_1}}$，$X_{t_{\alpha_2}}$，…，$X_{t_{\alpha_n}}$ 的值由小于 a 变到大于 b，比如 $X_{t_{\alpha_1}}<a$，$X_{t_{\alpha_2}}>b$，就称严格上穿区间一次．显然

$$V^{[a,b]}(U_n)\leqslant V^{[a,b]}(U_{n+1})$$

记

$$V^{[a,b]}(D)=\lim_{n\to\infty}V^{[a,b]}(U_n)$$

称 $V^{[a,b]}(D)$是$\{X_t;t\in D\}$严格上穿区间$[a,b]$的次数．

引理 7.3.3　设$\{X_t,\mathcal{F}_t,t\in T\}$为下鞅，$D=\{X_0,X_1,\cdots,X_n\}$，则对任意 $a<b$，有

$$EV^{[a,b]}(D) \leqslant \frac{E\,(X_n - a)^+}{b - a} \leqslant \frac{E(X_n^+) + |a|}{b - a}$$

证明 因为 $D=\{X_0, X_1, \cdots, X_n\}$严格上穿$[a, b]$的次数等于

$$\widetilde{D} = \{(X_0 - a)^+, (X_1 - a)^+, \cdots, (X_n - a)^+\}$$

严格上穿$[0, b-a]$的次数，而 $Y=\{(X_k-a)^+, 0\leqslant k\leqslant n\}$是非负下鞅．由定理 7.3.3 知，

$$EV^{[0,b-a]}(Y) \leqslant \frac{E(|Y_n|)}{b-a} = \frac{E\,(X_n - a)^+}{b-a}$$

所以

$$EV^{[a,b]}(D) \leqslant \frac{E\,(X_n - a)^+}{b - a} \leqslant \frac{E(X_n^+) + |a|}{b - a}$$

定理 7.3.4 设$\{X_t, \mathcal{F}_t, t\in T\}$为下鞅，$D$ 是 T 中的一个可列子集，则对任意 r，$s\in T$，$r<s$，及任一区间$[a, b]$，有

(1)$E\{V^{[a,b]}(D\cap[r, s])\}\leqslant\frac{1}{b-a}E\,(X_s-a)^+\leqslant\frac{1}{b-a}(EX_s^+ + |a|)$；

(2)对任意 $\lambda>0$，$\lambda P(\sup\limits_{t\in D\cap[r,s]}|X_t|\geqslant\lambda)\leqslant E(|X_s|)$.

证明 (1)设

$$D \cap [r,s] = \{t_1, t_2, \cdots, t_n, \cdots\}$$
$$U_n = \{t_1, t_2, \cdots, t_n\}$$

为简单起见，设 $t_1<t_2<\cdots<t_n$，则 $t_n\leqslant s$，由定理 7.3.3 知，

$$EV^{[a,b]}(U_n) \leqslant \frac{1}{b-a}E\,(X_{t_n} - a)^+$$

因为$(X_t-a)^+$也是下鞅，所以

$$E\,(X_{t_n} - a)^+ \leqslant E\,(X_s - a)^+$$

从而

$$EV^{[a,b]}(U_n) \leqslant \frac{1}{b-a}E\,(X_s - a)^+$$

由单调收敛定理知，

$$\begin{aligned}\lim_{n\to\infty} EV^{[a,b]}(U_n) &= E[\lim_{n\to\infty} V^{[a,b]}(U_n)] \\ &= EV^{[a,b]}(D \cap [r,s]) \leqslant \frac{1}{b-a}E(X_s - a)^+ \leqslant \frac{1}{b-a}E(X_s^+ + |a|)\end{aligned}$$

(2)由注 7.3.1 知，

$$\lambda P(\sup_{t\in U_n} X_t \geqslant \lambda) \leqslant \int_{\{\sup\limits_{t\in U_n} X_t \geqslant \lambda\}} X_{t_n}\,\mathrm{d}P$$

令

$$\tau = \begin{cases} \min\{k; k \geqslant n, X_{t_k} \geqslant \lambda\} \\ n, \text{若上面的集合是空集} \end{cases}$$

记 $M=\{\omega: \sup\limits_{t\in U_n} X_t\geqslant\lambda\}$，则 τ 为停时，且在 M 上，$X_\tau\geqslant\lambda$。事实上，对任意 $j\geqslant n$，

$$M \cap \{\tau = j\} = \{\omega; X_{t_k}(\omega) < \lambda, 0 < k < j, X_{t_j}(\omega) \geqslant \lambda\} \in \mathcal{F}_j,\ j \geqslant n$$

因为 $\tau\geqslant n$，所以由 7.2 节中的有界停时定理知，

$$\int_M E\left[X_{t_n} \mid \mathcal{F}_{t_n}\right] \mathrm{d}P \geqslant \int_M X_{t_\tau} \mathrm{d}P$$

由条件期望的定义知，

$$\int_M X_{t_n} \mathrm{d}P = \int_M E\left[X_{t_n} \mid \mathcal{F}_{t_n}\right] \mathrm{d}P$$

故

$$\lambda P(M) \leqslant \int_M X_{t_\tau} \mathrm{d}P \leqslant \int_M X_{t_n} \mathrm{d}P \leqslant \int_M X_{t_n}^+ \mathrm{d}P$$

因为 $X_{t_n}^+$ 为下鞅，所以 $EX_{t_n}^+\leqslant EX_s^+\leqslant E(|X_s|)$，从而得

$$\lambda P(\omega;\sup_{t\in U_n} X_t(\omega)\geqslant\lambda)\leqslant E(|X_s|)$$

令 $n\to\infty$，得

$$\lambda P(\omega;\sup_{t\in D\cap[r,s]} X_t(\omega)\geqslant\lambda)\leqslant E(|X_s|)$$

证毕．■

类似地，我们有下列结论．

定理 7.3.5　设 $\{X_t,\ \mathcal{F}_t,\ t\geqslant0\}$ 是 L^p 鞅，即 $\forall\, t\geqslant0$，$E|X_t|^p<\infty$，则

(1) $\forall\, p\geqslant1$，有

$$P\{\sup_{t\in D\cap[r,s]}|X_t|>\lambda\}\leqslant\frac{1}{\lambda^p}E|X_s|^p$$

(2) $\forall\, p>1$，有

$$P\{\sup_{t\in D\cap[r,s]}|X_t|^p\}\leqslant\left(\frac{p}{p-1}\right)^p E|X_s|^p$$

定理 7.3.6　设 $X=\{X_t,\ \mathcal{F}_t,\ 0\leqslant t\leqslant T\}$ 是右连续上鞅，则有

(1) $EU^{[a,b]}(X_t,\ t\in[0,\ T])\leqslant\dfrac{E(X_T-a)^-}{b-a}$，其中，$U^{[a,b]}(X_t,\ t\in[0,\ T])$ 表示 $\{X_t,\ t\in[0,\ T]\}$ 上穿 $[a,\ b]$ 的次数．设 $T_n=(t_1,\ t_2,\ \cdots,\ t_n)$ $(t_1<t_2<\cdots<t_n$，n 为任意自然数$)$ 是 $[0,\ T]$ 的任一有限集，

$$U^{[a,b]}(X_t,t\in[0,T]):=\sup_{T_n\subset[0,T]}U^{[a,b]}(X_t,t\in T_n)$$

(2) $\lambda P\{\sup_{t\in[0,T]}X_t\geqslant\lambda\}\leqslant EX_0+EX_T^-$，$\lambda>0$；

(3) $\lambda P\{\inf_{t\in[0,T]}X_t\leqslant-\lambda\}\leqslant EX_T^-$，$\lambda>0$；

(4) 若 X 为非负右连续下鞅，则对 $1<p<\infty$，有

$$E(\sup_{t\in[0,T]}X_t)^p\leqslant\left(\frac{p}{p-1}\right)^p EX_T^p$$

证明　(1)的证明是显然的．(2)、(3)、(4)的证明很相似，其思路都是先把不等式右边的 $[0,\ T]$ 换为 $S\cap[0,\ T]$，其中 S 是包含 T 的一个可数稠密子集，再证明不等式成立，然后利用过程的右连续性知不等式的左边去掉 S 后不受影响．

我们这里只证明(2)，其余证明读者自己完成．

记 $S=\{t_1=T,\ t_2,\ t_3,\ \cdots\}$，由右连续性知，

$$\lambda P\{\sup_{t\in[0,T]} X_t \geqslant \lambda\} = \lambda P\{\sup_{t\in S\cap[0,T]} X_t \geqslant \lambda\}$$

但对任意小的 $\varepsilon>0$

$$\{\sup_{t\in S\cap[0,T]} X_t \geqslant \lambda\} \subset \bigcup_{n=1}^{\infty}\{\sup_{i\leqslant n} X_{t_i} \geqslant \lambda-\varepsilon\}$$

由此知，

$$(\lambda-\varepsilon)P\{\sup_{t\in S\cap[0,T]} X_t \geqslant \lambda\} \leqslant (\lambda-\varepsilon)\lim_{n\to\infty} P\{\sup_{i\leqslant n} X_{t_i} \geqslant \lambda-\varepsilon\}$$

因此，欲证(2)，只需证明对任意 $\lambda>0$，有

$$\lambda P\{\sup_{i\leqslant n} X_{t_i} \geqslant \lambda\} \leqslant EX_0 + EX_T^- \tag{7.17}$$

为此把($t_1=T$，t_2，…，t_n)由小到大排成 $t'_1<t'_2<\cdots<t'_n=T$，于是($X_{t'_j}$，$\mathcal{F}_{t'_j}$，$j=1$，…，n)为上鞅．定义

$$\tau(\omega) = \inf\{k: \sup_{j\leqslant k} X_{t'_j}(\omega) \geqslant \lambda\}$$

如果$\{\sup\limits_{j\leqslant n} X_{t'_j}<\lambda\}$，则定义 $\tau(\omega)=n$. 我们有

$$\begin{aligned} EX_0 \geqslant EX_{t'_\tau} &= \int_{\{\sup\limits_{j\leqslant n} X_{t'_j}\geqslant\lambda\}} X_{t'_\tau} P(\mathrm{d}\omega) + \int_{\{\sup\limits_{j\leqslant n} X_{t'_j}<\lambda\}} X_{t'_\tau} P(\mathrm{d}\omega) \\ &\geqslant \lambda P\{\sup_{j\leqslant n} X_{t'_j} \geqslant \lambda\} + \int_{\{\sup\limits_{j\leqslant n} X_{t'_j}<\lambda\}} X_T P(\mathrm{d}\omega) \end{aligned}$$

但

$$\begin{aligned} \int_{\{\sup\limits_{j\leqslant n} X_{t'_j}<\lambda\}} X_T P(\mathrm{d}\omega) &\geqslant \int_{\bigcap\limits_{j=1}^{n-1}\{X_{t'_j}<\lambda\}\cap\{X_T<0\}} X_T P(\mathrm{d}\omega) \\ &\geqslant \int_{\{X_T<0\}} X_T P(\mathrm{d}\omega) = -EX_T^- \end{aligned}$$

由以上两不等式立刻推出(7.17)式成立，证毕． ■

定理 7.3.7　设$\{X_t\}$是下鞅，且几乎所有路径右连续，即$\exists N$，$P(N)=0$，当 $\omega\in N^c$ 时，路径 $X_t(\omega)$右连续，则

(1) $\lambda P(\sup\limits_{t\in[r,s]}|X_t|\geqslant\lambda)\leqslant E|X_s|$；

(2) $P\{\sup\limits_{t\in D\cap[r,s]}|X_t|>\lambda\}\leqslant\dfrac{1}{\lambda^p}E|X_s|^p$，$\forall\, p\geqslant1$；

(3) $P\{\sup\limits_{t\in D\cap[r,s]}|X_t|^p\}\leqslant\left(\dfrac{p}{p-1}\right)^p E|X_s|^p$，$\forall\, p>1$.

证明　设 $\omega\in N^c$，因为 $X_t(\omega)$右连续，所以 $\sup\limits_{t\in[r,s]}|X_t(\omega)|$能达到．设 $\sup\limits_{t\in[r,s]}|X_t|=|X_{t_0}|$，且 $t_0\in[r,s]$. 于是对 t_0，

$$\exists\ \{t_{\alpha_i}\}_{i=1}^{\infty}\subset D,\quad t_{\alpha_i}\to t_0+0,\quad i\to\infty$$

从而

$$|X_{t_{\alpha_i}}(\omega)|\to|X_{t_0}(\omega)|,\ i\to\infty$$

得

$$\sup_{t\in[r,s]\cap D}|X_t(\omega)|=|X_{t_0}(\omega)|=\sup_{t\in[r,s]}|X_t(\omega)|$$

若 $t_0=s$，显然，

$$\sup_{t\in[r,s]\cap D}|X_t(\omega)|=|X_s(\omega)|=\sup_{t\in[r,s]}|X_t(\omega)|$$

故(1)、(2)和(3)成立． ■

定理 7.3.8 设$\{x_t\}$是下鞅，D 是 T 上的可列子集，则$\exists N$，$P(N)=0$，当 $\omega\in N^c$ 时，对 T 上的任一有穷区间$[a, b]$，$X_t(\omega)$在 $D\cap[a, b]$上有界．若 $\omega\in N^c$ 时，$X_t(\omega)$右连续，则对 T 的任一有穷区间$[a, b]$，$X_t(\omega)$在$[a, b]$上有界．

证明 由定理 7.3.5(1)知，

$$P\{\sup_{t\in D\cap[a,b]}|X_t|>\lambda\}\leqslant\frac{1}{\lambda}E|X_n|$$

令 $n\to\infty$，则

$$P\{\sup_{t\in D\cap[a,b]}|X_t|=\infty\}=0$$

所以

$$\begin{aligned}&P(\{\omega;X_t(\omega)\text{ 有界},\omega\in D\cap[a,b],\forall[a,b]\subset T\})\\&=P(\bigcap_{n=1}^{\infty}\{\omega;\sup_{t\in[0,n]}|X_t(\omega)|<\infty\})=1\end{aligned}$$

若 $X_t(\omega)$右连续，取 T 的一个稠密子集 D，则

$$\sup_{t\in D\cap[a,b]}|X_t(\omega)|<\infty\Leftrightarrow\sup_{t\in[a,b]}|X_t(\omega)|<\infty$$

故

$$P(\{\omega;\sup_{t\in[a,b]}|X_t(\omega)|=\infty\})=0$$

由此知，$\exists N$，$P(N)=0$，当 $\omega\in N^c$ 时，$\sup\limits_{t\in[a,b]}|X_t(\omega)|<\infty$，$(\forall[a, b]\subset T)$

证毕． ■

7.4 鞅的收敛定理

鞅的收敛定理是利用鞅解决许多不同领域中问题的主要工具之一．本节利用 Doob 下鞅的上穿不等式及一致可积鞅的性质，给出鞅的几个收敛定理，并把鞅收敛定理运用到理论研究及日常生活中，展现鞅收敛定理在理论和应用上的重要性.

7.4.1 离散时间鞅的收敛定理

定理 7.4.1(L^1 有界鞅收敛定理) 设$\{X_n, \mathcal{F}_n, n\geqslant0\}$为下鞅或鞅，且满足$\sup\limits_{n\geqslant0}EX_n^+<\infty$，则存在随机变量 X_∞，使得

(1) $\lim\limits_{n\to\infty}X_n=X_\infty$ (a. s.)；

(2) $EX_\infty^+\leqslant\sup\limits_{n\geqslant0}EX_n^+$；

(3) $E|X_\infty|\leqslant\sup\limits_{n\geqslant0}E|X_n|<\infty$.

证明 首先我们说明对于下鞅或鞅$\{X_n, \mathcal{F}_n, n\geqslant0\}$，条件$\sup\limits_{n\geqslant0}EX_n^+<\infty$等价于条件

$\sup_{n\geq 0}E|X_n|<\infty$. 事实上，由 $|X_n|=2X_n^+-X_n$ 知，

$$E|X_n| = 2EX_n^+ - EX_n \leqslant 2EX_n^+ - EX_0 < \infty$$

若 $X=\{X_n, \mathcal{F}_n, n\geqslant 0\}$ 是下鞅，则由下鞅的上穿不等式有

$$\forall [a,b] \subset \mathbf{R}^1, E(\bigcup^{[a,b]}(X)) \leqslant \frac{\|X\|_1 + |a|}{b-a} < \infty$$

即 $P[\bigcup^{[a,b]}(X)=\infty]=0$，从而得到

$$0 \leqslant P(\varliminf_{x\to\infty} X_n < a < b < \varlimsup_{x\to\infty} X_n) \leqslant P(\bigcup^{[a,b]}(X) = \infty)$$

令 $\mathbf{Q}$ 为 $\mathbf{R}$ 上的有理数集，因为有理数在 $\mathbf{R}$ 上稠密，则有

$$\{\lim_{n\to\infty} X_n \text{ 不存在}\} \subset \{\varliminf_{n\to\infty} X_n < \varlimsup_{n\to\infty} X_n\} \subset \bigcup_{\substack{a<b \\ a,b\in\mathbf{Q}}} \{\varliminf_{n\to\infty} X_n < a < b < \varlimsup_{n\to\infty} X_n\}$$

故

$$P(\{\lim_{n\to\infty} X_n \text{ 不存在}\}) = 0$$

所以，$\exists X_\infty$，使 $\lim_{n\to\infty} X_n = X_\infty$，a. s.. 现证 $E(|X_\infty|)<\infty$，因为

$$E(|X_\infty|) = E[\varliminf_{n\to\infty} |X_n|] \leqslant \varliminf_{n\to\infty} E(|X_n|) \leqslant \sup_{n\geqslant 0} E(|X_n|) = \|X\|_1 < \infty$$

又因为 $X_n^+ \xrightarrow{\text{a. s.}} X_\infty^+$，所以 $EX_\infty^+ \leqslant \sup_{n\geqslant 0} EX_n^+$，证毕. ■

注 7.4.1 如果$\{X_n, \mathcal{F}_n, n\geqslant 0\}$为上鞅，由$\{-X_n, \mathcal{F}_n, n\geqslant 0\}$为下鞅知，$L^1$ 有界鞅收敛定理仍成立.

定义 7.4.1 设$\{X_n, \mathcal{F}_n, n\geqslant 0\}$为下鞅，如果存在可积随机变量 Y，使得对一切 $n\geqslant 0$ 均有

$$X_n \leqslant E(Y \mid \mathcal{F}_n), \text{ a. s.}$$

则称$\{X_n, \mathcal{F}_n, n\geqslant 0\}$为封闭下鞅，称 Y 为$\{X_n, \mathcal{F}_n, n\geqslant 0\}$的一个封闭元. 如果 Y 为$\{X_n, \mathcal{F}_n, n\geqslant 0\}$的一个封闭元，且有 $Y\in\mathcal{F}_\infty$，并对$\{X_n, \mathcal{F}_n, n\geqslant 0\}$的任一封闭元 Z，都有 $Y\leqslant E(Z \mid \mathcal{F}_\infty)$，则称 Y 为$\{X_n, \mathcal{F}_n, n\geqslant 0\}$的最近封闭元.

定义 7.4.2 设$\{X_n, \mathcal{F}_n, n\geqslant 0\}$为鞅，如果存在可积随机变量 Y，使得对一切 $n\geqslant 0$ 均有

$$X_n = E(Y \mid \mathcal{F}_n), \text{ a. s.}$$

则称$\{X_n, \mathcal{F}_n, n\geqslant 0\}$为正则鞅，称 Y 为$\{X_n, \mathcal{F}_n, n\geqslant 0\}$的正则元.

定理 7.4.2（一致可积鞅收敛定理） 设$\{X_n, \mathcal{F}_n, n\geqslant 0\}$为下鞅（或鞅），则存在 $r\geqslant 1$，使得

$$X_n \xrightarrow{L^r} X_\infty$$

的充要条件是$\{|X_n|^r, n\geqslant 0\}$一致可积. 在此条件下，下列结论也成立：

$$X_n \xrightarrow{\text{a. s.}} X_\infty, \ X_\infty \text{ 是最近封闭元(或正则元)}$$

证明 我们证明$\{X_n, \mathcal{F}_n, n\geqslant 0\}$为下鞅的情形. 如果存在 $r\geqslant 1$，使得

$$X_n \xrightarrow{L^r} X_\infty$$

则由定理 3.3.5 知，$\{|X_n|^r, n\geqslant 0\}$为一致可积序列.

反之，如果$\{|X_n|^r, n\geqslant 0\}$为一致可积序列，则$\{E|X_n|^r, n\geqslant 0\}$为一致有界序列，从而$\sup\limits_n E|X_n|<\infty$. 由上一定理知，$X_n\xrightarrow{\text{a.s.}}X_\infty$且$E|X_\infty|<\infty$. 故$X_n\xrightarrow{L^r}X_\infty$.

下面我们证明X_∞是最近封闭元，先证X_∞是封闭元．由下鞅的定义知，$\forall B_n\in\mathcal{F}_n$有

$$\int_{B_n}X_nP(\mathrm{d}\omega)\leqslant\int_{B_n}X_{n+m}P(\mathrm{d}\omega)$$

令$m\to\infty$，由$X_n\xrightarrow{L^r\text{且 a.s.}}X_\infty\in\mathcal{F}_\infty$知，

$$\int_{B_n}X_nP(\mathrm{d}\omega)\leqslant\int_{B_n}X_\infty P(\mathrm{d}\omega)$$

故X_∞为封闭元．往证X_∞为最近的封闭元，显然$X_\infty\in\mathcal{F}_\infty$，往证若$Y$为另外封闭元，则必有$X_\infty\leqslant E(Y\mid\mathcal{F}_\infty)$，也就是证明对任意$B\in\mathcal{F}_\infty$，有

$$\int_B X_\infty P(\mathrm{d}\omega)\leqslant\int_B YP(\mathrm{d}\omega)$$

首先对任意$B_n\in\mathcal{F}_n\subset\mathcal{F}_{n+m}$，由$Y$的封闭性知，

$$\int_{B_n}X_{n+m}P(\mathrm{d}\omega)\leqslant\int_{B_n}YP(\mathrm{d}\omega)$$

令$m\to\infty$得

$$\int_{B_n}X_\infty P(\mathrm{d}\omega)\leqslant\int_{B_n}YP(\mathrm{d}\omega)$$

此不等式对任意n都成立，所以对任意$A\in\bigcup\limits_n\mathcal{F}_n$也有

$$\int_A X_\infty P(\mathrm{d}\omega)\leqslant\int_A YP(\mathrm{d}\omega)$$

令$\mu(A)=\int_A(Y-X_\infty)P(\mathrm{d}\omega)$，$\mu(A)$是$\bigcup\limits_n\mathcal{F}_n$上非负有穷测度，所以可以把它扩张到$\sigma(\bigcup\limits_n\mathcal{F}_n)=\mathcal{F}_\infty$上，而且仍保持非负有穷性，从而上面的不等式对任意$A\in\mathcal{F}_\infty$都成立．证毕．■

注 7.4.2　有时，我们将测度积分$\int_A X\mathrm{d}P$记为$\int_A XP(\mathrm{d}\omega)$.

定理 7.4.3　设$\{X_n, \mathcal{F}_n, n\geqslant 0\}$为非负下鞅，

(1)若Y为封闭元，且$Y\in L^r$，$r\geqslant 1$，则有$X_n\xrightarrow{L^r}X_\infty$；

(2)若存在$r>1$，使得$\sup\limits_{n\geqslant 0}E|X_n|^r<\infty$，则$\{|X_n|^r, n\geqslant 0\}$为一致可积序列．

证明　(1) 由定理 7.4.2 知，要证明$X_n\xrightarrow{L^r}X_\infty$，只需证明$\{|X_n|^r, n\geqslant 0\}$为一致可积序列即可．对任意$C>0$，令

$$B_n=\{|X_n|\geqslant C\}, B=\{\sup_n|X_n|\geqslant C\}$$

于是$\bigcup\limits_n B_n\subset B$. 因为$(|X_n|^r, \mathcal{F}_n, n\in\mathbf{N})$仍为非负下鞅，且$|Y|^r$为$(|X_n|^r, \mathcal{F}_n, n\in\mathbf{N})$的封闭元，则类似于柯尔莫哥洛夫不等式的证明，对任意$n\geqslant 0$，有$C^rP(\sup\limits_{k\leqslant n}|X_k|^r\geqslant C^r)\leqslant E(|X_n|^r\})$，即

$$P(X_n^*\geqslant C)\leqslant\frac{1}{C^r}E|X_n|^r\leqslant\frac{1}{C^r}E|Y|^r$$

因此，我们有

$$P(B)\leqslant \frac{1}{C^{r}}E|Y|^{r}$$

所以当 $C\to\infty$ 时，$P\{B\}\to 0$，从而 $\int_{B}|Y|^{r}P(\mathrm{d}\omega)\to 0$. 又由下鞅的定义性质知(因为 $B_n\in\mathcal{F}_n$)，

$$\int_{B_n}|X_n|^{r}P(\mathrm{d}\omega)\leqslant\int_{B_n}|Y|^{r}P(\mathrm{d}\omega)\leqslant\int_{B}|Y|^{r}P(\mathrm{d}\omega)\to 0,\quad C\to\infty$$

所以当 $C\to\infty$ 时，有

$$\sup_{n\geqslant 0}\int_{|X_n|>C}|X_n|^{r}P(\mathrm{d}\omega)\to 0$$

即$(|X_n|^{r})$为一致可积族.

(2)对任意 $c>0$，

$$\int_{|X_n|\geqslant c}|X_n|P(\mathrm{d}\omega)=\int_{|X_n|\geqslant c}\frac{|X_n|^{r}}{|X_n|^{r-1}}P(\mathrm{d}\omega)\leqslant\frac{1}{c^{r-1}}\int|X_n|^{r}P(\mathrm{d}\omega)$$

$$\leqslant\frac{1}{c^{r-1}}\sup_{n}E\,|X_n|^{r}$$

故

$$\lim_{c\to 0}\sup_{n}\int_{|X_n|\geqslant c}|X_n|P(\mathrm{d}\omega)=0$$

从而$(|X_n|)$为一致可积族，因而 $X_n\xrightarrow{L^1\text{ 且 a.s.}}X_\infty$. 又因为$(X_n,\mathcal{F}_n,n\in\mathbf{N})$为下鞅(鞅)，$X_\infty$为封闭元，由 Fatou 引理知，$EX_\infty^{r}\leqslant\varliminf_{n\to\infty}EX_n^{r}<\infty$. 再由(1)知，$X_n\xrightarrow{L^r}X_\infty$，这就证明了$\{|X_n|^{r},n\geqslant 0\}$为一致可积序列. ■

定理 7.4.4 设$\{X_n,\mathcal{F}_n,n\geqslant 0\}$为下鞅(鞅)，则$\{X_n,n\geqslant 0\}$一致可积的充要条件是下列三个结论同时成立：

(1)$X_n\xrightarrow{P}X_\infty$；

(2)X_∞为封闭元(正则元)；

(3)$EX_n\to EX_\infty$.

证明 “⇒” 设$\{X_n,\mathcal{F}_n,n\geqslant 0\}$为一致可积下鞅，由定理 7.4.2 知，$X_n\xrightarrow{L^1}X_\infty$，且 X_∞为最近封闭元，由 Jensen 不等式知，$EX_n\to EX_\infty$显然成立.

“⇐”设 $X_n\xrightarrow{P}X_\infty$，$X_\infty$为封闭元(正则元)，$EX_n\to EX_\infty<\infty$同时成立，则 $X_n\leqslant E(X_\infty|\mathcal{F}_n)$，a.s.，从而

$$X_n^{+}\leqslant|X_n|\leqslant E(|X_\infty\|\mathcal{F}_n),\text{ a.s.}\tag{7.18}$$

由 $E|X_\infty|<\infty$及式(7.18)知，$\{X_n^{+},\mathcal{F}_n,n\geqslant 0\}$为一致可积的非负下鞅. 由定理 7.4.3 知，$X_n^{+}$ 依 L^1 收敛，且 $X_n^{+}\xrightarrow{\text{a.s.}}X_\infty^{+}$. 从而，我们得到

$$X_n^{+}\xrightarrow{L^1}X_\infty^{+},\quad\text{且 }X_n^{-}\xrightarrow{P}X_\infty^{-},\quad EX_n^{-}\to EX_\infty^{-}<\infty$$

又因为

$$(X_\infty^- - X_n^-)^+ \leqslant X_\infty^- \in L^1(\Omega)，且 (X_\infty^- - X_n^-)^+ \xrightarrow{P} 0$$

由控制收敛定理知，

$$\int_\Omega (X_\infty^- - X_n^-)^+ \, \mathrm{d}P \to 0$$

另一方面，

$$0 \leftarrow \int_\Omega (X_\infty^- - X_n^-) \mathrm{d}P = \int_\Omega (X_\infty^- - X_n^-)^+ \, \mathrm{d}P - \int_\Omega (X_\infty^- - X_n^-)^- \, \mathrm{d}P$$

故

$$\int_\Omega (X_\infty^- - X_n^-)^- \, \mathrm{d}P \to 0$$

故 $X_n^- \xrightarrow{L^1} X_\infty^-$，即 $\{X_n^-, n \geqslant 0\}$ 也是一致可积族，这就证明了 $\{X_n, n \geqslant 0\}$ 为一致可积族．■

定理 7.4.5　设 $X = \{X_n, \mathcal{F}_n, n \geqslant 0\}$ 为鞅，则下列四个结论等价：

(a) 存在随机变量 Y，$E|Y| < \infty$，使得 $X_n = E(Y \mid \mathcal{F}_n)$ 几乎必然成立；

(b) $X_n \xrightarrow{L^1} X_\infty (n \to \infty)$；

(c) $\{X_n, n \geqslant 0\}$ 为一致可积鞅；

(d) $\sup\limits_n E|X_n| < \infty$，且 $X_n = E(X_\infty \mid \mathcal{F}_n)$，a. s.．

证明　"(a)⇒(b)" 由 (a) 知，$|X_n| \leqslant E(|Y| \| \mathcal{F}_n)$，a. s.，故非负下鞅 $|X| = \{|X_n|, \mathcal{F}_n, n \geqslant 0\}$ 以 $|Y|$ 为封闭元，由定理 7.4.4 知，$X_n \xrightarrow{L^1} X_\infty$．

"(b)⇒(c)" 它是定理 7.4.3 中 $r=1$ 的特例．

"(c)⇒(d)" 由定理 7.4.3 直接得到．

"(d)⇒(a)"　取 $Y = X_\infty$ 直接得到．

证毕．■

定理 7.4.6　设 $X = \{X_n, \mathcal{F}_n, n = 0, 1, 2, \cdots\}$ 为概率空间 $(\Omega, \mathcal{F}, P)$ 上的鞅，$D_n = X_n - X_{n-1}$，$n \geqslant 1$，$D_0 = X_0$，$D^* = \sup\limits_{n \geqslant 0} |D_n|$，且 $E[D^*] < \infty$．则下列三集合的概率相等：

(1) $A_1 = \{\omega: \lim\limits_{n \to \infty} X_n(\omega)$ 收敛且有穷$\}$；

(2) $A_2 = \{\omega: \sup\limits_{n \geqslant 0} X_n(\omega) < \infty\}$；

(3) $A_3 = \{\omega: \inf\limits_{n \geqslant 0} X_n(\omega) > -\infty\}$．

证明　因为 $\lim\limits_{n \to \infty} X_n(\omega)$ 收敛且有界 $\Leftrightarrow \lim\limits_{n \to \infty} [-X_n(\omega)]$ 收敛且有界，所以

$$A_1 = A_2,\ \text{a. s.} \Leftrightarrow A_1 = A_3,\ \text{a. s.}$$

又因为 $A_1 \subset A_2$ 是显然的，所以只需证 $A_2 \subset A_1$，则结论成立（即 $A_1 \overset{\text{a. s.}}{=} A_2 \overset{\text{a. s.}}{=} A_3$）．

$\forall \lambda > 0$，记 $\tau(\lambda)(\omega) = \inf\{n: n \geqslant 0, X_n(\omega) > \lambda\}$，若所有 $X_n(\omega) \leqslant \lambda$，则定义 $\tau(\lambda)(\omega) = +\infty$，易证 $\tau(\lambda)$ 为 $\{\mathcal{F}_n\}$ 停时．由定理 7.2.1 知，$X^{\tau(\lambda)}$ 是鞅，若能证明 $X^{\tau(\lambda)}$ 是 L^1 有界的，即 $\| X \|_1 = \sup\limits_{n \geqslant 0} \| X_{n \wedge \tau(\lambda)} \|_1 < \infty$，则由定理 7.4.1 知，$\exists X_\infty \in L^1$，使得 $\lim\limits_{n \to \infty} X_n^{\tau(n)} = X_\infty$ a. s.，即 $\lim\limits_{n \to \infty} X_n^{\tau(n)}$ 几乎处处收敛且有限．

令 $A_2(\lambda)=\{\omega: \sup\limits_{n\geqslant 0}X_n(\omega)\leqslant\lambda\}$，则由 $X_n^\tau=X_{n\wedge\tau}$知，

$$A_2(\lambda)\subset\{\tau(\lambda)=\infty\}\subset\bigcap_{n=0}^{\infty}\{X_n^{\tau(\lambda)}=X_n\}$$

$$\begin{aligned}A_2(\lambda)&\subset A_2(\lambda)\cap\{\lim_{n\to\infty}X_n^{\tau(n)}\text{ 收敛且为有限}\}\\&\subset\bigcap_{n=0}^{\infty}\{X_n^{\tau(n)}=X_n\}\cap\{\lim_{n\to\infty}X_n^{\tau(n)}\text{ 存在且有限}\}\\&\subset\{\omega:\lim_{n\to\infty}X_n(\omega)\text{ 存在且有限}\}=A_1\text{, a. s.}\end{aligned}$$

故结论成立．

最后补证 $X^{\tau(\lambda)}$是 L^1 有界的，因为

$$X_{n\wedge\tau(\lambda)}=X_n^{\tau(\lambda)}=\begin{cases}X_n\leqslant\lambda, & \text{若 } n<\tau(\lambda)\\ X_{\tau(\lambda)}=X_{\tau-1}+D_{\tau(\lambda)}, & \text{若 } n\geqslant\tau(\lambda)\end{cases}$$

所以 $X_{n\wedge\tau(\lambda)}\leqslant\lambda+D^*$，从而 $E[X^+_{n\wedge\tau(\lambda)}]\leqslant E[\lambda+D^*]=\lambda+E[D^*]$．

另一方面，由定理 7.1.2 知，

$$E[X_0]=E[X_{n\wedge\tau(\lambda)}]=E[X^+_{n\wedge\tau(\lambda)}]-E[X^-_{n\wedge\tau(\lambda)}]$$

所以

$$\begin{aligned}E(|X_{n\wedge\tau(\lambda)}|)&\leqslant E[X^+_{n\wedge\tau(\lambda)}]+E[X^-_{n\wedge\tau(\lambda)}]\\&=2E[X^+_{n\wedge\tau(\lambda)}]-E[X_0]\leqslant 2(\lambda+E[D^*])-E[X_0]\end{aligned}$$

由条件 $E[D^*]<\infty$得 $\|X^{\tau(\lambda)}\|_1=\sup\limits_{n\geqslant 0}E[X_{n\wedge\tau(\lambda)}]<\infty$，证毕． ■

下面，我们列举几个应用鞅收敛定理的例子．

例 7.4.1 设 Y_1，Y_2，…是独立同分布的非负随机变量，且

$$E(Y_m)=1, P(Y_m=1)<1, m\in\mathbf{N}$$

则有 $\lim\limits_{n\to\infty}\prod\limits_{m\leqslant n}Y_m=0$，a. s.．

证明 令$\mathcal{F}_n=\sigma(Y_1, \cdots, Y_n)$，$X_n=\prod\limits_{m=1}^{n}Y_m$，则有：

(1)$X_n=\prod\limits_{m=1}^{n}Y_m\in\mathcal{F}_n$；

(2)$E|X_n|=\prod\limits_{m=1}^{n}E(Y_m)=1<\infty$；

(3)$E(X_n|\mathcal{F}_{n-1})=E(\prod\limits_{m=1}^{n}Y_m|\mathcal{F}_{n-1})=(\prod\limits_{m=1}^{n-1}Y_m)\cdot E(Y_n)=\prod\limits_{m=1}^{n-1}Y_m=X_{n-1}$，因此 X_n 是鞅．

令 $Z_n=\prod\limits_{m=1}^{n}\dfrac{\sqrt{Y_m}}{E(\sqrt{Y_m})}$，容易证明 Z_n 也是鞅．由 L^1 有界鞅收敛定理知，存在随机变量 $0\leqslant X<\infty$, a. s. 使得

$$\lim_{n\to\infty}X_n=X,\quad\text{a. s.}$$

同理，存在随机变量 $0\leqslant Z<\infty$，a. s.，使得

$$\lim_{n\to\infty}Z_n=Z,\quad\text{a. s.}$$

由 Jensen 不等式知，

$$E\sqrt{Y_i} \leqslant \sqrt{EY_i} = 1$$

因为 $P(Y_i=1)<1$，所以 $E\sqrt{Y_i}=a<1$. 进一步有

$$\prod_{m=1}^{n} E\sqrt{Y_m} = a^n \to 0(n\to\infty)$$

因此，

$$\sqrt{X_n} = Z_n\Big(\prod_{m=1}^{n} E\sqrt{Y_m}\Big) = Z_n \cdot a^n \to 0 = \sqrt{X}, \text{ a. s.}$$

即 $X_n \to 0$，a. s.. ■

例 7.4.2（强大数定律）　设 X_1，X_2，…独立同分布，均值 μ 有限，$S_n=\sum_{i=1}^{n} X_i$，则

$$P\{\lim_{n\to\infty}\frac{S_n}{n}=\mu\}=1$$

证明　我们将在矩母函数 $\Psi(t)=E[e^{tX}]$ 存在的假设下证明定理.

对给定的 $\varepsilon>0$，定义 $g(t)$ 为

$$g(t)=\frac{e^{t(\mu+\varepsilon)}}{\Psi(t)}$$

由于

$$g(0)=1$$

$$g'(0)=\frac{\Psi(t)\cdot(\mu+\varepsilon)\cdot e^{t(\mu+\varepsilon)}-\Psi'(t)\cdot e^{t(\mu+\varepsilon)}}{\Psi^2(t)}\Big|_{t=0}=\varepsilon>0$$

故存在一个值 $t_0>0$ 使得 $g(t_0)>1$. 下面我们证明 S_n/n 只能有限多次与 $\mu+\varepsilon$ 一样大. 注意到

$$\frac{S_n}{n}\geqslant\mu+\varepsilon \Rightarrow \frac{e^{t_0 s_n}}{\Psi^n(t_0)}\geqslant\left(\frac{e^{t_0(\mu+\varepsilon)}}{\Psi(t_0)}\right)^n=(g(t_0))^n \tag{7.19}$$

因为 $e^{t_0 S_n}/\Psi^n(t_0)$ 是独立的均值为 1 的随机变量的乘积（第 i 个变量是 $e^{t_0 X_i}/\Psi(t_0)$），所以是鞅. 由于它也是非负的，由离散鞅收敛定理知，$\lim\limits_{n\to\infty}\frac{e^{t_0 s_n}}{\Psi^n(t_0)}$ 以概率 1 存在且有限.

由于 $g(t_0)>1$，由式(7.19)知，

$$P\left\{\text{有无穷多个 } n\text{，使}\frac{S_n}{n}>\mu+\varepsilon\right\}=0$$

类似地，定义函数 $f(t)=e^{t(\mu-\varepsilon)}/\Psi(t)$，注意到 $f(0)=1$，$f'(0)=-\varepsilon$，故存在一个数 $t_0<0$，使 $f(t_0)>1$，以同样的方式我们可以证明

$$P\{\text{有无穷多个 } n\text{，使}\frac{S_n}{n}\leqslant\mu-\varepsilon\}=0$$

因此　存在 $N>0$，当 $n>N$ 时，有

$$P\{\text{存在 } N>0\text{，当 } n>N \text{ 时，有 } \mu-\varepsilon\leqslant\frac{S_n}{n}\leqslant\mu+\varepsilon\}=1$$

由于上式对一切 $\varepsilon>0$ 成立，故

$$P\{\lim_{n\to\infty}\frac{S_n}{n}=\mu\}=1$$

■

例 7.4.3 假设一个人参加赌博，他已经赌了 n 次，正准备参加第 $n+1$ 次赌博．如果不做什么手脚，他的运气应当同他以前的赌博经历无关，用 Z_n 表示他在赌完第 n 次后拥有的赌本数，如果对于任何 n 都有

$$E(Z_n \mid Z_{n-1}) = Z_{n-1}$$

成立，即赌博的期望收获为 0，仅能维持原有财富水平不变，就可以认为这种赌博在统计上是公平的，则 $\{Z_n, n \geqslant 1\}$ 是鞅．现在假设不允许赊钱，即赌徒的赌金不允许变成负数，并设每一局至少赢或输 1 元．用

$$N = \min\{n: Z_n = Z_{n+1}\}$$

表示到赌徒被迫退出（即输光）为止已玩的赌局数(因为 $Z_n - Z_{n+1} = 0$，他没有赌第 $n+1$ 局)．由于$\{Z_n\}$是非负鞅，由离散鞅收敛定理可知，$\lim\limits_{n\to\infty} Z_n$ 以概率 1 存在且有限，但对于 $n<N$，$|Z_{n+1} - Z_n| \geqslant 1$，所以可得以概率 1

$$N < \infty$$

也就是说，赌徒以概率 1 最终要输光．

7.4.2 连续时间鞅的收敛定理

定理 7.4.7 设$\{X_t\}$是下鞅，D 是 T 上的可列子集，则 $\exists N$，$P(N)=0$，当 $\omega \in N^c$ 时，对 T 上的任一有穷区间$[a, b]$，$X_t(\omega)$在 $D \cap [a, b]$上有界。若 $\omega \in N^c$ 时，$X_t(\omega)$右连续，则对 T 的任一有穷区间$[a, b]$，$X_t(\omega)$在$[a, b]$上有界。

证明 由定理 7.3.7(2)知，

$$P\{\sup_{t \in D \cap [a,b]} |X_t| > \lambda\} \leqslant \frac{1}{\lambda} E|X_n|$$

令 $n \to \infty$，则

$$P\{\sup_{t \in D \cap [a,b]} |X_t| = \infty\} = 0$$

所以

$$\begin{aligned} &P(\{\omega; X_t(\omega) \text{ 有界}, \quad \omega \in D \cap [a,b], \quad \forall [a,b] \subset T\}) \\ &= P(\bigcap_{n=1}^{\infty} \{\omega; \sup_{t \in [0,n]} |X_t(\omega)| < \infty\}) = 1 \end{aligned}$$

若 $X_t(\omega)$右连续，取 T 的一个稠密子集 D，则

$$\sup_{t \in D \cap [a,b]} |X_t(\omega)| < \infty \Leftrightarrow \sup_{t \in [a,b]} |X_t(\omega)| < \infty$$

故

$$P(\{\omega; \sup_{t \in [a,b]} |X_t(\omega)| = \infty\}) = 0$$

由此知，$\exists N$，$P(N)=0$，当 $\omega \in N^c$ 时，$\sup\limits_{t \in [a,b]} |X_t(\omega)| < \infty$ $(\forall [a, b] \subset T)$. ■

定理 7.4.8 设$\{X_t; \mathcal{F}_t, t \in T\}$为鞅(或下鞅)，$D$ 为 T 中的一个可列稠密子集，则存在鞅(或下鞅)$\{Y_t; \mathcal{F}_t^+, t \in T\}$，使得

(1)$\{Y_t\}$的所有路径右连续，且 $\exists N$，$P(N)=0$，当 $\omega \in N^c$ 时，

$$Y_t(\omega) = \lim_{\substack{s \to t+0 \\ s \in D}} X_s(\omega), \ t \in T \tag{7.20}$$

(2) $\exists N$，$P(N)=0$，当 $\omega\in N^c$ 时，$\forall t\in T^+$，$Y_t(\omega)$存在有穷的左极限，且

$$Y_{t-0}(\omega)=\lim_{\substack{s\to t-0\\ s\in D}}X_s(\omega),\ t\in T \tag{7.21}$$

(3) $\forall t\in T^+$，

$$X_t=E[Y_t\mid\mathcal{F}_t](\text{或}\leqslant) \tag{7.22}$$

证明 先构造$\{Y_t\}$如下：$\forall t\in T$，及区间$[a,b]$，令

$$H_{t,a,b}=\{\omega;\sup_{s\in D\cap[0,t]}|X_s(\omega)|=\infty\}\cup\{\omega;V_a^b(D\cap[0,t])=\infty\} \tag{7.23}$$

则 $H_{t,a,b}\in\mathcal{F}_t$，由定理 7.4.7 知，$P(H_{t,a,b})=0$.

令

$$H_t=\bigcup_{\substack{a<b\\ a,b\in\mathbf{Q}}}H_{t,a,b},\ H=\bigcup_{n=1}^{\infty}H_n=\bigcup_{t\in T}H_t \tag{7.24}$$

则 $H_t\in\mathcal{F}_t$，$P(H)=0$，对每一个 $t\in T$，令

$$H_t^+=\bigcap_{s>t}H_s \tag{7.25}$$

显然 $H_t^+\in\mathcal{F}_t^+$，如果 $\omega\notin H_t^+$，则存在 $\hat{t}>t$，使 $\omega\notin H_{\hat{t}}$，故 $X_s(\omega)$在区间$[0,\hat{t}]\supset[0,t]$上有穷，$X_s(\omega)$在$[\hat{t},t]$上有穷，故 $\lim\limits_{\substack{s\to t+0\\ s\in D}}X_s(\omega)$存在且有穷，于是定义

$$Y_t(\omega)=\begin{cases}\lim\limits_{\substack{s\to t+0\\ s\in D}}X_s(\omega), & \omega\notin H_t^+\\ 0, & \omega\in H_t^+\end{cases} \tag{7.26}$$

往证(1). 任取 ω 和 $t\in T$，若 $\omega\in H_t^+$，则 $\omega\in H_r^+$，$\forall r>t$，由式(7.26)知，当 $r\geqslant t$ 时，$Y_r(\omega)=0$，从而 $Y_t(\omega)$在 t 处右连续．若 $\omega\notin H_t^+$，则由 H_t^+ 的定义(式(7.25))知，$\exists r_0>t$，$\forall r\in(t,t_0)$，有 $\omega\notin H_r^+$。事实上，若不这样，即 $\forall r_0>t$，$\exists r\in(t,t_0)$，当 $\omega\in H_r^+$ 时，可得$\{r_n\}_{n=1}^{\infty}$，$r_n>t$，$\lim\limits_{n\to\infty}r_n=t$，使 $\omega\in H_{r_n}^+$，又因为 $\lim\limits_{n\to\infty}H_{r_n}^+=H_t^+$，故 $\omega\in H_t^+$，矛盾.

由 $Y_t(\omega)$的定义(式(7.26)知，$\forall\varepsilon>0$，$\exists\delta>0$，$\delta<r_0-t$，当 $s\in D\cap(t,t+\delta)$时，有

$$|Y_t(\omega)-X_s(\omega)|<\varepsilon$$

于是当 $r\in(t,t+\delta)$时，由于 $\omega\notin H_r^+$，$Y_r(\omega)=\lim\limits_{\substack{s\to t+0\\ s\in D}}X_s(\omega)$，有

$$|Y_t(\omega)-Y_r(\omega)|=\lim_{\substack{s\to t+0\\ s\in D}}|Y_t(\omega)-X_s(\omega)|<\varepsilon$$

从而，$Y_t(\omega)$在 t 处右连续．

另外，当 $\omega\notin H$ 时，$\forall t\in T^+$，$\forall\omega\notin H_t$，由 $Y_t(\omega)$的定义(式(7.26))知，

$$Y_t(\omega)=\lim_{\substack{s\to t+0\\ s\in D}}X_s(\omega),\ t\in T$$

令 $N=H$，则结论(1)成立．

往证(2). $\forall\omega\notin H$，$\forall t\notin T^+$，因为 $\omega\notin H$，所以 $\lim\limits_{\substack{s\to t-0\\ s\in D}}X_s(\omega)$存在且有穷．记

$$\widetilde{X}_t(\omega) = \lim_{\substack{s\to t-0\\ s\in D}} X_s(\omega)$$

$\forall \varepsilon>0$，取 $\delta>0$，使 $\forall s\in(t-\delta, t)\cup D$，有

$$|\widetilde{X}_t(\omega) - X_s(\omega)| < \frac{\varepsilon}{2}$$

又 $\forall r\in(t-\delta, t)$，由于 $\omega\notin H_r^+$，由 $Y_t(\omega)$的定义(式(7.26))，可取 $s>t$，$s\in D\cap(t-\delta, t)$，使

$$|Y_t(\omega) - X_s(\omega)| < \frac{\varepsilon}{2}$$

于是当 $r\in(t-\delta, t)$时，

$$|Y_t(\omega) - X_t(\omega)| \leqslant |Y_r(\omega) - X_s(\omega)| + |X_s(\omega) - \widetilde{X}_t(\omega)| < \frac{\varepsilon}{2} + \frac{\varepsilon}{2} = \varepsilon$$

由此知，$\lim\limits_{r\to t-0} Y_r(\omega)=\widetilde{X}_t(\omega)$，即 $Y_{t-0}(\omega)$存在且有穷．再取 $N=H$，则结论(2)成立．

往证(3)．令$\{r_n\}_{n=1}^{\infty}\subset D$，$r_n>t$，$r_n\to t$，$n\to\infty$，因为$\{X_t;\ \mathcal{F}_t,\ t\in T\}$为下鞅，所以 $\forall A\in\mathcal{F}_t$，

$$\int_A X_t \mathrm{d}P \leqslant \int_A X_{r_n} \mathrm{d}P \tag{7.27}$$

又因为$\{Y_t;\ \mathcal{F}_t^+,\ t\in T\}$是反向下鞅，所以 X_{r_n} 一致可积。又因为 $Y_t(\omega)=\lim\limits_{\substack{s\to t+0\\ s\in D}} X_s(\omega)$，从而 $\lim\limits_{n\to\infty} E\mid X_{r_n}(\omega)-Y_t(\omega)\mid=0$. 于是在式(7.27)中令 $n\to\infty$，得

$$\int_A X_t \mathrm{d}P \leqslant \int_A Y_t \mathrm{d}P,\ \forall A\in\mathcal{F}_t$$

从而知 $E[Y_t\mid\mathcal{F}_t]\geqslant X_t$. ■

定理 7.4.9 设$\{X_t;\ \mathcal{F}_t,\ t\in T\}$是右连续下鞅，如果$\{\mathcal{F}_t\}$右连续，则下列两个条件等价：

(1)$EX_t(t\geqslant 0)$右连续；

(2)$\{X_t\}$有右连续修正下鞅．

证明 往证(1)⇒(2)．设 D 为 T 的任一可列稠密子集，令$\mathcal{F}_t=\mathcal{F}_t^+$，则定理 7.4.8 中的$\{Y_t;\ \mathcal{F}_t,\ t\in T\}$是下鞅，且

$$X_t \leqslant E[Y_t\mid\mathcal{F}_t] \leqslant Y_t,\quad \text{a. e.}$$
$$Y_t - X_t \geqslant 0,\quad \text{a. e.}$$

$\forall t>0$，取$\{t_n\}_{n=1}^{\infty}\subset D$，$t_n\to t+0$，$n\to\infty$，则因为$\{X_{t_n}\}$一致可积，有 $EY_t=\lim\limits_{n\to\infty}EX_{t_n}$．又因为 EX_t 右连续，所以$\lim\limits_{n\to\infty}EX_{t_n}=EX_t=EY_t$，故有

$$\int (Y_t - X_t)\mathrm{d}P = 0,\quad \text{a. e.}$$

故 $Y_t=X_t$，a. e.，所以$\{Y_t\}$是 X_t 的右连续修正．

往证(2)⇒(1)．设$\{Y_t\}$是$\{X_t\}$的右连续修正下鞅．对任意$\{t_n\}_{n=1}^{\infty}\subset D$，$t_n\to t+0$，$n\to\infty$，因为$\{X_{t_n}\}$一致可积，所以$\{Y_{t_n}\}$一致可积．又因为 $E\mid Y_{t_n}\mid=E\mid X_{t_n}\mid<\infty$，所以由

$$\lim_{n\to\infty} EX_{t_n} = \lim_{n\to\infty} EY_{t_n} = E[\lim_{n\to\infty} Y_{t_n}] = EY_t = EX_t$$

可知，EX_t 右连续．■

推论 7.4.1 若$\{\mathcal{F}_t\}$右连续，则如果$\{X_t\}$是鞅，就一定存在右连续修正鞅$\{Y_t;\ \mathcal{F}_t,\ t\in T\}$.

证明 因为对一切 $t>s$，$E[X_s \mid \mathcal{F}_s]=X_s$，$E[E(X_s \mid \mathcal{F}_s)]=EX_s$，$EX_t=EX_s$，所以 EX_t 右连续，由定理 7.4.9 知，EX_t 右连续．■

定理 7.4.10 (i)设 $X=(X_t,\ \mathcal{F}_t,\ t\in \mathbf{R}_+)$为右连续下鞅，若

$$\sup_t EX_t^+ < \infty$$

(此条件与$\sup_t E|X_t|<\infty$等价)，则以概率 1 存在极限

$$\lim_{t\to\infty} X_t (= X_\infty)$$

且 $E|X_\infty|<\infty$.

(ii)设 X 为右连续下鞅(鞅)，于是 $X_t \xrightarrow[r]{} X_\infty (r\geqslant 1)$的充要条件是($|X_t|^r$)为一致可积族．在此条件下，$X_t \xrightarrow{\text{a. s.}} X_\infty$，且 X_∞是最近的封闭元．

(iii)设 X 为非负的右连续下鞅，若对 $r>1$，$\sup_t E|X_t|^r<\infty$，则($|X_t|^r$)为一致可积族，从而 $X_t \xrightarrow[\text{a. s.}]{r} X_\infty$，且

$$E|X_\infty|^r = \sup_t E|X_t|^r$$

(iv)设 X 为右连续鞅．存在可积随机变量 Y 使 $X_t \overset{\text{a. s.}}{=\!=} E(Y \mid \mathcal{F}_t)$，当且仅当下列三个条件之一成立：(a)($X_t$)为一致可积族，(b)$X_t \xrightarrow[L_1]{} X_\infty$，(c)$\sup_t E|X_t|<\infty$，且以概率 1 存在$\lim_{t\to\infty} X_t(=X_\infty)$，使得 $X_t \overset{\text{a. s.}}{=\!=} E(X_\infty \mid \mathcal{F}_t)$(这样的鞅称为正则鞅).

证明 本定理的证明与离散时间情形很相似，我们只给出(i)的证明，其余证明请读者自己完成．令

$$A = \{\omega;\lim_{t\to\infty} X_t(\omega)\ \text{存在(有穷或}\pm\infty)\}$$

$$A(a,b) = \{\omega;\varliminf_{t\to\infty} X_t(\omega) < a < b < \varlimsup_{t\to\infty} X_t(\omega)\}$$

记 $\mathbf{Q}$ 为全体有理数，则

$$A^c = \bigcup_{\substack{a<b \\ a,b\in\mathbf{Q}}} A(a,b),\quad P(A^c) = P(\bigcup_{\substack{a<b \\ a,b\in\mathbf{Q}}} A(a,b))$$

下面证明 $P(A(a,\ b))=0$，从而证明 $P(A^c)=0$，$P(A)=1$. 记 $V^{[a,b]}(X)$为$\{X_t;\ t\in T\}$严格上穿$[a,\ b]$的次数，D 为 T 的一个可列稠密子集，$V^{[a,b]}(D)$为 D 严格上穿$[a,\ b]$的次数，显然，$V^{[a,b]}(X)\geqslant V^{[a,b]}(D)$. 设 $X_{t_a}<a$，$X_{t_b}<b$，且 X_t 在$[t_a,\ t_b]$上上穿一次$[a,\ b]$. 因为 X_t 右连续，$\exists\,\varepsilon>0$，当 $t\in[t_b,\ t_b+\varepsilon]$ 时，$X_t>b$，作$\{t_n\}_{n=0}^{\infty}\subset D$，$t_0=t_a$，$t_n\in[t_b,\ t_b+\varepsilon]$，$t_n\to b+0$，$n\to\infty$. 于是 X_t 在$\{t_n\}_{n=0}^{\infty}$上上穿$[a,\ b]$一次，所以 $V^{[a,b]}(X)\leqslant V^{[a,b]}(D)$，从而 $V^{[a,b]}(X)=V^{[a,b]}(D)$。由定理 7.3.4 知，

$$\begin{aligned}EV^{[a,b]}(D) &= \lim_{n\to\infty} EV^{[a,b]}(D\cap[0,n]) \\ &\leqslant \lim_{n\to\infty}\frac{1}{b-a}(EX_n^+ + |a|) \\ &\leqslant \frac{1}{b-a}(\sup_{t\geqslant 0} EX_t^+ + |a|) < \infty\end{aligned}$$

故 $P(V^{[a,b]}(X)<\infty)=P(V^{[a,b]}(D)<\infty)=1$. 事实上，若 $P(V^{[a,b]}(X)<\infty)=1-\varepsilon$，则 $P(V^{[a,b]}(X)=+\infty))=\varepsilon$，有

$$EV^{[a,b]}(X) = \int V^{[a,b]}(X)\mathrm{d}P > \int_{\{V^{[a,b]}(X)=+\infty\}} V^{[a,b]}(X)\mathrm{d}P > \infty$$

矛盾．另一方面，$A(a,\ b)\subseteq\{w;\ V^{[a,b]}(X)=\infty\}$，故

$$P(A(a,b)) \leqslant P(V^{[a,b]}(X)=\infty) = 1-P(V^{[a,b]}(X)<\infty) = 0$$

从而 $\lim\limits_{t\to\infty} X_t$ 几乎处处存在，记

$$X_\infty = \underline{\lim}_{t\to\infty} X_t$$

由于 $\{X_t\}$ 是右连续的，所以 X_∞ 是 $\mathcal{F}_\infty$ 可测的，则

$$P(\lim_{t\to\infty} X_t = X_\infty) = 1$$

对 $\{X_t\}$ 应用 Fatou 引理，有

$$E|X_\infty| \leqslant \underline{\lim}_{t\to\infty} E|X_t| < \infty$$

证毕．■

7.5 平方可积鞅空间

作为下一章定义随机积分的准备，本节我们定义平方可积鞅空间，它是一类重要的过程空间．

定义 7.5.1 称满足下列条件的全体鞅 $X=\{X_t,\ \mathcal{F}_t,\ t\geqslant 0\}$ 的集合为平方可积鞅空间，记为 $\mathfrak{M}^2$（也叫零初值的 L^2 有界鞅空间）.

(1) $X_0=0$；

(2) $\sup\limits_{t\geqslant 0} E[X_t^2]<\infty$.

称 $X=\{X_t,\ \mathcal{F}_t,\ t\geqslant 0\}\in\mathfrak{M}^2$ 为一个平方可积鞅．

在 $\mathfrak{M}^2$ 中引入范数 $\|X\|_{\mathfrak{M}^2}=\{\sup\limits_{t\geqslant 0} E[X_t^2]\}^{1/2}$，则 $(\mathfrak{M}^2,\ \|\cdot\|)$ 是一个赋范线性空间，且可以证明它是一个 Banach 空间．

对平方可积鞅 $X=\{X_t,\ \mathcal{F}_t,\ t\geqslant 0\}$，下列定理是非常重要的．

定理 7.5.1 设 $X=\{X_t,\ \mathcal{F}_t,\ t\geqslant 0\}$ 是一个平方可积鞅，其几乎必然意义下的极限记为 $X_\infty\in L^2(\Omega)$，则下列结论成立：

$$\|X\|_{\mathfrak{M}^2} = \|X_\infty\|_{L^2(\Omega)}$$

证明 由于 X 是一致可积的，则我们获得

$$X_t^2 = \{E[X_\infty\mid\mathcal{F}_t]\}^2 \leqslant E[X_\infty^2\mid\mathcal{F}_t]$$

从而 $E[X_t^2]\leqslant E[X_\infty^2]$，即 $\|X\|_{\mathfrak{M}^2}\leqslant\|X_\infty\|_{L^2(\Omega)}$. 反之，由 Fatou 引理知，

$$E[X_\infty^2]\leqslant \varliminf_{t\to\infty}E[X_t^2]\leqslant \sup_{t\geqslant 0}E[X_t^2]$$

于是 $\|X_\infty\|_{L^2(\Omega)}\leqslant\|X\|_{\mathfrak{M}^2}$，所以 $\|X_\infty\|_{L^2(\Omega)}=\|X\|_{\mathfrak{M}^2}$，证毕． ■

由定理7.5.1马上得到以下推论．

推论 7.5.1 映射 ϕ：$\mathfrak{M}^2\mapsto L^2(\Omega)$，使得 $\forall X\in\mathfrak{M}^2$，$\phi(X)=X_\infty$ 是一个同构映射．

进一步，我们可证：(1) 若在 $\mathfrak{M}^2$ 中定义内积

$$\langle X,Y\rangle_{\mathfrak{M}^2}=\langle X_\infty,Y_\infty\rangle_{L^2(\Omega)},\forall X,Y\in\mathfrak{M}^2$$

则($\mathfrak{M}^2$，(·，·))是一个 Hilbert 空间．

(2)$\mathfrak{M}^2$ 中的连续过程全体 $\mathfrak{M}_c^2$ 构成 $\mathfrak{M}^2$ 的一个闭子空间．

比平方可积鞅空间更广泛的一类空间是局部平方可积鞅空间，它也是定义随机积分的一类基本空间．

定义 7.5.2 设 $p\in[1,+\infty)$，$M=\{M_t;\ t\in\mathbf{R}_+\}$ 为 $\widetilde{S}$ 适应过程，若存在 $\widetilde{S}$ 停时序列 $\tau_n\uparrow\infty$(a. s.)，使对每一个 $n\in\mathbf{N}$，停止过程 $M^{\tau_n}=\{M_{\tau_n\wedge t},\ t\in\mathbf{R}_+\}$ 均为 L^p 鞅，则称 M 为局部 L^p 鞅，$\{\tau_n\}$ 称为 M 的一个局部化停时序列，局部 L^1 鞅简称为局部鞅．记全体零初值的局部 L^p 鞅组成的集合为 $\mathfrak{M}_{loc}^p$，简记 $\mathfrak{M}_{loc}^1$ 为 $\mathfrak{M}_{loc}$．

定理 7.5.2 局部 L^p 鞅必为局部 L^p 有界鞅．

证明 设 $\{\tau_n\}$ 为局部 L^p 鞅 M 的局部化停时序列，取 $\{\tau_n\wedge n\}$ 为新的停时序列，由鞅的极大不等式知，

$$\begin{aligned}\sup_{t\geqslant 0}E|X_t^{\tau_n\wedge n}|^p&=\sup_{t\geqslant 0}E|X_{t\wedge\tau_n\wedge n}|^p\leqslant E[\sup_{t\geqslant 0}|X_{t\wedge\tau_n\wedge n}|^p]\\&\leqslant q^pE(|M_{\tau_n\wedge n\wedge\infty}|^p)=q^pE[|M_{\tau_n\wedge n}|^p]=q^pE(|M_n^{\tau_n}|^p)<\infty\end{aligned}$$

故 $M^{\tau_n\wedge n}$ 是 L^p 有界鞅． ■

同理可证局部鞅必为局部一致可积鞅．

定理 7.5.3 设 $p\in[1,+\infty)$，$M=\{M_t;\ t\in\mathbf{R}_+\}$ 为右连续局部 L^p 鞅，则 M 为 L^p 鞅的充要条件是存在一个局部化停时序列 $\{\tau_n\}$，使得对 $\forall t\in\mathbf{R}_+$，$\{|M_{\tau_n\wedge t}|^p,\ n\in\mathbf{N}\}$ 均为一致可积族．

证明 "⇒"若 $M=\{M_t,t\in\mathbf{R}_+\}$ 为右连续 L^p 鞅，则 $\{|M_t|^p,t\in\mathbf{R}_+\}$ 为非负右连续下鞅，对任一停时序列 $\{\tau_n\}$，有 $|M_{\tau_n\wedge t}|^p\leqslant E[|M_t|^p\,|\,\mathcal{F}_{\tau_n\wedge t}]$ a. s.．又因为对固定的 t，$N_n=E[|M_t|^p\,|\,\mathcal{F}_{\tau_n\wedge t}]$ 关于 n 为一致可积族，从而 $\{|M_{\tau_n\wedge t}|^p,n\in\mathbf{N}\}$ 为一致可积族．

"⇐"由假定，$\forall n\in\mathbf{N}$，$M^{\tau_n}=\{M_{\tau_n\wedge t},\ t\in\mathbf{R}_+\}$ 为 L^p 鞅，从而 $M^{\tau_n\wedge n}$ 是 L^p 有界鞅，且

$$\lim_{n\to\infty}M_{\tau_n\wedge t}=M_t,\ \text{a. s.}$$

若 $\{|M_{\tau_n\wedge t}|^p,n\in\mathbf{N}\}$ 一致可积，则 $\{M_t^{\tau_n\wedge n},n\in\mathbf{N}\}$ 也一致可积，故

$$\lim_{n\to\infty}M^{\tau_n\wedge n}\overset{L^1}{=}M_t$$

又因为对任意 $s\leqslant t$，有

$$M_{\tau_n\wedge n\wedge s}=E(M_{\tau_n\wedge n\wedge t}\,|\,\mathcal{F}_s),\ \text{a. s.}$$

两边取 L^1 极限，则有

$$M_s=E(M_t\,|\,\mathcal{F}_s),\ \text{a. s.}$$

所以$\{M_t, t\in\mathbf{R}_+\}$为鞅． ■

在第 3 章，我们已经给出了局部(D)类过程的定义，即若 T^u 表示取值范围为$[0, u]$的有界停时全体，如果对任意 $u\geqslant 0$，$X=\{X_t, t\geqslant 0\}$满足$\{X_\tau, \tau\in T^u\}$为一致可积族，则称 X 为局部(D)类过程，简称为(LD)类过程．

由定理 7.5.3 直接得到以下推论．

推论 7.5.2 局部鞅为鞅的充要条件是：它是(LD)类过程．

定理 7.5.4 设 $M=\{M_t, t\in\mathbf{R}_+\}$为连续局部鞅，则 $\forall p\in[1, +\infty)$，M 为局部 L^p 鞅，且有如下局部化停时序列$\{\sigma_k\}_{k\geqslant 0}$：$\sigma_k(\omega)=\inf\limits_t\{t\in\mathbf{R}_+, |M_t(\omega)\geqslant k|\}$，$k=0, 1, \cdots$.

证明 设$\{\tau_n\}$为 M 的一个局部化停时序列，则对任意固定的 k，$\{\tau_n\}$也是 M^{σ_k} 的局部化停时序列．所以$(M^{\sigma_k})^{\tau_n}=M^{\sigma_k\wedge\tau_n}=(M^{\tau_n})^{\sigma_k}=N^{\sigma_k}$为连续鞅，其中 $N\triangleq M^{\tau_n}$. 而鞅一定是局部鞅，从而$\{\tau_n\}$也是 M^{σ_k} 的局部化停时序列．又因为 σ_k 是$|M_t|\geqslant k$ 的最小下标，而 $\sigma_k\wedge\tau_n\wedge t\leqslant\sigma_k$，从而$|M^{\sigma_k}_{\tau_n\wedge t}|\leqslant k$，从而$\{|M^{\sigma_k}_{\tau_n\wedge t}|, n\in\mathbf{N}\}$一致可积．由定理 7.5.3 知，$M^{\sigma_k}$为连续鞅，证毕． ■

7.6 上(下)鞅的分解性质

本节我们分别介绍离散时间鞅与连续时间鞅的 Doob-Meyer 分解定理及其他一些有用的分解定理．

7.6.1 离散时间上(下)鞅的分解性质

定理 7.6.1 (Doob-Meyer 下鞅分解定理) 设$\{X_n, \mathcal{F}_n, n\geqslant 0\}$是一个下鞅，则对任意 $n\geqslant 0$，X_n 可以唯一地分解为 $X_n=M_n+A_n$，使得$\{M_n, \mathcal{F}_n, n\geqslant 0\}$是鞅，$\{A_n, \mathcal{F}_n, n\geqslant 0\}$是零初值的可料增过程．

证明 设 $B_n=E[X_n|\mathcal{F}_{n-1}]-X_{n-1}$，由$\{X_n, F_n, n\geqslant 0\}$ 是下鞅知 $B_n\geqslant 0$. 令 $A_0=0$，$A_n=\sum\limits_{k=1}^n B_k$，则$\{A_n, \mathcal{F}_n, n\geqslant 0\}$ 是零初值的可料增过程．再令 $M_n=X_n-A_n$，则$\{M_n, n\geqslant 0\}$是可积过程，也是$\{\mathcal{F}_n, n\geqslant 0\}$ 适应过程，且对任意 $n\geqslant 1$.

$$
\begin{aligned}
E[M_n|\mathcal{F}_{n-1}] &= E[X_n-A_n|\mathcal{F}_{n-1}] \\
&= E[X_n-\sum_{k=1}^n B_k|\mathcal{F}_{n-1}] \\
&= E[X_n-\sum_{k=1}^{n-1} B_k-E[X_n|\mathcal{F}_{n-1}]+X_{n-1}|\mathcal{F}_{n-1}] \\
&= X_{n-1}-\sum_{k=1}^{n-1} B_k = M_{n-1}
\end{aligned}
$$

设 $X_n=\overline{M}_n+\overline{A}_n(n\geqslant 0)$是另一分解，则 $X_n=M_n+A_n=\overline{M}_n+\overline{A}_n(n\geqslant 0)$，从而

$$M_n-\overline{M}_n=\overline{A}_n-A_n$$

两边取条件期望，由$\{M_n, \mathcal{F}_n, n\geqslant 0\}$是鞅，$\{A_n, \mathcal{F}_n, n\geqslant 0\}$是可料过程知，

$$M_{n-1}-\overline{M}_{n-1}=E[M_n-\overline{M}_n|\mathcal{F}_{n-1}]=E[\overline{A}_n-A_n|\mathcal{F}_{n-1}]=\overline{A}_n-A_n$$

所以 $M_{n-1}-\overline{M}_{n-1}=M_n-\overline{M}_n$，重复上述步骤得

$$M_n - \overline{M}_n = M_{n-1} - \overline{M}_{n-1} = \cdots = M_1 - \overline{M}_1 = M_0 - \overline{M}_0 = \overline{A}_0 - A_0 = 0$$

故 $M_n = \overline{M}_n$，同时也得到 $A_n = \overline{A}_n$，证毕． ■

例 7.6.1　设$\{M_n, \mathcal{F}_n, n \geqslant 0\}$是一个零初值的连续鞅，则$\{M_n^2, \mathcal{F}_n, n \geqslant 0\}$是一个连续下鞅．则根据定理 7.6.1 有

$$M_n^2 = N_n + A_n$$

其中$\{N_n, \mathcal{F}_n, n \geqslant 0\}$是一个连续鞅，$\{A_n, \mathcal{F}_n, n \geqslant 0\}$是一个零初值的连续可料递增序列．

在定理 7.6.1 中，我们给出了离散时间鞅的一个分解定理，下面我们再介绍几个常用的鞅分解定理．

定义 7.6.1　设$\{Z_n, n \geqslant 0\}$为非负上鞅，如果$\lim\limits_{n \to \infty} E(Z_n) = 0$，即

$$Z_n \xrightarrow{L^1} 0$$

则称$\{Z_n, n \geqslant 0\}$为位势．若存在鞅$\{Y_n, \mathcal{F}_n, n \geqslant 0\}$，位势$\{Z_n, \mathcal{F}_n, n \geqslant 0\}$，使得

$$X_n = Y_n + Z_n, \ \forall n \geqslant 0$$

则称上鞅$\{X_n, \mathcal{F}_n, n \geqslant 0\}$有 Riesz 分解．

对于 Riesz 分解，有下列结论．

定理 7.6.2(Riesz 分解定理)　设 $X = (X_n, \mathcal{F}_n, n \in \mathbf{N})$为上鞅，它控制某个下鞅 $Y = (Y_n, \mathcal{F}_n, n \in \mathbf{N})$，即 $X_n \geqslant Y_n$(a. s.)，$n \in \mathbf{N}$. 于是存在如下唯一的分解：

$$X_n = M_n + \Pi_n, \ n \in \mathbf{N}$$

此处 $M = (M_n, \mathcal{F}_n, n \in \mathbf{N})$为鞅，$\Pi = (\Pi_n, \mathcal{F}_n, n \in \mathbf{N})$为位势．

证明　对每个 $n \in \mathbf{N}$，令

$$X_{n,p} = E(X_{n+p} \mid \mathcal{F}_n), \quad p = 0, 1, 2, \cdots$$

由于 X 为上鞅，有

$$X_{n,p+1} = E(X_{n+p+1} \mid \mathcal{F}_n) \leqslant E(X_{n+p} \mid \mathcal{F}_n) = X_{n,p}$$

故$(X_{n,p}, p = 0, 1, 2, \cdots)$是降列，且由假设知，

$$X_{n,p} = E(X_{n+p} \mid \mathcal{F}_n) \geqslant E(Y_{n+p} \mid \mathcal{F}_n) \geqslant Y_n$$

所以$(X_{n,p}, p = 0, 1, 2, \cdots)$为下有界的降列，故以概率 1 存在 $\lim\limits_{p \to \infty} X_{n,p} (= M_n)$，且 $Y_n \leqslant M_n \leqslant X_n$. 从而 M_n 可积，且对每个 n，由单调收敛定理有

$$\begin{aligned} E(M_{n+1} \mid \mathcal{F}_n) &= E(\lim_{p \to \infty} X_{n+1,p} \mid \mathcal{F}_n) \\ &= \lim_{p \to \infty} E(X_{n+1,p} \mid \mathcal{F}_n) \\ &= \lim_{p \to \infty} E(X_{n+1+p} \mid \mathcal{F}_n) = \lim_{p \to \infty} E(X_{n,p+1} \mid \mathcal{F}_n) \\ &= \lim_{p \to \infty} X_{n,p+1} = M_n \end{aligned}$$

由此可见 M 为鞅．

令 $\Pi_n = X_n - M_n$. 因为 $X_n \geqslant M_n$(a. s.)，所以$\Pi_n \geqslant 0$(a. s.)，显见 Π 为上鞅．往证 $E\Pi_n \to 0$ $(n \to \infty)$.

$$\begin{aligned} E(\Pi_{n+p} \mid \mathcal{F}_n) &= E(X_{n+p} - M_{n+p} \mid \mathcal{F}_n) \\ &= E(X_{n+p} \mid \mathcal{F}_n) - M_n \\ &= X_{n,p} - M_n \downarrow 0 (p \to \infty) \end{aligned}$$

由单调收敛定理知，

$$\lim_{p\to\infty} E\Pi_{n+p} = \lim_{p\to\infty} E(E(\Pi_{n+p} \mid \mathcal{F}_n)) = 0$$

往证分解的唯一性．设还有同样性质的另一个分解 $X_n = M'_n + \Pi_n$，于是

$$\begin{aligned} E(X_{n+p} \mid \mathcal{F}_n) &= E(M'_{n+p} \mid \mathcal{F}_n) + E(\Pi'_{n+p} \mid \mathcal{F}_n) \\ &= M'_n + E(\Pi'_{n+p} \mid \mathcal{F}_n) \end{aligned}$$

令 $p\to\infty$，由上式推知，$M_n \overset{\text{a. s.}}{=\!=} M'_n$，$n\in\mathbf{N}$，从而 $\Pi \overset{\text{a. s.}}{=\!=} \Pi'$．证毕． ■

注 7.6.1 由定理 7.6.2 可以看出，若一个上鞅控制某个下鞅，则此上鞅必控制一个鞅．

定理 7.6.3 设$\{X_n, \mathcal{F}_n, n\geqslant 0\}$为上鞅，则：

(1) 如果它有 Riesz 分解，则其分解在 a. s. 意义下必唯一；

(2)它有 Riesz 分解的充要条件是 $\lim\limits_{n\to\infty} E(X_n) > -\infty$；

(3)若 $X_n\geqslant 0$，$n\geqslant 0$，且 $X_n = Y_n + Z_n$ 为其 Riesz 分解，则$\{Y_n, \mathcal{F}_n, n\geqslant 0\}$是非负鞅；

(4)若$\{X_n, n\geqslant 0\}$一致可积，则存在 X_∞，使 $X_n \xrightarrow{L^1} X_\infty$，令 $Y_n = E[X_\infty \mid \mathcal{F}_n]$，$n\geqslant 0$，$Z_n = X_n - Y_n$，则 $X_n = Y_n + Z_n$ 是它的 Riesz 分解．

证明 (1)(唯一性)设 $X_n = Y_n + Z_n = Y'_n + Z'_n$ 是两组分解，即$\{Y_n, \mathcal{F}_n, n\geqslant 0\}$与$\{Y'_n, \mathcal{F}_n, n\geqslant 0\}$均为鞅．$\{Z_n, n\geqslant 0\}$与$\{Z'_n, n\geqslant 0\}$是位势，则$\{Y_n - Y'_n, \mathcal{F}_n, n\geqslant 0\}$是鞅，且

$$(Y_n - Y'_n) = (Z'_n - Z_n) \xrightarrow{L^1} 0$$

由定理 3.3.2 知，$\{Y_n - Y'_n, n\geqslant 0\}$是一致可积族，由一致可积鞅的收敛定理知，

$$0 = E(0 \mid \mathcal{F}_n) = Y_n - Y'_n,\ \text{a. s.}\quad \omega\in\Omega$$

再由 $Y_n - Y'_n = Z'_n - Z_n$，得到 $Z_n = Z'_n$，a. s.，所以唯一性得证．

(2) “⇒”设$\{X_n, \mathcal{F}_n, n\geqslant 0\}$有 Riesz 分解，$X_n = Y_n + Z_n$，其中$\{Z_n, \mathcal{F}_n, n\geqslant 0\}$是位势，即 $Z_n \xrightarrow{L^1} 0$，则 $\int_\Omega |Z_n|\,\mathrm{d}P \to 0$，从而$\int_\Omega Z_n\,\mathrm{d}P\to 0$，所以 $E(Z_n)\to 0$. 又因为$\{Y_n, \mathcal{F}_n, n\geqslant 0\}$为鞅，则 $E[Y_n] = E[Y_0]$，所以，

$$E[X_n] = E[Y_n] + E[Z_n] \underset{n\to\infty}{\to} E(Y_0) > -\infty$$

“⇐”设 $E(X_n)$存在，且 $\lim\limits_{n\to\infty} E(X_n) > -\infty$，对任意非负整数 n 和 p，令

$$Y_{n,p+1} \triangleq E[X_{n+p+1} \mid \mathcal{F}_n] \tag{7.28}$$

因$\{X_n, \mathcal{F}_n, n\geqslant 0\}$为上鞅，从而

$$Y_{n,p+1} \leqslant E[X_{n+p} \mid \mathcal{F}_n] = Y_{n,p} \tag{7.29}$$

所以对固定的 n，$\{Y_{n,p};\ p\geqslant 1\}$关于 p 是单调非升的，令 $Y_n = \lim\limits_{p\to\infty} Y_{n,p}$ a. e.，则

$$Y_n : \Omega \mapsto \overline{\mathbf{R}}$$

由条件期望的定义知，$Y_{n,p+1}\in F_n \mid \beta(\mathbf{R}^1)$，所以 $Y_n \in F_n \mid \beta^1(\mathbf{R}^1)$，且

$$\lim_{p\to\infty} E[Y_{n,p}] = \lim_{p\to\infty} E[X_{n+p+1}] = \lim_{p\to\infty} E[X_{n+p}] > -\infty$$

由单调收敛定理知，

$$\lim_{p\to\infty} E[Y_{n,p}] = E[\lim_{p\to\infty} Y_{n,p}] = E[Y_n]$$

所以

$$E(Y_n)=\lim_{p\to\infty}E(Y_{n,p})>-\infty$$

故 $|E(Y_n)|<\infty$，从而 $E(|Y_{n,p}-Y_n|)=E(Y_{n,p}-Y_n)\quad(\because Y_{n,p}\geqslant Y_n)$

$$=E(Y_{n,p})-E(Y_n)$$

所以 $\lim\limits_{p\to\infty}E[|Y_{n,p}-Y_n|]=0$，即 $Y_{n,p}\xrightarrow{L^1}Y_n$. 故

$$E[Y_{n+1}\mid\mathcal{F}_n]=\lim_{p\to\infty}E[Y_{n+1}\mid\mathcal{F}_n]=\lim_{p\to\infty}E[Y_{n+1,p}\mid\mathcal{F}_n]=\lim_{p\to\infty}E[X_{n+p+1}\mid\mathcal{F}_n]$$

$$=\lim_{p\to\infty}Y_{n,p+1}=Y_n,\text{ a. e.}$$

所以，$\{Y_n,\mathcal{F}_n,n\geqslant0\}$ 为鞅．令 $Z_n=X_n-Y_n$，往证 $\{Z_n,\mathcal{F}_n,n\geqslant0\}$ 为位势．因为

$$Y_{n,p}=E[X_{n+p}\mid\mathcal{F}_n]\leqslant X_n(\text{因 }X_n\text{ 为上鞅}),\forall p\geqslant1$$

所以 $Y_n\leqslant X_n$，又因为 $Z_n=X_n-Y_n$，从而 $\{Z_n,\mathcal{F}_n,n\geqslant0\}$ 为非负上鞅．

下面证明 $E(Z_n)\underset{n\to\infty}{\to}0$. 事实上，因为

$$E[Z_n]=E[X_n-Y_n]=\lim_{p\to\infty}E[X_n-Y_{n,p}](\text{由 }Y_{n,p}\xrightarrow{L^1}Y_n)$$

$$=\lim_{p\to\infty}E[X_n-X_{n+p}](\text{由}\lim_{p\to\infty}E(X_{n+p})\to\lim_{p\to\infty}E(Y_{n,p}))$$

$$=E(X_n)-\lim_{p\to\infty}E(X_{n+p})=E(X_n)-\lim_{p\to\infty}E(X_p)$$

所以 $\lim\limits_{n\to\infty}E(Z_n)=0$，即 $X_n=Y_n+Z_n$ 为 Riesz 分解．

(3)与(4)请读者自证．■

7.6.2 连续时间上(下)鞅的分解性质

下面，我们介绍连续时间上鞅或下鞅的 Doob-Meyer 分解定理

定义 7.6.2 右连续过程 $A=\{A_t,\mathcal{F}_t,t\geqslant0\}$ 称为增过程，如果它满足：(1) $A_0(\omega)=0$，$\forall\omega\in\Omega$；(2) $\forall s\leqslant t$，$A_s(\omega)\leqslant A_t(\omega)$. 如果 $A=\{A_t,\mathcal{F}_t,t\geqslant0\}$ 是一个增过程，且满足 $E(A_\infty)<\infty$，则称 A 为可积增过程．如果 $A=\{A_t,\mathcal{F}_t,t\geqslant0\}$ 是一个增过程，且满足对任意右连左极的有界正鞅 Y，恒有

$$E\int_0^{+\infty}Y_{t-}\mathrm{d}A_t=E(Y_\infty A_\infty)$$

则称 A 为可料增过程．

引理 7.6.1 设 $X=\{X_t,\mathcal{F}_t,t\geqslant0\}$ 为右连续的适应过程，则 X 为局部鞅(上鞅)的充要条件是存在停时序列 $\tau_n\to\infty$，使得对每个 n，

$$X^{\tau_n}1_{\{\tau_n>0\}}\text{ 是一致可积鞅(D 类上鞅)}$$

证明 见注 7.2.4. ■

引理 7.6.2 (i)设 $X=(X_t,\mathcal{F}_t,t\in\mathbf{R}_+)$ 为右连续非负下鞅(右连续负上鞅)，于是 X 为类(D)过程．

(ii)若 $X=(X_t,\mathcal{F}_t,t\in\mathbf{R}_+)$ 为右连续一致可积鞅，则 X 为类(D)过程．

(iii)若 $X=(X_t,\mathcal{F}_t,t\in\mathbf{R}_+)$ 为右连续上鞅，则存在上升停时序列 $\{\tau_n,n\geqslant1\}$，$\tau_n\uparrow\infty$，使得对每个 $n\geqslant1$，均有 $\{X_t^{\tau_n},t\geqslant0\}$ 为(D)类过程．

证明 (i)设 $X=(X_t,\mathcal{F}_t,t\in\overline{\mathbf{R}}_+)$ 为右连续非负下鞅，则由 Doob 可选定理知，对任

意可选时 τ 有

$$X_\tau \leqslant E(X_\infty \mid \mathcal{F}_\tau),\ \text{a. s.}$$

但 $(E(X_\infty \mid \mathcal{F}_\tau),\ \tau\in\mathcal{J})$ 为一致可积族，故 $(X_\tau,\ \tau\in\mathcal{J})$ 也为一致可积族．

(ii)若 $(X_t,\ \mathcal{F}_t,\ t\in\mathbf{R}_+)$ 为一致可积鞅，则由定理 7.4.2 知，$X_t \overset{\text{a. s.}}{=\!=} E(X_\infty \mid \mathcal{F}_t)$. 此处 $X_\infty \overset{\text{a. s.}}{=\!=} \lim\limits_{t\to\infty} X_t$. 类似于参考文献[66]中的定理 5.4.9，对任意可选时 τ，有

$$X_\tau = E(X_\infty \mid \mathcal{F}_\tau),\ \text{a. s.}$$

(iii)令

$$\tau_n = \inf\{t: |X_t| \geqslant n\} \wedge n$$

τ_n 为可选时，$\tau_n \uparrow \infty(n\to\infty)$，$(X_t^{\tau_n},\ \mathcal{F}_t,\ t\in\mathbf{R}_t)$ 仍为上鞅，且 $E|X_{\tau_n}|<\infty$. 故对任意可选停时 τ，有

$$|X_\tau^{\tau_n}| = |X_{\tau_n\wedge\tau}| \leqslant |X_{\tau_n}| + n$$

由此可见 X^{τ_n} 为类(D)过程．证毕． ■

类似于引理 7.6.2 可以证得下列引理．

引理 7.6.3 (1)任一右连续鞅必为(DL)过程；

(2) 任一负的右连续上鞅必为(DL)过程．

引理 7.6.4 设 $\Pi=(\Pi_t,\ \mathcal{F}_t,\ t\in\mathbf{R}_+)$ 为右连续位势，而且为类(D)过程，于是存在可积增过程 $A=(A_t,\ \mathcal{F}_t,\ t\in\mathbf{R}_+)$，使得对每个 $t\in\mathbf{R}_+$ 有

$$\Pi_t = E(A_\infty \mid \mathcal{F}_t) - A_t,\quad \text{a. s.}$$

增过程 A 可以取为可料增过程。当 A 取为可料过程时，分解是唯一的．

证明 见参考文献[66]中的定理 5.5.7. ■

定理 7.6.4(上鞅的 Doob-Meyer 分解定理) 设 X 为(D)类右连续上鞅，则存在唯一的可积可料增过程 A，使得 $M=X+A$ 为一致可积鞅．

证明 因为 X 为(D)类上鞅，故 $\sup\limits_t E(|X_t|)<\infty$. 由 L^1 有界鞅的收敛定理知，以概率 1 存在 $\lim\limits_{t\to\infty} X_t(=X_\infty)$，且 $E|X_\infty|<\infty$. 令 $\Pi_t=X_t-E(X_\infty \mid \mathcal{F}_t)$，这里取一致可积鞅 $(E(X_\infty \mid \mathcal{F}_t),\ \mathcal{F}_t,\ t\in\mathbf{R}_+)$ 的右连续修正。从而 Π 为右连续位势，且为(D)类过程。所以由引理 7.6.4 知，存在唯一的可积可料增过程 A，使得

$$X_t = E(X_\infty \mid \mathcal{F}_t) + E(A_\infty \mid \mathcal{F}_t) - A_t$$

取 $M_t=E(X_\infty \mid \mathcal{F}_t)+E(A_\infty \mid \mathcal{F}_t)$ 即得定理，证毕． ■

更一般地，我们有下列局部右连续上鞅的 Doob-Meyer 分解定理．

定理 7.6.5 设 X 为(DL)类右连续上鞅，则存在唯一的分解

$$X_t = M_t - A_t$$

此处 $M=(M_t,\ \mathcal{F}_t,\ t\in\mathbf{R}_+)$ 为右连续鞅，$A=(A_t,\ \mathcal{F}_t,\ t\in\mathbf{R}_+)$ 为可料局部可积增过程(存在上升趋于∞的停时序列(τ_n)使得 $EA_\infty^{\tau_n}<\infty$).

下面我们给出定理 7.6.5 连续情况的证明．

定理 7.6.6 设 $M=\{M_t,\ \mathcal{F}_t,\ t\geqslant 0\}$ 为连续局部鞅，且 $M_0=0$，则存在唯一的连续增过程 $A=\{A_t,\ t\geqslant 0\}$，使得

$$M^2 - A$$

为连续局部鞅，且 $A_0=0$.

证明　因为 $M=\{M_t, \mathcal{F}_t, t\geqslant 0\}$ 是零初值的局部连续鞅，故 M 是局部 L^2 有界鞅，由定义知，存在停时序列 $\{\tau_n\}$，使得 $\tau_n \uparrow \infty$，且对每个 n，$X^{(n)} := M^{\tau_n} 1_{\{\tau_n>0\}}$ 为 L^2 有界鞅．由定理 7.6.7 知，存在唯一的零初值连续增过程 $A^{(n)}$，使得

$$(X^{(n)})^2 - A^{(n)}$$

为一致可积鞅．

由停时定理有 $[(X^{(n)})^2 - A^{(n+1)}]^{\tau_n} 1_{\{\tau_n>0\}} = (X^{(n)})^2 - [A^{(n+1)}]^{\tau_n} 1_{\{\tau_n>0\}}$ 是鞅，由唯一性知，

$$A^{(n)} = [A^{(n+1)}]^{\tau_n}$$

定义 A 使得在 $\{\tau_n>0\}$ 上等于 $A^{(n)}$. 则

$$(M^{\tau_n})^2 1_{\{\tau_n>0\}} - A^{\tau_n}$$

是一致可积鞅．从而 M^2-A 是连续局部鞅，且 $A_0=0$. 再由对每个 n，$A^{(n)}$ 在 $\{\tau_n>0\}$ 上唯一知，A 是唯一的．■

最后，我们引入平方可积鞅分解定理．

定理 7.6.7　设 $X=\{X_t, \mathcal{F}_t, t\geqslant 0\}$ 为平方可积鞅，则存在唯一的可料可积零初值增过程，记为 $[X]$，使得 $X^2-[X]$ 为一致可积鞅．

证明　由 $X=\{X_t, \mathcal{F}_t, t\geqslant 0\}$ 是平方可积鞅知，$X^2=\{X_t^2, \mathcal{F}_t, t\geqslant 0\}$ 为下鞅，且 $E(X_\infty^2)<\infty$，由引理 7.6.2 知，X^2 为 D 类下鞅，由 Doob-Meyer 分解知，存在唯一的可料可积增过程 $[X]$，使得 $X^2-[X]$ 为一致可积鞅．■

定理 7.6.8　设 $X=\{X_t, \mathcal{F}_t, t\geqslant 0\}$，$Y=\{Y_t, \mathcal{F}_t, t\geqslant 0\}$ 是两个平方可积鞅，则存在唯一的可料可积零初值有界变差过程，记为 $[X, Y]$，使得 $XY-[X, Y]$ 为一致可积鞅．

证明　因为 $(X+Y)^2-\langle X+Y\rangle$，$(X-Y)^2-\langle X-Y\rangle$ 为鞅，故对 $s<t$ 有（简记 $\langle X\pm Y, X\pm Y\rangle=\langle X\pm Y\rangle$）

$$\begin{aligned}
E[X_tY_t - X_sY_s \mid \mathcal{F}_s] &= E[(X_t - X_s)(Y_t - Y_s) \mid \mathcal{F}_s] \\
&= \frac{1}{4}E[((X_t+Y_t)-(X_s+Y_s))^2 - ((X_t-Y_t)-(X_s-Y_s))^2 \mid \mathcal{F}_s] \\
&= \frac{1}{4}E[(\langle X+Y\rangle_t - \langle X+Y\rangle_s) - (\langle X-Y\rangle_t - \langle X-Y\rangle_s) \mid \mathcal{F}_s] \\
&= \frac{1}{4}E[(\langle X+Y\rangle_t - \langle X-Y\rangle_t) - (\langle X+Y\rangle_s - \langle X-Y\rangle_s) \mid \mathcal{F}_s] \\
&= E[\langle X,Y\rangle_t - \langle X,Y\rangle_s \mid \mathcal{F}_s], \text{ a.s.}
\end{aligned}$$

由此推出 $XY-[X, Y]$ 为鞅，剩下的证明留给读者自己完成．■

综合以上结论，我们可以得到：

定理 7.6.9　(1) 设 $X=\{X_t, \mathcal{F}_t, t\geqslant 0\}$ 是一个适应增过程，且 $X_0\geqslant 0$，$X_\infty\in L^1(\Omega)$，则

$$Y_t = E[X_\infty \mid \mathcal{F}_t] - X_t, t\geqslant 0$$

是一个位势．

(2) 设 $X=\{X_t, \mathcal{F}_t, t\geqslant 0\}$ 为一个连续鞅，且

$$\sup_{t\geq 0} E[X_t^2] < \infty$$

则 X 是一致可积的，且存在 $X_\infty \in L^2$，使得

$$X_t \to X_\infty, \text{ a. s.}$$

且

$$Y_t = E[X_\infty^2 \mid \mathcal{F}_t] - X_t^2, t \geq 0$$

是一个位势，也是一个 D 类过程．

7.7 连续局部鞅的二次变差过程

有界变差函数与二次变差函数是实变函数的研究内容之一，本节我们讨论与之对应的连续局部鞅的二次变差过程及其性质．

定义 7.7.1 设 $M=\{M_t, \mathcal{F}_t, t\geq 0\}$ 为连续局部鞅，且 $M_0=0$，称由定理 7.6.6 确定的零初值连续增过程 A 为 M 的二次变差过程，并记 $[M]:=A$. 称 $[M]_t=A_t$ 为过程 M 在 $[0, t]$ 上的二次变差．

定义了二次变差过程，定理 7.6.6 可以叙述为：设 $M=\{M_t, \mathcal{F}_t, t\geq 0\}$ 为连续局部鞅，且 $M_0=0$，则 $M^2-[M]$ 为零初值连续局部鞅．

对于连续平方可积鞅 $X=\{X_t, \mathcal{F}_t, t\geq 0\}\in \mathfrak{M}^2$，由定理 7.6.7 知，$M^2-[M]$ 为零初值的连续一致可积鞅．

定义 7.7.2 设 $M=\{M_t, \mathcal{F}_t, t\geq 0\}$，$N=\{N_t, \mathcal{F}_t, t\geq 0\}$ 为两个零初值的连续局部鞅，称

$$[M,N] = \frac{1}{2}\{[M+N]-[M]-[N]\}$$

为 M，N 的交互变差过程，也称为二次协变差过程．称

$$[M,N]_t = \frac{1}{2}\{[M+N]_t-[M]_t-[N]_t\}$$

为 M，N 在 $[0, t]$ 上的交互变差．

定理 7.7.1 (1) 设 $X=\{X_t, \mathcal{F}_t, t\geq 0\}$ 是零初值的连续局部鞅，则对任一 $t>0$ 及对 $[0, t]$ 的任一分割，

$$\pi: 0 = t_0 < t_1 < \cdots < t_n = t$$

作和

$$\pi(X) = \sum_{j=1}^{n}[X(t_j)-X(t_{j-1})]$$

记 $\lambda(\pi)=\max\limits_{1\leq i\leq n}(t_i-t_{i-1})$，有

$$\lim_{\lambda(\pi)\to 0}\pi(X) = [X]_t \text{（依概率）}$$

若 $X=\{X_t, \mathcal{F}_t, t\geq 0\}$ 是连续的 L^2 有界鞅，则上述收敛为 L^1 收敛．

(2) 设 $X=\{X_t, \mathcal{F}_t, t\geq 0\}$，$Y=\{Y_t, \mathcal{F}_t, t\geq 0\}$ 是两个零初值的连续局部鞅，则对任一 $t>0$ 及对 $[0, t]$ 的任一分割，

$$\pi: 0 = t_0 < t_1 < \cdots < t_n = t$$

作和

$$\pi(X)=\sum_{j=1}^{n}[X(t_j)-X(t_{j-1})]$$

$$\pi(X,Y)=\sum_{i=1}^{n}(X_{t_i}-X_{t_{i-1}})(Y_{t_i}-Y_{t_{i-1}})$$

记 $\lambda(\pi)=\max\limits_{1\leqslant i\leqslant n}(t_i-t_{i-1})$，有

$$\lim_{\lambda(\pi)\to 0}\pi(X,Y)=[X,Y]_t(\text{依概率})$$

若 $X=\{X_t,\ \mathcal{F}_t,\ t\geqslant 0\}$，$Y=\{Y_t,\ \mathcal{F}_t,\ t\geqslant 0\}$均为连续的 L^2 有界鞅，则上述收敛为 L^1 收敛.

证明 有多种方法可以证明(1)，在第 9 章学习伊藤公式之后，我们将在定理 9.1.7 中用伊藤公式给出一种证明.

(2) 将 $\pi(X,Y)$重新组合，易证

$$\begin{aligned}\pi(X,Y)&=\sum_{i=1}^{n}(X_{t_i}-X_{t_{i-1}})(Y_{t_i}-Y_{t_{i-1}})\\&=\frac{1}{2}\left\{\sum_{i=1}^{n}[(X_{t_i}+Y_{t_i})-(X_{t_{i-1}}+Y_{t_{i-1}})]^2-\sum_{i=1}^{n}(X_{t_i}-X_{t_{i-1}})^2-\sum_{i=1}^{n}(Y_{t_i}-Y_{t_{i-1}})^2\right\}\end{aligned}$$

由(1)知，

$$\lim_{\lambda(\pi)\to 0}\pi(X,Y)=\frac{1}{2}\{[X+Y]_t-[X]_t-[Y]_t\}=[X,Y]_t(\text{依概率})$$ ■

由定理 7.7.1 直接计算可以得到下面的推论.

推论 7.7.1 设 $X=\{X_t,\ \mathcal{F}_t,\ t\geqslant 0\}$，$Y=\{Y_t,\ \mathcal{F}_t,\ t\geqslant 0\}$是两个零初值的连续局部鞅，则有

$$[M,N]=\frac{1}{4}\{[M+N]-[M-N]\}$$

定理 7.7.2 设 $X=\{X_t,\ \mathcal{F}_t,\ t\geqslant 0\}$，$Y=\{Y_t,\ \mathcal{F}_t,\ t\geqslant 0\}$，$Z=\{Z_t,\ \mathcal{F}_t,\ t\geqslant 0\}$均为零初值的连续局部鞅，则有

(1) $[X]=[X,\ X]$；

(2) $[X,\ Y]=[Y,\ X]$；

(3) $[X\pm Y,\ Z]=[X,\ Z]\pm[Y,\ Z]$；

(4) 对任意常数 k，$[kX]=k^2[X]$；

(5) 对任意常数 α，β，有 $[\alpha X,\ \beta Y]=\alpha\beta[X,\ Y]$.

证明 使用定理 7.7.1 直接计算得到. ■

定理 7.7.3 设 $X=\{X_t,\ \mathcal{F}_t,\ t\geqslant 0\}$是零初值的连续局部鞅或连续有界变差过程，$Y=\{Y_t,\ \mathcal{F}_t,\ t\geqslant 0\}$是任一连续有界变差过程，则对任一 $t>0$ 及对$[0,\ t]$的任一分割，

$$\pi:0=t_0<t_1<\cdots<t_n=t$$

作和

$$\pi(X,Y)=\sum_{i=1}^{n}(X_{t_i}-X_{t_{i-1}})(Y_{t_i}-Y_{t_{i-1}})$$

记 $\lambda(\pi)=\max\limits_{1\leqslant i\leqslant n}(t_i-t_{i-1})$，有

$$\lim_{\lambda(\pi)\to 0}\pi(X,Y)=0\ (\text{对每一条路径})$$

因而，我们规定$[X, Y]=0$.

证明 先设 Y 为零初值的增过程，对每一条路径，由 $X=\{X_t, \mathcal{F}_t, t\geqslant 0\}$在$[0, t]$上连续知，$X_s$ 在$[0, t]$上一致连续，故当 $\lambda(\pi)\to 0$ 时，$\max\limits_{1\leqslant i\leqslant n}|X_{t_i}-X_{t_{i-1}}|\to 0$. 因此，在路径意义下，当 $\lambda(\pi)\to 0$ 时，有

$$|\pi(X,Y)-0|\leqslant \max_{1\leqslant i\leqslant n}|X_{t_i}-X_{t_{i-1}}|\sum_{i=1}^{n}(Y_{t_i}-Y_{t_{i-1}})=\max_{1\leqslant i\leqslant n}|X_{t_i}-X_{t_{i-1}}|Y_t\to 0$$

即 $\lim\limits_{\lambda(\pi)\to 0}\pi(X, Y)=0$(对每一条路径).

当 Y 为一般连续有界变差过程时，由有界变差的性质知，存在两个零初值的增过程 H_1 与 H_2，使得 $Y=H_1-H_2$. 使用上一步的结果马上得出结论成立. ■

由定理 7.7.3 知，如果 $Y=\{Y_t, \mathcal{F}_t, t\geqslant 0\}$是连续有界变差过程，则有 $\lim\limits_{\lambda(\pi)\to 0}\pi(X, Y)=0$ (依概率)，因而$[X, Y]=0$. 特别地，我们有下面的推论.

推论 7.7.2 设 $X=\{X_t, \mathcal{F}_t, t\geqslant 0\}$是零初值的连续有界变差过程，则有$[X]=0$.

定理 7.7.4 设 M, N 是两个零初值的连续局部鞅，则对任意 $0\leqslant s\leqslant t<\infty$，有

$$|[M,N]_t-[M,N]_s|\leqslant([M]_t-[M]_s)^{\frac{1}{2}}([N]_t-[N]_s)^{\frac{1}{2}}$$

证明 对任意 $x\in\mathbf{R}$，因为有

$$0\leqslant[xM+N]_t-[xM+N]_s=([M]_t-[M]_s)x^2+2([M,N]_t-[M,N]_s)x+([N]_t-[N]_s)$$

所以

$$([M,N]_t-[M,N]_s)^2-([M]_t-[M]_s)([N]_t-[N]_s)\leqslant 0$$

证毕. ■

定理 7.7.5 设 M, N 是两个零初值的连续局部鞅，则对任一停时 τ，有

$$[M^\tau,N^\tau]=[M^\tau,N]=[M,N]^\tau$$

证明 因为

$$M^\tau N^\tau-[M^\tau,N^\tau]$$

为连续局部鞅，且

$$(MN-[M,N])^\tau$$

也是连续局部鞅，所以

$$[M^\tau,N^\tau]=[M,N]^\tau$$

下面证明 $M^\tau(N-N^\tau)$也是连续局部鞅，事实上，设 $\eta_n\uparrow\infty$是 M, N 的公共停时序列，为了简化符号，对任一 $n\geqslant 0$，记 $M^{(n)}:=M^{\tau_n}$, $N^{(n)}:=N^{\tau_n}$. $\forall\, 0\leqslant s<t<\infty$,

$$\begin{aligned}E[(M^n)^\tau_t\{(N^n)_t-(N^n)^\tau_t\}\mid\mathcal{F}_s]&=E[(M^n)^\tau_t\{(N^n)_t-(N^n)^\tau_t\}1_{\{\tau<t\}}\mid\mathcal{F}_s]\\&=E[(M^n)_\tau\{(N^n)_t-(N^n)_\tau\}1_{\{\tau<t\}}\mid\mathcal{F}_s]\\&=E[M^n_\tau(N^n_t-N^n_\tau)1_{\{\tau<s\}}\mid\mathcal{F}_s]+E[M^n_\tau(N^n_t-N^n_\tau)1_{\{s\leqslant\tau<t\}}\mid\mathcal{F}_s]\end{aligned}$$

因为 $M^n_\tau 1_{\{\tau<s\}}$ 与 $M^n_\tau N^n_\tau 1_{\{\tau<s\}}$ 关于$\mathcal{F}_s$ 可测，而 N^n 是$\{\mathcal{F}_t, t\geqslant 0\}$连续鞅，所以

$$E[M^n_\tau(N^n_t-N^n_\tau)1_{\{\tau<s\}}\mid\mathcal{F}_s]=M^n_\tau(N^n_s-N^n_\tau)1_{\{\tau<s\}}=M^n_{\tau\wedge s}(N^n_s-N^n_{\tau\wedge s})$$

下面我们证明 $E[M^n_\tau(N^n_t-N^n_\tau)1_{\{s\leqslant\tau<t\}}\mid\mathcal{F}_s]=0$.

事实上，考虑逼近 τ 的停时序列 τ_n，$n=1$，2，…，其中

$$\tau_n=\begin{cases}\dfrac{k}{2^n}, & \dfrac{k-1}{2^n}\leqslant\tau<\dfrac{k}{2^n}\\ \infty, & \tau=\infty\end{cases}$$

则有

$$E[M_\tau^n(N_t^n-N_\tau^n)1_{\{s\leqslant\tau<t\}}\mid\mathcal{F}_s]=\lim_{n\to\infty}\sum_{\substack{k:\\ s\leqslant k/2^n<t}}E[M_{k/2^n}^n(N_t^n-N_{k/2^n}^n)1_{\{\tau=k/2^n\}}\mid\mathcal{F}_s]$$

$$=\lim_{n\to\infty}\sum_{\substack{k:\\ s\leqslant k/2^n<t}}E\{\{E[M_{k/2^n}^n(N_t^n-N_{k/2^n}^n)1_{\{\tau=k/2^n\}}\mid\mathcal{F}_s]\}\mid\mathcal{F}_{k/2^n}\}$$

$$=\lim_{n\to\infty}\sum_{\substack{k:\\ s\leqslant k/2^n<t}}E\{M_{k/2^n}^n\{E[N_t^n\mid\mathcal{F}_{k/2^n}]-N_{k/2^n}^n\}1_{\{\tau=k/2^n\}}\mid\mathcal{F}_s\}=0$$

故 $(M^n)^\tau(N^n-(N^n)^\tau)$ 是连续鞅，因而 $M^\tau(N-N^\tau)$ 是连续局部鞅．又因为 $M^\tau N^\tau-[M,N]^\tau$ 是连续局部鞅，所以

$$M^\tau N-[M,N]^\tau=M^\tau N^\tau-[M,N]^\tau+M^\tau(N-N^\tau)$$

也是连续局部鞅，由 Doob-Meyer 分解定理的唯一性知，

$$[M^\tau,N]=[M,N]^\tau$$

证毕． ■

推论 7.7.3　如果 $M=\{M_t,\mathcal{F}_t,t\geqslant0\}$ 是连续局部鞅，则 $\forall\, t>0$，

$$[M]_t=0\Leftrightarrow M_t=M_0$$

证明　设 $Y=M-M_0$，则 Y 是零初值连续局部鞅．记其局部停时序列为 $\{\tau_n\}$，则对每个 n，有 Y^{τ_n} 是零初值的连续鞅．

$$(Y^{\tau_n})^2-[Y^{\tau_n}]$$

仍是连续鞅，故对任意 $t>0$，

$$E(Y_t^{\tau_n})^2=E[Y^{\tau_n}]_t=E[M-M_0]_{t\wedge\tau_n}=E[M]_{t\wedge\tau_n}$$

令 $n\to\infty$，则有

$$E(Y_t)^2==E[M]_t$$

故结论得证． ■

定理 7.7.6　如果 $M=\{M_t,\mathcal{F}_t,t\geqslant0\}$ 是连续局部鞅，则 $\forall\, a\leqslant t\leqslant b$，

$$M_a=M_t\Leftrightarrow[M]_a=[M]_b$$

证明　如果 $M_t=M_a$，显然有 $[M]_a=[M]_b$. 反之，因为对任一有理数 q，

$$N_t=M_{t+q}-M_q$$

是 $\mathcal{F}_{t+q}$ 局部鞅，且

$$[N]_t=[M]_{t+q}-[M]_q$$

令 $\tau_q=\inf\{s>0:[N]_s>0\}$，则 τ_q 是停时并且

$$[N^{\tau_q}]=[N]^{\tau_q}=0$$

由推论 7.7.3 得，在 $[q,q+\tau_q]$ 上 M 是常数，因此对所有有理数 q，M 在 $[q,q+\tau_q]$ 上是常数，由于 $[N]$ 的不变区间是 $[q,q+\tau_q]$ 的可数并的闭包，故定理成立． ■

定理 7.7.7 设 M 是连续平方可积鞅，则有

$$\| M_\infty \|_2 = \| [M]_\infty^{\frac{1}{2}} \|_2$$

证明 因为 $M^2-[M]$ 是一致可积鞅，则

$$E(M_\infty^2) = E([M]_\infty)$$

所以 $\| M_\infty \|_2 = \| [M]_\infty^{1/2} \|_2$.

定理 7.7.8 局部连续鞅 M 为连续平方可积鞅的充要条件是 $\forall t \geqslant 0$，有 $E([M]_t)<\infty$.

证明 由定理 7.5.3 直接得到. ■

下面我们引入重要的 Burkholder-Davis-Gundy(BDG)不等式.

定理 7.7.9(BDG 不等式) 对一切 $p>0$，存在只依赖于 p 的普通常数 $C_p>0$ 及 $\widetilde{C}_p>0$，使得

$$\widetilde{C}_p E([M]_\tau^{\frac{p}{2}}) \leqslant E[(M_\tau^*)^p] \leqslant C_p E([M]_\tau^{\frac{p}{2}}) \tag{7.30}$$

对一切 $M \in \mathfrak{M}_{\mathrm{loc}}^c$ 及一切停时 τ 成立(若其中一项为无穷，则其他项为无穷).

为了证明定理 7.7.9，我们需要首先证明下列引理.

引理 7.7.1 设 A，B 为两个可积连续适应增过程，且对一切停时 τ 有 $E(A_\tau) \leqslant E(B_\tau)$，则对一切 $q \in (0,1)$ 及一切停时 τ 有

$$E(A_\tau^q) \leqslant \frac{2-q}{1-q} E(B_\tau^q)$$

证明 对 $u>0$，令 $\sigma \equiv \inf\{t \geqslant 0;\ B_t \geqslant u\}$，则 σ 为停时，且 $\{B_\tau<u\} \subset \{\tau \leqslant \sigma\}$. 因此

$$\begin{aligned}
P\{A_{\tau\wedge\sigma} \geqslant u\} &\leqslant u^{-1} E[A_{\tau\wedge\sigma}] \leqslant u^{-1} E[B_{\tau\wedge\sigma}] \\
&\leqslant u^{-1} E[u \wedge B_\tau] \leqslant u^{-1} E[B_\tau 1_{(B_\tau<u)}] + P\{B_\tau \geqslant u\}
\end{aligned}$$

从而

$$P\{A_\tau \geqslant u\} \leqslant P\{A_\tau \geqslant u, B_\tau < u\} + P\{B_\tau \geqslant u\} \leqslant u^{-1} E[B_\tau 1_{(B_\tau<u)}] + 2P\{B_\tau \geqslant u\}$$

由于

$$\begin{aligned}
E[A_\tau^q] &= \int_0^\infty P\{A_\tau \geqslant u\} q u^{q-1} \mathrm{d}u \leqslant 2\int_0^\infty P\{B_\tau \geqslant u\} q u^{q-1} \mathrm{d}u + \int_0^\infty E[B_\tau 1_{(B_\tau<u)}] q u^{q-2} \mathrm{d}u \\
&= 2E[B_\tau^q] + E\left[B_\tau \int_{B_\tau}^\infty q u^{q-2} \mathrm{d}u\right] = 2E[B_\tau^q] - \frac{q}{q-1} E[B_\tau^q] \\
&= \frac{2-q}{1-q} E[B_\tau^q]
\end{aligned}$$

引理得证. ■

定理 7.7.9 的证明 本定理的证明需要用到第 9 章的伊藤公式，建议读者学完第 9 章后再阅读本定理的证明. 先设 $P \geqslant 2$. 考虑停止过程，不妨设 M，$[M]$ 及 τ 均有界(否则以 $\tau \wedge n$ 代 τ，然后令 $n \to \infty$). 对 $f(x)=|x|^p$ 及有界连续鞅 M 应用伊藤公式得

$$|M_\tau|^p = p\int_0^\tau |M_t|^{p-1} \operatorname{sgn}(M_t) \mathrm{d}M_t + \frac{1}{2}p(p-1)\int_0^\tau |M_t|^{p-2} \mathrm{d}[M]_t$$

其中，$\operatorname{sgn}(x)$ 当 $x \geqslant 0$ 时为 1，当 $x<0$ 时为 -1. 因右边第一项期望为 0，故

$$E[|M_\tau|^p] \leqslant \frac{1}{2}p(p-1)E\left[\int_0^\tau |M_t|^{p-2} \mathrm{d}[M]_t\right] \leqslant \frac{1}{2}p(p-1)E[(M_\tau^*)^{p-2}[M]_\tau]$$

$$\leqslant \frac{1}{2}p(p-1)(E[(M_\tau^*)^p])^{1-\frac{2}{p}}(E[[M]_\tau^{\frac{p}{2}}])^{\frac{2}{p}}$$

两边同时除以$(E[(M_\tau^*)^p])^{1-2/p}$，令

$$C_p = \left(\frac{p^{p+1}}{2(p-1)^{p-1}}\right)^{\frac{p}{2}}$$

即得式(7.30)右边不等式. 为证左边不等式，令

$$N_t \equiv \int_0^t [M]_s^{\frac{p-2}{4}} \mathrm{d}M_s,\ t \geqslant 0$$

则 N 为连续鞅，且

$$[N]_t = \int_0^t [M]_s^{\frac{p-2}{2}} \mathrm{d}[M]_s = \frac{2}{p}[M]_t^{\frac{p}{2}}$$

由分部积分公式

$$M_\tau[M]_\tau^{\frac{p-2}{4}} = \int_0^T M_t \mathrm{d}([M]_t^{\frac{p-2}{4}}) + N_\tau$$

得

$$|N_\tau| \leqslant 2M_\tau^* [M]_\tau^{\frac{p-2}{4}}$$

于是

$$E[[M]_\tau^{\frac{p}{2}}] = \frac{p}{2}E[[N]_\tau] = \frac{p}{2}E[N_\tau^2]$$
$$\leqslant 2pE[(M_\tau^*)2[M]_\tau^{\frac{p-2}{2}}] \leqslant 2p(E[(M_\tau^*)^p])^{\frac{2}{p}}(E[[M]_\tau^{\frac{p}{2}}])^{1-\frac{2}{p}}$$

两边同时除以$(E[[M]_\tau^{p/2}])^{1-2/p}$，令

$$\widetilde{C}_p = (2p)^{-\frac{p}{2}}$$

即得式(7.30)左边不等式. 特别当 $p=2$ 时，我们有

$$\frac{1}{4}E[[M]_\tau] \leqslant E[(M_\tau^*)^2] \leqslant 4E[[M]_\tau]$$

因为$[M]$及 M^* 为连续增过程，由引理 7.7.1 知，式(7.30)对 $p<2$ 仍成立. ■

定理 7.7.10(Kunita-Watanabe 不等式)　设 M，N 为连续平方可积鞅，且 H，K 是循序可测过程，则不等式

$$\left(\int_0^t |H_s||K_s| \mathrm{d}[M,N]_s\right)^2 \leqslant \int_0^t H_s^2 \mathrm{d}[M]_s \int_0^t K_s^2 \mathrm{d}[N]_s$$

对任意 $t>0$ 几乎必然成立.

证明　只证 H，K 为简单有界过程的情形，不失一般性，不妨假设

$$K_s = K_0 1_{\{0\}}(s) + K_1 1_{\{0,t_1\}}(s) + \cdots + K_n 1_{\{t_{n-1},t_n\}}(s)$$
$$H_s = H_0 1_{\{0\}}(s) + H_1 1_{\{0,t_1\}}(s) + \cdots + H_n 1_{\{t_{n-1},t_n\}}(s)$$

这里 $0=t_0<t_1<\cdots<t_n=t$，K_i，$H_i(i=1, 2, \cdots, n)$是有界随机变量. 由定理 7.7.4 及 Cauchy-Schwarz 不等式可得

$$\left|\int_0^t H_s K_s \mathrm{d}[M,N]_s\right| \leqslant \sum_{j=1}^n |H_j K_j([M,N]_{t_j} - [M,N]_{t_{j-1}})|$$
$$\leqslant \sum_{j=1}^n |H_j K_j|([M]_{t_j} - [M]_{t_{j-1}})^{\frac{1}{2}}([N]_{t_j} - [N]_{t_{j-1}})^{\frac{1}{2}}$$

$$\leqslant \left(\sum_{j=1}^{n} H_j^2([M]_{t_j} - [M]_{t_{j-1}})\right)^{\frac{1}{2}} \left(\sum_{j=1}^{n} K_j^2([N]_{t_j} - [N]_{t_{j-1}})\right)^{\frac{1}{2}}$$

$$\leqslant \left(\int_0^t H_s^2 \mathrm{d}[M]_s\right)^{\frac{1}{2}} \left(\int_0^t K_s^2 \mathrm{d}[N]_s\right)^{\frac{1}{2}}$$

定理证毕．■

推论 7.7.4 设 M，N 为连续平方可积鞅，H，K 是循序可测过程，p，$q>1$，$\frac{1}{p}+\frac{1}{q}=1$，则下列不等式对任意 $t>0$ 几乎必然成立：

$$\left|E\left\{\int_0^t |H_s\|K_s| \mathrm{d}[M,N]_s\right\}\right| \leqslant \left\| \left(\int_0^t H_s^2 \mathrm{d}[M]_s\right)^{1/2} \right\|_p \left\| \left(\int_0^t K_s^2 \mathrm{d}[N]_s\right)^{1/2} \right\|_q$$

定理 7.7.11 设 $M=\{M_t,\ \mathcal{F}_t,\ t\geqslant 0\}$ 是零初值的连续鞅，若它又是有界变差过程，则对任给 $t>0$，均有

$$M_t = 0, \text{ a. s.}$$

证明 由于 $M=\{M_t,\ \mathcal{F}_t,\ t\geqslant 0\}$ 是有界变差过程，故必存在两个连续增过程 $A=\{A_t,\ t\geqslant 0\}$，$B=\{B_t,\ t\geqslant 0\}$，使得

$$M_t = A_t - B_t, \forall\, t \geqslant 0$$

使用停时技巧，不妨假设 A_t，$B_t\in L^2$. 则任给 $t>0$，对区间 $[0,\ t]$ 的任一划分

$$T: 0 = t_0 < t_1 < t_2 < \cdots < t_n = t$$

有

$$\sum_{j=1}^{n} |M_{t_j} - M_{t_{j-1}}| \leqslant A_t + B_t \in L^2$$

从而由 M 的连续性知，当 $\lambda(T)=\max\limits_{1\leqslant j\leqslant n}\{|t_j-t_{j-1}|\}\to 0$ 时，有

$$\begin{aligned} E(M_t^2) &= E\left[\sum_{j=1}^{n}(M_{t_j}^2 - M_{t_{j-1}}^2)\right] = E\left[\sum_{j=1}^{n}(M_{t_j} - M_{t_{j-1}})^2\right] + 2E\left[\sum_{j=1}^{n} M_{t_{j-1}}(M_{t_j} - M_{t_{j-1}})\right] \\ &= E\left[\sum_{j=1}^{n}(M_{t_j} - M_{t_{j-1}})^2\right] \\ &\leqslant E\left[\sup_{1\leqslant j\leqslant n}|M_{t_j} - M_{t_{j-1}}| \sum_{j=1}^{n}|M_{t_j} - M_{t_{j-1}}|\right] \\ &\leqslant E\left[(A_t + B_t)\sup_{1\leqslant j\leqslant n}|M_{t_j} - M_{t_{j-1}}|\right] \to 0 \end{aligned}$$

所以，$M_t=0$，a. s.，证毕．■

推论 7.7.5 设 $Y=\{Y_t,\ \mathcal{F}_t,\ t\geqslant 0\}$ 是连续位势，且是 D 类过程，则满足

$$Y_t = E[A_\infty | \mathcal{F}_t] - A_t, \ t \geqslant 0$$

的连续增过程 A 是唯一的．

证明 由定理 7.7.11 直接得到．■

推论 7.7.6 设 M 是零初值的局部连续鞅，若它又是有界变差过程，则对任给 $t>0$，均有

$$M_t = 0, \text{ a. s.}$$

证明 设 $\{\tau_k\}$ 为 M 的局部停时序列，则 $\forall\, n\in\mathbf{N}$，停时过程 M^{τ_n} 为连续鞅，又 M^{τ_n} 是有

界变差过程，由定理 7.7.11 知，M^{τ_n} 为不足道集，又由于 $\mathbf{R}_+\times\Omega=\bigcup_n[[0,\tau_n]]$，$M^{\tau_n}=\{M_{\tau_n\wedge t},t\in\mathbf{R}_+\}$，$M(t,\omega)$在$[[0,\tau_n]]$上即 $M^{\tau_n}=\{M_{\tau_n\wedge t}\}$为 0，从而 M 除在一个不足道集外，恒为 0，所以 M 为不足道集．■

在本节的最后，我们介绍一类比局部鞅更广泛的过程——半鞅．为此，我们首先归纳一下有界变差过程的定义及性质．

定义 7.7.3　设 $U=\{U_t,t\in\mathbf{R}_+\}$是 $\widetilde{S}=\{\mathcal{F}_t,t\geqslant 0\}$适应过程，满足 $U_0=0$，且所有轨道为非负实值右连续增函数，则称该过程为适应增过程(简称增过程)．若 $\forall t\in\mathbf{R}_+$，有 $U_t\in L^1$，则称 U 为可积增过程．若 $V=\{V_t,t\in\mathbf{R}_+\}$可表示为两个增过程之差，则称 $V=\{V_t,t\in\mathbf{R}_+\}$为有界变差过程．为了便于表述，以下我们用$\mathcal{U}$表示 $\widetilde{S}=\{\mathcal{F}_t,t\geqslant 0\}$有界变差过程全体，用$\mathcal{U}_+$表示 $\widetilde{S}=\{F_t,t\geqslant 0\}$增过程全体．

由有界变差过程的定义，直接可得下列性质．

定理 7.7.12　(1)有限变差过程为右连左极适应过程，因而为可选过程，它的所有轨道在任一有限区间具有有界变差；

(2)可积增过程为右连续非负下鞅，因而为(LD)类过程；

(3)若 $V\in\mathcal{U}$，$\overline{V}=\{\overline{V}_t,t\geqslant 0\}$为其全变差过程，即设 $\pi:0=t_0<t_1<\cdots<t_n=t$ 为$[0,t]$的任一分法，

$$\overline{V}_t=\sup_{\pi}\sum_{i=1}^{n}|V_{t_i}-V_{t_{i-1}}|$$

则 $\overline{V}\in\mathcal{U}_+$；

(4)令 $V^+:=\frac{1}{2}(\overline{V}+V)$，$V^-:=\frac{1}{2}(\overline{V}-V)$，则 V^+，$V^-\in\mathcal{U}_+$，且 $V=V^+-V^-$，$\overline{V}=V^++V^-$；

(5)若 $U\in\mathcal{U}$为(连续)有界变差过程，H 为循序可测过程，且关于 U 的 Lebesgue-Stieltjes 积分存在，则

$$X=\{X_t(\omega)=\int_{[0,t]}H_s(\omega)\mathrm{d}U_s(\omega),t\geqslant 0\}$$

为(连续)有界变差过程．

定义 7.7.4　设 $X=\{X_t,t\subset\mathbf{R}_+\}$是 $\widetilde{S}=\{\mathcal{F}_t,t\geqslant 0\}$适应过程，且可如下分解：

$$X_t=X_0+M_t+V_t,\ \forall t\in\mathbf{R}_+$$

其中，X_0 为$\mathcal{F}_0$ 可测随机变量，M 是局部平方可积鞅，V 是增过程，则称 X 为 $\widetilde{S}$ 半鞅．

注 7.7.1　半鞅的分解可能不唯一．

定理 7.7.13　连续半鞅 X 的分解体在可相差一个不足道过程的前提下是唯一的．

证明　设有另一分解 $X_t=X_0+M'_t+V'_t$，则 $M-M'=V-V'\in\mathcal{U}^c\cap m^c_{\mathrm{loc}}$，其中，$\mathcal{U}^c$ 表示连续有界变差过程全体．所以，M 与 M'之差为不足道过程，V 与 V'之差为不足道过程，证毕．■

定义 7.7.5　设 H 为一过程，若存在停时序列$\{\tau_n\}$满足

(1)$\tau_n\uparrow\infty$，(a.s.)；

(2) $\forall n\in\mathbf{N}$，$H1_{[[0,\tau_n]]}$为有界过程；
则称 H 为局部有界过程．

定理 7.7.14 每一连续适应过程必为局部有界过程．

证明 取 $\tau_n=\inf\{t, |H_t|\geqslant n\}$，则 $M1_{[[0,\tau_n]]}=M^{\tau_n}=n<\infty$. ■

最后，我们将二次变差过程的定义延拓到连续半鞅的情形．

定义 7.7.6 设 $X=\{X_t, t\geqslant 0\}$是连续半鞅，如果对任一 $t>0$ 及对$[0, t]$的任一分法

$$\pi: 0=t_0<t_1<\cdots<t_n=t$$

作和

$$\pi(X)=\sum_{i=1}^{n}(X_{t_i}-X_{t_{i-1}})^2$$

记 $\lambda(\pi)=\max\limits_{1\leqslant j\leqslant n}\{t_j-t_{j-1}\}$，如果存在连续过程 $Z=\{Z_t, t\geqslant 0\}$，使得对任一 $t\geqslant 0$，均有

$$\lim_{\lambda(\pi)\to 0}\pi(X)=Z_t[P]$$

且 Z 在几乎必然意义下与分割无关，则称 Z 为 X 的二变差过程，记为

$$[X]=Z, 或 [X]_t=Z_t, \forall t\geqslant 0$$

显然，如果 M 为局部连续鞅，则$[M]$与定义 7.7.1 一致．

定义 7.7.7 设 $X=\{X_t, t\geqslant 0\}$，$Y=\{Y_t, t\geqslant 0\}$是两个连续半鞅，如果对任一 $t\geqslant 0$ 及对$[0, t]$的任一分法

$$\pi: 0=t_0<t_1<\cdots<t_n=t$$

作和

$$\pi(X,Y)=\sum_{j=1}^{n}[X(t_j)-X(t_{j-1})][Y(t_j)-Y(t_{j-1})]$$

记 $\lambda(\pi)=\max\limits_{1\leqslant j\leqslant n}\{t_j-t_{j-1}\}$，如果存在连续过程 $Z=\{Z_t, t\geqslant 0\}$，使得

$$\lim_{\lambda(\pi)\to 0}\pi(X,Y)=Z_t[P]$$

则称 Z 为 X，Y 的交互变差过程，记为

$$[X,Y]=Z 或 [X,Y]_t=Z_t, \forall t\geqslant 0$$

如果 X，Y 为局部连续鞅，则$[X, Y]$与定义 7.7.2 一致．

由定义，我们直接得到下列结果．

定理 7.7.15 (1)设 $X=\{X_t, t\geqslant 0\}$是一个连续有界变差过程，则$[X]_t=0$，$\forall t\geqslant 0$；

(2)$[X\pm Y, Z]=[X, Z]\pm[Y, Z]$；

(3)设 $X=\{X_t, t\geqslant 0\}$是一个连续半鞅，$Y=\{Y_t, t\geqslant 0\}$是一个有界变差过程，则$[X, Y]=0$；

(4)设 $X=\{X_t, t\geqslant 0\}$是一个连续半鞅，可如下分解：

$$X_t=X_0+M_t+V_t, \forall t\in\mathbf{R}_+$$

则$[X]_t=[M]_t$，$\forall t\geqslant 0$；

(5) $[X, Y]=\frac{1}{4}\{[X+Y]-[X-Y]\}=\frac{1}{2}\{[X+Y]-[X]-[Y]\}$.

第8章 随机积分

随机微积分是日本学者 K. Itô(伊藤清)在20世纪40年代创立的，他因此获得了1987年 Wolf 数学奖．在授予他 Wolf 数学奖时对他的贡献评价是这样的："他的随机分析理论可以看作随机王国中的牛顿定律，它提供了支配自然现象的微分方程和隐藏着的概率机制之间的直接翻译过程，主要成分是对布朗运动的函数的微分和积分运算，由此而产生的理论是近代纯粹与应用概率论的基石．"经过七十多年的发展，今天随机微积分已成为概率论中最活跃、研究领域最广泛的分支．

8.1 关于布朗运动的随机积分

本节介绍一个随机过程关于标准布朗运动的积分，首先引入一个记号：设$(\Omega, \mathcal{F}, P)$是一个概率空间，$\{W_t, t\geqslant 0\}$是其上的标准布朗运动，$\widetilde{S}=\{\mathcal{F}_t=\sigma(W_s, s\leqslant t), t\geqslant 0\}$．用$L_T^2$表示定义在$[0, T]$上满足

$$\| H \|_{L_T^2}^2 = E\left\{\int_0^T |H_t|^2 \mathrm{d}t\right\} < \infty$$

的$\widetilde{S}$循序可测过程$\{H_t, t\geqslant 0\}$全体，易证L_T^2为一个 Banach 空间．

定义 8.1.1 称

$$H(t,\omega) = H_{k-1}(\omega),\ t_{k-1} \leqslant t < t_k,\ k = 1, 2, \cdots$$

为L_T^2中的简单过程，其中$0=t_0<t_1<\cdots<t_n=T$为$[0, T]$的一个不依赖于ω的分划，H_k为$\mathcal{F}_{t_k}$可测的随机变量．

引理 8.1.1 L_T^2中的简单过程在L_T^2中稠密，即$\forall H\in L_T^2$，必有简单过程列$\{H^{(n)}\}\subset L_T^2$，使得

$$\lim_{n\to\infty} E\left[\int_0^T |H_t^{(n)} - H_t|^2 \mathrm{d}t\right] = 0$$

我们首先定义简单过程H关于布朗运动$\{W_t, t\geqslant 0\}$的伊藤(Itô)积分，令

$$I_T(H) = \sum_{k=0}^{n-1} H_k[W(t_{k+1}) - W(t_k)] = \int_0^T H(t)\mathrm{d}W(t)$$

显然$I_T(H)$是一个随机变量．

定理 8.1.1 设H为L_T^2中的简单过程，则$E[I_T(H)]=0$，$I_T(H)\in L^2(\Omega)$，且$\| I_T(H) \|_{L^2(\Omega)} = \| H \|_{L_T^2}$．

证明 因为H_k为$\mathcal{F}_{t_k}$可测的随机变量，故$W(t_{k+1})-W(t_k)$与$\mathcal{F}_{t_k}$独立．从而

$$\begin{aligned} E[I_T(H)] &= E\left\{\sum_{k=0}^{n-1} H_k[W(t_{k+1}) - W(t_k)]\right\} = 0 \\ &= E\left(E\left(\left\{\sum_{k=0}^{n-1} H_k[W(t_{k+1}) - W(t_k)]\right\} \mid \mathcal{F}_{t_k}\right)\right) \end{aligned}$$

$$= \sum_{k=0}^{n-1} E(E(\{H_k[W(t_{k+1})-W(t_k)]\} \mid \mathcal{F}_{t_k}))$$

$$= \sum_{k=0}^{n-1} E(H_k E(W(t_{k+1})-W(t_k))) = 0$$

下面计算 $E([I_T(H)]^2)$. 显然，当 $k<j$ 时，有 $t_k<t_{k+1}\leqslant t_j<t_{j+1}$，从而，$H_k \cdot [W(t_{k+1})-W(t_k)] \cdot H_j$ 是$\mathcal{F}_{t_j}$可测的. 故 $H_k \cdot [W(t_{k+1})-W(t_k)] \cdot H_j$ 是与 $W(t_{j+1})-W(t_j)$独立的. 从而

$$E[H_k \cdot (W(t_{k+1})-W(t_k)) \cdot H_j \cdot (W(t_{j+1})-W(t_j))] = 0$$

又因为

$$E[(I_T(H))^2] = E\Big[\Big\{\sum_{k=0}^{n-1} H_k(W(t_{k+1})-W(t_k))\Big\}^2\Big]$$

$$= E\Big[\sum_{k=0}^{n-1} H_k^2 \cdot (W(t_{k+1})-W(t_k))^2\Big]$$

$$= \sum_{k=0}^{n-1} E[H_k^2 \cdot (W(t_{k+1})-W(t_k))^2]$$

$$= \sum_{k=0}^{n-1} E[H_k^2(t_{k+1}-t_k)]$$

$$= E\Big[\int_0^T |H(t)|^2 \mathrm{d}t\Big] < \infty$$

所以 $I_T(H)\in L^2(\Omega)$，且 $\| I_T(H) \|_{L^2(\Omega)} = \| H \|_{L_T^2}$，证毕. ■

用 H_0 表示 L_T^2 中简单过程全体，引理 8.1.1 表明 H_0 在 L_T^2 中稠密，且我们已经定义了 H_0 中过程关于标准布朗运动的随机积分(伊藤积分)，定理 8.1.1 表明这样的随机积分具有等距性. 下面我们讨论 H_0 中过程关于标准布朗运动的依藤积分的其他性质.

定理 8.1.2 (1) 对 $0\leqslant a<b\leqslant T$，有$\int_0^T 1_{[a,b]} \mathrm{d}W_t = \int_a^b \mathrm{d}W_t = W_b - W_a$；

(2)线性性：对任意常数 a，$b\in\mathbf{R}$，及 $\forall H^{(1)}$，$H^{(2)}\in\mathcal{H}_0$，有

$$\int_0^T [aH_t^{(1)} + bH_t^{(2)}]\mathrm{d}W_t = a\int_a^b H_t^{(1)}\mathrm{d}W_t + b\int_a^b H_t^{(2)}\mathrm{d}W_t$$

(3)对任意 $H\in\mathcal{H}_0$，$\{I_t(H),\ 0\leqslant t\leqslant T\}$为零初值的平方可积鞅；

(4) 对任意 $H\in\mathcal{H}_0$，$[I_T(H)]_t = \int_0^t H_s^2 \mathrm{d}s$.

证明　(1)与(2)的证明是显然的，下面证明(3)与(4).

(3)的证明：由标准布朗运动是零初值的知，$\{I_t(H),\ 0\leqslant t\leqslant T\}$是零初值的. 对任意 $s<u$，如果 s 与 u 均为简单过程 H 的分段点，则有

$$E(I_u(H) \mid F_s) = E\Big(\sum_{i=0}^{u-1} H_i[W(t_{i+1})-W(t_i)] \mid \mathcal{F}_s\Big)$$

$$= I_s(H) + E\Big(\sum_{i=s}^{u-1} H_i[W(t_{i+1})-W(t_i)] \mid \mathcal{F}_s\Big)$$

$$= I_s(H) + \sum_{i=s}^{u-1} E\{E(H_i[W(t_{i+1}) - W(t_i)] \mid \mathcal{F}_i) \mid \mathcal{F}_s\}$$
$$= I_s(H)$$

如果 s 与 u 不是简单过程 H 的分段点，将 s 增加为一个分段点，不影响 $I_u(H)$的值．从而 $\{I_t(H),\ 0\leqslant t\leqslant T\}$是零初值的鞅，平方可积可由定理 8.1.1 直接得到．

(4)的证明：因为 H 的分段点加细不改变 $I_T(H)$的值，设 $0=t_0^*<t_1^*<\cdots<t_m^*=t$ 是 H 的分段点的加细，则当 $\lambda(\pi^*)=\max\limits_{0\leqslant i\leqslant n-1}\{t_{i+1}^*-t_i^*\}\to 0$ 时，有

$$\sum_{i=0}^{m-1}\{I_{t_{i+1}^*}(H) - I_{t_i^*}(H)\}^2 = \sum_{i=0}^{m-1}\{H_{t_i^*}(W(t_{i+1}^*) - W(t_i^*))\}^2 \xrightarrow{P} \int_0^t H_s^2\,\mathrm{d}s$$

证毕．■

为了得到关于一般 L_T^2 中过程的伊藤积分，我们首先证明下列定理．

定理 8.1.3　$\forall H\in L_T^2$，必存在 $I_T(H)\in L^2(\Omega)$，使得对 L_T^2 中满足 $\lim\limits_{n\to\infty} E\left[\int_0^T (H_t^{(n)}-H_t)^2\,\mathrm{d}t\right]=0$ 的任一简单过程$\{H^{(n)}\}$，均有

$$\lim_{n\to\infty} I_T(H^{(n)}) = I_T(H)\text{（极限为均方极限）}$$

称 $I_T(H)$为随机过程 $H\in L_T^2$ 关于布朗运动$\{W_t,\ t\geqslant 0\}$的伊藤积分．

证明　由引理 8.1.1 知，对任意 $H\in L_T^2$，必存在简单过程列$\{H^{(n)}\}\subset L_T^2$，使得

$$\lim_{n\to\infty} E\left[\int_0^T \mid H_t^{(n)} - H_t \mid^2 \mathrm{d}t\right] = 0$$

则当 $m\to\infty$，$n\to\infty$时，有

$$E\int_0^T \mid H_s^{(m)} - H_s^{(n)} \mid^2 \mathrm{d}s \leqslant E\int_0^T \mid H_s^{(m)} - H_s \mid^2 \mathrm{d}s + E\int_0^T \mid H_s^{(n)} - H_s \mid^2 \mathrm{d}s \to 0$$

从而由等距性得到

$$E\left|\int_0^T H_s^{(m)}\,\mathrm{d}W_s - \int_0^T H_s^{(n)}\,\mathrm{d}W_s\right|^2 \leqslant E\int_0^T \mid H_s^{(m)} - H_s^{(n)} \mid^2 \mathrm{d}s \to 0$$

即$\left\{\int_0^T H_s^{(n)}\,\mathrm{d}W_s\right\}$是 $L^2(\Omega)$中的柯西列，故存在元素，记为 $I_T(H)$，使得

$$\lim_{n\to\infty} I_T(H^{(n)}) = I_T(H)\text{（极限为均方极限）}$$

下面证明 $I_T(H)$不依赖于 $H^{(n)}$ 的选择．事实上，设$\{\widetilde{H}^{(n)}\}\subset\mathcal{H}_0$ 也满足

$$E\left(\int_0^T \mid \widetilde{H}_t^{(n)} - H_t \mid^2 \mathrm{d}t\right) \to 0,\quad n\to\infty$$

记 $I_T(\widetilde{H}^{(n)})\xrightarrow{L^2}\widetilde{I}_T(H)(n\to\infty)$．则有

$$\|\widetilde{I}_T(H) - I_T(H)\|_{L^2} \leqslant \|I_T(H) - I_T(H^{(n)})\|_{L^2} + \|I_T(H^{(n)}) - I_T(\widetilde{H}^{(n)})\|_{L^2} +$$
$$\|I_T(\widetilde{H}^{(n)}) - \widetilde{I}_T(H)\|_{L^2} \to 0,\ n\to\infty$$

所以 $\|\widetilde{I}_T(H)-I_T(H)\|_{L^2}=0$，证毕．■

易证，对任意 $H\in L_T^2$，$\{I_t(H),0\leqslant t\leqslant T\}$ 存在一个连续修正$\left\{\int_0^t H_s\,\mathrm{d}W_s, 0\leqslant t\leqslant T\right\}$，

后面我们的随机积分都假设是连续修正，即认为$\left\{\int_0^t H_s \mathrm{d}W_s, 0\leqslant t\leqslant T\right\}$是连续过程.

上面我们定义的随机积分与传统积分的定义有很大的差距，传统上，我们要定义一个积分$\int_0^T B(t)\mathrm{d}B(t)$，首先将$[0,T]$进行一个划分，$\pi: 0=t_0^n<t_1^n<\cdots<t_n^n=T$，然后在$[t_i^n,t_{i+1}^n]$上取点$s_i^n$并作和

$$S_n=\sum_{i=0}^{n-1}B(s_i^n)[B(t_{i+1}^n)-B(t_i^n)]$$

考虑当$\delta_n=\max\limits_{0\leqslant i\leqslant n-1}(t_{i+1}^n-t_i^n)\to 0$时的极限．我们知道布朗运动在$[0, T]$上不是有界变差过程，所以上述极限在点态意义下不存在．因此，我们只能考虑其他极限，比如均方极限．由定理 8.1.3 可以证得下列定理．

定理 8.1.4 $\forall H\in L_T^2$，设$I_T(H)=\int_0^T H_s \mathrm{d}W_s$，使得对$[0, T]$的任一分法$\pi$：$0=t_0<t_1<\cdots<t_n=T$，记$\lambda(\pi)=\max\{\Delta t_i=t_i-t_{i-1}, i=1, 2, \cdots, n\}$，作和$\sum_{k=0}^{n-1}H(t_k)\cdot(W(t_{k+1})-W(t_k))$，均有

$$\lim_{\lambda(\pi)\to 0}\sum_{k=0}^{n-1}H_{t_k}\cdot(W(t_{k+1})-W(t_k))=I_T(H)\quad\text{（均方收敛）}$$

这样$\forall H\in L_T^2$，H关于布朗运动的随机积分也是求一个极限，不过极限不是点态意义下的极限，而是均方极限．

注 8.1.1 若H为$L^2(\Omega)$中随机变量，且关于$\mathcal{F}_t=\sigma\{W_s, s\leqslant t\}$可测，则

$$\int_t^T H\mathrm{d}W(s)=H\cdot(W(T)-W(t))$$

定理 8.1.5 设$X\in L_T^2$，关于布朗运动的伊藤积分有下列性质：

(1)若$Y\in L_T^2$，则对任意$0\leqslant a\leqslant b\leqslant T$，有

$$\int_a^b(\alpha X(t)+\beta Y(t))\mathrm{d}W(t)=\alpha\int_a^b X(t)\mathrm{d}W(t)+\beta\int_a^b Y(t)\mathrm{d}W(t)$$

(2)对任意$0\leqslant a\leqslant c\leqslant b\leqslant T$，有

$$\int_a^b X(t)\mathrm{d}W(t)=\int_a^c X(t)\mathrm{d}W(t)+\int_c^b X(t)\mathrm{d}W(t)$$

(3)（零均值）$$E\left(\int_0^t X(s)\mathrm{d}W_s\right)=0\tag{8.1}$$

（等距性）$$E\left(\int_0^T X(t)\mathrm{d}W(t)\right)^2=\int_0^T E[X^2(t)]\mathrm{d}t\tag{8.2}$$

(4)$\left\{\int_0^t X(s)\mathrm{d}W_s, 0\leqslant t\leqslant T\right\}$是平方可积鞅，且

$$E\left(\int_0^t X(s)\mathrm{d}W_s\int_0^t Y(s)\mathrm{d}W_s\right)=E\left(\int_0^t X(s)Y(s)\mathrm{d}s\right)\tag{8.3}$$

(5) 若$X(t)$是非随机的，满足$\int_0^T X^2(s)\mathrm{d}s<\infty$，则对任意$0<t\leqslant T$，$Y(t)=$

$\int_0^t X(s)\mathrm{d}W(s)$ 是正态分布的随机变量，其协方差函数为

$$\operatorname{cov}(Y(t),\ Y(t+u))=\int_0^t X^2(s)\mathrm{d}s(\ \forall\, u\geqslant 0) \tag{8.4}$$

$$\operatorname{cov}(Y(t_1),\ Y(t_2))=\int_0^{\min(t_1,t_2)} X^2(s)\mathrm{d}s \tag{8.5}$$

证明　(1)、(2)、(3)是显然的．下面证明(4)和(5).

(4)的证明：$\forall\, s\leqslant t$，

$$\begin{aligned}E[I_t(X)\mid F_s]&=E\left(\int_0^t X(u)\mathrm{d}W(u)\mid\mathcal{F}_s\right)\\&=E\left(\left(\int_0^s X(u)\mathrm{d}W(u)+\int_s^t X(u)\mathrm{d}W(u)\right)\mid\mathcal{F}_s\right)\\&=\int_0^s X(u)\mathrm{d}W(u)+E\left(\int_s^t X(u)\mathrm{d}W(u)\mid\mathcal{F}_s\right)\\&=\int_0^s X(u)\mathrm{d}W(u)\end{aligned}$$

下面证明上式第二项为 0. 当 $X\subset\mathcal{H}_0$ 时，

$$\begin{aligned}E\left\{\int_s^t X_s\mathrm{d}W_s\mid\mathcal{F}_s\right\}&=E\left\{\sum_{i=0}^{n-1}X_{t_i}(W_{t_{i+1}}-W_{t_i})\mid\mathcal{F}_s\right\}\\&=\sum_{i=0}^{n-1}E[E\{X_{t_i}(W_{t_{i+1}}-W_{t_i})\mid\mathcal{F}_{t_i}\}\mid\mathcal{F}_s]=0\end{aligned}$$

由极限性质知，一般情况也为 0. 所以$\{I_t(X),\ 0\leqslant t\leqslant T\}$是鞅，$L^2$ 有界是显然的．

下面证明式(8.3)，只证 X 与 Y 均为简单过程的情形．不妨设

$$X(t,\ \omega)=X_{k-1}(\omega),\ t_{k-1}\leqslant t<t_k,\ k=1,\ 2,\ \cdots,\ n$$

$$Y(t,\ \omega)=Y_{k-1}(\omega),\ t_{k-1}\leqslant t<t_k,\ k=1,\ 2,\ \cdots,\ n$$

为 L_T^2 中的简单过程，其中 $0=t_0<t_1<\cdots<t_n=t$ 为$[0,\ t]$的一个不依赖于 ω 的分法，X_k，Y_k 为$\mathcal{F}_{t_k}$可测的随机变量．则

$$\int_0^t X_s\mathrm{d}W_s\int_0^t Y_s\mathrm{d}W_s=\sum_{k,l=0}^{n-1}X_kY_l(W(t_{k+1})-W(t_k))(W(t_{l+1})-W(t_l))$$

当 $k\neq l$ 时，不妨设 $k<l$，

$$\begin{aligned}&E[X_kY_l(W(t_{k+1})-W(t_k))(W(t_{l+1})-W(t_l))]\\=&E\{E[X_kY_l(W(t_{k+1})-W(t_k))(W(t_{l+1})-W(t_l))\mid\mathcal{F}_l]\}\\=&E[Y_l(W(t_{k+1})-W(t_k))X_kE(W(t_{l+1})-W(t_l))]=0\end{aligned}$$

于是

$$\begin{aligned}E\left[\int_0^t X(s)\mathrm{d}W(s)\int_0^t Y(s)\mathrm{d}W(s)\right]&=\sum_{k=0}^{n-1}E\{X_kY_kE[(W(t_{k+1})-W(t_k))^2]\}\\&=\sum_{k=0}^{n-1}E[X_kY_k(t_{k+1}-t_k)]\\&=E\left(\int_0^t X_sY_s\mathrm{d}s\right)\end{aligned}$$

(5)的证明：只需证明式(8.4)，其余结论是显然的．因为 $E[Y(t)]=0$，所以

$$\begin{aligned}\operatorname{cov}(Y(t),Y(t+u)) &= E(Y(t)Y(t+u)) = E\left[\int_0^t X(s)\mathrm{d}W(s)\int_0^{t+u} X(s)\mathrm{d}W(s)\right]\\ &= E\left[\int_0^t X(s)\mathrm{d}W(s)\left(\int_0^t X(s)\mathrm{d}W(s)+\int_t^{t+u} X(s)\mathrm{d}W(s)\right)\right]\\ &= E\left[\int_0^t X(s)\mathrm{d}W(s)\right]^2 + E\left[\int_0^t X(s)\mathrm{d}W(s)\int_t^{t+u} X(s)\mathrm{d}W(s)\right]\\ &= \int_0^t E[X^2(s)]\mathrm{d}s + E\left\{E\left[\int_0^t X(s)\mathrm{d}W(s)\int_t^{t+u} X(s)\mathrm{d}W(s)\mid \mathcal{F}_t\right]\right\}\\ &= \int_0^t X^2(s)\mathrm{d}s\end{aligned}$$

■

例 8.1.1　计算 $\int_0^T W_t\mathrm{d}W_t$.

解　对$[0,T]$的任一分法 π：$0=t_0<t_1<\cdots<t_N=T$，因为

$$\int_0^T W_t\mathrm{d}W_t = L^2-\lim_{\Delta\to 0}\sum_{k=0}^{N-1} W_{t_k}(W_{t_{k+1}}-W_{t_k})$$

记

$$A_N=\sum_{k=0}^{N-1} W_{t_k}(W_{t_{k+1}}-W_{t_k}),\ C_N=\sum_{k=0}^{N-1} W_{t_{k+1}}(W_{t_{k+1}}-W_{t_k})$$

则有

$$A_N+C_N=\sum_{k=0}^{N-1}(W_{t_k}+W_{t_{k+1}})(W_{t_{k+1}}-W_{t_k})=\sum_{k=0}^{N-1}(W_{t_{k+1}}^2-W_{t_k}^2)=W_T^2$$

$$C_N-A_N=\sum_{k=0}^{N-1}(W_{t_{k+1}}-W_{t_k})^2=Q_\pi(T)$$

所以

$$A_N=\frac{1}{2}(W_T^2-Q_\pi),\ C_N=\frac{1}{2}(W_T^2+Q_\pi)$$

由标准布朗运动的性质知，

$$L^2-\lim_{\lambda(\pi)\to 0}\sum_{k=0}^{N-1}(W_{t_{k+1}}-W_{t_k})^2=T$$

则有

$$L^2-\lim_{\Delta\to 0}A_N=\frac{1}{2}W_T^2-L^2-\lim_{\Delta\to 0}Q_\pi=\frac{1}{2}W_T^2-\frac{T}{2}$$

所以

$$\int_0^T W_t\mathrm{d}W_t=\frac{1}{2}W_T^2-\frac{T}{2}\tag{8.6}$$

■

注 8.1.2　上面我们同时得到

$$\sum_{i=0}^{n-1} W_{t_{i+1}}(W_{t_{i+1}}-W_{t_i})\xrightarrow{L^2}\frac{1}{2}W_T^2+\frac{T}{2}$$

我们称取右端点得到的均方极限为 Stratonovich(斯特拉托诺维奇)积分，记为 $\int_0^T W_t \circ \mathrm{d}W_t$.

注 8.1.3 对标准布朗运动 $\{B(t), 0 \leqslant t \leqslant T\}$，伊藤积分 $\int_0^T B_t \mathrm{d}B_t$ 还可以按下列方式直接计算：对 $[0,T]$ 的任一分法 π，当 $\lambda(\pi) \to 0$ 时，

$$\begin{aligned} S_n &= \sum_{i=0}^{n-1} B(t_i^n)[B(t_{i+1}^n) - B(t_i^n)] \\ &= \sum_{i=0}^{n-1} \frac{B(t_{i+1}^n) + B(t_i^n)}{2}[B(t_{i+1}^n) - B(t_i^n)] - \sum_{i=0}^{n-1} \frac{B(t_{i+1}^n) - B(t_i^n)}{2}[B(t_{i+1}^n) - B(t_i^n)] \\ &= \frac{1}{2}B^2(t) - \frac{1}{2}\sum_{i=0}^{n-1}[B(t_{i+1}^n) - B(t_i^n)]^2 \\ &\xrightarrow{L^2} \frac{1}{2}B^2(T) - \frac{T}{2} \end{aligned}$$

感兴趣的同学还可以计算得到下面的一般极限：对 $[0, T]$ 的任一分法 π，当 $\lambda(\pi) \to 0$ 时，对任意 $0 \leqslant \theta \leqslant 1$，有

$$\sum_{i=0}^{n-1} W(t_i + \theta(t_{i+1} - t_i))(W_{t_{i+1}} - W_{t_i}) \xrightarrow{L^2} \frac{1}{2}W^2(T) + \frac{1}{2}(2\theta - 1)T$$

例 8.1.2 计算 $\int_0^T t\mathrm{d}W_t$.

解 由定理 8.1.5 (5)知，$\int_0^T t\mathrm{d}W_t$ 服从正态分布，且 $E\int_0^T t\mathrm{d}W_t = 0$，

$$\operatorname{var}\int_0^T t\mathrm{d}W_t = E\left(\int_0^T t\mathrm{d}W_t\right)^2 = E\int_0^T t^2\mathrm{d}t = \frac{T^3}{3}$$

所以，$\int_0^T t\mathrm{d}W_t \sim N\left(0, \frac{T^3}{3}\right)$. ■

8.2 关于连续平方可积鞅的随机积分

本节将上节中关于标准布朗运动的随机积分推广到关于连续平方可积鞅的随机积分.

设 $\mathfrak{M}_c^2$ 表示概率空间$(\Omega, \mathcal{F}, P)$中零初值的连续平方可积鞅空间，下面定义一个循序可测过程 H 关于一个连续平方可积鞅的伊藤积分.

对 $[0, T]$ $(T \leqslant \infty)$ 上的零初值连续平方可积鞅空间 $\mathfrak{M}_c^2$，如果 $M \in \mathfrak{M}_c^2$，定义

$$(M, M)_{m_c^2} = E(M_T N_T) = E([M, N]_T)$$

则$(\mathfrak{M}_c^2, (\cdot, \cdot))$为 Hilbert 空间．它导出的范数 $\| M \|_{m_c^2} = \sqrt{E(M_T^2)} = \sqrt{E([M]_T)}$ 与另一范数

$$\| M \| = \sqrt{\sup_{0 \leqslant t \leqslant T} E(|M_t|^2)} = \sup_{0 \leqslant t \leqslant T} \sqrt{E(|M_t|^2)}$$

是同一范数. ■

引理 8.2.1 设 $\{M_t, \mathcal{F}_t, t \geqslant 0\}$ 为连续平方可积鞅.

(1)若 ξ 为 $\mathcal{F}_s$ 可测的可积随机变量，则对任意 $0 \leqslant s < t$，有

$$E\{\xi^2 (M_t - M_s)^2\} = E\{\xi^2([M]_t - [M]_s)\}$$

(2)若 ξ，η 可积且 ξ 是 $\mathcal{F}_s$ 可测的，η 是 $\mathcal{F}_t$ 可测的，则对任意 $0\leqslant s<u\leqslant t<v$，有

$$E[\xi\eta(M_u-M_s)(M_v-M_t)]=0$$

证明　(1) 由 M 为连续平方可积鞅知，$M^2-[M]$是一致可积鞅，从而

$$\begin{aligned}
E[\xi^2(M_t-M_s)^2] &= E[\xi^2((M_t^2-M_s^2)+2M_s(M_t-M_s))] \\
&= E\{E(\xi^2(M_t^2-M_s^2)\mid\mathcal{F}_s)\}+2E\{E(\xi^2M_s(M_t-M_s)\mid\mathcal{F}_s)\} \\
&= E\{\xi^2E((M_t^2-M_s^2)\mid\mathcal{F}_s)\}+2E\{\xi^2E(M_s(M_t-M_s)\mid\mathcal{F}_s)\} \\
&= E\{\xi^2E((M_t^2-M_s^2)\mid\mathcal{F}_s)\} \\
&= E\{\xi^2E(([M]_t-[M]_s)\mid\mathcal{F}_s)\} \\
&= E\{\xi^2([M]_t-[M]_s)\}
\end{aligned}$$

(2)

$$\begin{aligned}
&E\{\xi\eta(M_u-M_s)(M_v-M_t)\} \\
&=E[E\{\xi\eta(M_u-M_s)(M_v-M_t)\mid\mathcal{F}_t\}] \\
&=E[\xi\eta(M_u-M_s)E\{(M_v-M_t)\mid\mathcal{F}_t\}]=0
\end{aligned}$$

■

下面我们定义关于零初值连续平方可积鞅 M 可积的过程空间 $L_T^2([M])$.

定义 8.2.1　设 $M\in\mathfrak{M}_c^2$，如果

$$\|H\|_{L_T^2([M])}=\left\{E\left(\int_0^T H_s^2\,\mathrm{d}[M]_s\right)\right\}^{1/2}<\infty \tag{8.7}$$

则称循序可测过程 H 关于 M 是平方可积的．记所有这样的 H 构成的集合为 $L_T^2([M])$．易证$(L_T^2([M])$，$\|\cdot\|)$是一个赋范线性空间．

与关于标准布朗运动的随机积分一样，我们也用两种方式来定义过程关于连续平方可积鞅的随机积分．

定义 8.2.2　称 $\phi\in L_T^2([M])$是一个简单过程，如果存在$[0,T]$的划分 $0<t_0<t_1<\cdots<t_n=T$，且存在有界的、$\mathcal{F}_{t_i}$ 可测的$\{\xi_i\}$，使得

$$\phi(t)=\sum_{i=0}^{n-1}\xi_i 1_{(t_i,t_{i+1}]}(t)$$

则与引理 8.1.1 一样，我们也有 $L_T^2([M])$中简单过程全体在 $L_T^2([M])$中稠密．记 $L_T^2([M])$中全体简单过程为$\mathcal{H}_0$.

定义 8.2.3　对 $L_T^2([M])$中的简单过程$\{\phi(t),0\leqslant t\leqslant T\}$，定义

$$\int_0^T\phi(t)\mathrm{d}M(t)=\sum_{i=0}^{n-1}\xi_i[M(t_{i+1})-M(t_i)]$$

对 $0\leqslant s\leqslant T$，令

$$I_s^M(\phi)=\int_0^s\phi(t)\mathrm{d}M(t):=\int_0^T\phi(t)1_{[0,s)}(t)\mathrm{d}M(t)$$

在不混淆的前提下，记

$$I^M(\phi)=I(\phi)=\{I_\phi(s),0\leqslant s\leqslant T\}=\phi\cdot M$$

称为 ϕ 关于 M 的随机积分．

简单过程关于 M 的积分有下列性质．

定理 8.2.1　设 $M\in\mathfrak{M}_c^2$，$\phi\in L_T^2([M])$，则有

(1) 对 $0\leqslant a<b\leqslant T$, $\int_0^T 1_{[a,b)}(t)\mathrm{d}M(t)=M(b)-M(a)$;

(2)线性性：对 ϕ_1，$\phi_2\in\mathcal{H}_0$，有

$$\int_0^T[a\phi_1(t)+b\phi_2(t)]\mathrm{d}M(t)=a\int_0^T\phi_1(t)\mathrm{d}M(t)+b\int_0^T\phi_2(t)\mathrm{d}M(t)$$

(3)对 $\phi\in\mathcal{H}_0$，$I_s^M(\phi)$；$0\leqslant s\leqslant T\}$是均值为 0 的鞅；

(4) 等距性：对 $\phi\in\mathcal{H}_0, E\left\{\int_0^T\phi(s)\mathrm{d}M_t\right\}^2=E\int_0^T\phi^2(s)\mathrm{d}[M]_s$；

(5)对 $\phi\in\mathcal{H}_0$，$I^M(\phi)$的二次变差过程为

$$[I^M(\phi)]_t=\int_0^t\phi^2(s)\mathrm{d}[M]_s$$

证明　(1)与(2)是直接的．下面证明(3)、(4)和(5).

(3)的证明： 对任意 $0\leqslant s<u$，不妨设它们是分划点 $s=t_k$，$u=t_l$，$k<l$，则有

$$\begin{aligned}E(I_\phi^M(u)\mid\mathcal{F}_s)&=E\Big\{\sum_{i=0}^{l-1}\xi_i[M(t_{i+1})-M(t_i)]\mid\mathcal{F}_s\Big\}\\&=I_\phi^M(s)+E\Big\{\sum_{i=k}^{l-1}\xi_i[M(t_{i+1})-M(t_i)]\mid\mathcal{F}_s\Big\}\end{aligned}$$

对 $i\geqslant k$，有

$$\begin{aligned}&E\{\xi_i[M(t_{i+1})-M(t_i)]\mid\mathcal{F}_s\}\\=&E\{E(\xi_i[M(t_{i+1})-M(t_i)]\mid\mathcal{F}_{t_i})\mid\mathcal{F}_s\}\\=&E\{\xi_iE([M(t_{i+1})-M(t_i)]\mid\mathcal{F}_{t_i})\mid\mathcal{F}_s\}=0\end{aligned}$$

所以，$\{I_S^M(\phi)$；$0\leqslant s\leqslant T\}$是均值为 0 的鞅．

(4)的证明： 使用引理 8.2.1，我们有

$$\begin{aligned}E\left\{\int_0^T\phi(s)\mathrm{d}M_t\right\}^2&=E\Big\{\Big(\sum_{i=0}^{n-1}\xi_i[M(t_{i+1})-M(t_i)]\Big)^2\Big\}\\&=\sum_{i=0}^{n-1}E\{\xi_i^2\,[M(t_{i+1})-M(t_i)]^2\}+\\&\quad 2\sum_{0\leqslant i<j<n}E\{\xi_i\xi_j[M(t_{i+1})-M(t_i)][M(t_{j+1})-M(t_j)]\}\\&=\sum_{i=0}^{n-1}E\{\xi_i^2\,[M(t_{i+1})-M(t_i)]^2\}\\&=\sum_{i=0}^{n-1}E(\xi_i^2\{[M]_{t_{i+1}}-[M]_{t_i}\})=E\Big(\int_0^T\phi^2(s)\mathrm{d}[M]_s\Big)\end{aligned}$$

(5)的证明： 设 $\phi(t)=\sum\limits_{i=0}^{n-1}\xi_i1_{[t_i,t_{i+1})}(t)$，对分法$\{0=t_0<t_1<\cdots<t_n=t\}$进行加细，得到新分法 $\{s_i^m\}_{i=0}^m$，其中，$m>n$，且 $\delta_m=\max\limits_{0\leqslant i\leqslant m-1}\{s_{i+1}^m-s_i^m\}\to 0$，则有

$$\begin{aligned}\sum_{i=0}^{m-1}(I_{s_{i+1}^m}(\phi)-I_{s_i^m}(\phi)]^2&=\sum_{i=0}^{m-1}\Big[\int_{s_i^m}^{s_{i+1}^m}\phi(t)\mathrm{d}M(t)\Big]^2\\&=\sum_{i=0}^{m-1}\phi^2(s_i^m)(M(s_{i+1}^m)-M(s_{i+1}^m))^2\end{aligned}$$

$$\xrightarrow{P} \sum_{i=0}^{n-1} \xi_i^2([M]_{t_{i+1}} - [M]_{t_i}) = \int_0^t \phi^2(s)\mathrm{d}[M]_s$$ ■

下面讨论 $L_T^2([M])$ 中任一过程 $f \in L_T^2([M])$ 关于 M 的积分．设 $f \in L_T^2([M])$，$g \in L_T^2([M])$，令 $(f,g)_{L_T^{2([M])}} = \int_0^T f(t)g(t)\mathrm{d}[M]_t$，易证 $(L_T^2([M]),(\cdot,\cdot))$ 是一个 Hilbert 空间．

$\forall f\in L_T^2([M])$，由 $\mathcal{H}_0$ 在 $L_T^2([M])$ 中稠密知，存在 $\phi^{(n)}\in\mathcal{H}_0$，使得当 $n\to\infty$ 时，

$$\| \phi^{(n)} - f \|_{L_T^2([M])} \to 0$$

令 $X_n = \int_0^T \phi^{(n)}(t)\mathrm{d}M_t$，显然 $X_n\subset L^2(\Omega)$．

定理 8.2.2 $\forall f\in L_T^2([M])$，存在 $X\in L^2(\Omega)$，使得 $X_n \xrightarrow{L^2} X$，且 X 不依赖于 $\phi^{(n)}$ 的选择，则称 X 为 f 关于 M 的伊藤积分，记为 $X=\int_0^T f(t)\mathrm{d}M(t)$．

证明 由等距性知，当 $n\to\infty$，$m\to\infty$ 时，

$$\begin{aligned}\sqrt{E(X_n - X_m)^2} &= \sqrt{E\left(\int_0^T (\phi_n(t) - \phi_m(t))\mathrm{d}M_t\right)^2} \\ &= \| \phi_n - \phi_m \|_{L_T^2([M])} \\ &\leqslant \| \phi_n - \phi \|_{L_T^2([M])} + \| \phi_m - \phi \|_{L_T^2([M])} \to 0\end{aligned}$$

故 $X\in L^2(\Omega)$，$X_n \xrightarrow{L^2} X$．下面证明 X 不依赖于 $\phi^{(n)}$ 的选择．设 $\{\widetilde{\phi}^{(n)}\}\subset\mathcal{H}_0$ 也满足

$$E\left(\int_0^T |\widetilde{\phi}_t^{(n)} - \phi_t|^2\mathrm{d}[M]_t\right)\to 0(n\to\infty)$$

记 $\widetilde{X}_n \xrightarrow{L^2} \widetilde{X}(n\to\infty)$．则有

$$\| \widetilde{X}-X \|_{L^2}\leqslant \| X-X_n \|_{L^2} + \| X_n-\widetilde{X}_n \|_{L^2} + \| \widetilde{X}_n-\widetilde{X} \|_{L^2}\to 0(n\to\infty)$$

所以 $\| \widetilde{X}-X \|_{L^2}=0$，证毕． ■

当 $f\in L_T^2([M])$ 时，对 $0\leqslant s\leqslant T$，由于 $f(t)1_{[0,s)}(t)\in L_T^2([M])$，记

$$I_s^M(\phi) = \int_0^s \phi(u)\mathrm{d}M(u) = \int_0^T \phi(u)1_{[0,s)}(u)\mathrm{d}M(u).$$

定理 8.2.3 对任一 $f\in L_T^2([M])$，$\int_0^T f(t)\mathrm{d}M(t)$ 存在一个连续修正．

以后，我们总是取 $\int_0^T f(t)\mathrm{d}M(t)$ 的连续修正．

定理 8.2.4 关于连续平方可积鞅的伊藤积分有下列性质：

(1)线性性：对 f_1，$f_2\in L_T^2([M])$，有

$$\int_0^T [af_1(t) + bf_2(t)]\mathrm{d}M(t) = a\int_0^T f_1(t)\mathrm{d}M(t) + b\int_0^T f_2(t)\mathrm{d}M(t)$$

(2)对 $f\in L_T^2([M])$，$\{I_s^M(f),\ 0\leqslant s\leqslant T\}$ 是均值为 0 的连续鞅；

(3)等距性：对 $f\in L_T^2([M])$，$E\left\{\int_0^T f(s)\mathrm{d}M_s\right\}^2 = E\int_0^T f^2(s)\mathrm{d}[M]_s$；

(4)对 $f\in L_T^2([M])$，$I^M(f)$ 的二次变差过程为

$$[I^M(f)]_t=\int_0^t f^2(s)\mathrm{d}[M]_s$$

(5)$\phi\in L_T^2([M])$，则 $I^M(\phi)=\phi\cdot M$ 是使得下式成立的唯一的连续平方可积鞅：

$$[I^M(\phi),N]_t=\int_0^t \phi(s)\mathrm{d}[M,N]_s,\forall t\in[0,T],N\in\mathfrak{M}_c^2 \tag{8.8}$$

(6)$H\in L_T^2(M)$，τ 为停时，则$(1_{[0,\tau]}H)\cdot M=(H\cdot M)^\tau=H\cdot M^\tau$.

证明　(1)、(2)、(3)、(4)的证明与关于标准布朗运动的积分是类似的，下面我们只证(5)和(6). ■

(5) 的证明：首先假设 $\phi\in\mathcal{H}_0$，即 $\phi(t)=\sum_{i=0}^{n-1}\xi_i 1_{[t_i,t_{i+1})}(t)$，其中，$0=t_0<t_1<\cdots<t_n=T$ 为$[0,T]$ 的划分，ξ_i 有界，且关于$\mathcal{F}_{t_i}$ 可测．则对任意 $0\leqslant t\leqslant T$，有

$$\begin{aligned}[\phi\cdot M,N]_t&=\Big[\sum_{i=0}^{n-1}\xi_i[M(t_{i+1}\wedge\cdot)-M(t_i\wedge\cdot)],N\Big]_t\\&=\sum_{i=0}^{n-1}\xi_i[[M^{t_{i+1}}-M^{t_i},N]_t]=\sum_{i=0}^{n-1}\xi_i[[M,N]_t^{t_{i+1}}-[M,N]_t^{t_i}]\\&=\sum_{i=0}^{n-1}\xi_i[[M,N]_{t_{i+1}\wedge t}-[M,N]_{t_i\wedge t}]=\phi\cdot[M,N]_t\end{aligned}$$

对 $\phi\in L_T^2([M])$，存在 $\phi_n\in\mathcal{H}_0$，使得 $\|\phi-\phi_n\|_{L_T^2(M)}\to 0$. $\forall n\geqslant 1$，有

$$[\phi_n\cdot M,\ N]=\phi_n\cdot[M,\ N],\ \forall N\in m_c^2$$

对任意 $N\in m_c^2$，定义映射

$$\Phi:\ m_c^2\mapsto L^1(\Omega),\ \Phi(X)=[X,\ N]_T$$

则有

$$E\mid\Phi(X)\mid=E\mid[X,\ N]_T\mid\leqslant\sqrt{E[X]_T}\sqrt{E[N]_T}=\|X\|_{m_c^2}\|N\|_{m_c^2}$$

因此 Φ 是连续线性泛函．从而有

$$\lim_{n\to\infty}\Phi(\phi_n\cdot M)=\Phi(\phi\cdot M)$$

故

$$\lim_{n\to\infty}(\phi_n\cdot[M,\ N])_T=\lim_{n\to\infty}[\phi_n\cdot M,\ N]_T=[\phi\cdot M,\ N]_T$$

又因为

$$\begin{aligned}&E\{\mid(\phi\cdot[M,N])_T-(\phi_n\cdot[M,N])_T\mid\}\\&=E\left\{\left|\int_0^T(\phi(s)-\phi_n(s))\mathrm{d}[M,N]_s\right|\right\}\\&\leqslant\left\{E\left|\int_0^T(\phi(s)-\phi_n(s))^2\mathrm{d}[M]_s\right\}^{1/2}\{E[N]_T\}^{1/2}\to 0\end{aligned}$$

即

$$[\phi\cdot M,\ N]_T=(\phi\cdot[M,\ N])_T$$

对任意固定的 $t<T$，取 $\widetilde{\phi}(s)=\phi(s\wedge t)$，显然 $\widetilde{\phi}\in m_c^2$，则有(将 t 看成停时)

$$[\phi^t\cdot M,\ N]_T=(\phi^t\cdot[M,\ N])_T$$

从而得到

$$[\phi\cdot M, N]_t=(\phi\cdot[M, N])_t$$

(6)的证明： 对任意 $N\in m_c^2$，

$$\begin{aligned}[(H\cdot M)^\tau, N]&=[H\cdot M, N]^\tau=(H\cdot[M, N])^\tau\\&=H^\tau\cdot[M, N]=[H^\tau\cdot M, N],\end{aligned}$$

从而得到

$$(H\cdot M)^\tau=H^\tau\cdot M$$

另一方面，

$$[H\cdot M^\tau, N]=H\cdot[M^\tau, N]=H\cdot[M, N]^\tau=[H\cdot M^\tau, N]$$

故有

$$H\cdot M^\tau=H^\tau\cdot M$$

证毕. ■

定理 8.2.5 (1)设 $M, N\in\mathfrak{M}_c^2$，$H\in L^2([M])$，$G\in L^2([N])$，则有

$$\left[\int H\mathrm{d}M, \int G\mathrm{d}N\right]_t=\int_0^t H_s\cdot G_s\mathrm{d}[M, N]_s$$

特别地，有

$$\left[\int H\mathrm{d}M\right]_t=\int_0^t H_s^2\mathrm{d}[M]_s$$

(2)设 $M\in\mathfrak{M}_c^2$，$K\in L^2([M])$，$H\in L^2([I_M(K)])$，则 $HK\in L^2([M])$，且

$$\int HK\mathrm{d}M=\int H\mathrm{d}(I_M(K))$$

证明 (1) 记 $X=\int H\mathrm{d}M$，由于$\int G\mathrm{d}N\in\mathfrak{M}_c^2$，故由定理 8.2.1 知，$\forall t\geqslant 0$，

$$\left[X, \int G\mathrm{d}N\right]_t=\int_0^t H_s\mathrm{d}\left[M, \int G\mathrm{d}N\right]_s=\int_0^t H_s\mathrm{d}\left(\int_0^s G_r\mathrm{d}[M, N]_r\right)=\int_0^t H_sG_s\mathrm{d}[M, N]_s$$

(2) 记 $N=I_M(K)$，由 $H\in L^2([I_M(K)])$，即 $H\in L^2([N])$，则由(1)知

$$\begin{aligned}\left[\int H\mathrm{d}N\right]_t&=\left[\int H\mathrm{d}N, \int H\mathrm{d}N\right]_t=\left[\int H\mathrm{d}\int K\mathrm{d}M, \int H\mathrm{d}N\right]_t=\int_0^t H_s^2\mathrm{d}\left[\int K\mathrm{d}M, N\right]_s\\&=\int_0^t H_s^2\mathrm{d}\left[\int K\mathrm{d}M, \int K\mathrm{d}M\right]_s=\int_0^t H_s^2K_s^2\mathrm{d}[M]_s\end{aligned}$$

从而 $HK\in L^2([M])$. 又因为 $\forall N\in\mathfrak{M}_c^2$，

$$\left[\int HK\mathrm{d}M, N\right]=\int HK\mathrm{d}[M, N]=\int H\mathrm{d}\left(\int K\mathrm{d}[M, N]\right)=\left[\int H\mathrm{d}\left(\int K\mathrm{d}M\right), N\right]$$

故

$$\int HK\mathrm{d}M=\int H\mathrm{d}\left(\int K\mathrm{d}M\right)$$

证毕. ■

定理 8.2.6 设 τ，η 是两个停时，且 $\tau\leqslant\eta$，又设

$$G_t(\omega)=1_{(\tau(\omega),\eta(\omega)]}(t), t\geqslant 0, G=\{G_t, t\geqslant 0\}$$

则对任意 $M\in\mathfrak{M}_c^2$，有

$$\int_0^t G_s\mathrm{d}M_s=M_{t\wedge\eta}-M_{t\wedge\tau}, \forall t\geqslant 0$$

证明　因为 G 是左连续过程，从而是循序可测过程．对任意 $M\in\mathfrak{M}_c^2$，由于

$$E\left(\int_0^{+\infty}G_s^2\mathrm{d}[M]_s\right)=E([M]_\eta-[M]_\tau)<\infty$$

从而 $G\in L^2([M])$．又因为对任一 $N\in\mathfrak{M}_c^2$，$\forall\, t\geqslant 0$，有

$$\int_0^t G_s\mathrm{d}[M,N]_s=[M,N]_{t\wedge\eta}-[M,N]_{t\wedge\tau}=[M^\eta,N]_t-[M^\tau,N]_t=[M^\eta-M^\tau,N]_t \tag{8.9}$$

由定义知，

$$\int_0^t G_s\mathrm{d}M_s=M_{t\wedge\eta}-M_{t\wedge\tau}$$

特别地，取 $N=M^\eta-M^\tau$，则由式(8.9)可得

$$[M^\eta-M^\tau]_t=M_{t\wedge\eta}-M_{t\wedge\tau}$$

证毕．■

8.3　关于局部连续鞅的随机积分

本节介绍循序可测过程关于局部连续鞅的随机积分．

首先，我们引入一个记号，用 m_{loc}^c 或 $m^{c,\mathrm{loc}}$ 表示零初值连续局部鞅的全体．

定义 8.3.1　*设 $M\in m^{c,\mathrm{loc}}$，称循序可测过程 H 是关于 M 局部 L^2 有界的，如果存在局部化序列 $\{\tau_n\}$，使得对任意 $n\geqslant 1$，均有*

$$E\left\{\int_0^{\tau_n}H^2(s)\mathrm{d}[M]_s\right\}<\infty$$

用 $L_{\mathrm{loc}}^2([M])$ 表示关于 M 局部 L^2 有界过程的全体．显然，右连左极或左连右极的适应过程都是局部 L^2 有界的．

定理 8.3.1　*若 M 为零初值连续局部鞅，$H\in L_{\mathrm{loc}}^2([M])$，则存在唯一的过程 $X\in m^{c,\mathrm{loc}}$，使得*

$$[X,N]_t=(H\cdot[M,N])_t,\ \text{a.s.},\ \forall\, t\geqslant 0$$

称 X 为 H 关于 M 的随机积分，记为 $H\cdot M$(或 $\int H\mathrm{d}M$)，即 $X=H\cdot M=\int H\mathrm{d}M$.

证明　令 $s_n=\inf\{t\geqslant 0,\ |M_t|\geqslant n,\ 或[M]_t\geqslant n\}$，则 $\{s_n\}$ 为 M 的局部化序列，且 $\forall\, n\geqslant 1$，$|M^{s_n}|\leqslant n$，$[M]^{s_n}\leqslant n$，M^{s_n} 为有界鞅．

若局部化序列 $\{\tau_n\}$，使得对任意 $n\geqslant 1$，均有

$$E\left\{\int_0^{\tau_n}H^2(s)\mathrm{d}[M]_s\right\}<\infty$$

令 $\sigma_n=\tau_n\wedge s_n$，显然 $\{\sigma_n\}$ 也是局部化序列，且 $|M^{\sigma_n}|\leqslant n$，$[M]^{\sigma_n}\leqslant n$，$M^{\sigma_n}$ 是连续平方可积鞅，$H^{\sigma_n}\in L^2([M^{\sigma_n}])$．令

$$X^{(n)}(t)=(H^{\sigma_n}\cdot M^{\sigma_n})(t)=\int_0^t H^{\sigma_n}(s)\mathrm{d}M^{\sigma_n}(s)$$

则有

$$(X^{(n+1)})^{\sigma_n}(t)=(H^{\sigma_{n+1}},\ M^{\sigma_{n+1}})^{\sigma_n}(t)=(H^{\sigma_n}\cdot M^{\sigma_n})(t)=X_t^{(n)} \tag{8.10}$$

由局部化序列的定义知，对任意 $t\geqslant 0$ 及 $\omega\in\Omega$，必存在 $n\geqslant 1$，使得

$$t\leqslant\sigma_n(\omega)$$

定义 $X(t, \omega)=X^{(n)}(t, \omega)$. 由上面式(8.10)知，$X$ 是连续局部鞅且 $X^{\sigma_n}=X^{(n)}$.

对任意 $N\in m_{\text{loc}}^c$，设$\{\tilde{\tau}_n\}$为其局部化序列，则 $N^{\tilde{\tau}_n}$ 为有界鞅．且$\{\tilde{\tau}_n\wedge\sigma_n\}$也是其局部化序列．对任意 $t\geqslant 0$，

$$\begin{aligned}[X,N]^{\tilde{\tau}_n\wedge\sigma_n}(t) &= [X^{\sigma_n},N^{\tilde{\tau}_n}](t) = [X^n,N^{\tilde{\tau}_n}](t)\\ &= [H^{\sigma_n}\cdot M^{\sigma_n},N^{\tilde{\tau}_n}](t) = (H^{\sigma_n}\cdot[M^{\sigma_n},N^{\tilde{\tau}_n}])(t)\\ &= (H\cdot[M,N])^{\sigma_n\wedge\tilde{\tau}_n}(t)\end{aligned}$$

令 $n\to\infty$，则有

$$[X, N]_t=(H\cdot[M, N])_t, \text{ a. s.}$$

最后，我们证明 X 是唯一的．若还存在 $Y\in m_c^{\text{loc}}$，使得

$$[Y, N]_t=(H\cdot[M, N])_t, \text{ a. s.}$$

则对任意 $N\in m_{\text{loc}}^c$，有

$$[Y, N]_t=([X, N])_t, \text{ a. s.}$$

从而得到

$$[Y-X, N]_t=0, \text{ a. s.}$$

取 $N=Y-X$，则有$[Y-X]_t=0$，a. s.，因此有

$$Y=X=0, \text{ a. s.}$$

证毕． ■

使用局部化方法，结合定理 8.2.2 至定理 8.2.6 马上得到下列结论．

定理 8.3.2 (1)设 M，N 为局部连续鞅，$H\in L_{\text{loc}}^2([M])$，$G\in L_{\text{loc}}^2([N])$，则有

$$\left[\int H\mathrm{d}M,\int G\mathrm{d}N\right]_t = \int_0^t H_sG_s\,\mathrm{d}\,[M,N]_s$$

特别地，有

$$\left[\int H\mathrm{d}M\right]_t = \int_0^t H_s^2\,\mathrm{d}[M]_s$$

(2)设 M 为局部连续鞅，$K\in L_{\text{loc}}^2([M])$，$H\in L_{\text{loc}}^2([I_M(K)])$，则 $HK\in L_{\text{loc}}^2([M])$，且

$$\int HK\,\mathrm{d}M = \int H\mathrm{d}(I_M(K))$$

定理 8.3.3 设 τ，η 是两个停时，且 $\tau\leqslant\eta$，又设

$$G_t(\omega) = 1_{(\tau(\omega),\eta(\omega)]}(t),\ t\geqslant 0,\ G=\{G_t,\ t\geqslant 0\}$$

则对任意局部连续鞅 M，有

$$\int_0^t G_s\mathrm{d}M_s = M_{t\wedge\eta}-M_{t\wedge\tau},\ \forall\, t\geqslant 0$$

定理 8.3.4 M 为局部连续鞅，$H\in L_{\text{loc}}^2([M])$，则对任意停时 τ，有

$$\int H\mathrm{d}M^\tau = \int H1_{[0,\tau]}\,\mathrm{d}M = \left(\int H\mathrm{d}M\right)^\tau$$

注 8.3.1 设 W 为标准布朗运动，$H\in L_T^2(W)$，即 $E\left[\int_0^T H_s^2\,\mathrm{d}s\right]<\infty$，由于标准布朗运动是平方可积鞅，由定理 8.1.5 知，$\left\{\int_0^t H_s\mathrm{d}W_s,\ 0\leqslant t\leqslant T\right\}$是$\{\mathcal{F}_t=\sigma(W_s,\ s\leqslant t),\ 0\leqslant t$

$\leqslant T\}$ 连续平方可积鞅．如果对任意 $t \geqslant 0$，均有 $\int_0^t H_s^2 \mathrm{d}s < \infty$，a. s.，则有 $H \in L_{\mathrm{loc}}^2(W)$，事实上，

$$\tau_n = \inf\left\{t: \int_0^t H_s^2 \mathrm{d}s \geqslant n\right\} \wedge n, \ n \geqslant 1$$

则知

$$\int_0^\infty 1_{[0,\tau_n]} H_s^2 \mathrm{d}[W]_s = \int_0^\infty 1_{[0,\tau_n]} H_s^2 \mathrm{d}s \leqslant n$$

从而 $H \in L_{\mathrm{loc}}^2(W)$，故随机积分 $\left\{\int_0^t H_s \mathrm{d}W_s, \ 0 \leqslant t \leqslant T\right\}$ 为连续局部鞅．记对任意 $t \geqslant 0$，均有 $\int_0^t H_s^2 \mathrm{d}s < \infty$，a. s. 的循序可测过程全体为 $l_{\mathrm{loc}}^2(\mathbf{R}_+)$；记对任意 $t \geqslant 0$，均有 $E\left[\int_0^t H_s^2 \mathrm{d}s\right] < \infty$ 的循序可测过程全体为 $\mathcal{H}_{\mathrm{loc}}^2(\mathbf{R}_+)$．易证

$$\mathcal{H}_{\mathrm{loc}}^2(\mathbf{R}_+) \subset l_{\mathrm{loc}}^2(\mathbf{R}_+)$$

且如果 $H \in \mathcal{H}_{\mathrm{loc}}^2(\mathbf{R}_+)$，则过程 $\left\{\int_0^t H_s \mathrm{d}W_s, \ 0 \leqslant t \leqslant T\right\}$ 为连续鞅．

引理 8.3.1　(1)设 M 为局部连续鞅，则对任意 $a>0$，$c>0$，$t>0$，有

$$P(\sup_{0 \leqslant s \leqslant t} |M_s| \geqslant c) \leqslant \frac{a}{c^2} + P([M]_s \geqslant a) \tag{8.11}$$

(2)设 M 为局部连续鞅，$\{M^{(n)}, n \geqslant 1\}$ 为局部连续鞅序列，且对任意 $t>0$，有

$$[M^{(n)}, M]_t \to 0 \quad (\text{当 } n \to \infty \text{ 时依概率})$$

则

$$\sup_{0 \leqslant s \leqslant t} [M^{(n)}, M]_t \to 0 \quad (\text{当 } n \to \infty \text{ 时依概率})$$

证明　(1)作停时

$$\tau = \inf\{t: [M]_t \geqslant a\}$$

因为 M^τ 为局部连续鞅，且对任意 $t \geqslant 0$，$E([M^\tau]_t) < \infty$，故 M^τ 为连续 L^2 鞅，由极大不等式得

$$P(\sup_{0 \leqslant s \leqslant t} |M_s^\tau| \geqslant c) \leqslant \frac{1}{c^2} E((M_t^\tau)^2) = \frac{1}{c^2} E([M]_{t \wedge \tau})) \leqslant \frac{a}{c^2} \tag{8.12}$$

另一方面，

$$\{\sup_{0 \leqslant s \leqslant t} |M_s| \geqslant c\} \subset \{\sup_{0 \leqslant s \leqslant t} |M_s^\tau| \geqslant c\} \cup \{\tau \leqslant t\} \tag{8.13}$$

$$\{\tau \leqslant t\} \subset \{[M]_t \geqslant a\} \tag{8.14}$$

组合式(8.12)、式(8.13)、式(8.14)立即得到所需结论．

(2)对局部连续鞅 $M^{(n)} - M$ 应用式(8.12)立即得到所需结论．■

下列定理 8.3.5 至定理 8.3.8 的证明是直接的，请读者自己完成．

定理 8.3.5　设 $M \in m_c^{\mathrm{loc}}$，$H \in L_{\mathrm{loc}}^2([M])$，则有

(1)$(H, M) \mapsto H \cdot M$ 是双线性的；

(2)若 H，K 循序可测，且 $K \in L_{\mathrm{loc}}^2([H \cdot M])$，则有

$$(HK) \cdot M = H \cdot (K \cdot M)$$

(3)若 M，$N \in m_c^{\mathrm{loc}}$，$H \in L_{\mathrm{loc}}^2([M])$，$K \in L_{\mathrm{loc}}^2([N])$，则对任意 $t \geqslant 0$，有

$$[H\cdot M,\ K\cdot N]_t=((HK)\cdot[M,\ N])_t,\ \text{a.s.}$$

定理 8.3.6 设 W 为标准布朗运动，$H\in l_{\text{loc}}^2(\mathbf{R}_+)$，且对任意 $t>0$，有

$$\int_0^t \| H_s^{(n)}-H_s \|^2 \mathrm{d}s\to 0\quad(\text{当 } n\to\infty \text{ 时依概率})$$

则有

$$\sup_{0\leqslant s\leqslant t}\left|\int_0^t H_u^{(n)}\mathrm{d}W_u-\int_0^t H_u\mathrm{d}W_u\right|\to 0\quad(\text{当 } n\to\infty \text{ 时依概率})$$

定理 8.3.7 设 W 为标准布朗运动，$\{H^{(n)},\ n\geqslant 1\}\subset\mathcal{H}_{\text{loc}}^2(\mathbf{R}_+)$，$H\in\mathcal{H}_{\text{loc}}^2(\mathbf{R}_+)$，则对任意 $t>0$，有

$$E\left[\left(\int_0^t H_s\mathrm{d}W_s\right)^2\right]=\int_0^t E[H_s^2]\mathrm{d}s$$

且由

$$\int_0^t E[|H_s^{(n)}-H_s|^2]\mathrm{d}s\to 0$$

能推出

$$E\left[\left|\int_0^t H_u^{(n)}\mathrm{d}W_u-\int_0^t H_u\mathrm{d}W_u\right|^2\right]\to 0$$

定理 8.3.8 设 W 为标准布朗运动，$H\in\mathcal{H}_{\text{loc}}^2(\mathbf{R}_+)$，记 $M_t=\int_0^t H_s\mathrm{d}W_s$，$t\geqslant 0$，则对任意 $c>0$，$T>0$，有

$$P(\sup_{0<s\leqslant T}|M_s|\geqslant c)\leqslant\frac{1}{c^2}\int_0^T E[|H_s|^2]\mathrm{d}s$$

$$E(\sup_{0<s\leqslant T}|M_s|^2)\leqslant 4\int_0^T E[|H_s|^2]\mathrm{d}s$$

定理 8.3.9 设 W 为 d 维布朗运动，H 为 $m\times d$ 矩阵值可测适应过程，且 $\forall t\in\mathbf{R}_+$ 有

$$E\left[\int_0^t \| H_s \|^2 \mathrm{d}s\right]<\infty$$

(简记为 $H\in\mathcal{H}_{\text{loc}}^2(\mathbf{R}_+^m\otimes\mathbf{R}_+^d)$)．令 $M_t\equiv\int_0^t H_s\cdot\mathrm{d}W_s(t\in\mathbf{R}_+)$，则 $\forall p>0$，存在 $C_p>0$ 及 $\widetilde{C}_p>0$，使 $\forall T>0$ 有

$$\widetilde{C}_pE\left[\left(\int_0^T \| H_s \|^2 \mathrm{d}s\right)^{\frac{p}{2}}\right]\leqslant E\{(M_T^*)^p\}\leqslant C_pE\left\{\left(\int_0^T \| H_s \|^2 \mathrm{d}s\right)^{\frac{p}{2}}\right\}$$

证明 由 BDG 不等式直接得到． ■

8.4 关于右连左极鞅的随机积分

由于前面的随机积分是用二次变差来定义的，而迄今为止，我们对二次变差的定义是建立在连续局部鞅基础之上的．这就使得对一般的右连左极平方可积鞅，前面的随机积分没有定义．本节我们将随机积分拓展到关于右连左极局部平方可积鞅的积分．

首先我们定义一个可料 σ-代数 $\mathcal{P}$ 上的测度及几个不同的被积过程空间．

设 $(\Omega,\ \mathcal{F},\ P)$ 是一个完备的概率空间，$\{\mathcal{F}_t,\ t\geqslant 0\}$ 是其上一个满足通常性条件的 σ-代数流，$\{M_t,\ \mathcal{F}_t,\ t\geqslant 0\}$ 为一个局部平方可积鞅．

定义 8.4.1 设 M 是一个可积适应过程，对 $\mathcal{P}$ 中的元素 $\{0\}\times F_0$，及 $(s,t]\times F_s$，其中，$0\leqslant s<t$，$F_0\in\mathcal{F}_0$，$F_s\in\mathcal{F}_s$，分别定义

$$\mu_M(\{0\}\times F_0)=0,\quad \mu_M((s,t]\times F_s)=E[1_{F_s}(M_t-M_s)]$$

由式(3.2)知，

$$\mathcal{P}=\sigma(\{[0]\times F_0,\ \forall F_0\in\mathcal{F}_0;\ (s,t]\times F_s,\ \forall F_s\in\mathcal{F}_s,\ \forall s,t\in[0,+\infty),\ s<t\})$$

故根据 Caratheordory 测度扩张定理，μ_M 可以延拓为 $\mathcal{P}$ 上的测度，仍记为 μ_M，称它为 $\mathcal{P}$ 上由 M 生成的 Doléans 测度.

由定义可以看出，如果 $\mu_M=0(\geqslant 0,\ \leqslant 0)$，则 M 为鞅(下鞅，上鞅). 如果 μ_M 能分解为两个非负测度的差，则称 M 为拟鞅. 特别地，当 M 为标准布朗运动 W 时，

$$\begin{aligned}\mu_{W^2}((s,t]\times F_s)&=E[I_{F_s}(W_t-W_s)^2]=E[I_{F_s}E\{(W_t-W_s)^2\mid\mathcal{F}_s\}]\\&=(t-s)P(F_s)=(\lambda P)((s,t]\times F_s)\end{aligned}$$

其中，λ 为 $\mathbf{R}$ 上的 Lebesgue 测度，P 为 Ω 上的概率测度.

定义 8.4.2 设 M，N 是两个平方可积适应过程，定义

$$\mu_{MN}=\frac{1}{2}\{\mu_{(M+N)^2}-\mu_{M^2}-\mu_{N^2}\}$$

称 μ_{MN} 为 MN 生成的 Doléans 测度. 显然，MN 是一个拟鞅. 若 $\mu_{MN}\equiv 0$，则称 M 与 N 强正交，记为 $M\amalg N$.

用 $L^2(\mathbf{R}_+\times\Omega,\ \mathcal{P},\ \mu_{M^2})$ 表示满足下列条件的可料过程全体：

$$\int_{\mathbf{R}_+\times\Omega}X_s^2\,\mathrm{d}\mu_{M^2}<\infty$$

在 $L^2(\mathbf{R}_+\times\Omega,\ \mathcal{P},\ \mu_{M^2})\triangleq L^2(\mu_{M^2})$ 中引入范数

$$\forall X\in L^2(\mathbf{R}_+\times\Omega,\ \mathcal{P},\ \mu_{M^2}),\quad \|X\|_{L^2(\mu_{M^2})}=\left(\int_{\mathbf{R}_+\times\Omega}X_s^2\,\mathrm{d}\mu_{M^2}\right)^{\frac{1}{2}}$$

则 $(L^2(\mathbf{R}_+\times\Omega,\ \mathcal{P},\ \mu_{M^2}),\ \|\cdot\|_{L^2(\mu_{M^2})})$ 是一个赋范线性空间.

定理 8.4.1 对一切 $A\in\mathcal{P}$，及 M，$N\in\mathfrak{M}^2$，有：

(1) $|\mu_{MN}(A)|\leqslant[\mu_{M^2}(A)]^{\frac{1}{2}}[\mu_{N^2}(A)]^{\frac{1}{2}}$；

(2) 若 X，$Y\in L^2(\mu_{M^2})$，则

$$\int_A|XY|\,|\mathrm{d}\mu_{MN}|\leqslant\left(\int_A X^2\,\mathrm{d}\mu_{M^2}\right)^{\frac{1}{2}}\left(\int_A Y^2\,\mathrm{d}\mu_{N^2}\right)^{\frac{1}{2}}$$

其中，$\int_g|\mathrm{d}\mu_{MN}|$ 表示 μ_{MN} 的全变差.

证明 (1)因为 $\forall t\in\mathbf{R}^+$，有 $\mu_{tM}(A)=t\mu_M(A)$，所以

$$0\leqslant\mu_{(M+tN)^2}(A)=\mu_{M^2}(A)+2t\mu_{MN}(A)+t^2\mu_{N^2}(A)$$

由一元二次方程根的判别式知 $|\mu_{MN}(A)|^2\leqslant\mu_{M^2}(A)\cdot\mu_{N^2}(A)$.

(2) 略. ■

定义 8.4.3 设 U 为一个集合，A 为其子集构成的一个布尔代数，H 为一个 Hilbert 空间，用 Proj$H$ 表示 H 的投影算子空间. 设 π 为 A 到 Proj$H$ 的一个同态映射，满足

$$\pi(U)=I(\text{恒同算子})$$

则称 π 为定义在 A 上的 H 中的谱测度．若 $\forall h$，$g\in H$，$(h, \pi(\cdot)g)_H$ 在 A 上为 σ-可加的，则称此谱测度为 σ-可加的．

定理 8.4.2 Hilbert 空间 $\mathfrak{M}^2$ 中存在唯一的一族正交投影算子 $\{\pi(A),\ A\in\mathcal{P}\}$，它是定义于 $\mathcal{P}$ 上的 $\mathfrak{M}^2$ 中的 σ-可加谱测度，对一切 $A\in\mathcal{P}$ 及 M，$N\in\mathfrak{M}^2$，满足

$$\|\pi(A)M\|_{\mathfrak{M}^2}^2=\mu_{M^2}(A)$$
$$(\pi(A)M,\ N)_{\mathfrak{M}^2}=\mu_{MN}(A)$$

本定理的证明涉及较多的泛函分析知识，感兴趣的读者请自己查阅相关资料．

定义 8.4.4 设 Q 为 $\mathfrak{M}^2$ 的闭子空间，若 Q 关于一切投影 $\{\pi(A),\ A\in\mathcal{P}\}$ 不变，即

$$M\in Q, A\in\mathcal{P}\Rightarrow\pi(A)M\in Q$$

则称 Q 为 $\mathfrak{M}^2$ 的稳定子空间．

对 $\mathfrak{M}^2$ 的稳定子空间 Q，有下列性质．

定理 8.4.3 (1)设 Q 为 $\mathfrak{M}^2$ 的闭子空间，则 Q 为稳定子空间的充要条件是

$$\forall M\in\mathfrak{M}^2, M\perp Q\Rightarrow M \amalg Q$$

(2)稳定子空间的正交补空间仍是稳定子空间；

(3) $\mathfrak{M}_c^2$ 及 $\mathfrak{M}_d^2$ 均为稳定子空间，其中 $\mathfrak{M}_c^2$ 表示 $\mathfrak{M}^2$ 中连续过程，$\mathfrak{M}_d^2$ 表示 $\mathfrak{M}^2$ 中纯断过程．

定理 8.4.4 $\forall M\in\mathfrak{M}^2$，$H\in L^2(\mu_{M^2})$，则存在唯一的元素 $X\in\mathfrak{M}^2$，使

$$(X,\ N)_{\mathfrak{M}^2}=\int_{\mathbf{R}^+\times\Omega}H\mathrm{d}\mu_{MN},\ \forall N\in\mathfrak{M}^2 \tag{8.15}$$

证明 记 $\psi(N)=\int_{\mathbf{R}^+\times\Omega}H\mathrm{d}\mu_{MN}$，$\forall N\in\mathfrak{M}^2$，由 μ_{MN} 关于 M，N 的双线性知，$\psi(N)$ 是线性泛函，由定理 8.4.1 知，

$$\int_{\mathbf{R}^+\times\Omega}|XY||\mathrm{d}\mu_{MN}|\leqslant\left(\int_{\mathbf{R}^+\times\Omega}X^2\mathrm{d}\mu_{M^2}\right)^{\frac{1}{2}}\left(\int_{\mathbf{R}^+\times\Omega}Y^2\mathrm{d}\mu_{N^2}\right)^{\frac{1}{2}}$$

取 $X=H$，$Y=1$，则有

$$|\psi(N)|\leqslant\int_{\mathbf{R}^+\times\Omega}|H||\mathrm{d}\mu_{MN}|\leqslant\left(\int_{\mathbf{R}^+\times\Omega}H^2\mathrm{d}\mu_{M^2}\right)^{\frac{1}{2}}(\mu_{N^2}(\mathbf{R}^+\times\Omega))^{\frac{1}{2}}$$
$$=\|H\|_{L^2(\mu_{M^2})}\cdot\|N\|_{M^2}<\infty$$

所以 $\psi(N)$ 为定义在 Hilbert 空间 $\mathfrak{M}^2$ 上的有界线性泛函，由 Riesz 表示定理知，存在 $\mathfrak{M}^2$ 中的唯一元素 $X\in\mathfrak{M}^2$，使

$$(X,\ N)_{\mathfrak{M}^2}=\psi(N),\ \forall N\in\mathfrak{M}^2$$

且 $\|X\|_{\mathfrak{M}^2}=\|\psi\|\triangleq\sup\{|\psi(N)|;\ \|N\|_{\mathfrak{M}^2}=1,\ N\in\mathfrak{M}^2\}\leqslant\|H\|_{L^2(\mu_{M^2})}<\infty$. ■

定义 8.4.5 对 $M\in\mathfrak{M}^2$，$H\in L^2(\mu_{M^2})$，由定理 8.4.4 存在的唯一确定的平方可积鞅 X 称为 H 关于 M 的随机积分，记为

$$X=\int H\mathrm{d}M\in\mathfrak{M}^2,\text{ 或 }X_t=\int_0^t H_s\cdot\mathrm{d}M_s,\ \forall t\in\mathbf{R}^+\left(\text{或}\int_{[0,t]}H_s\mathrm{d}M_s\right)$$

特别地，$\forall A\in\mathcal{P}$，规定 $\int_A H\cdot\mathrm{d}M\triangleq\int_0^{+\infty}(1_AH)_s\mathrm{d}M_s$．由该规定知，当 $A=[[0,t]]$ 时，$\int_A H\mathrm{d}M=\int_{[0,t]}H\mathrm{d}M=X_t$．这样，$\forall H\in L^2(\mu_{M^2})$，固定 M，通过 $\int_{[0,t]}H_s\mathrm{d}M_s$ 对应了一个

新的随机过程，记这个积分算子为 I_M，即

$$I_M : H \to \int H \mathrm{d}M$$

关于右连左极平方可积鞅的随机积分有下列重要性质．

定理 8.4.5 （1）设 $s<t$，ξ 是任一关于 $\mathcal{F}_s$ 可测的有界随机变量，则有

$$\int_s^t \xi H_u \mathrm{d}M_u = \xi \int_s^t H_u \mathrm{d}M_u$$

（2）$\forall M \in \mathfrak{M}^2$，随机积分算子

$$I_M : H_M^2 \to \mathfrak{M}^2$$

是由 Hilbert 空间 $L^2(\mu_{M^2})$ 到 $\mathfrak{M}^2$ 的一个闭子空间（记为 $R_g(I_M)$）的同构映射，且若 $X \in R_g(I_M)$，则有

$$I_M^{-1} X = \frac{\mathrm{d}\mu_{XM}}{\mathrm{d}\mu_{M^2}},\ \mu_{M^2}\text{-a. e.}$$

即 $I_M^{-1}X$ 等于 μ_{XM} 关于 μ_{M^2} 的 Radon-Nikodym 导数．

（3）若 $M \in \mathfrak{M}^2$，$H \in L^2(\mu_{M^2})$，则对任意 $A \in \mathcal{P}$，有

$$I_M(1_A H) = \pi(A)(I_M H)$$

（4）若 $M \in \mathfrak{M}^2$，$H \in L^2(\mu_{M^2})$，则有

$$E\left\{\left(\int_0^{+\infty} H_s \mathrm{d}M_s\right)^2\right\} = \int_{\mathbf{R}_+ \times \Omega} H^2 \mathrm{d}\mu_{M^2}$$

特别地，$\forall A \in \mathcal{P}$，只要 $1_A H \in L^2(\mu_{M^2})$，就有

$$E\left\{\left(\int_A H \mathrm{d}M\right)^2\right\} = \int_A H^2 \mathrm{d}\mu_{M^2}$$

对任意 $t \geqslant 0$，只要 $1_{[[0,t]]} H \in L^2(\mu_{M^2})$，就有

$$E\left\{\left(\int_0^t H_s \mathrm{d}M_s\right)^2\right\} = \int_{[[0,t]]} H^2 \mathrm{d}\mu_{M^2}$$

（5）$\forall A \in \mathcal{P}$，如果 $1_A H \in L^2(\mu_{M^2})$，$1_A H^{(n)} \in L^2(\mu_{M^2})$，且

$$\int_A (H^{(n)} - H)^2 \mathrm{d}\mu_{M^2} \underset{n\to\infty}{\longrightarrow} 0$$

则有

$$\int_A H^{(n)} \mathrm{d}M \xrightarrow[n\to\infty]{L^2} \int_A H \mathrm{d}M$$

（6）对 M，$N \in \mathfrak{M}^2$，$H \in L^2(\mu_{M^2})$，$G \in L^2(\mu_{N^2})$，记 $X = I_M H$，$Y = I_N G$，则对任意 $A \in \mathcal{P}$，有

$$\mu_{XY}(A) = \int_A HG \mathrm{d}\mu_{MN}$$

定理 8.4.6 设 $M \in \mathfrak{M}^2$，则 $\forall X \in \mathfrak{M}^2$，存在唯一可料过程 $H \in L^2(\mu_{M^2})$ 及唯一的 $N \in \mathfrak{M}^2$ 满足：（1）$M \amalg N$；（2）$X = \int H \mathrm{d}M + N$.

证明 因 $R_g(I_M)$ 为 $\mathfrak{M}^2$ 中闭集，可以对 $\mathfrak{M}^2$ 作正交分解

$$\mathfrak{M}^2 = R_g(I_M) \oplus R_g(I_M)^{\perp}$$
$$X = I_M(H) + N$$

从而 $\forall X \in \mathfrak{M}^2$，$\exists H \in L^2(\mu_{M^2})$和 $N \in R_g(I_M)^{\perp}$，使 $X = I_M(H) + N = \int H\mathrm{d}M + N$.

又因为 $R_g(I_M)$为稳定子空间，从而 $R_g I_M \perp N \Rightarrow N \amalg R_g(I_M)$. 又因为 $M \in R_g(I_M)$，所以 $M \amalg N$. 由正交分解的唯一性知，$R_g(I_M)$中元素是唯一的，$I_M(H)$是唯一的，由于 $L^2(\mu_{M^2})$与 $R_g(I_M)$同构，从而 $H \in L^2(\mu_{M^2})$是唯一的，$N \in \mathfrak{M}^2$ 也是唯一的. ■

注 8.4.1 这里我们用 $R_g(\cdot)$表示一个映射的值域.

定理 8.4.7 若 Q 为 $\mathfrak{M}^2$ 的稳定子空间，则对 $M \in Q$ 及 $H \in L^2(\mu_{M^2})$，有 $I_M H \in Q$.

证明 当 $H = 1_A$，$A \in \mathcal{P}$时，$I_M H = \pi(A)M$，由稳定子空间的定义知，结论显然成立. 由积分关于 H 的线性性质可推广到简单可料过程(即可料集示性函数的线性组合)，再由 I_M 的等距性质、单过程在 $L^2(\mu_{M^2})$中的稠密性及 Q 的闭性可推广到一般的可料过程 $H \in L^2(\mu_{M^2})$知，结论成立. ■

由定理 8.4.7 我们马上得到：若 $M \in m_c^2$，即零初值的连续平方可积鞅，$H \in L^2(\mu_{M^2})$，则 $I_M H \in m_c^2$，且可建立两类积分的联系.

还可证明下面一个有用的性质：对任一可料过程 H，令 $H^{(n)} = H 1_{\{|H| \leqslant n\}}$，则 $H^{(n)}$ 是有界可料过程，因而对任一 $M \in \mathfrak{M}^2$，积分 $I_M(H^{(n)})$均有意义，且属于 $\mathfrak{M}^2$.

定理 8.4.8 极限 $\lim\limits_{n \to \infty} I_M(H^{(n)})$在 $\mathfrak{M}^2$ 中存在的充要条件是 $H \in L^2(\mu_{M^2})$，此时有

$$\lim_{n \to \infty} I_M(H^{(n)}) = I_M H \quad (\mathfrak{M}^2 \text{ 中极限})$$

以上我们略去了大部分性质的证明，有兴趣的读者可参考文献[2]或[9].

下面我们把关于右连左极鞅的随机积分推广到局部鞅的情形，先引入可积过程类.

定义 8.4.6 设 H 为一过程，若存在停时列$\{\tau_n\}$满足：

(1) τ_n 单增收敛到∞，a. s.；

(2) $\forall n \in \mathbf{N}$，$H 1_{[[0,\tau_n]]}$为有界过程；

则称 H 为局部有界过程.

显然，任一连续适应过程必为局部有界过程.

定义 8.4.7 设 $M \in \mathfrak{M}^2_{\mathrm{loc}}$，用 $L^2_{\mathrm{loc}}(\mu_{M^2})$表示满足下列条件的可料过程 H 全体，存在停时序列 τ_n 收敛到∞，a. s.，使

(1) $\{\tau_n\}$为 M 的局部化停时序列；

(2) $\mu_n = \mu_{(M^{\tau_n})^2}$为$(M^{\tau_n})^2$ 生成的 Deléans 测度

$$\forall n \in \mathbf{N},\ H \in L_n^2 = L^2(\mathbf{R}_+ \times \Omega, \mathcal{P}, \mu_{(M^{\tau_n})^2}) \tag{8.16}$$

称 τ_n 为关于 M 和 H 的局部化停时序列，式(8.16)等价于

$$\forall n \in \mathbf{N},\ 1_{[[0,\tau_n]]} H \in L^2(\mathbf{R}_+ \times \Omega, \mathcal{P}, \mu_{M^2})$$

定理 8.4.9 设 $M \in \mathfrak{M}^2_{\mathrm{loc}}$，$H \in L^2_{\mathrm{loc}}(\mu_{M^2})$，则存在唯一元素 $X \in \mathfrak{M}^2_{\mathrm{loc}}$，使对一切关于 M 及 H 的局部化停时序列$\{\tau_n\}$，有

$$X^{\tau_n} = \int H\mathrm{d}M^{\tau_n},\ \forall n \in \mathbf{N}$$

证明　因 $M^{\tau_n}\in\mathfrak{M}^2$，$H\in L_n^2$，所以，$\int H\mathrm{d}M^{\tau_n}\in\mathfrak{M}^2$. 记为 $Y^{(n)}=\int H\mathrm{d}M^{\tau_n}$，并记 $A_n=[[0,\tau_n]]$. 当 $m>n$ 时，

$$\pi(A_n)Y^{(m)}=\pi(A_n)\cdot I_{M^{\tau_n}}H=I_{M^{\tau_m}}(1_{A_n}H)=\int 1_{A_n}H\mathrm{d}M^{\tau_m}=\int H\mathrm{d}M^{\tau_m\wedge\tau_n}=\int H\mathrm{d}M^{\tau_n}$$

$Y^n=Y^{\tau_n}$ 与 $Y^{\tau_m\wedge\tau_n}$ 无区别，从而$[Y^{(m)}]^{\tau_n}=Y^{(n)}$，即在 A_n 上，$Y^{(n)}$ 作用与 $Y^{(m)}$ 作用无区别. 可定义 X，使 $Y^{(n)}=X^{\tau_n}$(即 $\forall t\in\mathbf{R}_+$，$\lim\limits_{n\to\infty}Y_t^{(n)}=X_t$，a. s.)，且 $X\in\mathfrak{M}_{\mathrm{loc}}^2$，$\{\tau_n\}$为局部化停时序列. 下面证明 X 与停时序列选择无关. 设$\{\sigma_n\}$为另一停时序列，$\widetilde{Y}^{(n)}=\int H\mathrm{d}M^{\sigma_n}$对应 $\widetilde{X}$，由

$$M^{\tau_n\wedge\sigma_n}=M^{\tau_n}+M^{\sigma_n}-M^{\tau_n\wedge\sigma_n}\in\mathfrak{M}^2$$

及

$$1_{[[0,\tau_n\wedge\sigma_n]]}H=1_{[[0,\tau_n]]}H+1_{[[0,\sigma_n]]}H-1_{[[0,\tau_n\wedge\sigma_n]]}H\in L^2(\mathbf{R}_+\times\Omega,\mathcal{P},\mu_{M^2})$$

知，$\tau_n\vee\sigma_n$ 仍为关于M 和 H 的局部化停时序列，设 $\hat{Y}^{(n)}$表示$\int H\mathrm{d}M^{\tau_n\vee\sigma_n}$，它对应 $\hat{X}$，由上面的讨论知，$\forall n\in\mathbf{N}$，$Y^{(n)}$ 与 $\hat{Y}^{(n)}$ 在$[[0,\tau_n]]$上无区别，$Y^{(n)}$ 与 $\hat{Y}^{(n)}$ 在$[[0,\sigma_n]]$上无区别，从而 $\widetilde{Y}^{(n)}$ 与 $Y^{(n)}$ 在$[[0,\sigma_n\wedge\tau_n]]$上无区别. 又因为除一个不足道集外，$\mathbf{R}_+\times\Omega=\bigcup\limits_{n=1}^{\infty}[[0,\sigma_n\wedge\tau_n]]$，从而 $\widetilde{X}$ 和 X 无差别. ■

定义 8.4.8　设 $M\in\mathfrak{M}_{\mathrm{loc}}^2$，$H\in L_{\mathrm{loc}}^2(\mu_{M^2})$，称由定理 8.4.9 所确定的唯一元素 $X\in\mathfrak{M}_{\mathrm{loc}}^2$为 H 关于M 的随机积分，记为 $X=\int H\mathrm{d}M$.

关于局部平方可积鞅的随机积分有下列常用性质.

定理 8.4.10　设 $M\in\mathfrak{M}_{\mathrm{loc}}^2$，$H\in L_{\mathrm{loc}}^2(\mu_{M^2})$，$X=\int H\mathrm{d}M$，则

(1) 固定 M：$H\to\int H\mathrm{d}M$ 及固定 H：$M\to\int M\mathrm{d}M$ 均为线性映射.

(2) 若 $X=\int H\mathrm{d}M$，$G\in L_{\mathrm{loc}}^2(\mu_{M^2})$，$Y=\int G\mathrm{d}M$，则

$$HG=\frac{\mathrm{d}\mu_{XY}}{\mathrm{d}\mu_{M^2}}\ (\mu_{M^2}\text{-a. e.})$$

特别地，令 $G=H$ 与 $G=1$，则有

$$H^2=\frac{\mathrm{d}\mu_{X^2}}{\mathrm{d}\mu_{M^2}}\ (\mu_{M^2}\text{-a. e.}),\quad H=\frac{\mathrm{d}\mu_{X_M}}{\mathrm{d}\mu_{M^2}}(\mu_{M^2}\text{-a. e.})$$

(3) 若 $H\in L_{\mathrm{loc}}^2(M)$，$X=I_MH$，$G\in L_{\mathrm{loc}}^2(\mu_{M^2})$，则 $HG\in L_{\mathrm{loc}}^2(\mu_{M^2})$，且$\int(HG)\mathrm{d}M=\int G\mathrm{d}X$. 特别地，取 $G=1_{[[0,\tau]]}$，τ 为有界停时，则$\int H1_{[[0,\tau]]}\mathrm{d}M=X^{\tau}$.

(4)对 $s<t$，及有界 F_s 可测随机变量ξ，有

$$\int_{[s,t]}\xi H_u\mathrm{d}M_u=\xi\int_{[s,t]}H_u\mathrm{d}M_u,\ \text{a. s.}$$

(5)若可料过程列$\{H^{(n)}\}$满足

$$|H^{(n)}| \leqslant G \in L^2_{\text{loc}}(\mu_{M^2})$$
$$\lim_{n\to\infty} H^{(n)} = H(\mu_{M^2}\text{-a. e.})$$

则 $\forall T>0$，有

$$\sup_{0\leqslant t\leqslant T}\left|\int_{[[0,t]]}(H_s^{(n)} - H_s)\mathrm{d}M_s\right| \xrightarrow[n\to\infty]{P} 0$$

(6)若 $U\in\mathcal{U}$为(连续)有限变差过程，H 为循序过程，且关于 U 可积（此处的可积指按轨道 Lebesgue-Stieltjes 积分)，令

$$X_t(\omega) = \int_{[0,t]} H_s(\omega)\mathrm{d}U_s(\omega)$$

则 X 为(连续)有限变差过程.

(7) 设 $M\in\mathfrak{M}^2_{\text{loc}}\cap\mathcal{U}$，$H$ 为局部有界可料过程，则 H 关于 M 的随机积分和随机 Stieltjes 积分是一致的.

8.5 关于半鞅的随机积分

定义 8.5.1 设 X 为半鞅，H 为可料过程，若存在一个 X 的分解

$$X_t = X_0 + M_t + V_t$$

使 $H\in L^2_{\text{loc}}(\mu_{M^2})$，且 H 关于 V 的随机 Stieltjes 积分 $\int H_s\mathrm{d}V_s$ 存在，则称 H 关于 X 可积，并定义

$$\int H\mathrm{d}X = X_0H_0 + \int H\mathrm{d}M + \int H\mathrm{d}V$$

称为 H 关于 X 的随机积分.

X 的分解不唯一，那么积分是否是唯一的呢?

定理 8.5.1 设 H 为局部有界可料过程，X 为半鞅，

$$X_t = X_0 + M_t + V_t$$

为关于 H 的一个可积分解，$\{\tau_n\}$为关于 H 及 M 的公共局部化停时序列，则存在唯一半鞅 Y，$\forall n\in\mathbf{N}$，及 $t\in\mathbf{R}_+$，有

$$Y_t^{\tau_n} = H_0X_0 + \int_{[0,\tau_n\wedge t]} H_s\mathrm{d}M_s + \int_{[0,\tau_n\wedge t]} H_s\mathrm{d}V_s\text{, a. s.}$$

且积分所得 Y 仍为半鞅，若 X 为连续半鞅，则 $\int H\mathrm{d}X$ 仍为连续半鞅.

证明 记

$$Y_t^{(n)} = H_0X_0 + \int_{[0,\tau_n\wedge t]} H_s\mathrm{d}M_s + \int_{[0,\tau_n\wedge t]} H_s\mathrm{d}V_s \quad (\text{a. s.})$$

当 $m>n$ 时，$(Y^{(m)})^{\tau_n}=Y^{(n)}$(因为 $\tau_m>\tau_n$，a. s.).

设 $X_t=X_0+M'_t+V'_t$ 为另一可积分解，$\{\tau'_n\}$为另一关于 H 和 M'的局部化停时序列，则它对应另一个 Y'，令 $\sigma_n=\tau_n\wedge\tau'_n$，则$\{\sigma_n\}$为同时关于 H，M 和 M'的局部化停时序列. 要证结论，只需证 $\forall n\in\mathbf{N}$，有 $Y^{\sigma_n}=(Y')^{\sigma_n}$.

事实上，不妨设 H 有界，$M\in\mathfrak{M}^2$，因为 $M+V=M'+V'$，只需证明

$$\int_{[0,t]} H_s\mathrm{d}M_s + \int_{[0,t]} H_s\mathrm{d}V_s = \int_{[0,t]} H_s\mathrm{d}M'_s + \int_{[0,t]} H_s\mathrm{d}V'_s\text{, a. s. , }\forall t\in\mathbf{R}_+$$

由于 $V-V'=M'-M\in\mathfrak{M}^2\cap\mathcal{U}$，则

$$\int_{[0,t]}H_s\mathrm{d}V_s-\int_{[0,t]}H_s\mathrm{d}V'_s=\int_{[0,t]}H_s\mathrm{d}(V-V')_s$$
$$=\int_{[0,t]}H_s\mathrm{d}(M'-M)_s=\int_{[0,t]}H_s\mathrm{d}M'_s-\int_{[0,t]}H_s\mathrm{d}M_s$$ ■

定理 8.5.2　若 X 为半鞅，G 为局部有界可料过程，若可料过程列 $\{H^{(n)}\}$ 满足

(1) $|H^{(n)}_{(s,\omega)}|\leqslant G(s,\omega)\ \forall n\in\mathbf{N}$；

(2) $\lim\limits_{n\to\infty}H^{(n)}(s,\omega)=H(s,\omega)$，$\forall(s,\omega)\in\mathbf{R}_+\times\Omega$；

则随机积分 $\int_0^t H_s^{(n)}\mathrm{d}X$ 依概率在任一有限区间 $t\in[0,T]$ 上关于 t 一致收敛于 $\int_0^t H_s\mathrm{d}X$.

证明　设 $X=X_0+M+V$ 为关于 G 的一个可积分解，由关于局部鞅随机积分的性质知，$\int H^{(n)}\mathrm{d}M$ 在任意有限区间上依概率一致收敛于 $\int H\mathrm{d}M$. 又因 $\int H^{(n)}\mathrm{d}V$ 是 Stieltjes 积分，由 Lebesgue 控制收敛定理知，$\int H^{(n)}\mathrm{d}V$ 在任一有限区间上几乎必然一致收敛于 $\int H\mathrm{d}V$，从而结论成立. ■

定理 8.5.3　设 X 是一个右连左极的半鞅，Y 是 L^1 循序可测过程，则任给 $t>0$，对 $[0,t]$ 作一个分割，分为 k_n 段，

$$0=t_0<t_1<\cdots<t_{k_n}=t$$

记 $\lambda(T)$ 为 k_n 段中最大的区间间隔，则

$$\lim_{\lambda(\pi)\to0}\sum_{j=0}^{k_n-1}Y_{t_j}(X_{t_{j+1}}-X_{t_j})=\int_{0+}^t Y_{s-}\mathrm{d}X_s\text{（依概率收敛）}$$

证明由参考文献[19]中第 2 章的定理 21 直接得到.

有了一般局部平方可积鞅的随机积分，我们就可以定义右连左极半鞅的二次变差过程了. 设 $X=\{X_t,t\geqslant0\}$ 是一个右连左极的半鞅，则其跳点最多是可数个，称 $\Delta X=\{\Delta X(t)=X(t)-X(t^-),t\geqslant0\}$ 为 X 的跳过程，其中 $X(t^-)=\lim\limits_{s\to t^-}X_s$.

定义 8.5.2　设 $X=\{X_t,t\geqslant0\}$ 是一个右连左极过程，将 X 分解为

$$X_t=X_0+X_t^c+\sum_{0<s\leqslant t}\Delta X_s$$

其中，$\{X_t^c,t\geqslant0\}$ 是一个零初值的连续过程，称其为 $X=\{X_t,t\geqslant0\}$ 的连续部分.

定义 8.5.3　设 $X=\{X_t,t\geqslant0\}$ 是一个右连左极半鞅，定义

$$[X]_t=X_t^2-2\int_0^t X(s-)\mathrm{d}X_t$$

定义 8.5.4　设 $X=\{X_t,t\geqslant0\}$，$Y=\{Y_t,t\geqslant0\}$ 是两个右连左极半鞅，定义

$$[X,Y]_t=X_tY_t-\int_0^t X(s-)\mathrm{d}Y_s-\int_0^t Y(s-)\mathrm{d}X_s$$

半鞅的二次变差过程有下列主要性质.

定理 8.5.4　设 $X=\{X_t,t\geqslant0\}$，$Y=\{Y_t,t\geqslant0\}$ 是两个右连左极半鞅，则下列结论成立：

(1) $[X,Y]=\frac{1}{4}\{[X+Y]-[X-Y]\}=\frac{1}{2}\{[X+Y]-[X]-[Y]\}$；

(2) $[X,Y]$ 是双线性的，即

$$[\alpha X, Y] = \alpha[X, Y], [X+Y, Z] = [X, Z] + [Y, Z]$$

(3) $[X]$是右连左极增过程，$[X, Y]$是右连左极有界变差过程；

(4) $[X]_0 = X_0^2$，$[X, Y]_0 = X_0 Y_0$；

(5) 对任一停时 τ，

$$[X, Y]^\tau = [X^\tau, Y^\tau] = [X, Y^\tau] = [X^\tau, Y]$$

(6) $\Delta[X]_t = (\Delta X_t)^2$，$\Delta[X, Y]_t = \Delta X_t \Delta Y_t$；

(7) 若 X 为局部鞅，则$[X]$总存在，且几乎必然有限；

(8) $XY = \int X^- \mathrm{d}Y + \int Y^- \mathrm{d}X + [X, Y]$；

(9) $[X]_t^c = [X^c]_t$. $\cdot$ $[X, Y]_t^c = [X^c, Y^c]_t = [X, Y^c]_t = [X^c, Y]_t$；

(10) $[X]_t = [X^c]_t + \sum\limits_{0<s\leqslant t}(\Delta X_s)^2$，$[X, Y]_t = [X^c, Y^c]_t + \sum\limits_{0<s\leqslant t}(\Delta X_s)(\Delta Y_s)$；

(11) 设 X 是二次纯跳半鞅，Y 为任一半鞅，则有

$$[X, Y]_t = X_0 Y_0 + \sum_{0<s\leqslant t}(\Delta X_s)(\Delta Y_s)$$

(12) 设 H，K 是两个可测过程，则

$$\int_0^{+\infty} |H(s)K(s)| \| \mathrm{d}[X, Y]_s| \leqslant \left(\int_0^{+\infty} |H(s)|^2 [X]_s\right)^{\frac{1}{2}} \left(\int_0^{+\infty} |K(s)|^2 \mathrm{d}[Y]_s\right)^{\frac{1}{2}}$$

(13) 设 $X = \{X_t, t\geqslant 0\} \in \mathfrak{M}^2$，$Y = \{Y_t, t\geqslant 0\} \in \mathfrak{M}^2$，则$[X, Y]$是唯一使得 $XY - [X, Y]$为一致可积鞅的可料可积有界变差过程，且有

$$E\{(X_t - X_s)(Y_t - Y_s) | \mathcal{F}_s\} = E\{([X, Y]_t - [X, Y]_s) | \mathcal{F}_s\}$$

(14) 设 $X = \{X_t, t\geqslant 0\}$是半鞅，对任一 $t>0$ 及对$[0, t]$的任一分法

$$\pi: 0 = t_0 < t_1 < \cdots < t_n = t$$

作和

$$\pi(X) = \sum_{j=1}^{n} [X(t_j) - X(t_{j-1}^n)]^2$$

记 $\lambda(\pi) = \max\limits_{1\leqslant j\leqslant n}\{t_j - t_{j-1}\}$，则有

$$\lim_{\lambda(\pi)\to 0} \pi(X) = [X]_t (\text{依概率收敛})$$

例 8.5.1 设$\{N_t, t\geqslant 0\}$为泊松过程，则 $N^c \equiv 0$，故

$$[N]_t = \sum_{0<s\leqslant t}(\Delta N_s)^2 = N_t$$

所以$[N] = N$.

定理 8.5.5 若 X 为有限变差过程，则 X 为二次纯跳过程．

证明 不妨设 $X_0 = 0$. 因为

$$[X] = X^2 - 2\int X^- \mathrm{d}X$$

所以

$$\int X \mathrm{d}X = \int (X^- + \Delta X) \mathrm{d}X = \int X^- \mathrm{d}X + \int \Delta X \mathrm{d}X$$

由 Stielties 积分的性质知，

$$\int \Delta X \mathrm{d}X = \sum_{0<s\leqslant t} (\Delta X_s)^2,\ X_t^2 = \int_0^t X_{s-}\mathrm{d}X_s + \int_0^t X_s \mathrm{d}X_s$$

所以

$$\begin{aligned}[X]_t &= X_t^2 - 2\int_0^t X_s^- \mathrm{d}X_s = \int_0^t X_{s-}\mathrm{d}X_s + \int_0^t X_s\mathrm{d}X_s - 2\int_0^t X_{s-}\mathrm{d}X_s \\ &= \int_0^t X_s\mathrm{d}X_s - \int_0^t X_{s-}\mathrm{d}X_s = \int_0^t \Delta X_s \mathrm{d}X_s = \sum_{0<s\leqslant t}(\Delta X_s)^2\end{aligned}$$

从而 X 是纯跳过程．

推论 8.5.1　若 X 为连续有限变差过程，则$[X]_t = X_0^2$.

定理 8.5.6　设 X，$Y \in \mathfrak{M}_{loc}^2$，则满足下列条件的 RCLL 有界变差过程只能是$[X, Y]$.

(1) $XY - A$ 是局部鞅；

(2) $\Delta A = \Delta X \Delta Y$，且 $A_0 = X_0 Y_0$.

证明　因为由二次变差的定义知，

$$XY = \int X^- \,\mathrm{d}Y + \int_0^t Y^- \,\mathrm{d}X + [X, Y]$$

故 $XY - [X, Y]$是局部鞅，且 $\Delta[X, Y] = \Delta X \Delta Y$，$X_0 Y_0 = [X, Y]_0$. 若能证明这样的 A 是唯一的，则定理结论得证．

如果 A，B 都满足(1)、(2)，则 $A - B = (XY - B) - (XY - A)$，故 $A - B$ 是局部鞅，且

$$\Delta(A - B) = \Delta A - \Delta B = \Delta X \Delta Y - \Delta X \Delta Y = 0$$

故 $A - B$ 没有跳，即是连续过程，这样 $A - B$ 既是连续局部鞅，又是有界变差过程，所以，$\forall t \geqslant 0$，$A_t - B_t = 0$(a. s.)，所以 A 是唯一的，证毕．■

推论 8.5.2　如果 M 是局部鞅，则 M 是 L^2 鞅的充要条件是 $\forall t \geqslant 0$，$E[M]_t < \infty$. 此时有 $E(M_t^2) = E[M]_t$.

推论 8.5.3　如果 M 是局部鞅，且 $E[M]_\infty < \infty$. 则 M 是 L^2 有界鞅，且 $\forall t \geqslant 0$，$E(M_t^2) = E[M]_t$.

与定义关于布朗运动的随机积分一样，我们也可以先定义简单过程关于平方可积鞅的随机积分，然后用极限得到一般循序可测过程关于平方可积鞅的随机积分．

在定理 3.2.4 中，我们引入了记号 Φ_1、Φ_2、Φ_3，它们分别表示可料过程集、循序可测过程集、适应可测过程集，对任一右连左极的平方可积鞅 M，记

$$L_{\Phi_i}^2([M]) = \left\{ H \mid H \in \Phi_i,\ E\int_0^T H_s^2 \mathrm{d}[M]_s < \infty \right\}$$

下面讨论$[0, T]$上的简单过程$\mathcal{H}_0$，即存在$[0, T]$的一个分法 $0 = t_0 < t_1 < \cdots < t_n = T$，使得当 $k = 1, 2, \cdots, n$ 时，$H(t, \omega) = H_{k-1}(\omega)$，$t_{k-1} \leqslant t < t_k$，其中 H_k 关于$\mathcal{F}_{t_k}$可测并有界，与 Φ_1、Φ_2 和 Φ_3 的关系．

引理 8.5.1　(1) 简单过程集$\mathcal{H}$在 $L_{\Phi_1}^2([M])$中稠密；

(2) 如果$[M]$几乎所有轨道连续，则简单过程集$\mathcal{H}$在 $L_{\Phi_2}^2([M])$中稠密；

(3) 如果$[M]$几乎所有轨道绝对连续，则简单过程集$\mathcal{H}$在 $L_{\Phi_3}^2([M])$中稠密．

引理 8.5.1 使得我们能够像定义关于布朗运动的积分一样，先定义简单过程的积分，然后通过极限得到关于一般过程的积分．

定义 8.5.5 对任意 $T>0$，设 H 为 $[0, T]$ 上的简单过程，即 $H\in\mathcal{H}_0$，定义

$$\int_0^T H_s \mathrm{d}M_s = \sum_{k=0}^{n-1} H_k[M(t_{k+1})-M(t_k)]$$

如果 $t<T$，不妨设 $t\in(t_m, t_{m+1}]$，$m\leqslant n-1$，定义

$$\int_0^t H_s \mathrm{d}M_s = \sum_{k=0}^{m-1} H_k[M(t_{k+1})-M(t_k)] + H_m[M(t)-M(t_m)]$$

由定义知，$\left\{\int_0^t H_s \mathrm{d}M_s,\ 0\leqslant t\leqslant T\right\}$是一个平方可积鞅．当

(1) $H\in L^2_{\Phi_1}([M])$；

(2) $H\in L^2_{\Phi_2}([M])$，且$[M]$几乎所有轨道连续；

(3) $H\in L^2_{\Phi_3}([M])$，且$[M]$几乎所有轨道绝对连续；

时，可以找到简单过程列 $H^{(n)}$，使得

$$E\int_0^T |H^{(n)}(s,\omega)-H(s,\omega)|^2 \mathrm{d}[M]_s \to 0$$

于是可以用均方极限

$$\int_0^T H_s \mathrm{d}M_s = \lim_{n\to\infty}\int_0^T H_s^{(n)} \mathrm{d}M_s$$

来定义随机积分．

可以证明，当 $H\in L^2_{\Phi_2}([M])$，且 M 是零初值连续平方可积鞅时，定义 8.5.5 与定义 8.2.2 中定义的随机积分是相同的．

下面我们用定义 8.5.5 来证明随机积分的下列性质．

定理 8.5.7 (1) $\{X_t, \mathcal{F}_t, t\geqslant 0\}$为平方可积鞅，$H\in L^2([X])$，则$\left\{\int_0^t H_r \mathrm{d}X_r,\ t\geqslant 0\right\}$是平方可积鞅；

(2) 设$\{X_t, \mathcal{F}_t, t\geqslant 0\}\in\mathfrak{M}^2$，$H\in L^2([X])$，则

$$E\left[\left(\int_s^t H_u \mathrm{d}X_u\right)\left(\int_s^t G_u \mathrm{d}X_u\right)\Big|\mathcal{F}_s\right] = E\left[\int_s^t H_u G_u \mathrm{d}[X]_u \Big|\mathcal{F}_s\right],\ \text{a. s.}$$

证明 当 H，G 均为简单过程时，对任意 $s<t$，将 s，t 加入分划中，设 $s=t_i$，$t=t_j$，$i<j$，则有

$$\int_0^t H_u \mathrm{d}X_u = \sum_{k=0}^{i-1} H_k(X_{t_{k+1}}-X_{t_k}) + \sum_{k=i}^{j-1} H_k(X_{t_{k+1}}-X_{t_k})$$

两边取条件期望，由于第一项关于$\mathcal{F}_s$ 可测，从而条件期望是它本身，而第二项为

$$\begin{aligned} E\left(\sum_{k=i}^{j-1} H_k(X_{t_{k+1}}-X_{t_k})\,|\,\mathcal{F}_s\right) &= \sum_{k=i}^{j-1} E\{E[H_k(X_{t_{k+1}}-X_{t_k})\,|\,\mathcal{F}_{t_k}]\,|\,\mathcal{F}_s\} \\ &= \sum_{k=i}^{j-1} E\{H_k E[(X_{t_{k+1}}-X_{t_k})\,|\,\mathcal{F}_{t_k}]\,|\,\mathcal{F}_s\} = 0 \end{aligned}$$

所以$\left(\int_0^t H(s)\mathrm{d}X_s,\ \mathcal{F}_t,\ t\geqslant 0\right)$为鞅．

不妨设 H，G 也是具有上述表达式的简单函数，则

$$\int_s^t H_r \mathrm{d}X_r \int_s^t G_r \mathrm{d}X_r = \sum_{k,l=i}^{j-1} H_k G_l (X_{t_{k+1}} - X_{t_k})(X_{t_{l+1}} - X_{t_l})$$

两边取条件期望 $E(\cdot \mid \mathcal{F}_s)$，当 $k \neq l$ 时，比如 $k > l$，则

$$\begin{aligned} & E[H_k G_l (X_{t_{k+1}} - X_{t_k})(X_{t_{l+1}} - X_{t_l}) \mid \mathcal{F}_s] \\ = & E\{E[H_k G_l (X_{t_{k+1}} - X_{t_k})(X_{t_{l+1}} - X_{t_l}) \mid \mathcal{F}_k] \mid \mathcal{F}_s\} \\ = & E[G_l (X_{t_{l+1}} - X_{t_l}) H_k E(X_{t_{k+1}} - X_{t_k} \mid \mathcal{F}_k) \mid \mathcal{F}_s] = 0 \end{aligned}$$

于是

$$\begin{aligned} E\left(\int_s^t H_r \mathrm{d}X_r \int_s^t G_r \mathrm{d}X_r \mid \mathcal{F}_s\right) &= \sum_{k=i}^{j-1} E\{H_k G_k E[(X_{t_{k+1}} - X_{t_k})^2 \mid \mathcal{F}_{t_k}] \mid \mathcal{F}_s\} \\ &= \sum_{k=i}^{j-1} E[H_k G_k ([X]_{t_{k+1}} - [X]_{t_k}) \mid \mathcal{F}_s] \\ &= E\left(\int_s^t H_u G_u \mathrm{d}[X]_u \mid \mathcal{F}_s\right) \end{aligned}$$

其中，第二个等号用到 Doob-Meyer 分解定理 .

对非简单过程的 H，$G \in L^2([M])$，由定义 8.5.5 易证定理 8.5.7 结论成立 . ■

再由

$$E\left\{\left(\int_0^t H(u)\mathrm{d}X_u\right)^2 - \int_0^t H^2(u)\mathrm{d}[X]_u \mid \mathcal{F}_s\right\} = \left(\int_0^s H(u)\mathrm{d}X_u\right)^2 - \int_0^s H^2(u)\mathrm{d}[X]_u$$

得到平方可积鞅 $\left\{\int_0^t H_s \mathrm{d}M_s, t \geqslant 0\right\}$ 的二次变差为

$$\left[\int H \mathrm{d}X\right]_t = \int_0^t H_s^2 \mathrm{d}[X]_s$$

8.6　关于分数布朗运动的随机积分

分数布朗运动 $\{B^H(t),\ t \geqslant 0\}$ $(0 < H < 1)$ 是定义在 $[0, +\infty)$ 上的实值高斯过程，它具有平稳增量、零均值 . 当 $H = 1/2$ 时为标准布朗运动，它在有限区间 $[0, t]$ 上的二次变差为

$$P - \lim_{\lambda(T) \to 0} \sum_i (B^H(t_{i+1}) - B^H(t_i))^2 = \begin{cases} \infty, & H < \dfrac{1}{2} \\ t, & H = \dfrac{1}{2} \\ 0, & H > \dfrac{1}{2} \end{cases}$$

近年来，人们给出了关于分数布朗运动的多种随机积分的定义，因为当 $H \neq 1/2$ 时，分数布朗运动不是半鞅，经典的伊藤积分不再适应，人们发现，当 $1/2 < H < 1$ 时，随机积分 $\int_0^t u_s \mathrm{d}B_s^H$ 可定义为 Riemann 和的极限，但此积分不满足性质 $E\left[\int_0^t u_s \mathrm{d}B_s^H\right] = 0$. 2000 年，Duncan 与 Hu Yaozhong(参考文献[27])建立了当 $1/2 < H < 1$ 时一个基于 Wick 乘积的随机积分理论 . 2003 年，R. J. Elliott 和 J. Van Der Hoek(参考文献[28])将此积分推广到 $0 < H < 1$ 的情形 . 下面我们介绍这种积分的定义及性质 .

首先，我们引入 Wick 乘积的定义，它是由 Wick 在 1950 年引入的．

定义 8.6.1 对于任意的 n 个随机变量 X_1，X_2，…，X_n，在 $N=k_1+\cdots+k_n$ 上定义 Wick 乘积 $X_1\Diamond\cdots\Diamond X_n$ 为

$$X_1^0\Diamond\cdots\Diamond X_n^0=1$$

$$E[X_1^{k_1}\Diamond\cdots\Diamond X_n^{k_n}]=0$$

$$\frac{\partial}{\partial X_i}(X_1^{k_1}\Diamond\cdots\Diamond X_n^{k_n})=k_i(X_1^{k_1}\Diamond\cdots\Diamond X_i^{k_i-1}\Diamond\cdots X_n^{k_n})$$

且满足下列性质：

(1) 均值为 0、方差为 1 的高斯随机变量 X 的 Wick 幂为

$$X\Diamond\cdots\Diamond X=X^{\Diamond n}=H_n(X)$$

且对均值为 0、方差为 σ^2 的高斯随机变量 X 有

$$X^{\Diamond n}=\sigma^n H_n\left(\frac{X}{\sigma}\right) \tag{8.17}$$

其中，$H_n(x)$为 n 次 Hermite 多项式．即

$$H_0(x)=1,\ H_1(x)=x,\ H_{n+1}(x)=xH_n(x)-nH_{n-1}(x),\ \forall x\in\mathbf{R}$$

(2) 对任意两个随机变量 X，$Y\in L^2(\Omega,\mathcal{F},P)$，且 $E(X)=0$，$E(Y)=0$，有

$$X\Diamond Y=\frac{1}{2}[(X+Y)\Diamond(X+Y)-X\Diamond Y-Y\Diamond Y] \tag{8.18}$$

注意，由 Hermite 多项式的构造知，对于一个期望为 0、方差有限的高斯随机变量 X 有 $E[H_n(X)]=0$.

注 8.6.1 若 X 和 Y 是独立的随机变量，且期望为 0，则 $X\Diamond Y=XY$.

注 8.6.2 若 X，Y，Z 为 $L^2(\Omega,\mathcal{F},P)$中的三个随机变量，$a\in\mathbf{R}$，则

$$(aX)\Diamond Y=X\Diamond(aY)=a(X\Diamond Y)\quad 且\ X\Diamond(Y+Z)=X\Diamond Y+X\Diamond Z$$

下面我们定义关于分数布朗运动在 $1/2<H<1$ 时的 Wick 型积分．首先，给出一些符号，设 ϕ：$\mathbf{R}_+\times\mathbf{R}_+\to\mathbf{R}$ 定义为

$$\phi(s,t)=H(2H-1)\,|s-t|^{2H-2}\quad s,t\in\mathbf{R}_+$$

设 f：$\mathbf{R}_+\to\mathbf{R}$ 是一个可测函数，如果它满足

$$|f|_\phi^2:=\int_{\mathbf{R}_+}\int_{\mathbf{R}_+}f_s f_t\phi(s,t)\mathrm{d}s\mathrm{d}t<\infty$$

则称 $f\in L_\phi^2(\mathbf{R}_+)$.

定义 8.6.2 设 $f\in L_\phi^2(\mathbf{R}_+)$是一个确定性函数，定义 $\int_0^\infty f(s)\mathrm{d}B_s^H$ 是一个正态随机变量，其均值为 0，方差为

$$E\left[\left(\int_0^{+\infty}f(u)\mathrm{d}B_s^H\right)^2\right]=|f|_\phi^2$$

设$(F_t,\ t\geqslant 0)$是一个可测的随机过程，用 D_tF 表示 F 在 t 时刻的 Malliavin 导数(见参考文献[29]).

定义 8.6.3 用$\mathcal{L}_\phi^{1,2}(\mathbf{R}_+)$表示满足下列条件的随机过程空间：设 $X\triangleq(X_t,\ t\geqslant 0)\in\mathcal{L}_\phi^{1,2}(\mathbf{R}_+)$，则

(1) X 是一个可测的随机过程；

(2) 对任意 $s\in\mathbf{R}_+$，$D_s^\phi X=\int_0^{+\infty}\phi(s,t)D_tX\mathrm{d}t$，a. s. 存在；

(3) $\|f\|^2_{\mathcal{L}_\phi^{1,2}(\mathbf{R}_+)}:=E\left[\int_{\mathbf{R}_+}\int_{\mathbf{R}_+}f_sf_t\phi(s,t)\mathrm{d}s\mathrm{d}t+\left(\int_{\mathbf{R}_+}D_s^\phi X_s\mathrm{d}s\right)^2\right]<\infty.$

定义 8.6.4　设 $X\triangleq(X_t,\ t\geqslant 0)\in\mathcal{L}_\phi^{1,2}(\mathbf{R}_+)$，任给 $[0,T]$ 上的一个分法 $\pi:0=t_0<t_1<\cdots<t_n=T$，记 $\lambda(T)=\max\limits_{1\leqslant i\leqslant n}\{x_i-x_{i-1}\}$ 作和

$$\sum_{i=0}^{n-1}X_{t_i}\Diamond(B^H_{t_i+1}-B^H_{t_i})\tag{8.19}$$

如果 $L^2-\lim\limits_{\lambda(T)\to 0}\sum\limits_{i=0}^{n-1}X_{t_i}\Diamond(B^H_{t_i+1}-B^H_{t_i})$ 存在，则称这个极限为 X 关于 B^H 的 Wick 型随机积分，记为 $\int_0^T X_s\mathrm{d}B_s^H$.

关于 $0<H<1/2$ 时的 Wick 型随机积分的定义请读者参考文献[28].

当 $1/2<H<1$ 时，对上述 Wick 型随机积分，有下列性质：

(1) $E\left(\int_0^T F(s)\mathrm{d}B_s^H\right)=0$；

(2) $E\left(\left|\int_0^T F(s)\mathrm{d}B_s^H\right|^2\right)=E\left\{\left(\int_0^T D_s^\phi F_s\mathrm{d}s\right)^2+|1_{[0,T]}F|_\phi^2\right\}$

(3) 假设 $p>2$，$F\triangleq(F_t,\ t\geqslant 0)\in\mathcal{L}_\phi^{1,2}(\mathbf{R}_+)$，$D_s^\phi F=0$，$F(s)\geqslant 0$，且

$$E\int_0^T|F(s)|^p\mathrm{d}s<\infty$$

那么

$$E\left(\left|\int_0^T F(s)\mathrm{d}B_s^H\right|^p\right)\leqslant(p(p-1)^{\frac{p}{2}}T^{\frac{p-2}{2}}E\int_0^T(F(s)\mathrm{d}B_s^H\int_0^s\phi(u,s)F(u)\mathrm{d}u)^{\frac{p}{2}}\mathrm{d}s$$

(4) 假设 $p>2$，$F\triangleq(F_t,\ t\geqslant 0)\in\mathcal{L}_\phi^{1,2}(\mathbf{R}_+)$，$D_s^\phi F=0$，$F(s)\geqslant 0$，且非减，

$$E\int_0^T|F(s)|^p\mathrm{d}s<\infty$$

那么

$$E\left(\left|\int_0^T F(s)\mathrm{d}B_s^H\right|^p\right)\leqslant(p(p-1)H)^{\frac{p}{2}}T^{pH-1}E\int_0^T|F(s)|^p\mathrm{d}s$$

(5)（分数 Girsanov 定理）设 $T>0$，u：$[0,T]\to\mathbf{R}$ 是一个连续函数，K：$\mathbf{R}_+\to\mathbf{R}$ 满足：当 $t\in[0,T]$ 时，$u(t)=\int_0^t\phi(s,t)K(s)\mathrm{d}s$，当 $t\notin[0,T]$ 时，$K(t)\equiv 0$，令

$$\mathrm{d}\hat{P}=\exp\left\{-\int_0^T K(s)\mathrm{d}B_s^H-\frac{1}{2}|K|_\phi^2\right\}\mathrm{d}P$$

那么

$$\hat{B}_t^H=B_t^H+\int_0^t u(s)\mathrm{d}s$$

是一个 $\hat{P}$ 分数维布朗运动.

第 9 章 伊藤公式与 Girsanov 定理

在确定性函数的微积分中，复合函数的求导法则与积分的换元公式是两个等价的基本公式，它们在微积分理论中占有非常重要的地位．在随机微积分中，也有一个对应的公式，虽然它比确定性函数的微积分中的公式要复杂，但是通过它，人们可以处理带有随机过程的复合函数的微分，这就是伊藤(Itô)公式．Girsanov 定理在随机积分的测度变换中发挥着重要的作用．本章将介绍不同形式的伊藤公式与 Girsanov 定理．

9.1 连续半鞅的伊藤公式

本节介绍连续半鞅的各种伊藤公式．

定理 9.1.1 设 X 是一个 $\widetilde{S}=\{\mathcal{F}_t,\ t\geqslant 0\}$ 连续半鞅，其分解式为 $X_t=X_0+M_t+V_t$，其中 $M\in\mathfrak{M}_{loc}^c$，V 是零初值的连续有界变差过程，$f(x,\ y,\ z)$ 是一个三元函数，关于 x 二阶连续可微，关于 y 一阶连续可微，关于 z 可测．令 $Y_t=f(M_t,\ V_t,\ X_0)$，则随机过程 $\{Y_t\}_{t\geqslant 0}$ 也是 $\widetilde{S}=\{\mathcal{F}_t,\ t\geqslant 0\}$ 连续半鞅，且

$$f(M_t,V_t,X_0)=f(0,0,X_0)+\int_0^t f_x(M_s,V_s,X_0)\mathrm{d}M_s+\int_0^t f_y(M_s,V_s,X_0)\mathrm{d}V_s+\frac{1}{2}\int_0^t f_{xx}(M_s,V_s,X_0)\mathrm{d}[M]_s$$

为了证明定理 9.1.1，我们先证明下列引理．

引理 9.1.1 设 $\{M_t,\ \mathcal{F}_t,\ t\geqslant 0\}$ 是一个连续有界鞅，$\{H_t,\ \mathcal{F}_t,\ t\geqslant 0\}$ 是循序可测的有界过程，对 $[0,\ t]$ 作一个划分，分为 k_n 段，记 $\lambda(T)$ 为 k_n 段中最大的区间间隔，记

$$S_n=\sum_{j=1}^{k_n}H(t_{j-1})(M_{t_j}-M_{t_{j-1}})^2$$

则有 $\lim\limits_{\lambda(T)\to 0}S_n\xrightarrow{P}\int_0^t H_s\mathrm{d}[M]_s$.

证明 记 $\hat{S}_n=\sum_{j=1}^{k_n}H(t_{j-1})([M]_{t_j}-[M]_{t_{j-1}})$，则有 $\hat{S}_n\xrightarrow{\text{a. s.}}\int_0^t H_s\mathrm{d}[M]_s$．又因为对 $0\leqslant r<s\leqslant t$，有

$$\begin{aligned}&(M_s-M_r)^2-([M]_s-[M]_r)\\&=(M_s^2-[M]_s)-(M_r^2-[M]_r)-2M_r(M_s-M_r)\\&=2\left\{\int_r^s M_u\mathrm{d}M_u-M_r(M_s-M_r)\right\}\end{aligned}$$

令

$$H^{(n)}=\sum_{j=1}^{k_n}H_{t_{j-1}}1_{(t_{j-1},t_j]},\quad M^{(n)}=\sum_{j=1}^{k_n}M_{t_{j-1}}1_{(t_{j-1},t_j]}$$

则有

$$\begin{aligned}S_n-\hat{S}_n&=2\sum_{j=1}^{k_n}H_{t_{j-1}}\cdot\left\{\int_{t_{j-1}}^{t_j}M_r\mathrm{d}M_r-M_{t_{j-1}}(M_{t_j}-M_{t_{j-1}})\right\}\\&=2\sum_{j=1}^{k_n}\left\{\int_{t_{j-1}}^{t_j}H_{t_{j-1}}M_r\mathrm{d}M_r-\int_{t_{j-1}}^{t_j}H_{t_{j-1}}M_{t_{j-1}}\mathrm{d}M_r\right\}\\&=2\int_0^t H_r^{(n)}(M_r-M_r^{(n)})\mathrm{d}M_r\end{aligned}$$

由 $\lim\limits_{\lambda(T)\to 0}H^{(n)}(M-M^{(n)})=0$，$\forall(s,\omega)\in[0,t]\times\Omega$ 及 $H^{(n)}$，$M^{(n)}$，M 有界知，$H^{(n)}(M-M^{(n)})$在 $L^2_{[0,t]}([M])$中收敛，即

$$\lim_{\lambda(T)\to 0}\left(E\left\{\int_0^t|H_s^{(n)}(M_s-M_s^{(n)})|^2\mathrm{d}[M]_s\right\}\right)^{\frac{1}{2}}=0$$

由伊藤积分的等距性知，

$$\int_0^t H_r^{(n)}(M_r-M_r^{(n)})\mathrm{d}M_r\xrightarrow{L^2}0$$

所以 $S_n-\hat{S}_n\xrightarrow{P}0$，从而引理成立． ■

定理 9.1.1 的证明 (1) 先证$X_t=X_0+M_t+V_t$，$\{M_t\}$和$\{V_t\}$均为有界过程，且 X_0 有界的情形．任给 $t>0$，对$[0,t]$作一个划分，分为 k_n 段，记 $\lambda(T)$为 k_n 段中最大的区间间隔，则

$$\begin{aligned}&f(M_t,V_t,X_0)-f(0,0,X_0)\\&=\sum_{j=1}^{k_n}[f(M_{t_j},V_{t_j},X_0)-f(M_{t_j},V_{t_{j-1}},X_0)]+\\&\quad\sum_{j=1}^{k_n}[f(M_{t_j},V_{t_{j-1}},X_0)-f(M_{t_{j-1}},V_{t_{j-1}},X_0)]\\&=\sum_{j=1}^{k_n}f_y(M_{t_j},\theta_j,X_0)[V_{t_j}-V_{t_{j-1}}]+\sum_{j=1}^{k_n}f_x(M_{t_{j-1}},V_{t_{j-1}},X_0)(M_{t_j}-M_{t_{j-1}})+\\&\quad\frac{1}{2}\sum_{j=1}^{k_n}f_{xx}(\tilde{\theta}_j,V_{t_{j-1}},X_0)(M_{t_j}-M_{t_{j-1}})^2\triangleq I_1+I_2+I_3\end{aligned}$$

其中，θ_j 是介于 $V_{t_{j-1}}$ 与 V_{t_j} 之间的随机变量，$\tilde{\theta}_j$ 是介于 $M_{t_{j-1}}$ 与 M_{t_j} 之间的随机变量．若能证明

$$P\text{-}\lim_{\lambda(T)\to 0}I_1=\int_0^t f_y(M_s,V_s,X_0)\mathrm{d}V_s$$

$$P\text{-}\lim_{\lambda(T)\to 0}I_2=\int_0^t f_x(M_s,V_s,X_0)\mathrm{d}M_s$$

$$P\text{-}\lim_{\lambda(T)\to 0}I_3=\frac{1}{2}\int_0^t f_{xx}(M_s,V_s,X_0)\mathrm{d}[M]_s$$

则定理 9.1.1 得证，其中，$P\text{-}\lim\limits_{\lambda(T)\to 0}$ 表示依概率极限．由于 V 是零初值的连续有界变差过

程，故由 Stieltjes 积分知，$\lim\limits_{\lambda(T)\to 0} I_1 \overset{\text{a.s.}}{=} \int_0^t f_y(M_s, V_s, X_0)\mathrm{d}V_s$，从而有

$$P\text{-}\lim_{\lambda(T)\to 0} I_1 = \int_0^t f_y(M_s, V_s, X_0)\mathrm{d}V_s$$

下面证明第二个极限：令

$$\phi^n(s, \omega) = \sum_{j=1}^{k_n} f_x(M_{t_{j-1}}, V_{t_{j-1}}, X_0)1_{(t_{j-1}, t_j]}(s)$$

显然有 $\lim\limits_{\lambda(T)\to 0}\phi^n(s, \omega) \overset{\text{a.e.}}{=} f_x(M_s, V_s, X_0)$. 又因为 f_x，X_0，M，V 有界，所以 $\phi^n(s, \omega)$ 在 $L^2_{[0,t]}([M])$ 中收敛，即

$$\lim_{\lambda(T)\to 0}\left(E\left\{\int_0^t |\phi^n(s, \omega) - f_x(M_s, V_s, X_0)|^2 \mathrm{d}[M]_s\right\}\right)^{\frac{1}{2}} = 0$$

由等距性有

$$\lim_{\lambda(T)\to 0} E\left(\left\{\int_0^t \phi^n(s, \omega)\mathrm{d}M_s - \int_0^t f_x(M_s, V_s, X_0)\mathrm{d}M_s\right\}^2\right) = 0$$

即

$$\int_0^t \phi^n(s, \omega)\mathrm{d}M_s \xrightarrow{L^2} \int_0^t f_x(M_s, V_s, X_0)\mathrm{d}M_s$$

进而得到

$$\int_0^t \phi^n(s, \omega)\mathrm{d}M_s \xrightarrow{P} \int_0^t f_x(M_s, V_s, X_0)\mathrm{d}M_s$$

即

$$\int_0^t \sum_{j=1}^{k_n} f_x(M_{t_{j-1}}, V_{t_{j-1}}, X_0)I_{(t_{j-1}, t_j]}(s)\mathrm{d}M_s \xrightarrow{P} \int_0^t f_x(M_s, V_s, X_0)\mathrm{d}M_s$$

所以

$$\sum_{j=1}^{k_n} f_x(M_{t_{j-1}}, V_{t_{j-1}}, X_0)(M_{t_j} - M_{t_{j-1}}) \xrightarrow{P} \int_0^t f_x(M_s, V_s, X_0)\mathrm{d}M_s$$

现证明第三个极限．由引理 9.1.1 知，

$$\hat{I}_3 = \frac{1}{2}\sum_{j=1}^{k_n} f_{xx}(M_{j-1}, V_{t_{j-1}}, X_0)(M_{t_j} - M_{t_{j-1}})^2 \xrightarrow{P} \frac{1}{2}\int_0^t f_{xx}(M_s, V_s, X_0)\mathrm{d}[M]_s$$

再由 f_{xx}，M 的一致连续性知，当 $\lambda(T)\to 0$ 时，有

$$\Delta_n = \max_{1\leqslant j\leqslant k_n} |f_{xx}(\tilde{\theta}_j, V_{t_{j-1}}, X_0) - f_{xx}(M_{j-1}, V_{t_{j-1}}, X_0)| \xrightarrow{\text{a.s.}} 0$$

因此 $\Delta_n \xrightarrow{P} 0$. 又因为

$$\begin{aligned}|I_3 - \hat{I}_3| &\leqslant \frac{1}{2}\sum_{j=1}^{k_n} |f_{xx}(\tilde{\theta}_j, V_{t_{j-1}}, X_0) - f_{xx}(M_{j-1}, V_{t_{j-1}}, X_0)|(M_{t_j} - M_{t_{j-1}})^2 \\ &\leqslant \frac{1}{2}\Delta_n \sum_{j=1}^{k_n}(M_{t_j} - M_{t_{j-1}})^2 \xrightarrow{P} 0\end{aligned}$$

从而得

$$\frac{1}{2}\sum_{j=1}^{k_n} f_{xx}(\tilde{\theta}_j, V_{t_{j-1}}, X_0)(M_{t_j}-M_{t_{j-1}})^2 \xrightarrow{P} \frac{1}{2}\int_0^t f_{xx}(M_s, V_s, X_0)\mathrm{d}[M]_s$$

(2)一般情况，用停时技巧，只需设

$$\tau_n=\begin{cases}0, & |X_0|>n\\ \inf\{t;\ |M|_t \vee \overline{V}_t \vee [M]_t>n\}, & |X_0|\leqslant n\end{cases}$$

其中，$\overline{V}$ 表示 V 的全变差，先证 X^{τ_n} 结论成立，然后令 $n\to\infty$ 得对任意 X 结论成立，证毕．■

将定理 9.1.1 推广到多维情形，用完全类似的方法可证伊藤公式的下列形式．

定理 9.1.2　设 $M=(M^1, M^2, \cdots, M^m)$ 是 m 维连续局部鞅，$V=(V^1, V^2, \cdots, V^n)$ 是 n 维连续有界变差过程，函数 f：$\mathbf{R}^m\times\mathbf{R}^n\to\mathbf{R}$ 满足 $f(x_1, \cdots, x_m, y_1, \cdots, y_n)$ 关于 x_i 二阶连续可微，关于 y_j 一阶连续可微．则 $f(M_t, V_t)$ 是一维连续半鞅，且

$$f(M_t, V_t)=f(M_0, V_0)+\sum_{i=1}^{m}\int_0^t f_{x_i}(M_s, V_s)\mathrm{d}M_s^i+\sum_{j=1}^{n}\int_0^t f_{y_j}(M_s, V_s)\mathrm{d}V_s^j+$$

$$\frac{1}{2}\sum_{i,j=1}^{m}\int_0^t f_{x_ix_j}(M_s, V_s)\mathrm{d}[M^i, M^j]_s$$

定理 9.1.3　设 $X=\{X_t, \mathcal{F}_t, t\geqslant 0\}$ 是连续半鞅，如果 X 可以分解为如下形式：$X_t=X_0+M_t+V_t$，$f\in C^2(\mathbf{R})$，则 $\{f(X_t), t\geqslant 0\}$ 是一维连续半鞅，且

$$f(X_t)=f(X_0)+\int_0^t f'(X_s)\mathrm{d}X_s+\frac{1}{2}\int_0^t f''(X_s)\mathrm{d}[M]_s$$

证明　令 $g(x, y, z)=f(x+y+z)$，则 $f(X_t)=g(M_t, V_t, X_0)$，由定理 9.1.1 得

$$\begin{aligned}f(X_t)&=g(M_t, V_t, X_0)\\ &=g(0, 0, X_0)+\int_0^t g_x(M_s, V_s, X_0)\mathrm{d}M_s+\\ &\quad\int_0^t g_y(M_s, V_s, X_0)\mathrm{d}V_s+\frac{1}{2}\int_0^t g_{xx}(M_s, V_s, X_0)\mathrm{d}[M]_s\\ &=f(X_0)+\int_0^t f'(X_s)\mathrm{d}X_s+\frac{1}{2}\int_0^t f''(X_s)\mathrm{d}[M]_s\end{aligned}$$

证毕．■

注 9.1.1　有时我们将

$$f(X_t)=f(X_0)+\int_0^t f'(X_s)\mathrm{d}X_s+\frac{1}{2}\int_0^t f''(X_s)\mathrm{d}[X]_s$$

写成

$$\mathrm{d}f(X)=f'(X)\mathrm{d}X+\frac{1}{2}f''(X)\mathrm{d}X\cdot\mathrm{d}X=f'(X)\mathrm{d}X+\frac{1}{2}f''(X)(\mathrm{d}X)^2$$

的形式，其中规定 $\mathrm{d}X\cdot\mathrm{d}X=\mathrm{d}[X]$.

同理，由定理 9.1.3 可得以下定理．

定理 9.1.4　设 $\mathbf{X}=(X^1, X^2, \cdots, X^d)$ 是 d 维连续半鞅，且各分量可分解为 $X_t^i=X_0^i+M_t^i+V_t^i(i=1, 2, \cdots, d)$，$f\in C^2(\mathbf{R}^d)$，则 $\{f(X_t)\}_{t\geqslant 0}$ 是一维连续半鞅，且

$$f(X_t)=f(X_0)+\sum_{i=1}^{d}\int_0^t f_{x_i}(X_s)\mathrm{d}X_s^i+\frac{1}{2}\sum_{j=1}^{d}\sum_{i=1}^{d}\int_0^t f_{x_i,x_j}(X_s)\mathrm{d}[X^i,\ X^j]_s$$

或

$$\mathrm{d}f(\boldsymbol{X})=\sum_{i=1}^{d}f_{x_i}(\boldsymbol{X})\mathrm{d}X^i+\frac{1}{2}\sum_{j=1}^{d}\sum_{i=1}^{d}f_{x_i,x_j}(X)\mathrm{d}X^i\cdot\mathrm{d}X^j$$

其中规定 $\mathrm{d}X^i\cdot\mathrm{d}X^j=\mathrm{d}[X^i,\ X^j]$.

定理 9.1.5 设 $\{X_t,\ t\geqslant 0\}$，$\{Y_t,\ t\geqslant 0\}$ 均为连续半鞅，则 $\{X_tY_t,\ t\geqslant 0\}$ 是连续半鞅，且

$$X_tY_t=X_0Y_0+\int_0^t X_s\mathrm{d}Y_s+\int_0^t Y_s\mathrm{d}X_s+[X,\ Y]_t$$

证明 令 $f(x,\ y)=xy$，由定理 9.1.4 知，

$$f(X_t,Y_t)=X_0Y_0+\int_0^t X_s\mathrm{d}Y_s+\int_0^t Y_s\mathrm{d}X_s+\frac{1}{2}\int_0^t(\mathrm{d}[X,\ Y]_s+\mathrm{d}[Y,\ X]_s)$$

所以

$$X_tY_t=X_0Y_0+\int_0^t X_s\mathrm{d}Y_s+\int_0^t Y_s\mathrm{d}X_s+[X,\ Y]_t$$

■

定理 9.1.6 设 $\boldsymbol{X}=(X^1,\ X^2,\ \cdots,\ X^m)^{\mathrm{T}}$ 是 m 维连续半鞅，每个分量的分解为

$$X_t^i=X_0^i+\int_0^t b^i(s)\mathrm{d}s+\int_0^t\sum_{j=1}^{d}\sigma^{ij}(s)\mathrm{d}W_s^j,\ i=1,\ 2,\ \cdots,\ m$$

记

$$\boldsymbol{W}_s=\begin{pmatrix}W_s^1\\ \vdots\\ W_s^d\end{pmatrix},\ \sigma^i(s)=(\sigma^{i1}(s)\quad\sigma^{i2}(s)\quad\cdots\quad\sigma^{id}(s))$$

$$\boldsymbol{\sigma}(s)=\begin{pmatrix}\sigma^{11}(s)\cdots\sigma^{1d}(s)\\ \vdots\qquad\vdots\\ \sigma^{m1}(s)\cdots\sigma^{md}(s)\end{pmatrix},\boldsymbol{b}(s)=\begin{pmatrix}b^1(s)\\ \vdots\\ b^m(s)\end{pmatrix}$$

则 $\boldsymbol{X}$ 的分解为

$$X_t=X_0+\int_0^t\boldsymbol{b}(s)\mathrm{d}s+\int_0^t\boldsymbol{\sigma}(s)\mathrm{d}\boldsymbol{W}_s,\ t\geqslant 0$$

称 $\{X_t,\ t\geqslant 0\}$ 为 m 维的伊藤过程．如果 $f(t,\ x)\in C^{1,m}(\mathbf{R}_+\times\mathbf{R}^m)$，$b$，$\sigma$ 是可测适应过程，且 $\int_0^t|\boldsymbol{b}(s)|\mathrm{d}s<\infty$(a. s.)，$\int_0^t\|\boldsymbol{\sigma}(s)\|^2\mathrm{d}s<\infty$(a. s.)，则 $f(t,\ X_t)$ 是一维连续半鞅，且

$$f(t,\ X_t)=f(0,\ X_0)+\int_0^t L(f)(s,\ X_s)\mathrm{d}s+\int_0^t\langle\nabla f(s,\ X_s),\boldsymbol{\sigma}(s)\mathrm{d}\boldsymbol{W}_s\rangle$$

其中

$$Lf(t,x)=\frac{\partial f}{\partial t}(t,\ x)+\sum_{i=1}^{m}b^i(t)\frac{\partial f}{\partial x_i}(t,\ x)+\frac{1}{2}\sum_{i=1,j=1}^{m}a^{ij}(t)\frac{\partial^2 f}{\partial x_i\partial x_j}(t,\ x)$$

$a^{ij}(t)$ 为 $a(t)=\boldsymbol{\sigma}(t)\boldsymbol{\sigma}^{\mathrm{T}}(t)$ 的第 i 行第 j 列元素．

证明 考虑 $m+1$ 维半鞅，

$$X_t^i = X_0^i + \int_0^t b^i(s)\mathrm{d}s + \int_0^t \sum_{j=1}^d \sigma^{ij}(s)\mathrm{d}W_s^j,\ i=1,2,\cdots,m$$

$$X_t^{m+1} = t$$

由定理 9.1.2 知，

$$f(t,X_t) = f(0,X_0) + \int_0^t \frac{\partial f(s,X_s)}{\partial s}\mathrm{d}s + \sum_{i=1}^m \frac{\partial f(s,X_s)}{\partial x_i}\mathrm{d}X_s^i + \frac{1}{2}\sum_{i,j=1}^m \int_0^t \frac{\partial^2 f(s,X_s)}{\partial x_i \partial x_j}\mathrm{d}[M^i,M^j]_s$$

其中，$M_t^i = \int_0^t \sum_{j=1}^d \sigma^{ij}(s)\mathrm{d}W_s^j$.

因为 $[M^i,M^j]_t = \int_0^t a^{ij}(s)\mathrm{d}s$，故

$$\frac{1}{2}\sum_{i,j=1}^m \int_0^t \frac{\partial^2 f(s,X_s)}{\partial x_i \partial x_j}\mathrm{d}[M^i,M^j]_s = \frac{1}{2}\sum_{i=1,j=1}^m \int_0^t a^{ij}(s)\frac{\partial^2 f}{\partial x^i \partial x^j}(s,x)\mathrm{d}s$$

而

$$\sum_{i=1}^m \int_0^t \frac{\partial f(s,X_s)}{\partial x_i}\mathrm{d}X_s^i = \int_0^t \langle \nabla f(s,X_s), \boldsymbol{\sigma}(s)\mathrm{d}\boldsymbol{W}_s\rangle + \sum_{i=1}^m \int_0^t \frac{\partial f(s,X_s)}{\partial x_i} b^i(s)\mathrm{d}s$$

得证. ■

定理 9.1.6 的一维形式为：设 $X_t = X_0 + \int_0^t b(s)\mathrm{d}s + \int_0^t \sigma(s)\mathrm{d}W_s$，$f(t,x)\in C^{1,2}(\mathbf{R}_+\times\mathbf{R})$，$b$，$\sigma$ 是可测适应过程，且 $\int_0^t |b(s)|\mathrm{d}s < \infty$(a.s.)，$\int_0^t |\sigma(s)|^2\mathrm{d}s < \infty$(a.s.)，则 $\{f(t,X_t)\}_{t\geqslant 0}$ 是连续半鞅，且

$$\begin{aligned} & f(t,X_t) - f(0,X_0) \\ &= \int_0^t \left\{\frac{\partial f}{\partial s}(s,X_s) + b(s)\frac{\partial f}{\partial x}(s,X_s) + \frac{1}{2}\sigma^2(s)\frac{\partial^2 f}{\partial x^2}(s,X_s)\right\}\mathrm{d}s + \\ &\quad \int_0^t \frac{\partial f}{\partial x}(s,X_s)\sigma(s)\mathrm{d}W_s \end{aligned}$$

例 9.1.1　求证 $S_t = \exp\left\{\sigma W_t + \left(\mu - \frac{1}{2}\sigma^2\right)t\right\}$ 满足随机微分方程

$$S_t = S_0 + \int_0^t \mu S_s \mathrm{d}s + \int_0^t \sigma S_s \mathrm{d}W_s,\ 0\leqslant t\leqslant T$$

证明一：令 $M_t = \sigma W_t$，$V_t = \left(\mu - \frac{1}{2}\sigma^2\right)t$，$X_0 = 0$，$S_t = f(M_t, V_t, X_0) = S_0 \mathrm{e}^{\sigma W_t + (\mu - \frac{1}{2}\sigma^2)t}$，由定理 9.1.1 知，

$$\begin{aligned} S_t &= S_0 \mathrm{e}^{\sigma W_t + (\mu - \frac{1}{2}\sigma^2)t} = S_0 + \int_0^t \sigma S_r \mathrm{d}W_r + \int_0^t S_r\left(\mu - \frac{1}{2}\sigma^2\right)\mathrm{d}r + \frac{1}{2}\int_0^t S_r \sigma^2 \mathrm{d}r \\ &= S_0 + \int_0^t \mu S_s \mathrm{d}s + \int_0^t \sigma S_r \mathrm{d}W_r \end{aligned}$$

证明二：令 $X_t=\sigma W_t+\left(\mu-\frac{1}{2}\sigma^2\right)t$，$S_t=f(X_t)=S_0e^{X_t}$，由定理 9.1.3 知，

$$S_t=S_0e^{\sigma W_t+(\mu-\frac{1}{2}\sigma^2)t}=f(X_t)=S_0+\int_0^t\mu S_s\mathrm{d}s+\int_0^t\sigma S_r\mathrm{d}W_r$$ ■

例 9.1.2　证明：$\int_0^t W_s\mathrm{d}W_s=\frac{1}{2}W_t^2-\frac{1}{2}t.$

证明　由定理 9.1.1 知，

$$W_t^2=f(W_t)=0+\int_0^t 2W_s\mathrm{d}W_s+\int_0^t\mathrm{d}s=2\int_0^t W_s\mathrm{d}W_s+t$$

故结论成立. ■

例 9.1.3　设$\{W_t,\ t\geqslant0\}$是 d 维标准布朗运动，$x\in\mathbf{R}^d$，$X_t=x+W_t$，$t\geqslant0$，如果 $f\in C^2(\mathbf{R}^d)$，则 $f(X_t)_{t\geqslant0}$是一维连续半鞅，且

$$f(X_t)=f(x)+\sum_{i=1}^d\int_0^t\frac{\partial f}{\partial x_i}(X_s)\mathrm{d}W_s^i+\frac{1}{2}\int_0^t\Delta f(X_s)\mathrm{d}s$$

证明　由定理 9.1.4 直接得到. ■

在第 7 章中，我们借用了下列二次变差的性质.

定理 9.1.7　*设 M 是零初值的局部连续鞅，则对任意 $t\geqslant0$，及对$[0,\ T]$的任一分法 $\pi(n)$，设 $n\to\infty$ 等价于 $\lambda(\pi)\to0$，则必有*

$$\lim_{n\to\infty}\sum_{i=0}^{n-1}\{M(t_{i+1})-M(t_i)\}^2=M_t^2-2\int_0^t M_s\mathrm{d}M_s=[M]_t\quad（依概率）$$

特别地，若 M 为连续 L^2 鞅，则上述收敛为 L^1 收敛；若 M 为连续有界鞅，则上述收敛为 L^2 收敛.

证明　第二个等式由伊藤公式直接得到，下面我们证明第一个等式.

首先，我们假设 M 为连续有界鞅，由 $M_0=0$，我们有

$$\begin{aligned}M_t^2&=\sum_{i=0}^{n-1}\{M^2(t_{i+1})-M^2(t_i)\}\\&=\sum_{i=0}^{n-1}\{M(t_{i+1})-M(t_i)\}^2+2\sum_{i=0}^{n-1}M(t_i)\{M(t_{i+1})-M(t_i)\}\end{aligned}\tag{9.1}$$

记

$$M_s^{(n)}=\sum_{i=0}^{n-1}M(t_i)1_{(t_{i-1},t_i]}(s)$$

由 M 的连续性知，对任一$(s,\ \omega)\in[0,\ t]\times\Omega$，均有

$$\lim_{n\to\infty}M^{(n)}(s,\ \omega)=M(s,\ \omega)$$

再由 M 的有界性知，$M^{(n)}$ 在 $L^2([M])$中收敛，由关于连续平方可积鞅的积分的连续性有

$$\begin{aligned}&\sum_{i=0}^{n-1}M(t_i)\{M(t_{i+1})-M(t_i)\}\\&=\int_0^t M_s^{(n)}\mathrm{d}M_s\xrightarrow{L^2}\int_0^t M_s\mathrm{d}M_s\end{aligned}$$

在式(9.1)两边取 L^2 极限，得到

$$\sum_{i=0}^{n-1}\{M(t_{i+1})-M(t_i)\}^2 \xrightarrow{L^2} M_t^2-2\int_0^t M_s\mathrm{d}M_s$$

其次，我们假设 M 为连续局部鞅，对任意 $m\geqslant 0$，令

$$\tau_m=\inf\{t: |M_t|>m\}$$

显然，$\{\tau_m, m\geqslant 0\}$为停时序列，且 $\tau_m\uparrow 0$(a.s.)，对任意 $m\geqslant 0$，停止过程 M^{τ_m} 为连续有界鞅，且在集合$[\tau_m\geqslant t]$上，$\sum_{i=0}^{n-1}M(t_j)\{M(t_{i+1})-M(t_i)\}$ 与 $\sum_{i=0}^{n-1}M^{\tau_m}(t_j)\{M^{\tau_m}(t_{i+1})-M^{\tau_m}(t_i)\}$ 一致，而后者 L^2 收敛于 $M_{t\wedge\tau_m}^2-2\int_0^{t\wedge\tau_m}M_s\mathrm{d}M_s$. 故

$$1_{[\tau_m\geqslant t]}\sum_{i=0}^{n-1}M(t_j)\{M(t_{i+1})-M(t_i)\} \xrightarrow{P} 1_{[\tau_m\geqslant t]}(M_t^2-2\int_0^t M_s\mathrm{d}M_s)$$

再由 $P(\bigcup_{m=0}^{\infty}[\tau_m\geqslant t])=1$ 知，定理 9.1.7 的结论成立.

最后，我们假设 M 为连续 L^2 鞅，由于$\int M_s\mathrm{d}M_s$ 仍为连续 L^2 鞅，从而

$$E\int_0^t M_s\mathrm{d}M_s=0$$

因此由

$$E\Big(\sum_{i=0}^{n-1}M(t_j)\{M(t_{i+1})-M(t_i)\}\Big)=E\int_0^t M_s^{(n)}\mathrm{d}M_s=0$$

得

$$E\sum_{i=0}^{n-1}\{M(t_{i+1})-M(t_i)\}^2=E(M_t^2)<\infty$$

由定理 1.7.10 知，

$$\lim_{n\to\infty}\sum_{i=0}^{n-1}\{M(t_{i+1})-M(t_i)\}^2=M_t^2-2\int_0^t M_s\mathrm{d}M_s=[M]_t\quad (L^1\text{ 收敛})$$

证毕. ■

9.2　带跳半鞅的伊藤公式

本节我们介绍带跳半鞅的伊藤公式. 在前面的伊藤公式中，我们讨论的过程是连续半鞅，且通常是用布朗运动驱动的随机微分方程得到的半鞅. 然而，在实际应用中，比如资产价格模型中，很多重大事件(如新发明、战争、经济政策等)都能引起价格的突然跳跃. 因此，相对于连续的半鞅，带跳的半鞅能更好地描述市场的行为. 这就需要应用带跳半鞅的伊藤公式.

由实变函数我们有下列定理.

定理 9.2.1　设$\{V(t), t\geqslant 0\}$是一个右连续的有界变差函数，$f\in C^1([0, +\infty))$，则$\{f(V(t)), t\geqslant 0\}$仍是一个有界变差函数，且有

$$\begin{aligned}&f(V(t))-f(V(0))\\&=\int_0^t f'(V(s-))\mathrm{d}V(s)+\end{aligned}$$

$$\sum_{0<s\leqslant t}\{f(V(s))-f(V(s-))-f'(V(s-))\Delta V(s-)\}$$

将这个公式推广到半鞅就得到下列伊藤公式.

定理 9.2.2 设 X 是一个右连左极的半鞅，$f\in C^2(\mathbf{R})$是一个实值函数，那么 $f(X)$仍是半鞅，且有

$$\begin{aligned}f(X(t))-f(X(0))=&\int_0^t f'(X(s-))\mathrm{d}X(s)+\frac{1}{2}\int_0^t f''(X(s-))\mathrm{d}[X]_s^c+\\&\sum_{0<s\leqslant t}\{f(X(s))-f(X(s-))-f'(X(s-))\Delta X(s)\}\end{aligned}$$

证明 因为 $\Delta\int X^-\mathrm{d}X=X^-\Delta X$，$\Delta\int_0^t f(s)\mathrm{d}g(s)=\sum\limits_{0<s\leqslant t}f(s)\Delta g(s)$，所以

$$\Delta\int_{0+}^t f''(X_{s-})\mathrm{d}[X]_s=\sum_{0<s\leqslant t}f''(X_{s-})(\Delta X_s)^2$$

故伊藤公式等价于

$$\begin{aligned}f(X(t))-f(X(0))=&\int_{0+}^t f'(X(s-))\mathrm{d}X(s)+\frac{1}{2}\int_{0+}^t f''(X(s-))\mathrm{d}[X]_s+\\&\sum_{0<s\leqslant t}\Big\{f(X(s))-f(X(s-))-f'(X(s-))\Delta X(s)-\\&\frac{1}{2}f''(X(s-))(\Delta X_s)^2\Big\}\end{aligned}$$

不妨设 $X_0=0$，由 $f\in C^2(\mathbf{R})$，任给 $t>0$，对$[0,t]$作一个划分，分为 k_n 段，

$$0=t_0<t_1<\cdots<t_{k_n}=t$$

记 $\lambda(T)$为 k_n 段中最大的区间间隔，则

$$\begin{aligned}f(X_t)-f(X_0)=&\sum_{j=0}^{k_n-1}[f(X_{t_{j+1}})-f(X_{t_j})]\\=&\sum_{j=0}^{k_n-1}[f'(X_{t_j})(X_{t_{j+1}}-X_{t_j})]+\frac{1}{2}\sum_{j=0}^{k_n-1}f''(X_{t_j})(X_{t_{j+1}}-X_{t_j})^2+\sum_{j=0}^{k_n-1}R(X_{t_{j+1}}-X_{t_j})\end{aligned}$$

因为$[X]_t=[X^c]_t+\sum\limits_{0<s\leqslant t}(\Delta X_s)^2$，故 $\sum\limits_{0<s\leqslant t}(\Delta X_s)^2\leqslant[X]_t<\infty$，a. s.，从而 $Y_t=\sum\limits_{0<s\leqslant t}(\Delta X_s)^2$ 是单调增加的，故 $\sum\limits_{0<s\leqslant t}(\Delta X_s)^2$ a. s. 收敛. 对固定的$\varepsilon>0$，$t>0$，设 $B(t,\omega)$是对给定的 ω，在$[0,t]$上满足 $\sum\limits_{B}(\Delta X_s)^2<\varepsilon^2$ 的跳点 s 的集合，$A(t,\omega)$是$[0,t]$上所有跳点关于 B 的余集，从而有

$$\sum_i\{f(X_{t_{i+1}})-f(X_{t_i})\}=\sum_{i,A}\{f(X_{t_{i+1}})-f(X_{t_i})\}+\sum_{i,B}\{f(X_{t_{i+1}})-f(X_{t_i})\}$$

其中，$\sum\limits_{i,A}$ 表示 $\sum\limits_i I_{\{A\cap(t_i,t_{i+1}]\neq\varnothing\}}$. 则

$$\lim_{n\to\infty}\sum_{i,A}\{f(X_{t_{i+1}})-f(X_{t_i})\}=\sum_{s\in A}\{f(X_s)-f(X_{s-})\}$$

而

$$\sum_{i,B}\{f(X_{t_{i+1}})-f(X_{t_i})\}$$
$$=\sum_{i,B}[f'(X_{t_i})(X_{t_{i+1}}-X_{t_i})]+\frac{1}{2}\sum_{i,B}f''(X_{t_i})(X_{t_{i+1}}-X_{t_i})^2+\sum_{i,B}R(X_{t_{i+1}}-X_{t_i})$$
$$=\sum_{i=0}^{k_n-1}[f'(X_{t_i})(X_{t_{i+1}}-X_{t_i})]+\frac{1}{2}\sum_{i=0}^{k_n-1}f''(X_{t_i})(X_{t_{i+1}}-X_{t_i})^2-$$
$$\sum_{i,A}[f'(X_{t_i})(X_{t_{i+1}}-X_{t_i})]-\frac{1}{2}\sum_{i,A}f''(X_{t_i})(X_{t_{i+1}}-X_{t_i})^2+\sum_{i,B}R(X_{t_{i+1}}-X_{t_i})\tag{9.2}$$

与连续半鞅的情形一样可证

$$\sum_{i=0}^{k_n-1}[f'(X_{t_i})(X_{t_{i+1}}-X_{t_i})]\xrightarrow[n\to\infty]{P}\int_{0+}^{t}f'(X_{s-})\mathrm{d}X_s$$
$$\sum_{i=0}^{k_n-1}f''(X_{t_i})(X_{t_{i+1}}-X_{t_i})^2\xrightarrow[n\to\infty]{P}\int_{0+}^{t}f''(X_{s-})\mathrm{d}[X]_s$$

又因为

$$\sum_{i,A}[f'(X_{t_i})(X_{t_{i+1}}-X_{t_i})]+\frac{1}{2}\sum_{i,A}f''(X_{t_i})(X_{t_{i+1}}-X_{t_i})^2$$
$$\xrightarrow[n\to\infty]{}\sum_{s\in A}\{f'(X_{s-})\Delta X_s+\frac{1}{2}f''(X_{s-})(\Delta X_s)^2\},\ \text{a. s.}$$

式(9.2)两边同时加上 $\sum\limits_{i,A}$，再取概率极限，得

$$P\text{-}\lim_{n\to\infty}\sum_{j=0}^{k_n-1}\{f(X_{t_{i+1}})-f(X_{t_i})\}$$
$$=\int_{0+}^{t}f'(X(s-))\mathrm{d}X(s)+\frac{1}{2}\int_{0+}^{t}f''(X(s-))\mathrm{d}[X]_s+$$
$$\sum_{s\in A}\{f(X(s))-f(X(s-))-f'(X(s-))\Delta X(s)-\frac{1}{2}f''(X(s-))(\Delta X_s)^2\}+$$
$$P\text{-}\lim_{n\to\infty}\sum_{i,B}R(X_{t_{i+1}}-X_{t_i})$$

先设 $\forall s\leqslant t$，$|X_s|\leqslant K$，K 是一个正常数，因为

$$R(X_{t_{i+1}}-X_{t_i})=o\{(X_{t_{i+1}}-X_{t_i})^2\},\ \text{a. s.}$$

故

$$R(X_{t_{i+1}}-X_{t_i})=\alpha(|X_{t_{i+1}}-X_{t_i}|)(X_{t_{i+1}}-X_{t_i})^2$$

则有

$$\overline{\lim_{n\to\infty}}\sum_{i,B}R(X_{t_{i+1}}-X_{t_i})=\overline{\lim_{n\to\infty}}\sum_{i,B}\alpha(|X_{t_{i+1}}-X_{t_i}|)(X_{t_{i+1}}-X_{t_i})^2\leqslant C(\varepsilon)[X]_t\xrightarrow[\varepsilon\to 0+]{}0$$

而

$$\sum_{S\in A}\left\{f(X_s)-f(X_{s-})-f'(X_{s-})\Delta X_s-\frac{1}{2}f''(X_{s-})(\Delta X_s)^2\right\}$$

$$\underset{\varepsilon\to 0}{\to}\sum_{0<s\leqslant t}\left\{f(X_s)-f(X_{s-})-f'(X_{s-})\Delta X_s-\frac{1}{2}f''(X_{s-})(\Delta X_s)^2\right\}$$

因为当$|x|\leqslant k$时，由$f\in C^2(\mathbf{R})$知，

$$|f(y)-f(x)-f'(x)(y-x)|=|f'(\xi)(y-x)-f'(x)(y-x)|\leqslant C(y-x)^2$$

从而

$$\sum_{0<s\leqslant t}|f(X_s)-f(X_{s-})-f''(X_{s-})\Delta X_s|\leqslant C\sum_{0<s\leqslant t}(\Delta X_s)^2\leqslant C[X]_t<\infty$$

且

$$\sum_{0<s\leqslant t}|f''(X_{s-})|(\Delta X_s)^2\leqslant C\sum_{0<s\leqslant t}(\Delta X_s)^2\leqslant C[X]_t<\infty$$

即

$$\sum_{0<s\leqslant t}\left\{f(X_s)-f(X_{s-})-f''(X_{s-})\Delta X_s-\frac{1}{2}f''(X_{s-})(\Delta X_s)^2\right\}+$$
$$\int_{0+}^t f(X_{s-})\mathrm{d}X_s+\frac{1}{2}\int_{0+}^t f(X_{s-})\mathrm{d}[X]_s$$

是有意义的，从而定理结论成立．

当$|X_t|\leqslant K$不成立时，前面已假定$X_0=0$，令$V_K=\inf\{t>0;\ |X_t|\geqslant K\}$，由上一步知结论对半鞅$XI_{[0,V_k]}$成立，令$K\to\infty$知整个结论成立．■

对n维半鞅，则有下列伊藤公式．

定理 9.2.3　设$X=(X^1,X^2,\cdots,X^n)$是一个右连左极的n维半鞅，$f\in C^2(\mathbf{R}^n)$是一个n元实值函数，那么$f(X)$是一维半鞅，且有

$$\begin{aligned}f(X(t))-f(X(0))=&\sum_{i=1}^n\int_0^t\frac{\partial f}{\partial x_i}(X(s-))\mathrm{d}X^i(s)+\\&\frac{1}{2}\sum_{1\leqslant i,j\leqslant n}\int_0^t\frac{\partial^2 f}{\partial x_i\,\partial x_j}(X(s-))\mathrm{d}[X^i,X^j]_s^c+\\&\sum_{0<s\leqslant t}\left\{f(X(s))-f(X(s-))-\sum_{i=1}^n\frac{\partial f}{\partial x_i}(X(s-))\Delta X^i(s)\right\}\end{aligned}$$

为了简化符号，我们引入下列记号：

$$\int_0^t Y_{s-}\circ\mathrm{d}X_s=\int_0^t Y_{s-}\mathrm{d}X_s+\frac{1}{2}[X,Y]_t^c$$

称$\int_0^t Y_{s-}\circ\mathrm{d}X_s$为 Fisk-Stratonovich 积分．

定理 9.2.4　设X是一个右连左极的半鞅，$f\in C^3(\mathbf{R})$是一个实值函数，那么$f(X)$仍是半鞅，且有

$$\begin{aligned}f(X(t))-f(X(0))=&\int_0^t f'(X(s-))\circ\mathrm{d}X(s)+\\&\sum_{0<s\leqslant t}\{f(X(s))-f(X(s-))-f'(X(s-))\Delta X(s)\}\end{aligned}$$

证明　只需证明$\frac{1}{2}[f'(X),X]^c=\frac{1}{2}\int_0^t f''(X_{s-})\mathrm{d}[X]_s^c$即可．事实上，因为$f\in C^3(\mathbf{R})$，

所以 $f'\in C^2(\mathbf{R})$，则 $f'(X)$是半鞅，且

$$f'(X(t))-f'(X(0))=\int_{0+} f''(X(s-))\mathrm{d}X(s)+\frac{1}{2}\int_{0+}^{t} f'''(X_{s-})\mathrm{d}[X]_s^c+\sum_{0<s\leqslant t}\{f'(X(s))-f'(X(s-))-f''(X(s-))\Delta X(s)\}$$

从而得到

$$\begin{aligned}[f'(X),X]_t^c&=\Big[\int_{0+}^{\cdot} f''(X(s-))\mathrm{d}X(s)+\frac{1}{2}\int_{0+}^{\cdot} f'''(X_{s-})\mathrm{d}[X]_s^c+\\&\sum_{0<s\leqslant t}\{f'(X(s))-f'(X(s-))-f''(X(s-))\Delta X(s)\},\int_{0+}^{\cdot}\mathrm{d}X(s)\Big]_t^c\\&=\int_0^t f''(X_{s-})\mathrm{d}[X]_s^c\end{aligned}$$

证毕．■

推论 9.2.1　设 X，Y 是任意两个半鞅，则有

$$X_tY_t=X_0Y_0+\int_0^t X_{s-}\mathrm{d}Y_s+\int_0^t Y_{s-}\mathrm{d}X_s+[X,Y]_t$$

如果至少一个是连续的，则有

$$X_tY_t=X_0Y_0+\int_0^t X_{s-}\circ\mathrm{d}Y_s+\int_0^t Y_{s-}\circ\mathrm{d}X_s$$

证明　第一个等式是显然的，下面证明第二个等式．因为 X，Y 至少一个是连续的，则$[X,Y]_t=X_0Y_0+[X,Y]_t^c$，从而得到

$$\begin{aligned}X_tY_t&=X_0Y_0+\frac{1}{2}[X,Y]_t+\int_0^t X_{s-}\mathrm{d}Y_s+\int_0^t Y_{s-}\mathrm{d}X_s+\frac{1}{2}[X,Y]_t\\&=X_0Y_0+\int_0^t X_{s-}\circ\mathrm{d}Y_s+\int_0^t Y_{s-}\circ\mathrm{d}X_s\end{aligned}$$

证毕．■

推论 9.2.2　设$\{X(t),\ t\geqslant 0\}$是跳过程．则 PDE

$$\mathrm{d}Z^X(t)=Z^X(t^-)\mathrm{d}X(t),\ Z^X(0)=1$$

的解为

$$\begin{aligned}Z^X(t)&=\exp\left\{X(t)-\frac{1}{2}[X](t)\right\}\prod_{0<s\leqslant t}(1+\Delta X(s))\exp\{-\Delta X(s)+\frac{1}{2}(\Delta X(s))^2\}\\&=\exp\left\{X(t)-\frac{1}{2}[X]^c(t)\right\}\prod_{0<s\leqslant t}(1+\Delta X(s))\exp\{-\Delta X(s)\}\end{aligned}$$

称 Z^X 为 X 的 Doleans-Dade 指数，记为$\mathcal{E}(X)$.

定理 9.2.5　(1)设$\{X(t),\ t\geqslant 0\}$是带跳半鞅，$f\in C^2(\mathbf{R})$，则

$$f(X(t))=f(X(0))+\int_0^t f'(X(s))\mathrm{d}X^c(s)+\int_0^t\frac{1}{2}f''(X(s))\mathrm{d}X^c(s)\mathrm{d}X^c(s)+\sum_{0\leqslant s\leqslant t}[f(X(s))-f(X(s-))]$$

(2)设$\{X_1(t),\ t\geqslant 0\}$和$\{X_2(t),\ t\geqslant 0\})$是带跳半鞅，函数 $f(t,\ x_1,\ x_2)$ 出现在以下公式中的一阶和二阶偏导数存在且连续．则

$$f(t, X_1(t), X_2(t)) = f(0, X_1(0), X_2(0)) + \int_0^t f_t(s, X_1(s), X_2(s))\mathrm{d}s$$

$$= \sum_{i=1}^{2}\int_0^t \frac{\partial f}{\partial x_i}(s, X_1(s), X_2(s))\mathrm{d}X_i^c(s) +$$

$$\frac{1}{2}\sum_{i,j=1}^{2}\int_0^t \frac{\partial^2 f}{\partial x_i \partial x_j}(s, X_1(s), X_2(s))\mathrm{d}X_i^c \mathrm{d}X_j^c +$$

$$\sum_{0<s\leqslant t}[f(s, X_1(s), X_2(s)) - f(s, X_1(s-), X_2(s-))]$$

(3)设$\{X_1(t), t\geqslant 0\}$ 和$\{X_2(t), t\geqslant 0\}$是带跳半鞅，则

$$X_1(t)X_2(t) = X_1(0)X_2(0) + \int_0^t X_2(s)\mathrm{d}X_1^c(s) + \int_0^t X_1(s)\mathrm{d}X_2^c(s) +$$

$$[X_1^c, X_2^c]_t + \sum_{0<s\leqslant t}[X_1(s)X_2(s) - X_1(s-)X_2(s-)]$$

$$= X_1(0)X_2(0) + \int_0^t X_2(s-)\mathrm{d}X_1(s) + \int_0^t X_1(s-)\mathrm{d}X_2(s) + [X_1, X_2]_t$$

9.3 分数布朗运动的伊藤公式

本节介绍基于 Wick 积分的分数布朗运动的伊藤公式，只介绍 $H\in\left(\frac{1}{2}, 1\right)$的情形. Biagini 等人(见参考文献[27])给出了如下伊藤公式.

定理 9.3.1 设 $F(t, x)\in C^{1,2}(\mathbf{R}_+, \mathbf{R})$，且

$$\int_0^t \left|\frac{\partial^2 F}{\partial x^2}(s, B_s^H)\right| s^{2H-1}\mathrm{d}s < \infty, \text{ a. s.}$$

则

$$F(t, B_t^H) = F(0, 0) + \int_0^t \frac{\partial F}{\partial s}(s, B_s^H)\mathrm{d}s +$$

$$\int_0^t \frac{\partial F}{\partial x}(s, B_s^H)\mathrm{d}B_s^H + H\int_0^t \frac{\partial^2 F}{\partial x^2}(s, B_s^H)s^{2H-1}\mathrm{d}s$$

进一步，对于过程

$$X_t = f(t)B_t^H, \ t\geqslant 0$$

其中，$f\in C^1(\mathbf{R}_+)$，如果 F：$\mathbf{R}_+\to\mathbf{R}$ 属于 C^2，则对于任意的 $t\geqslant 0$，有

$$F(X_t) = F(0) + \int_0^t \frac{\mathrm{d}}{\mathrm{d}x}F(X_s)\mathrm{d}X_s + H\int_0^t \frac{\mathrm{d}^2}{\mathrm{d}x^2}F(X_s)f^2(s)s^{2H-1}\mathrm{d}s$$

参考文献[31]建立了下面的伊藤公式.

定理 9.3.2 假设 $F\in C^{1,2}$是定义在 $\mathbf{R}_+\times\mathbf{R}$ 上的实值函数，如果过程 X 满足

$$X_t = x + \int_0^t u(s)\mathrm{d}s + \int_0^t v(s)\mathrm{d}B_s^H, \ t\geqslant 0$$

其中，$u\in L^1(\mathbf{R}_+)$和 $v\in L_\phi^2(\mathbf{R}_+)$是两个确定的连续函数，且对于任意的 $t\geqslant 0$，

$$\int_0^t \left|\frac{\partial^2 F}{\partial x^2}(s, X_s)\right| s^{2H-1}v^2(s)\mathrm{d}s < \infty, \text{ a. s.}$$

则对于任意的 $t\geqslant 0$，有

$$F(t, X_t) = F(0, X) + \int_0^t \frac{\partial}{\partial s}F(s, X_s)\mathrm{d}s + \int_0^t \frac{\partial}{\partial x}F(s, X_s)\mathrm{d}s + H\int_0^t \frac{\partial^2}{\partial x^2}(s, X_s)v(s)s^{2H-1}\mathrm{d}s$$

2000 年，Duncan 等人(见参考文献[27])给出了下列形式的一维伊藤公式．

定理 9.3.3　假设 $f\in C^{1,2}$ 是定义在 $\mathbf{R}_+\times\mathbf{R}$ 上的实值函数，如果过程 η 满足

$$\eta_t = \xi + \int_0^t G_u\mathrm{d}u + \int_0^t F_u\mathrm{d}B_u^H$$

其中，$u\in L^1(\mathbf{R}_+)$ 和 $v\in L_\phi^2(\mathbf{R}_+)$ 是两个确定的连续函数，则

$$f(t, \eta_t) = f(0, \xi) + \int_0^t \frac{\partial f}{\partial s}(s, \eta_s)\mathrm{d}s + \int_0^t \frac{\partial f}{\partial x}(s, \eta_s)G_s\mathrm{d}s +$$
$$\int_0^t \frac{\partial f}{\partial x}(s, \eta_s)F_s\mathrm{d}B_s^H + \int_0^t \frac{\partial^2 f}{\partial x^2}(s, \eta_s)F_sD_s^\phi\eta_s\mathrm{d}s$$

2005 年，Hu Yaozhong(见参考文献[31])给出下面两个伊藤公式．

定理 9.3.4　设 $f\in L^2[0, T]$ 是一个确定性函数，且满足

$$\| f \|_{\phi,t} = \left\{\int_0^t\int_0^t f(s)f(r)\phi(s,r)\mathrm{d}s\mathrm{d}r\right\}^{\frac{1}{2}}$$

是 $t\in[0, T]$ 上的连续可微函数，

$$X_t = X_0 + \int_0^t g(s)\mathrm{d}s + \int_0^t f(s)\mathrm{d}B_s^H,\ 0\leqslant t\leqslant T$$

其中，X_0 是常数，$g\in L^1[0, T]$ 是确定性函数．如果 $F(t, x)$ 关于 t 连续可微，关于 x 二阶连续可微，那么下列结论成立：

$$F(t, X_t) = f(0, X_0) + \int_0^t \frac{\partial F}{\partial s}(s, X_s)\mathrm{d}s + \int_0^t \frac{\partial F}{\partial x}(s, X_s)\mathrm{d}X_s +$$
$$\frac{1}{2}\int_0^t \frac{\partial^2 F}{\partial x^2}(s, X_s)\left(\frac{\mathrm{d}}{\mathrm{d}s}\| f \|_{\phi,s}^2\right)\mathrm{d}s,\ 0\leqslant t\leqslant T$$

定理 9.3.5　设 $f_1(s)$，$f_2(s)$，$g_1(s)$，$g_2(s)$ 是实值随机过程，且满足

$$E\left[\int_0^T | f_i(s) |^2\mathrm{d}s + \int_0^T | g_i(s) |^2\mathrm{d}s\right] < \infty,\ i = 1,2$$

又设 $D_t^\phi f_2(s)$ 与 $D_t^\phi g_2(s)$ 的每一条路径都是 $(s, t)\in[0, T]^2$ 的连续可微函数，且满足

$$E\left\{\int_0^T\int_0^T | D_t^\phi f_2(s) |^2\mathrm{d}s\mathrm{d}t\right\} < \infty \text{ 及 } E\left\{\int_0^T\int_0^T | D_t^\phi g_2(s) |^2\mathrm{d}s\mathrm{d}t\right\} < \infty$$

记

$$F(t) = F(0) + \int_0^t f_1(s)\mathrm{d}s + \int_0^t f_2(s)\mathrm{d}B_s^H,\ 0\leqslant t\leqslant T$$

$$g(t) = g(0) + \int_0^t g_1(s)\mathrm{d}s + \int_0^t g_2(s)\mathrm{d}B_s^H,\ 0\leqslant t\leqslant T$$

则有

$$F(t)G(t) = F(0)G(0) + \int_0^t F(s)g_1(s)\mathrm{d}s + \int_0^t F(s)g_2(s)\mathrm{d}B_s^H +$$
$$\int_0^t G(s)f_1(s)\mathrm{d}s + \int_0^t G(s)f_2(s)\mathrm{d}B_s^H +$$

$$\int_0^t D_s^\phi F(s)g_2(s)\mathrm{d}s+\int_0^t D_s^\phi G(s)f_2(s)\mathrm{d}s,\ 0\leqslant t\leqslant T$$

即

$$\mathrm{d}[F(t)G(t)]=F(t)\mathrm{d}G(t)+G(t)\mathrm{d}F(t)+[D_t^\phi F(t)g_2(t)+D_t^\phi G(t)f_2(t)]\mathrm{d}t$$

9.4 指数鞅

本节我们将介绍指数鞅及其性质.

定义 9.4.1 设 $M=\{M_t,\ t\geqslant 0\}$ 是零初值的 $\widetilde{S}=\{\mathcal{F}_t,\ t\geqslant 0\}$ 连续局部鞅，称

$$\mathcal{E}(\alpha M)=\mathrm{e}^{\alpha M-\frac{\alpha^2}{2}[M]},\ \alpha>0$$

为 M 的指数鞅.

由于 $\mathcal{E}(\alpha M)$ 是非负过程，且 $\mathcal{E}(\alpha M)_0=1$，故如果 $\mathcal{E}(\alpha M)$ 是局部鞅，则 $\mathcal{E}(\alpha M)$ 是上鞅(因为非负局部鞅必为上鞅)，且 $E[\mathcal{E}(\alpha M)_t]\leqslant 1$，$\forall t\geqslant 0$. 此时，$\mathcal{E}(\alpha M)$ 是鞅等价于 $E[\mathcal{E}(\alpha M)_t]=1$，$\forall t\geqslant 0$. 在本节中，我们指的连续局部鞅均为零初值的.

引理 9.4.1 设 $X=\{X_t,\ t\geqslant 0\}$ 为关于 $\widetilde{S}=\{\mathcal{F}_t,\ t\geqslant 0\}$ 的连续适应过程，$X_0=0$，则下列三种陈述等价：

(1) X 为布朗运动；

(2) X 为连续局部 $\widetilde{S}$ 鞅，且 $[X]_t=t$；

(3) $\forall \alpha\in\mathbf{R}$，$Z_t^\alpha=\exp\left(i\alpha X_t+\frac{1}{2}\alpha^2 t\right)$ 为连续 $\widetilde{S}$ 鞅.

证明 (1)⇒(2) 显然. 下证(2)⇒(3)，因为 X 为连续局部鞅，且 $[X]_t=t$，$E([X]_t)=t<\infty$，则 $\{X_t,\ t\geqslant 0\}$ 为连续平方可积鞅. 令 $f(x,\ y)=\exp\left(i\alpha x+\frac{1}{2}\alpha^2 y\right)$，由伊藤公式得

$$Z_t^\alpha=1+i\alpha\int_0^t Z_s^\alpha \mathrm{d}X_s$$

又因为 $Z_t^\alpha=\exp\left(i\alpha X_t+\frac{1}{2}\alpha^2 t\right)$，$|Z_t^\alpha|=\exp\left(\frac{1}{2}\alpha^2 t\right)$，故 $1_{[0,t]}Z^\alpha\in H^2\{[M]\}$，所以 $\int_0^t Z_s^\alpha\mathrm{d}X_s$ 为连续 L^2 鞅，从而 $\{Z_t^\alpha,\ t\geqslant 0\}$ 为连续 L^2 鞅.

(3)⇒(1) 因为 $\{Z_t^\alpha,\ t\geqslant 0\}$ 为连续 $\widetilde{S}$ 鞅，则 $\forall s<t$，有 $E[Z_t^\alpha\mid\mathcal{F}_s]=Z_s^\alpha$，进而有

$$E\left[\exp\left(i\alpha X_t+\frac{1}{2}\alpha^2 t\right)\mid\mathcal{F}_s\right]=\exp\left(i\alpha X_s+\frac{1}{2}\alpha^2 s\right)\tag{9.3}$$

所以

$$E\{\exp[i\alpha(X_t-X_s)]\mid\mathcal{F}_s\}=\exp\left[-\frac{1}{2}\alpha^2(t-s)\right]\tag{9.4}$$

对式(9.3)和式(9.4)再取期望得

$$E\left[\exp\left(i\alpha X_t+\frac{1}{2}\alpha^2 t\right)\right]=E\left[\exp\left(i\alpha X_s+\frac{1}{2}\alpha^2 s\right)\right]$$

及

$$E[\exp\{i\alpha(X_t-X_s)\}]=\exp\left\{-\frac{1}{2}\alpha^2(t-s)\right\}\tag{9.5}$$

故由式(9.5)知 $X_t-X_s\sim N(0,\ t-s)$. 由式(9.4) 得 $X_t-X_s\mid\mathcal{F}_s\sim N(0,\ t-s)$，即 X_t-X_s 与$\mathcal{F}_s$ 独立，所以 X 为布朗运动． ■

将定理 9.1.1 推广到多维情形，则有以下引理．

引理 9.4.2 设 $X=\{X_t,\ t\geqslant 0\}$为 d 维 $\widetilde{S}=\{\mathcal{F}_t,\ t\geqslant 0\}$连续适应过程，$X_0$ 为 d 维的零向量，则下列三种陈述等价：

(1)X 为 d 维标准布朗运动；

(2)X 为 d 维局部 $\widetilde{S}$ 鞅，且$[X^i,\ X^j]_t=\delta_{ij}t$，$\forall t>0$；

(3)$\forall\alpha\in\mathbf{R}^d$，$Z_t^\alpha=\exp\left(i\langle\alpha,\ X_t\rangle+\dfrac{1}{2}|\alpha|^2t\right)$为一维 $\widetilde{S}$ 鞅．

引理 9.4.3 设 M 为连续 $\widetilde{S}$ 适应过程，$M_0=0$，U 为连续增过程，则下列两种陈述等价：

(1)M 为连续局部 $\widetilde{S}$ 鞅(连续鞅)，$[M]=U$；

(2)$\forall\alpha\in\mathbf{R}$，$Z_t^\alpha=\exp\left(\alpha M_t-\dfrac{1}{2}\alpha^2U_t\right)$为连续局部 $\widetilde{S}$ 鞅(连续鞅).

证明 令 $\tau_n=\inf\{t:\ |M_t|\vee U_t\geqslant n\}$，则 τ_n 为停时序列，且 M^{τ_n}，U^{τ_n} 均为有界过程，M^{τ_n} 为鞅．故只需证明 M, U 为有界过程，且 M 为鞅的情形．

(1)⇒(2)　由伊藤公式知，

$$dZ_t^\alpha=de^{\alpha M_t-\frac{1}{2}\alpha^2U_t}=\alpha Z_t^\alpha dM_t-\frac{\alpha^2}{2}Z_t^\alpha dU_t+\frac{\alpha^2}{2}Z_t^\alpha d[M]_t=\alpha Z_t^\alpha dM_t$$

即 $Z_t^\alpha=1+\int_0^t\alpha Z_s^\alpha dM_s$, Z_t^α 为连续鞅．

(2)⇒(1)　因为 Z^α 为有界鞅，$\forall s<t$，$F\in\mathcal{F}_s$，则有

$$\int_F e^{\alpha M_t-\frac{\alpha^2}{2}U_t}dP=\int_F e^{\alpha M_s-\frac{\alpha^2}{2}U_s}dP$$

由于该式 $\forall\alpha\in\mathbf{R}$ 均成立，两边对 α 求导得

$$\int_F(M_s-\alpha U_s)e^{\alpha M_s-\frac{\alpha^2}{2}U_s}dP=\int_F(M_t-\alpha U_t)e^{\alpha M_t-\frac{\alpha^2}{2}U_t}dP\tag{9.6}$$

再对 α 求一次导数得

$$\begin{aligned}&\int_F -U_se^{\alpha M_s-\frac{\alpha^2}{2}U_s}+(M_s-\alpha U_s)^2e^{\alpha M_s-\frac{\alpha^2}{2}U_s}dP\\&=\int_F -U_te^{\alpha M_t-\frac{\alpha^2}{2}U_t}+(M_t-\alpha U_t)^2e^{\alpha M_t-\frac{\alpha^2}{2}U_t}dP\end{aligned}\tag{9.7}$$

在式(9.6)中，令 $\alpha=0$ 得 $\int_F M_sdP=\int_F M_tdP$，即 $M_s=E[M_t\mid\mathcal{F}_s]$，故 M 也是鞅，下面证明 $[M]=U$. 由式(9.7)中取 $\alpha=0$，得

$$\int_F(M_t^2-U_t)dP=\int_F(M_s^2-U_s)dP$$

所以 M^2-U 也是连续鞅，由 Mayer 分解定理知，$[M]$是唯一使 $M^2-[M]$是连续鞅的增过程，从而$[M]=U$，证毕． ■

下面我们讨论指数鞅$\varepsilon(M)$的性质．

定理 9.4.1　(1)(Kazamaki 法则一)设 M 为连续 $\widetilde{S}$ 一致可积鞅，如果

$$E\left[\exp\left(\frac{1}{2}M_{\infty}\right)\right]<\infty$$

则 $\varepsilon(M)$ 为 $\widetilde{S}$ 一致可积鞅．

(2)(Novikov 法则一)设 M 为连续 $\widetilde{S}$ 一致可积鞅，如果

$$E\left[\exp\left(\frac{1}{2}[M]_{\infty}\right)\right]<\infty$$

则 $\varepsilon(M)$ 为 $\widetilde{S}$ 一致可积鞅．

在证明定理 9.4.1 之前，我们先证明下列引理．

引理 9.4.4　设 M 为连续 $\widetilde{S}$ 鞅，如果存在 $\alpha>0$，使得

$$E[\exp(\alpha M_{\infty})]<\infty$$

则 $\{e^{\alpha M_t},\ t\geqslant 0\}$ 是 $\widetilde{S}$ 一致可积下鞅．

证明　M 为连续 $\widetilde{S}$ 鞅，令 $g(t)=e^{\alpha t}$，$t\geqslant 0$，因 $g(t)$ 是凸函数，故 $\{e^{\alpha M_t},\ t\geqslant 0\}$ 为下鞅．又因为 $\lim\limits_{t\to+\infty}\frac{g(t)}{t}=\infty$，$\sup\limits_{t\geqslant 0}E[g(|M_t|)]<E[g(M_{\infty})]<\infty$，由定理 3.3.4 知，$\{e^{\alpha M_t},\ t\geqslant 0\}$ 是一致可积的，从而 $\{e^{\alpha M_t},\ t\geqslant 0\}$ 是 $\widetilde{S}$ 一致可积下鞅，证毕． ■

引理 9.4.5　设 M 为连续 $\widetilde{S}$ 鞅，$1<q<\infty$，$r=(\sqrt{q}+1)/(\sqrt{q}-1)$，$\frac{1}{r}+\frac{1}{s}=1$，且

$$E\left[\exp\left\{s\left(q-\sqrt{\frac{q}{r}}\right)M_{\infty}\right\}\right]<\infty$$

则 $\varepsilon(M)$ 为 L^q 有界鞅，从而是一致可积鞅．

证明　因为 $\frac{1}{r}+\frac{1}{s}=1$，则 $s=(\sqrt{q}+1)/2$，简单计算可得

$$\{\varepsilon(M)\}^q=e^{\sqrt{\frac{q}{r}}M-\frac{q}{2}[M]}e^{\left(q-\sqrt{\frac{q}{r}}\right)M}$$

由 Hölder 不等式知，

$$E[\{\varepsilon(M)_t\}^q]\leqslant\{E[\varepsilon(\sqrt{qr}M)_t]\}^{\frac{1}{r}}\{E[e^{\left(q-\sqrt{\frac{q}{r}}\right)sM_t}]\}^{\frac{1}{s}}\leqslant\{E[e^{\left(q-\sqrt{\frac{q}{r}}\right)sM_{\infty}}]\}^{\frac{1}{s}}<\infty$$

故 $\varepsilon(M)$ 为 L^q 有界鞅，证毕． ■

定理 9.4.1(1)的证明：设 $\alpha\in(0,\ 1)$，取 $1<q<\infty$，使 $s\left(q-\sqrt{\frac{q}{r}}\right)<\frac{2}{\alpha}$，由 Hölder 不等式知，

$$E[e^{\left(q-\sqrt{\frac{q}{r}}\right)s\alpha M_{\infty}}]\leqslant\{E[e^{\frac{1}{2}M_{\infty}}]\}^{2\left(q-\sqrt{\frac{q}{r}}\right)s\alpha}<\infty$$

从而由引理 9.1.2 知，$\varepsilon(\alpha M)$ 是一致可积鞅．另一方面，由

$$1=E[\varepsilon(\alpha M)_t]\leqslant E[\varepsilon(M)_{\infty}]^{\alpha^2}\{E[e^{\frac{\alpha}{1+\alpha}M_{\infty}}]\}^{1-\alpha^2}$$

令 $\alpha\uparrow 1$，则有

$$1\leqslant E[\varepsilon(M)_{\infty}]$$

故 $\varepsilon(M)$ 为 $\widetilde{S}$ 一致可积鞅．

定理 9.4.1(2)的证明：由 Hölder 不等式知，

$$E\left[\exp\left(\frac{1}{2}M_\infty\right)\right]=E\left[\exp\left(\frac{1}{2}M_\infty-\frac{1}{4}[M]_\infty\right)\exp\left(\frac{1}{4}[M]_\infty\right)\right]$$
$$\leqslant\{E[\mathcal{E}(M)_\infty]\}^{\frac{1}{2}}\{E[\mathrm{e}^{\frac{1}{2}[M]_\infty}]\}^{\frac{1}{2}}$$
$$\leqslant\{E[\mathrm{e}^{\frac{1}{2}[M]_\infty}]\}^{\frac{1}{2}}<\infty$$

由(1)知，$\mathcal{E}(M)$为 $\widetilde{S}$ 一致可积鞅，证毕．■

例 9.4.1　设 M 为连续 $\widetilde{S}$ 局部鞅，如果

$$E\left[\exp\left(\frac{1}{2}[M]_t\right)\right]<\infty,\forall t\geqslant 0$$

则

$$\mathcal{E}(M)_t=\exp\left(M_t-\frac{1}{2}[M]_t\right),\forall t\geqslant 0$$

为 $\widetilde{S}$ 连续鞅．

证明　记 $Y_t=\mathrm{e}^{\frac{1}{2}[M]_t}$，$t\geqslant 0$，则对任意 $0<\alpha<1$，

$$\mathcal{E}(\alpha M)_t=\exp\left(\alpha M_t-\frac{\alpha}{2}[M]_t+\frac{\alpha(1-\alpha)}{2}[M]_t\right)$$
$$=\{\mathcal{E}(M)_t\}^\alpha\left\{\exp\left(\frac{\alpha}{2}[M]_t\right)\right\}^{1-\alpha}$$
$$\leqslant\{\mathcal{E}(M)_t\}^\alpha\{Y_t\}^{1-\alpha}$$

对任意 $F\in\mathcal{F}$及任意有界停时，由 Hölder 不等式知，

$$E[1_F\ \mathcal{E}(\alpha M)_\tau]\leqslant\{E[\mathcal{E}(M)_\tau]\}^\alpha[E\{1_F Y_t\}]^{1-\alpha}$$

因为对任意停时 $\eta>0$，Y^η 为可积增过程，从而 Y^η 为 D 类过程．又因为

$$E[\mathcal{E}(M)_\tau]\leqslant 1$$

故

$$E[1_F\ \mathcal{E}(\alpha M)_\tau]\leqslant[E\{1_F Y_t\}]^{1-\alpha}$$

从而$\mathcal{E}(\alpha M)^\eta$ 为 D 类过程，且$\mathcal{E}(\alpha M)^\eta$ 为鞅．所以

$$E[\mathcal{E}(\alpha M)_{\eta\wedge t}]=1$$

因此

$$1=E[\mathcal{E}(\alpha M)_\eta]\leqslant\{E(\mathcal{E}(M)_t)\}^\alpha[E(Y_t)]^{1-\alpha}$$

令 $\alpha\uparrow 1$，则有 $E[\mathcal{E}(M)_\eta]\geqslant 1$，从而 $E[\mathcal{E}(M)_\eta]=1$，所以$\mathcal{E}(M)$为 $\widetilde{S}$ 鞅．■

引理 9.4.6　设 M 为连续 $\widetilde{S}$ 局部鞅，用 S_b 表示所有取有限值的停时，如果存在某个 $a>\frac{1}{2}$，使得

$$\sup_{\tau\in S_b}E[\mathrm{e}^{aM_\tau}]<\infty$$

则$\mathcal{E}(M)$为 L^p 有界 $\widetilde{S}$ 鞅，其中，$p=\frac{4a^2}{4a-1}\in(1,+\infty)$.

证明　对任意常数 $p>1$，$0<s<1$，显然有

$$\{\varepsilon(M)_\tau\}^p = \left\{\varepsilon\left(\sqrt{\frac{p}{s}}M\right)_\tau\right\}^s e^{(p-\sqrt{ps})M_\tau}$$

由 Hölder 不等式知，

$$E[\{\varepsilon(M)_\tau\}^p] \leqslant \left(E\left\{\varepsilon\left(\sqrt{\frac{p}{s}}M\right)_\tau\right\}\right)^s (E[e^{\frac{(p-\sqrt{ps})}{(1-s)}M_\tau}])^{1-s}$$

$$\leqslant (E[e^{\frac{(p-\sqrt{ps})}{(1-s)}M_\tau}])^{1-s} = (E[(e^{M_\tau})^{\frac{(p-\sqrt{ps})}{(1-s)}}])^{1-s}$$

因为$\frac{(p-\sqrt{ps})}{(1-s)}$在 $s\in(0, 1)$中的最小值点为 $s=2p-1-2\sqrt{p^2-p}$，最小值为 $f(p)=\frac{1}{2}\sqrt{p}/\sqrt{2p-1-2\sqrt{p^2-p}}$. 取 $p=\frac{4a^2}{4a-1}$，则 $f(p)=a$. 从而，不论 $M_\tau>0$ 或是 $M_\tau<0$，均有 $E[\{\varepsilon(M)_\tau\}^p]\leqslant\max\{C, (\sup\limits_{\tau\in S_b}E[e^{aM_\tau}])^{1-s}\}<\infty$，所以，$\varepsilon(M)$为 L^p 有界 $\widetilde{S}$ 鞅. ■

定理 9.4.2　(1)(Kazamaki 法则二)设 M 为连续 $\widetilde{S}$ 局部鞅，如果

$$\sup_{\tau\in S_b}E[e^{\frac{1}{2}M_\tau}]<\infty$$

则 $\varepsilon(M)$为 $\widetilde{S}$ 一致可积鞅.

(2)(Novikov 法则)设 M 为连续 S 局部鞅，如果

$$E\left[\exp\left(\frac{1}{2}[M]_\infty\right)\right]<\infty$$

则 $\varepsilon(M)$为 $\widetilde{S}$ 一致可积鞅.

证明　(1)令 $g(x)=e^{\frac{1}{2}x}$，类似于引理 9.1.1 得 M 是一致可积的. 又因为对任一有限停时 τ，$E\left[\frac{1}{2}M_\tau\right]\leqslant\max\left\{\frac{1}{2}, E[e^{\frac{1}{2}M_\tau}]\right\}<\infty$，从而 M 是鞅. 由鞅的收敛定理知，存在 $M_\infty\in L^1(\Omega)$，使得 $M_t\to M_\infty$(a. s. , L^1). 现 $\forall c\in(0, 1)$，因 cM 是连续鞅，$\frac{1}{2c}>\frac{1}{2}$，由引理 9.1.3 知，$\varepsilon(cM)$为 L^p 有界 $\widetilde{S}$ 鞅，其中 $p=\frac{1}{2c-c^2}$，且是一致可积的. 由

$$\varepsilon(cM)_t = [\varepsilon(M)_t]^{c^2} e^{c(1-c)M_t}$$

两边取 $t\to\infty$，则有$\varepsilon(M)_t\to\varepsilon(M)_\infty$, a. s. , 且

$$\varepsilon(cM)_\infty = [\varepsilon(M)_\infty]^{c^2} e^{c(1-c)M_\infty}$$

由 Hölder 不等式知，

$$1 = E[\varepsilon(cM)_\infty] \leqslant \{E[\varepsilon(M)_\infty]\}^{c^2}\ \{E[e^{\frac{c}{1+c}M_\infty}]\}^{1-c^2}$$

由 Jensen 不等式得，

$$1 = E[\varepsilon(cM)_\infty] \leqslant \{E[\varepsilon(M)_\infty]\}^{c^2}\ \{E[e^{\frac{1}{2}M_\infty}]\}^{2c(1-c)}$$

令 $c\to1$，得

$$E[\varepsilon(M)_\infty]\geqslant 1$$

又因为$\varepsilon(M)$为非负上鞅，故$\varepsilon(M)$为一致可积鞅.

(2) 因为

$$E\left[\exp\left(\frac{1}{2}M_\tau\right)\right]=E\left[\exp\left(\frac{1}{2}M_\tau-\frac{1}{4}[M]_\tau\right)\exp\left(\frac{1}{4}[M]_\tau\right)\right]$$
$$\leqslant\{E[\mathcal{E}(M)_\tau]\}^{\frac{1}{2}}\{E[\mathrm{e}^{\frac{1}{2}[M]_\tau}]\}^{\frac{1}{2}}$$
$$\leqslant\{E[\mathrm{e}^{\frac{1}{2}[M]_\infty}]\}^{\frac{1}{2}}<\infty$$

由(1)知，$\mathcal{E}(M)$为 $\widetilde{S}$ 一致可积鞅，证毕．■

推论 9.4.1　设 $Z_t=\mathrm{e}^{\int_0^t H_s\mathrm{d}W_s-\frac{1}{2}\int_0^t H_s^2\mathrm{d}s}$，如果 $E[\mathrm{e}^{\frac{1}{2}\int_0^T H_s^2\mathrm{d}s}]<\infty$，则$\{Z_t,\ 0\leqslant t\leqslant T\}$是$\{\mathcal{F}_t=\sigma(W_s,\ s\leqslant t),\ 0\leqslant t\leqslant T\}$一致可积鞅．

证明　由定理 9.4.2 直接得到．■

9.5 Girsanov 定理

本节我们介绍不同形式的 Girsanov 定理．

定义 9.5.1　设$(\Omega,\ \mathcal{F},\ P)$与$(\Omega,\ \mathcal{F},\ Q)$是两个概率空间，$\{\mathcal{F}_t\}_{t\geqslant 0}$是$\mathcal{F}$的一族满足通常条件的子 σ-代数，令$\mathcal{F}_\infty=\sigma(\bigcup\limits_{t\geqslant 0}\mathcal{F}_t)\triangleq\bigvee\limits_{t\geqslant 0}\mathcal{F}_t$，若 M_∞ 是一个非负的随机变量，且满足$\forall A\in\mathcal{F}_\infty$，均有 $Q(A)=\int_A M_\infty\mathrm{d}P$，则称 M_∞ 为 Q 与 P 的 Radon-Nikodym 导数(简称 R-N 导数)，记为 $M_\infty=\frac{\mathrm{d}Q}{\mathrm{d}P}|\mathcal{F}_\infty$．

令 $M_t=E[M_\infty|\mathcal{F}_t]$，则 M_t 是关于$\mathcal{F}_t$ 可测的随机变量，且由

$$E^P[M_\infty]=\int_\Omega M_\infty\mathrm{d}P=Q(\Omega)=1$$

即 $M_\infty\in L^1(\Omega,\ \mathcal{F},\ P)$，从而$\{M_t,\ t\geqslant 0\}$ 是一致可积$\{\mathcal{F}_t\}_{t\geqslant 0}$鞅．且$\forall A\in\mathcal{F}_t$，有

$$\int_A M_t\mathrm{d}P=\int_A M_\infty\mathrm{d}P$$

即 $M_t=\frac{\mathrm{d}Q}{\mathrm{d}P}|\mathcal{F}_t$. 记 $M=\{M_t,\ t\geqslant 0\}$.

引理 9.5.1　设 X 为一个$\{\mathcal{F}_t,\ t\geqslant 0\}$适应过程，$(\Omega,\ \mathcal{F},\ P)$与$(\Omega,\ \mathcal{F},\ Q)$是两个概率空间，$M$ 如上所定义，则当且仅当 XM 为$\{\mathcal{F}_t,\ t\geqslant 0\}P$ 鞅(局部鞅)时，X 为$\{\mathcal{F}_t,\ t\geqslant 0\}Q$ 鞅(局部鞅)．

证明　$\forall\, 0\leqslant s<t$，由 $M_t-\frac{\mathrm{d}Q}{\mathrm{d}P}|\mathcal{F}_t$及 $M_t=E[M_\infty|\mathcal{F}_t]$知，$\forall A\in\mathcal{F}_t$，有

$$\int_A M_t\mathrm{d}P=\int_A M_\infty\mathrm{d}P\quad 且\quad\int_A M_t\mathrm{d}P=Q(A)$$

故对任意$\mathcal{F}_t$ 可测的随机变量 ζ，有 $\int_A M_t\zeta\mathrm{d}P=\int_A\zeta\mathrm{d}Q$，从而得

$$\int_A X_t\mathrm{d}Q=\int_A X_t M_t\mathrm{d}P\tag{9.8}$$

现$\forall B\in\mathcal{F}_s$，由同样的讨论知，

$$\int_B X_s\mathrm{d}Q=\int_B X_s M_s\mathrm{d}P\tag{9.9}$$

由于也有 $B\in\mathcal{F}_t$，故由式(9.8)知，

$$\int_B X_t M_t \mathrm{d}P = \int_B X_t \mathrm{d}Q \tag{9.10}$$

由式(9.9)与式(9.10)得

$$\int_B X_s \mathrm{d}Q = \int_B X_t \mathrm{d}Q \Leftrightarrow \int_B X_t M_t \mathrm{d}P = \int_B X_s M_s \mathrm{d}P$$

即 XM 是 $P\{\mathcal{F}_t,\ t\geqslant 0\}$ 鞅(局部鞅)的充要条件是 X 为 $\{\mathcal{F}_t,\ t\geqslant 0\}Q$ 鞅(局部鞅)，证毕．■

定理 9.5.1 (Girsanov 定理)　设 M 为连续局部鞅，且 $\mathcal{E}(M)=\mathrm{e}^{M-\frac{1}{2}[M]}$ 是一致可积的正鞅，$\forall A\in\mathcal{F}_\infty$，令 $Q(A)=\int_A \mathcal{E}(M)_\infty \mathrm{d}P$. 又设 N 为另一个 P 连续局部鞅，则 $\widetilde{N}=N-[N,\ M]$ 必为 Q 连续局部鞅，且 $[\widetilde{N}]^Q=[N]^P$.

证明　$\forall \alpha\in\mathbf{R}$，作辅助过程，$Y_t^\alpha=\mathrm{e}^{\alpha\widetilde{N}_t-\frac{\alpha^2}{2}[N]_t^P}$，显然 $[N]^P$ 是增过程．若能证明 Y_t^α 是 Q 连续局部鞅，则 $\widetilde{N}_t$ 必为 Q 连续局部鞅，且 $[\widetilde{N}]^Q=[N]^P$. 而要证明 Y_t^α 是 Q 连续局部鞅，由引理 9.5.1，只需证明 $Y^\alpha\mathcal{E}(M)$ 是 P 连续局部鞅即可．事实上，因为

$$Y_t^\alpha\ \mathcal{E}(M)_t = \mathrm{e}^{\alpha\widetilde{N}_t^2-\frac{\alpha^2}{2}[N]_t^P}\mathrm{e}^{M_t-\frac{\alpha^2}{2}[M]_t^P} = \mathrm{e}^{\left\{M_t-\frac{1}{2}[M]_t+\alpha N_t-\alpha[N,M]_t-\frac{\alpha^2}{2}[N]_t\right\}} = \mathrm{e}^{(M_t+\alpha N_t)-\frac{1}{2}[M+\alpha N]_t}$$

所以，$Y^\alpha\ \mathcal{E}(M)$ 是 P 连续局部鞅，证毕．■

推论 9.5.1　设 $\{W_t,\ 0\leqslant t\leqslant T\}$ 是标准布朗运动，$\mathcal{F}_t=\sigma(W_s,\ s\leqslant t)$，$\{H_t,\ 0\leqslant t\leqslant T\}$ 是 $\{\mathcal{F}_t,\ 0\leqslant t\leqslant T\}$ 可测的适应过程，且满足 $\int_0^T H_s^2\mathrm{d}s<\infty$, a. s．且令 $Z_t=\mathrm{e}^{\int_0^t H_s\mathrm{d}W_s-\frac{1}{2}\int_0^t H_s^2\mathrm{d}s}$，$E(Z_T)=1$. $\forall A\in\mathcal{F}_T$，令 $Q(A)=\int_A Z_T\mathrm{d}P$，$\widetilde{W}_t=W_t-\int_0^t H_s\mathrm{d}s$，则 $\{\widetilde{W}_t,\ 0\leqslant t\leqslant T\}$ 为 Q 标准布朗运动．

证明　设 $N_t=W_t$，$M_t=\int_0^t H_s\mathrm{d}W_s$，显然 $\{M_t,\ 0\leqslant t\leqslant T\}$ 是连续局部鞅，$Z_t=\mathrm{e}^{\int_0^t H_s\mathrm{d}W_s-\frac{1}{2}\int_0^t H_s^2\mathrm{d}s}=\mathrm{e}^{M_t-\frac{1}{2}[M]_t}$，则 $\{Z_t,\ 0\leqslant t\leqslant T\}$ 为上鞅，再由 $E(Z_T)=1$ 知，$\{Z_t,\ 0\leqslant t\leqslant T\}$ 为一致可积正鞅，由定理 9.5.1 知，$\widetilde{N}=N-[N,\ M]$ 为 Q 局部鞅，即 $W-[W,\int H\mathrm{d}W]$ 为 Q 局部鞅，从而 $W-[\int 1\mathrm{d}W,\int H\mathrm{d}W]$ 为 Q 局部鞅，$\{W_t-\int_0^t H_s\mathrm{d}s, 0\leqslant t\leqslant T\}$ 为 Q 连续局部鞅且 $[\widetilde{W}]_t^Q=[W]_t^P=t$，由引理 9.1.1 知，$\widetilde{W}_t=W_t-\int_0^t H_s\mathrm{d}W_s$ 为 Q 标准布朗运动．■

定理 9.5.1 及推论 9.5.1 的多维形式也成立，分别如下．

定理 9.5.2 (多维 Girsanov 定理)　设 M 为连续局部鞅，且 $\mathcal{E}(M)=\mathrm{e}^{M-\frac{1}{2}[M]}$ 是一致可积的正鞅，$\forall A\in\mathcal{F}_\infty$，令 $Q(A)=\int_A E(M)_\infty\mathrm{d}P$，又设 $N=(N^1,\ N^2,\ \cdots,\ N^d)$ 为一个 d 维连续局部鞅，则 $\widetilde{N}^i=N^i-[N^i,\ M]$，$i=1,\ 2,\ \cdots,\ d$. 则 $\widetilde{N}=(\widetilde{N}^1,\ \widetilde{N}^2,\ \cdots,\ \widetilde{N}^d)$ 必为 d 维 Q 连续局部鞅，且 $[\widetilde{N}^i]^Q=[N^i]^P$.

推论 9.5.2　若 $W=(W^1,\ W^2,\ \cdots,\ W^d)$ 为 d 维布朗运动，$H=(H^1,\ H^2,\ \cdots,\ H^d)$ 是 d 维可测适应过程，满足 $\int_0^T |H_s|^2\mathrm{d}s<\infty$, a. s.，令 $Z_t=\mathrm{e}^{\int_0^t H_s\mathrm{d}W_s-\frac{1}{2}\int_0^t |H_s|^2\mathrm{d}s}$，$Q(A)=$

$\int_A Z_T \mathrm{d}P$，$\forall A \in \mathcal{F}_T$，如果 $E(Z_T)=1$，则 $\widetilde{W}_t = W_t - \int_0^t H_s \mathrm{d}s$ 为 d 维 Q 布朗运动．

最后，我们介绍鞅的表示定理．

定理 9.5.3 (Kunita-Watanabe)　设$(\Omega, \mathcal{F}, P)$是一个概率空间，$\{W_t, t \geqslant 0\}$是其上的标准布朗运动，$\widetilde{S} = \{\mathcal{F}_t = \sigma(W_s, s \leqslant t), t \geqslant 0\}$. M 为平方可积 $\widetilde{S}$ 鞅(局部平方可积 $\widetilde{S}$ 鞅)，$M_0 = 0$，则存在唯一的可料过程$\{H_t, t \geqslant 0\}$，满足 $\forall t > 0$，$E\left\{\int_0^t H_s^2 \mathrm{d}s\right\} < \infty$（相应地 $\int_0^t H_s^2 \mathrm{d}s < \infty$, a. s. ），使得

$$M_t = \int_0^t H_s \mathrm{d}W_s, \quad \forall t > 0$$

证明　只证平方可积 $\widetilde{S}$ 鞅的情形．设 M 为平方可积 $\widetilde{S}$ 鞅，由定理 8.4.6 知，存在唯一的 $\widetilde{S}$ 可料过程 $H \in L^2(\mu_{M^2})$及唯一与 W 强正交的 $N \in \mathfrak{M}^2$ 满足

$$M_t = \int_0^t H_s \mathrm{d}W_s + N_t, \quad \text{a. s.}, \ \forall t \in [0, T]$$

因为 $R_g(I_W)$为$\mathfrak{M}^2$的稳定子空间，且由有界鞅全体在$\mathfrak{M}^2$中稠密知，要证 $R_g(I_W)^{\perp} = 0$(从而 $N=0$)，只需证明与 $R_g(I_W)$强正交的任一零初值有界 $\widetilde{S}$ 鞅必为不足道过程．

设存在常数 K，使得$|N| \leqslant K$，且 $N \amalg R_g(I_W)$，令

$$Z_t = 1 + \frac{N_t}{2K}, \quad t \in [0, T]$$

则 $Z_t \geqslant \frac{1}{2}$，且 $E[Z_t]=1$. $\mathcal{F}_T^W$上定义另一概率 $Q = \int Z_T \mathrm{d}P$，因为 $N \amalg W$，故 NW 为 P 鞅，因而

$$ZW = W + \frac{NW}{2K}$$

也为 P 鞅，由引理 9.5.1 知，W 为 Q 鞅．又因为 $W^2 - t = 2\int_0^t W_s \mathrm{d}W_s$，而 $\int W \mathrm{d}W \amalg N$，所以$\{W_t^2, t \in [0, T]\}$为 Q 鞅，由定理 9.5.1 知，W 为 Q 布朗运动．由布朗运动有限维分布的确定性知，P 与 Q 在$\mathcal{F}_T^W$ 上重合，即 $Z_T = 1$, a. s. 于是 $Z \equiv 1$，所以 $N \equiv 0$. ■

由上述鞅的表示定理立即得到下面的推论．

推论 9.5.3　(1)局部平方可积 $\widetilde{S}$ 鞅必为局部连续鞅；(2)设 T 为正数或$+\infty$，$\xi \in L^2(\Omega, \mathcal{F}_T^W, P)$，则存在 $\widetilde{S}$ 可料过程$\{H_t, t \in [0, T]\}$满足

$$E\int_0^T H_s^2 \mathrm{d}s < \infty, \quad \xi = E[\xi \mid \mathcal{F}_0^W] + \int_0^T H_s \mathrm{d}W_s$$

第 10 章 随机微分方程

带有随机因素的常微分方程最早出现在 20 世纪初期，比如 1908 年 Langevin(见参考文献[58])建立的 Langevin 方程．但是，对随机微分方程的严格数学定义则直到 1951 年伊藤发表了著名的随机微分方程的论文[59]之后才开始．今天，随机微分方程在物理、力学、化学、生物学、经济与金融学、控制理论、航空航天等诸多领域发挥着重要的作用．本章将介绍正向随机微分方程解的存在唯一性、解的马尔可夫性、Feynman-Kac 公式、解的近似计算及倒向随机微分方程解的存在唯一性、解的比较定理等理论．

10.1 正向随机微分方程

常微分方程在实际应用中的重要性是众所周知的，然而随着科学技术的发展，要求对实际问题的描述愈来愈精准，因此，对随机因素的影响就必须加以考虑，在传统的常微分方程中加入随机因素更能准确地描述实际问题，这就需要随机微分方程理论．本节将介绍正向随机微分方程解的存在唯一性理论及解的性质．

定义 10.1.1（伊藤型正向随机微分方程） 设$(\Omega, \mathcal{F}, P)$是一个概率空间，$\{W(t), t\geqslant 0\}$为其上的标准布朗运动，记$\mathcal{F}_t=\sigma(W_s, s\leqslant t)$，称方程

$$\begin{cases} \mathrm{d}X(t) = b(t,X(t))\mathrm{d}t + \sigma(t,X(t))\mathrm{d}W(t) \\ X(0) = \zeta \end{cases} \tag{10.1}$$

为一个马尔可夫型伊藤正向随机微分方程，其中 ζ 是$\mathcal{F}_0$可测的随机变量，$b(t, X(t))$，$\sigma(t, X(t))$分别满足

$$\forall\, t \geqslant 0, \int_0^t |b(s,X(s))|\,\mathrm{d}s < \infty,\ \text{a. s.},\ \int_0^t |\sigma(s,X(s))|^2\,\mathrm{d}s < \infty,\ \text{a. s.}$$

伊藤型正向随机微分方程对应的积分形式为

$$X(t) = \zeta + \int_0^t b(s,X(s))\mathrm{d}s + \int_0^t \sigma(s,X(s))\mathrm{d}W_s, t \geqslant 0 \tag{10.2}$$

以后，我们将一个正向随机微分方程简记为 SDE.

在 SDE(10.1)中，如果函数 b 与 σ 不显含 t，则称方程为一个自治系统，也称方程为一个时齐的 SDE.

定义 10.1.2 如果$(\Omega, \mathcal{F}, P)$中的随机过程$\{X(t), t\geqslant 0\}$满足下列条件：

(1) $\{X(t), t\geqslant 0\}$是$\{\mathcal{F}_t, t\geqslant 0\}$适应过程；

(2) $\{X(t), t\geqslant 0\}$满足方程(10.1)或方程(10.2)；

则称$\{X(t), t\geqslant 0\}$为 SDE (10.1)在 $0\leqslant t\leqslant T$ 上的一个强解．在本书中，我们称强解为解．

定义 10.1.3 设 $b(t, x)$，$\sigma(t, x)$是两个给定函数，如果存在一个概率空间$(\Omega, \mathcal{F}, P)$及其上的随机变量 ζ，标准布朗运动$\{W(t), t\geqslant 0\}$及随机过程$\{X(t), t\geqslant 0\}$，使得

(1) $\{X(t), t\geqslant 0\}$是$\{\mathcal{F}_t, t\geqslant 0\}$适应过程；

(2) $\{X(t), t\geqslant 0\}$满足方程(10.1)；

(3) ζ 是$\mathcal{F}_0$ 可测的；

其中，$\mathcal{F}_t=\sigma(W_s, s\leqslant t)$，则称$\{X(t), t\geqslant 0\}$为 SDE (10.1)的弱解．

在本书中，我们只讨论强解的存在唯一性及解的性质．

引理 10.1.1（Gronwall-Bellman 引理）　设 $T>0$，$h(t)$，$g(t)$是定义在$[0, T]$上的两个可积函数，且满足下列条件：

(1)$g(s)\geqslant 0$，$\forall s\in[0, T]$；

(2)存在常数 $C>0$，使得$\forall t\in[0, T]$，均有

$$g(t)\leqslant h(t)+C\int_0^t g(s)\mathrm{d}s$$

则$\forall t\in[0, T]$，下列不等式成立：

$$g(t)\leqslant h(t)+C\int_0^t \mathrm{e}^{C(t-s)}h(s)\mathrm{d}s$$

证明是基本的，在很多微积分或实变函数教辅书中都能找到．

在以下的讨论中，我们用 C 表示不同的常数．

定理 10.1.1（解的存在唯一性定理）　设 $\zeta\in L^2(\Omega)$，且是$\mathcal{F}_0$ 可测的，

$$b(t,x):[0,T]\times\mathbf{R}\mapsto\mathbf{R},\quad \sigma(t,x):[0,T]\times\mathbf{R}\mapsto\mathbf{R}$$

均为 Borel 可测函数，并满足全局 Lipschitz 条件，即存在常数 $L>0$，使得对任意 x_1，$x_2\in\mathbf{R}$，$0\leqslant t\leqslant T$，均有

$$|b(t,x_1)-b(t,x_2)|\leqslant L|x_1-x_2|,\quad |\sigma(t,x_1)-\sigma(t,x_2)|\leqslant L|x_1-x_2| \quad (10.3)$$

且对任意 $0\leqslant t\leqslant T$，有$|b(t, 0)|\leqslant K$，$|\sigma(t, 0)|\leqslant K$，则 SDE(10.1)存在唯一解．

定理 10.1.1 传统的证明方法有两种，一种是迭代法，另一种是不动点原理．下面我们分别用这两种方法证明之．

证法一（迭代法）：令

$$X_t^{(0)}=\zeta,\ X_t^{(1)}=\zeta+\int_0^t b(s,X_s^{(0)})\mathrm{d}s+\int_0^t\sigma(s,X_s^{(0)})\mathrm{d}W_s$$

因为满足全局 Lipschitz 条件，且$|b(t, 0)|\leqslant K$，$|\sigma(t, 0)|\leqslant K$，则必满足线性增长条件，即存在常数 $C>0$，使得

$$|b(t,x)|\leqslant C(1+|x|),\quad |\sigma(t,x)|\leqslant C(1+|x|)$$

则有

$$E\int_0^T|b(s,X_s^{(0)})|\mathrm{d}s\leqslant CE\int_0^T[1+|\zeta|]\mathrm{d}s<\infty$$

$$E\int_0^T|\sigma(s,X_s^{(0)})|^2\mathrm{d}s\leqslant CE\int_0^T[1+|\zeta|^2]\mathrm{d}s<\infty$$

$$E\int_0^T|b(s,X_s^{(0)})|^2\mathrm{d}s\leqslant CE\int_0^T[1+|\zeta|^2]\mathrm{d}s<\infty$$

故 $X_t^{(1)}$ 有意义，且

$$\begin{aligned}(X_t^{(1)})^2&\leqslant 3\zeta^2+3\left(\int_0^t b(s,\ X_s^{(0)})\mathrm{d}s\right)^2+3\left(\int_0^t\sigma(s,\ X_s^{(0)})\mathrm{d}W_s\right)^2\\&\leqslant 3\zeta^2+3T\int_0^t b^2(s,\ X_s^{(0)})\mathrm{d}s+3\sup_{t\in[0,\ T]}\left(\int_0^t\sigma(s,\ X_s^{(0)})\mathrm{d}W_s\right)^2\end{aligned}$$

两边取数学期望，由 BDG 不等式得

$$E(X_t^{(1)})^2\leqslant 3E\zeta^2+3TE\int_0^t 2C[1+(X_s^{(0)})^2]\mathrm{d}s+3CE\int_0^T\sigma^2(s,\ X_s^{(0)})\mathrm{d}s$$

$$\leqslant 3E\zeta^2 + 6TCE\int_0^T [1+(X_s^{(0)})^2]\mathrm{d}s + 2CE\int_0^T [1+(X_s^{(0)})^2]\mathrm{d}s \tag{10.4}$$

即

$$\sup_{0\leqslant t\leqslant T} E\,(X_t^{(1)})^2 \leqslant 3E(\zeta^2) + (6T+2)CE\int_0^T [1+(X_s^{(0)})^2]\mathrm{d}s < \infty$$

故可进行迭代

$$X_t^{(2)} = \zeta + \int_0^t b(s,\ X_s^{(1)})\mathrm{d}s + \int_0^t \sigma(s,\ X_s^{(1)})\mathrm{d}W_s$$

以此类推，

$$X_t^{(n)} = \zeta + \int_0^t b(s,\ X_s^{(n-1)})\mathrm{d}s + \int_0^t \sigma(s,\ X_s^{(n-1)})\mathrm{d}W_s \tag{10.5}$$

……

从而得到一列过程 $X^{(n)}=\{X_t^{(n)},\ t\geqslant 0\}$，$n=0,\ 1,\ 2,\ \cdots$，显然 $X^{(n)}(n=0,\ 1,\ 2,\ \cdots)$是$\{\mathcal{F}_t,\ t\geqslant 0\}$适应的．下面证明$\{X^{(n)}\}_{n=1}^{\infty}$依某种法则收敛于一个随机过程．

由迭代过程知，

$$X_t^{(n)} - X_t^{(n-1)} = \int_0^t b(s,\ X_s^{(n-1)}) - b(s,\ X_s^{(n-2)})\mathrm{d}s + \int_0^t \sigma(s,\ X_s^{(n-1)}) - \sigma(s,\ X_s^{(n-2)})\mathrm{d}W_s$$

故

$$\begin{aligned}(X_t^{(n)} - X_t^{(n-1)})^2 &\leqslant 2\left(\int_0^t [b(s,\ X_s^{(n-1)}) - b(s,\ X_s^{(n-2)})]\mathrm{d}s\right)^2 + \\ &\quad 2\left(\int_0^t [\sigma(s,\ X_s^{(n-1)}) - \sigma(s,\ X_s^{(n-2)})]\mathrm{d}W_s\right)^2 \\ &\leqslant 2T\int_0^t [b(s,\ X_s^{(n-1)}) - b(s,\ X_s^{(n-2)})]^2\mathrm{d}s + \\ &\quad 2\left(\int_0^t [\sigma(s,\ X_s^{(n-1)}) - \sigma(s,\ X_s^{(n-2)})]\mathrm{d}W_s\right)^2\end{aligned} \tag{10.6}$$

在式(10.6)两边取数学期望，并使用随机积分的等距性，得

$$E\,(X_t^{(n)} - X_t^{(n-1)})^2 \leqslant 2TL^2\int_0^t [X_s^{(n-1)} - X_s^{(n-2)}]^2\mathrm{d}s + 2L^2E\int_0^t [X_s^{(n-1)} - X_s^{(n-2)}]^2\mathrm{d}s$$

即

$$E\,(X_t^{(n)} - X_t^{(n-1)})^2 \leqslant 2L^2(1+T)E\int_0^t |X_s^{(n-1)} - X_s^{(n-2)}|^2\mathrm{d}s \tag{10.7}$$

因为 $E[(X_t^{(1)} - X_t^{(0)})^2]\leqslant C$，其中 C 表示某个常数，在不同地方可取不同的值．故有

$$\sup_{0\leqslant t\leqslant T} E\,(X_t^{(n)} - X_t^{(n-1)})^2 \leqslant \frac{(2L^2(1+T))^{n-1}C}{(n-1)!} \tag{10.8}$$

另外，由式(10.6)有

$$\begin{aligned}E\left\{\sup_{0\leqslant t\leqslant T}[(X_t^{(n)} - X_t^{(n-1)})^2]\right\} &\leqslant 2E\left\{\sup_{0\leqslant t\leqslant T}\left(\int_0^t [b(s,\ X_s^{(n-1)}) - b(s,\ X_s^{(n-2)})]\mathrm{d}s\right)^2\right\} + \\ &\quad 2E\left\{\sup_{0\leqslant t\leqslant T}\left(\int_0^t [\sigma(s,\ X_s^{(n-1)}) - \sigma(s,\ X_s^{(n-2)})]\mathrm{d}W_s\right)^2\right\}\end{aligned}$$

由施瓦兹不等式与 BDG 不等式知，

$$E\{\sup_{0\leqslant t\leqslant T}[(X_t^{(n)}-X_t^{(n-1)})^2]\}\leqslant 2TE\left\{\int_0^T[b(s,X_s^{(n-1)})-b(s,X_s^{(n-2)})]^2\mathrm{d}s\right\}+$$

$$2C_1E\left(\int_0^T[\sigma(s,X_s^{(n-1)})-\sigma(s,X_s^{(n-2)})]^2\mathrm{d}s\right)\qquad(10.9)$$

结合式(10.8)、式(10.9)得到

$$E\{\sup_{0\leqslant t\leqslant T}[(X_t^{(n+1)}-X_t^{(n)})^2]\}\leqslant(2T^2+C_1T)L^2\frac{[2L^2(T+1)]^{n-1}C}{(n-1)!}\qquad(10.10)$$

由不等式 $P(|X|\geqslant a)\leqslant\dfrac{E|X|}{a}$，$\forall a>0$ 知，

$$\sum_{n=1}^{\infty}P\left\{\sup_{0\leqslant t\leqslant T}|X_t^{(n+1)}-X_t^{(n)}|\geqslant\frac{1}{2^n}\right\}$$

$$\leqslant(2T^2+C_1T)L^2\sum_{n=1}^{\infty}\frac{[2L^2(1+T)]^{n-1}C}{(n-1)!}\times 2^n\triangleq C_2\sum_{n=1}^{\infty}\frac{b^{n-1}}{(n-1)!}<\infty$$

由 Borel-Cantell 引理知，

$$P\left\{有无限个 n，使得\sup_{0\leqslant t\leqslant T}|X_t^{(n+1)}-X_t^{(n)}|\geqslant\frac{1}{2^n}\right\}=0$$

从而，对 a. s. $\omega\in\Omega$，存在自然数 N，当 $n>N$ 时，

$$\sup_{0\leqslant t\leqslant T}|X_t^{(n+1)}-X_t^{(n)}|<\frac{1}{2^n}$$

由 Weierstrass 判别法知，级数

$$X_t^{(n)}(\omega)=\zeta(\omega)+\sum_{k=1}^{n}[X_t^{(k)}(\omega)-X_t^{(k-1)}(\omega)]$$

在 $t\in[0,T]$上一致收敛，记极限为 $X_t(\omega)$. 显然$\{X_t(\omega),0\leqslant t\leqslant T\}$是$\{\mathcal{F}_t,t\geqslant 0\}$适应过程，且对 a. s. $\omega\in\Omega$，$\forall t\in[0,T]$，

$$\left|\int_0^t[b(s,X_s^{(n)})-b(s,X_s)]\mathrm{d}s\right|\leqslant L\int_0^t|X_s^{(n)}-X_s|\mathrm{d}s\to 0$$

故

$$\int_0^t b(s,X_s^{(n)})\mathrm{d}s\to\int_0^t b(s,X_s)\mathrm{d}s\quad(依概率收敛)$$

同理可得

$$\int_0^t|\sigma(s,X_s^{(n)})-\sigma(s,X_s)|^2\mathrm{d}s\to 0,\quad \text{a. s.}$$

所以由定理 8.3.6 得

$$\int_0^t\sigma(s,X_s^{(n)})\mathrm{d}W_s\to\int_0^t\sigma(s,X_s)\mathrm{d}W_s\quad(依概率收敛)$$

在式(10.7)两边取概率极限得$\{X_t(\omega),0\leqslant t\leqslant T\}$是方程的一个解.

最后证明唯一性，设$\{X_t(\omega),0\leqslant t\leqslant T\}$，$\{\overline{X}_t(\omega),0\leqslant t\leqslant T\}$均为方程(10.1)的解，则

$$X(t)-\overline{X}(t)=\int_0^t[b(s,X(s))-b(s,\overline{X}(s))]\mathrm{d}s+\int_0^t[\sigma(s,X(s))-\sigma(s,\overline{X}(s))]\mathrm{d}W_s$$

因为

$$(X_t-\overline{X}_t)^2 \leqslant 2\left(\int_0^t [b(s,X_s)-b(s,\overline{X}_s)]\mathrm{d}s\right)^2+$$
$$2\left(\int_0^t [\sigma(s,X_s)-\sigma(s,\overline{X}_s)]\mathrm{d}W_s\right)^2$$

所以

$$E(X_t-\overline{X}_t)^2 \leqslant 2TL^2E\int_0^t [X_s-\overline{X}_s]^2\mathrm{d}s+2L^2E\int_0^t [X_s-\overline{X}_s]^2\mathrm{d}s$$
$$=2L^2(T+1)\int_0^t E[X_s-\overline{X}_s]^2\mathrm{d}s \tag{10.11}$$

由 Gonwall-Ballman 不等式知，

$$E(X_t-\overline{X}_t)^2=0$$

证毕．■

注 10.1.1　在证明唯一性时，我们使用了 $\int_0^t [\sigma(s,X(s))-\sigma(s,\overline{X}(s))]\mathrm{d}W_s$ 是鞅的假定，这需要条件 $E\int_0^t \sigma^2(s,X(s))\mathrm{d}s<\infty$，这是不能保证的．为此，可先作停时序列，

$$\tau_n=\inf\{t\in[0,T]:|X(t)|\geqslant n\}\ (\text{规定} \inf\varnothing=T)$$

考虑方程

$$X_t^{\tau_n}=\zeta+\int_0^{t\wedge\tau_n} b(s,X_s)\mathrm{d}s+\int_0^{t\wedge\tau_n}\sigma(s,X_s)\mathrm{d}W_s$$

则式(10.11)变为

$$E(X_t^{\tau_n}-\overline{X}_t^{\tau_n})^2\leqslant 2L^2(T+1)\int_0^{t\wedge\tau_n} E|X_s-\overline{X}_s|^2\mathrm{d}s$$

由 Fatou 引理知，

$$E(X_t-\overline{X}_t)^2=E[\lim_{n\to\infty}(X_t^{\tau_n}-\overline{X}_t^{\tau_n})^2]\leqslant \underline{\lim}_{n\to\infty}E[(X_t^{\tau_n}-\overline{X}_t^{\tau_n})^2]$$
$$\leqslant 2L^2(T+1)\int_0^t E|X_s-\overline{X}_s|^2\mathrm{d}s$$

从而可证结论．

注 10.1.2　从证明过程我们能够看出，证法一中得到的解属于 Banach 过程空间 L_T^2，下面我们也将空间 L_T^2 写为 $L^2(T)$.

证法二：考虑过程空间 $L^2(T)$，它表示是$\{\mathcal{F}_t,\ t\geqslant 0\}$适应过程，且满足

$$\|X\|_{L^2(T)}=\sqrt{E\int_0^T X^2(t)\mathrm{d}t}<\infty$$

的全体过程 $X=\{X_t,\ 0\leqslant t\leqslant T\}$构成的空间，易证$(L^2(T),\ \|\cdot\|_{L^2(T)})$是一个 Banach 空间．且对任给 $a>0$，$\|X\|=\sqrt{\sup_{t\in[0,T]}\mathrm{e}^{-at}E\int_0^t X^2(s)\mathrm{d}s}$ 是等价范数．对任给

$$x=\{x_t,0\leqslant t\leqslant T\}\in L^2(T)$$

定义过程

$$X_t=\zeta+\int_0^t b(s,x_s)\mathrm{d}s+\int_0^t \sigma(s,x_s)\mathrm{d}W_s \tag{10.12}$$

因

$$E\int_0^T|b(s,x_s)|\mathrm{d}s\leqslant CE\int_0^T[1+|x_s|]\mathrm{d}s<\infty$$

$$E\int_0^T|\sigma(s,x_s)|^2\mathrm{d}s\leqslant CE\int_0^T[1+|x_s|^2]\mathrm{d}s<\infty$$

故对任意 $\forall t\in[0,T]$，X_t 有定义，且类似于式(10.4)有

$$\begin{aligned}E(|X_t|^2)&\leqslant 3E\zeta^2+3TE\int_0^t|b(s,x_s)|^2\mathrm{d}s+3E\int_0^t|\sigma(s,x_s)|^2\mathrm{d}s\\&\leqslant 3E\zeta^2+CE\int_0^T[1+|x_s^2]\mathrm{d}s\end{aligned}\tag{10.13}$$

所以

$$E\int_0^T|X_t|^2\mathrm{d}t<\infty$$

从而通过式(10.12)定义了一个 $L^2(T)$上的映射 A：$x\mapsto X$. 下面证明 A 是压缩映射. 任给 $x^{(1)}$，$x^{(2)}\in L^2(T)$，设 $X^{(1)}=A(x^{(1)})$，$X^{(2)}=A(x^{(2)})$，则

$$\|A(x^{(1)})-A(x^{(2)})\|^2=\|X^{(1)}-X^{(2)}\|^2=\sup_{t\in[0,T]}\mathrm{e}^{-at}E\int_0^t|X_s^{(1)}-X_s^{(2)}|^2\mathrm{d}t$$

因为

$$X_t^{(1)}-X_t^{(2)}=\int_0^t[b(s,x_s^{(1)})-b(s,x_s^{(2)})]\mathrm{d}s+\int_0^t[\sigma(s,x_s^{(1)})-\sigma(s,x_s^{(2)})]\mathrm{d}W_s$$

所以

$$(X_t^{(1)}-X_t^{(2)})^2\leqslant 2\left(\int_0^t[b(s,x_s^{(1)})-b(s,x_s^{(2)})]\mathrm{d}s\right)^2+2\left(\int_0^t[\sigma(s,x_s^{(1)})-\sigma(s,x_s^{(2)})]\mathrm{d}W_s\right)^2$$

两边取期望得

$$\begin{aligned}E(X_t^{(1)}-X_t^{(2)})^2&\leqslant 2L^2TE\left[\int_0^t|x_s^{(1)}-x_s^{(2)}|^2\mathrm{d}s\right]+2L^2E\left[\int_0^t|x_s^{(1)}-x_s^{(2)}|^2\mathrm{d}s\right]\\&=2L^2(T+1)E\left[\int_0^t|x_s^{(1)}-x_s^{(2)}|^2\mathrm{d}s\right]=2L^2(T+1)\mathrm{e}^{at}\|x^{(1)}-x^{(2)}\|^2\end{aligned}$$

因此有

$$\begin{aligned}\|A(x^{(1)})-A(x^{(2)})\|^2&=\|X^{(1)}-X^{(2)}\|^2=\sup_{t\in[0,T]}\mathrm{e}^{-at}E\int_0^t|X_s^{(1)}-X_s^{(2)}|^2\mathrm{d}s\\&\leqslant\sup_{t\in[0,T]}\mathrm{e}^{-at}2L^2(T+1)\|x^{(1)}-x^{(2)}\|^2\int_0^t\mathrm{e}^{as}\mathrm{d}s\\&\leqslant\sup_{t\in[0,T]}[1-\mathrm{e}^{-at}]\frac{2L^2(T+1)}{a}\|x^{(1)}-x^{(2)}\|^2\\&=[1-\mathrm{e}^{-aT}]\frac{2L^2(T+1)}{a}\|x^{(1)}-x^{(2)}\|^2\end{aligned}$$

取 $a>0$ 足够大，使得 $[1-\mathrm{e}^{-aT}]\dfrac{2L^2(T+1)}{a}<1$，则 A 是 $L^2(T)$上的压缩映射，由压缩映射原理知式(10.8)存在唯一不动点，从而存在唯一解，证毕. ■

引理 10.1.2　设$\{X(t),\ t\geqslant 0\}$为 SDE

$$\begin{cases} dX(s) = b(s, X(s))ds + \sigma(s, X(s))dW(s), 0 \leqslant s \leqslant T \\ X(0) = \zeta \end{cases} \tag{10.14}$$

的解，且 $\zeta \in L^2(\Omega, \mathbf{R}^d)$ 是 $\mathcal{F}_0$ 可测的，b：$[0, T] \times \mathbf{R}^d \to \mathbf{R}^d$，$\sigma$：$[0, T] \times \mathbf{R}^d \to \mathbf{R}^{d\times m}$，则对任意 $p>0$，$t\in[0, T]$，有下列估计式成立：

$$|X(t)|^p \leqslant 3^{p-1}\left[|\zeta|^p + \left|\int_0^t b(s, X(s))ds\right|^p + \left|\int_0^t \sigma(s, X(s))dW(s)\right|^p\right] \tag{10.15}$$

$$E[|X(t)|^p] = E[|\zeta|^p] + E\int_0^t \mathcal{L}|X(s)|^p ds \tag{10.16}$$

$$E[1+|X(t)|^2]^{\frac{p}{2}} = E([1+|\zeta|^2]^{\frac{p}{2}}) + E\int_0^t \mathcal{L}[1+|X(s)|^2]^{\frac{p}{2}} ds \tag{10.17}$$

其中

$$\mathcal{L}V(t,x) = V_t(t, x) + V_x(t, x)b(t, x) + \left(\frac{1}{2}\right)\mathrm{tr}[\sigma^T(t, x)V_{xx}(t, x)\sigma(t, x)]$$

证明 由 SDE 的积分形式，使用基本不等式

$$|a+b+c|^p \leqslant 3^{p-1}[|a|^p + |b|^p + |c|^p]$$

即得式(10.15)，由多维半鞅的伊藤公式立即得式(10.16)、式(10.17)，其中需要使用停时技巧. ■

引理 10.1.3 设 $\{X(t), t\geqslant 0\}$ 为 SDE(10.14)的解，令 $V(t, X_t) = (1+|X(t)|^2)^{p/2}$，则

$$\mathcal{L}V(t, X_t) = \frac{p}{2}(1+|X(t)|^2)^{\frac{p}{2}-1}\left[2X_t^T b(t, X_t) + |\sigma(t, X_t)|^2 + \frac{(p-2)|X_t^T\sigma(t, X_t)|^2}{1+|X_t|^2}\right] \tag{10.18}$$

证明由直接计算可得.

引理 10.1.4 设 σ：$[t, T]\times\Omega \to \mathbf{R}^{d\times m}$ 满足

$$E\int_0^T |\sigma(s)|^2 ds < \infty$$

则

$$E\left[\left|\int_0^T \sigma(t)dW(t)\right|^p\right] \leqslant \left[\frac{p(p-1)}{2}\right]^{\frac{p}{2}} T^{\frac{p}{2}-1}\int_0^T E|\sigma(t)|^p dt \tag{10.19}$$

证明用伊藤公式立即得到.

定理 10.1.2（解的估计） (1)设 $\{X(t), t\geqslant 0\}$ 为 SDE (14)的解，其中，$\zeta\in L^2(\Omega, \mathbf{R}^d)$ 是 $\mathcal{F}_0$ 可测的，b：$[0, T]\times\mathbf{R}^d\to\mathbf{R}^d$，$\sigma$：$[0, T]\times\mathbf{R}^d\to\mathbf{R}^{d\times m}$ 满足线性增长条件，则有下列估计式成立：

$$E[|X(t)|^2] \leqslant \widetilde{C}[1+E(|\zeta|^2)],\ t\in[0,T]$$

(2)设 $\{X(t), t\geqslant 0\}$ 为 SDE(10.14)的解，且 $\zeta\in L^2(\Omega)\cap L^p(\Omega)$ 是 $\mathcal{F}_0$ 可测的，$p>0$，且存在常数 $\alpha>0$ 使得 $\forall(t, x)\in[0, T]\times\mathbf{R}^d$，均有

$$xb(t,x) + \frac{1\vee(p-1)}{2}|\sigma(t,x)|^2 \leqslant \alpha[1+|x|^2] \tag{10.20}$$

则

$$E[|X(t)|^p] \leqslant \widetilde{C}[1+E(|\zeta|^p)],\ t\in[0,T] \tag{10.21}$$

(3)若 $\zeta\in L^2(\Omega)\cap L^p(\Omega)$，$p>0$，且 b，σ 满足线性增长条件

$$|b(t,x)|^2 \vee |\sigma(t,x)|^2 \leqslant K[1+|x|^2],\ (t,x)\in[0,T]\times\mathbf{R}^d$$

则有以下估计：

$$E(\sup_{0\leqslant s\leqslant t}|X(s)|^p)\leqslant 2E(1+|\zeta|^2)^{\frac{p}{2}}\mathrm{e}^{\beta t},\ t\in[0,T] \tag{10.22}$$

其中 $\beta=p[2\sqrt{K}+K(32p+1+|p-2|)]$. 特别地，在线性增长条件下，对任何 $p>0$ 与 $\zeta\in L^2(\Omega)\cap L^p(\Omega)$，有

$$E(\sup_{0\leqslant s\leqslant t}|X(s)|^p)<\infty,\quad t\in[0,T]$$

证明　显然，(1)是(2)的特殊情况，故只需证明(2)与(3).

(2)的证明：引入记号

$$\mathcal{L}=\frac{\partial}{\partial t}+\sum_i b_i(t,x)\frac{\partial}{\partial x_i}+\frac{1}{2}\sum_{i,j}[\sigma(t,x)\sigma^T(t,x)]_{ij}\frac{\partial^2}{\partial x_i\partial x_j}$$

则

$$\mathcal{L}V(t,x)=V_t(t,x)+V_x(t,x)b(t,x)+\left(\frac{1}{2}\right)\mathrm{tr}[\sigma^T(t,x)V_{xx}(t,x)\sigma(t,x)]$$

令 $y=\sqrt{1+|X_t|^2}$，则由式(10.20)得

$$\begin{aligned}\mathcal{L}y^p&=(p/2)y^{p-2}[2X_t^Tb+|\sigma|^2+(p-2)y^{-2}|X_t^T\sigma|^2]\\&\leqslant py^{p-2}\left(X_t^Tb+\frac{p-1}{2}|\sigma|^2\right)\leqslant \alpha p y^p\end{aligned}$$

由式(10.17)得

$$Ey^p(t)=Ey^p(0)+\int_0^t E\mathcal{L}y^p(s)\mathrm{d}s\leqslant Ey^p(0)+\alpha p\int_0^t Ey^p(s)\mathrm{d}s$$

然后用 Gronwall 不等式得

$$E[1+|X(t)|^2]^{\frac{p}{2}}\leqslant 2^{(\frac{p}{2}-1)\vee 0}(1+E|\zeta|^p)\mathrm{e}^{\alpha pt},\quad t\in[0,T] \tag{10.23}$$

不等式(10.23)强于不等式(10.21)，从而式(10.21)得证.

注 10.1.3　在证明过程中，我们使用了条件 $y^{p-2}X^T(t)\sigma\in\mathcal{H}^2_{loc}(\mathbf{R}^{1\times m})$，这需要使用停时技巧，即令 $\tau_n=\inf\{t\in[0,T]:|X(t)|\geqslant n\}$，用 $t\wedge\tau_n$ 取代 t，余下的证明过程与上面过程完全一样，细节从略.

(3)的证明：令 $y=\sqrt{1+|X_t|^2}$，由结论(2)知 $y^{p-2}X^T(t)\sigma\in\mathcal{H}^2_{loc}(\mathbf{R}^{1\times m})$，则由式(10.18)得

$$\begin{aligned}h(t)&\triangleq E\Big(\sup_{t_0\leqslant s\leqslant t}y^p(s)\Big)\\&\leqslant Ey^p(t_0)+\frac{p}{2}E\int_{t_0}^t y^{p-2}(s)[2|X^T(s)b(s,X(s))|+(1+|p-2|)|\sigma(s,X(s))|^2]\mathrm{d}s+\\&\quad pE\Big[\sup_{t_0\leqslant s\leqslant t}\Big|\int_{t_0}^s y^{p-2}(r)X^T(r)\sigma(r,X(r))\mathrm{d}W(r)\Big|\Big]\\&\leqslant Ey^p(t_0)+\frac{p}{2}[2\sqrt{K}+K(1+|p-2|)]\int_{t_0}^t Ey^p(s)\mathrm{d}s+\end{aligned}$$

$$E\left[32p^2\int_{t_0}^{t} y^{2p-2}(s)\,|\sigma(s,X(s))|^2\mathrm{d}s\right]^{\frac{1}{2}} \qquad (\text{用 BDG 不等式})$$

$$\leqslant Ey^p(t_0)+c_1\int_{t_0}^{t} Ey^p(s)\mathrm{d}s \quad \left(c_1=\frac{p}{2}[2\sqrt{K}+K(1+|p-2|)]\right)+$$

$$E\left[\sup_{0\leqslant s\leqslant t} y^p(s)\cdot 32Kp^2\int_{t_0}^{t} y^p(s)\mathrm{d}s\right]^{\frac{1}{2}}$$

$$\leqslant Ey^p(t_0)+c_1\int_{t_0}^{t} h(s)\mathrm{d}s+\frac{1}{2}h(t)+16Kp^2\int_{t_0}^{t} h(s)\mathrm{d}s$$

$$=Ey^p(t_0)+\frac{1}{2}h(t)+\frac{\beta}{2}\int_{t_0}^{t} h(s)\mathrm{d}s$$

将$(1/2)h(t)$移到不等式左端，然后用 Gronwall 不等式即得式(10.22). ■

注 10.1.4 还有多种方法可以估计 $E(\sup\limits_{0\leqslant s\leqslant t}|X(s)|^p)$. 例如，使用类似于式(10.16)的公式可得

$$\begin{cases}E(\sup\limits_{0\leqslant s\leqslant t}|X(s)|^p)\leqslant (1+2E|\zeta|^p)\mathrm{e}^{\beta t}\\ \beta=p[2\sqrt{K}+2K(33p-1)],\quad p\geqslant 2\end{cases} \tag{10.24}$$

虽然它比估计式(10.22)弱，但是，当 $p=2$ 时将上述方法改进后可得

$$\begin{cases}E(\sup\limits_{0\leqslant s\leqslant t}|X(s)|^2)\leqslant (1+2E|\zeta|^2)\mathrm{e}^{\beta t}\\ \beta=4\sqrt{K}+130K\end{cases} \tag{10.25}$$

这优于式(10.22). 若使用式(10.15)，则得

$$E(\sup_{0\leqslant s\leqslant t}|X(s)|^p)\leqslant (1+3^{p-1}E|\zeta|^p)\mathrm{e}^{\beta t},\ p\geqslant 2 \tag{10.26}$$

其中，

$$\beta=\frac{1}{6}(18K)^{\frac{p}{2}}T^{\frac{p}{2}-1}\left[T^{\frac{p}{2}}+\left\{\frac{p^3}{2(p-1)}\right\}^{\frac{p}{2}}\right]$$

特别地，取 $p=2$，则由式(10.26)可得

$$E(\sup_{0\leqslant s\leqslant t}|X(s)|^2)\leqslant (1+3E|\zeta|^2)\mathrm{e}^{3K(T+4)t} \tag{10.27}$$

定理 10.1.3 若 $\zeta\in L^2(\Omega)\cap L^p(\Omega)$，$p>0$，且 b,σ 满足线性增长条件，则存在与 t，s 无关的常数 $C>0$，使得

$$E[|X(t)-X(s)|^p]\leqslant C|t-s|^{\frac{p}{2}},\quad \forall s,t\in[0,T]$$

证明 不妨设 $p\geqslant 2$. 固定 $0\leqslant s<t\leqslant T$，则

$$E|X(t)-X(s)|^p=E\left|\int_s^t b(r,X(r))\mathrm{d}r+\int_s^t\sigma(r,X(r))\mathrm{d}W(r)\right|^p$$

$$\leqslant 2^{p-1}E\left|\int_s^t b(r,X(r))\mathrm{d}r\right|^p+2^{p-1}\left|\int_s^t\sigma(r,X(r))\mathrm{d}W(r)\right|^p$$

$$\leqslant 2^{p-1}(t-s)^{p-1}E\int_s^t|b(r,X(r))|^p\mathrm{d}r+ \qquad (\text{由 Hölder 不等式})$$

$$C(t-s)^{\frac{p}{2}-1}E\int_s^t|\sigma(r,X(r))|^p\mathrm{d}r \qquad \text{(用式(10.19))}$$

$$\leqslant C(t-s)^{\frac{p}{2}-1}\int_s^t E(1+|X(r)|^2)^{\frac{p}{2}}\mathrm{d}r$$

$$\leqslant C(t-s)^{\frac{p}{2}-1}\int_s^t \mathrm{e}^{\alpha p r}\mathrm{d}r\leqslant C(t-s)^{\frac{p}{2}} \qquad \text{(用式(10.23))}$$

证毕．■

下面我们介绍 SDE 解的马尔可夫性，为此我们需要下列两个引理．

引理 10.1.5　设 $h(x,\omega)$是一个与$\mathcal{F}_s$独立的有界可测随机函数，ξ是一个$\mathcal{F}_s$可测的随机变量，令 $H(x)=Eh(x,\omega)$，则有 $E[h(\xi,\omega)|\mathcal{F}_s]=H(\xi)$.

证明　先设 $h(x,\omega)$是简单随机函数，即

$$h(x,\omega)=\sum_{i=1}^k u_i(x)v_i(\omega)$$

其中，$u_i(x)$是有界非随机函数，$v_i(\omega)$是与$\mathcal{F}_s$独立的有界随机函数变量，则有

$$H(x)=\sum_{i=1}^k u_i(x)Ev_i(\omega)$$

且对任一 $G\in\mathcal{F}_s$，有

$$E[h(\xi,\omega)1_G]=E\Big[\sum_{i=1}^k u_i(\xi)v_i(\omega)1_G\Big]=\sum_{i=1}^k E[u_i(\xi)1_G]E[v_i(\omega)]$$

$$=E\Big[\sum_{i=1}^k u_i(\xi)E(v_i(\omega))1_G\Big]=E[H(\xi)1_G]$$

由条件期望的定义知，

$$E[h(\xi,\omega)\mid\mathcal{F}_s]=H(\xi)$$

又由于任一有界可测随机函数 $h(x,\omega)$可由简单随机函数列逼近，所以结论对任一有界可测随机函数也成立，证毕．■

引理 10.1.6　在定理 10.1.1 的条件下，如果 SDE(10.1)中的 b，σ 不含 t，则方程的弱解在分布意义下是唯一的，即如果$\{X(t),0\leqslant t\leqslant T\}$是 SDE(10.1)在概率空间$(\Omega,\mathcal{F},P)$的解，$\{Y(t),0\leqslant t\leqslant T\}$是 SDE(10.1)在概率空间$(\widetilde{\Omega},\widetilde{\mathcal{F}},\widetilde{P})$中的解，则对任一 $0\leqslant t\leqslant T$，有 $P\circ X_t^{-1}=\widetilde{P}\circ Y_t^{-1}$.

定理 10.1.4　设 b，σ 在 $\mathbf{R}_+\times\mathbf{R}^d$上满足定理 10.1.1 的条件，$\{X^{s,x}(t),t\geqslant s\}$是方程

$$X_{s,x}(t)=x+\int_s^t b(r,X_{s,x}(r))\mathrm{d}r+\int_s^t\sigma(r,X_{s,x}(r))\mathrm{d}W_r,\ t\geqslant s$$

的解，$(s,x)\in[0,+\infty)\times\mathbf{R}^d$，则

(1)$\{X(t)=X_{0,x_0}(t),t\geqslant 0\}$是一个马尔可夫过程，其转移概率为

$$P(s,x,t,A)=P(X_{s,x}(t)\in A),\quad A\in\beta(\mathbf{R}^d) \tag{10.28}$$

(2)若 b 与 σ 不显含 t，则$\{X(t)=X_{0,x_0}(t),t\geqslant 0\}$是时齐次的马尔可夫过程．

证明　(1)取定 $0\leqslant s<t<\infty$，$A\in\beta(\mathbf{R}^d)$，令$\mathcal{F}_s^r\triangleq\sigma(W(r)-W(s),r\geqslant s)$．由唯一性知，

$$X(t)=X(s)+\int_s^t b(r,\ X(r))\mathrm{d}r+\int_s^t \sigma(r,\ X(r))\mathrm{d}W(r)$$

即 $X_{s,X(s)}(t)=X(t)$. 且 $X_{s,x}(t)$为$\mathcal{F}_s^t$ 可测的，$\mathcal{F}_s^t$ 与$\mathcal{F}_s$ 独立，故 $X_{s,x}(t)$与$\mathcal{F}_s$ 独立. 令 $h(x,\ \omega)=1_A(X_{s,x}(t))$，由引理 10.1.5 得

$$\begin{aligned}P(X(t)\in A\mid\mathcal{F}_s)&=E[1_A(X(t))\mid\mathcal{F}_s)]=E[1_A(X_{s,X_s}(t))\mid\mathcal{F}_s)]\\&=E[1_A(X_{s,x}(t))]|_{x=X(s)}=P(s,\ x;\ t,\ A)|_{x=X(s)}=P(s,\ X(s);\ t,\ A)\end{aligned}$$

所以，$\{X(t)=X_{0,x_0}(t),\ t\geqslant 0\}$是一个马尔可夫过程，且转移概率为

$$P(s,\ x,\ t,\ A)=P(X_{s,x}(t)\in A),\quad A\in\beta(\mathbf{R}^d)$$

(2)因为

$$P(s,\ x,\ s+t,\ A)=P(X_{s,x}(s+t)\in A)$$

其中，$X_{s,x}(s+t)$是方程

$$X_{s,x}(s+t)=x+\int_s^{s+t} b(X_{s,x}(r))\mathrm{d}r+\int_s^{s+t}\sigma(X_{s,x}(r))\mathrm{d}W(r),\ t\geqslant 0$$

的解，即 $X_{s,x}(s+t)$是方程

$$X_{s,x}(s+t)=x+\int_0^t b(X_{s,x}(s+r))\mathrm{d}r+\int_0^t\sigma(X_{s,x}(s+r))\mathrm{d}\widetilde{W}(r),\ t\geqslant 0$$

的解，其中 $\widetilde{W}(r)=W(s+r)-W(s)$，因为$\{\widetilde{W}(r),\ r\geqslant 0\}$也是一个标准布朗运动.

从而$\{Y_t\triangleq X_{s,x}(s+t),\ t\geqslant 0\}$是概率空间$(\Omega,\ \mathcal{F},\ P)$中对应于$\{\widetilde{W}(r),\ r\geqslant 0\}$的解，再由

$$X_{0,x}(t)=x+\int_0^t b(X_{0,x}(r))\mathrm{d}r+\int_0^t\sigma(X_{0,x}(r))\mathrm{d}W(r),\ t\geqslant 0$$

知，$\{X_{0,x}(t),\ t\geqslant 0\}$是概率空间$(\Omega,\ \mathcal{F},\ P)$中对应于$\{W(r),\ r\geqslant 0\}$的解，根据弱解的唯一性得

$$P(X_{s,x}(s+t)\in A)=P(X_{0,x}(t)\in A)$$

即

$$P(s,\ x,\ s+t,\ A)=P(0,\ x;\ t,\ A)$$

这表明$\{X(t),\ t\geqslant 0\}$是时齐次的，证毕. ■

随机微分方程的一项惊人成就是可以用随机微分方程的解将某些偏微分方程的解表示出来，这种表达式就是著名的 Feynman-Kac 公式. 下面我们用一个例子来表明这种关系.

定理 10.1.5 设 $u(t,\ x)$：$[0,\ T]\times\mathbf{R}^d\to\mathbf{R}^d$ 是下列抛物型偏微分方程的解：

$$\begin{cases}u_t+Au+c(t,x)u=\phi(t,x), & (t,x)\in[0,T)\times\mathbf{R}^d\\u(T,\ x)=\psi(x), & x\in\mathbf{R}^d\end{cases}\tag{10.29}$$

其中，$A=\sum_i b^i(t,\ x)\dfrac{\partial}{\partial x_i}+\dfrac{1}{2}\sum_{i,j}a_{ij}(t,\ x)\dfrac{\partial^2}{\partial x_i x_j}$ 是一致椭圆算子，从而矩阵

$$a(t,\ x)=[a_{ij}(t,\ x)]_{i,j=1}^d$$

是对称正定矩阵，且 $\inf\limits_{(t,x)\in[0,T]\times\mathbf{R}^d}\lambda_{\min}(a(t,\ x))>0$，且$\{\xi_{t,x}(s),\ t\leqslant s\leqslant T\}$是 SDE 方程

$$\xi_{t,x}(s)=x+\int_t^s b(r,\ \xi_{t,x}(r))\mathrm{d}r+\int_t^s\sigma(r,\ \xi_{t,x}(r))\mathrm{d}W_r,\quad t\leqslant s\leqslant T\tag{10.30}$$

的解，其中 $b(t,\ x)=(b^1(t,\ x),\ b^2(t,\ x),\ \cdots,\ b^d(t,\ x))$，$a(t,\ x)=\sigma(t,\ x)\sigma^T(t,\ x)$.

如果下列条件成立：

(1)函数 $a_{ij}(t, x)$，$b^i(t, x)$在$[0, T]\times\mathbf{R}^d$ 上有界，且满足局部 Lipschitz 条件；$a_{ij}(t,x)$在$[0, T]\times\mathbf{R}^d$ 上关于 x 一致 Hölder 连续，$c(t, x)$在$[0, T]\times\mathbf{R}^d$ 上有界，且局部一致 Hölder 连续．

(2)$\varphi(t, x)$在$[0, T]\times\mathbf{R}^d$ 上连续，在$[0, T]\times\mathbf{R}^d$ 上关于 x 一致 Hölder 连续，$\psi\in C(\mathbf{R}^d)$；存在正常数 α，$\beta>0$，使得

$$|\varphi(t, x)|\vee|\psi(t, x)|\leqslant\beta(1+|x|^{\alpha}),\quad (t, x)\in[0, T]\times\mathbf{R}^d$$

则式(10.29)存在唯一解，且解为

$$u(t,x)=E[\psi(\xi_{t,x}(T))\mathrm{e}^{\int_t^T c(s,\xi_{t,x}(s))\mathrm{d}s}]-E\int_t^T[\varphi(s, \xi_{t,x}(s))\mathrm{e}^{\int_t^s c(r,\xi_{t,x}(r))\mathrm{d}r}]\mathrm{d}s \tag{10.31}$$

证明　我们省略式(10.30)解的存在唯一性证明，也省略式(10.29)解的存在唯 一性证明，只证明关系式(10.31)．因为

$$u(t, x)=E[u(t, \xi_{t,x}(s))\mathrm{e}^{\int_t^s c(r, \xi_{t,x}(r))\mathrm{d}r}]|_{s=t}$$

而 $\{\mathrm{e}^{\int_t^s c(r, \xi_{t,x}(r))\mathrm{d}r}, t\leqslant s\leqslant T\}$ 是有界变差过程，故由伊藤公式知，

$$\begin{aligned}&\mathrm{d}[u(r, \xi_{t,x}(r))\mathrm{e}^{\int_t^r c(u,\xi_{t,x}(u))\mathrm{d}u}]\\&=\mathrm{e}^{\int_t^r c(u,\xi_{t,x}(u))\mathrm{d}u}[\mathrm{d}u(r, \xi_{t,x}(r))+c(r, \xi_{t,x}(r))u(r, \xi_{t,x}(r))]\end{aligned} \tag{10.32}$$

再由伊藤公式知，

$$\mathrm{d}u(r, \xi_{t,x}(r))=Lu(r, \xi_{t,x}(r))\mathrm{d}r+\langle\nabla u(r, \xi_{t,x}(r)), \sigma(r, \xi_{t,x}(r))\mathrm{d}W_r\rangle \tag{10.33}$$

由式(10.32)有

$$\begin{aligned}&u(T, \xi_{t,x}(T))\mathrm{e}^{\int_t^T c(u,\xi_{t,x}(u))\mathrm{d}u}-u(t, x)\\&=\int_t^T\mathrm{e}^{\int_t^r c(u,\xi_{t,x}(u))\mathrm{d}u}[\mathrm{d}u(r, \xi_{t,x}(r))+c(r, \xi_{t,x}(r))u(r, \xi_{t,x}(r))]\mathrm{d}r\end{aligned} \tag{10.34}$$

将式(10.33)代入式(10.34)得

$$\begin{aligned}&u(T, \xi_{t,x}(T))\mathrm{e}^{\int_t^T c(u,\xi_{t,x}(u))\mathrm{d}u}-u(t, x)\\&=\int_t^T\mathrm{e}^{\int_t^r c(u,\xi_{t,x}(u))\mathrm{d}u}[Lu(r,\xi_{t,x}(r))\mathrm{d}r+\langle\nabla u(r, \xi_{t,x}(r)), \sigma(r, \xi_{t,x}(r))\mathrm{d}W_r\rangle+\\&\quad c(r, \xi_{t,x}(r))u(r, \xi_{t,x}(r))]\mathrm{d}r\end{aligned} \tag{10.35}$$

由式(10.35)得

$$\begin{aligned}u(t,x)&=E[u(t, x)]\\&=E[u(T, \xi_{t,x}(T))\mathrm{e}^{\int_t^T c(r,\xi_{t,x}(r))\mathrm{d}r}]-\\&\quad E\left[\int_t^T\mathrm{e}^{\int_t^r c(u,\xi_{t,x}(u))\mathrm{d}u}\{Lu(r, \xi_{t,x}(r))+c(r, \xi_{t,x}(r))u(r, \xi_{t,x}(r))\}\mathrm{d}r\right]\end{aligned}$$

又因为

$$L=\frac{\partial}{\partial r}+\sum_{i=1}^{d}b^i\frac{\partial}{\partial x_i}+\frac{1}{2}\sum_{i,j}a_{ij}\frac{\partial^2}{\partial x_i\,\partial x_j}$$

所以

$$u(t, x) = E\left[\psi(\xi_{t,x}(T))e^{\int_t^T c(s, \xi_{t,x}(s))ds}\right] - E\left[\int_t^T \varphi(s, \xi_{t,x}(s))e^{\int_t^s c(r, \xi_{t,x}(r))dr}ds\right]$$

证毕. ■

推论 10.1.1 设 $u(t, x)$: $[0, T]\times\mathbf{R}^d\to\mathbf{R}^d$ 是抛物型方程

$$\begin{cases} u_t + \Delta u = 0, & (t, x) \in [0, T) \times \mathbf{R}^d \\ u(T, x) = \psi(x), & x \in \mathbf{R}^d \end{cases}$$

的唯一解，则

$$u(t, x) = E[\psi(x + W(T) - W(t))], (t, x) \in [0, T) \times \mathbf{R}^d$$

证明 方程对应的 $b(t, x)=0$, $c(t, x)=0$, $\varphi(t, x)=0$, $a(t, x)=\sigma(t, x)=E_{d\times d}$, 故对应的 SDE 为

$$\xi_{t,x}(s) = x + W_s - W_t$$

所以

$$u(t, x) = E[\psi(x + W(T) - W(t))], (t, x) \in [0, T) \times \mathbf{R}^d$$

证毕. ■

10.2 倒向随机微分方程

倒向随机微分方程的研究始于 20 世纪 90 年代初期. 自 1990 年 Pardoux 与彭实戈[60] 首先证明了一类非线性倒向随机微分方程适应解的存在唯一性以来，由于倒向随机微分方程在控制论、金融数学、偏微分方程理论等众多学科中有着广泛的应用而引起了许多科学工作者的重视，到目前为止，相关的文献数不胜数. 本节将介绍非线性倒向随机微分方程解的存在性、唯一性及解的比较性质.

在定义 10.1.1 中我们给出了伊藤型正向随机微分方程的定义，下面给出其对应的倒向随机微分方程的定义.

定义 10.2.1 设$(\Omega, \mathcal{F}, P)$是一个概率空间，$\{W(t), t\geqslant 0\}$为其上的标准布朗运动，记$\mathcal{F}_t=\sigma(W_s, s\leqslant t)$，称方程

$$\begin{cases} dX(t) = b(t, X(t))dt + \sigma(t, X(t))dW(t), & 0 \leqslant t \leqslant T, \\ Y(T) = \zeta \end{cases} \tag{10.36}$$

为伊藤型倒向随机微分方程，其中 ζ 是$\mathcal{F}_T$ 可测的随机变量.

可以证明当 b 与 σ 满足 Lipschitz 条件时，如果方程有适应解，则解必唯一，证明方法与正向情形完全一样，但存在性却不能按正向随机微分方程的方法去证明，原因是适应性不再成立.

1990 年，Pardoux 与彭实戈证明了下列形式的倒向随机微分方程适应解的存在唯一性定理：

$$\begin{cases} dY(t) = - g(t, Y(t), Z(t))dt + Z(t)dW(t), & 0 \leqslant t \leqslant T \\ X(T) = \zeta \end{cases} \tag{10.37}$$

其中，$W=\{W(t), 0\leqslant t\leqslant T\}$是一个 d 维标准布朗运动，$\mathcal{F}_t=\sigma(W_s, s\leqslant t)$，$\zeta$ 是$\mathcal{F}_T$ 可测的随机变量，$g(t, y, z)$: $[0, T]\times\Omega\times\mathbf{R}^m\times\mathbf{R}^{m\times d}\to\mathbf{R}^m$ 是一个循序可测过程. 以后，我们指的倒向随机微分方程均是指形如式(10.37)的方程，并简记为 BSDE，称 $g(t, y, z)$为式(10.37)的生成元.

定义 10.2.2 如果$(\Omega, \mathcal{F}, P)$中的随机过程$\{(\boldsymbol{Y}(t), \boldsymbol{Z}(t)), 0\leqslant t\leqslant T\}$满足下列条件：

(1)$\{(\boldsymbol{Y}(t), \boldsymbol{Z}(t)), 0\leqslant t\leqslant T\}$是$\{\mathcal{F}_t, t\geqslant 0\}$适应过程；

(2) $\{(\boldsymbol{Y}(t), \boldsymbol{Z}(t)), 0\leqslant t\leqslant T\}$满足式(10.37)；

则称$\{(\boldsymbol{Y}(t), \boldsymbol{Z}(t)), 0\leqslant t\leqslant T\}$为式(10.37)的一个解.

在解的定义中，$Y(t)$是一个 m 维随机变量，记

$$|\boldsymbol{Y}_t|^2 = |Y_t^1|^2 + |Y_t^2|^2 + \cdots + |Y_t^m|^2$$

$\boldsymbol{Z}(t)$是一个 m 行 d 列矩阵型随机变量，记$|\boldsymbol{Z}_t|^2=\mathrm{tr}(\boldsymbol{Z}_t\boldsymbol{Z}_t^{\mathrm{T}})$. 称满足

$$E\int_0^T |\boldsymbol{Y}_t|^2 \mathrm{d}t + E\int_0^T |\boldsymbol{Z}_t|^2 \mathrm{d}t < \infty$$

的$\{\mathcal{F}_t, 0\leqslant t\leqslant T\}$适应过程$\{(\boldsymbol{Y}(t), \boldsymbol{Z}(t)), 0\leqslant t\leqslant T\}$的全体为$H^2([0, T], \mathbf{R}^m\times\mathbf{R}^{m\times d})$，并引入范数

$$\|(\boldsymbol{Y},\boldsymbol{Z})\|_{H^2}^2 = E\int_0^T |\boldsymbol{Y}_t|^2 \mathrm{d}t + E\int_0^T |\boldsymbol{Z}_t|^2 \mathrm{d}t$$

易证，$(H^2([0, T], \mathbf{R}^m\times\mathbf{R}^{m\times d}), \|\cdot\|_{H^2})$是一个 Banach 空间. 显然，对任意 $\alpha>0$，

$$\|(\boldsymbol{Y},\boldsymbol{Z})\|^2 = E\int_0^T |\boldsymbol{Y}_t|^2 \mathrm{e}^{\alpha t} \mathrm{d}t + E\int_0^T |\boldsymbol{Z}_t|^2 \mathrm{e}^{\alpha t} \mathrm{d}t$$

是等价范数.

下面我们证明式(10.37)解的存在唯一性定理.

引理 10.2.1 设 $g_0(s)$：$[0, T]\times\Omega\to\mathbf{R}$ 是一个循序可测过程，且满足

$$E\int_0^T |g_0(s)|^2 \mathrm{d}s < \infty, \xi\in L^2(\Omega)$$

是$\mathcal{F}_T$ 可测的，则 BSDE

$$\begin{cases}\mathrm{d}\boldsymbol{Y}(t) = -g_0(t)\mathrm{d}t + \boldsymbol{Z}(t)\mathrm{d}W(t), \quad 0\leqslant t\leqslant T\\ \boldsymbol{Y}(T) = \zeta\end{cases}$$

存在唯一的适应解$(Y, Z)\in H^2([0, T], \mathbf{R}^m\times\mathbf{R}^{m\times d})$. 且解满足下列估计式：

$$\begin{aligned}&|\boldsymbol{Y}_t|^2 + E\left[\int_t^T \left(\frac{\alpha}{2}|\boldsymbol{Y}_s|^2 + |\boldsymbol{Z}_s|^2\right)\mathrm{e}^{\alpha s}\mathrm{d}s \mid \mathcal{F}_t\right]\\ \leqslant &E[|\xi|^2\mathrm{e}^{\alpha T} \mid \mathcal{F}_t] + \frac{2}{\alpha}E\left[\int_t^T |g_0(s)|^2\mathrm{e}^{\alpha s}\mathrm{d}s \mid \mathcal{F}_t\right]\end{aligned} \tag{10.38}$$

证明 为了简单起见，我们只证 $m=1$，$d=1$ 的特殊情形.

令 $M_t = E\left[\xi + \int_0^T g_0(s)\mathrm{d}s \mid \mathcal{F}_t\right]$，显然$\{M(t), 0\leqslant t\leqslant T\}$是$\{\mathcal{F}_t, 0\leqslant t\leqslant T\}$平方可积鞅.

由鞅表示定理知，存在满足 $E\int_0^T |\boldsymbol{Z}_t|^2 \mathrm{d}t < \infty$ 的$\{\mathcal{F}_t, 0\leqslant t\leqslant T\}$适应过程$\{\boldsymbol{Z}(t), 0\leqslant t\leqslant T\}$使得

$$M_t = M_0 + \int_0^t \boldsymbol{Z}_s \mathrm{d}W_s$$

特别地，有 $M_T = M_0 + \int_0^T \boldsymbol{Z}_s \mathrm{d}W_s$，从而得到

$$M_T - M_t = \int_t^T \boldsymbol{Z}_s \mathrm{d}W_s$$

令 $\boldsymbol{Y}_t = M_t - \int_0^t g_0(s)\mathrm{d}s$，则得到

$$\boldsymbol{Y}_t = M_t - \int_0^t g_0(s)\mathrm{d}s = M_T - \int_t^T \boldsymbol{Z}_s \mathrm{d}W_s - \int_0^t g_0(s)\mathrm{d}s$$

又因为

$$M_T = E\left[\xi + \int_0^T g_0(s)\mathrm{d}s \,|\, \mathcal{F}_T\right] = \xi + \int_0^T g_0(s)\mathrm{d}s$$

所以

$$\boldsymbol{Y}_t = \xi + \int_t^T g_0(s)\mathrm{d}s - \int_t^T \boldsymbol{Z}_s \mathrm{d}W_s$$

下面证明$(\boldsymbol{Y}, \boldsymbol{Z}) \in H^2([0, T], \mathbf{R}^m \times \mathbf{R}^{m\times d})$. 因为

$$|\boldsymbol{Y}_t|^2 \leqslant 3\xi^2 + 3\left(\int_0^t g_0(s)\mathrm{d}s\right)^2 + 3\left(\int_t^T \boldsymbol{Z}_s \mathrm{d}W_s\right)^2$$

所以

$$E[|\boldsymbol{Y}_t|^2] \leqslant 3E[\xi^2] + 3TE\left[\int_0^t g_0^2(s)\mathrm{d}s\right] + 3E\left[\int_t^T |\boldsymbol{Z}|^2 \mathrm{d}s\right] < \infty$$

即得 $E\int_0^T |\boldsymbol{Y}_t|^2 \mathrm{d}t < \infty$. 故$(\boldsymbol{Y}, \boldsymbol{Z}) \in H^2([0, T], \mathbf{R}\times\mathbf{R})$.

下面证明估计式(10.38)，首先假定 $g_0(s)$，ξ 是有界的情形，此时，由构造知，$\{Y_t, 0\leqslant t\leqslant T\}$是有界过程．对$|\boldsymbol{Y}_s|^2 \mathrm{e}^{\alpha(s-t)}$在 $t\leqslant s\leqslant T$ 上使用伊藤公式得

$$\begin{aligned}&|\boldsymbol{Y}_t|^2 + \alpha\int_t^T Y_s^2 \mathrm{e}^{\alpha(s-t)}\mathrm{d}s + \int_t^T Z_s^2 \mathrm{e}^{\alpha(s-t)}\mathrm{d}s \\ &= |\xi|^2 \mathrm{e}^{\alpha(T-t)} + \int_t^T 2\boldsymbol{Y}_s \mathrm{e}^{\alpha(s-t)} g_0(s)\mathrm{d}s - \int_t^T 2\boldsymbol{Y}_s \mathrm{e}^{\alpha(s-t)} \boldsymbol{Z}_s \mathrm{d}W_s\end{aligned}$$

两边取条件期望得

$$\begin{aligned}&|\boldsymbol{Y}_t|^2 + E\left[\int_t^T (\alpha Y_s^2 \mathrm{e}^{\alpha s} + Z_s^2 \mathrm{e}^{\alpha s})\mathrm{d}s \,|\, \mathcal{F}_t\right] \\ &\leqslant E[|\xi|^2 \mathrm{e}^{\alpha T} \,|\, \mathcal{F}_t] + E\left[\int_t^T 2\boldsymbol{Y}_s \mathrm{e}^{\alpha s} g_0(s)\mathrm{d}s \,|\, \mathcal{F}_t\right] \\ &\leqslant E[|\xi|^2 \mathrm{e}^{\alpha T} \,|\, \mathcal{F}_t] + E\left[\int_t^T \left(\frac{\alpha}{2} Y_s^2 \mathrm{e}^{\alpha s} + \frac{2}{\alpha} g_0^2(s)\mathrm{e}^{\alpha s}\right)\mathrm{d}s \,|\, \mathcal{F}_t\right]\end{aligned}$$

整理得

$$\begin{aligned}&|\boldsymbol{Y}_t|^2 + E\left[\int_t^T \left(\frac{\alpha}{2}|\boldsymbol{Y}_s|^2 + |\boldsymbol{Z}_s|^2\right)\mathrm{e}^{\alpha s}\mathrm{d}s \,|\, \mathcal{F}_t\right] \\ &\leqslant E[|\xi|^2 \mathrm{e}^{\alpha T} \,|\, \mathcal{F}_t] + \frac{2}{\alpha}E\left[\int_t^T |g_0(s)|^2 \mathrm{e}^{\alpha s}\mathrm{d}s \,|\, \mathcal{F}_t\right]\end{aligned}$$

对一般的 $g_0(s)$，ξ 进行有界化处理，即对任意自然数 n，令

$$\xi^n = (\xi \wedge n) \vee (-n),\ g_0^n(s) = (g(s) \wedge n) \vee (-n)$$

则对每一个 n，ξ^n 与 $g_0^n(s)$都是有界的，考虑方程

$$\begin{cases}\mathrm{d}Y^n(t) = -g_0^n(t)\mathrm{d}t + Z^n(t)\mathrm{d}W(t), & 0\leqslant t\leqslant T, \\ X(T) = \zeta^n\end{cases}$$

则$\{Y^n(t)\}$在 $0\leqslant t\leqslant T$ 上是一致有界的，由上一步知，

$$|Y_t^n|^2+E\left[\int_t^T\left(\frac{\alpha}{2}|Y_s^n|^2+|Z_s^n|^2\right)e^{\alpha s}ds|\mathcal{F}_t\right]$$
$$\leqslant E[|\xi^n|^2e^{\alpha T}|\mathcal{F}_t]+\frac{2}{\alpha}E\left[\int_t^T|g_0^n(s)|^2e^{\alpha s}ds|\mathcal{F}_t\right] \tag{10.39}$$

对任意两个正整数 $m<n$，类似于式(10.39)得

$$E\left[\int_0^T\left(\frac{\alpha}{2}|Y_s^n-Y_s^m|^2+|Z_s^n-Z_s^m|^2\right)e^{\alpha s}ds\right]$$
$$\leqslant E[|\xi^n-\xi^m|^2e^{\alpha T}]+\frac{2}{\alpha}E\left[\int_0^T|g_0^n(s)-g_0^m(s)|^2e^{\alpha s}ds\right]$$

即得(Y^n, Z^n)是 Banach 空间 $H^2([0, T], \mathbf{R}\times\mathbf{R})$中的 Cauchy 列，从而在式(10.39)中令 $n\to\infty$得结论成立．

最后证明唯一性：设$\{(\boldsymbol{Y}_t, \boldsymbol{Z}_t), 0\leqslant t\leqslant T\}$，$\{(\bar{\boldsymbol{Y}}_t, \bar{\boldsymbol{Z}}_t), 0\leqslant t\leqslant T\}$均为方程(10.37)的解，则由估计式(10.38)直接得唯一性成立．下面不使用式(10.38)，再用伊藤公式证明唯一性．事实上，由

$$\boldsymbol{Y}(t)-\bar{\boldsymbol{Y}}(t)=-\int_t^T[\boldsymbol{Z}(s)-\bar{\boldsymbol{Z}}(s)]dW_s$$

使用伊藤公式得

$$|\boldsymbol{Y}(t)-\bar{\boldsymbol{Y}}(t)|^2=-\int_t^T[\boldsymbol{Z}(s)-\bar{\boldsymbol{Z}}(s)]^2ds-\int_t^T2[\boldsymbol{Y}(s)-\bar{\boldsymbol{Y}}(s)][\boldsymbol{Z}(s)-\bar{\boldsymbol{Z}}(s)]dW_s$$

两边取数学期望得

$$E(\boldsymbol{Y}_t-\bar{\boldsymbol{Y}}_t)^2+E\left(\int_t^T[\boldsymbol{Z}(s)-\bar{\boldsymbol{Z}}(s)]^2ds\right)=0$$

证毕． ■

注 10.2.1　类似于估计式(10.38)的处理，为了使用

$$\int_t^T[\boldsymbol{Y}(s)-\bar{\boldsymbol{Y}}(s)][\boldsymbol{Z}(s)-\bar{\boldsymbol{Z}}(s)]dW_s$$

是鞅的结论，我们需要先进行有界化处理．以后类似问题均如此处理，不再强调．

定理 10.2.1　*如果 $\xi\in L^2(\Omega)$是$\mathcal{F}_T$ 可测的，$g(s, 0, 0)$是循序可测过程，满足*

$$E\int_0^Tg^2(s, 0, 0)ds<\infty$$

且存在常数 $K>0$，使得$\forall s\in[0, T]$，$y_1, y_2, z_1, z_2\in\mathbf{R}$，均有

$$|g(s, y_1, z_1)-g(s, y_2, z_2)|<K(|y_1-y_2|+|z_1-z_2|)$$

成立，则 BSDE

$$Y_t=\xi+\int_t^Tg(s,Y_s,Z_s)ds-\int_t^TZ_sdW_s$$

存在唯一的适应解$(Y, Z)\in H^2([0, T], \mathbf{R}^m\times\mathbf{R}^{m\times d})$.

证明　$\forall(y, z)\in H^2([0, T], \mathbf{R}^m\times\mathbf{R}^{m\times d})$，考虑方程

$$Y_t=\xi+\int_t^Tg(s,y_s,z_s)ds-\int_t^TZ_sdw_s \tag{10.40}$$

由引理 10.2.1 知，存在唯一的$(Y, Z)\in H^2([0, T], \mathbf{R}^m\times\mathbf{R}^{m\times d})$，从而通过式(10.40)定义了一个 $H^2([0, T], \mathbf{R}^m\times\mathbf{R}^{m\times d})$上的映射 A：$(y, z)\mapsto(Y, Z)$．下面证明 A 是压缩映

射．任给$(y^{(1)}, z^{(1)}), (y^{(2)}, z^{(2)}) \in H^2([0, T], \mathbf{R}^m \times \mathbf{R}^{m\times d})$，设

$$(Y^{(1)}, Z^{(1)}) = A(y^{(1)}, z^{(1)}), (Y^{(2)}, Z^{(2)}) = A(y^{(2)}, z^{(2)})$$

则

$$\|(Y^{(1)}, Z^{(1)}) - (Y^{(2)}, Z^{(2)})\|^2 = E\int_0^T [|Y_t^{(1)} - Y_t^{(2)}|^2 + |Z_t^{(1)} - Z_t^{(2)}|^2] dt$$

因为

$$Y^{(1)}(t) = \xi + \int_t^T g(s, y^{(1)}(s), z^{(1)}(s)) ds - \int_t^T Z^{(1)}(s) dW_s$$

$$Y^{(2)}(t) = \xi + \int_t^T g(s, y^{(2)}(s), z^{(2)}(s)) ds - \int_t^T Z^{(2)}(s) dW_s$$

所以

$$Y^{(1)}(t) - Y^{(2)}(t) = \int_t^T [g(s, y^{(1)}(s), z^{(1)}(s)) - g(s, y^{(2)}(s), z^{(2)}(s))] ds - \int_t^T (Z^{(1)}(s) - Z^{(2)}(s)) dW_s$$

对$|Y^{(1)}(t) - Y^{(2)}(t)|^2 e^{at}$使用伊藤公式，为了简单起见，我们也只证$m=1$，$d=1$的特殊情形．则有

$$\begin{aligned}|Y^{(1)}(t) - Y^{(2)}(t)|^2 e^{at} = &-\int_t^T \{a e^{as} |Y^{(1)}(s) - Y^{(2)}(s)|^2 - \\ &2(Y_s^{(1)}(s) - Y_s^{(2)}(s)) e^{as} [g(s, y_s^{(1)}, z_s^{(1)}) - g(s, y_s^{(2)}, z_s^{(2)})] + \\ &(Z_s^{(1)} - Z_s^{(2)})^2 e^{as}\} ds - \int_t^T 2(Y_s^{(1)}(s) - Y_s^{(2)}(s)) e^{as} (Z_s^{(1)} - Z_s^{(2)}) dW_s\end{aligned}$$

两边取数学期望得

$$E[|Y^{(1)}(t) - Y^{(2)}(t)|^2 e^{at}] + E\int_t^T (Z^{(1)}(s) - Z^{(2)}(s))^2 e^{as} ds + E\int_t^T a e^{as} |Y^{(1)}(s) - Y^{(s)}(s)|^2 ds$$

$$= -2E\int_t^T (g(s, y_s^{(1)}, z_s^{(1)}) - g(s, y_s^{(2)}, z_s^{(2)}))(Y_s^{(1)} - Y_s^{(2)}) e^{as} ds$$

$$\leqslant 2E\int_0^T |g(s, y_s^{(1)}, z_s^{(1)}) - g(s, y_s^{(2)}, z_s^{(2)})||Y_s^{(1)} - Y_s^{(2)}| e^{as} ds$$

$$\leqslant E\int_0^T [\beta |Y_s^{(1)} - Y_s^{(2)}|^2 e^{as} + \frac{1}{\beta}[g(s, y_s^{(1)}, z_s^{(1)}) - g(s, y_s^{(2)}, z_s^{(2)})]^2 e^{as}] ds$$

最后一个不等号成立是因为

$$2ab = 2\sqrt{\beta} a \cdot \frac{b}{\sqrt{\beta}} \leqslant \beta a^2 + \frac{b^2}{\beta}$$

所以有

$$E\int_t^T (a - \beta) |Y_s^{(1)} - Y_s^{(2)}|^2 e^{as} ds + E\int_t^T |Z_s^{(1)} - Z_s^{(2)}|^2 e^{as} ds$$

$$\leqslant \frac{1}{\beta} E\int_0^T |g(s, y_s^{(1)}, z_s^{(1)}) - g(s, y_s^{(2)}, z_s^{(2)})|^2 e^{as} ds$$

$$\leqslant \frac{1}{\beta} E\int_0^T K^2 [2|y_s^{(1)} - y_s^{(2)}|^2 + 2|z_s^{(1)} - z_s^{(2)}|^2] e^{as} ds$$

$$=\frac{2K^2}{\beta}E\int_0^T[|y_s^{(1)}-y_s^{(2)}|^2+|z_s^{(1)}-z_s^{(2)}|^2]e^{as}ds$$

在 $H^2([0,\ T],\ \mathbf{R}^m\times\mathbf{R}^{m\times d})$中引入等价范数

$$\|(Y,\ Z)\|=\sqrt{E\int_0^T(|Y_s|^2+|Z_s|^2)e^{as}ds}$$

取 $\beta>2K^2$，$a=\beta+1$，则有

$$\|(Y^{(1)}-Y^{(2)},\ Z^{(1)}-Z^{(2)})\|\leqslant\rho\|(y^{(1)}-y^{(2)},\ z^{(1)}-z^{(2)})\|$$

成立，其中 $0<\rho=\frac{2K^2}{\beta}<1$. 故 A 是 $H^2([0,\ T],\ \mathbf{R}^m\times\mathbf{R}^{m\times d})$上的压缩映射，由压缩映射原理知，在 $H^2([0,\ T],\ \mathbf{R}^m\times\mathbf{R}^{m\times d})$中存在唯一的$(Y,\ Z)$，使得

$$Y_t=\xi+\int_t^T g(s,\ Y_s,\ Z_s)ds-\int_t^T Z_s dW_s$$

成立，因此 BSDE

$$Y_t=\xi+\int_t^T g(s,\ Y_s,\ Z_s)ds-\int_t^T Z_s dW_s$$

解的存在唯一性得证. ■

定理 10.2.2（解的估计）　*在定理 10.2.1 的条件下，BSDE*

$$\begin{cases}dY(t)=-g(t,\ Y(t),\ Z(t))dt+Z(t)dW(t), & 0\leqslant t\leqslant T,\\ Y(T)=\zeta\end{cases}$$

的解满足

$$E\left[\sup_{0\leqslant t\leqslant T}|Y_t|^2+\int_0^T|Z_t|^2dt\right]\leqslant CE\left(|\xi|^2+\int_0^T|g(s,\ 0,\ 0)|^2ds\right)$$

证明　因为

$$Y_t=\xi+\int_t^T g(s,\ Y_s,\ Z_s)ds-\int_t^T Z_s dW_s,\quad t\in[0,\ T]$$

所以

$$Y_t^2+\int_t^T Z_s^2 ds=|\xi|^2+\int_t^T 2Y_s g(s,\ Y_s,\ Z_s)ds-\int_t^T 2Y_s Z_s dW_s$$

两边取期望得

$$E\left[Y_t^2+\int_t^T Z_s^2 ds\right]\leqslant E|\xi|^2+2E\left[\int_t^T Y_s[|g(s,\ 0,\ 0)|+K|Y_s|+K|Z_s|]ds\right]$$

$$\leqslant E|\xi|^2+E\left[\int_t^T[C(\varepsilon)Y_s^2+|g(s,\ 0,\ 0)|^2+K|Y_s|^2+\varepsilon|Z_s|^2]ds\right]$$

取$\varepsilon<\frac{1}{2}$，则得

$$E[Y_t^2]\leqslant E|\xi|^2+2CE\left[\int_t^T Y_s^2 ds\right]+E\int_t^T|g(s,\ 0,\ 0)|^2ds$$

由 Gronwall 不等式得

$$\sup_{0\leqslant t\leqslant T}E[Y_t^2]\leqslant CE\left(|\xi|^2+\int_0^T|g(s,\ 0,\ 0)|^2ds\right)$$

同时得到

$$E\left[\int_t^T|Z_s|^2ds\right]\leqslant CE\left(|\xi|^2+\int_0^T|g(s,\ 0,\ 0)|^2ds\right)$$

再由

$$
\begin{aligned}
|Y_t|^2 &\leqslant 3\left[|\xi|^2+\left(\int_t^T g(s, Y_s, Z_s)\mathrm{d}s\right)^2+\left(\int_t^T Z_s\mathrm{d}W_s\right)^2\right]\\
&\leqslant 3\left[|\xi|^2+T\int_0^T g^2(s, Y_s, Z_s)\mathrm{d}s+\left(\int_t^T Z_s\mathrm{d}W_s\right)^2\right]\\
&\leqslant 3\left[|\xi|^2+2T\int_0^T (g^2(s, 0, 0)+K^2|Z_s|^2+K^2|Y_s|^2)\mathrm{d}s+\left(\int_t^T Z_s\mathrm{d}W_s\right)^2\right]
\end{aligned}
$$

所以

$$
\begin{aligned}
E(\sup_{0\leqslant t\leqslant T}[Y_t^2]) &\leqslant 3E\left[|\xi|^2+2T\int_0^T (g^2(s, 0, 0)+K^2|Z_s|^2+K^2|Y_s|^2)\mathrm{d}s\right]+3E\sup_{0\leqslant t\leqslant T}\left(\int_t^T Z_s\mathrm{d}W_s\right)^2\Big]\\
&\leqslant 3E\Big[|\xi|^2+2T\int_0^T [g^2(s, 0, 0)+K^2|Z_s|^2+K^2|Y_s|^2]\mathrm{d}s+\\
&\quad 6E\left(\left|\int_0^T Z_s\mathrm{d}W_s\right|^2+\sup_{0\leqslant t\leqslant T}\left|\int_0^t Z_s\mathrm{d}W_s\right|^2\right)\Big]\\
&\leqslant 3E\Big[|\xi|^2+2T\int_0^T [g^2(s, 0, 0)+K^2|Z_s|^2+K^2|Y_s|^2]\mathrm{d}s+\\
&\quad 6CE\left(\int_0^T |Z_s|^2\mathrm{d}s+\int_0^T |Z_s|^2\mathrm{d}s\right)\Big]
\end{aligned}
$$

由前面对 $E(\sup_{0\leqslant t\leqslant T}[Y_t^2])$ 及 $E\left[\int_0^T |Z_s|^2\right]\mathrm{d}s$ 的估计知，

$$
E\left[\sup_{0\leqslant t\leqslant T}|Y_t|^2+\int_0^T |Z_t|^2\mathrm{d}t\right]\leqslant CE\left(|\xi|^2+\int_0^T |g(s, 0, 0)|^2\mathrm{d}s\right)
$$

证毕． ■

下面我们介绍 BSDE 的比较定理．

定理 10.2.3　设终值 $\xi^{(1)}$ 与 $\xi^{(2)}$ 都是 $\mathcal{F}_T=\sigma(W_s, s\leqslant T)$ 可测的，且均属于 $L^2(\Omega)$，而生成元

$$
g^{(i)}(\omega, t, y, z): \Omega\times[0, T]\times\mathbf{R}\times\mathbf{R}\to\mathbf{R},\quad i=1, 2
$$

都满足下列条件：

(1) 在 $[0, T]$ 上满足全局 Lipschitz 条件；

(2) $E\int_0^T |g^{(i)}(s,0,0)|^2\mathrm{d}s<\infty,\quad i=1,2.$

$\{Y_t^{(i)}, Z_t^{(i)}, t\geqslant 0\}(i=1, 2)$ 是下面 BSDE 在 L_T^2 中的解，

$$
Y_t^{(i)}=\xi^{(i)}+\int_t^T g^{(i)}(s,Y_s^{(i)},Z_s^{(i)})\mathrm{d}s-\int_t^T Z_s^{(i)}\mathrm{d}W_s,\quad 0\leqslant t\leqslant T
$$

如果还有 $\xi^{(1)}\geqslant\xi^{(2)}$ (a. s.)，且 $g^{(1)}(\omega, t, y, z)\geqslant g^{(2)}(\omega, t, y, z)$，对 a. s. $\omega\in\Omega$ 及 a. e. $(t, y, z)\in[0, T]\times\mathbf{R}\times\mathbf{R}$ 成立，则必有

$$
Y_t^{(1)}\geqslant Y_t^{(2)},\ \text{a. s. }\omega\in\Omega,\ \text{a. e. }t\in[0, T]
$$

为了证明定理 10.2.3，我们需要下列引理．

引理 10.2.2　设 $X_t=X_0+M_t+V_t$ 是一个连续半鞅，其中，$\{M_t, t\geqslant 0\}$ 是零初值的连续局部鞅，$\{V_t, t\geqslant 0\}$ 是零初值的连续有界变差过程，则有

$$
(X_t^+)^2=(X_0^+)^2+2\int_0^t X_s^+\mathrm{d}M_s+2\int_0^t X_s^+\mathrm{d}V_s+\int_0^t 1_{\{X_s>0\}}\mathrm{d}[M]_s
$$

证明　见参考文献[57]的引理 2.2. ■

定理 10.2.3 的证明　令 $\hat{Y}=Y^{(2)}-Y^{(1)}$，$\hat{Z}=Z^{(2)}-Z^{(1)}$，$\hat{\xi}=\xi^{(2)}-\xi^{(1)}$，

$$\hat{g}(t,y,z)=g^{(2)}(t,y,z)-g^{(1)}(t,y,z)$$

则有

$$\hat{Y}_t=\hat{\xi}+\int_t^T[g^{(2)}(s,Y_s^{(2)},Z_s^{(2)})-g^{(1)}(s,Y_s^{(1)},Z_s^{(1)})]\mathrm{d}s-\int_t^T\hat{Z}_s\mathrm{d}W_s$$

因而$\{\hat{Y}_t, 0\leqslant t\leqslant T\}$是下列连续半鞅：

$$\hat{Y}_t=\hat{Y}_0-\int_0^t[g^{(2)}(s,Y_s^{(2)},Z_s^{(2)})-g^{(1)}(s,Y_s^{(1)},Z_s^{(1)})]\mathrm{d}s+\int_0^t\hat{Z}_s\mathrm{d}W_s$$

由引理 10.2.2 知，

$$|\hat{Y}_t^+|^2=|\hat{\xi}^+|^2+2\int_t^T\hat{Y}_s^+[g^{(2)}(s,Y_s^{(2)},Z_s^{(2)})-g^{(1)}(s,Y_s^{(1)},Z_s^{(1)})]\mathrm{d}s$$
$$-2\int_t^T\hat{Y}_s^+\hat{Z}_s\mathrm{d}W_s-\int_t^T 1_{\{\hat{Y}_s^+>0\}}|\hat{Z}_s|^2\mathrm{d}s$$

由 $\hat{\xi}\leqslant 0$，知，

$$|\hat{Y}_t^+|^2+\int_t^T 1_{\{\hat{Y}_s^+>0\}}|\hat{Z}_s|^2\mathrm{d}s$$
$$=2\int_t^T\hat{Y}_s^+[g^{(2)}(s,Y_s^{(2)},Z_s^{(2)})-g^{(1)}(s,Y_s^{(1)},Z_s^{(1)})]\mathrm{d}s-2\int_t^T\hat{Y}_s^+\hat{Z}_s\mathrm{d}W_s$$

显然，$\left\{\int_0^t\hat{Y}_s^+\hat{Z}_s\mathrm{d}W_s, 0\leqslant t\leqslant T\right\}$ 是鞅，故有

$$\begin{aligned}E|\hat{Y}_t^+|^2+\int_t^T 1_{\{\hat{Y}_s^+>0\}}|\hat{Z}_s|^2\mathrm{d}s&=2E\left\{\int_t^T\hat{Y}_s^+[g^{(2)}(s,Y_s^{(2)},Z_s^{(2)})-g^{(1)}(s,Y_s^{(1)},Z_s^{(1)})]\mathrm{d}s\right\}\\&\leqslant 2E\left\{\int_t^T\hat{Y}_s^+[g^{(1)}(s,Y_s^{(2)},Z_s^{(2)})-g^{(1)}(s,Y_s^{(1)},Z_s^{(1)})]\mathrm{d}s\right\}\\&\leqslant\frac{1}{\varepsilon}E\left\{\int_t^T|\hat{Y}_s^+|^2ds+\varepsilon E\int_t^T 1_{\{\hat{Y}_s^+>0\}}[g^{(1)}(s,Y_s^{(2)},Z_s^{(2)})-\right.\\&\quad\left.g^{(1)}(s,Y_s^{(1)},Z_s^{(1)})]^2\mathrm{d}s\right\}\\&\leqslant\frac{1}{\varepsilon}E\left\{\int_t^T|\hat{Y}_s^+|^2\mathrm{d}s+2L^2\varepsilon E\int_t^T 1_{\{\hat{Y}_s^+>0\}}[\hat{Y}_s^2+\hat{Z}_s^2]\mathrm{d}s\right\}\end{aligned}$$

取 ε 使得 $2L^2\varepsilon<1$，从而

$$E(|\hat{Y}_t^+|^2)\leqslant\frac{1}{\varepsilon}E\left\{\int_t^T|\hat{Y}_s^+|^2\mathrm{d}s+2L^2\varepsilon E\int_t^T|\hat{Y}_s^+|^2\mathrm{d}s\right\}$$

由 Gronwall-Bellman 不等式知，$E(|\hat{Y}_t^+|^2)=0$，即对任意 $t\in[0,T]$，有

$$\hat{Y}_t^+=0,\quad \text{a.s.}$$

所以，$Y_t^{(1)}\geqslant Y_t^{(2)}$ (a.s.)，证毕. ■

BSDE 的比较定理有多种形式，下面我们介绍参考文献[53]中的多维形式.

引理 10.2.3　对 BSDE

$$Y_t=\xi+\int_t^T g(s,Y_s,Z_s)\mathrm{d}s-\int_t^T Z_s\mathrm{d}W_s,\quad t\in[0,T]$$

其中，g：$\Omega\times[0,T]\times\mathbf{R}^m\times\mathbf{R}^{m\times n}\to\mathbf{R}^m$ 是$\mathcal{P}\otimes\beta(\mathbf{R}^m)\otimes\beta(\mathbf{R}^{m\times n})$可测的，$\xi\in L^2(\Omega,\mathbf{R}^m)$是$\mathcal{F}_T$ 可测的随机向量，且下列条件成立：

$$E\int_0^T|g(s,0,0)|^2\mathrm{d}s<\infty$$

存在常数 $C>0$，使得 $\forall s\in[0,T]$，y_1，$y_2\in\mathbf{R}^m$，z_1，$z_2\in\mathbf{R}^{m\times n}$，均有

$$|g(s,y_1,z_1)-g(s,y_2,z_2)|<h(|y_1-y_2|^2)+C|z_1-z_2|^2,\ \text{a.s.}$$

其中，h：$\mathbf{R}_+\to\mathbf{R}_+$ 是一个连续单增的凸函数，$h(0)=0$，当 $u>0$ 时，$h(u)>0$，且 $\int_{0+}^{+\infty}\frac{\mathrm{d}u}{h(u)}=\infty$，则 BSDE

$$Y_t=\xi+\int_t^T g(s,Y_s,Z_s)\mathrm{d}s-\int_t^T Z_s\mathrm{d}W_s$$

存在唯一的适应解$(Y,Z)\in H^2([0,T],\mathbf{R}^m\times\mathbf{R}^{m\times n})$.

证明　见参考文献[53]. ■

注 10.2.2　我们用 $H^2([0,T],R^m\times R^{m\times n})$表示 $\forall(\boldsymbol{Y},\boldsymbol{Z})\in H^2([0,T],\mathbf{R}^m\times\mathbf{R}^{m\times n})$，则有

(1)$(\boldsymbol{Y},\boldsymbol{Z})$是$\{\mathcal{F}_t=\sigma(W_s,0\leqslant s\leqslant t),0\leqslant t\leqslant T\}$适应过程；

(2)$(\boldsymbol{Y},\boldsymbol{Z})$：$\Omega\times[0,T]\mapsto\mathbf{R}^m\times\mathbf{R}^{m\times n}$，即 $\boldsymbol{Y}$ 是 m 维向量过程，$\boldsymbol{Z}$ 是 $m\times n$ 维矩阵过程；

(3) $E\int_0^T\{|Y_s|^2+|Z_s|^2\}\mathrm{d}s<\infty$.

现考虑下列两个 BSDE

$$y^1(t)=\xi^1+\int_t^T g^1(s,y^1(s),z^1(s))\mathrm{d}s-\int_t^T z^1(s)\mathrm{d}W_s \tag{10.41}$$

$$y^2(t)=\xi^2+\int_t^T g^2(s,y^2(s),z^2(s))\mathrm{d}s-\int_t^T z^2(s)\mathrm{d}W_s \tag{10.42}$$

其中 ξ^1，$\xi^2\in L^2(\Omega,\mathcal{F}_T,P)$，$g^1$，$g^2$：$[0,T]\times\mathbf{R}^m\times\mathbf{R}^{m\times n}\to\mathbf{R}^m$. 且 ξ^1，ξ^2，g^1，g^2 满足下列条件：

(1)$\xi^1\geqslant\xi^2$，P-a. s.；

(2)$g_j^1(t,y^1,z^1)\geqslant g_j^2(t,y^2,z^2)$，对任意 $j=1,2,\cdots,m$，$t\in[0,T]$，及 y^1，$y^2\in\mathbf{R}^m$，z^1，$z^2\in\mathbf{R}^{m\times n}$ 且 $y_j^1=y_j^2$，$z_j^1=z_j^2$，$y_k^1\geqslant y_k^2(k\neq j,k=1,2,\cdots,m)$成立.

定理 10.2.4　设以上条件(1)和(2)成立，且 g^1 满足引理 10.2.3 的条件，$g^2(t,y,z)$ 是$\{\mathcal{F}_t,t\geqslant0\}$循序可测的，且满足 $E\int_0^T|g^2(s,y_s,z_s)|^2\mathrm{d}s<\infty$. 设$(y^1,z^1)$，$(y^2,z^2)\in H^2([0,T],\mathbf{R}^m\times\mathbf{R}^{m\times n})$分别是方程(10.41)和方程(10.42)的解，则有 $y^1(t)\geqslant y^2(t)$，a. s. $\forall t\in[0,T]$.

证明　对任意 $\forall\varepsilon>0$，作下列截断函数 $\varphi_\varepsilon(y)$：$\mathbf{R}\to\mathbf{R}$，

$$\varphi_\varepsilon(y)=\begin{cases}y^2, & y<0\\ \dfrac{y^2-y^3}{6\varepsilon}, & 0\leqslant y\leqslant 2\varepsilon\\ 2\varepsilon y-\dfrac{4\varepsilon^2}{3}, & y>2\varepsilon\end{cases} \tag{10.43}$$

则 $\varphi_{\varepsilon}(y)\in C^2(R)$，且是有界函数，$\forall\, y\in\mathbf{R}$，当$\varepsilon\to 0$ 时，

$$\varphi_{\varepsilon}(y)\to|y^-|^2,\ \varphi'_{\varepsilon}(y)\to -2y^-,\ \varphi''_{\varepsilon}(y)\to 21_{\{y\leqslant 0\}} \tag{10.44}$$

设 $\bar{\xi}=\xi^1-\xi^2$，$\bar{y}(t)=y^1(t)-y^2(t)$，$\bar{z}(t)=z^1(t)-z^2(t)$. 则$(\bar{y}(t),\ \bar{z}(t))$是下列 BSDE 的解：

$$\bar{y}(t)=\bar{\xi}+\int_t^T[g^1(s,\ y^1(s),\ z^1(s))-g^2(s,\ y^2(s),\ z^2(s))]\mathrm{d}s-\int_t^T[z^1(s)-z^2(s)]\mathrm{d}W_s$$

对 $\varphi_{\varepsilon}(\bar{y}_j)$使用伊藤公式得

$$\varphi_{\varepsilon}(\bar{y}(t))=\varphi_{\varepsilon}\,\bar{\xi}+\int_t^T\varphi'_{\varepsilon}(\bar{y}_j(s))[g_j^1(s,\ y^1(s),\ z^1(s))-g_j^2(s,\ y^2(s),\ z^2(s))]\mathrm{d}s-\int_t^T\varphi'_{\varepsilon}(\bar{y}_j(s))\bar{z}_j(s)\mathrm{d}W_s-\frac{1}{2}\sum_{k=1}^n\varphi''_{\varepsilon}(\bar{y}_j(s))\ |\bar{z}_{jk}(s)|^2\mathrm{d}s$$

令$\varepsilon\to 0$，则有

$$|\bar{y}_j^-(t)|^2=|\bar{\xi}^-|^2-\int_t^T 2\,\bar{y}_j^-(s)[g_j^1(s,\ y^1(s),\ z^1(s))-g_j^2(s,\ y^2(s),\ z^2(s))]\mathrm{d}s+\int_t^T 2\,\bar{y}_j^-(s)\bar{z}_j(s)\mathrm{d}W_s-\sum_{k=1}^n\int_t^T 1_{\{\bar{y}_j(s)\leqslant 0\}}\ |\bar{z}_{jk}(s)|^2\mathrm{d}s \tag{10.45}$$

因此

$$E(|\bar{y}_j^-(t)|^2)=-E\left\{\int_t^T 2\,\bar{y}_j^-(s)[g_j^1(s,\ y^1(s),\ z^1(s))-g_j^2(s,\ y^2(s),\ z^2(s))]\mathrm{d}s\right\}-E\left\{\sum_{k=1}^n\int_t^T 1_{\{\bar{y}_j(s)\leqslant 0\}}\ |\bar{z}_{jk}(s)|^2\mathrm{d}s\right\} \tag{10.46}$$

$$\begin{aligned}I&=-\int_t^T 2\bar{y}_j^-(s)[g_j^1(s,\ y^1(s),\ z^1(s))-g_j^2(s,\ y^2(s),\ z^2(s))]\mathrm{d}s\\&=-2\int_t^T\bar{y}_j^-[g_j^1(s,\ y_1^1,\ \cdots,\ y_j^1,\ \cdots y_m^1,\ z_1^1,\ \cdots z_j^1,\ \cdots,\ z_m^1)-\\&\quad g_j^1(s,\ y_1^1+\bar{y}_1^-,\ \cdots,\ y_j^2,\ \cdots,\ y_m^1+\bar{y}_m^-,\ z_1^1,\ \cdots,\ z_j^2,\ \cdots,\ z_m^1)]\mathrm{d}s-\\&\quad 2\int_t^T\bar{y}_j^-[g_j^1(s,\ y_1^1+\bar{y}_1^-,\ \cdots,\ y_j^2,\ \cdots,\ y_m^1+\bar{y}_m^-,\ z_1^1,\ \cdots,\ z_j^2,\ \cdots,\ z_m^1)-\\&\quad g_j^2(s,\ y_1^2,\ \cdots,\ y_j^2,\ \cdots,\ y_m^2,\ z_1^2,\ \cdots,\ z_j^2,\ \cdots,\ z_m^2)]\mathrm{d}s\\&=I_1+I_2\end{aligned} \tag{10.47}$$

其中

$$I_1=-2\int_t^T\bar{y}_j^-[g_j^1(s,\ y_1^1,\ \cdots,\ y_j^1,\ \cdots y_m^1,\ z_1^1,\ \cdots z_j^1,\ \cdots,\ z_m^1)-g_j^1(s,\ y_1^1+\bar{y}_1^-,\ \cdots,\ y_j^2,\ \cdots,\ y_m^1+\bar{y}_m^-,\ z_1^1,\ \cdots,\ z_j^2,\ \cdots,\ z_m^1)]\mathrm{d}s$$

$$I_2=-2\int_t^T\bar{y}_j^-[g_j^1(s,\ y_1^1+\bar{y}_1^-,\ \cdots,\ y_j^2,\ \cdots,\ y_m^1+\bar{y}_m^-,\ z_1^1,\ \cdots,\ z_j^2,\ \cdots,\ z_m^1)-g_j^2(s,\ y_1^2,\ \cdots,\ y_j^2,\ \cdots,\ y_m^2,\ z_1^2,\ \cdots,\ z_j^2,\ \cdots,\ z_m^2)]\mathrm{d}s$$

因为 $y_l^1+\overline{y}_l^-\geqslant y_l^2(l\neq j)$. 所以由条件(2)有

$$g_j^1(s,\ y_1^1+\overline{y}_1^-,\ \cdots,\ y_{j-1}^1+\overline{y}_{j-1}^-,\ y_j^2,\ y_{j+1}^1+\overline{y}_{j+1}^-,\ \cdots,\ y_m^1+\overline{y}_m^-,\ z_1^1,\ \cdots,\ z_j^2,\ \cdots,\ z_m^1)-g_j^2(s,\ y_1^2,\ \cdots,\ y_j^2,\ \cdots,\ y_m^2,\ z_1^2,\ \cdots,\ z_j^2,\ \cdots,\ z_m^2)\geqslant 0$$

所以

$$I_2\leqslant 0 \tag{10.48}$$

而

$$\begin{aligned}I_1&=-2\int_t^T\overline{y}_j^-\{g_j^1(s,\ y_1^1,\ \cdots,\ y_j^1,\ \cdots,\ y_m^1,\ z_1^1,\ \cdots,\ z_j^1,\ \cdots,\ z_m^1)-g_j^1(s,\ y_1^1+\overline{y}_1^-,\ \cdots,\\&\qquad y_{j-1}^1+\overline{y}_{j-1}^-y_j^2,\ y_{j+1}^1+\overline{y}_{j+1}^-,\ \cdots,\ y_m^1+\overline{y}_m^-,\ z_1^1,\ \cdots,\ z_{j-1}^1,\ z_j^2,\ z_{j+1}^1,\ \cdots,\ z_m^1)\}\mathrm{d}s\\&\leqslant 2\int_t^T|\overline{y}_j^-|\{|g_j^1(s,\ y_1^1,\ \cdots,\ y_j^1,\ \cdots,\ y_m^1,\ z_1^1,\ \cdots,\ z_j^1,\ \cdots,\ z_m^1)-g_j^1(s,\ y_1^1+\overline{y}_1^-,\ \cdots,\\&\qquad y_{j-1}^1+\overline{y}_{j-1}^-,\ y_j^2,\ y_{j+1}^1+\overline{y}_{j+1}^-,\ \cdots,\ y_m^1+\overline{y}_m^-,\ z_1^1,\ \cdots,\ z_{j-1}^1,\ z_j^2,\ z_{j+1}^1,\ \cdots,\ z_m^1)|^2\}^{\frac{1}{2}}\mathrm{d}s\\&\leqslant 2\int_t^T|\overline{y}_j^-|\{h(\sum_{l=1}^m|\overline{y}_l^-|^2)+C|\overline{z}_j|^2\}^{\frac{1}{2}}\mathrm{d}s\end{aligned} \tag{10.49}$$

由基本不等式 $\sqrt{a+b}\leqslant\sqrt{a}+\sqrt{b}(a\geqslant 0,\ b\geqslant 0)$得

$$I_1\leqslant 2\int_t^T|\overline{y}_j^-|\{h(\sum_{l=1}^m|\overline{y}_l^-|^2)\}^{\frac{1}{2}}\mathrm{d}s+2\int_t^T|\overline{y}_j^-|(C|\overline{z}_j|^2)^{\frac{1}{2}}\mathrm{d}s$$

进而得到

$$\begin{aligned}I_1&\leqslant\int_t^T|\overline{y}_j^-|^2\mathrm{d}s+\int_t^T h(\sum_{l=1}^m|\overline{y}_l^-|^2)\mathrm{d}s+C\int_t^T|\overline{y}_j^-|^2\mathrm{d}s+\int_t^T\sum_{k=1}^n 1_{\{\overline{y}_j\leqslant 0\}}|\overline{z}_{jk}|^2\mathrm{d}s\\&=(1+C)\int_t^T|\overline{y}_j^-|^2\mathrm{d}s+\int_t^T h(\sum_{l=1}^m|\overline{y}_l^-|^2)\mathrm{d}s+\sum_{k=1}^n\int_t^T 1_{\{\overline{y}_j\leqslant 0\}}|\overline{z}_{jk}|^2\mathrm{d}s\end{aligned} \tag{10.50}$$

由式(10.46)、式(10.48)、式(10.50)得

$$E(|\overline{y}_j^-(t)|^2)\leqslant(1+C)E\left(\int_t^T|\overline{y}_j^-(s)|^2\mathrm{d}s\right)+E\left(\int_t^T h(\sum_{l=1}^m|\overline{y}_l^-(s)|^2)\mathrm{d}s\right)$$

$$\begin{aligned}E(\sum_{j=1}^m|\overline{y}_j^-(t)|^2)&\leqslant(1+C)\int_t^T E(\sum_{l=1}^m|\overline{y}_l^-(s)|^2)\mathrm{d}s+m\int_t^T E\left[h(\sum_{j=1}^m|\overline{y}_j^-(s)|^2)\right]\mathrm{d}s\\&\leqslant C_1\int_t^T\left\{E(\sum_{l=1}^m|\overline{y}_l^-(s)|^2)+h\left(E(\sum_{j=1}^m|\overline{y}_j^-(s)|^2)\right)\right\}\mathrm{d}s\end{aligned} \tag{10.51}$$

其中，$C_1=\max\{1+C,\ m\}$，$t\in[0,\ T]$，设 $\varphi(u)=C_1(u+h(u))$，则 $\varphi(u)$是一个连续增函数且满足当 $u>0$ 时，$\varphi(u)>0$，$\varphi(0)=0$. 由引理 10.2.3 中关于函数 $h(u)$的条件知，$\forall u\in[0,\ T]$，有 $h(u)\geqslant h(T)u$. 所以，$\forall u\in[0,\ T]$，有

$$\frac{h(u)}{\varphi(u)}=\frac{h(u)}{C_1(u+h(u))}=\frac{1}{C_1\left(1+\dfrac{u}{h(u)}\right)}\geqslant\frac{1}{C_1\left(1+\dfrac{1}{h(T)}\right)}=\frac{h(T)}{C_1(h(T)+1)}$$

所以

$$\int_{0_+}\frac{\mathrm{d}u}{\varphi(u)}\geqslant\frac{h(T)}{C_1(h(T)+1)}\int_{0_+}\frac{\mathrm{d}u}{h(u)}=\infty$$

设 $f(t)=E(\sum_{j=1}^{m}|\overline{y}_j^-(T-t)|^2)$，$t\in[0,T]$，则由式(10.51)得

$$
\begin{aligned}
f(t)&=E(\sum_{j=1}^{m}|\overline{y}_j^-(T-t)|^2)\\
&\leqslant\int_{T-t}^{T}\varphi(E(\sum_{j=1}^{m}|\overline{y}_j^-(s)|^2))\mathrm{d}s=\int_0^t\varphi(f(s))\mathrm{d}s
\end{aligned}
\tag{10.52}
$$

对式(10.52)应用 Bihari 不等式(见参考文献[57])，则得到 $\forall t\in[0,T]$，$f(t)=0$. 即

$$\overline{y}_j(t)\geqslant 0.\ \text{P-a. s.},\ j=1,2,\cdots,m,\ t\in[0,T]$$

因此，$y^1(t)\geqslant y^2(t)$，a. s.，$\forall t\in[0,T]$，证毕． ■

10.3 超二次增长的倒向随机微分方程及其与偏微分方程的联系

本节我们讨论超二次增长的倒向随机微分方程解的存在唯一性结论及与 PDE 之间的联系．二次增长的倒向随机微分方程首先被 M. Kobylanski 研究[54,55]，1997 年，她在博士论文中给出了终值有界情况下二次增长的 BSDE 解的存在性证明，同是也得到了一个唯一性结论，并讨论了二次增长的情况下 BSDE 及 PDE 之间的联系，从那以后，各种推广不断出现．值得一提的是，二次及超二次增长的 BSDE 在金融及随机控制领域有着非常重要的应用．

讨论如下抛物型偏微分方程：

$$
\begin{cases}
(\partial_t+\mathcal{L})u(t,x)+F(t,x,u(t,x),\nabla u(t,x))=0,\ \forall(t,x)\in[0,T]\times\mathbf{R}^d\\
u(x,T)=g(x),\ \forall x\in\mathbf{R}^d
\end{cases}
\tag{10.53}
$$

其中，

$$\mathcal{L}=\frac{1}{2}\sum_{i,j=1}^{d}a_{ij}(x)\frac{\partial^2}{\partial x_i\partial x_j}+\sum_{i=1}^{d}b_i(x)\frac{\partial}{\partial x_i}$$

F：$[0,T]\times\mathbf{R}^d\times\mathbf{R}\times\mathbf{R}^d\to\mathbf{R}$，且存在函数 f 使得 $F(t,x,u,p)=f(t,x,u,\sigma^*p)$，$a(x)=\sigma^*(x)\sigma(x)$，$\sigma\in C_b^1(\mathbf{R}^d;\mathbf{R}^{d\times d})$.

设$(\Omega,\mathcal{F},P)$是一个完备的概率空间，$T>0$ 是一个常数，$\{W_t,t\in[0,T]\}$是$(\Omega,\mathcal{F},P)$上的标准布朗运动，记$\mathcal{F}_t=\sigma(W_s,s\leqslant t)\vee\mathcal{N}$，$\mathcal{N}$表示$\mathcal{F}$的所的 P 零集．并记$\mathcal{F}_s^t=\sigma(W_r-W_t,t\leqslant r\leqslant s)\vee\mathcal{N}$．设 $\rho(x)$：$\mathbf{R}^d\to\mathbf{R}$ 是一个满足

$$\int_{\mathbf{R}^d}\rho(x)\mathrm{d}x<\infty$$

的非负连续加权函数．考虑下列空间：

$\mathcal{D}^2([t,T],\mathbf{R}^{d\times m})=\{X:\Omega\times[t,T]\to\mathbf{R}^{d\times m}\}$，$\mathcal{F}_s^t$ 循序可测，且

$$\|X\|_{\mathcal{D}^2}^2=\sup_{[[t,T]]}\left\{E^{\mathcal{F}_s}\left[\int_s^T\|X_s\|\mathrm{d}s<\infty\right]\right\}$$

$S^\infty([t,T],\mathbf{R}^n)=\{X:\Omega\times[t,T]\to\mathbf{R}^n\}$，$\mathcal{F}_s^t$ 循序可测、连续，且

$$\|X\|_{S^\infty}=\sup_{[[t,T]]}\{|X_s(\omega)|<\infty\}$$

$L^2(\mathbf{R}^d,\rho(x)\mathrm{d}x)$：加权 L^2 空间，满足

$$\| u \|_{L^2(\mathbf{R}^d, \rho \mathrm{d}x)}^2 = \int_{\mathbf{R}^d} |u(x)|^2 \rho(x) \mathrm{d}x < \infty$$

$\mathcal{H}:=\{u\in L^2([0,\ T]\times\mathbf{R}^d,\ \mathrm{d}s\otimes\rho(x)\mathrm{d}x),\ \sigma^*\nabla u\in L^2([0,\ T]\times\mathbf{R}^d,\ \mathrm{d}s\otimes\rho(x)\mathrm{d}x)\}$，在$\mathcal{H}$中引入范数

$$\| u \|^2 = \int_{\mathbf{R}^d} \int_t^T [|u(s,x)|^2 + |(\sigma^* \nabla u)(s,x)|^2] \rho(x) \mathrm{d}s\mathrm{d}x$$

定义 10.3.1　称 $u(t,\ x)\in\mathcal{H}$ 为式(10.53)的 Sobolev 解，如果 $\forall\phi(t,\ x)\in C_0^{1,\infty}([0,\ T]\times\mathbf{R}^d)$，均有

$$\int_t^T (u_s,\ \partial_s\phi)\mathrm{d}s + (u(t,\ \cdot),\ \phi(t,\ \cdot)) - (g(\cdot),\ \phi(T,\ \cdot)) + \int_t^T \mathcal{E}(u_s,\ \phi_s)\mathrm{d}s$$

$$= \int_t^T (f(s,\ \cdot,\ u_s,\ \sigma^*\nabla u_s),\ \phi_s)\mathrm{d}s$$

成立，其中 $(\phi,\psi)=\int_{\mathbf{R}^d}\phi\psi\mathrm{d}x$，

$$\mathcal{E}(\psi,\phi) = \int_{\mathbf{R}^d} \left((\sigma^*\nabla\psi)(\sigma^*\nabla\phi) + \phi\,\nabla\left(\left(\frac{1}{2}\sigma^*\nabla\sigma + b\right)\psi\right)\right)\mathrm{d}x$$

本节我们使用的条件为

(1)f：$[0,\ T]\times\mathbf{R}^d\times\mathbf{R}\times\mathbf{R}^d\to\mathbf{R}$ 是关于$(t,\ x,\ y,\ z)$可测的，且存在常数

$$L_y > 0,\ L_z > 0,\ L_{f,x} > 0,\ M_0 > 0$$

使得对任意$(t,\ x,\ y,\ y',\ z,\ z')\in[0,\ t]\times\mathbf{R}^d\times\mathbf{R}\times\mathbf{R}\times\mathbf{R}^d\times\mathbf{R}^d$，均有

$$|f(t,\ x,\ y,\ z) - f(t,\ x,\ y',\ z')| \leqslant L_y|y-y'|(|y|+|y'|) + L_z|z-z'|(1+|z|^l+|z'|^l)$$

$$f(t,\ x,\ y,\ z) - f(t,\ x',\ y,\ z) \leqslant L_{f,x}|x-x'|,\ f(t,\ x,\ 0,\ 0) \leqslant M_0$$

(2)存在 $\sigma_M>0$，$g_M>0$，$b_M>0$，$L_b>0$，$L_g>0$，$L_\sigma>0$，使得对任意 $t\in[0,\ T]$，$(x,\ x')\in\mathbf{R}^d\times\mathbf{R}^d$，有

$$|g(x)| \leqslant g_M,\ |b(x)| \leqslant b_M,\ |\sigma(x)| \leqslant \sigma_M,\ |b(x)-b(x')| \leqslant L_b|x-x'|$$

$$|\sigma(x)-\sigma(x')| \leqslant L_\sigma|x-x'|,\ |g(x)-g(x')| \leqslant L_g|x-x'|$$

对应于式(10.53)，我们引入下列正倒向随机微分方程组：

$$\begin{cases} X_s^{t,x} = x + \int_t^s b(X_r^{t,x})\mathrm{d}r + \int_t^s \sigma(X_r^{t,x})\mathrm{d}W_r & (10.54) \\ Y_s^{t,x} = g(X_T^{t,x}) + \int_s^T f(r,\ X_r^{t,x},\ Y_r^{t,x},\ Z_r^{t,x})\mathrm{d}r - \int_s^T Z_r^{t,x}\mathrm{d}W_r & (10.55) \end{cases}$$

由参考文献[61]，当条件(2)成立时，对任意 $x\in\mathbf{R}^d$，正向 SDE(10.54)存在唯一解$\{X_s^{t,x},\ t\leqslant s\leqslant T\}$. 用$\{\hat{X}_s^{t,x},\ x\in\mathbf{R}^d,\ t\leqslant s\leqslant T\}$表示随机流$\{X_s^{t,x},\ x\in\mathbf{R}^d,\ t\leqslant s\leqslant T\}$的逆流，用 $J(X_s^{t,x})$表示 $\hat{X}_s^{t,x}$ 的 Jacobi 行列式，定义 ϕ_t：$[0,\ T]\times\Omega\times\mathbf{R}^d\to\mathbf{R}$ 为

$$\phi_t(s,x) = \phi(\hat{X}_s^{t,x})J(\hat{X}_s^{t,x})$$

引理 10.3.1　(1)对任意 $\phi\in C_0^\infty(\mathbf{R}^d)$，必有

$$\phi_t(s,x) = \phi(x) - \sum_{j=1}^d \int_t^s \left(\sum_{i=1}^d \frac{\partial}{\partial x_i}(\sigma_{ij}(x)\phi_t(r,x))\right)\mathrm{d}W_r^j + \int_t^s \mathcal{L}^*\phi_t(r,x)\mathrm{d}r$$

其中，$\mathcal{L}^*$ 表示$\mathcal{L}$的伴随算子.

(2)存在常数 $k_1>0$，$k_2>0$，使得 $\forall\phi\in L^1(\mathbf{R}^d,\ \rho(x)\mathrm{d}x)$，$t\leqslant s\leqslant T$，均有

$$k_2\int_{\mathbf{R}^d}|\phi(x)|\rho(x)\mathrm{d}x\leqslant\int_{\mathbf{R}^d}E(|\phi(X_s^{t,x})|)\rho(x)\mathrm{d}x\leqslant k_1\int_{\mathbf{R}^d}|\phi(x)|\rho(x)\mathrm{d}x$$

且 $\forall\psi\in L^1([0,T]\times\mathbf{R}^d,\ \mathrm{d}s\otimes\rho(x)\mathrm{d}x)$，有

$$k_2\int_{\mathbf{R}^d}|\psi(s,x)|\rho(x)\mathrm{d}s\mathrm{d}x\leqslant\int_{\mathbf{R}^d}\int_t^T E(|\psi(s,X_s^{t,x})|)\rho(x)\mathrm{d}s\mathrm{d}x$$

$$\leqslant k_1\int_{\mathbf{R}^d}\int_s^T|\psi(s,x)|\rho(x)\mathrm{d}s\mathrm{d}x$$

定理 10.3.1　如果本节使用的条件(1)、(2)成立，则当 $T>0$ 足够小时，BSDE (10.55)存在唯一解

$$(Y_s^{t,x},Z_s^{t,x})_{t\leqslant s\leqslant T}\in S^\infty([t,T],\mathbf{R})\times\mathcal{D}^2([t,T],\mathbf{R}^d)$$

证明　作光滑截断函数 ρ_M 如下：对任意 $x\in\mathbf{R}^d$，$\rho_M(x)\leqslant M$，$|\nabla\rho_M(x)|\leqslant 1$，当 $|x|\leqslant M-1$ 时，$\rho_M\equiv x$.

由参考文献[62]知，BSDE

$$Y_s^{t,x,M}=g(X_T^{t,x})+\int_s^T f_M(r,X_t^{t,x},Y_r^{t,x,M},Z_r^{t,x,M})\mathrm{d}r-\int_s^T Z_r^{t,x,M}\mathrm{d}W_r$$

存在唯一解

$$(Y^{t,x,M},Z^{t,x,M})\in S^\infty([t,T],\mathbf{R})\times\mathcal{D}^2([t,T],\mathbf{R}^d)$$

且满足

$$\|Y^{t,x,M}\|_{S^\infty}^2+\|Z^{t,x,M}\|_{\mathcal{D}^2}^2\leqslant\frac{C(M)}{T^2}+C$$

其中，$C(M)$，C 是两个常数，$f_M=f(\cdot,\cdot,\cdot,\rho_M(.))$.

首先，假定 $g(\cdot)$，$f(t,\cdot,\cdot,\cdot)$是可微的，则 $X^{t,x}$，$(Y^{t,x,M},Z^{t,x,M})$关于 x 可微，且

$$\begin{aligned}\nabla Y_s^{t,x,M}=&\nabla g(X_T^{t,x})\nabla X_T^{t,x}+\int_s^T\nabla_x f_M(r,X_r^{t,x},Y_r^{t,x,M},Z_r^{t,x,M})\nabla X_r^{t,x}\mathrm{d}r+\\&\int_s^T\nabla_y f_M(r,X_r^{t,x},Y_r^{t,x,M},Z_r^{t,x,M})\nabla Y_r^{t,x}\mathrm{d}r-\int_s^T\nabla Z_r^{t,x,M}\mathrm{d}W_r+\\&\int_s^T\nabla_z f_M(r,X_r^{t,x},Y_r^{t,x,M},Z_r^{t,x,M})\nabla Z_r^{t,x}\mathrm{d}r\end{aligned}$$

$$Z_s^{t,x,M}=\nabla Y_s^{t,x,M}(\nabla X_s^{t,x})^{-1}\sigma(s,\nabla X_s^{t,x})$$

因为

$$\nabla_z f_M(r,X_r^{t,x},Y_r^{t,x,M},Z_r^{t,x,M})\leqslant L_z(1+2M^l)$$

由 Girsanov 定理知，

$$\widetilde{W}_s=W_s-\int_0^t\nabla_z f_M(r,X_r^{t,x},Y_r^{t,x,M},Z_r^{t,x,M})\mathrm{d}r$$

在概率 Q^M 下是一个布朗运动．所以

$$\begin{aligned}\nabla Y_s^{t,x,M}=&E_{Q^M}^{\mathcal{F}_s}[\mathrm{e}^{\int_s^T\nabla_y f_M(r,X_r^{t,x},Y_r^{t,x,M},Z_r^{t,x,M})\mathrm{d}r}\nabla g(X_T^{t,x})\nabla X_T^{t,x}+\\&\int_s^T\mathrm{e}^{\int_s^T\nabla_y f_M(r,X_u^{t,x},Y_u^{t,x,M},Z_u^{t,x,M})\mathrm{d}u}\nabla_x f_M(r,X_r^{t,x},Y_r^{t,x,M},Z_r^{t,x,M})\nabla X_r^{t,x}\mathrm{d}r\end{aligned}$$

从而

$$|Z_s^{t,x,M}| \leqslant M_\sigma \exp\left(c\left[\frac{1}{T}+1\right]T\right)\left(L_g E_{Q^M}^{\mathcal{F}_s}(|U_T|)+L_{f,x}\int_s^T E_{Q^M}^{\mathcal{F}_s}(|U_r|)\mathrm{d}r\right) \quad (10.56)$$

其中，$\{U_r,\ s\leqslant r\leqslant T\}$是下列 SDE 的解：

$$U_r = Id + \int_s^r \nabla b(X_u^{t,x})U_u \mathrm{d}u + \int_s^r \sum_{i=1}^d \nabla \sigma^i(X_u^{t,x})U_u \mathrm{d}W_u^i$$

这里 σ^i 表示 σ 的第 i 列元素，则有

$$U_r = Id + \int_s^r \nabla b(X_u^{t,x})U_u \mathrm{d}u + \int_s^r \sum_{i=1}^d \nabla \sigma^i(X_u^{t,x})U_u(\mathrm{d}\widetilde{W}_u^i + (\nabla_z f_M)^i(u,\ X_u^{t,x},\ Y_u^{t,x,M},\ Z_u^{t,x,M})\mathrm{d}u)$$

故

$$E_{Q^M}^{\mathcal{F}_s}(|U_r|) \leqslant C\exp\{L_\sigma^2 T + [L_b + L_\sigma L_z(1+2M^l)]^2 T^2\} \quad (10.57)$$

结合式(10.56)和式(10.57)得

$$|Z_s^{t,x,M}| \leqslant cM_\sigma \exp(CT)(L_g + L_{f,x}T)\exp\{L_\sigma^2 T + [L_b + L_\sigma L_z(1+2M^l)]^2 T^2\}$$

当 T 适当小时，函数

$$A \to 1 + cM_\sigma \exp(CT)(L_g + L_{f,x}T)\exp\{L_\sigma^2 T + [L_b + L_\sigma L_z(1+2A^l)]^2 T^2\}$$

至少有一个正的不动点，设它的最小正不动点为 $\widetilde{M}$，则有

$$Z^{t,x,\widetilde{M}} \leqslant \widetilde{M} - 1$$

且$(Y^{t,x,\widetilde{M}},\ Z^{t,x,\widetilde{M}})$是 BSDE(10.55)的解，存在性得证，唯一性由参考文献[62]中的引理 3.2 直接得到．$g(\cdot)$，$f(t,\ \cdot,\ \cdot,\ \cdot)$不可微时，由逼近理论可证结果仍成立． ■

定理 10.3.2 如果条件(1)、(2)成立，则式(10.53)存在唯一的 Sobolev 解 $u(t,\ x)\in\mathcal{H}$，且 $u(t,\ x)$有下列概率表示：

$$u(t,x) = Y_t^{t,x},\ (\sigma^* \nabla u)(t,x) = Z_t^{t,x},\ \mathrm{d}t \otimes \mathrm{d}x\text{-a. e.}$$

且 $\forall s\in[t,\ T]$，有

$$u(s,X_s^{t,x}) = Y_s^{t,x},\ (\sigma^* \nabla u)(s,X_s^{t,x}) = Z_s^{t,x},\ \mathrm{d}t \otimes \mathrm{d}P \otimes \mathrm{d}x\text{-a. e.}$$

证明 (1)存在性：由定理 10.3.1 知，存在常数 $C>0$ 使得

$$\int_{\mathbf{R}^d}\int_t^T E(|Y_s^{t,x}|^4 + |Z_s^{t,x}|^2)\rho(x)\mathrm{d}s\mathrm{d}x < C$$

因为$(Y_t^{t,x},\ Z_t^{t,x})$是$\mathcal{F}_t^t$ 可测的，故它是非随机的．令

$u(t,\ x)=Y_t^{t,x}$，$v(t,\ x)=Z_t^{t,x}$，由 BSDE(10.55)解的唯一性知，

$$u(s,\ X_s^{t,x}) = Y_s^{t,x},\ v(s,\ X_s^{t,x}) = Z_s^{t,x}$$

由于 $g(t)$，$f(t,\ x,\ 0,\ 0)$关于 t，x 可能是不连续的，一般情况下 u，v 可能只是 a. e. 在$[0,\ T]\times\mathbf{R}^d$ 上有定义，类似于参考文献[63]或[64]，可以对 g 和 f 使用正则化方法，从而得到 $u(s,\ X_s^{t,x})=Y_s^{t,x}$，$v(s,\ X_s^{t,x})=Z_s^{t,x}$ 有意义．由引理 10.3.1 知，u，$v\in L^2([0,\ T]\times\mathbf{R}^d,\ \mathrm{d}t\otimes\rho(x)\mathrm{d}x)$，设 $F(r,\ x)=f(r,\ x,\ u(r,\ x),\ v(r,\ x))$，则

$$\begin{aligned}\int_{\mathbf{R}^d}\int_t^T |F(s,\ x)|^2\rho(x)\mathrm{d}s\mathrm{d}x &\leqslant \frac{1}{k_2}\int_{\mathbf{R}^d}\int_t^T E|F(s,\ X_s^{t,x})|^2\mathrm{d}s\mathrm{d}x \\ &= \frac{1}{k_2}\int_{\mathbf{R}^d}\int_t^T E|f(s,\ X_s^{t,x},\ Y_s^{t,x},\ Z_s^{t,x})|^2\rho(x)\mathrm{d}s\mathrm{d}x\end{aligned}$$

$$\leqslant \frac{1}{k_2}\int_{\mathbf{R}^d}\int_t^T E[\,|f(t,X_s^{t,x},0,0)|+L|Y_s^{t,x}|^2+L|Z_s^{t,x}|\,]^2\rho(x)\mathrm{d}s\mathrm{d}x$$
$$<\infty$$

由参考文献[63]的定理 2.1 知，$v=\sigma^*\nabla u$ 且 $u(t,x)\in\mathcal{H}$，因为 $Y_s^{t,x}\in S^\infty$，故 u 是有界解的．

(2)唯一性：设 $u^1(t,x)$，$u^2(t,x)$是 PDE(10.53)的两个解，设

$$F(t,x)=f(t,x,u(t,x),(\sigma^*\nabla u)(t,x))$$

则 $F(t,x)\in L^2([0,T]\times\mathbf{R}^n,\mathrm{d}t\otimes\rho(x)\mathrm{d}x)$，由参考文献[63]的命题 2.3 知，对任意 $\phi\in C_0^\infty(\mathbf{R}^d)$，$i=1,2$，有

$$\int_{\mathbf{R}^d}\int_t^T(u^i(s,x)\mathrm{d}\phi_t(r,x)\mathrm{d}x+(u^i(s,\cdot),\phi_t(s,\cdot))-(g(\cdot),\phi_t(T,\cdot)))-\int_s^T\mathcal{E}(u^i(r,\cdot),\phi_t(r,\cdot))\mathrm{d}r$$
$$=\int_{\mathbf{R}^d}\int_s^T\phi_t(r,x)f(r,x,u^i(r,x),\sigma_r^*\nabla u^i(r,x))\mathrm{d}r\mathrm{d}x$$

类似于参考文献[64]知，$(u^i(s,X_s^{t,y}),\sigma_r^*\nabla u^i(s,X_s^{t,y}))$是下列 BSDE 的解：

$$u^i(s,X_s^{t,y})=g(X_T^{t,y})+\int_s^T f(r,X_r^{t,y},u^i(r,X_r^{t,y}),\sigma_r^*\nabla u^i(r,X_r^{t,y}))\mathrm{d}r-\int_s^T\sigma_r^*\nabla u^i(r,X_r^{t,y})\mathrm{d}W_r$$

由 BSDE 解的唯一性知，

$$u^1(s,X_s^{t,y})=u^2(s,X_s^{t,y}),\ \sigma_r^*\nabla u^1(s,X_s^{t,y})=\sigma_r^*\nabla u^2(s,X_s^{t,y})$$

取 $s=t$，则得到

$$u^1(t,y)=u^2(t,y),\ \mathrm{d}t\otimes\mathrm{d}y\text{-a. e.}$$

证毕． ■

10.4　随机微分方程的近似计算

本节我们介绍随机微分方程的数值解法，为了简单起见，我们只讨论时齐的 SDE

$$X_t=x+\int_0^t b(X_s)\mathrm{d}s+\int_0^t\sigma(X_s)\mathrm{d}W_s,\quad 0\leqslant t\leqslant T$$

其中，$b(x)$是连续函数，$\sigma(x)$是二阶连续可微函数，且在 $\mathbf{R}$ 上有界．

将$[0,T]$分为 n 等份，分点为 $0=t_0<t_1<t_2<\cdots<t_n=t$，设步长为 $\delta=\frac{T}{n}$. 由 $b(x)$是连续函数得

$$\begin{aligned}X_{t_{m+1}}-X_{t_m}&=\int_{t_m}^{t_{m+1}}b(X_r)\mathrm{d}r+\int_{t_m}^{t_{m+1}}\sigma(X_r)\mathrm{d}W_r\\&=b(X_{t_m})\delta+o(\delta)+\sigma(X_{t_m})(W_{t_{m+1}}-W_{t_m})+\int_{t_m}^{t_{m+1}}[\sigma(X_r)-\sigma(X_{t_m})]\mathrm{d}W_r\\&=b(X_{t_m})\delta+\sigma(X_{t_m})\Delta W_{t_{m+1}}+\int_{t_m}^{t_{m+1}}[\sigma(X_r)-\sigma(X_{t_m})]\mathrm{d}W_r+o(\delta)\end{aligned}\tag{10.58}$$

显然，$\zeta_{m+1}\triangleq\Delta W_{t_{m+1}}=(W_{t_{m+1}}-W_{t_m})(m=0,1,\cdots,n-1)$是独立同分布的，且 $\Delta W_{t_m}\sim N(0,\delta)$. 因为

$$E\left\{\left(\int_{t_m}^{t_{m+1}}[\sigma(X_r)-\sigma(X_{t_m})]\mathrm{d}W_r\right)^2\right\}=\int_{t_m}^{t_{m+1}}E([\sigma(X_r)-\sigma(X_{t_m})]^2)\mathrm{d}r=o(\delta)$$

所以，当 $\sigma(x)$是连续有界函数时，就得到 Euler-Maruyama 近似计算公式

$$\begin{cases} X_0 = x \\ X_{t_{m+1}} = X_{t_m} + b(X_{t_m})\delta + \sigma(X_{t_m})\Delta W_{t_m} + o(\delta),\ m = 1,\ 2,\ \cdots,\ n-1 \end{cases}$$

具体计算时，只需抽得随机变量 $N(0,\ \delta)$的随机数 ζ_1，ζ_2，…，ζ_n，就得到 X 在 $[0,\ T]$ 上的 n 个样本值 x_0，x_{t_1}，…，$x_{t_n}=x_t$，然后使用计算方法就可得 X 在 $[0,\ T]$上的一条路径.

下面我们介绍精度更高的 Milstein 近似计算方法.

$\sigma(X_s)$使用伊藤公式得：对任意 $0\leqslant t_m<r$，有

$$\sigma(X_r) - \sigma(X_{t_m}) = \int_{t_m}^{r} \left[b(X_u)\sigma'(X_u) + \frac{1}{2}\sigma^2(X_u)\sigma''(X_u)\right]\mathrm{d}u + \int_{t_m}^{r} \sigma(X_u)\sigma'(X_u)\mathrm{d}W_u \tag{10.59}$$

将式(10.59)代入式(10.58)得

$$X_{t_{m+1}} - X_{t_m} = b(X_{t_m})\delta + \sigma(X_{t_m})\zeta_{m+1} + \int_{t_m}^{t_{m+1}}\int_{t_m}^{r} \sigma(X_u)\sigma'(X_u)\mathrm{d}W_u\mathrm{d}W_r + o(\delta) \tag{10.60}$$

因为

$$\begin{aligned} \int_{t_m}^{t_{m+1}}\int_{t_m}^{r} \sigma(X_u)\sigma'(X_u)\mathrm{d}W_u\mathrm{d}W_r &= \sigma(X_{t_m})\sigma'(X_{t_m})\int_{t_m}^{t_{m+1}}\int_{t_m}^{r}\mathrm{d}W_u\mathrm{d}W_r + o(\delta) \\ &= \sigma(X_{t_m})\sigma'(X_{t_m})\int_{t_m}^{t_{m+1}}(W_r - W_{t_m})\mathrm{d}W_r + o(\delta) \\ &= \sigma(X_{t_m})\sigma'(X_{t_m})\left[\frac{1}{2}(W_{t_{m+1}}^2 - W_{t_m}^2 - \delta) - W_{t_m}\Delta W_{t_{m+1}}\right] + o(\delta) \\ &= \frac{1}{2}\sigma(X_{t_m})\sigma'(X_{t_m})[(\Delta W_{t_{m+1}})^2 - \delta] + o(\delta) \end{aligned} \tag{10.61}$$

代入式(10.60)，即得 Milstein 近似计算方法

$$\begin{cases} X_0 = x, \\ X_{t_{m+1}} = X_{t_m} + b(X_{t_m})\delta + \sigma(X_{t_m})\zeta_{m+1} + \frac{1}{2}\sigma(X_{t_m})\sigma'(X_{t_m})[(\zeta_{m+1})^2 - \delta], \\ \qquad m = 0,\ 1,\ 2,\ \cdots,\ n-1 \end{cases}$$

具体计算时，只需抽得随机变量 $N(0,\ \delta)$的随机数 ζ_1，ζ_2，…，ζ_n，就得到 X 在$[0,\ T]$上的 n 个样本值 x_0，x_{t_1}，…，$x_{t_n}=x_t$，然后使用计算方法就可得 X 在$[0,\ T]$上的一条路径.

下面我们讨论一些其他的近似计算方法.

由伊藤公式知，对任意 $t_m<t\leqslant t_{m+1}=t_m+\delta$，

$$\begin{aligned} f(X_t) &= f(X_{t_m}) + \int_{t_m}^{t}\left[b(X_s)f'(X_s) + \frac{1}{2}\sigma^2(X_s)f''(X_s)\right]\mathrm{d}s + \int_{t_m}^{t}[\sigma(X_s)f'(X_s)]\mathrm{d}W_s \qquad (10.62) \\ &= f(X_{t_m}) + \left[b(X_{t_m})f'(X_{t_m}) + \frac{1}{2}\sigma^2(X_{t_m})f''(X_{t_m})\right]\int_{t_m}^{t}\mathrm{d}s + \end{aligned}$$

$$\sigma(X_{t_m})f'(X_{t_m})\int_{t_m}^{t}\mathrm{d}W_s+\varepsilon(\omega)$$

其中ε为随机余项．称这个公式为 1/2 阶随机 Taylor 展开式．通过抽随机数及

$$f(X_t)=f(X_{t_m})+\left[b(X_{t_m})f'(X_{t_m})+\frac{1}{2}\sigma^2(X_{t_m})f''(X_{t_m})\right]\int_{t_m}^{t}\mathrm{d}s+$$

$$\sigma(X_{t_m})f'(X_{t_m})\int_{t_m}^{t}\mathrm{d}W_s$$

可得 $f(X)$在任一点的近似样本值．

进一步，将式(10.62)写为

$$f(X_t)=f(X_{t_m})+\int_{t_m}^{t}\left[b(X_s)f'(X_s)+\frac{1}{2}\sigma^2(X_s)f''(X_s)\right]\mathrm{d}s+\int_{t_m}^{t}[\sigma(X_s)f'(X_s)]\mathrm{d}W_s$$

$$=f(X_{t_m})+\left[b(X_{t_m})f'(X_{t_m})+\frac{1}{2}\sigma^2(X_{t_m})f''(X_{t_m})\right]\int_{t_m}^{t}\mathrm{d}s+\varepsilon_1(\omega)+$$

$$\sigma(X_{t_m})f'(X_{t_m})\int_{t_m}^{t}\mathrm{d}W_s+\int_{t_m}^{t}[\sigma(X_s)f'(X_s)-\sigma(X_{t_m})f'(X_{t_m})]\mathrm{d}W_s$$

再对 $\sigma(X_s)f'(X_s)$使用伊藤公式，得

$$\sigma(X_s)f'(X_s)-\sigma(X_{t_m})f'(X_{t_m})=\sigma(X_{t_m})[\sigma f']'(X_{t_m})\int_{t_m}^{s}\mathrm{d}W_r+\widetilde{\varepsilon}(\omega)$$

故

$$f(X_t)=f(X_{t_m})=\left[b(X_{t_m})f'(X_{t_m})+\frac{1}{2}\sigma^2(X_{t_m})f''(X_{t_m})\right]\int_{t_m}^{t}\mathrm{d}s+$$

$$\sigma(X_{t_m})f'(X_{t_m})\int_{t_m}^{t}\mathrm{d}W_s+\sigma(X_{t_m})[\sigma f']'(X_{t_m})\int_{t_m}^{t}\int_{t_m}^{s}\mathrm{d}W_r\mathrm{d}W_s+\varepsilon(\omega)$$

称上式为一阶随机 Taylor 展开式．

类似于常微分方程的近似计算公式，还可得下列公式：

$$X_0=x$$

$$X_{t_{m+1}}=X_{t_m}+b(X_{t_m})\delta+\sigma(X_{t_m})\zeta_{m+1}+$$

$$\frac{1}{2}\left\{\frac{1}{\sqrt{\delta}}[\sigma(X_{t_m}+\sigma(X_{t_m})\sqrt{\delta})-\sigma(X_{t_m})]\right\}[(\zeta_{m+1})^2-\delta],\ m=0,1,2,\cdots,n-1$$

这种近似方法称为一阶 Runge-Kutta 近似．

同样对于 BSDE，也有许多近似计算方法，感兴趣的读者请查阅相关文献．

10.5　扩散过程

本节我们介绍在经济金融、信息科学、生物学以及社会科学中有着广泛应用的一类过程——扩散过程．比如，完全市场中的股票价格过程就是一个扩散过程．

定义 10.5.1　设连续时间的马尔可夫过程$\{X_t,\ t\geqslant 0\}$，其状态空间为 $\mathbf{R}$ 或 $\mathbf{R}^n$(以下仅讨论一维的情形)，且满足下列条件：对任意 $x\in\mathbf{R}$，$t\geqslant 0$，$\varepsilon>0$ 有

(1) $\lim\limits_{h\to 0^+}\dfrac{1}{h}P\{|X(t+h)-x|>\varepsilon\,|\,X(t)=x\}=0$；

(2) $\lim\limits_{h\to 0^+}\dfrac{1}{h}E\{[X(t+h)-x]\,|\,X(t)=x\}=\mu(t,\ x)$；

(3) $\lim\limits_{h\to 0^+}\dfrac{1}{h}E\{[X(t+h)-x]^2\,|\,X(t)=x\}=\sigma^2(t,\ x)$；

其中$|\mu(t,\ x)|<\infty$，$|\sigma(t,\ x)|<\infty$，则称$\{X_t,\ t\geqslant 0\}$为一个扩散过程，$\mu(t,\ x)$与$\sigma(t,\ x)$分别称为扩散过程$\{X_t,\ t\geqslant 0\}$的漂移系数与扩散系数．

例 10.5.1 设$W=\{W(t),\ t\geqslant 0\}$是一个标准布朗运动，$X_t=\mu t+\sigma W_t$，$t\geqslant 0$，其中$\mu$与$\sigma$分别为常数，求证$\{X_t,\ t\geqslant 0\}$为一个扩散过程．

证明 $\{X_t,\ t\geqslant 0\}$是马尔可夫过程是显然的．由

$$
\begin{aligned}
&\lim_{h\to 0^+}\frac{1}{h}P\{|X(t+h)-x|>\varepsilon\,|\,X(t)=x\}\\
=&\lim_{h\to 0^+}\frac{1}{h}P\{|X(t+h)-X(t)|>\varepsilon\,|\,X(t)=x\}\\
=&\lim_{h\to 0^+}\frac{1}{h}P\{|X(t+h)-X(t)|>\varepsilon\}\\
=&\lim_{h\to 0^+}\frac{1}{h}P\{|\mu h+\sigma[W(t+h)-W(t)]|>\varepsilon\}\\
=&\lim_{h\to 0^+}\frac{1}{h}P\{|\mu h+\sigma W(h)|>\varepsilon\}
\end{aligned}
$$

由$Y=\mu h+\sigma W(h)\sim N(\mu h,\ \sigma^2 h)$，故其密度函数为

$$
f_Y(y)=\frac{1}{\sqrt{2\pi h}\sigma}\mathrm{e}^{-\frac{(y-\mu h)^2}{2\sigma^2 h}}
$$

所以由

$$
\begin{aligned}
&\lim_{h\to 0^+}\frac{1}{h}[P\{|\mu h+\sigma W(h)|>\varepsilon\}=\lim_{h\to 0^+}\frac{1}{h}\int_{\{|y|>\varepsilon\}}\frac{1}{\sqrt{2\pi h}\sigma}\mathrm{e}^{-\frac{(y-\mu h)^2}{2\sigma^2 h}}\mathrm{d}y\\
\leqslant&\lim_{h\to 0^+}\frac{1}{h\varepsilon^4}\int_{\{|y|>\varepsilon\}}\frac{y^4}{\sqrt{2\pi h}\sigma}\mathrm{e}^{-\frac{(y-\mu h)^2}{2\sigma^2 h}}\mathrm{d}y\leqslant\lim_{h\to 0^+}\frac{1}{h\varepsilon^4}\int_{-\infty}^{+\infty}\frac{(y+\mu h)^4}{\sqrt{2\pi h}\sigma}\mathrm{e}^{-\frac{y^2}{2\sigma^2 h}}\mathrm{d}y\\
=&\lim_{h\to 0^+}\frac{1}{h\varepsilon^4}\int_{-\infty}^{+\infty}\frac{y^4}{\sqrt{2\pi h}\sigma}\mathrm{e}^{-\frac{y^2}{2\sigma^2 h}}\mathrm{d}y=\lim_{h\to 0^+}\frac{1}{h\varepsilon^4}(3\sigma^4 h^2)=0
\end{aligned}
$$

知条件(1)成立．

又因为

$$
\begin{aligned}
&\lim_{h\to 0^+}\frac{1}{h}E\{X(t+h)-x\,|\,X(t)=x\}\\
=&\lim_{h\to 0^+}\frac{1}{h}E\{\mu h+\sigma[W(t+h)-W(t)]\}\\
=&\lim_{h\to 0^+}\frac{1}{h}[\mu h+\sigma EW(h)]=\mu
\end{aligned}
$$

所以条件(2)成立．

最后，由

$$\lim_{h\to0^+}\frac{1}{h}E\{(X(t+h)-x)^2\mid X(t)=x\}$$

$$=\lim_{h\to0^+}\frac{1}{h}E\{(\mu h+\sigma[W(t+h)-W(t)])^2\}$$

$$=\lim_{h\to0^+}\frac{1}{h}[E(\mu h+\sigma W(h))^2]=\sigma^2$$

知，$\{X_t,\ t\geqslant0\}$是扩散过程，漂移系数与扩散系数分别为μ与σ. ■

例 10.5.2 设 $W=\{W(t),\ t\geqslant0\}$是一个标准布朗运动，$\{X_t,\ t\geqslant0\}$是 Ornslein-Uhrenbeck 方程(也称为郎之万方程)

$$\begin{cases}\mathrm{d}X_t=-\mu X_t\mathrm{d}t+\sigma\mathrm{d}W_t, t\geqslant0\\ X(0)=X_0\end{cases}$$

的解，其中μ与σ分别为常数，且 $X_0\sim N(0,\ \sigma_0^2)$，$X_0$ 与$\{W(t),\ 0\leqslant t\leqslant T\}$独立，求证$\{X_t,\ t\geqslant0\}$为一个扩散过程.

证明 由定理 10.1.4 知，$\{X_t,\ t\geqslant0\}$是一个马尔可夫过程. 下面证明$\{X_t,\ t\geqslant0\}$满足扩散过程的条件(1)、(2)、(3).

将方程改写为

$$\mathrm{d}X_t+\mu X_t\mathrm{d}t=\sigma\mathrm{d}W_t$$

两边同乘 $\mathrm{e}^{\mu t}$ 得

$$\mathrm{e}^{\mu t}\mathrm{d}X_t+\mu X_t\mathrm{e}^{\mu t}\mathrm{d}t=\sigma\mathrm{e}^{\mu t}\mathrm{d}W_t$$

由伊藤公式得

$$\mathrm{d}(\mathrm{e}^{\mu t}X_t)=\sigma\mathrm{e}^{\mu t}\mathrm{d}W_t$$

两边在$[0,\ t]$上积分得

$$\mathrm{e}^{\mu t}X_t-X_0=\int_0^t\sigma\mathrm{e}^{\mu s}\mathrm{d}W_s$$

所以

$$X_t=\mathrm{e}^{-\mu t}X_0+\int_0^t\sigma\mathrm{e}^{-\mu(t-s)}\mathrm{d}W_s$$

如果在$[t,\ t+h]$上积分，则有

$$X_{t+h}=\mathrm{e}^{-\mu h}X_t+\int_t^{t+h}\sigma\mathrm{e}^{-\mu(t+h-s)}\mathrm{d}W_s$$

故与上例类似得

$$\lim_{h\to0^+}\frac{1}{h}P\{|X(t+h)-x|>\varepsilon\mid X(t)=x\}\leqslant\lim_{h\to0^+}\frac{1}{\varepsilon^4}(3h^2)=0$$

又因为

$$\lim_{h\to0^+}\frac{1}{h}E\{X(t+h)-x\mid X(t)=x\}$$

$$=\lim_{h\to0^+}\frac{1}{h}\{\mathrm{e}^{-\mu h}x-x+E\int_t^{t+h}\sigma\mathrm{e}^{-\mu(t+h-s)}\mathrm{d}W_s\}$$

$$=\lim_{h\to0^+}\frac{1}{h}\{\mathrm{e}^{-\mu h}x-x\}=-\mu x$$

所以条件(2)成立．而

$$\lim_{h\to 0^+}\frac{1}{h}E\{[X(t+h)-x]^2\mid X(t)=x\}$$

$$=\lim_{h\to 0^+}\frac{1}{h}\{(e^{-\mu h}-1)^2x^2+\int_t^{t+h}\sigma^2e^{-2\mu(t+h-s)}ds\}=\sigma^2$$

故$\{X_t, t\geqslant 0\}$是扩散过程，漂移系数与扩散系数分别为$-\mu x$与σ. ■

在生物学中，群体增长模型为

$$\frac{dN_t}{dt}=a_tN_t,\ N_0\text{ 为已知常数}$$

其中，$a_t=r+aW_t$，r为增长率，a为常数．将方程写为

$$\frac{dN_t}{N_t}=rdt+adW_t$$

由伊藤公式知，

$$d(\ln N_t)=\frac{dN_t}{N_t}-\frac{1}{2N_t^2}a^2N_t^2dt=\frac{dN_t}{N_t}-\frac{1}{2}a^2dt$$

故

$$\frac{dN_t}{N_t}=d(\ln N_t)+\frac{1}{2}a^2dt$$

即

$$rdt+adW_t=d(\ln N_t)+\frac{1}{2}a^2dt$$

两边积分得

$$\ln\frac{N_t}{N_0}=aW_t+\left(r-\frac{1}{2}a^2\right)t$$

故方程的解为

$$N_t=N_0e^{aW_t+(r-\frac{1}{2}a^2)t},\quad t\geqslant 0$$

它是一个几何布朗运动．易证它也是一个扩散过程．

一般地，我们有以下定理．

定理 10.5.1 设

$$b(t,x):[0,T]\times\mathbf{R}\mapsto\mathbf{R},\ \sigma(t,x):[0,T]\times\mathbf{R}\mapsto\mathbf{R}$$

均为 Borel 可测函数，并满足全局 Lipschitz 条件，即存在常数$L>0$，使得对任意$x_1, x_2\in\mathbf{R}$，$0\leqslant t\leqslant T$，均有

$$|b(t,x_1)-b(t,x_2)|\leqslant L|x_1-x_2|,\ |\sigma(t,x_1)-\sigma(t,x_2)|\leqslant L|x_1-x_2|$$

且对任意$0\leqslant t\leqslant T$，有$|b(t,0)|\leqslant K$，$|\sigma(t,0)|\leqslant K$，则 SDE

$$\begin{cases}dX(t)=b(t,X(t))dt+\sigma(t,X(t))dW_t\\X(t_0)=x_0\end{cases}$$

的唯一解$\{X(t), t\geqslant 0\}$是一个扩散过程，且漂移系数与扩散系数分别为$b(t,x)$，$\sigma(t,x)$.

第 11 章　随机控制基础

最优控制理论是 20 世纪 50 年代末 60 年代初发展起来的现代控制论的一个重要分支，其核心问题是如何为受控系统选择一个控制策略，使得系统本身获得优良的技术性能和满意的经济效益 . 1956 年，Pontryagin 把最优控制过程问题叙述为具有约束的非古典变分学问题，并在 20 世纪 60 年代初系统地建立了最优控制问题的极值原理 . 与此同时，在美国 RAND 公司工作的 Bellman 等数学家则建立和完善了解决最优控制问题的动态规划原理 . 今天，极值原理和动态规划原理是解决最优控制问题的两大法宝 . 随机控制(SD)的概念由来已久，早在 1932 年 Karamata 就得到了一个与二级随机控制(SSD)的定义很相似的定理. 但是在经济学和金融学中引入随机控制理论是在 20 世纪 70 年代初，目前随机控制理论被广泛地应用在不确定下的金融决策、资本预算、期权定价、构造最优化投资等领域当中 . 本章将介绍随机控制问题的极值原理、动态规划原理及随机控制问题的 HJB 方程(Hamilton-Jacobi-Bellman 方程)的黏性解理论 .

11. 1　随机控制问题的基本概念与预备知识

设 U 是一类函数的集合，如果任给一个 $u(t)\in U$，方程

$$\begin{cases}\dfrac{\mathrm{d}y(t)}{\mathrm{d}t}=f(t,y(t),u(t)), \quad t\in[0,T]\\ y(0)=y_0\end{cases} \tag{11.1}$$

有唯一解，令

$$J(u)=\int_0^T g(t,y(t),u(t))\mathrm{d}t \tag{11.2}$$

现要找一个 $u^*(t)\in U$，使得

$$J(u^*)=\inf_{u\in U}J(u)$$

这就是一个非随机的(也叫确定性)控制问题 . 称式(11. 1)为控制系统，式(11. 2)为性能指标，$u^*(t)$为式(11. 1)、式(11. 2)最优控制问题的一个最优控制 .

如将控制系统改为一个 SDE

$$\begin{cases}\mathrm{d}x(t)=b(t,\ x(t),\ u(t))\mathrm{d}t+\sigma(t,\ x(t),\ u(t))\mathrm{d}W(t), \quad t\in[0,\ T]\\ x(0)=x_0\in\mathbf{R}^n\end{cases} \tag{11.3}$$

其中，$u=\{u(t),\ 0\leqslant t\leqslant T\}\in\mathcal{U}_0$，$\mathcal{U}_0$是取值于 U 的随机过程，$U\subset\mathbf{R}^k$，对应的性能指标为

$$J(u)=E\left\{\int_0^T f(t,\ x(t),\ u(t))\mathrm{d}t+h(x(T))\right\} \tag{11.4}$$

要找一个 $u^*(t)\in\mathcal{U}_0$，使得

$$J(u^*)=\inf_{u\in\mathcal{U}_0}J(u) \tag{11.5}$$

这就是一个随机控制问题 .

一般情况下的随机最优控制问题是

$$\begin{cases}\text{一个扩散系统(伊藤随机微分方程)}\\ \text{一些限制条件}\\ \text{一个性能指标}\end{cases}$$

目的是找到一个决策，使得性能指标达到最优．

本节只讨论由式(11.3)、式(11.4)、式(11.5)构成的最优控制问题．

设$(\Omega, \mathcal{F}, P)$是一个完备的概率空间，$W=\{W_t, t\geqslant 0\}$是其上的m维标准布朗运动，$\{\mathcal{F}\}_{t\geqslant 0}$是由$W$生成的$\sigma$-代数流，状态方程为式(11.3)，其中，

$$b: [0, T]\times \mathbf{R}^n \times U \to \mathbf{R}^n, \ \sigma: [0, T]\times \mathbf{R}^n \times U \to \mathbf{R}^{n\times m}, \ U\subset \mathbf{R}^k$$

$\mathcal{U}_0$是取值于U的所有$\{\mathcal{F}\}_{t\geqslant 0}$适应过程$v=\{v(t), 0\leqslant t\leqslant T\}$的集合．$\mathcal{U}_0$的元素称为控制过程.

为了使得式(11.3)有解，我们需要下列条件：

(1)存在常数$L>0$，使得对任意$t\in[0, T]$，$x\in \mathbf{R}^m$，$y\in \mathbf{R}^m$，$u\in \mathbf{R}^{n\times m}$，有

$$|b(t, x, u)-b(t, y, u)|+|\sigma(t, x, u)-\sigma(t, y, u)|\leqslant L|x-y| \tag{11.6}$$

(2)存在常数$K>0$，使得

$$|b(t, x, u)|+|\sigma(t, x, u)|\leqslant K[1+|x|] \tag{11.7}$$

(3)对任意$x\in \mathbf{R}^n$，有

$$E\left\{\int_0^T [|b(t, x, v_t)|+|\sigma(t, x, v_t)|^2]\mathrm{d}t\right\}<\infty \tag{11.8}$$

如果$v=\{v(t), 0\leqslant t\leqslant T\}$满足上述条件，且$x=\{x(t), 0\leqslant t\leqslant T\}$是式(11.3)对应于$u=v$的解，则称$(x, v)$为一个容许控制对．

例 11.1.1 设$(\Omega, \mathcal{F}, P)$是一个概率空间，$W=\{W_t, t\geqslant 0\}$是定义在$(\Omega, \mathcal{F}, P)$上的布朗运动，$\mathcal{F}_t=\sigma\{W_s, s\leqslant t\}$. 考虑随机线性系统

$$\begin{cases}\mathrm{d}x(t)=[\boldsymbol{A}x(t)+\boldsymbol{B}u(t)]\mathrm{d}t+[\boldsymbol{C}x(t)+\boldsymbol{D}u(t)]\mathrm{d}W(t), \quad t\in[0, T]\\ x(0)=x_0\in \mathbf{R}^n\end{cases}$$

其中，$\boldsymbol{A}$，$\boldsymbol{B}$，$\boldsymbol{C}$，$\boldsymbol{D}$是常矩阵，$u\in \mathcal{U}^L[0, T]$，

$$\mathcal{U}^L[0, T]\triangleq\{u(\cdot)\in L^2_{\mathcal{F}}(0, T; \mathbf{R}^k)\,|\,u(t)\in U, \text{a. e.}, t\in[0, T], P\text{-a. s.}\}$$

$L^2_{\mathcal{F}}(0, T; \mathbf{R}^k)$表示$\{\mathcal{F}_t\}_{t\geqslant 0}$适应的、$\mathbf{R}^k$值过程，满足$E\left(\int_0^T |u(t)|^2\mathrm{d}t\right)<\infty$.

成本函数为

$$J(u(\cdot))=E\left[\int_0^T f(x(t), u(t))\mathrm{d}t+h(x(T))\right] \tag{11.9}$$

其中，f: $\mathbf{R}^n\times U\to \mathbf{R}$，$h$: $\mathbf{R}^n\to \mathbf{R}$. 最优控制问题为在$\mathcal{U}^L[0, T]$中寻找$u(\cdot)$，使得式(11.9)达到最小．我们附加下列条件：

(H1)设集合$U\subset \mathbf{R}^k$是凸的闭集，$f(x, u)$，$h(x)$是凸函数，且存在常数δ，$K>0$使得$\forall (x, u)\in \mathbf{R}^n\times U$，有

$$\begin{cases}f(x, u)\geqslant \delta|u|^2-K\\ h(x)\geqslant -K\end{cases}$$

(H2)集合$U\subset \mathbf{R}^k$是凸集和紧集，$f(x, u)$，$h(x)$是凸函数．

称这类控制问题为随机线性凸最优控制问题．简记为问题(SL).

定理 11.1.1 若条件(H1)或(H2)成立，且(SL)是有限的，则问题(SL)存在最优

控制.

证明　如果(H1)成立，设$\{x_j(\cdot),\ u_j(\cdot)\}$是$J(u)$的一个极小化序列，即

$$J(u_j(\cdot))\overset{j\to\infty}{\to}\inf_{u\in\mathcal{U}^L[0,T]}J(u(\cdot))$$

因为

$$\begin{cases}f(x,u)\geqslant\delta\,|u|^2-K\\ h(x)\geqslant -K\end{cases}$$

所以

$$\begin{aligned}M&\geqslant E\Big[\int_0^T f(x_j(t),u_j(t))\mathrm{d}t+h(x_j(T))\Big]\\&\geqslant E\Big[\int_0^T(\delta\,|u_j(t)|^2-K)\mathrm{d}t-K\Big]\\&\geqslant\delta E\int_0^T|u_j(t)|^2\mathrm{d}t-C\end{aligned}$$

从而

$$E\int_0^T|u_j(t)|^2\mathrm{d}t\leqslant C\quad(\text{关于 }j\text{ 一致有界})\tag{11.10}$$

因$L^2_{\mathcal{F}}(0,\ T;\ \mathbf{R}^k)$是自反的 Banach 空间，从而存在一个子列，仍记为$\{u_j(\cdot)\}$，使

$$u_j(\cdot)\to\bar{u}(\cdot)\quad(\text{在}L^2_{\mathcal{F}}\text{ 中弱收敛})$$

由 Mazur 定理，存在一列常数$\{\alpha_{ij}\}$，满足存在$\alpha_{ij}\geqslant 0$，$\sum_{i\geqslant 1}\alpha_{ij}=1$，记

$$\tilde{u}_j(\cdot)\triangleq\sum_{i\geqslant 1}\alpha_{ij}\,u_{i+j}(\cdot)$$

则

$$\tilde{u}_j(\cdot)\to\bar{u}(\cdot)\quad(\text{在}L^2_F(0,\ T;\ \mathbf{R}^k)\text{ 中强收敛})$$

因U是凸且闭的，所以$\tilde{u}_j(\cdot)\in U$(由凸性)，从而$\bar{u}(\cdot)\in U$(由闭性)，故$\bar{u}(\cdot)\in\mathcal{U}^L[0,\ T]$.

设$\tilde{x}_j(\cdot)$是$\tilde{u}_j(\cdot)$对应的状态，则也有$\tilde{x}_j(\cdot)\overset{j\to\infty}{\to}\bar{x}(\cdot)$在$C_{\mathcal{F}}(0,\ T;\ \mathbf{R}^k)$中强收敛，其中，$C_{\mathcal{F}}(0,\ T;\ \mathbf{R}^k)$表示$\{\mathcal{F}_t\}_{t\geqslant 0}$适应的、$\mathbf{R}^k$值连续过程. 则$(\bar{x}(\cdot),\ \bar{u}(\cdot))$是容许控制对. 下面证明$\bar{u}(\cdot)$是最优的.

由$\tilde{x}_j(\cdot)\overset{j\to\infty}{\to}\bar{x}(\cdot)$在$C_{\mathcal{F}}(0,\ T;\ \mathbf{R}^k)$中强收敛及

$$E\int_0^T|\tilde{u}_j(t)-\bar{u}(t)|^2\mathrm{d}t\overset{j\to\infty}{\to}0$$

知，

$$\begin{aligned}&|J(\bar{u}(t))-J(\tilde{u}_j(t))|\\&=\Big|E\Big[\int_0^T f(\tilde{x}_j(t),\ \tilde{u}_j(t))\mathrm{d}t+h(\tilde{x}_j(T))-\int_0^T f(\bar{x}(t),\ \bar{u}(t))\mathrm{d}t+h(\bar{x}(T))\Big]\Big|\\&\leqslant E\Big[\int_0^T|f(\tilde{x}_j(t),\ \tilde{u}_j(t))-f(\bar{x}(t),\ \bar{u}(t))|\mathrm{d}t+|h(\tilde{x}_j(T))-h(\bar{x}(T))|\Big]\overset{j\to\infty}{\to}0\end{aligned}$$

所以

$$J(\bar{u}(\cdot))=\lim_{j\to\infty}J(\tilde{u}_j(\cdot))=\lim_{j\to\infty}E\Big[\int_0^T f(\tilde{x}_j(t),\ \tilde{u}_j(t))\mathrm{d}t+h(\tilde{x}_j(T))\Big]$$

再由 $f(x, u)$，$h(x)$是凸函数及 Fatou 引理知，

$$
\begin{aligned}
J(\bar{u}(\cdot)) &= \lim_{j\to\infty} J(\tilde{u}_j(\cdot)) \\
&\leqslant \varliminf_{j\to\infty} \sum_{i\geqslant 1} \alpha_{ij} E\left[\int_0^T f(x_{i+j}(t), u_{i+j}(t))\mathrm{d}t + h(x_{i+j}(T))\right] \\
&= \varliminf_{j\to\infty} \sum_{i\geqslant 1} \alpha_{ij} J(u_{i+j}(\cdot)) \\
&\leqslant \inf_{u\in \mathcal{U}^L[0, T]} J(u(\cdot))
\end{aligned}
$$

因此$\bar{u}$是最优的.

如果(H2)成立，则马上得到式(11.10)成立，其余证明是相同的. ■

下面列举一个最优控制不存在的例子.

例 11.1.2 考虑控制系统

$$
\begin{cases}
\mathrm{d}x(t) = u(t)\mathrm{d}t + \beta(t)\mathrm{d}W(t), & x(0) = 0 \\
\mathrm{d}y(t) = 2\beta(t)\mathrm{d}W(t), & y(0) = 0
\end{cases}
$$

$\beta(\cdot) \in L^2_{\mathcal{F}}(0, T; \mathbf{R})$满足

$$
\int_0^T \beta(s)\mathrm{d}W(s) \in L^2_{\mathcal{F}_T}(\Omega;\mathbf{R}) \setminus R_1
$$

其中，$R_1 = \left\{\int_0^T h(s)\mathrm{d}s \,|\, h(\cdot) \in L^2_F(0,T,\mathbf{R})\right\}$，由参考文献[21]中的定理 6.7 知，$L^2_{\mathcal{F}_T}(\Omega;\mathbf{R}) = R_1^c$，$\beta(\cdot)$的构造见参考文献[21]中的式(6.31). 设控制集为 $U^L[0, T] \triangleq L^2_{\mathcal{F}}(0, T;\mathbf{R})$，成本函数为

$$
J(u(\cdot)) = E\,|x(T) - y(T)|^2
$$

下面证明这样的最优控制问题不存在最优控制.

事实上，因为

$$
J(u(\cdot)) = E\,|x(T) - y(T)|^2
$$

而

$$
x(t) = \int_0^t u(s)\mathrm{d}s + \int_0^t \beta(s)\mathrm{d}W(s), \quad y(t) = \int_0^t 2\beta(s)\mathrm{d}W(s)
$$

所以

$$
J(u(\cdot)) = E\left|\int_0^T u(s)\mathrm{d}s - \int_0^T \beta(s)\mathrm{d}W(s)\right|^2
$$

由 $\int_0^T \beta(s)\mathrm{d}W(s) \in L^2_{\mathcal{F}_T}(\Omega;\mathbf{R}) = R_1^c$ 知，

$$
\inf_{u\in L^2_{\mathcal{F}}(0,T;\mathbf{R})} J(u(\cdot)) = 0
$$

因 $\int_0^T \beta(s)\mathrm{d}W(s) \notin R_1$，即找不到 $u(\cdot)$使 $\int_0^T \beta(s)\mathrm{d}W(s) = \int_0^T u(s)\mathrm{d}s$，故找不到 $u(\cdot)$使 $J(u(\cdot))=0$，最优控制不存在.

上面的例子说明，存在$\{u_k(\cdot)\}\subseteq U[0, T]$，使对应的状态$(x(\cdot, u_k(\cdot)), y(\cdot, u_k(\cdot)))$满足

$$E\,|x(T;u_k(\cdot))-y(T;u_k(\cdot))|^2 \underset{k\to\infty}{\longrightarrow} 0$$

可是找不到 $u(\cdot)\in U[0,\ T]$ 使 $x(T;\ u_k(\cdot))=y(T;\ u_k(\cdot))$.

下面我们介绍偏微分方程的黏性解的定义.

黏性解理论是 1981 年由 M. G. Crandall 和 P. L. Lions(见参考文献[32])最先提出的，他们将这一概念应用于一阶完全非线性偏微分方程(Hamilton-Jacobi-Bellman 方程)的讨论. 但是所用的黏性解定义与我们现在使用的有所不同，系统地使用与现在相似的黏性解概念始于 M. G. Crandall、L. C. Evans 和 P. L. Lions 的文章(见参考文献[33]). 随后，P. L. Lions 把黏性解的方法运用到更一般的偏微分方程上，在参考文献[34]、[35]中他把黏性解的方法从一阶方程过渡到了二阶方程，并运用随机控制理论证明了关于凸(凹)非线性二阶 Hamilton-Jacobi-Bellman 方程的极值原理. 今天，黏性解理论已成为研究非线性偏微分方程的有力工具.

定义 11.1.1　设 $\mathcal{D}$ 是 $\mathbf{R}^n$ 中的开子集，$F:[0,\ T]\times\mathcal{D}\times\mathbf{R}\times\mathbf{R}^n\times S^n\mapsto\mathbf{R}$，如果对任意

$$(t,\ x,\ r,\ p)\in[0,\ T)\times\mathcal{D}\times\mathbf{R}\times\mathbf{R}^n,\boldsymbol{A},\boldsymbol{B}\in S^n,\text{且 }\boldsymbol{A}\geqslant\boldsymbol{B}$$

均有

$$F(t,\ x,\ r,\ p,\ \boldsymbol{A})\leqslant F(t,\ x,\ r,\ p,\ \boldsymbol{B}) \tag{11.11}$$

其中，S^n 表示全体 $n\times n$ 对称矩阵构成的集合，即 $S^n=\{\boldsymbol{A}\in\mathbf{R}^{n\times n}\mid\boldsymbol{A}^{\mathrm{T}}=\boldsymbol{A}\}$，则称算子 F 是适定的.

定义 11.1.2　如果函数 $u(t,\ x)$：$[0,\ T)\times\mathcal{D}\mapsto\mathbf{R}$ 满足 $u\in C^{1,2}([0,\ T)\times\mathcal{D})$，且对任意 $(t,\ x)\in[0,\ T)\times\mathcal{D}$，有

$$\frac{\partial u(t,\ x)}{\partial t}+F(t,\ x,\ u(t,\ x),\ Du(t,\ x),\ D^2u(t,\ x))\geqslant 0\quad(\text{或}\leqslant 0)$$

则称 $u(t,\ x)$ 为二阶偏微分方程

$$\frac{\partial u}{\partial t}+F(t,\ x,\ u,\ Du,\ D^2u)=0,\quad(t,\ x)\in[0,\ T)\times\mathcal{D}$$

的一个上解(下解).

在本章讨论的二阶偏微分方程

$$\frac{\partial u}{\partial t}+F(t,\ x,\ u,\ Du,\ D^2u)=0,\quad(t,\ x)\in[0,\ T)\times\mathcal{D} \tag{11.12}$$

中，总是假定算子 F 是适定的.

定义 11.1.3　如果函数 $u(t,\ x)$：$[0,\ T)\times\mathcal{D}\mapsto\mathbf{R}$ 是局部有界函数，用 u_* 表示 u 的下半连续函数的包络，即 u_* 是不大于 u 的下半连续函数中最大的函数，也即

$$u_*(t,\ x)=\varliminf_{(t',\ x')\to(t,\ x)}u(t',\ x')$$

用 u^* 表示 u 的上半连续函数的包络，即 u^* 是不小于 u 的上半连续函数中最小的函数，也即

$$u^*(t,\ x)=\varlimsup_{(t',x')\to(t,x)}u(t',\ x')$$

定义 11.1.4　(1)如果函数 $u(t,\ x)$：$[0,\ T)\times\mathcal{D}\mapsto\mathbf{R}$ 是局部有界函数，且对任意满足 $u_*-\varphi$ 在 $[0,\ T)\times\mathcal{D}$ 中的最小值点为 $(t_0,\ x_0)$，以及 $(u_*-\varphi)(t_0,\ x_0)=0$ 的 $(t_0,\ x_0,\ \varphi)\in[0,\ T)\times\mathcal{D}\times C^{1,2}([0,\ T))$，均有

$$\frac{\partial\varphi(t_0,x_0)}{\partial t}+F(t_0,x_0,u_*(t_0,x_0),D\varphi(t_0,x_0),D^2\varphi(t_0,x_0))\leqslant 0$$

则称 $u(t,x)$ 为二阶偏微分方程

$$\frac{\partial u}{\partial t}+F(t,x,u,Du,D^2u)=0,\quad (t,x)\in[0,T)\times\mathcal{D}$$

的一个黏性下解．

(2)如果函数 $u(t,x)$：$[0,T)\times\mathcal{D}\mapsto\mathbf{R}$ 是局部有界函数，且对任意满足 $u^*-\varphi$ 在 $[0,T)\times\mathcal{D}$ 中的最大值点为 (t_0,x_0)，以及 $(u^*-\varphi)(t_0,x_0)=0$，当 $(t,x)\neq(t_0,x_0)$ 时 $(u^*-\varphi)(t,x)>0$ 的 $(t_0,x_0,\varphi)\in[0,T)\times\mathcal{D}\times C^{1,2}([0,T))$，均有

$$\frac{\partial\varphi(t_0,x_0)}{\partial t}+F(t_0,x_0,u^*(t_0,x_0),D\varphi(t_0,x_0),D^2\varphi(t_0,x_0))\geqslant 0$$

则称 $u(t,x)$ 为二阶偏微分方程

$$\frac{\partial u}{\partial t}+F(t,x,u,Du,D^2u)=0,\quad (t,x)\in[0,T)\times\mathcal{D}$$

的一个黏性上解．

(3)如果函数 $u(t,x)$：$[0,T)\times\mathcal{D}\mapsto\mathbf{R}$ 是局部有界函数，且它既是

$$\frac{\partial u}{\partial t}+F(t,x,u,Du,D^2u)=0,\quad (t,x)\in[0,T)\times\mathcal{D}$$

的黏性上解，又是黏性下解，则称它为方程的黏性解．

11.2　随机控制的极值原理

本节介绍随机控制系统的 Pontryagin 型极值原理．

设 $(\Omega,\mathcal{F},P)$ 是一个完备的概率空间，$W=\{W_t,\ t\geqslant 0\}$ 是其上的 d 维标准布朗运动，$\{\mathcal{F}_t\}_{t\geqslant 0}$ 是由 W 生成的 σ-代数流，且 F_0 包含 $\mathcal{F}$ 的所有零测集．本节讨论的控制系统为式(11.3)、式(11.4)、式(11.5)，记

$$b(t,x,u)=\begin{pmatrix}b^1(t,x,u)\\ b^2(t,x,u)\\ \vdots\\ b^n(t,x,u)\end{pmatrix},\qquad \sigma^j(t,x,u)=\begin{pmatrix}\sigma^{1j}(t,x,u)\\ \sigma^{2j}(t,x,u)\\ \vdots\\ \sigma^{nj}(t,x,u)\end{pmatrix}$$

$$\sigma(t,x,u)=\begin{bmatrix}\sigma^{11}(t,x,u) & \sigma^{12}(t,x,u) & \cdots & \sigma^{1m}(t,x,u)\\ \sigma^{21}(t,x,u) & \sigma^{22}(t,x,u) & \cdots & \sigma^{2m}(t,x,u)\\ \vdots & \vdots & & \vdots\\ \sigma^{n1}(t,x,u) & \sigma^{n2}(t,x,u) & \cdots & \sigma^{nm}(t,x,u)\end{bmatrix}$$

记 $\mathcal{U}_0\triangleq U[0,T]\triangleq\{u:[0,T]\times\Omega\to U\,|\,u$ 是 $\{F_t\}_{t\geqslant 0}$ 适应的$\}$，如果 $(\bar{x}(\cdot),\bar{u}(\cdot))$ 是容许控制对，且 $\bar{u}(\cdot)$ 使得 $J(\bar{u})=\inf\limits_{u\in\mathcal{U}_0}J(u)$，则称 $(\bar{x}(\cdot),\bar{u}(\cdot))$ 是最优对，称 $\bar{x}(\cdot)$ 为最优状态．

本节我们的条件如下：

(S1)函数 b，σ，f，h 是可测的，且存在常数 $L>0$ 及一个连续模 $\bar{\omega}$：$[0,\infty)\to[0,\infty)$，使得对任给 $\varphi=b,\sigma,f,h$ 均有

$$\begin{cases} |\varphi(t,x,u)-\varphi(t,\hat{x},\hat{u})| \leqslant L|x-\hat{x}|+\bar{\omega}(|u-\hat{u}|), & \forall t\in[0,T], x,\hat{x}\in\mathbf{R}^n, u,\hat{u}\in U \\ |\varphi(t,x,u)| \leqslant L, & \forall (t,u)\in[0,T]\times U \end{cases}$$

(S2)函数 b，σ，f，h 关于 x 是二阶连续可微的，且存在常数 $L>0$ 及一个连续模 $\bar{\omega}$：$[0,\infty)\to[0,\infty)$，使得对任给 $\varphi=b$，f，σ，h 均有

$$\begin{cases} |\varphi_x(t,x,u)-\varphi_x(t,\hat{x},\hat{u})| \leqslant L|x-\hat{x}|+\bar{\omega}(|u-\hat{u}|) \\ |\varphi_{xx}(t,x,u)-\varphi_{xx}(t,\hat{x},\hat{u})| \leqslant \bar{\omega}(|x-\hat{x}|+|u-\hat{u}|), & \forall t\in[0,T], x,\hat{x}\in\mathbf{R}^n, u,\hat{u}\times U \end{cases}$$

由 SDE 理论知，如果条件(S1)、(S2)成立，则对任意给定的 $u(\cdot)\in\mathcal{U}_0$，控制系统(11.3)对应唯一的适应解 $x(\cdot)=x(\cdot;u(\cdot))$. 从而对任给 $u(\cdot)\in\mathcal{U}_0$，存在容许控制对 $(x(\cdot),u(\cdot))$.

设 $(p(\cdot),q(\cdot))\in L^2_{\mathcal{F}}(0,T;\mathbf{R}^n)\times L^2_{\mathcal{F}}(0,T;\mathbf{R}^{n\times m})$ 是下列倒向随机微分方程的 $\{\mathcal{F}_t\}$ 适应解：

$$\begin{cases} \mathrm{d}p(t)=-\{b_x(^t,\bar{x}(t),\bar{u}(t))Tp(t)+\sum\limits_{j=1}^{m}\sigma_x^j(t,\bar{x}(t),\bar{u}(t))^T q_j(t)- \\ \qquad f_x(t,\bar{x}(t),\bar{u}(t))\}\mathrm{d}t+q(t)\mathrm{d}W(t),\ t\in[0,T] \\ p(T)=-h(\bar{x}(T)) \end{cases} \tag{11.13}$$

由 BSDE 理论知，在条件(S1)、(S2)下，对任意

$$(\bar{x}(\cdot),\bar{u}(\cdot))\in L^2_{\mathrm{F}}(0,T;\mathbf{R}^n)\times U[0,T]$$

BSDE 存在唯一的适应解 $(p(\cdot),q(\cdot))$.

另外，引入一个附加的伴随方程：

$$\begin{cases} \mathrm{d}P(t)=-\Big\{b_x(t,\bar{x}(t),\bar{u}(t))^T P(t)+P(t)b_x(t,\bar{x}(t),\bar{u}(t))+ \\ \qquad \sum\limits_{j=1}^{m}\sigma_x^j(t,\bar{x}(t),\bar{u}(t))^T P(t)\sigma_x^j(t,\bar{x}(t),\bar{u}(t))+ \\ \qquad \sum\limits_{j=1}^{m}\{\sigma_x^j(t,\bar{x}(t),\bar{u}(t))^T Q_j(t)+Q_j(t)\sigma_x^j(t,\bar{x}(t),\bar{u}(t))\Big\}+ \\ \qquad H_{xx}(t,\bar{x}(t),\bar{u}(t),p(t),q(t))\}\mathrm{d}t+\sum\limits_{j=1}^{m}Q_j(t)\mathrm{d}W^j(t) \\ P(T)=-h_{xx}(\bar{x}(T)) \end{cases} \tag{11.14}$$

其中，

$$H(t,x,u,p,q)=\langle p,b(t,x,u)\rangle+\mathrm{tr}[q^T\sigma(t,x,u)]-f(t,x,u) \tag{11.15}$$

$$(t,x,u,p,q)\in[0,T]\times\mathbf{R}^n\times U\times\mathbf{R}^n\times\mathbf{R}^{n\times m}$$

$(p(t),q(t),0\leqslant t\leqslant T)$ 是 BSDE(11.13)的解，记

$$q(\cdot)=(q_1(\cdot),q_2(\cdot),\cdots,q_m(\cdot)),\quad Q(\cdot)=(Q_1(\cdot),Q_2(\cdot),\cdots,Q_m(\cdot))$$

其中，$q_j(\cdot)\in L^2_{\mathcal{F}}(0,T;\mathbf{R}^n)$，$Q_j(\cdot)\in L^2_{\mathcal{F}}(0,T;S^n)$.

BSDE(11.14)的解满足

$$(P(t),Q(t))\in L^2_{\mathcal{F}}(0,T;S^n)\times(L^2_{\mathcal{F}}(0,T;S^n))^m$$

由 BSDE 理论知，当 (p,q) 给定时，它也有唯一解．称式(11.13)为一阶伴随方程，称式(11.14)为二阶伴随方程．称式(11.13)、式(11.14)、式(11.15)为一个随机哈密顿系统．

其解$(\bar{x}(\cdot),\ \bar{u}(\cdot),\ p(\cdot),\ q(\cdot),\ P(\cdot),\ Q(\cdot))$为六元组，称 $H(t,\ x,\ u,\ p,\ q)$为控制系统的哈密顿函数．称

$$G(t,\ x,\ u,\ p,\ P)=\langle p,\ b(t,\ x,\ u)\rangle+\frac{1}{2}\mathrm{tr}[\sigma(t,\ x,\ u)^{\mathrm{T}}P\sigma(t,\ x,\ u)]-f(t,\ x,\ u)$$

$$(t,\ x,\ u,\ p,\ P)\in[0,\ T]\times\mathbf{R}^n\times U\times\mathbf{R}^n\times S^n$$

为广义哈密顿函数．

令

$$\begin{aligned}\mathcal{H}(t,\ x,\ u,\ p,\ q,\ P)=&H(t,\ x,\ u,\ p,\ q)-\frac{1}{2}\mathrm{tr}[\sigma(t,\ x,\ u)^{\mathrm{T}}P\sigma(t,\ x,\ u)]-\\&\frac{1}{2}\mathrm{tr}\{[\sigma(t,\ x,\ u)-\sigma(t,\ \bar{x},\ \bar{u})]^{\mathrm{T}}P(t)[\sigma(t,\ \bar{x},\ \bar{u})-\sigma(t,\ \bar{x},\ \bar{u})]\}\\=&G(t,\ x,\ u,\ p,\ P)+\mathrm{tr}\{\sigma(t,\ x,\ u)^{\mathrm{T}}[q(t)-P\sigma(t,\ x,\ u)]\}\end{aligned}$$

称$\mathcal{H}(t,\ x,\ u,\ p,\ q,\ P)$为控制问题的$\mathcal{H}$函数．

下面是极值原理的必要条件．

定理 11.2.1　设条件(S1)、(S2)成立，如果$(\bar{x}(\cdot),\ \bar{u}(\cdot))$是控制问题——式(11.3)、式(11.4)、式(11.5)的最优对，则其最优六元组$(\bar{x}(\cdot),\ \bar{u}(\cdot),\ p(\cdot),\ q(\cdot),\ P(\cdot),\ Q(\cdot))$必满足

$$\begin{aligned}&H(t,\bar{x}(t),\bar{u}(t),p(t),q(t))-H(t,\bar{x}(t),u,p(t),q(t))-\\&\frac{1}{2}\mathrm{tr}\{[\sigma(t,\bar{x}(t),\bar{u}(t))-\sigma(t,\bar{x}(t),u)]^{\mathrm{T}}P(t)[\sigma(t,\bar{x}(t),\bar{u}(t))-\sigma(t,\bar{x}(t),u)]\}\geqslant 0\end{aligned}$$

对任意 $u\in U$, a. e. , $t\in[0,\ T]$, P-a. s. 成立．或等价地有

$$\mathcal{H}(t,\bar{x}(t),\bar{u}(t),p(t),q(t),P(t))=\max_{u\in U}\mathcal{H}(t,\bar{x}(t),u,p(t),q(t),P(t))$$

注　随机控制系统可改写为

$$\begin{cases}\mathrm{d}x(t)=H_p(t,x(t),u(t),p(t),q(t))\mathrm{d}t+H_q(t,x(t),u(t),p(t),q(t))\mathrm{d}W(t)\\\mathrm{d}p(t)=-H_x(t,x(t),u(t),p(t),q(t))\mathrm{d}t+q(t)\mathrm{d}W(t)\\x(0)=x_0,p(T)=-h_x(x(T)),t\in[0,T]\end{cases}$$

$$\begin{cases}\mathrm{d}P(t)=-\{b_x(t,\bar{x}(t),\bar{u}(t))^{\mathrm{T}}P(t)+P(t)b_x(t,\bar{x}(t),\bar{u}(t))+\\\qquad\displaystyle\sum_{j=1}^{m}\sigma_x^j(t,\bar{x}(t),\bar{u}(t))^{\mathrm{T}}P(t)\sigma_x^j(t,\bar{x}(t),\bar{u}(t))+\\\qquad\displaystyle\sum_{j=1}^{m}\{\sigma_x^j(t,\bar{x}(t),\bar{u}(t))^{\mathrm{T}}Q_j(t)+Q_j(t)\sigma_x^j(t,\bar{x}(t),\bar{u}(t))\}+\\\qquad H_{xx}(t,\bar{x}(t),\bar{u}(t),p(t),q(t))\}\mathrm{d}t+\displaystyle\sum_{j=1}^{m}Q_j(t)\mathrm{d}W^j(t)\\P(T)=-h_{xx}(\bar{x}(T))\end{cases}$$

$$\mathcal{H}(t,\bar{x}(t),\bar{u}(t),p(t),q(t),P(t))=\max_{u\in U}\mathcal{H}(t,\bar{x}(t),u,p(t),q(t),P(t))$$

为了证明定理 11.2.1，我们需要下列两个引理．

引理 11.2.1（Taylor 展式）　设 $g\in C^2(\mathbf{R}^n)$，则对任意 x，$x\in\mathbf{R}^n$，有

$$g(x)=g(\overline{x})+\langle g_x(\overline{x}),\ x-\overline{x}\rangle+\int_0^1\langle\theta g_{xx}(\theta\overline{x}+(1-\theta)x)(x-\overline{x}),x-\overline{x}\rangle \mathrm{d}\theta$$

此引理是多元微积分的基本公式，我们略去它的证明．

引理 11.2.2 如果条件(S1)、(S2)成立，设$(\overline{x}(\cdot),\ \overline{u}(\cdot))$是给定的最优对，任给$u(\cdot)\in U(0,\ T)$，$\forall\varepsilon>0$，定义

$$u^{\varepsilon}(t)=\begin{cases}\overline{u}(t), & t\in[0,T]\setminus E_{\varepsilon}\\ u(t), & E_{\varepsilon}\end{cases}$$

其中，$E_{\varepsilon}\subset[0,\ T]$是可测集，且$|E_{\varepsilon}|=\varepsilon$．

设$x^{\varepsilon}(\cdot)$为式(11.3)对应于$u^{\varepsilon}(\cdot)$的解，对$\varphi=b^i,\ \sigma^{ij},\ f(1\leqslant i\leqslant n,\ 1\leqslant j\leqslant m)$定义

$$\begin{cases}\varphi_x(t)\triangleq\varphi_x(t,\overline{x}(t),\overline{u}(t)), \quad \varphi_{xx}(t)\triangleq\varphi_{xx}(t,\overline{x}(t),\overline{u}(t))\\ \delta\varphi(t)\triangleq\varphi(t,\overline{x}(t),u(t))-\varphi(t,\overline{x}(t),\overline{u}(t))\\ \delta\varphi_x(t)\triangleq\varphi_x(t,\overline{x}(t),u(t))-\varphi_x(t,\overline{x}(t),\overline{u}(t))\\ \delta\varphi_{xx}(t)\triangleq\varphi_{xx}(t,\overline{x}(t),u(t))-\varphi_{xx}(t,\overline{x}(t),\overline{u}(t))\end{cases}$$

设$y^{\varepsilon}(t)$，$z^{\varepsilon}(t)$分别为下列 SDE 的解：

$$\begin{cases}\mathrm{d}y^{\varepsilon}(t)=b_x(t)y^{\varepsilon}(t)\mathrm{d}t+\sum\limits_{j=1}^{m}\{\sigma_x^j(t)y^{\varepsilon}(t)+\delta\sigma^j(t)x_{E_{\varepsilon}}(t)\}\mathrm{d}W^j(t)\\ y^{\varepsilon}(0)=0\end{cases},\quad t\in[0,T]$$

$$\begin{cases}\mathrm{d}z^{\varepsilon}(t)=\left\{b_x(t)z^{\varepsilon}(t)+\delta b(t)x_{E_{\varepsilon}}(t)+\dfrac{1}{2}b_{xx}(t)y^{\varepsilon}(t)^2\right\}\mathrm{d}t+\\ \qquad\sum\limits_{j=1}^{m}\left\{\sigma_x^j(t)z^{\varepsilon}(t)+\delta\sigma_x^j(t)y^{\varepsilon}(t)x_{E_{\varepsilon}}(t)+\dfrac{1}{2}\sigma_{xx}^j(t)y^{\varepsilon}(t)^2\right\}\mathrm{d}W^j(t),\quad t\in[0,T]\\ z^{\varepsilon}(0)=0\end{cases}$$

其中，

$$b_{xx}(t)y^{\varepsilon}(t)^2\triangleq\begin{bmatrix}\mathrm{tr}\{b_{xx}^1(t)y^{\varepsilon}(t)y^{\varepsilon}(t)^T\}\\ \vdots\\ \mathrm{tr}\{b_{xx}^n(t)y^{\varepsilon}(t)y^{\varepsilon}(t)^T\}\end{bmatrix}$$

$$\sigma_{xx}^j(t)y^{\varepsilon}(t)^2\triangleq\begin{bmatrix}\mathrm{tr}\{\sigma_{xx}^{1j}(t)y^{\varepsilon}(t)y^{\varepsilon}(t)^T\}\\ \vdots\\ \mathrm{tr}\{\sigma_{xx}^{nj}(t)y^{\varepsilon}(t)y^{\varepsilon}(t)^T\}\end{bmatrix},\quad 1\leqslant j\leqslant m$$

则$\forall k\geqslant1$，有下列结论成立：

$$\sup_{t\in[0,T]}E\,|x^{\varepsilon}(t)-\overline{x}(t)|^{2k}=O(\varepsilon^k)\tag{11.16}$$

$$\sup_{t\in[0,T]}E\,|y^{\varepsilon}(t)|^{2k}=O(\varepsilon^k)\tag{11.17}$$

$$\sup_{t\in[0,T]}E\,|z^{\varepsilon}(t)|^{2k}=O(\varepsilon^{2k})\tag{11.18}$$

$$\sup_{t\in[0,T]}E\,|x^{\varepsilon}(t)-\overline{x}(t)-y^{\varepsilon}(t)|^{2k}=O(\varepsilon^{2k})\tag{11.19}$$

$$\sup_{t\in[0,T]}E\,|x^{\varepsilon}(t)-\overline{x}(t)-y^{\varepsilon}(t)-z^{\varepsilon}(t)|^{2k}=o(\varepsilon^{2k})\tag{11.20}$$

且

$$
\begin{aligned}
&J(u^{\varepsilon}(\cdot))\\
&=J(\overline{u}(\cdot))+E\langle h_x(\overline{x}(T)),y^{\varepsilon}(T)+z^{\varepsilon}(T)\rangle+\frac{1}{2}E\langle h_{xx}(\overline{x}(T))y^{\varepsilon}(T),y^{\varepsilon}(T)\rangle+\\
&E\int_0^T\left\{\langle f_x(t),y^{\varepsilon}(t)+z^{\varepsilon}(t)\rangle+\frac{1}{2}\langle f_{xx}(t)y^{\varepsilon}(t),y^{\varepsilon}(t)\rangle+\delta f(t)x_{E_{\varepsilon}}(t)\right\}\mathrm{d}t+o(\varepsilon)
\end{aligned}
\tag{11.21}
$$

■

证明　见参考文献[21]的引理 4.4.

定理 11.2.1 的证明　设($\overline{x}(\cdot)$，$\overline{u}(\cdot)$)是一个最优对，($y^{\varepsilon}(t)$，$z^{\varepsilon}(t)$)如上面所定义，由式(11.21)及 $J(u^{\varepsilon}(\cdot))-J(\overline{u}(\cdot))\geqslant 0$ 知，

$$
\begin{aligned}
0\leqslant &E\left\{\langle h_x(\overline{x}(T)),y^{\varepsilon}(T)+z^{\varepsilon}(T)\rangle+\frac{1}{2}\langle h_{xx}(\overline{x}(T))y^{\varepsilon}(T),y^{\varepsilon}(T)\rangle\right\}+\\
&E\int_0^T\left\{\langle f_x(t),y^{\varepsilon}(t)+z^{\varepsilon}(t)\rangle+\frac{1}{2}\langle f_{xx}(t)y^{\varepsilon}(t),y^{\varepsilon}(t)\rangle+\right.\\
&\left.\delta f(t)x_{E_{\varepsilon}}(T)\right\}\mathrm{d}t+o(\varepsilon),\quad \forall u(\cdot)\in U[0,T],\quad \forall \varepsilon>0
\end{aligned}
\tag{11.22}
$$

使用伊藤公式得到

$$
E\langle p(T),y^{\varepsilon}(T)\rangle=E\int_0^T\{\langle f_x(t),y^{\varepsilon}(t)\rangle+\mathrm{tr}[q(t)^{\mathrm{T}}\delta\sigma(t)]x_{E_{\varepsilon}}(t)\}\mathrm{d}t
$$

且

$$
\begin{aligned}
E\langle p(T),z^{\varepsilon}(T)\rangle=&E\int_0^T\left\{\langle f_x(t),z^{\varepsilon}(t)\rangle+\frac{1}{2}\left[\langle p(t),b_{xx}(t)y^{\varepsilon}(t)^2\rangle+\sum_{j=1}^{m}\langle q_j(t),\sigma_{xx}^{j}(t)y^{\varepsilon}(t)^2\rangle\right]+\right.\\
&\left.[\langle p(t),\delta b(t)\rangle+\sum_{j=1}^{m}\langle q_j(t),\delta\sigma_x^{j}(t)y^{\varepsilon}(t)\rangle]x_{E_{\varepsilon}}(t)\right\}\mathrm{d}t
\end{aligned}
$$

因此，由 $p(T)=-h_x(\overline{x}(T))$ 知，

$$
\begin{aligned}
-E\langle h_x(\overline{x}(T)),y^{\varepsilon}(T)+z^{\varepsilon}(T)\rangle=&E\int_0^T\left\{\langle f_x(t),y^{\varepsilon}(T)+z^{\varepsilon}(T)\rangle+\frac{1}{2}\langle p(t),b_{xx}(t)y^{\varepsilon}(t)^2\rangle+\right.\\
&\frac{1}{2}\sum_{j=1}^{m}\langle q_j(t),\sigma_{xx}^{j}(t)y^{\varepsilon}(t)^2\rangle+[\langle p(t),\delta b(t)\rangle+\\
&\left.\mathrm{tr}(q(t)^{\mathrm{T}}\delta\sigma(t))]x_{E_{\varepsilon}}(t)\right\}\mathrm{d}t+o(\varepsilon)
\end{aligned}
\tag{11.23}
$$

下面证明 $E\int_0^T\left[\sum_{j=1}^{m}\langle q_j(t),\delta\sigma_x^{j}(t)y^{\varepsilon}(t)\rangle\right]x_{E_{\varepsilon}}(t)\mathrm{d}t=o(\varepsilon)$.

事实上，因为 $q_j(t)$有界，不妨设 $q_j(t)<Q$，则

$$
E\int_0^T\sum_{j=1}^{m}\langle q_j(t),\delta\sigma_x^{j}(t)y^{\varepsilon}(t)x_{E_{\varepsilon}}(t)\rangle\mathrm{d}t\leqslant E\left\{Qm\int_0^T\delta\sigma_x^{j}(t)y^{\varepsilon}(t)x_{E_{\varepsilon}}(t)\mathrm{d}t\right\}
$$

由 $u\in[0,T]$以及连续模的性质，$\exists K$，s. t.

$$
\delta\sigma_x^{j}(t)=\sigma_x^{j}(t,\overline{x}(t),u(t))-\sigma_x^{j}(t,\overline{x}(t),\overline{u}(t))\leqslant\tilde{\omega}(\mathrm{d}(u(t),\overline{u}(t))\leqslant\tilde{\omega}(T)\leqslant K
$$

则

$$
E\int_0^T\sum_{j=1}^{m}\langle q_j(t),\delta\sigma_x^{j}(t)y^{\varepsilon}(t)x_{E_{\varepsilon}}(t)\rangle\mathrm{d}t
$$

$$\leqslant E\left\{Qm\int_0^T \delta\sigma_x^j(t)y^{\varepsilon}(t)x_{E_\varepsilon}(t)\mathrm{d}t\right\} \leqslant E\left\{QmK\int_0^T y^{\varepsilon}(t)x_{E_\varepsilon}(t)\mathrm{d}t\right\}$$

由式(11.17)知，$\sup\limits_{t\in[0,T]} E|y^{\varepsilon}(t)|=O(\varepsilon^{\frac{1}{2}})$，从而 $E\int_0^T y^{\varepsilon}(t)x_{E_\varepsilon}(t)\mathrm{d}t = o(\varepsilon^{\frac{3}{2}})$，故

$$E\int_0^T \sum_{j=1}^m \langle q_j(t),\delta\sigma_x^j(t)y^{\varepsilon}(t)x_{E_\varepsilon}(t)\rangle \mathrm{d}t = o(\varepsilon)$$

再由式(11.21)知，

$$\begin{aligned}
0 \geqslant J(\bar{u}(\cdot)) - J(u^{\varepsilon}(\cdot)) =& -\frac{1}{2}E\langle h_{xx}(\bar{x}(T))y^{\varepsilon}(T),y^{\varepsilon}(T)\rangle + \frac{1}{2}E\int_0^T\Big\{-\langle f_{xx}(t)y^{\varepsilon}(t),y^{\varepsilon}(t)\rangle + \\
&\langle p(t),b_{xx}(t)y^{\varepsilon}(t)^2\rangle + \sum_{j=1}^m\langle q_j(t),\sigma_{xx}^j(t)y^{\varepsilon}(t)^2\rangle\Big\}\mathrm{d}t + \\
&E\int_0^T\Big\{-\delta f(t) + \langle p(t),\delta b(t)\rangle + \sum_{j=1}^m\langle q_j(t),\delta\sigma^j(t)\rangle\Big\}x_{E_\varepsilon}(t)\mathrm{d}t + o(\varepsilon) \\
=& \frac{1}{2}E\mathrm{tr}\{P(T)Y^{\varepsilon}(T)\} + E\int_0^T\Big\{\frac{1}{2}r[H_{xx}(t)Y^{\varepsilon}(t)] + \\
&\delta H(t)x_{E_\varepsilon}(t)\Big\}\mathrm{d}t + o(\varepsilon)
\end{aligned} \tag{11.24}$$

其中，

$$\begin{cases}
Y^{\varepsilon}(t)=y^{\varepsilon}(t)y^{\varepsilon}(t)T \\
H_{xx}(t)=H_{xx}(t,\ \bar{x}(t),\ \bar{u}(t),\ p(t),\ q(t)) \\
\delta H(t)=H(t,\ \bar{x}(t),\ u(t),\ p(t),\ q(t))-H(t,\ \bar{x}(t),\ \bar{u}(t),\ p(t),\ q(t))
\end{cases}$$

下面我们消去式(11.24)中的 $Y^{\varepsilon}(t)$.

对 $Y^{\varepsilon}(t)=y^{\varepsilon}(t)y^{\varepsilon}(t)^{\mathrm{T}}$ 使用伊藤公式得

$$\begin{aligned}
\mathrm{d}Y^{\varepsilon}(t) =& \Big\{b_x(t)Y^{\varepsilon}(t) + Y^{\varepsilon}(t)b_x(t)^{\mathrm{T}} + \sum_{j=1}^m \sigma_x^j(t)Y^{\varepsilon}(t)\sigma_x^j(t)^{\mathrm{T}} + \\
&\sum_{j=1}^m \delta\sigma^j(t)\delta\sigma^j(t)^{\mathrm{T}}x_{E_\varepsilon}(t) + \sum_{j=1}^m(\sigma_x^j(t)y^{\varepsilon}(t)\delta\sigma^j(t)^{\mathrm{T}} + \\
&\delta\sigma^j(t)y^{\varepsilon}(t)^{\mathrm{T}}\sigma_x^j(t)^{\mathrm{T}})x_{E_\varepsilon}(t)\Big\}\mathrm{d}t + \\
&\sum_{j=1}^m(\sigma_x^j(t)Y^{\varepsilon}(t) + Y^{\varepsilon}(t)\sigma_x^j(t)^{\mathrm{T}})\mathrm{d}W^j(t) + \\
&\sum_{j=1}^m(\delta\sigma^j(t)y^{\varepsilon}(t)^{\mathrm{T}} + y^{\varepsilon}(t)\delta\sigma^j(t)^{\mathrm{T}})x_{E_\varepsilon}(t)\mathrm{d}W^j(t)
\end{aligned} \tag{11.25}$$

由伊藤公式知下列结论成立.

设 $Y(\cdot)$，$P(\cdot)\in L_F^2(0,\ T;\ \mathbf{R}^{n\times m})$，满足

$$\begin{cases}
\mathrm{d}Y(t) = \Phi(t)\mathrm{d}t + \sum\limits_{j=1}^m \Psi_j(t)\mathrm{d}W^j(t) \\
\mathrm{d}P(t) = \Theta(t)\mathrm{d}t + \sum\limits_{j=1}^m Q_j(t)\mathrm{d}W^j(t)
\end{cases}$$

其中 $\Phi(\cdot)$，$\Psi(\cdot)$，$\Theta(\cdot)$和 $Q_j(\cdot)$均为 $L_F^2(0, T; \mathbf{R}^{n\times m})$中的元素，则

$$E\{\mathrm{tr}[P(t)Y(t)]-\mathrm{tr}[P(0)Y(0)]\}$$
$$=E\int_0^T\left\{\mathrm{tr}\left[\Theta(t)Y(t)+P(t)\Phi(t)+\sum_{j=1}^m Q_j(t)\Psi_j(t)\right]\right\}\mathrm{d}t \tag{11.26}$$

使用式(11.26)我们得到

$$E\{\mathrm{tr}[P(T)Y^{\varepsilon}(T)]\}=E\int_0^T\mathrm{tr}[\delta\sigma(t)^{\mathrm{T}}P(t)\delta\sigma(t)x_{E_\varepsilon}(t)-H_{xx}(t)Y^{\varepsilon}(t)]\mathrm{d}t+o(\varepsilon)$$

其中，$\begin{cases}H_{xx}(t)\triangleq H_{xx}(t, \bar{x}(t), \bar{u}(t), p(t), q(t))\\ \delta\sigma(t)\triangleq\sigma(t, \bar{x}(t), u(t))-\sigma(t, \bar{x}(t), \bar{u}(t))\end{cases}$

从而，由式(11.24)得

$$o(\varepsilon)\geqslant E\int_0^T\left\{\delta H(t)+\frac{1}{2}\mathrm{tr}\left[\delta\sigma(t)^{\mathrm{T}}P(t)\delta\sigma(t)\right]\right\}x_{E_\varepsilon}(t)\mathrm{d}t$$

故有

$$\left\{-\delta H(t)-\frac{1}{2}\mathrm{tr}[\delta\sigma(t)^{\mathrm{T}}P(t)\delta\sigma(t)]\right\}x_{E_\varepsilon}(t)\geqslant 0,\quad \forall t\in E_\varepsilon, P\text{-a.s}$$

由$[0, T]$是可分的知，

$$-\delta H(t)-\frac{1}{2}\mathrm{tr}[\delta\sigma(t)^{\mathrm{T}}P(t)\delta\sigma(t)]\geqslant 0,\quad \text{a.e.}\quad t\in[0,T], P\text{-a.s}$$ ■

下面我们讨论容许对$(\bar{x}(\cdot), \bar{u}(\cdot))$是最优解的充分条件．

定理 11.2.2（最优解的充分条件） 设条件(S1)与(S2)成立，且下列条件成立：

(S3) $U\subset\mathbf{R}^k$ 是一个凸集，函数 b，σ，f 关于 u 是局部 Lipschitz 函数，且这些函数关于 x 的导数是连续函数．

那么若$(\bar{x}(\cdot), \bar{u}(\cdot), p(\cdot), q(\cdot), P(\cdot), Q(\cdot))$是一个六元组，$h(\cdot)$是凸的，$H(t, \cdot, \cdot, p(t), q(t))$对所有 $t\in[0, T]$，及 P-a.s. $\omega\in\Omega$ 是凹的，且

$$\mathcal{H}(t,\bar{x}(t),\bar{u}(t),p(t),q(t),P(t))=\max_{u\in U}\mathcal{H}(t,\bar{x}(t),u,p(t),q(t),P(t))$$

a.e. $t\in[0, T]$，P-a.s.，则$(\bar{x}(\cdot), \bar{u}(\cdot))$是最优控制问题式(11.3)、式(11.4)、式(11.5)的一个最优对．

证明 我们将定理的证明分为两步完成．第一步，首先证明

$$\partial_u H(t,\bar{x}(t),\bar{u}(t),p(t),q(t))=\partial_u\mathcal{H}(t,\bar{x}(t),\bar{u}(t),p(t),q(t),P(t))$$

其中，$\partial_u\varphi$ 表示 φ 关于 u 的 Clarke 广义导数，即设 $G\subset\mathbf{R}^n$，φ：$G\mapsto\mathbf{R}$ 是局部 Lipschitz 连续函数，则

$$\partial_u\varphi(x)=\left\{\xi\in\mathbf{R}^n\mid\langle\xi,y\rangle\leqslant\overline{\lim_{z\to x,z\in G,r\downarrow 0}}\frac{\varphi(z+ry)-\varphi(z)}{r}\right\},\forall x\in G \tag{11.27}$$

事实上，对固定的 $t\in[0, T]$，$\omega\in\Omega$，令

$$\begin{cases}H(u)=H(t,\bar{x}(t),u,p(t),q(t))\\ \mathcal{H}(u)=\mathcal{H}(t,\bar{x}(t),u,p(t),q(t),P(t))\\ \sigma(u)\triangleq\sigma(t,\bar{x}(t),u)\\ \psi(u)=\dfrac{1}{2}\mathrm{tr}[\sigma(u)^{\mathrm{T}}P(t)\sigma(u)]-\mathrm{tr}[\sigma(u)^{\mathrm{T}}P(t)\sigma(\bar{u}(t))]\end{cases}$$

则由$\mathcal{H}(t, \bar{x}(t), \bar{u}(t), p(t), q(t), P(t))$的定义得

$$\mathcal{H}(u) = \mathcal{H}(u) + \psi(u)$$

对给定的 u，$v \in U$，当 $r \downarrow 0$，$u \to \bar{u}$ 时，

$$\begin{aligned}\psi(u+rv) - \psi(u) &= \frac{1}{2}\mathrm{tr}\{[\sigma(u+rv) - \sigma(u)]^{\mathrm{T}} P(t)[\sigma(u+rv) + \sigma(u) - 2\sigma(\bar{u}(t))]\} \\ &= o(r)\end{aligned}$$

因此，

$$\overline{\lim_{\substack{u \to \bar{u}(t) \\ u \in U, r \downarrow 0}}} \frac{\mathcal{H}(u+rv) - \mathcal{H}(u)}{r} = \overline{\lim_{\substack{u \to \bar{u}(t) \\ u \in U, r \downarrow 0}}} \frac{H(u+rv) - H(u)}{r}$$

由式(11.27)知，

$$\partial_u H(t,\bar{x}(t),\bar{u}(t),p(t),q(t)) = \partial_u \mathcal{H}(t,\bar{x}(t),\bar{u}(t),p(t),q(t),P(t))$$

第二步，我们证明($\bar{x}$(·)，$\bar{u}$(·))是最优控制问题式(11.3)、式(11.4)、式(11.5)的一个最优对．因为

$$\partial_u H(t,\bar{x}(t),\bar{u}(t),p(t),q(t)) = \partial_u \mathcal{H}(t,\bar{x}(t),\bar{u}(t),p(t),q(t),P(t))$$

由 Clarke 广义导数的性质(见参考文献[21]的引理 2.3)知，对每个 $\omega \in \Omega$，

$$0 \in \partial_u H(t,\bar{x}(t),\bar{u}(t),p(t),q(t)) = \partial_u \mathcal{H}(t,\bar{x}(t),\bar{u}(t),p(t),q(t),P(t))$$

再由参考文献[21]的引理 2.4 得

$$(H_x(t,\bar{x}(t),\bar{u}(t),p(t),q(t)),0) \in \partial_{x,u} H(t,\bar{x}(t),\bar{u}(t),p(t),q(t))$$

由 $H(t, g, g, p(t), q(t))$是凹的，我们有

$$\begin{aligned}&\int_0^T \{H(t,x(t),u(t),p(t),q(t)) - H(t,\bar{x}(t),\bar{u}(t),p(t),q(t))\}\mathrm{d}t \\ \leqslant &\int_0^T \langle H_x(t,\bar{x}(t),\bar{u}(t),p(t),q(t)), x(t) - \bar{x}(t)\rangle \mathrm{d}t\end{aligned}$$

对任一容许对(x(·)，u(·))成立．定义 $\xi(t) \triangleq x(t) - \bar{x}(t)$，则

$$\begin{cases}\mathrm{d}\xi(t) = \{b_x(t,\bar{x}(t),\bar{u}(t))\xi(t) + \alpha(t)\}\mathrm{d}t + \\ \qquad \displaystyle\sum_{j=1}^m [\sigma_x^j(t,\bar{x}(t),\bar{u}(t))\xi(t) + \beta^j(t)]\mathrm{d}W^j(t), \quad t \in [0,T] \\ \xi(0) = 0\end{cases} \tag{11.28}$$

其中，$\begin{cases}\alpha(t) \triangleq -b_x(t, \bar{x}(t), \bar{u}(t))\xi(t) + b(t, x(t), u(t)) - b(t, \bar{x}(t), \bar{u}(t)) \\ \beta^j(t) \triangleq -\sigma_x^j(t, \bar{x}(t), \bar{u}(t))\xi(t) + \sigma^j(t, x(t), u(t)) - \sigma^j(t, \bar{x}(t), \bar{u}(t)) \\ 1 \leqslant j \leqslant m\end{cases}$

由式(11.11)和式(11.28)得

$$\begin{aligned}E\langle h_x(\bar{x}(T)),\xi(T)\rangle &= -E\langle p(T),\xi(T)\rangle + E\langle p(0),\xi(0)\rangle \\ &= -E\int_0^T \left\{\langle f_x(t,\bar{x}(t),\bar{u}(t)),\xi(t)\rangle + \langle p(t),\alpha(t)\rangle + \sum_{j=1}^m \langle q_j(t),\beta^j(t)\rangle\right\}\mathrm{d}t \\ &= E\int_0^T \langle H_x(t,\bar{x}(t),\bar{u}(t),p(t),q(t)),\xi(t)\rangle \mathrm{d}t - \\ &\quad E\int_0^T \Big\{\langle p(t),b(t,x(t),u(t)) - b(t,\bar{x}(t),\bar{u}(t))\rangle +\end{aligned}$$

$$\sum_{j=1}^{m}\langle q_j(t),\sigma^j(t,\overline{x}(t),u(t))-\sigma^j(t,\overline{x}(t),\overline{u}(t))\rangle\Big\}\mathrm{d}t$$

$$\geqslant E\int_0^T\{H(t,x(t),u(t),p(t),q(t))-H(t,\overline{x}(t),\overline{u}(t),p(t),q(t))\}\mathrm{d}t-$$

$$E\int_0^T\Big\{\langle p(t),b(t,x(t),u(t))-b(t,\overline{x}(t),\overline{u}(t))\rangle+$$

$$\sum_{j=1}^{m}\langle q_j(t),\sigma^j(t,\overline{x}(t),u(t))-\sigma^j(t,\overline{x}(t),\overline{u}(t))\rangle\Big\}\mathrm{d}t$$

$$=-E\int_0^T\{f(t,x(t),u(t))-f(t,\overline{x}(t),\overline{u}(t))\}\mathrm{d}t$$

另一方面，由于 h 是凸的，所以

$$h(x(T))-h(\overline{x}(T))\geqslant\langle h_x(\overline{x}(T)),\xi(T)\rangle,\quad P\text{-a.e.}$$

从而

$$Eh(x(T))-Eh(\overline{x}(T))\geqslant -E\int_0^T\{f(t,x(t),u(t))-f(t,\overline{x}(t),u(t))\}\mathrm{d}t$$

即 $J(\overline{u}(\cdot))\leqslant J(u(\cdot))$.

由于 $u\in U[0,T]$是任意的，从而，$\overline{u}(\cdot)$是最优控制，证毕. ■

11.3 随机控制的动态规划原理

本节我们介绍随机控制问题的动态规划原理.

设$(\Omega,\mathcal{F},P)$是一个完备的概率空间，$W=\{W_t,\ t\geqslant 0\}$是其上的 d 维标准布朗运动，$\{F_t\}_{t\geqslant 0}$是由 W 生成的σ-代数流，T 是一个正常数，考虑控制方程

$$\begin{cases}\mathrm{d}X(s)=b(s,X(s),v(s))\mathrm{d}s+\sigma(s,X(s),v(s))\mathrm{d}W(s)\\ \qquad s\in[t,T],\ 0\leqslant t\leqslant T\\ X(t)=x\in\mathbf{R}^n\end{cases}\tag{11.29}$$

其中，

$$b:[0,T]\times\mathbf{R}^n\times U\to\mathbf{R}^n,\sigma:[0,T]\times\mathbf{R}^n\times U\to\mathbf{R}^{n\times d},U\subset\mathbf{R}^k$$

为了使得方程(11.29)有解，我们需要下列条件：

(1)存在常数 $L>0$，使得

$$|b(t,x,v)-b(t,y,v)|+|\sigma(t,x,v)-\sigma(t,y,v)|\leqslant L|x-y|\tag{11.30}$$

(2)存在常数 $K>0$，使得

$$|b(t,x,v)|+|\sigma(t,x,v)|\leqslant K[1+|x|]\tag{11.31}$$

(3)对任意 $x\in\mathbf{R}^n$，有

$$E\Big\{\int_0^T[|b(t,x,v_t)|+|\sigma(t,x,v_t)|^2]\mathrm{d}t<\infty\tag{11.32}$$

为了定义成本函数，我们引入下列函数：

$$f,k:[0,T]\times\mathbf{R}^n\times U\to\mathbf{R},g:\mathbf{R}^n\to\mathbf{R}$$

它们分别满足：

(F1)$k^-=\max\{-k,\ 0\}$ 是一致有界的，即 $\|k^-\|_\infty<\infty$；

(F2)存在常数 $C>0$，使得对任意$(t,\ v)$，均有

$$|f(t, x, v)| + |g(x)| \leqslant C[1 + |x|^2]$$

记$\mathcal{U} \triangleq \{v: [0, T] \times \Omega \to U \mid v$ 是$\{F_t\}_{t \geqslant 0}$一循序可测的$\}$，定义成本函数为

$$J(t,X,v) = E_{t,x}\left[\int_t^T \beta(t,s) f(s,X(s),v(s))\mathrm{d}s + \beta(t,T)g(X(T))\right] \tag{11.33}$$

其中，X 是随机微分方程(11.29)对应于 v 的解，

$$\beta(t,s) = \mathrm{e}^{-\int_t^s k(r,X_r,v_r)\mathrm{d}r}$$

$E_{t,x}$表示在条件 $X(t)=x$ 下的条件期望．我们的性能指标是

$$V(t,x) = \inf_{v \in \mathcal{U}} J(t,x,v)，对任意(t,x) \in [0,T] \times \mathbf{R}^n \tag{11.34}$$

称 $V(t, x)$ 为值函数．$V(t, x) = J(t, x, \bar{v})$，则称$\bar{v}$为随机控制问题式(11.29)、式(11.33)、式(11.34)的一个最优控制．如果存在可测函数 $u(t, x) \in U$，使得

$$v(s) = u(t,X_s),\ \forall s \in [t,T]$$

则称控制 $v \in \mathcal{U}$为 Markov 控制．

本节我们主要讨论 $V(t, x)$的性质．

定理 11.3.1（动态规划原理） 对任意$(t, x) \in [0, T] \times \mathbf{R}^n$及取值于$[t, T]$上的任一停时 τ，必有

$$V(t,x) = \inf_{v \in \mathcal{U}} E_{t,x}\left[\int_t^\tau \beta(t,s) f(s,X(s),v(s))\mathrm{d}s + \beta(t,\tau)V(\tau,X(\tau))\right] \tag{11.35}$$

证明 由于严格的证明很烦琐，下面只给出一个粗略的证明．记

$$\widetilde{V}(t,x) = \inf_{v \in \mathcal{U}} E_{t,x}\left[\int_t^\tau \beta(t,s) f(s,X(s),v(s))\mathrm{d}s + \beta(t,\tau)V(\tau,X(\tau))\right]$$

由条件期望的性质得

$$J(t,x,v) = E_{t,x}\left[\int_t^\tau \beta(t,s) f(s,X(s),v(s))\mathrm{d}s + \beta(t,\tau)J(\tau,X(\tau),v)\right]$$

由 $J(\tau, X(\tau), v) \geqslant V(\tau, X(\tau))$及 $V(t, x) = \inf\limits_{v \in \mathcal{U}} J(t, x, v)$ 知，

$$V(t,x) \geqslant \widetilde{V}(t,x) \tag{11.36}$$

下面证明 $V(t, x) \leqslant \widetilde{V}(t, x)$．事实上，任给 $u \in \mathcal{U}$，$\varepsilon > 0$，设$v^\varepsilon \in \mathcal{U}$且在$[t, \tau]$上满足 $v^\varepsilon = u$，则有

$$J(\tau,X(\tau),v^\varepsilon) \leqslant V(\tau,X(\tau)) + \varepsilon$$

则有

$$\begin{aligned} V(t,x) &\leqslant J(t,x,v^\varepsilon) \\ &= E_{t,x}\left[\int_t^\tau \beta(t,s) f(s,X(s),u(s))\mathrm{d}s + \beta(t,\tau)J(\tau,X(\tau),v^\varepsilon)\right] \\ &\leqslant E_{t,x}\left[\int_t^\tau \beta(t,s) f(s,X(s),u(s))\mathrm{d}s + \beta(t,\tau)V(\tau,X(\tau))\right] + \varepsilon E_{t,x}[\beta(t,\tau)] \end{aligned}$$

由 u 及ε的任意性知，

$$V(t,x) \leqslant \widetilde{V}(t,x) \tag{11.37}$$

结合式(11.36)及式(11.37)得

$$V(t,x) = \widetilde{V}(t,x)$$ ■

定义 11.3.1 设 $V(t, x)((t, x) \in [0, T] \times \mathbf{R}^n)$是随机控制问题式(11.29)、式

(11.33)、式(11.34)的值函数，用 DV 表示 V 关于 x 的梯度向量，用D^2V 表示 V 关于 x 的黑塞矩阵．设 H：$[0,\ T]\times\mathbf{R}^n\times\mathbf{R}\times\mathbf{R}^n\times S^n$，且

$$H(t,x,r,p,A)$$
$$=\inf_{u\in\mathcal{U}}\left\{-k(t,x,u)r+b(t,x,u)'p+\frac{1}{2}\mathrm{tr}[\sigma\sigma'(t,x,u)A]+f(t,x,u)\right\}$$

称二阶抛物型偏微分方程

$$\frac{\partial V}{\partial t}(t,x)+H(t,x,V(t,x),DV(t,x),D^2V(t,x))=0,\ (t,x)\in[0,T]\times\mathbf{R}^n$$

为随机控制问题的 Hamilton-Jacobi-Bellman 方程．

注 由偏微分理论知，如果下列条件成立：

(1)存在常数 $c>0$，对任意非零向量 $\xi\in\mathbf{R}^n$，$(t,\ x,\ u)\in[0,\ T]\times\mathbf{R}^n\times U$，有

$$\xi'\sigma\sigma'(t,x,u)\xi\geqslant c|\xi|^2$$

(2)U 是紧集；

(3)b，σ，$f\in C_b^{1,2}([0,\ T],\ \mathbf{R}^n)$；

(4)$g\in C_b^3(\mathbf{R}^n)$；

那么 Hamilton-Jacobi-Bellman 方程在终值条件 $V(T,\ x)=g(x)$下有唯一解．即

$$\begin{cases}\dfrac{\partial V}{\partial t}(t,x)+H(t,x,V(t,x),DV(t,x),D^2V(t,x))=0\\(t,x)\in[0,T]\times\mathbf{R}^n\\V(T,x)=g(x)\end{cases}$$

有唯一解 $V\in C_b^{1,2}([0,\ T],\ \mathbf{R}^n)$.

定理 11.3.2 设值函数满足 $V(t,\ x)\in C^{1,2}([0,\ T]\times\mathbf{R}^n)$，且下列条件成立：

(1)对任意 $u\in U$，$k(\cdot,\ \cdot,\ u)$ 和 $f(\cdot,\ \cdot,\ u)$关于$(t,\ x)$连续；

(2)H 是连续函数，且 $\|k^+\|_\infty<\infty$；

则值函数满足 Hamilton-Jacobi-Bellman 方程，即

$$\frac{\partial V}{\partial t}(t,x)+H(t,x,V(t,x),DV(t,x),D^2V(t,x))=0,\quad (t,x)\in[0,T)\times\mathbf{R}^n$$

证明 我们将分两步完成定理的证明．

第一步，证明当条件(1)成立时，有

$$\frac{\partial V}{\partial t}(t,x)+H(t,x,V(t,x),DV(t,x),D^2V(t,x))\geqslant 0,\quad (t,x)\in[0,T)\times\mathbf{R}^n$$

事实上，任给 $a>0$，$h>0$，定义停时

$$\tau_h=\inf\{s>t:(s-t,X_s-x)\notin[0,h)\times aB\}>0$$

其中，B 为$\mathbf{R}^n$中的单位球．注意到$\lim\limits_{h\searrow 0}\tau_h=t$，及当 $h\leqslant\bar{h}(\omega)$，且 $\bar{h}(\omega)$充分小时，$\tau_h=h$，则由动态规划原理得

$$0\geqslant E_{t,x}[\beta(0,t)V(t,x)-\beta(0,\tau_h)V(\tau_h,X_{\tau_h})-\int_t^{\tau_h}\beta(0,r)f(r,X_r,v_r)\mathrm{d}r]\qquad(11.38)$$

由伊藤公式，$V(t,\ x)\in C^{1,2}([0,\ T]\times\mathbf{R}^n)$有

$$E_{t,x}\left[\beta(0,t)V(t,x)-\beta(0,\tau_h)V(\tau_h,X_{\tau_h})-\int_t^{\tau_h}\beta(0,r)f(r,X_r,v_r)\mathrm{d}r\right]$$

$$=-E_{t,x}\left[\int_t^{\tau_h}\beta(0,r)(V_t+\mathcal{L}^u+f)(r,X_r,u)\mathrm{d}r\right]-E_{t,x}\left[\int_t^s\beta(0,r)DV(r,X_r)'\sigma(r,X_r,u)\mathrm{d}W_r\right]$$

其中，对 $\varphi(t,\ x)\in C^{1,2}([0,\ T]\times\mathbf{R}^n)$，记

$$\mathcal{L}^u\varphi(t,x)=-k(t,x,u)\varphi(t,x)+b(t,x,u)''D\varphi(t,x)+\frac{1}{2}\mathrm{tr}[\sigma\sigma'(t,x,u)D^2\varphi(t,x)]$$

从而得

$$-E_{t,x}\left[\int_t^{\tau_h}\beta(0,r)(V_t+\mathcal{L}^u+f)(r,X_r,u)\mathrm{d}r\right]-E_{t,x}\left[\int_t^s\beta(0,r)DV(r,X_r)'\sigma(r,X_r,u)\mathrm{d}W_r\right]\leqslant 0$$

因为 $\left\{\int_t^s\beta(0,r)DV(r,X_r)'\sigma(r,X_r,u)\mathrm{d}W_r,t\leqslant s\leqslant\tau_h\right\}$ 是鞅，故

$$E_{t,x}\left[\int_t^s\beta(0,r)DV(r,X_r)'\sigma(r,X_r,u)\mathrm{d}W_r\right]=0$$

结合 $h>0$ 得

$$-E_{t,x}\left[\frac{1}{h}\int_t^{\tau_h}\beta(0,r)(V_t+\mathcal{L}^u+f)(r,X_r,u)\mathrm{d}r\right]\leqslant 0 \tag{11.39}$$

由积分中值定理知，

$$\lim_{h\to 0}\frac{1}{h}\int_t^{\tau_h}\beta(0,r)(V_t+\mathcal{L}^u+f)(r,X_r,u)\mathrm{d}r=\beta(0,t)(V_t+\mathcal{L}^u+f)(t,X_t,u)$$

在式(11.39)两边取极限，令 $h\to 0$ 得

$$-\beta(0,t)(V_t+\mathcal{L}^u+f)(t,x,u)\leqslant 0,\quad \forall u\in U$$

故有

$$\frac{\partial V}{\partial t}(t,x)+H(t,x,V(t,x),DV(t,x),D^2V(t,x))\geqslant 0,\quad (t,x)\in[0,T)\times\mathbf{R}^n$$

第二步，证明当条件(2)成立时，有

$$\frac{\partial V}{\partial t}(t,x)+H(t,x,V(t,x),DV(t,x),D^2V(t,x))\leqslant 0,\quad (t,x)\in[0,T)\times\mathbf{R}^n$$

假设结论不成立，则存在 $(t_0,\ x_0)\in[0,\ T]\times\mathbf{R}^n$，使得

$$\frac{\partial V}{\partial t}(t_0,x_0)+H(t_0,x_0,V(t_0,x_0),DV(t_0,x_0),D^2V(t_0,x_0))>0 \tag{11.40}$$

任给 $\varepsilon>0$，定义

$$\varphi(t,x)=V(t,x)-\varepsilon|x-x_0|^2$$

显然 $\varphi(t,\ x)\leqslant V(t,\ x)$，且有

$$(V-\varphi)(t_0,x_0)=0,\quad (DV-D\varphi)(t_0,x_0)=0$$

$$(V_t-\varphi_t)(t_0,x_0)=0,\quad (D^2V-D^2\varphi)(t_0,x_0)=\varepsilon I_{n\times n}$$

由连续性及式(11.40)得，当 ε 充分小时，有

$$\frac{\partial\varphi}{\partial t}(t_0,x_0)+H(t_0,x_0,\varphi(t_0,x_0),D\varphi(t_0,x_0),D^2\varphi(t_0,x_0))>0 \tag{11.41}$$

另一方面，对 $\eta>0$，定义

$$O_\eta=\{(t,x)\,|\,(t-t_0,x-x_0)\in(-\eta,\eta)\times\eta B,h(t,x)>0\}$$

其中，$h(t,\ x)=\dfrac{\partial\varphi}{\partial t}(t,\ x)+H(t,\ x,\ \varphi(t,\ x),\ D\varphi(t,\ x),\ D^2\varphi(t,\ x))$. 则有 $\min\limits_{\partial O_\eta}(V-$

$\varphi)=\frac{\mathcal{E}}{2}\min_{\partial O_\eta}|x-x_0|^2>0$，令

$$2\gamma e^{\eta\|k^+\|_\infty}=\min_{\partial O_\eta}(V-\varphi)=\frac{\mathcal{E}}{2}\min_{\partial O_\eta}|x-x_0|^2 \tag{11.42}$$

设 $\hat{v}\in\mathcal{U}$满足

$$J(t_0,x_0,\hat{v})\leqslant V(t_0,x_0)+\gamma$$

分别用 $\hat{X}$ 与 $\hat{\beta}$ 表示对应于 $\hat{v}$ 的状态与贴现因子，并满足 $\hat{X}_{t_0}=x_0$. 定义停时

$$\theta=\inf\{s>t\text{：}(s,\hat{X}_s)\notin O_n\}$$

因为$(\theta,\ \hat{X}_\theta)\in\partial O_\eta$，所以

$$(V-\varphi)2\gamma e^{\eta\|k^+\|_\infty}(\theta,\hat{X}_\theta)\geqslant 2\gamma e^{\eta\|k^+\|_\infty}$$

从而得到

$$\begin{aligned}&\hat{\beta}(t_0,\theta)V(\theta,\hat{X}_\theta)-\hat{\beta}(t_0,x_0)V(t_0,x_0)\\ &\geqslant\int_{t_0}^{\theta}d[\hat{\beta}(t_0,r)\varphi(r,\hat{X}_r)]+2\gamma e^{\eta\|k^+\|_\infty}\hat{\beta}(t_0,\theta)\\ &\geqslant\int_{t_0}^{\theta}d[\hat{\beta}(t_0,r)\varphi(r,\hat{X}_r)]+2\gamma\end{aligned} \tag{11.43}$$

在式(11.43)中对 $\hat{\beta}(t_0,\ r)\varphi(r,\ \hat{X}_r)$使用伊藤公式，然后两边取数学期望得

$$V(t_0,x_0)\leqslant E_{t_0,x_0}\left[\hat{\beta}(t_0,\theta)V(\theta,\hat{X}_\theta)-\int_{t_0}^{\theta}\hat{\beta}(t_0,r)(\varphi_t+\mathcal{L}^{\hat{v}(r)}\varphi)(r,\hat{X}_r)dr\right]-2\gamma$$

因为在随机区间$[t_0,\ \theta]$上有

$$(\varphi_t+\mathcal{L}^{\hat{v}(r)}\varphi)(r,\hat{X}_r)+f(r,\hat{X}_r,\hat{v}_r)\geqslant h(r,\hat{X}_r)\geqslant 0$$

所以有

$$\begin{aligned}V(t_0,x_0)&\leqslant-2\gamma+E_{t_0,x_0}\left[\int_{t_0}^{\theta}\hat{\beta}(t_0,r)f(r,\hat{X}_r,\hat{v}_r)dr+\hat{\beta}(t_0,\theta)V(\theta,\hat{X}_\theta)\right]\\ &\leqslant-2\gamma+J(t_0,x_0,\hat{v})\leqslant V(t_0,x_0)-\gamma\end{aligned}$$

这是不可能的，故式(11.41)不成立，证毕. ■

下面我们介绍一个函数 $v(t,\ x)$是随机控制问题式(11.29)、式(11.33)、式(11.34)中的值函数 $V(t,\ x)$的充分条件.

定理 11.3.3 设 $v(t,\ x)\in C^{1,2}([0,\ T),\ \mathbf{R}^n)\cap C([0,\ T]\times\mathbf{R}^n)$，$\|k^-\|_\infty<\infty$，且存在常数 $C>0$，使得对任意$(t,\ x,\ u)\in[0,\ T]\times\mathbf{R}^n\times U$，均有

$$|f(t,x,u)|+|v(t,x)|\leqslant C[1+|x|^2]$$

那么(1)如果 $v(T,\ \cdot)\leqslant g(\cdot)$，且

$$\frac{\partial v}{\partial t}(t,x)+H(t,x,v(t,x),Dv(t,x),D^2v(t,x))\geqslant 0,\quad (t,x)\in[0,T]\times\mathbf{R}^n$$

则有 $v(t,\ x)\leqslant V(t,\ x)$，$\forall(t,\ x)\in[0,\ T]\times\mathbf{R}^n$.

(2)如果 $v(T,\ \cdot)=g(\cdot)$，且存在使

$$u\mapsto\mathcal{L}^u v(t,x)+f(t,x,u)$$

达到最小的 $\hat{u}(t,\ x)$，使得

$$\begin{aligned}&\frac{\partial v}{\partial t}(t,x)+H(t,x,v(t,x),Dv(t,x),D^2v(t,x))\\=&\frac{\partial v}{\partial t}(t,x)+\mathcal{L}^{\hat{u}}v(t,x)+f(t,x,\hat{u})=0\end{aligned}$$

并假定 SDE

$$\begin{cases}\mathrm{d}X(s)=b(s,X(s),\hat{u}(s,X_s))\mathrm{d}s+\sigma(s,X(s),\hat{u}(s,\hat{u}(s,X_s))\mathrm{d}W(s),\\ \qquad s\in[t,T],\ 0\leqslant t\leqslant T\\ X(t)=x\in\mathbf{R}^n\end{cases}$$

的唯一解$\{X_s,\ t\leqslant s\leqslant T\}$使得 $\hat{v}_s=\hat{u}(s,\ X_s)\in\mathcal{U}$，则有 $v(t,\ x)=V(t,\ x)$，$\forall(t,\ x)\in[0,\ T]\times\mathbf{R}^n$，并且 $\hat{v}$ 是一个最优 Markov 型控制过程．

证明 (1)与(2)的证明是类似的，我们只证明(1)．$\forall v\in\mathcal{U}$，设 X 是 v 对应的满足$X_t=x$ 的状态．定义停时

$$\theta_n=T\wedge\inf\{s>t:|X_s-x|\geqslant n\}$$

显然 $\theta_n\uparrow T$. 对 $\beta(t,\ s)v(s,\ X_s)$使用伊藤公式得

$$v(t,x)=\beta(t,\theta_n)v(\theta_n,\ X_{\theta_n})-\int_t^{\theta_n}\beta(t,r)[v_t\ |\ \mathcal{L}^{v}v](r,X_r)\mathrm{d}r-\int_t^{\theta_n}\beta(t,r)Dv(r,X_r)\sigma(r,X_r,v_r)\mathrm{d}W_r$$

两边取数学期望得

$$v(t,\ x)=E\{\beta(t,\theta_n)v(\theta_n,\ X_{\theta_n})-\int_t^{\theta_n}\beta(t,r)[v_t+\mathcal{L}^{v}v](r,X_r)\mathrm{d}r\}\tag{11.44}$$

因为

$$v_t+\mathcal{L}^u v+f(\cdot,\ \cdot,u)\geqslant v_t+H(\cdot,\ \cdot,v,Dv,D^2v)\geqslant 0$$

故由式(11.44)得

$$v(t,x)\leqslant E\left\{\beta(t,\theta_n)v(\theta_n,X_{\theta_n})+\int_t^{\theta_n}\beta(t,r)f(r,X_r,v_r)\mathrm{d}r\right\}\tag{11.45}$$

又因为

$$\begin{aligned}\left|\beta(t,\theta_n)v(\theta_n,X_{\theta_n})+\int_t^{\theta_n}\beta(t,r)f(r,X_r,v_r)\mathrm{d}r\right|&\leqslant C\mathrm{e}^{T\|k^-\|_\infty}\left[1+\|X_{\theta_n}\|^2+T+\int_t^T|X_r|^2\mathrm{d}r\right]\\&\leqslant C\mathrm{e}^{T\|k^-\|_\infty}(1+T)(1+\sup_{s\in[t,T]}|X_s|^2)\in L^1(\Omega)\end{aligned}$$

对式(11.45)两边取极限，由控制收敛定理得

$$v(t,x)\leqslant E\left\{\beta(t,T)v(T,\ X_T)+\int_t^T\beta(t,r)f(r,X_r,v_r)\mathrm{d}r\right\}$$

再由 $v(T,\ X_T)\leqslant g(X_T)$得

$$v(t,x)\leqslant E\{\beta(t,T)g(X_T)+\int_t^T\beta(t,r)f(r,X_r,v_r)\mathrm{d}r\}$$

由于 $v\in\mathcal{U}$是任意的，所以 $v(t,\ x)\leqslant V(t,\ x)$，$\forall(t,\ x)\in[0,\ T]\times\mathbf{R}^n$，证毕． ■

最后，我们介绍随机控制问题的值函数与 HJB 方程黏性解的关系．

定理 11.3.4 设值函数 $V(t,\ x)$在$[0,\ T)\times\mathbf{R}^n$上是局部有界的，且下列条件成立：

(1)对任意 $u\in U$，$k(\cdot,\ \cdot,\ u)$ 和 $f(\cdot,\ \cdot,\ u)$关于$(t,\ x)$连续；

(2) H 是连续函数，且 $\| k^+ \|_\infty < \infty$；
则值函数 $V(t, x)$ 是 Hamilton-Jacobi-Bellman 方程

$$\frac{\partial V}{\partial t}(t,x) + H(t,x,V(t,x),DV(t,x),D^2V(t,x)) = 0 \tag{11.46}$$

$(t, x)\in[0, T)\times\mathbf{R}^n$ 的黏性解．

证明 我们将分两步完成定理的证明．

第一步，证明当条件(1)成立时，$V(t, x)$ 是式(11.46)的黏性上解．事实上，对任意 $(t_0, x_0, \varphi)\in[0, T)\times\mathbf{R}^n\times C^{1,2}([0, T)\times\mathbf{R}^n)$，其中

$$0 = (V^* - \varphi)(t_0,x_0) = \max_{[0,T)\times\mathbf{R}^n}(V^* - \varphi) \tag{11.47}$$

(t_0, x_0) 是 $u^* - \varphi$ 在 $[0, T)\times\mathbf{R}^n$ 中的最大值点，设 $(t_n, x_n)\in[0, T)\times\mathbf{R}^n$ 满足

$$\lim_{n\to\infty}(t_n,x_n) = (t_0,x_0), \quad \lim_{n\to\infty}V(t_n,x_n) = V^*(t_0,x_0)$$

由于 φ 是连续函数，故有

$$\eta_n = V(t_n,x_n) - \varphi(t_n,x_n) \to 0$$

设 $u\in U$，考虑常数控制 $v(t, x)\equiv u$，用 X^n 表示 $v(t, x)\equiv u$ 对应的初值为 $X^n_{t_n}=x_n$ 的状态过程．定义停时

$$\theta_n = \inf\{s > t_n:(s-t_n,X^n_s - x_n) \notin [0,h_n)\times \alpha B\}$$

其中，$\alpha>0$ 是常数，B 为 $\mathbf{R}^n$ 中单位球，$h_n=\sqrt{\eta_n}1_{\{\eta_n\neq 0\}}+\frac{1}{n}1_{\{\eta_n=0\}}$．显然 $\lim\limits_{n\to\infty}\theta_n=t_0$．

由式(11.47)知，在 $[0, T)\times\mathbf{R}^n$ 上有 $V\leqslant V^*\leqslant\varphi$．对 $\beta(t_n, s)\varphi(s, X^n_s)$ 使用伊藤公式，再取数学期望得

$$\begin{aligned}0 \geqslant& \eta_n + E_{t_n,x_n}\left[\varphi(t_n,x_n) - \beta(t_n,\theta_n)\varphi(\theta_n,X^n_{\theta_n}) - \int_{t_n}^{\theta_n}\beta(t_n,r)f(r,X^n_r,v_r)\mathrm{d}r\right]\\ =& \eta_n - E_{t_n,x_n}\left[\int_{t_n}^{\theta_n}\beta(t_n,r)[\varphi_t + L^u\varphi - f](r,X^n_r,u)\mathrm{d}r\right] -\\ & E_{t_n,x_n}\left[\int_{t_n}^{\theta_n}\beta(t_n,r)D\varphi(r,X^n_r)\sigma(r,X^n_r,u)\mathrm{d}W_r\right]\\ =& \eta_n - E_{t_n,x_n}\left[\int_{t_n}^{\theta_n}\beta(t_n,r)[\varphi_t + \mathcal{L}^u\varphi - f](r,X^n_r,u)\mathrm{d}r\right]\end{aligned}$$

从而得到

$$\frac{\eta_n}{h_n} - E_{t_n,x_n}\left[\frac{1}{h_n}\int_{t_n}^{\theta_n}\beta(t_n,r)[\varphi_t + \mathcal{L}^u\varphi - f](r,X^n_r,u)\mathrm{d}r\right] \leqslant 0 \tag{11.48}$$

因为存在充分大的 $N(\omega)$，当 $n\geqslant N(\omega)$ 时，$\theta_n(\omega)=h_n$，由积分中值定理得

$$\lim_{n\to\infty}\frac{1}{h_n}\int_{t_n}^{\theta_n}\beta(t_n,r)[\varphi_t + \mathcal{L}^u\varphi - f](r,X^n_r,u)\mathrm{d}r = [\varphi_t + \mathcal{L}^u\varphi - f](t_0,x_0,u)$$

在式(11.48)中两边取极限，由控制收敛定理得

$$[\varphi_t + \mathcal{L}^u\varphi - f](t_0,x_0,u) \geqslant 0$$

再由 $u\in U$ 的任意性得

$$\frac{\partial\varphi(t_0,x_0)}{\partial t} + F(t_0,x_0,V^*(t_0,x_0),D\varphi(t_0,x_0),D^2\varphi(t_0,x_0)) \geqslant 0$$

即 $V(t, x)$ 是式(11.46)的黏性上解.

第二步，证明当条件(2)成立时，$V(t, x)$ 是式(11.46)的黏性下解. 事实上，如果 $V(t, x)$ 不是式(11.46)的黏性下解，则存在 $\varphi\in C^{1,2}([0, T)\times\mathbf{R}^n)$ 及 $(t_0, x_0)\in[0, T)\times\mathbf{R}^n$，满足 $u_*-\varphi$ 在 $[0, T)\times\mathcal{D}$ 中的最小值点为 (t_0, x_0)，且 $(u_*-\varphi)(t_0, x_0)=0$，当 $(t, x)\neq(t_0, x_0)$ 时 $(u_*-\varphi)(t, x)>0$，使得

$$h(t_0,x_0)=\frac{\partial\varphi(t_0,x_0)}{\partial t}+H(t_0,x_0,\varphi(t_0,x_0),D\varphi(t_0,x_0),D^2\varphi(t_0,x_0))>0$$

由 H 的连续性知，存在 (t_0, x_0) 的邻域

$$O_\eta=\{(t,x)\mid(t-t_0,x-x_0)\in(-\eta,\eta)\times\eta B,h(t,x)>0\}$$

其中，$\eta>0$ 为某个常数. 则存在 $\gamma>0$，使得

$$3\gamma\mathrm{e}^{\eta\|k^+\|_\infty}=\min_{\partial O_\eta}(V-\varphi)>0 \tag{11.49}$$

现设 $(t_n, x_n)\in O_\eta$，满足

$$\lim_{n\to\infty}(t_n,x_n)=(t_0,x_0),\quad \lim_{n\to\infty}V(t_n,x_n)=V_*(t_0,x_0)$$

由于 φ 是连续函数，因此有

$$V(t_n,x_n)-\varphi(t_n,x_n)\to 0$$

故可取到点列 $(t_n, x_n)\in O_\eta$，使得

$$|V(t_n,x_n)-\varphi(t_n,x_n)|\leqslant\gamma,\quad\forall n\geqslant 1 \tag{11.50}$$

设 $\hat{v}^n\in\mathcal{U}$ 满足

$$J(t_n,x_n,\hat{v}^n)\leqslant V(t_n,x_n)+\gamma$$

分别用 $\hat{X}^n$ 与 $\hat{\beta}^n$ 表示对应于 $\hat{v}^n$ 的状态与贴现因子，并满足 $\hat{X}=x_n$. 定义停时

$$\theta_n=\inf\{s>t_n:(s,\hat{X}_s^n)\notin O_n\}$$

因为 $(\theta_n, \hat{X}_{\theta_n}^n)\in\partial O_\eta$，所以

$$(V-\varphi)(\theta_n,\hat{X}_{\theta_n}^n)\geqslant(V_*-\varphi)(\theta_n,\hat{X}_{\theta_n}^n)\geqslant 3\gamma\mathrm{e}^{\eta\|k^+\|_\infty}$$

从而得到

$$\begin{aligned}\hat{\beta}^n(t_n,\theta_n)V(\theta_n,\hat{X}_{\theta_n}^n)-V(t_n,x_n)&\geqslant\int_{t_n}^{\theta_n}\mathrm{d}[\hat{\beta}^n(t_n,r)\varphi(r,\hat{X}_r^n)]+3\gamma\mathrm{e}^{\eta\|k^+\|_\infty}\hat{\beta}^n(t_n,\theta_n)-\gamma\\&\geqslant\int_{t_n}^{\theta_n}\mathrm{d}[\hat{\beta}^n(t_n,r)\varphi(r,\hat{X}_r^n)]+2\gamma\end{aligned} \tag{11.51}$$

在式(11.51)中对 $\hat{\beta}^n(t_n, r)\varphi(r, \hat{X}_r^n)$ 使用伊藤公式，然后两边取数学期望得

$$V(t_n,x_n)\leqslant E_{t_n,x_n}\left[\hat{\beta}^n(t_n,\theta_n)V(\theta_n,\hat{X}_{\theta_n}^n)-\int_{t_n}^{\theta_n}(\varphi_t+\mathcal{L}^{\hat{v}^n}\varphi)(r,\hat{X}_r^n)\mathrm{d}r\right]-2\gamma$$

因为在随机区间 $[t_0, \theta]$ 上有

$$(\varphi_t+\mathcal{L}^{\hat{v}^n}\varphi)(r,\hat{X}_r^n)+f(r,\hat{X}_r^n,\hat{v}_r^n)\geqslant h(r,\hat{X}_r^n)\geqslant 0$$

所以有

$$\begin{aligned}V(t_n,x_n)&\leqslant-2\gamma+E_{t_n,x_n}\left[\int_{t_n}^{\theta_n}\hat{\beta}^n(t_n,r)f(r,\hat{X}_r^n,\hat{v}_r^n)\mathrm{d}r+\hat{\beta}^n(t_n,\theta_n)V(\theta_n,\hat{X}_{\theta_n}^n)\right]\\&\leqslant-2\gamma+J(t_n,x_n,\hat{v}^n)\leqslant V(t_n,x_n)-\gamma\end{aligned}$$

这是不可能的，证毕. ■

第 12 章　离散时间的期权定价

期权是指在未来一定时期可以买卖的权利，是买方向卖方支付一定数量的金额后拥有的在未来一段时间内或未来某一特定日期以事先规定好的价格向卖方购买或出售一定数量的特定标的物的权利，但不负有必须买进或卖出的义务．期权交易事实上就是这种权利的交易．买方有执行的权利也有不执行的权利，完全可以灵活选择．根据标的物资产的价格形式，在讨论期权的价格公式时，常常分为离散时间的期权定价理论与连续时间的期权定价理论，本章我们介绍离散时间的期权定价基本理论．

12.1　利息理论基础

本节我们介绍利息理论，它将为期权定价提供所需的利息知识基础．

定义 12.1.1(利息)　利息是向人借资本以供自用而给予出借资本者的报酬．

从定义可以看出，利息与资本可以不是同一类东西．例如，某人(甲)出借一台拖拉机给乙，用以收割小麦，而乙则用收割到的小麦的一定的百分比作为回报．此例中拖拉机是资本，而小麦是利息．但在以下的讨论中，资本和利息我们都用货币表示．

定义 12.1.2(累积函数与金额函数)　某人向银行投资一笔钱(存钱)，初始投资的金额(资本)称为本金．过了一定时期后收到的总金额称为累积值．累积值与本金的差额就是利息的金额，也就是投资期间所得的利息．累积函数(记为 $\alpha(t)$)也称为 t 时刻的累积因子，它是单位本金在 t 时刻的累积值．金额函数表示本金为 k 的资金在 t 时刻的累积值．

设 t 为从投资之日算起的时间，如果不特别强调，时间均是以年为单位．

考虑投资 1 单位的本金，显然，累积函数 $\alpha(t)$ 具有下列性质：

(1) $\alpha(0)=1$；

(2) 一般情况下 $\alpha(t)$ 是递增函数，若 $\alpha(t)$ 递减，则意味着是负利率；

(3) 通常情况下 $\alpha(t)$ 是连续函数，但也有 $\alpha(t)$ 为间断函数的情形．

如果原始金额不是 1 而是 $k>0$，记 $A(0)=k$，记 t 时刻的金额函数为 $A(t)$，则

$$\begin{cases} A(t)=k\cdot\alpha(t) \\ A(0)=k \end{cases}$$

将从投资日算起第 n 个时期(一般为年)得到的利息金额记为 I_n，即

$$I_n=A(n)-A(n-1)$$

定义 12.1.3　实际利率(或实质利率) i 是指在某一时期年初投资 1 元本金，一年内所获得的利息，利息为年末支付，即 $i=\alpha(1)-\alpha(0)$，由此得 $\alpha(1)=1+i$.

注 12.1.1　(1) 实际利率常用百分比表示，如果第 n 年的年初金额为 $A(n)$，年末金额为 $A(n+1)$，则第 n 年的实际利率为

$$i_n=\frac{A(n+1)-A(n)}{A(n)}$$

(2) 总认为整个时期内无新的本金注入，也无本金抽出．

定义 12.1.4(单利)　考虑投资 1 元钱，使得在每一单位时间内获得的利息为常数，即第一年末累积值为 $1+i$，第二年末累积值为 $1+2i$，以此类推，$\alpha(t)=1+t\cdot i$，称这种类

型产生的利息为单利．

单利的本质是利息不计入本金．设 i 为单利利率，则

$$i_n=\frac{A(n)-A(n-1)}{A(n-1)}=\frac{(1+n\cdot i)-(1+(n-1)i)}{1+(n-1)i}=\frac{i}{1+i(n-1)}$$

这说明在单利中，实际利率是逐年递减的．一般而言，单利的累积值仅对 $t\geqslant0$ 取整数值才有定义．

假设单利模型的累积函数可以拓展到非整数 t 值，设 $t\geqslant0$ 为任一实数，$\alpha(t)$是可得的，那么 $\alpha(t+s)=1+(t+s)i=1+ti+1+si-1=\alpha(t)+\alpha(s)-1$，则

$$\begin{aligned}\alpha'(t)&=\lim_{s\to0}\frac{\alpha(t+s)-\alpha(t)}{s}=\lim_{s\to0}\frac{[\alpha(t)+\alpha(s)-1]-\alpha(t)}{s}\\&=\lim_{s\to0}\frac{\alpha(s)-1}{s}=\lim_{s\to0}\frac{\alpha(s)-\alpha(0)}{s}=\alpha'(0)\end{aligned}$$

即在单利模型中，累积函数的变化率为常数．且

$$\int_0^t\alpha'(s)\mathrm{d}s=\int_0^t\alpha'(0)\mathrm{d}s\Rightarrow\alpha(t)-\alpha(0)=\alpha'(0)t$$

$$\Rightarrow\alpha(t)=1+t\cdot\alpha'(0)\Rightarrow\alpha'(0)=i$$

即单利中的利率等于累积函数中的变换率．

例 12.1.1 设单利的年利率为 5%，求投资 1000 元在 4 年后的累积值．

解 因为 $\alpha(4)=1+4\times0.05=1.2$，所以

$$A(4)=1000\times1.2=1200$$

$$\Rightarrow i=200$$

这等价于 $i=1000\times0.05\times4=200$(元). ■

定义 12.1.5(复利) 复利是一种利息自动作为本金的投资方式中的利率．

设投资额为 1 元，第一年末累积值为 $1+i$，现将这 $1+i$ 元作为第二年初的资本，则第二年末的累积值为 $1+i+(1+i)i=(1+i)^2$ 元，以此类推，第 n 年末的累积值为$(1+i)^n$ 元，即

$$\alpha(t)=(1+i)^t$$

设 i 为复利利率，则有

$$i_n[\text{第 } n \text{ 年的实际利息}]=\frac{\alpha(n)-\alpha(n-1)}{\alpha(n-1)}=\frac{(1+i)^n-(1+i)^{n-1}}{(1+i)^{n-1}}=\frac{1+i-1}{1}=i$$

这说明在复利中，每一年的利率与实际利率是相同的．上面的复利公式仅对 t 为整数有定义，我们将其推广到一般的实数 t 上去．

对任意整数 $t\geqslant0$，$s\geqslant0$，因为 $\alpha(t+s)=(1+i)^{t+s}=(1+i)^t(1+i)^s=\alpha(t)\cdot\alpha(s)$，这说明投资 1 元在 $t+s$ 时期内所获得的累积值等于先投资 t 年，再用累积值投资 s 年所得的累积值．现假设对任意实数 $t\geqslant0$，$\alpha(t)$可求，则

$$\alpha'(t)=\lim_{s\to0}\frac{\alpha(t+s)-\alpha(t)}{s}=\lim_{s\to0}\frac{\alpha(t)\alpha(s)-\alpha(t)}{s}=\alpha(t)\alpha'(0)$$

$$\Rightarrow\frac{\alpha'(t)}{\alpha(t)}=\alpha'(0)$$

$$\Rightarrow\int_0^t\frac{\alpha'(s)}{\alpha(s)}\mathrm{d}s=\alpha'(0)t$$

$$\Rightarrow\ln\alpha(t)-\ln\alpha(0)=\alpha'(0)t$$

定义 12.1.6(贴现因子) 设每一年的实际利率均为 i，称 $v=\frac{1}{1+i}$为贴现因子.

由于 $\alpha(1)=(1+i)\alpha(0)\Rightarrow\alpha(0)=\frac{1}{1+i}\alpha(1)=v\alpha(1)$，特别地，令 $\alpha(1)=1$，则有 $\alpha(0)=v$，可以看出贴现因子为一年末的 1 元钱，考虑利息后在年初时的现值．它是将一笔投资在结束时的值贴现在它投资开始时的值，例如，$v_0=\alpha(t)\frac{1}{1+i}$，表示 $\alpha(t)$的贴现值为 $\alpha(t)v_0$. 通常用$\alpha^{-1}(t)$表示贴现函数，贴现函数表示终值 1 元在相应的利率下初始时刻的贴现值．在单利中，我们有$\alpha^{-1}(t)=\frac{1}{1+i\cdot t}$.

例 12.1.2 设年利率为 9%，离散复利，要 3 年后达到 1000 元，求初始资本．

解 $x=1000\,v^3=1000\,\frac{1}{(1+i)^3}=\frac{1000}{1.09^3}\approx772.18$(元) ■

定义 12.1.7(实际贴现率) 实际贴现率 d 是在这一时期内取得的利息金额与期末金额的比例，即 $d=\frac{i}{1+i}$.

例如，设 A 到一家银行以实际利率 6%借款 100 元，期限 1 年，则一年末他将还款 106 元．如果 A 向银行以实际贴现率 6%借款 100 元，期限为 1 年，则表示银行先收 6 元利息，给付 94 元，年末 A 还银行 100 元，显然实际利率与实际贴现率不是同一回事．

注 12.1.2 利息与贴现的本质区别：(1)利息是按期初余额计算而在期末支付；(2)贴现是按期末余额计算而在期初支付．

实际贴现率可以对任意时期进行计算，

$$d_n=\frac{A(n)-A(n-1)}{A(n)}=\frac{I_n}{A(n)}$$

表示第 n 年的贴现率．通常我们称 I_n 为利息金额，也叫贴现金额．

从 $d_n=\frac{A(n)-A(n-1)}{A(n)}$可以看出，在离散复利中，如果实际利率是常数，则实际贴现率也是常数，称为离散复贴现．

注 12.1.3 离散复利中，贴现因子 $v=\frac{1}{1+i}$与贴现率 $d=\frac{i}{1+i}$的区别：贴现因子 v 表示一年后的 1 元钱贴现到现在的金额．贴现率 d 表示一年后的 1 元钱现在提前支付的利息数．显然有 $d+v=1$.

设某人以实际贴现率 d 借款 1 元．则事实上只得本金 $1-d$ 元．贴现金额为 d 元，从而利率

$$i=\frac{d}{1+d}\Leftrightarrow d=\frac{i}{1+i}$$

贴现率 d 与贴现因子之间有一个重要关系：

$$d=i\cdot v$$

这一关系的字面解释：投资 1 元 1 年后的利息 i 的现值为 d.

前面讨论的实际利率，其利息是一个时期支付一次，或期末，或期初，下面考虑利息支付不止一次的情形．

定义 12.1.8 每一年支付 m 次的利息，其利率称为名义利率，记为$i^{(m)}$.

例如，借款 1 年，金额 1 元，实际利率为 i. 而名义利率 $i^{(m)}$ 指的是一年总利息 i 元，分 m 次给付，每次付 $\frac{i^{(m)}}{m}$ 元，也即每 $\frac{1}{m}$ 年付实际利率 $\frac{i^{(m)}}{m}$ 元.

显然有 $1+i=\left[1+\frac{i^{(m)}}{m}\right]^m$，解得

$$\begin{cases} i=\left[1+\frac{i^{(m)}}{m}\right]^m-1 \\ i^{(m)}=m[(1+i)^{\frac{1}{m}}-1] \end{cases}$$

定义 12.1.9（名义贴现率） 每年期初支付 m 次利息的贴现率称为名义贴现率，每年分 m 次支付的贴现率记为 $d^{(m)}$，每次支付 $\frac{d^{(m)}}{m}$，即每 $\frac{1}{m}$ 时期的实际贴现率为 $\frac{d^{(m)}}{m}$.

显然有 $1-d=\left[1-\frac{d^{(m)}}{m}\right]^m$，解得

$$\begin{cases} d=1-\left[1-\frac{d^{(m)}}{m}\right]m \\ d^{(m)}=m[1-(1-d)^{\frac{1}{m}}]=m[1-v^{\frac{1}{m}}] \end{cases}$$

定理 12.1.1 名义利率与名义贴现率的一种关系为

$$\left(1+\frac{i^{(m)}}{m}\right)=\left(1-\frac{d^{(m)}}{m}\right)^{-1}$$

证明 由 $i^{(m)}=m[(1+i)^{\frac{1}{m}}-1]\Rightarrow\frac{i^{(m)}}{m}=(1+i)^{\frac{1}{m}}-1\Rightarrow(1+i)^{\frac{1}{m}}=\frac{i^{(m)}}{m}+1$ 知，

$$v^{\frac{1}{m}}=\left(1+\frac{i^{(m)}}{m}\right)^{-1}$$

另一方面，$d^{(m)}=m(1-v^{\frac{1}{m}})\Rightarrow v^{\frac{1}{m}}=1-\frac{d^{(m)}}{m}$，所以

$$1+\frac{i^{(m)}}{m}=\left[1-\frac{d^{(m)}}{m}\right]^{-1}$$

■

定理 12.1.2 名义利率与名义贴现率的另一种关系：

$$\frac{i^{(m)}}{m}-\frac{d^{(m)}}{m}=\frac{i^{(m)}}{m}\times\frac{d^{(m)}}{m}$$

证明 因为 $\frac{i^{(m)}}{m}=(1+i)^{\frac{1}{m}}-1$，$1-\frac{d^{(m)}}{m}=(1-d)^{\frac{1}{m}}$，所以 $\frac{d^{(m)}}{m}=1-(1-d)^{\frac{1}{m}}$，从而

$$\begin{aligned}\frac{i^{(m)}}{m}-\frac{d^{(m)}}{m}&=(1+i)^{\frac{1}{m}}-1-[1-(1-d)^{\frac{1}{m}}]\\&=(1+i)^{\frac{1}{m}}+(1-d)^{\frac{1}{m}}-2=\left(\frac{1}{v}\right)^{\frac{1}{m}}+v^{\frac{1}{m}}-2\\&=\left[\left(\frac{1}{v}\right)^{\frac{1}{2m}}-v^{\frac{1}{2m}}\right]^2\end{aligned}$$

又因为

$$\begin{aligned}\frac{i^{(m)}}{m}\cdot\frac{d^{(m)}}{m}&=\left[\left(\frac{1}{v}\right)^{\frac{1}{m}}-1\right][1-v^{\frac{1}{m}}]\\&=\left(\frac{1}{v}\right)^{\frac{1}{m}}-1-1+v^{\frac{1}{m}}\end{aligned}$$

$$=\left(\frac{1}{v}\right)^{\frac{1}{m}}+v^{\frac{1}{m}}-2$$

$$=\left[\left(\frac{1}{v}\right)^{\frac{1}{2m}}-v^{\frac{1}{2m}}\right]^2$$

所以，左边=右边，证毕．■

定义 12.1.10（连续复利） 一年中每时每刻都在给付利息的年总付利率称为连续年利率，记为 r.

显然，由定义有

$$r=\lim_{m\to\infty} i^{(m)}=\lim_{m\to\infty} m[(1+i)^{\frac{1}{m}}-1]=\ln(1+i)$$

下面我们归纳一下已知年利率，各种利率模型的累积值公式：

(1)在单利中，$\alpha(n)=1+ni$；

(2)在离散复利中，设 $\alpha(1)=1+i$，则

$$\ln\alpha(1)=\ln(1+i)=\alpha'(0)$$

$$\ln\alpha(t)=t\ln(1+i)\Rightarrow\alpha(t)=(1+i)^t$$

(3)在连续复利中，$\alpha(t)=(1+i)^t=e^{rt}$.

定义 12.1.11（利息力与贴现力） 利息在无穷小区间的运行强度（即对利息在每时刻的度量）称为利息力．

例如，考虑一项投资，设 t 时刻的金额函数为 $A(t)$，并假定无本金追加及本金撤回．称 $\delta(t)=\frac{A'(t)}{A(t)}=(\alpha'(t))/(\alpha(t))$为 t 时刻的利息力．

下面讨论利息力的性质：

(1)$\delta(t)$是对利息在某一确定时刻 t 的强度的度量．

(2)$\delta(t)$将强度表示为每一度量时期的比率，因为 $\delta(t)=\frac{A'(t)}{A(t)}=[\ln A(t)]'=[\ln\alpha(t)]'$，所以

$$\int_0^t \delta(s)\mathrm{d}s=\int_0^t(\ln A(s))'\mathrm{d}s=\frac{A'(t)}{A(0)}$$

$$\Rightarrow e^{\int_0^t\delta(s)\mathrm{d}s}=\frac{A'(t)}{A(0)}=\frac{\alpha'(t)}{\alpha(0)}=\alpha(t)$$

特别地，$\alpha(1)=e^{\delta}$，$e^r=e^{\delta}\Rightarrow r=\delta$，即在连续复利中，利息力与实际利率相等．

另一方面，$A'(t)=\delta(t)A(t)$，则有

$$A(t)-A(0)=\int_0^t\delta(s)A(s)\mathrm{d}s$$

即$\int_0^t\delta(s)A(s)\mathrm{d}s$ 为 n 年内的利息金额，$\delta(t)$ 是单位金额在 t 时刻的瞬时利率．另一种解释：

$$\delta(t)=\frac{A'(t)}{A(t)}=\lim_{h\to 0}\frac{A(t+h)-A(t)}{hA(t)}$$

$$=\lim_{h\to 0}\frac{A(t+h)-A(t)}{hA(t)}\cdot\frac{1}{A(t)}$$

当 $h=1$ 时，即为一个时期内的实际利率．

用$\widetilde{\delta}(t)=\frac{(\alpha^{-1}(t))'}{\alpha^{-1}(t)}$表示 t 时刻的贴现力，则有下面的定理．

定理 12.1.3　$\widetilde{\delta}(t)=\delta(t)$.

证明　$\widetilde{\delta}(t)=\dfrac{(\alpha^{-1}(t))'}{\alpha^{-1}(t)}=\dfrac{\alpha^{-2}(t)\mathrm{d}\alpha(t)/\mathrm{d}t}{\alpha^{-1}(t)}=\dfrac{\alpha^{-2}(t)\cdot\alpha(t)\delta(t)}{\alpha^{-1}(t)}=\delta(t)$ ■

所以，以后只用 $\delta(t)$，不用 $\widetilde{\delta}(t)$，即只有利息力，没有贴现力．

下面考虑利息力为常数的各种情形．

1. 离散复利

性质 1　如果某时间段上利息力为常数，则实际利率也为常数．

证明　因为 $\mathrm{e}^{\int_0^n\delta(s)\mathrm{d}s}=\alpha(n)$，所以 $\mathrm{e}^{n\delta}=(1+i)^n$，从而 $\mathrm{e}^{\delta}=1+i$，因此 $i=\mathrm{e}^{\delta}-1$. ■

2. 连续复利

同样有 $\delta=\ln(1+i)$，$i=\mathrm{e}^{\delta}-1=\delta+\dfrac{\delta^2}{2!}+\dfrac{\delta^3}{3!}+\cdots$，$\delta=\ln(1+i)=i+\dfrac{i^2}{2}+\dfrac{i^3}{3}-\dfrac{i^4}{4}+\cdots$.

定理 12.1.4　在连续复利中，利息力是连续复利的利率．

证明　因为 $1+i=\mathrm{e}^{\delta}\Rightarrow\left[1+\dfrac{i^{(m)}}{m}\right]^m=\mathrm{e}^{\delta}$

$$\begin{aligned}&\Rightarrow i^{(m)}=m\left[\mathrm{e}^{\frac{\delta}{m}}-1\right]\\&=m\left[\frac{\delta}{m}+\frac{1}{2!}\left(\frac{\delta}{m}\right)^2+\frac{1}{3!}\left(\frac{\delta}{m}\right)^3+\cdots\right]\\&=\delta+\frac{\delta^2}{2!\ m}+\frac{\delta^3}{3!\ m^2}+\cdots\end{aligned}$$

所以，$\lim\limits_{m\to\infty}i^{(m)}=\delta$，即利息力是连续复利的利率． ■

定义 12.1.12（变利息）　(1)若利息力是连续变化的，即 $\delta=\delta(t)$，则

$$\alpha(t)=\mathrm{e}^{\int_0^t\delta(s)\mathrm{d}s}$$

(2)若每年 i 都不相同，分别为 i_1，i_2，…，则

$$终值\ \alpha(t)=(1+i_1)(1+i_2)\cdots(1+i_t)=\prod_{k=1}^{t}(1+i_k)$$

$$现值\ \alpha^{-1}(t)=(1+i_1)^{-1}(1+i_2)^{-1}\cdots(1+i_t)^{-1}=\prod_{k=1}^{t}v_k$$

12.2　期权的定义

定义 12.2.1（期权）　期权是指在未来一定时期可以买卖的权利，是买方向卖方支付一定数量的金额后拥有的在未来一段时间内或未来某一特定日期以事先规定好的价格向卖方购买或出售一定数量的特定标的物的权利，但不负有必须买进或卖出的义务．

下面我们给出几种基本期权的定义．

定义 12.2.2（欧式看涨期权）　欧式看涨期权是一种合约．合约规定：购买者向出售者支付一定的费用(称为升水)，就获得了一种权利，在未来 T 时刻(称 T 为到期日)，购买者有权向合约出售者以规定价格 X(称为执行价)购买一股指定的股票(该股票称为标的资产)．如果 T 时刻标的资产的价格 S_T 高于 X，则合约购买者获利 S_T-X；如果 T 时刻标的资产的价格 S_T 低于 X，则合约作废，合约购买者损失升水．这种合约称为欧式看涨期权．

定义 12.2.3(欧式看跌期权) 欧式看跌期权是一种合约．合约规定：购买者向出售者支付一定的费用，就获得了一种权利，在未来 T 时刻，购买者有权向合约出售者以规定价格 X 出售一股指定的股票．如果 T 时刻标的资产的价格 S_T 低于 X，则合约购买者获利 $X-S_T$；如果 T 时刻标的资产的价格 S_T 高于 X，则合约作废，合约购买者损失升水．这种合约称为欧式看跌期权．

当欧式期权购买者看好未来股价时，他会买欧式看涨期权，当欧式期权购买者看空未来股价时，他会买欧式看跌期权．

定义 12.2.4(美式看涨期权) 美式看涨期权是一种合约．合约规定：购买者向出售者支付一定的费用，就获得了一种权利，在未来 T 时刻及 T 时刻之前的任一时刻 t，购买者有权向合约出售者以规定价格 X 购买一股指定的股票．如果 t 时刻标的资产的价格 S_t 高于 X，则合约购买者获利 S_t-X；如果 t 时刻标的资产的价格 S_t 低于 X，则 t 时刻不执行；如果直到 T 时刻都没有执行，则合约作废，合约购买者损失升水．这种合约称为美式看涨期权．

定义 12.2.5(美式看跌期权) 美式看跌期权是一种合约．合约规定：购买者向出售者支付一定的费用，就获得了一种权利，在未来 T 时刻及 T 时刻之前的任一时刻，购买者有权向合约出售者以规定价格 X 出售一股指定的股票．如果 t 时刻执行，且标的资产的价格 S_t 低于 X，则合约购买者获利 $X-S_t$；如果 t 时刻标的资产的价格 S_t 高于 X，则 t 时刻不执行；如果直到 T 时刻都没有执行，则合约作废，合约购买者损失升水．这种合约称为美式看跌期权．

从定义可以看出，美式期权比欧式期权有更大的灵活性．

12.3 股价的二叉树模型

下面我们使用一种技术将离散时间的下一期股价做成只有两种情形的模型，这就是著名的二叉树模型．

首先，我们引入一些概念：设 $t=0$ 时刻的股价为 S_0，经 Δt 时间后，股价为 $S_{\Delta t}$，称 $\frac{S_{\Delta t}-S_0}{S_0}$ 为股票在 $[0, \Delta t]$ 上的相对回报率，称 $E\left(\frac{S_{\Delta t}-S_0}{S_0}\right)$ 为 $[0, \Delta t]$ 上的平均相对回报率．称 $\mu=E\left(\frac{S_{\Delta t}-S_0}{S_0}\right)/\Delta t$ 为股价在 $[0, \Delta t]$ 上的漂移率．漂移率 μ 表示经过 Δt 时间后，股价的平均变化幅度．显然有

$$E\left(\frac{S_{\Delta t}-S_0}{S_0}\right)=\frac{E(\Delta S)}{S_0}=\mu\Delta t$$

即 $\mu\Delta t$ 是平均相对回报率．

下面我们讨论 μ 与起始时刻无关的特殊情形．因为

$$\mu\Delta t=E\left(\frac{S_{\Delta t}-S_0}{S_0}\right)=E\left(\frac{S_{\Delta t}}{S_0}\right)-1$$

所以 $1+\mu\Delta t$ 是股价比率 $\frac{S_{\Delta t}}{S_0}$ 的平均值．这样，对漂移率 μ，$\mu\Delta t$ 与 $1+\mu\Delta t$ 都有明确的实际意义．

定义 12.3.1 $\sigma^2=\operatorname{var}\left(\frac{S_{\Delta t}}{S_0}\right)/\Delta t$ 称为股价在 $[0, \Delta t]$ 上的扩散系数，也称为波动系数．

波动系数刻画了相对回报率的不确定性．下面我们也是讨论扩散系数与起始时刻无关的特殊情形．

由定义知，$\sigma^2\Delta t=\mathrm{Var}\left(\frac{S_{\Delta t}}{S_0}\right)=E\left(\frac{S_{\Delta t}}{S_0}-1-\mu\Delta t\right)^2$．

股价二叉树模型是用过去的股价信息建立未来的股价模型．

设有未来的 $n+1$ 期股价S_0，S_1，…，S_n．假设在S_0时刻，未来股价只有两种可能，或为S_0u，或为S_0d，其中 $u>d$，如图 12-1 所示．

又设股价到S_0u 的概率为 p，到S_0d 的概率为 $1-p$．在实际应用中，p 可以根据过去股价模拟出来，也可取一些特定值，例如，$p=\frac{1}{2}$是常用取值．下面我们以 $p=\frac{1}{2}$为例来建立股价的二叉树模型．显然有

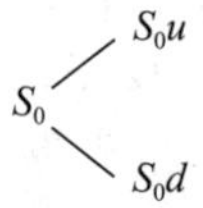

图 12-1 未来股价趋势

S_1	S_0d	S_0u
P	$1-p$	p

即

$\frac{S_1}{S_0}$	d	u
P	$1-p$	p

故

$$\begin{cases}1+\mu\Delta t=E\left(\frac{S_1}{S_0}\right)=pu+(1-p)d\\ \sigma\sqrt{\Delta t}=\sqrt{E\left(\frac{S_1}{S_0}-1-\mu\Delta t\right)^2}=\sqrt{p(1-p)}(u-d)\end{cases}$$

取 $p=\frac{1}{2}$得

$$\begin{cases}1+\mu\Delta t=\frac{1}{2}(u+d)\\ \sigma\sqrt{\Delta t}=\frac{1}{2}(u-d)\end{cases}$$

解得

$$\begin{cases}u=1+\mu\Delta t+\sigma\sqrt{\Delta t}\\ d=1+\mu\Delta t-\sigma\sqrt{\Delta t}\end{cases}$$

由此可知，只要知道了 μ 和σ，就可以求出 u 和 d．

下面我们给出 μ 和 σ 的求法．设X_1，X_2，…，X_n是独立同分布的随机变量，使得

$$S_1=X_1S_0,\ S_2=X_2S_1,\ \cdots,\ S_n=X_nS_{n-1}$$

其中，X_k的分布为

X_k	d	u
P	$1-p$	p

令 $\overline{U}=\frac{1}{n}\sum\limits_{k=1}^{n}\left[\frac{S_k}{S_{k-1}}-1\right]$，则由大数定理知，当 $n\to\infty$ 时，

$$\overline{U}=\frac{1}{n}\sum_{k=1}^{n}[X_k-1]\xrightarrow{\text{a. s.}}E[X_1-1]=E\left(\frac{S_1}{S_0}\right)-1=\mu\Delta t$$

同理，令 $\overline{S}^2=\frac{1}{n-1}\left[\sum_{k=1}^{n}\left(\frac{S_k}{S_{k-1}}-1\right)^2-n\overline{U}^2\right]$，则有 $\overline{S}^2\xrightarrow{\text{a. s.}}\sigma^2\Delta t$. 令

$$\begin{cases}\mu=\dfrac{\overline{U}}{\Delta t}\\ \sigma=\dfrac{\overline{S}}{\sqrt{\Delta t}}\end{cases}$$

并将用过去的股价算出的 $\overline{U}$ 和 $\overline{S}$ 代入上式，则求得 μ 与 σ 的值．

12.4　股价二叉树模型下单期期权的定价

我们用下面的数据来介绍二叉树模型下期权定价的三种方法．

例 12.4.1　某股票现价为 $S_0=100$ 美元，在一年后股价可能是 $S_d=90$ 美元或 $S_u=120$ 美元，概率并未给定，银行利率是 $r=0.05$，一年之后到期执行价为 $X=105$ 美元，求基于该股票二叉树模型的各种期权的公平价格．

二叉树模型下期权定价的三种常用方法是：

(1)博弈论方法；

(2)资产组合复制方法；

(3)概率方法或期望价值方法．

1. 博弈论方法

我们用博弈论求例 12.4.1 中欧式看涨期权的价格 V.

设期权的价格为 V，初始时刻股票的价格为 $S_0=100$，构造如下的资产组合：买入 a 股期权和 b 股股票，若 $a<0$ 或 $b<0$ 表示卖空，则 $t=0$ 时资产组合的总值为

$$\Pi_0=aV+bS_0$$

这里 a、b 为待定常数．当 $t=1$ 时，资产价值为

$$\Pi_1=\begin{cases}(120-105)a+120b, & S_1=120\\ a\cdot 0+90b, & S_1=90\end{cases}$$

下面我们选择 a、b，使得上述资产总值不因股价涨跌而变化．令 $(120-105)a+120b=a\cdot 0+90b$，则 $a=-2b$. 该项策略表明应该卖出两股期权的同时买入一股股票．任取一组整数解，不妨设 $b=1$，$a=-2$，则有

$$\Pi_0=-2V+1\times 100$$

$$\Pi_1=-2\times(120-105)+1\times 120=-2\times 0+1\times 90$$

由于资产不受股价涨跌的影响，故相当于存钱，即有 $1.0513\Pi_0=\Pi_1$，从而

$$1.0513\times(100-2V)\approx 90$$

解得 $V\approx 7.195$(美元).

博弈论方法的一般公式：构造资产组合，即买入 1 股衍生产品和卖空 α 股票．资产组合的初始价值为 $\Pi_0=V_0-\alpha S_0$. 选择 α，使得资产组合的价值与股票的最终价值无关，在未来 τ 时刻，

$$\begin{cases}\Pi_\tau^u=U-\alpha S_u\text{，股价上涨}\\ \Pi_\tau^d=D-\alpha S_d\text{，股价下跌}\end{cases}$$

则有 $U-\alpha S_u=D-\alpha S_d$，从而 $\alpha=\frac{U-D}{S_u-S_d}=\frac{\Delta V}{\Delta S}$. 我们称期权价格变化与股票价格变化之比 α 为戴尔塔系数，通常记为 Δ. 这样就有资产组合的最终价值为 $U-\alpha S_u$. 若无风险利率为 r，时间长度为 τ，则 $V_0-\alpha S_0=(U-\alpha S_u)\mathrm{e}^{-r\tau}$，于是得到衍生产品的定价公式：$V_0=\alpha S_0+\mathrm{e}^{-r\tau}(U-\alpha S_u)$.

如果期权交易不按这个价格执行，则市场将会出现无风险套利机会．若某人愿意以 7.25 美元的价格购买期权，此时期权价格被高估了，于是出现套利空间．获取套利的策略为：卖出 2 股期权，买入 1 股股票．成本为 $100-2\times 7.25=85.50$(美元). 现从银行借来这笔钱．一年末，股票与期权的净值为 90 美元，偿还银行本利 $85.5\times 1.0513\approx 89.886$(美元)，于是获得无风险利润 $90-89.886=0.114$(美元). 同理，如果期权售价低于 7.195 美元，则期权购买者也可以通过一定的策略获得无风险利润．

2. 资产组合复制方法

资产组合复制方法的原理是构造一种资产组合使得资产的总值在任何情况下都等于期权的价格．

首先，我们构造下列资产组合：包含 a 单位的股票和 b 单位的现金，无风险资产利率为 r，则在 $t=0$ 时刻，

$$\Pi_0=a S_0+b$$

在 $t=\tau$ 时刻，

$$\Pi_\tau^u=a S_u+b\,\mathrm{e}^{r\tau},\quad \Pi_\tau^d=a S_d+b\,\mathrm{e}^{r\tau}$$

要使资产总值在任何情况下都等于期权的价格，令

$$\begin{cases} a S_u+b\,\mathrm{e}^{r\tau}=U \\ a S_d+b\,\mathrm{e}^{r\tau}=D \end{cases}$$

其中，$U=(S_u-X)^+$，$D=(S_d-X)^+$. 解得

$$\begin{cases} a=\dfrac{U-D}{S_u-S_d} \\ b=\left(U-\dfrac{U-D}{S_u-S_d}S_U\right)\mathrm{e}^{r\tau} \end{cases}$$

代入解得 $V_0=\frac{U-D}{S_u-S_d}S_0+\left(U-\frac{U-D}{S_u-S_d}S_u\right)\mathrm{e}^{-r\tau}$，整理得 $V_0=a S_0+(U-a S_u)\mathrm{e}^{-r\tau}$. 由此看出，资产组合复制方法得到的期权价格与博弈论方法得到的结果一致．

将 U 和 D 分开得

$$\begin{aligned} V_0&=U\left(\frac{S_0}{S_u-S_d}+\mathrm{e}^{-r\tau}-\frac{S_u}{S_u-S_d}\mathrm{e}^{-r\tau}\right)+D\left(\frac{-S_0}{S_u-S_d}+\frac{S_u}{S_u-S_d}\mathrm{e}^{-r\tau}\right) \\ &=\mathrm{e}^{-r\tau}U\left(\frac{\mathrm{e}^{r\tau}S_0}{S_u-S_d}-\frac{S_d}{S_u-S_d}\right)+\mathrm{e}^{-r\tau}D\left(\frac{S_u}{S_u-S_d}-\frac{\mathrm{e}^{r\tau}S_0}{S_u-S_d}\right) \end{aligned}$$

即 $V_0=\mathrm{e}^{-r\tau}[qU+(1-q)D]$，其中，$q=\frac{\mathrm{e}^{r\tau}S_0-S_d}{S_u-S_d}$，$1-q=\frac{S_u-\mathrm{e}^{r\tau}S_0}{S_u-S_d}$.

定义 12.4.1　称

$$q=\frac{\mathrm{e}^{r\tau}S_0-S_d}{S_u-S_d}$$

为无套利定价概率(也称为风险中性概率).

定义了无风险中性概率，则有下面的定理．

定理 12.4.1 $V_0=\mathrm{e}^{-r\tau}E_q[V_1]$.

证明 由$V_0=\mathrm{e}^{-r\tau}[qU+(1-q)D]$知结论成立． ■

定义 12.4.2 *Ω 上的概率测度 Q 称为是风险中性的，如果*

$$\begin{cases}Q(\omega)>0,\omega\in\Omega\\ E_Q[\Delta S^*]\equiv\sum\limits_{\omega\in\Omega}\Delta S^*(\omega)Q(\omega)=0\end{cases}$$

在本章的后面，我们将证明下列定理．

定理 12.4.2 *市场无套利当且仅当存在风险中性概率测度．*

用风险中性概率求期权价格的记忆方法：先求出风险中性概率 $q=\dfrac{\mathrm{e}^{r\tau}S_0-S_d}{S_u-S_d}$，然后计算

$$V_0=\mathrm{e}^{-r\tau}[qU+(1-q)D]$$

例 12.4.2 用资产组合复制方法求例 12.4.1 中欧式看涨期权和看跌期权的价格．

解 因为风险中性概率

$$q=\frac{\mathrm{e}^{r\tau}S_0-S_d}{S_u-S_d}=\frac{\mathrm{e}^{0.05}\times100-90}{120-90}\approx0.5043$$

所以欧式看涨期权的价格为

$$V_0\approx\mathrm{e}^{-0.05}[0.5043\times15+0.4957\times0]\approx7.195(\text{美元})$$

欧式看跌期权的价格为

$$V_0\approx\mathrm{e}^{-0.05}[0.5043\times0+0.4957\times15]\approx7.0726(\text{美元}).$$ ■

3. 概率方法

仍以前面的例子为例，讨论欧式看涨期权的价格．

该方法是引入一个假想的投资者，其有如下特征：

(1)他为风险中性投资者，这与保守投资者有很大差异．一位风险中性的投资者是风险无差异的，即对于他来说，确定得到 1 美元的投资并不比期望值为 1 的不确定性投资更有吸引力．大多数人并非风险中性．

(2)同等回报的股票和无风险投资之间是没有差异的．

设股价上涨的概率为 p，则有

S_1	90	120
P	$1-p$	p

在 $t=1$ 时刻，以无风险利率投资 100 美元，则一年后得 105.13 元($r=0.05$)，风险中性的投资者将这些投资同等看待，即

$$E[\Pi_1]=120p+90(1-p)=30p+90=105.13$$

得 $p=0.5043$. 需要指出的是所求出的 p 值并不一定和投资者的观点以及股票市场涨跌的实际概率相对应，它仅仅是一个产生与无风险回报相等的股票回报．

现执行价为 105，则期权的分布列为

V_1	0	15
P	$1-p$	p

则期权合约的价值为

$$E(V_1)=p\times 15+(1-p)\times 0=7.5645$$

贴现后得 $V_0=E(V_1)/e^{0.05}\approx 7.195$(美元).

所求得的期权价格与前面方法得到的价格一致.

12.5　股价二叉树模型下多期期权的定价

在本节中，我们将介绍多期二叉树模型，与单期模型一样，我们假定股价每次变动仅有两种状态．下面以二期为例：

首先，股价从 S_0 到 S_u 或 S_d 的变动．由二叉树的定义，我们有 $S_u=uS_0$ 和 $S_d=dS_0$，其中 $u>d$.

其次，从第 1 步的两种状态中的一种开始，继续保持与第 1 步相同的规律变动．即股票或以 u 因子增长，或以 d 因子增长(当 $d<1$ 时是下降)，如图 12-2 所示.

现在可由期权规则确定出股票二叉树中的每一个最终结果对应的期权价格．三种可能的价格分别是 U、M 和 D，分别对应股票值 u^2S_0、udS_0 或 d^2S_0，如图 12-3 所示.

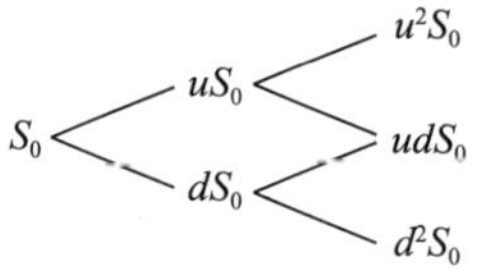

图 12-2　股价变动的二叉树图表示

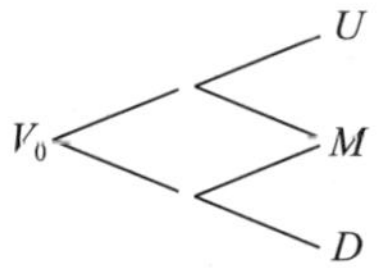

图 12-3　三种可能的价格

我们首先要做的是找到期权在时间 $t=1$ 时的可能价格．如果我们求得了这些价格 X 和 Y. 那么，问题就转化成了前面介绍的单期二叉树问题．我们可以运用介绍过的三种方法中的任意一种方法解决.

在单期二叉树(图 12-4)中，由前面资产复制组合方法公式知，

$$V_0=aS_0+(X-aS_u)e^{-r\tau}$$

其中，

$$a=\frac{\Delta V}{\Delta S}=\frac{(X-Y)}{(uS_0-dS_0)}$$

可以看出，只要知道了期权 X，Y 的值，就可以求出 V_0.

为了求得期权 X 的值，将股价与期权的二叉树图分别画出，如图 12-5 所示．这是一个一期二叉树模型，由一期二叉树公式可求得 X 的值．同理可求得 Y 的值，从而得到期权价格 V_0 的值．这种计算多期期权的方法称为链式法则.

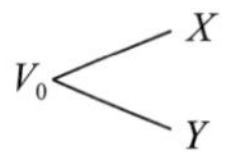

图 12-4　单期二叉树

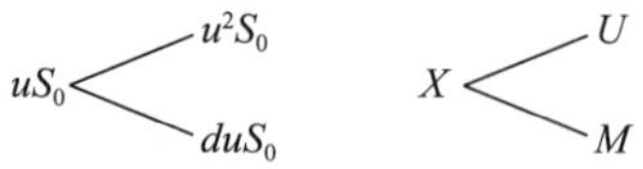

a）股价二叉树　　b）期权二叉树

图 12-5　股价二叉树与期权二叉树

下面我们仍以例 12.4.1 的数据为例来介绍多期二叉树模型下欧式期权、美式期权、障碍期权和回望期权的定价方法.

例 12.5.1　已知 $S_0=100$，执行价 $X=105$，$u=1.2$，$d=0.9$，利率 $r=0.05$，期权到期时间为 $t=3$ 年，即三期期权，试对期权进行定价.

解 首先，求三期欧式看涨期权的价格．我们构造一个三期股价二叉树图，如图 12-6 所示．对应的三期欧式看涨期权的价格二叉树图如图 12-7 所示．其风险中性概率为

$$q = \frac{e^{r\tau}S_0 - S_d}{S_u - S_d} \approx 0.504$$

取 $e^{0.05} \approx 1.0513$，$e^{-0.05} \approx 0.9512$，使用链式法则分别计算期权二叉树中每个节点的值，如图 12-8 所示，从而得到欧式看涨期权的价格为 $V_0 = 15.47$（美元）．

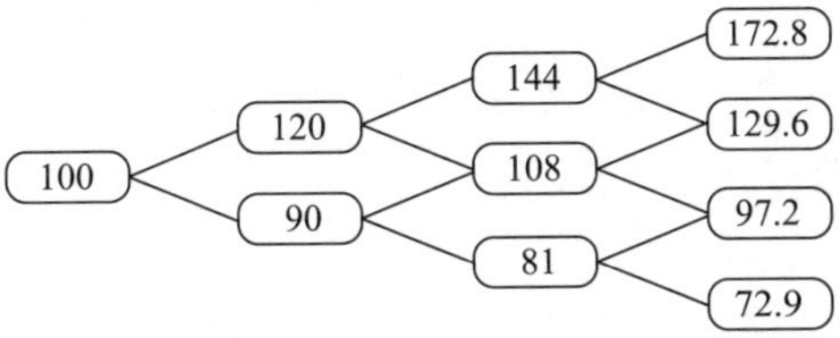

图 12-6 三期股价二叉树图

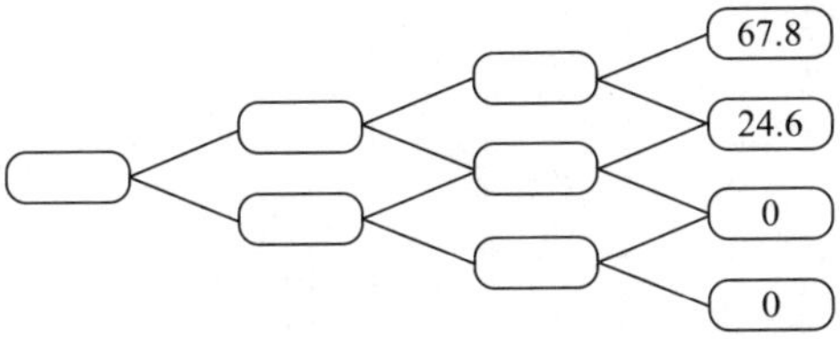

图 12-7 三期欧式看涨期权的价格二叉树图

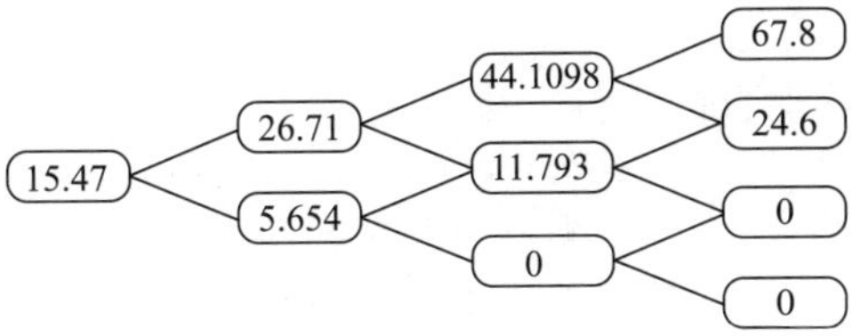

图 12-8 使用链式法则分别计算每个节点的值

对于美式期权的价格，本节我们直接给出方法，其原理下一节具体介绍．其方法也是用链式法则，已知一期股价二叉树三个节点的值，还已知对应的期权二叉树后两个节点的值 U 与 D，要求 X 的值，如图 12-9 所示．求 X 值的具体方法如下：

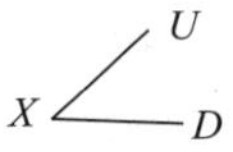

图 12-9 已知期权二叉树后两个节点的值，求 X 的值

链式法则值
立即执行值
取上面两值的最大值作为X的值

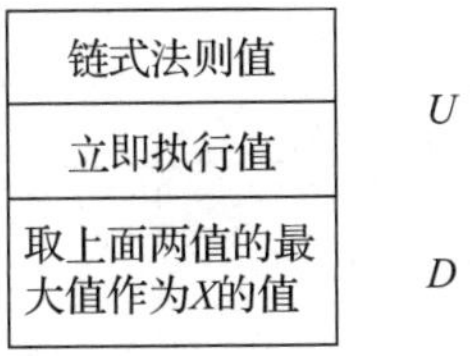

以此类推，最后求得期权值 V_0．

例 12.5.2 用前面的数据给出执行价为 100 美元的三期美式看跌期权的价格．

解　其股价二叉树图如图 12-10 所示．各节点的计算值如图 12-11 所示．故美式看跌期权的值为 5.0166 美元．■

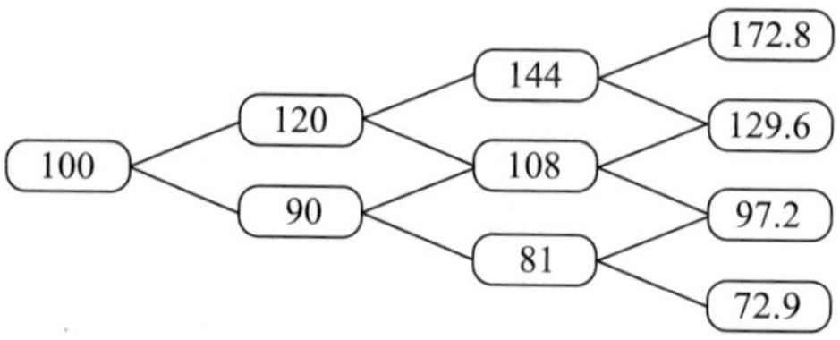

图 12-10　股价二叉树图

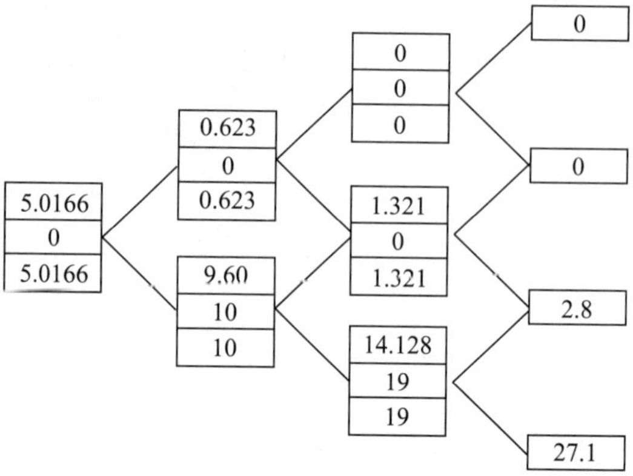

图 12-11　各节点的计算值

接下来，我们介绍障碍期权的定价方法．

定义 12.5.1　障碍期权一般分为两类，即敲出期权和敲入期权．

(1)敲出期权：当标的资产价格达到一个特定障碍水平时，该期权作废．

(2)敲入期权：当标的资产价格达到一个特定障碍水平时，该期权才有效．

敲出期权又分为向上敲出期权和向下敲出期权．敲入期权也分为向上敲入期权和向下敲入期权．

例 12.5.3　考虑一个欧式看涨期权，$S_0=100$，执行价 $X=105$，$u=1.2$，$d=0.9$，利率 $r=0.05$，期权到期时间为 $t=3$，现在，在价格为 95 美元处设置了一个障碍，即一旦股票价格低于 95 美元，无论其到期的价格是多少，该期权都不再有任何价值，这是一种向下敲出期权，求该期权的价格．

解　第一步：画出股票、期权二叉树图，并分别标明障碍线，如图 12-12 和图 12-13 所示．

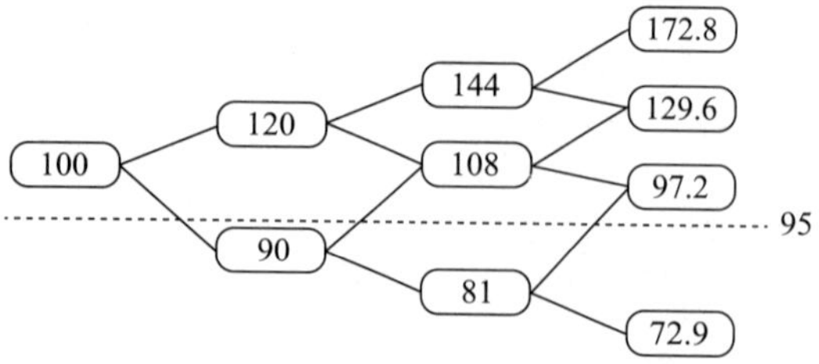

图 12-12　标明障碍线的股价二叉树图

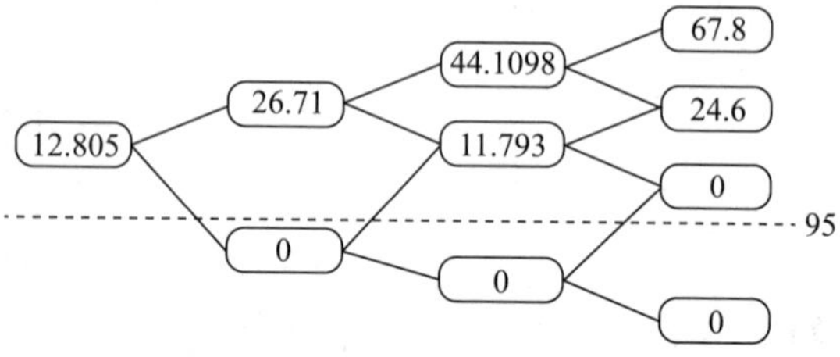

图 12-13　标明障碍线的期权二叉树图

第二步：运用链式法则计算出每个节点期权的价格．对于障碍(虚线)下方的节点，输入值为 0.

故该期权的价格为 12.805 美元 ■

最后，我们介绍回望期权的定价方法．

定义 12.5.2(回望期权)　称价格不仅需依赖于股票的最终价格，而且还依赖于股票过去每个时间点的价格的欧式期权为欧式回望期权．

例 12.5.4　有一个三个月到期的回望期权，在三个月后，期权的买方有权得到以过去三个月中最高股价来计算的偿付，且已知 $S_0=100$，$d=0.9$，$u=1.2$，$r=0.05$，求该期权的价格．

解　先画出股价二叉树图，如图 12-14 所示．

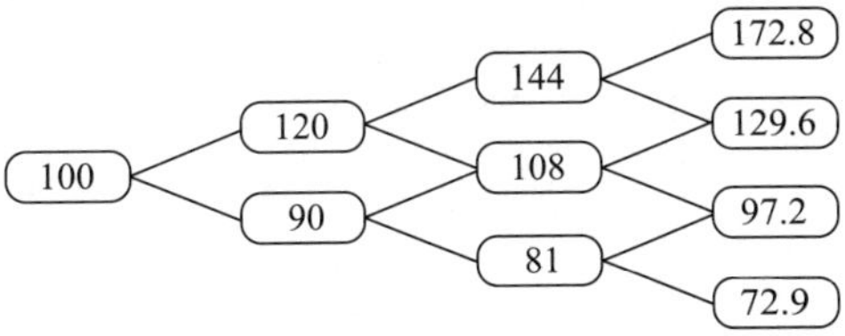

图 12-14　股价二叉树图

然后，找出每条路径的股价最高值及概率：

路径	概率	股价最高值，即期权值 V_3
uuu	q^3	172.8
uud	$q^2(1-q)$	144
udu	$q^2(1-q)$	129.6
duu	$q(1-q)^2$	129.6
dud	$q(1-q)^2$	108
ddu	$q(1-q)^2$	100
udd	$q(1-q)^2$	120
ddd	$(1-q)^3$	100

取风险中性概率为 q，由于年利率为 0.05，所以月利率为 $r=0.05/12$，计算得

$$q=\frac{e^{r\tau}-d}{u-d}=\frac{e^{r}-d}{u-d}=\frac{e^{0.05/12}-0.9}{1.2-0.9}=0.34725$$

从而计算得

$$E[V_3]=115.314$$

故期权的价格为

$$V_0=E(V_3)e^{3\times(-0.05/12)}=113.88$$ ■

注 12.5.1　回望期权价格的计算比较烦琐．为了确定回望期权到期日的价格，我们必须找出股价的路径．但是，如果画出期权价格的二叉树展开图，那么可以根据链式法则填入节点值并得出同样的答案．

在回望期权中，不论是用列表计算法还是用二叉树展开法都会因期数的增加而产生烦琐的计算．虽然计算机可以提高计算效率，但是，如果回望期权的期数较多，那么速度最快的计算机也可能应付不了．所以，我们还是希望找到计算量比较小的方法．

12.6　N 期二叉树模型的对冲风险

N 期二叉树模型的期权价格可以完全由期权在最后一期期末的价值决定．如果期权的价格与由二叉树算法得到的价格不一样，则存在无风险的套利机会．也就是说，二叉树算法的价格反映了市场的真实状况．

下面我们讨论单期二叉树戴尔塔对冲效果：

卖出一个看涨期权，同时买入 a 股股票，且

$$a=\frac{U-D}{S_u-S_d}$$

则最初投资为 aS_0-C，C 为看涨期权的价格，$C=aS_0+(U-aS_u)\mathrm{e}^{-r\tau}$，$r$ 为进行投资或借入的无风险利率．股价上涨：

$$\begin{aligned}\text{资产组合损益}&=aS_u-U-(aS_0-C)\mathrm{e}^{r\tau}\\&=aS_u-U-(aS_0-(aS_0+(U-aS_u)\mathrm{e}^{-r\tau}))\mathrm{e}^{r\tau}\\&=0\end{aligned}$$

股价下跌：

$$\text{资产组合损益}=aS_d-D-(aS_0-C)\mathrm{e}^{r\tau}$$

由于 $aS_d-D=aS_u-U$，因此，资产组合损益$=aS_d-D-(aS_0-C)\mathrm{e}^{r\tau}=0$．由此可见，风险已完全对冲了．在这种情况下，交易商的无风险收益是收取少量的佣金．

为了确定对冲组合，应采取的步骤如下：

第一步：画出股价二叉树．

第二步：用链式法则计算衍生品价格树．

第三步：从 $t=0$ 时刻起，确定对冲的股票，对冲股票数量的计算公式为

$$a=(U-D)/(S_u-S_d)$$

在 $t=1$ 时刻以及接下来的各期，应当用第三步的方法重新计算所需的对冲股票数量．

说明：可以对冲 N 期二叉树模型并不意味着可以对冲任意的衍生产品(比如连续情形下)．即使二叉树模型通过选取足够大的 n 值，对股价进行了合理的拟合，但股价运行中固有的属性决定了我们不可能进行无误差的对冲调整．

例 12.6.1　股价及期权价格的二叉树如图 12-15 所示，已知 $r=0.04879$，即$\mathrm{e}^r=1.05$．

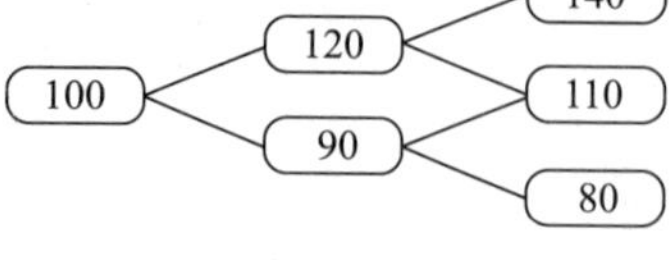

a）二期二叉树股价图

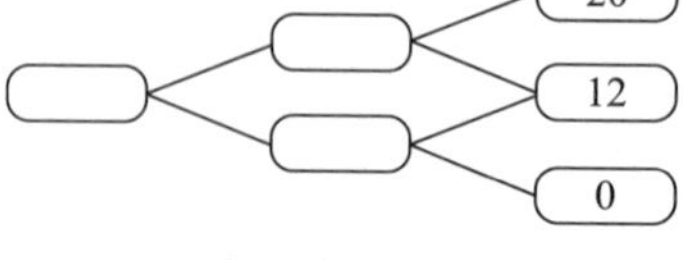

b）对应的期权二叉树图

图 12-15　股价及期权价格的二叉树

第一步：采用链式法则，完成衍生产品的价格树，如图 12-16 所示．

第二步：对冲

$$\text{在 } t=0 \text{ 时刻，}\alpha_1=\frac{\Delta V_1}{\Delta S_1}=0.3322754$$

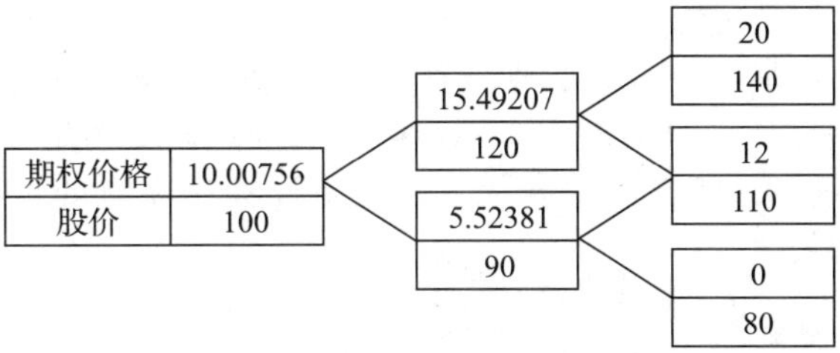

图 12-16 衍生产品的价格树

策略：在 $t=0$ 时刻，卖出 1 单位衍生品，买入 0.3322754 股股票．在 $t=0$ 时刻，全部资产状况如下：

拥有股票	欠银行的负债
0.3322754	23.21998

在 $t=1$ 时刻，若股价为 120 美元，则

$$\alpha_2=\frac{\Delta V_2}{\Delta S_2}=0.266666$$

策略：卖出股票，即 $0.3322754-0.266666\approx 0.06561$，减少债务，即 $0.06561\times 120=7.8732$.

在 $t=1$ 时刻，全部资产状况如下：

拥有股票	欠银行的负债
0.266666	23.21998×1.05−7.8732(16.507779)

在 $t=2$ 时刻，若股价为 110，则资产＝负债＝29.33：

资产	负债
拥有股票 0.266666×110	衍生产品 12 欠银行的负债 16.507779×1.05

■

12.7 离散时间模型下的资产定价理论

本节我们从理论上来建立离散时间模型的欧式期权定价原理，包括期权定价的无套利准则、欧式期权定价原理等．

12.7.1 离散模型的描述

本书中的金融离散模型均是建立在某个有限的概率空间$(\Omega,\mathcal{F},P)$上，其中$\mathcal{F}_0$，$\mathcal{F}_1$，…，$\mathcal{F}_N$ 是$\mathcal{F}$中一个递增的子 σ-代数序列，即我们所说的 σ-代数流．在数学上，$\mathcal{F}_N$ 可表示到时间 N 为止所获得的信息，显然有

$$\mathcal{F}_n \subseteq \mathcal{F}_{n+1}, \quad n=0, 1, \cdots, N-1$$

我们假定整个金融市场中有 $m+1$ 种证券，即 m 种有风险的证券(比如股票)、一种无风险的证券(比如银行账户)，第 $i(i=1, 2, \cdots, m)$种风险证券在 n 时的价格可以用一个 $\mathcal{F}_n$ 可测的非负随机变量 $S_n^i = S_n^i(\omega)$来表示，无风险证券在 n 时的价格可用 B_n 来表示，它是 n 的确定性函数，满足

$$B_n = (1+r)^n, \quad n=0, 1, \cdots, N-1$$

这里 r 是一期的收益率，规定它是一个正常数，并规定 $B_0=1$.

我们用向量 $\boldsymbol{S}_n$ 表示这 $m+1$ 种证券在 n 时刻所构成的价格向量：

$$\boldsymbol{S}_n = (B_n, S_n^1, S_n^2, \cdots, S_n^m)'$$

其贴现价格向量为

$$\widetilde{\boldsymbol{S}}_n = (1, \widetilde{S}_n^1, \widetilde{S}_n^2, \cdots, \widetilde{S}_n^m)'$$

其中

$$\widetilde{S}_n^i = \frac{S_n^i}{B_n} = S_n^i (1+r)^{-n}$$

当投资者进行投资时，他需要对各种证券进行研究，从而确定向各种证券进行投资的单位数．我们把由向这 $m+1$ 种证券进行投资的单位数所构成的一个向量称为一个策略，即

$$\boldsymbol{\phi} = \{\phi_n^0, \phi_n^1, \cdots, \phi_n^m\}_{0 \leqslant n \leqslant N}$$

其中，$\phi_n^i = \phi_n^i(\omega)$($i$ 不包括 0)表示的是在时刻 n 投资者所持有的风险证券 i 的单位数，它是一个随机过程，ϕ_n^0 表示 n 时刻的无风险证券的单位数．

注 12.7.1　ϕ_n^i 及 ϕ_n^0 都是可料的随机过程，即对于 $n=0$，ϕ_0^i 及 ϕ_0^0 是$\mathcal{F}_0$ 可测的，而对于 $n \geqslant 1$，则 ϕ_n^i 及 ϕ_n^0 是$\mathcal{F}_{n-1}$可测的，它的意义是在 n 时刻投资者所投的第 i 种证券的单位数是由在 $n-1$ 时刻的信息确定的，而前面的 S_n^i 只是一个适应的随机过程．

$\phi_n^i = \phi_n^i(\omega)$($i$ 包括 0)是可正可负的．如果 $\phi_n^i > 0$，则说明投资者在 n 时刻持有第 i 种证券的单位数为 ϕ_n^i；如果 $\phi_n^i < 0$，则说明投资者在 n 时刻卖出了 ϕ_n^i 单位数的第 i 种证券；如果 B 是银行账户，则 ϕ_n^0 的正负表明了在 n 时刻投资者存入或贷款的数额为 $|\phi_n^0|$．

一个策略 $\boldsymbol{\phi}$ 在 n 时刻对应的资产值记为 $V_n(\boldsymbol{\phi})$，它可以表示为

$$\boldsymbol{V}_n(\boldsymbol{\phi}) = \boldsymbol{\phi}_n \boldsymbol{S}_n = \phi_n^0 B_n + \sum_{i=1}^{m} \phi_n^i S_n^i$$

它的贴现值为

$$\widetilde{\boldsymbol{V}}_n(\boldsymbol{\phi}) = B_n^{-1} \boldsymbol{\phi}_n \boldsymbol{S}_n = \phi_n \widetilde{\boldsymbol{S}}_n$$

定义 12.7.1　如果对于 $n=\{0, 1, 2, \cdots, N-1\}$，关系式

$$\boldsymbol{\phi}_n \boldsymbol{S}_n = \boldsymbol{\phi}_{n+1} \boldsymbol{S}_n \tag{12.1}$$

成立，我们则称该策略是自融资的，所对应的组合是自融资组合．

下面我们来分析一下自融资策略的含义．因为

$$\boldsymbol{\phi}_{n+1}(\boldsymbol{S}_{n+1} - \boldsymbol{S}_n) = \boldsymbol{\phi}_{n+1} \boldsymbol{S}_{n+1} - \boldsymbol{\phi}_{n+1} \boldsymbol{S}_n$$

如果 $\boldsymbol{\phi}$ 是自融资的，则由式(12.1)得

$$\boldsymbol{\phi}_{n+1}(\boldsymbol{S}_{n+1} - \boldsymbol{S}_n) = \boldsymbol{\phi}_{n+1} \boldsymbol{S}_{n+1} - \boldsymbol{\phi}_n \boldsymbol{S}_n$$

即

$$\boldsymbol{V}_{n+1}(\boldsymbol{\phi})-\boldsymbol{V}_n(\boldsymbol{\phi})=\boldsymbol{\phi}_{n+1}(\boldsymbol{S}_{n+1}-\boldsymbol{S}_n) \tag{12.2}$$

这样我们就可以看出自融资组合的含义为：在终点 N 以前的各个时段里，连续两点之间的组合值的变化完全是由证券的价格变化引起的，投资者既没有投入也没有取出任何资金，即这个组合是"自"融资的．

定理 12.7.1 下列三种陈述是等价的：

(1)这个策略是自融资的；

(2)对任一 $n\in\{0, 1, \cdots, N\}$，我们有

$$\boldsymbol{V}_n(\boldsymbol{\phi}) = V_0(\boldsymbol{\phi}) + \sum_{j=1}^{n} \boldsymbol{\phi}_j \Delta \boldsymbol{S}_j \tag{12.3}$$

其中，列向量 $\Delta\boldsymbol{S}_j=\boldsymbol{S}_j-\boldsymbol{S}_{j-1}$；

(3)对于任一 $n\in\{0, 1, \cdots, N\}$，我们有

$$\widetilde{\boldsymbol{V}}_n = V_0(\boldsymbol{\phi}) + \sum_{j=1}^{n} \boldsymbol{\phi}_j \Delta \widetilde{\boldsymbol{S}}_j \tag{12.4}$$

其中，列向量 $\Delta\widetilde{\boldsymbol{S}}_j=\widetilde{\boldsymbol{S}}_j-\widetilde{\boldsymbol{S}}_{j-1}=\boldsymbol{S}_jB_j^{-1}-\boldsymbol{S}_{j-1}B_{j-1}^{-1}$.

证明 首先证明(1)和(2)等价．由于 ϕ 是自融资的，故对任一 $n\in\{0, 1, \cdots, N\}$，式(12.2)成立，于是有

$$\begin{gathered}\boldsymbol{V}_1(\boldsymbol{\phi})-\boldsymbol{V}_0(\boldsymbol{\phi})=\boldsymbol{\phi}_1(\boldsymbol{S}_1-\boldsymbol{S}_0)=\boldsymbol{\phi}_1\Delta\boldsymbol{S}_1\\ \boldsymbol{V}_2(\boldsymbol{\phi})-\boldsymbol{V}_1(\boldsymbol{\phi})=\boldsymbol{\phi}_2(\boldsymbol{S}_2-\boldsymbol{S}_1)=\boldsymbol{\phi}_2\Delta\boldsymbol{S}_2\\ \vdots\\ \boldsymbol{V}_n(\boldsymbol{\phi})-\boldsymbol{V}_{n-1}(\boldsymbol{\phi})=\boldsymbol{\phi}_n(\boldsymbol{S}_n-\boldsymbol{S}_{n-1})=\boldsymbol{\phi}_n\Delta\boldsymbol{S}_n\end{gathered}$$

两边分别相加得

$$\boldsymbol{V}_n(\boldsymbol{\phi})-\boldsymbol{V}_0(\boldsymbol{\phi})=\boldsymbol{\phi}_1\Delta\boldsymbol{S}_1+\boldsymbol{\phi}_2\Delta\boldsymbol{S}_2+\cdots+\boldsymbol{\phi}_n\Delta\boldsymbol{S}_n$$

即

$$\boldsymbol{V}_n(\boldsymbol{\phi}) = \boldsymbol{V}_0(\boldsymbol{\phi}) + \sum_{j=1}^{n} \boldsymbol{\phi}_j \Delta \boldsymbol{S}_j$$

下面证明(1)和(3)等价．对式(12.1)两边同除以 $B_n=(1+r)^n$，我们得到

$$\boldsymbol{\phi}_{n+1}\widetilde{\boldsymbol{S}}_n=\boldsymbol{\phi}_n\widetilde{\boldsymbol{S}}_n$$

及

$$\widetilde{\boldsymbol{V}}_{n+1}(\boldsymbol{\phi})-\widetilde{\boldsymbol{V}}_n(\boldsymbol{\phi})=\boldsymbol{\phi}_{n+1}(\widetilde{\boldsymbol{S}}_{n+1}-\widetilde{\boldsymbol{S}}_n)$$

仿照上面步骤，我们同样得式(12.4). ■

由式(12.3)不难看出，只要策略是自融资的，任意两点之间的组合值的变化就完全是由这两点之间各期的证券价格变化累积引起的，而不是前面的仅是连续两点．

定理 12.7.2 对于任一向量可料过程$(\phi_n^1, \phi_n^2, \cdots, \phi_n^m)_{0\leqslant n\leqslant N}$，和任一$\mathcal{F}_0$ 可测变量 V_0，均存在一个唯一的可料过程$(\phi_n^0, 0\leqslant n\leqslant N)$，使得策略 $\boldsymbol{\phi}=(\phi^0, \phi^1, \cdots, \phi^m)$是自融资的，它的初始值是 V_0.

证明 对于策略 $\boldsymbol{\phi}=(\phi^0, \phi^1, \cdots, \phi^m)$，其对应的资产值为

$$V_n(\boldsymbol{\phi})=\phi_n^0B_n+\phi_n^1S_n^1+\cdots+\phi_n^mS_n^m$$

两边同除以 B_n，则得

$$\widetilde{V}_n(\boldsymbol{\phi})=\phi_n^0+\phi_n^1\widetilde{S}_n^1+\cdots+\phi_n^m\widetilde{S}_n^m \tag{12.5}$$

先假定存在一个可料过程(ϕ_n^0，$0\leqslant n\leqslant N$)，使得策略 $\boldsymbol{\phi}=(\phi^0, \phi^1, \cdots, \phi^m)$是自融资的，注意到 $\Delta\widetilde{B}_j=0$，故由式(12.4)和式(12.5)，得到

$$\begin{aligned}\widetilde{V}_n(\boldsymbol{\phi}) &= V_0+\sum_{j=1}^{n}(\phi_j^1\Delta\widetilde{S}_j^1+\phi_j^2\Delta\widetilde{S}_j^2+\cdots+\phi_j^m\Delta\widetilde{S}_j^m)\\ &=\phi_n^0+\phi_n^1\widetilde{S}_n^1+\cdots+\phi_n^m\widetilde{S}_n^m\end{aligned}$$

$$\phi_n^0=V_0+\sum_{j=1}^{n-1}(\phi_j^1\Delta\widetilde{S}_j^1+\phi_j^2\Delta\widetilde{S}_j^2+\cdots+\phi_j^m\Delta\widetilde{S}_j^m)-(\phi_n^1\widetilde{S}_{n-1}^1+\phi_n^2\widetilde{S}_{n-1}^2+\cdots+\phi_n^m\widetilde{S}_{n-1}^m)$$

显然 ϕ_n^0 可以取到，且由于 S_n^i 是$\mathcal{F}_n$ 可测的，$\phi_n^i(i=1, 2, \cdots, m)$是可料的，上式中右边 j 的最大值是$n-1$，故 ϕ_n^0 是$\mathcal{F}_{n-1}$可测的，则它是可料的．■

定义 12.7.2　如果一个策略是自融资的，且对于任一 $n\in\{0, 1, 2, \cdots, N\}$，它的资产值均有 $V_n(\boldsymbol{\phi})\geqslant 0$，则我们说它是可取的．

定义 12.7.3　如果一个可取的具有零初值的策略，其最后的值却大于零，则我们说这个策略是一个套利策略．

12.7.2　资产定价基本定理

本节我们建立市场无套利与等价鞅测度之间的关系．

考察一个有限概率空间(Ω，$\mathcal{F}$，P)，对于任一 $\omega\in\Omega$，均有 $P(\omega)>0$，其上的σ-代数流为($\mathcal{F}_n$，$0\leqslant n\leqslant N$)，这里我们并不假定$\mathcal{F}_N=\mathcal{F}$及$\mathcal{F}_0=\{\varnothing, \Omega\}$.

引理 12.7.1　一个适应的随机变量序列(M_n，$0\leqslant n\leqslant N$)是一个鞅，当且仅当对于任一可料序列(H_n，$0\leqslant n\leqslant N$)，均有

$$E\left(\sum_{n=1}^{N}H_n\Delta M_n\right)=0 \tag{12.6}$$

证明　先证明必要性．由于(M_n，$0\leqslant n\leqslant N$)是一个鞅，(H_n，$0\leqslant n\leqslant N$)是一个可料过程，那么由鞅变换定理知，

$$X_N=X_0+\sum_{n=1}^{N}H_n\Delta M_n$$

是一个鞅，而根据鞅的性质知，

$$EX_N=EX_0+E\left(\sum_{n=1}^{N}H_n\Delta M_n\right)=EX_0$$

从而有

$$E\left(\sum_{n=1}^{N}H_n\Delta X_n\right)=0$$

下面证明充分性．对于 $j\in\{0, 1, 2, \cdots, N\}$，定义序列 H 为

$$H_n=\begin{cases}0, & n\neq j+1\\ I_A, & n=j+1\end{cases}$$

这里$I_{\{.\}}$表示示性函数，A是$\mathcal{F}_j$可测集，很显然H_{j+1}是$\mathcal{F}_j$可测的，故$(H_n, 0\leqslant n\leqslant N)$是关于$(\mathcal{F}_n, 0\leqslant n\leqslant N)$可料的，则根据

$$E(\sum_{n=1}^{N} H_n \Delta M_n) = 0$$

我们有

$$E(I_A(M_{j+1}-M_j))=0$$

即

$$E(M_{j+1}-M_j \mid \mathcal{F}_j)=0$$

则$(M_n, 0\leqslant n\leqslant N)$是一个鞅．充分性得证．■

定义 12.7.4　等价鞅测度Q是定义在可测空间$(\Omega, \mathcal{F})$上且满足下列条件的概率测度：

(1)对于所有的$\omega\in\Omega$，均有$Q(\omega)>0$，和$\sum_{\omega} Q(\omega)=1$；

(2)对于任一$n\geqslant 0$，在Q测度下，$\frac{S_n}{B_n}$是一个鞅．

注 12.7.2　测度Q是一个想象出来的测度，而测度P则是原始的"真实"测度．$\frac{S_n}{B_n}$在测度Q下是一个鞅，但是在测度P下未必是鞅．即$\frac{S_n}{B_n}$是一个Q鞅，而未必是一个P鞅．而等价鞅测度是指它们是等价的．

定义 12.7.5　称一个随机过程$(\varphi_n, 0\leqslant n\leqslant N)$一个状态价格过程，如果下面四个条件都成立：

(1) $\sum_{\omega\in\Omega} \varphi_0(\omega) = 1$；

(2)$(\varphi_n, 0\leqslant n\leqslant N)$是关于$(\mathcal{F}_n, 0\leqslant n\leqslant N)$是适应的；

(3)φ_n，$(0\leqslant n\leqslant N)$是严格为正的；

(4) 对任一$A\in\mathcal{F}_n$，有$\sum_{\omega\in A}\varphi_n(\omega)S_n(\omega) = \sum_{\omega\in A}\varphi_{n+1}(\omega)S_{n+1}(\omega)$.

定义了等价鞅测度和状态价格过程，下面我们就可以介绍资产定价基本定理了，顾名思义，它在资产定价中是最基本的．

定义 12.7.6　如果市场上不存在套利机会(策略)，则该市场是无套利的．

定理 12.7.3(资产定价基本定理)　对于一个满足前面叙述的各项假定的证券市场模型，下列结论是等价的：

(1)该模型是无套利的；

(2)存在一个状态价格过程；

(3)存在一个等价鞅测度．

证明　我们只给出(3)和(1)是等价的，其余等价性请读者自查资料．

首先，我们假设存在一个等价鞅测度Q，证明市场是无套利的．事实上，假设测度Q是一个等价于测度P的鞅测度，于是$\widetilde{S}_n$在它下是一个鞅，则对于任一自融资策略ϕ，根据定义，其贴现资产值$\widetilde{V}_n(\phi)$可以表示成

$$\widetilde{V}_n = V_0(\phi) + \sum_{j=1}^{n} \phi_j \Delta \widetilde{S}_j$$

注意到 $\Delta\widetilde{B}_n=0$，故 ϕ 仅仅是指风险资产的持股单位数，按规定，ϕ 是可料过程．

由于在 Q 鞅测度下，$\widetilde{S}_n$ 是一个鞅，那么根据引理 7.2.2，$\widetilde{V}_n(\phi)$ 在 Q 鞅测度下也是一个鞅，那么我们有

$$V_0(\phi)=E^Q(\widetilde{V}_n(\phi))$$

假定策略的初始值 $V_0(\phi)=0$，那么应该有

$$E^Q(\widetilde{V}_N(\phi))=0$$

再假定这个策略是可取的，即有 $V_N(\phi)\geqslant 0$，由于对于所有的 $\omega\in\Omega$，$Q(\omega)>0$，于是我们得到

$$E^Q(\widetilde{V}_N(\phi))=\frac{1}{B_N}E^Q(V_N(\phi))=\frac{1}{B_N}\sum_{\omega\in\Omega}V_N(\phi)(\omega)\cdot Q(\omega)=0$$

即

$$V_N(\phi)=0$$

则根据套利的定义，该市场是不存在套利策略的，即市场是无套利的．

其次，假设市场是无套利的，我们来构造一个等价鞅测度．

根据资产定价基本定理，我们可以按照无套利市场模型来对任一市场任一形如图 12-17a 所示的$\mathcal{F}_n$ 可测的非负随机支付(或收益)$C_N(\omega)$进行定价．

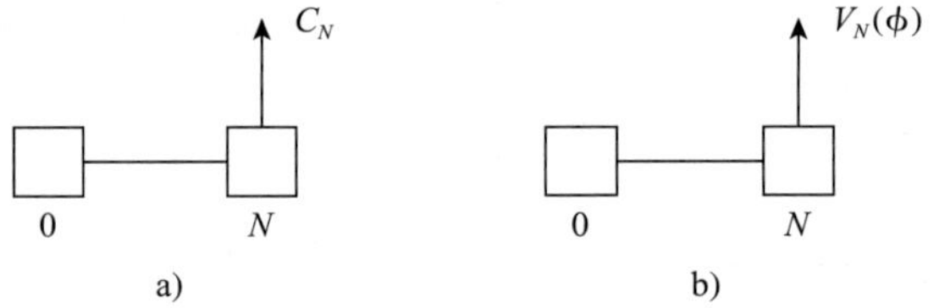

图 12-17　按照无套利市场模型进行定价

我们的思路是这样的，利用市场上的证券，我们来构造一个自融资策略 ϕ，使得 $V_N(\phi)=C_N$，那么根据无套利定价原理，构造这个自融资策略的初始成本应是 C_N 在 0 时的价格 C_0，于是

$$C_0=E^Q\frac{V_N(\phi)}{B_N}=E^Q\frac{C_N}{B_N}=\frac{1}{B_N}\sum_{\omega\in\Omega}Q(\omega)\,C_N(\omega)$$

如果对于一个随机支付流序列 $C=\{C_n,\ n=1,\ 2,\ \cdots,\ N\}$，$C_N$ 是非负、$\mathcal{F}_n$ 可测的，那么将上式稍加推广，我们即得这个随机支付流在 0 时的价格为

$$C_0=\frac{1}{B_N}\sum_{n=1}^{N}\sum_{\omega\in\Omega}Q(\omega)\,C_n(\omega)$$ ■

综上，我们在给任一非负、$\mathcal{F}_n$ 可测的随机支付 C_N 定价时，是通过构造一个自融资策略来进行的，在金融数学中，我们称这种做法为复制．但是由于随机支付的多样化、市场条件的限制等，在市场上确实存在着这样一些随机支付，它们不能通过复制的办法来取得，我们把这些随机支付称为不可获得的．下面我们给出其严格定义．

定义 12.7.7　如果存在一个可取的策略，在时刻 N 其值为 C_N，那么我们称形如上述定义的随机支付 C_N 是可获得的．

一般情况下，我们在给一个随机支付定价时，首先要判别它是否是可获得的，只有是可获得的，我们才可以用上面的方法进行定价．

通常情况下，我们并不是逐个地考虑哪一个随机支付是可获得的，而是从整个市场情况来考虑的，而这则需要研究市场的完备性．

定义 12.7.8　如果对于市场上每一个随机支付，它都是可获得的，则这个市场是完备的．

下面我们给出一个判别完备性市场的定理．

定理 12.7.4　对于一个无套利市场，当且仅当存在唯一的等价鞅测度，则这个市场就是完备的．

证明　先证必要性．设市场是无套利的和完备的，那么对于任一非负$\mathcal{F}_n$可测的随机支付C_N，我们均可以找到一个可取的策略$\{\phi_n,\ 0\leqslant n\leqslant N\}$，用它来复制这个随机支付，就是$C_N=V_N(\phi)$．由于这个策略是自融资的，则根据定义 12.7.1，我们有

$$\frac{C_N}{B_N}=\widetilde{V}_N(\phi)=V_0(\phi)+\sum_{j=1}^{N}\phi_j\Delta\widetilde{S}_j$$

注意到市场是无套利的，故假定存在两个鞅测度Q_1和Q_2，它们均等价于原始测度P，那么$\{\widetilde{V}_N(\phi)\}$在这两个测度下均是鞅，当$i=1$或$i=2$时，均有

$$E^{Q_i}(\widetilde{V}_N(\phi))=E^{Q_i}(V_0(\phi))=V_0(\phi)$$

即

$$E^{Q_1}\left(\frac{C_N}{B_N}\right)=E^{Q_2}\left(\frac{C_N}{B_N}\right)$$

由于C_N是任选的，所以基于整个σ-代数$\mathcal{F}_N$上均有$Q_1=Q_2$，即存在唯一的等价鞅测度，必要性证毕．

现在再来证明充分性．用反证法证明．设市场是无套利的，但不是完备的，那么必存在一个随机变量C_N，它不能用现行的证券来复制．我们再定义一个形如下述形式的随机变量的集合ν：

$$U_0+\sum_{n=1}^{N}\phi_n\Delta\widetilde{S}_n$$

这里U_0是$\mathcal{F}_0$可测的(即常数)，ϕ是可料的．

由于$\left(\frac{C_n}{B_n}\right)$不能被复制，所以它肯定不属于集合$\nu$，亦即对于所有定义在概率空间$(\Omega,\mathcal{F},P)$中的随机变量的集合来说，$\nu$只能是它的一个真子集，所以肯定存在一个正交于$\nu$的非零的随机变量$X$.

根据市场是无套利的假定，设Q_1是一个等价鞅测度，在该测度下风险证券贴现价格是鞅，再定义一个测度Q_2：

$$Q_2(\omega)=\left(1+\frac{X(\omega)}{2\mid X\mid_\infty}\right)Q_1(\omega)$$

注意到这里的X即是正交于集ν的非零随机变量，$\mid X\mid_\infty=\sup\limits_{\omega\in\Omega}\mid X(\omega)\mid$．设$E^{Q_1}X=0$，则有

$$E^{Q_1}\left(1+\frac{X}{2\mid X\mid_\infty}\right)=1$$

注意到对于任一 $\omega\in\Omega$，均有

$$1+\frac{X(\omega)}{2\mid X\mid_{\infty}}>0$$

故根据 Radon-Nikodym 定理，测度 Q_2 虽然和 Q_1 不同，但它是一个等价于 Q_1 的概率测度，因而它也是等价于 P 的概率测度，于是对于任一可料过程 ϕ，均有

$$\begin{aligned} E^{Q_2}\Big(\sum_{n=1}^{N}\phi_n\Delta\widetilde{S}_n\Big) &= E^{Q_1}\left(\sum_{n=1}^{N}\phi_n\Delta\widetilde{S}_n\cdot\left(1+\frac{X}{2\mid X\mid_{\infty}}\right)\right) \\ &= E^{Q_1}\Big(\sum_{n=1}^{N}\phi_n\Delta\widetilde{S}_n\Big)+\frac{1}{2\mid X\mid_{\infty}}E^{Q_1}\Big(\sum\phi_n\Delta\widetilde{S}_n\cdot X\Big) \end{aligned}$$

由引理 12.7.1，有

$$E^{Q_1}\Big(\sum_{n=1}^{N}\phi_n\Delta\widetilde{S}_n\Big)=0$$

注意到 X 与 v 正交,因而与 $\sum_{n=1}^{N}\phi_n\Delta\widetilde{S}_n$ 正交,故上式右边的第二项也有

$$E^{Q_1}\Big(X\sum_{n=1}^{N}\phi_n\Delta\widetilde{S}_n\Big)=0$$

即得到最后结果

$$E^{Q_2}\Big(\sum_{n=1}^{N}\phi_n\Delta\widetilde{S}_n\Big)=0$$

从而$(\widetilde{S}_n:0\leqslant n\leqslant N)$是一个 Q_2 鞅，即有两个不同的等价鞅测度 Q_1 和 Q_2，充分性得证．■

从前面可以看出，当且仅当存在等价鞅测度时，市场是无套利的，而根据本定理，如果这种测度是唯一的，则市场是完备的．

12.8 美式期权定价的基本理论

本节我们介绍美式期权定价的基本方法，它涉及最优停时理论，上鞅的 Doob 分解等知识点．为了简单起见，本节我们只考虑有一种风险证券(股票)和一种银行账户的特殊情形．

12.8.1 美式期权价格的上鞅特征

在前面介绍的欧式期权中，如果到期日为 N、执行价格为 K，则未定权益 h 是一个非负$\mathcal{F}_N$ 可测的随机变量．如果是一个看涨期权，则 $h=(S_N-K)^+$；如果是看跌期权，则 $h=(K-S_N)^+$．如果市场是无套利的和完备的，那么一定存在唯一的等价鞅测度 Q，使得该期权在 $n(0\leqslant n\leqslant N)$时刻的价格为

$$C_n=E^{Q}\left(\frac{h}{B_{N-n}}\middle|\mathcal{F}_n\right)$$

由于美式期权的交割时刻是任意的，所以它的定价要复杂得多，即使市场同样是无套利和完备的，存在唯一的等价鞅测度 Q. 一般来说，贴现的美式期权值在 Q 测度下并不是一个鞅，而是一个上鞅．

事实上，考虑一个到期日为 N 的美式期权，我们可以在 $n=0$，1，2，…中的任何一点进行交割，所获得的正的随机收益序列为 $(Z_n)_{0\leqslant n\leqslant N}$，它是适应于 $(\mathcal{F}_n)$ 的．设期权的价值序列用 $\{U_n: 0\leqslant n\leqslant N\}$ 来表示，它同样也是正的，是适应于 $(\mathcal{F}_n)$ 的．我们现在从 N 点开始，向后倒推，来建立 $\{U_n: 0\leqslant n\leqslant N\}$ 的递推关系：首先在 N 点，不难看出此时有 $Z_n=U_n$；其次在 $N-1$ 点，如果期权持有者要交割期权，所得为 Z_{N-1}，如果不交割，注意市场上存在等价鞅测度或风险中性测度 Q，此时的期权值应为对下期期权值在 Q 测度下的期望值的贴现值 $(n=N-1)$，即 $(1+r)^{-1}E^Q(U_N \mid \mathcal{F}_{N-1})$．至于在 $N-1$ 点是否交割，主要是看 Z_{N-1} 和 $(1+r)^{-1}E^Q(U_N \mid \mathcal{F}_{N-1})$ 哪一个值大，如果是前者大，则交割，如果是后者大，则不交割．所以我们定义该美式期权在 $N-1$ 点的值等于它们二者中较大的一个，即

$$U_{N-1}=\max\left\{Z_{N-1},\ \frac{1}{1+r}E^Q(U_N \mid \mathcal{F}_{N-1})\right\}$$

类似地，对于 $n=1$，2，…，我们有

$$U_{n-1}=\max\left\{Z_{n-1},\ \frac{1}{1+r}E^Q(U_n \mid \mathcal{F}_{n-1})\right\}$$

从而得到

$$U_n=\max\left\{Z_n,\ \frac{1}{1+r}E^Q(U_{n+1} \mid \mathcal{F}_n)\right\} \tag{12.7}$$

其中，$n=1$，2，…，$N-1$. 记

$$\widetilde{Z}_n=\frac{Z_n}{B_n}=\frac{Z_n}{(1+r)^n}$$

及

$$\widetilde{U}_n=\frac{U_n}{(1+r)^n}$$

由式(12.7)，我们有

$$\widetilde{U}_n=\max\{\widetilde{Z}_n,\ E^Q(\widetilde{U}_{n+1} \mid \mathcal{F}_n)\} \tag{12.8}$$

称 $\widetilde{U}_n$ 为该美式期权在 n 时刻的贴现价格．

定理 12.8.1　序列 $\widetilde{U}_n$ 是一个 Q 上鞅，而且它是一个大于序列 $(\widetilde{Z}_n)$ 的最小 Q 上鞅．

证明　由 $\widetilde{U}_n$ 的定义式(12.8)知

$$\widetilde{U}_n\geqslant\widetilde{Z}_n$$

且

$$\widetilde{U}_n\geqslant E^Q(\widetilde{U}_{n+1} \mid \mathcal{F}_n)$$

上面第一个式子说明 $\widetilde{U}_n$ 大于 $\widetilde{Z}_n$，第二个式子说明 $\widetilde{U}_n$ 是一个 Q 上鞅，下面我们证明它是一个大于 $\widetilde{Z}_n$ 的最小 Q 上鞅．

不妨设 $(\widetilde{T}_n: 0\leqslant n\leqslant N)$ 是任一个大于 $\widetilde{Z}_n$ 的 Q 上鞅，那么有 $\widetilde{T}_N\geqslant\widetilde{Z}_N=\widetilde{U}_N$，另一方面，因为 $\widetilde{T}_n$ 是上鞅，故有

$$\widetilde{T}_{N-1}\geqslant E^Q(\widetilde{T}_N \mid \mathcal{F}_{N-1})\geqslant E^Q(\widetilde{U}_N \mid \mathcal{F}_{N-1})$$

由于 $\widetilde{T}_n$ 优于 $\widetilde{Z}_n$，故也有

$$\widetilde{T}_{N-1} \geqslant \widetilde{Z}_{N-1}$$

结合起来则有

$$\widetilde{T}_{N-1} \geqslant \max\{\widetilde{Z}_{N-1}, E^Q(\widetilde{U}_N \mid \mathcal{F}_{N-1})\} = \widetilde{U}_{N-1}$$

以此类推，对任一 $n=1, 2, \cdots, N$，我们有

$$\widetilde{T}_n \geqslant \widetilde{U}_n$$

所以，$\widetilde{U}_n$ 是一个大于 $\widetilde{Z}_n$ 的最小 Q 上鞅．证毕． ■

12.8.2　Snell 包络和最优停时

由期权递推公式(12.7)可以看出，一个美式期权的价格主要取决于对交割时间的选取，时间选得越好，它的值则越大，因此研究美式期权的定价，就必须要涉及停时问题，Snell 包络是相对一个适应随机序列而言的．考虑一个适应随机序列$\{Z_n: 0\leqslant n\leqslant N\}$，然后．再定义另一个适应序列$\{U_n: 0\leqslant n\leqslant N\}$：

$$\begin{cases} U_n = Z_n \\ U_n = \max\{Z_n, E(U_{n+1} \mid \mathcal{F}_n)\}, \quad \forall n\leqslant N-1 \end{cases} \tag{12.9}$$

将它和前面的式(12.8)相比较，不难发现，$\{U_n: 0\leqslant n\leqslant N\}$是一个优于$\{Z_n: 0\leqslant n\leqslant N\}$的最小上鞅．称式(12.9)所定义的适应序列$\{U_n: 0\leqslant n\leqslant N\}$为序列$\{Z_n: 0\leqslant n\leqslant N\}$的 Snell 包络．

由式(12.9)知，$\{U_n: 0\leqslant n\leqslant N\}$是不小于$\{Z_n: 0\leqslant n\leqslant N\}$的，即 $U_n\geqslant Z_n$. 只要 $U_n> Z_n$，则有

$$U_n = E(U_{n+1} \mid \mathcal{F}_n)$$

下面我们将证明如果在 $0\leqslant v\leqslant N$ 点第一次有 $U_v=Z_v$，我们让序列$\{U_n\}$在 v 点停止，那么对于 $n\leqslant v$，我们所得到的停时序列$\{U_n^v\}$是一个鞅．则序列$\{U_n\}$就是一个局部鞅，所以对这个停止点的研究很有必要．

定理 12.8.2　随机变量

$$v_0 = \inf\{n\geqslant 0 \mid U_n = Z_n\} \tag{12.10}$$

是一个停时，且停时序列$\{U_n^{v_0}\}$是一个鞅．

证明　要证明 v_0 是一个停时，只需证明对任意 $n\geqslant 1$，有

$$\{v=n\}\in\mathcal{F}_n$$

对于 $U_n=Z_n$，v_0 在$\{0, 1, \cdots, N\}$中肯定可以取到，于是我们有

$$\{v_0=0\}=\{U_0=Z_0\}\in\mathcal{F}_0$$

对于任一 $K\geqslant 1$，如果在 K 点第一次有 $U_K=Z_K$，那么 n 从 0 点取到 $K-1$ 点均有 $U_n>Z_n$，所以$\{v_0=K\}$这个事件，应是下面这 $K+1$ 个事件的交，它当然也在$\mathcal{F}_K$ 中：

$$\{v_0=K\}=\{U_0>Z_0\}\cap\{U_1>Z_1\}\cap\cdots\cap\{U_{K-1}>Z_{K-1}\}\cap\{U_K=Z_K\}\in\mathcal{F}_K$$

综合以上面两式，我们得到 v_0 是一个停时．

为了证明$\{U_n^{v_0}\}$是一个鞅，令

$$U_n^{v_0} = U_{n\wedge v_0} = U_0 + \sum_{j=1}^{n} \phi_j \Delta U_j$$

其中，$\phi_j = I_{\{v_0 \geqslant j\}}$.

同理，对于 $n \in \{0, 1, \cdots, N-1\}$，我们有

$$U_{n+1}^{v_0} = U_{n+1 \wedge v_0} = U_0 + \sum_{j=1}^{n+1} \phi_j \Delta U_j$$

于是我们得

$$U_{n+1 \wedge v_0} - U_{n \wedge v_0} = \phi_{n+1} \Delta U_{n+1} = \phi_{n+1}(U_{n+1} - U_n) = I_{\{n+1 \leqslant v_0\}}(U_{n+1} - U_n)$$

注意到在事件$\{n+1 \leqslant v_0\}$集合上，$U_n > Z_n$，所以$\{U_n = E(U_{n+1} \mid \mathcal{F}_n)$. 将此代入上式，则得到

$$U_{n+1 \wedge v_0} - U_{n \wedge v_0} = I_{\{n+1 \leqslant v_0\}}(U_{n+1} - E(U_{n+1} \mid \mathcal{F}_n))$$

对上式两边关于$\mathcal{F}_n$ 求条件期望，则有

$$E(U_{n+1 \wedge v_0} - U_{n \wedge v_0} \mid \mathcal{F}_n) = E(I_{\{n+1 \leqslant v_0\}}(U_{n+1} - E(U_{n+1} \mid \mathcal{F}_n)) \mid \mathcal{F}_n)$$

由于上式右边中的 $I_{\{n+1 \leqslant v_0\}}$ 是$\mathcal{F}_n$ 可测的，则它可以提到期望符号的前面，故右边为

$$\begin{aligned} E(U_{n+1 \wedge v_0} - U_{n \wedge v_0} \mid \mathcal{F}_n) &= I_{n+1 \leqslant v_0} E(U_{n+1} - E(U_{n+1} \mid \mathcal{F}_n) \mid \mathcal{F}_n) \\ &= I_{n+1 \leqslant v_0}(E(U_{n+1} \mid \mathcal{F}_n) - E(U_{n+1} \mid \mathcal{F}_n)) \\ &= 0 \end{aligned}$$

亦即有

$$E(U_{n+1}^{v_0} - U_n^{v_0} \mid \mathcal{F}_n) = 0$$

所以$(U_n^{v_0})_{0 \leqslant n \leqslant N}$是一个鞅，证毕. ■

记在$\{n, n+1, N\}$中取值的停时的集合为 $\mathcal{T}_{n,N}$，由于状态空间 Ω 中的元素数目是有限的，因此这里的 $\mathcal{T}_{n,N}$是有限集. 我们将利用定理 12.8.2 中$\{U_n^{v_0}\}$是一个鞅的性质，将 Snell 包络的特征与最优停时问题结合起来.

定理 12.8.3 式(12.10)所定义的 v_0 满足下列等式:

$$U_0 = E(Z_{v_0} \mid \mathcal{F}_0) = \sup_{v \in \mathcal{T}_0, N} E(Z_v \mid \mathcal{F}_0)$$

证明 由于$\{U_n^{v_0}\}$是一个鞅，所以

$$U_0 = U_0^{v_0} = E(U_N^{v_0} \mid \mathcal{F}_0) = E(U_{v_0} \mid \mathcal{F}_0) = E(Z_{v_0} \mid \mathcal{F}_0)$$

另一方面，设 $v \in \mathcal{T}_{n,N}$是另一任意停时，那么根据停时定理，对于在 v 点停止的上鞅序列，$\{U_n^v\}$也是一个上鞅，所以根据上鞅的性质，

$$U_0 = U_0^v \geqslant E(U_N^v \mid \mathcal{F}_0) = E(U_v \mid \mathcal{F}_0) = E(Z_v \mid \mathcal{F}_0)$$

把它和上式结合起来得

$$E(Z_{v_0} \mid \mathcal{F}_0) \geqslant E(Z_v \mid \mathcal{F}_0)$$

从而得到

$$E(Z_{v_0} \mid \mathcal{F}_0) \geqslant \sup_{v \in \mathcal{T}_{n,N}} E(Z_v \mid \mathcal{F}_0)$$

定理得证. ■

这个定理的经济含义为：如果把随机变量 Z_n 作为一个赌博者参赌 n 次后所赚得的总数额，那么对于给定的信息$\mathcal{F}_0$，该赌博者在时刻 v_0 时收手，他的期望所得最大.

推论 12.8.1 如果停时 v_n 由下式决定:

$$v_n = \inf\{j \geqslant n \mid U_j = Z_j\}$$

那么，有

$$U_n = E(Z_{v_n} \mid \mathcal{F}_n) = \sup_{v \in \mathcal{T}_{n,N}} E(Z_v \mid \mathcal{F}_n)$$

证明与上面定理的证明完全类似.

定义 12.8.1　如果一个停时 v 满足

$$U_0 = E(Z_v \mid \mathcal{F}_0) = \sup_{v \in \mathcal{T}_{0,N}} E(Z_v \mid \mathcal{F}_0) \tag{12.11}$$

则我们称 v 是序列 $\{Z_n: 0 \leqslant n \leqslant N\}$ 的最优停时.

显然，上面所定义的 v_0 及 v_n 均是最优停时，下面将证明 v_0 是一个最小的最优停时.

定理 12.8.4　一个停时 v 是最优停时，当且仅当下列两条件成立：

$$\begin{cases} Z_v = U_v \\ \{U_{v \wedge n}: 0 \leqslant n \leqslant N\} \text{是一个上鞅} \end{cases} \tag{12.12}$$

证明　(充分性)如果停时序列 U^v 是一个鞅，而且 $Z_v = U_v$，那么有

$$U_0 = E(U_v \mid \mathcal{F}_0) = E(Z_v \mid \mathcal{F}_0)$$

根据定理 12.8.3 和定义 12.8.1，我们得 v 是最优停时，充分性证毕.

(必要性)如果 v 是最优停时，那么有

$$U_0^v = U_0 = E(Z_v \mid \mathcal{F}_0) \leqslant E(U_v \mid \mathcal{F}_0)$$

但 U^v 是一个上鞅，从而有

$$U_0 = U_0^v = U_0 \geqslant E(U_v \mid \mathcal{F}_0)$$

将两式结合起来，则有

$$E(U_{v \wedge n} \mid \mathcal{F}_0) = E(U_v \mid \mathcal{F}_0)$$

注意到 $Z_v \leqslant U_v$，于是我们得到

$$U_v = Z_v$$

另外由于 $(v \wedge n)$ 肯定不大于 v 且 $\{U_n\}$ 是一个上鞅，则

$$U_0 = U_0^v \geqslant E(U_{v \wedge n} \mid \mathcal{F}_0) \geqslant E(U_v \mid \mathcal{F}_0) = E(Z_v \mid \mathcal{F}_0) = U_0$$

因此我们得

$$E(U_{v \wedge n} \mid \mathcal{F}_0) = E(U_v \mid \mathcal{F}_0)$$

由条件期望的性质，并注意到 $\mathcal{F}_0 \subseteq \mathcal{F}_n$，则有下面的等式：

$$E(U_v \mid \mathcal{F}_0) = E(E(U_v \mid \mathcal{F}_n) \mid \mathcal{F}_0)$$

即

$$E(U_{v \wedge n} \mid \mathcal{F}_0) = E(E(U_v \mid \mathcal{F}_n) \mid \mathcal{F}_0)$$

再次利用 $\{U_n\}$ 的上鞅性质，有

$$U_{v \wedge n} \geqslant E(U_v \mid \mathcal{F}_n)$$

故我们得到

$$U_n^v = U_{v \wedge n} = E(U_v \mid \mathcal{F}_n) = E(U_n^v \mid \mathcal{F}_n)$$

显然 (U^v) 是一个鞅，必要性证毕. ■

12.8.3　上鞅 $\{U_n\}$ 的 Doob 分解

注意，对于序列 $\{Z_n\}$，由定义 12.8.1 所定义的最优停时，一般来说不具有唯一性. 但

是到现在为止我们所研究的美式期权定价理论，都是选择最优停时作为交割时点，而我们又不能一一求出$\{Z_n\}$的最优停时，那样太费力、耗时．一种比较有效的办法就是，给出最优停时序列的区间或找到最小和最大的最优停时 $v_{\min}$ 和 $v_{\max}$，然后在区间$[v_{\min}, v_{\max}]$内选择合适的最优停时来作为交割时点．前面式(12.10)所定义的 v_0 即是一个最小的最优停时，而最大的最优定时的确定则需要用到上鞅的 Doob 分解的知识．

由上鞅的 Doob 分解定理，$\{U_n: 0\leqslant n\leqslant N\}$有如下唯一的分解：

$$U_n=M_n-A_n \tag{12.13}$$

这里$\{M_n\}$是一个鞅，$\{A_n\}$是一个递增的可料过程，且有 $A_0=0$.

我们已经知道依式(12.13)所定义的$\{U_n: 0\leqslant n\leqslant N\}$是适应过程$\{Z_n\}$的 Snell 包络，下面我们利用不减的可料过程 A_n 来确定关于$\{Z_n\}$的最大的最优停时．

定理 12.8.5 对于适应序列$\{Z_n\}$，其最大的最优停时可表示如下：

$$v_{\max}=\begin{cases}N, & A_N=0\\ \inf\{n,\ A_{n+1}\neq 0\}, & A_N\neq 0\end{cases}$$

证明 因为$\{A_n: 0\leqslant n\leqslant N\}$是一个可料过程，假定第一次 $A_j\neq 0$ 出现在 $j=n+1$ 点，那么由于$\{A_n\}$是可料过程，故在 n 点的信息就披露了这一事实，于是$\{U_n\}$就停止，$v_{\max}=n$. 这个事实可写成

$$\{v_{\max}\leqslant n\}\in\mathcal{F}_n$$

故 $v_{\max}$是一个停时．

由于当 $j\leqslant v_{\max}$时，$A_j=0$，根据式(12.13)，有

$$U_j=M_j-A_j=M_j$$

而 $v_{\max}$是停时，故有

$$U_n^{v_{\max}}=M_n^{v_{\max}}$$

由于$\{M_n\}$是一个鞅，$\{M_n^{v_{\max}}\}$也是一个鞅，所以$\{U_n^{v_{\max}}\}$是鞅．

为了证明 $v_{\max}$的最优性，我们还需要证明

$$U_{v_{\max}}=Z_{v_{\max}}$$

我们可以把 $U_{v_{\max}}$ 写成

$$\begin{aligned}U_{v_{\max}}&=\sum_{j=0}^{N-1}I_{\{v_{\max}=j\}}U_j+I_{\{v_{\max}=N\}}U_N\\&=\sum_{j=0}^{N-1}I_{\{v_{\max}=j\}}\max\{Z_j, E(U_j\mid\mathcal{F}_{j-1})\}+I_{\{v_{\max}=N\}}Z_N\end{aligned}$$

在集合$\{v_{\max}=j\}$上，我们有 $A_j=0$ 和 $A_{j+1}=0$. 再根据式(12.13)，得

$$E(U_{j+1}\mid\mathcal{F}_j)=E(M_{j+1}\mid\mathcal{F}_j)-E(A_{j+1}\mid\mathcal{F}_j)=M_j-A_{j+1}$$

注意到 $A_j=0$ 时 $U_j=M_j$，所以有

$$E(U_{j+1}\mid\mathcal{F}_j)=U_j-A_{j+1}<U_j$$

则得

$$U_j=\max\{Z_j,\ E(U_{j+1}\mid\mathcal{F}_j)\}=Z_j$$

就是

$$U_{v_{\max}}=M_{v_{\max}}$$

所以根据定理 12.8.3 知，$v_{\max}$是一个最优停时．

最后，我们证明 $v_{\max}$是一个最大的最优停时．设 v 是另一个停时，且有 $v>v_{\max}$，则有 $A_v>0$，于是根据 Doob 分解定理有

$$U_v=M_v-A_v$$

两边取期望

$$EU_v=EM_v-EA_v=EM_0-EA_v<EU_0$$

所以(U^v)不是鞅，即 v 不是最优停时，故不存在比 $v_{\max}$更大的最优停时，也就是 $v_{\max}$是最大的最优停时．■

12.8.4　Snell 包络和马尔可夫链

马尔可夫过程是随机过程理论中一个非常重要的研究对象，本节我们介绍马尔可夫背景条件下 Snell 包络的定义．

首先，我们介绍在具有域流的空间$(\Omega，\mathcal{F}，\{\mathcal{F}_n\}_{0\leqslant n\leqslant N}，P)$上定义马尔可夫链，然后讨论其上的无后效性特征．

定义 12.8.2　如果一个在集合 E 中取值的随机序列$\{X_n：0\leqslant n\leqslant N\}$是适应的，而对任一在集合 E 上取值的实值函数 f，均有

$$E(f(X_{n+1})\mid\mathcal{F}_n)=\boldsymbol{P}f(X_n)$$

则称该序列$\{X_n：0\leqslant n\leqslant N\}$是一个具有转移矩阵 $\boldsymbol{P}$、关于域流$(\mathcal{F}_n：0\leqslant n\leqslant N)$的齐次马尔可夫链．

注 12.8.1　这里的函数 $\boldsymbol{P}f(\cdot)$是指这样的一种映射：对于 $x\in E$，

$$\boldsymbol{P}f(x)=\sum_{y\in E}\boldsymbol{P}(x,y)f(y)$$

而且这里的马尔可夫链是关于自然域流$\mathcal{F}_n=\sigma(X_0，X_1，\cdots，X_n)$的．事实上，由马尔可夫链的特点(无后效性)，通常有等式

$$E(f(X_{n+1})\mid\mathcal{F}_n)=E(f(X_{n+1})\mid X_n)$$

由定义 12.8.2，仿照前面 Snell 包络的定义，我们可以给出在马尔可夫背景条件下 Snell 包络的定义

定义 12.8.3　设$\{X_n：0\leqslant n\leqslant N\}$是一个在集合 E 中取值、具有转移矩阵 $\boldsymbol{P}$ 的齐次马尔可夫链，$\{Z_n\}$是一个由 $Z_n=\psi(n，X_n)$定义的适应序列，那么$\{Z_n\}$的 Snell 包络$\{U_n\}$就可以写成 $U_n=u(n，X_n)$的形式，其中，函数 u 的定义如下：

$$\begin{cases}u(N，x)=\psi(N，x)， & \forall x\in E\\ u(n，\cdot)=\max\{\psi(n，\cdot)，\boldsymbol{P}u(n+1，\cdot)\}， & n\leqslant N-1\end{cases}$$

12.8.5　离散模型下美式期权的定价

本节我们在离散模型下讨论美式期权的定价问题，再把它和欧式期权的定价进行比较．我们假定市场是无套利的，也是完备的．我们的模型均是建立在具有域流的空间$(\Omega，\mathcal{F}，\{\mathcal{F}_n\}_{0\leqslant n\leqslant N}，\boldsymbol{P})$上，$Q$ 是唯一的等价鞅测度，在它下面贴现的资产价格是鞅，规定随机收益序列为$\{Z_n\}$，与之对应的$\{U_n\}$表示美式期权的价格(值)，另外用非负$\mathcal{F}_N$ 可测的随机变量 h 来表示欧式期权的未定权益．

设一美式期权可用一随机收益序列$\{Z_n\}$来描述，那么根据式(12.13)，且注意到存在

唯一的鞅测度 Q，我们把它的价值过程$\{U_n\}$定义为

$$\begin{cases} U_n = Z_n \\ U_n = \max\left\{Z_n,\ \dfrac{1}{1+r}E^Q(U_{n+1} \mid \mathcal{F}_{n+1})\right\} \end{cases}$$

因此，在 Q 测度下，对于序列 $\widetilde{Z}_n = Z_n/B_n$ 来说，$\widetilde{U}_n = U_n/B_n$ 就是它的 Snell 包络，于是根据推论 12.8.1，我们有

$$\widetilde{U}_n = E^Q(\widetilde{Z}_{v_n} \mid \mathcal{F}_n) = \sup_{v \in \mathcal{T}_{n,N}} E^Q(\widetilde{Z}_v \mid \mathcal{F}_n)$$

这样我们得

$$U_n = B_n \sup_{v \in \mathcal{T}_{n,N}} E^Q\left(\frac{Z_v}{B_v}\middle| \mathcal{F}_n\right)$$

而在 Q 鞅测度下，我们知道$\{\widetilde{U}_n\}$是一个上鞅，于是如果用 $\widetilde{M}_n$ 表示一个 Q 鞅，$\widetilde{A}_n$ 表示一个不减的、具有零初值的可料过程，那么根据上鞅的 Doob 分解定理，我们有

$$\widetilde{U}_n = \widetilde{M}_n - \widetilde{A}_n$$

由于市场是完备的，故对于任一在 N 点的随机支付 $B_N\widetilde{M}_N$，必存在一个自融资策略 ϕ，使其在 N 点的值为

$$V_N(\phi) = B_N\widetilde{M}_N$$

亦为 $\widetilde{V}_N = \widetilde{M}_N$. 注意到在 Q 测度下，$(\widetilde{V}_n(\phi))$是一个鞅，于是我们有

$$\widetilde{V}_n(\phi) = E^Q(\widetilde{V}_N(\phi) \mid \mathcal{F}_n) = E^Q(\widetilde{M}_n \mid \mathcal{F}_n) = \widetilde{M}_n$$

于是将它代入式(12.13)得

$$\widetilde{U}_n = \widetilde{V}_n(\phi) - \widetilde{A}_n$$

就是

$$U_n = V_n - A_n \tag{12.14}$$

这里 $A_n = B_n\widetilde{A}_n$.

根据式(12.14)，如果从美式期权的卖方着眼，当他在 0 时刻卖期权时，他得到的收益为 $U_0 = V_0(\phi)$，然后，期权卖方将收益投放到投资策略 ϕ 中，这样在点 n，他获得的收益是 $V_n(\phi)$，显然根据式(12.14)有

$$V_n(\phi) = U_n + A_n$$

这个收益不会比 U_n 小．这样期权卖方运用投资策略 ϕ 完全地保护了自己的财富．我们再从期权的买方角度来考察，在什么时刻交割期权最好．从前面的讨论我们知道，应选择停时点进行交割，但不能在这样的停时点 n：$U_n > Z_n$ 进行交割．因为若在点 n 交割，所得收益为 Z_n，不交割此时的期权“值”为 U_n，而 $U_n > Z_n$，故我们应在点 n：$U_n = Z_n$ 进行交割，总而言之，我们应在如前所述的区间$[v_0, v_{\max}]$内进行交割．

下面我们用一个定理来说明美式期权和欧式期权之间的关系．

定理 12.8.6 设适应序列$\{Z_n: 0 \leqslant n \leqslant N\}$所描述的美式期权在点 n 的值为 C_n，由非负 $\mathcal{F}_N$ 可测的随机变量 $h = Z_N$ 定义的欧式期权在点 n 的值为 c_n，那么我们有 $C_n \geqslant c_n$，如果对于任一 $n \in \{0, 1, 2, \cdots, N\}$，均有 $c_n \geqslant Z_n$，那么必有

$$C_n = c_n \quad \forall n \in \{0, 1, \cdots, N\}$$

证明　$C_n \geqslant c_n$ 是极其显然的，因为欧式期权的持有者只能在到期日交割期权，而美式期权的持有者可以在 N 点之前的任一时刻交割，即美式期权赋予它的持有者的权利要大于欧式期权持有者的权利，因此相应的美式期权的价格也应大于欧式期权的价格.

对于定理的第二部分，由于贴现的美式期权的值为$(\widetilde{C}_n)$，在等价鞅测度下，是一个上鞅，故有

$$\widetilde{C}_n \geqslant E^Q(\widetilde{C}_N \mid \mathcal{F}_n) = E^Q(\widetilde{c}_N \mid \mathcal{F}_n) = \widetilde{c}_n$$

所以

$$C_n \geqslant c_n$$

对于欧式期权，由于它只能在 N 点被交割，故我们可以认为对于任一时刻 $n<N$，均有 $c_n > Z_n$，那么对于任一 $n \leqslant N$，则有 $\widetilde{c}_n > \widetilde{Z}_n$. 注意到在等价鞅测度 Q 下，欧式期权的值是一个鞅，即有

$$\widetilde{c}_n = E^Q(\widetilde{c}_{n+1} \mid \mathcal{F}_n)$$

我们可以把 $\widetilde{c}_n$ 写成

$$\widetilde{c}_n = \max\{\widetilde{Z}_n,\ E^Q(\widetilde{c}_{n+1} \mid \mathcal{F}_n)\}$$

显然在 Q 测度下，$(\widetilde{c}_n)$又是一个优于$(\widetilde{Z}_n)$的上鞅，注意到$(\widetilde{C}_n)$是$(\widetilde{Z}_n)$的 Snell 包络，即它是优于$(\widetilde{Z}_n)$的最小上鞅，故有

$$\widetilde{c}_n \geqslant \widetilde{C}_n,\quad \forall n \in \{0, 1, \cdots, N\}$$

即

$$c_n \geqslant C_n$$

但上面有

$$C_n \geqslant c_n$$

所以有

$$C_n = c_n$$ ■

作为定理 12.8.6 第二部分的一个例证，我们来假定一个资本市场只有两种资产，一种是风险资产，它不提供任何股息，其在 n 时刻的价格为 S_n；一种是无风险资产，其在 n 时刻的价格为 $B_n=(1+r)^n$. 考察一个看涨期权(不是看跌期权)，那么根据原定理，我们有

$$Z_n = (S_n - K)^+$$

c_n 是基于一单位风险资产上的欧式期权在 n 时刻的价格，该期权的到期日是 N，执行价格为 K，C_n 是相应的美式期权的价格. 注意到$(\widetilde{S}_n)$是一个 Q 鞅，于是我们有

$$\begin{aligned}\widetilde{C}_n &= (1+r)^{-N} E^Q((S_N - K)^+ \mid \mathcal{F}_n) \\ &\geqslant E^Q(\widetilde{S}_N - K(1+r)^{-N} \mid \mathcal{F}_n) \\ &= \widetilde{S}_n - K(1+r)^{-N}\end{aligned}$$

因此，对于 $r>0$，进一步有

$$C_n \geqslant S_n - K(1+r)^{-(N-n)} \geqslant S_n - K$$

因为总是有

$$C_n \geqslant 0$$

所以有

$$C_n \geqslant (S_n - K)^+ = Z_n$$

所以有

$$C_n \geqslant c_n$$

注 12.8.2 上面情况只限于标的资产没有股息，且基于它之上的是看涨期权，如果是看跌期权或基于有股息的风险资产之上的看涨期权，均得不到相同的结论.

第 13 章 连续时间的期权定价

13.1 连续时间股票模型

本节我们以第 4 章介绍的保罗・萨缪尔森(Paul A. Samuelson)股票模型为基础来推导各种期权的价格公式．萨缪尔森模型是 1965 年由保罗・萨缪尔森首次提出的，它改进了 Bachelier 在 1900 年提出的股价模型：设股价的平均收益率为 $\mu>0$，初始时刻的股价为 S_0，记 $t>0$ 时刻股票的价格为

$$S_t=S_0\mathrm{e}^{\sigma B_t+(\mu-\frac{1}{2}\sigma^2)t} \tag{13.1}$$

其中，$\{B_t,\ t\geqslant0\}$表示一个标准布朗运动．该股价模型就是萨缪尔森模型．我们已经知道$\{S_t,\ t\geqslant0\}$是随机微分方程

$$\mathrm{d}S_t=\mu S_t\mathrm{d}t+\sigma S_t\mathrm{d}B_t \tag{13.2}$$

的唯一解．其中，S_t 表示股票在 t 时刻的价格，μ、σ 为常量，分别表示股票的平均收益率及股价的波动系数．

注意到，

$$\ln\left(\frac{S_t}{S_0}\right)=\sigma B_t+\left(\mu-\frac{\sigma^2}{2}\right)t$$

$$\sigma B_t+\left(\mu-\frac{\sigma^2}{2}\right)t\sim N\left(\left(\mu-\frac{\sigma^2}{2}\right)t,\ \sigma^2 t\right)$$

下面我们介绍估计 μ、σ 的方法．

思路：用样本均值和方差来分别代替总体的均值和方差．

若已知在一段较长时间$[0,\ T]$内的股价数据，这段时间由 n 个长度相等的子区间 Δt 所构成，且已知第 $i(i=0,\ 1,\ \cdots,\ n)$个子区间末的股价S_i，则样本观测值有 $n+1$ 个．

第一步 计算时间序列值：

$$U_i=\ln(S_{i+1})-\ln(S_i),\ U_i=\sigma B_{t_{i+1}}-\sigma B_{t_i}+(\mu-\sigma^2/2)\Delta t \tag{13.3}$$

应该注意到 $B_{t_{i+1}}-B_{t_i}$，iid，且 $B_{t_{i+1}}-B_{t_i}\sim N(0,\ \Delta t)$．于是，理论上，

$$E(U)=(\mu-\sigma^2/2)\Delta t$$
$$\mathrm{Var}(U)=\sigma^2\Delta t$$

第二步 计算样本均值$\bar{U}=\dfrac{1}{n}\sum\limits_{i=1}^{n}U_i$，样本方差$S^2=\dfrac{1}{n-1}\sum\limits_{i=1}^{n}(U_i-\bar{U})^2$. 根据式(13.3)，观测值的均值为$(\mu-\sigma^2/2)\Delta t$，方差为$\sigma^2\Delta t$.

第三步 解方程组

$$\begin{cases}\bar{U}=(\mu-\sigma^2/2)\Delta t\\ S^2=\sigma^2\Delta t\end{cases}$$

得

$$\begin{cases}\mu=\dfrac{\bar{U}+S^2/2}{\Delta t}\\ \sigma=S/\sqrt{\Delta t}\end{cases}$$

一般经验法则是设定度量波动率的时期等于将应用波动率所对应的时期，然后由过去股价求出 σ，值得注意的是，在连续时间的期权模型中，求期权价格不需要 μ 的值．

13.2 Black-Scholes 模型

本节我们在下列假设下推导欧式看涨期权的价格公式：

- 股票价格遵循几何布朗运动，即股价服从萨缪尔森模型

$$S_t=S_0\mathrm{e}^{(\mu-\frac{1}{2}\sigma^2)t+\sigma B(t)}$$

  且 μ 和 σ 为常数；
- 允许卖空；
- 没有交易费用和税收，所有证券都是完全可分的；
- 在衍生证券有效期内，标的证券没有现金收益支付；
- 不存在无风险套利机会；
- 证券交易是连续的，价格变动也是连续的；
- 在衍生证券有效期内，无风险利率 r 为常数．

首先，我们将推导出下列定理．

定理 13.2.1（Black-Scholes 公式）　在上述假定下，欧式看涨期权的初始价格为

$$V_0=S_0\Phi(d_1)-X\mathrm{e}^{-r\tau}\Phi(d_2) \tag{13.4}$$

其中，V_0 为 $t=0$ 时刻的期权价格，X 为期权的执行价格，S_0 为股票初始价，τ 为距离到期的时间，$\Phi(x)$ 为标准正态分布的分布函数，即 $\Phi(x)=P(X\leqslant x)$

$$\begin{cases}d_1=\dfrac{\ln(S_0/X)+(r+\sigma^2/2)\tau}{\sqrt{\tau}\sigma}\\ d_2=d_1-\sigma\sqrt{\tau}\end{cases}.$$

注意到，这一公式中没有出现漂移率．

13.2.1 Black-Scholes 公式的推导

Black-Scholes 公式有多种推导方法，下面我们介绍一种类似于离散模型中复制资产组合方法的推导方法．

主要思路：构造一种资产组合，即 a 股价格为 S_0 的股票加现金 b 单位，则初始时刻的投资额为

$$\Pi_0=aS_0+b \tag{13.5}$$

在终止时刻 τ，投资的资金将变为 $\Pi_\tau=aS_\tau+b\mathrm{e}^{r\tau}$. 用无风险利率 r 贴现得

$$\mathrm{e}^{-r\tau}\Pi_\tau=a\,\mathrm{e}^{-r\tau}S_\tau+b$$

于是

$$\mathrm{e}^{-r\tau}\Pi_\tau=a\,\mathrm{e}^{-r\tau}S_\tau+\Pi_0-a\,S_0$$

即

$$\mathrm{e}^{-r\tau}\Pi_\tau-\Pi_0=a(\mathrm{e}^{-r\tau}S_\tau-S_0) \tag{13.6}$$

对式(13.6)两边求期望，如果

$$E(e^{-r\tau}S_\tau)=S_0$$

成立，则有

$$E(e^{-r\tau}\Pi_\tau-\Pi_0)=0$$

解得

$$\Pi_0=e^{-r\tau}E(\Pi_\tau) \tag{13.7}$$

即使 a 的值变化，上式也总是成立．用 Girasnov 定理，将股价模型S_τ改为

$$S_\tau=S_0e^{\sigma W_\tau+(r-\sigma^2/2)\tau}$$

其中，W 是新的概率空间$(\Omega, \mathcal{F}, Q)$中的标准布朗运动．显然有

$$S_0=e^{-r\tau}E^Q[S_\tau]$$

在式(13.6)中两边关于 Q 取期望，则对于任何用来复制的投资组合，存在下列关系式：

$$\Pi_0=e^{-r\tau}E^Q(\Pi_\tau) \tag{13.8}$$

由于复制资产组合是假定资产组合值在任意时候都等于期权值，故对于欧式看涨期权有

$$\Pi_T=(S_T-X)^+$$

所以由式(13.8)知，

$$V_0=e^{-rT}E^Q(S_T-X)^+$$

由 Girasnov 定理知，

$$S_T=S_0e^{\sigma W_T+(r-\sigma^2/2)T}$$

若 $Z\sim N(0, 1)$，则用 $\sqrt{T}Z$ 代替W_T，于是

$$S_T=S_0e^{\sigma\sqrt{T}Z+(r-\sigma^2/2)T}\Rightarrow V_0=e^{-rT}E[(S_0e^{\sigma\sqrt{T}Z+(r-\sigma^2/2)T}-X)^+]$$

根据期望的计算公式，

$$V_0=\frac{e^{-rT}}{\sqrt{2\pi}}\int_{-\infty}^{\infty}[(S_0\exp[\sigma\sqrt{T}x+(r-\sigma^2/2)T]-X)]^+e^{-\frac{x^2}{2}}dx$$

下面求积分．由

$$S_0\exp[\sigma\sqrt{T}x+(r-\sigma^2/2)T]-X>0$$

解得

$$x_0=\frac{\ln\left(\frac{X}{S_0}\right)-\left(r-\frac{\sigma^2}{2}\right)T}{\sigma\sqrt{T}}\Rightarrow V_0=\frac{e^{-rT}}{\sqrt{2\pi}}\int_{x_0}^{\infty}[(S_0\exp[\sigma\sqrt{T}x+(r-\sigma^2/2)T]-X)]e^{-\frac{x^2}{2}}dx$$

将上述积分展开成两部分，第二部分为

$$\frac{1}{\sqrt{2\pi}}\int_{x_0}^{\infty}(-Xe^{-\frac{x^2}{2}})dx=-X(1-\Phi(x_0))=-X\Phi(-x_0)$$

第一部分为

$$\begin{aligned}&\frac{1}{\sqrt{2\pi}}\int_{x_0}^{\infty}S_0\exp\left(\sigma\sqrt{T}x+\left(r-\frac{\sigma^2}{2}\right)T\right)e^{-\frac{x^2}{2}}dx\\=&\frac{1}{\sqrt{2\pi}}S_0\exp\left(r-\frac{\sigma^2}{2}\right)T\int_{x_0}^{\infty}\exp(\sigma\sqrt{T}x)e^{-\frac{x^2}{2}}dx\\=&\frac{1}{\sqrt{2\pi}}S_0\exp\left(r-\frac{\sigma^2}{2}\right)T\int_{x_0}^{\infty}\exp\left(-\frac{(x-\sigma\sqrt{T})^2}{2}+\frac{\sigma^2T}{2}\right)dx\end{aligned}$$

变量代换，$y=x-\sigma\sqrt{T}$，则

$$\begin{aligned}&\frac{1}{\sqrt{2\pi}}\int_{x_0}^{\infty}\exp\left(-\frac{(x-\sigma\sqrt{T})^2}{2}+\frac{\sigma^2 T}{2}\right)\mathrm{d}x\\&=\mathrm{e}^{\frac{\sigma^2 T}{2}}\frac{1}{\sqrt{2\pi}}\int_{x_0-\sigma\sqrt{T}}^{\infty}\mathrm{e}^{-\frac{y^2}{2}}\mathrm{d}x=\mathrm{e}^{\frac{\sigma^2 T}{2}}(1-\Phi(x_0-\sigma\sqrt{T}))\end{aligned}$$

所以积分式的第二项等于

$$S_0\mathrm{e}^{rT}\Phi(-(x_0-\sigma\sqrt{T}))$$

将上述第一项和第二项的结果代入，得

$$\begin{aligned}V_0&=S_0\Phi(-(x_0-\sigma\sqrt{T}))-X\mathrm{e}^{-rT}\Phi(-x_0)\\&=S_0\Phi(d_1)-X\mathrm{e}^{-rT}\Phi(d_2)\end{aligned}$$

其中

$$\begin{cases}d_1=\dfrac{\ln\left(\dfrac{S_0}{X}\right)+\left(r+\dfrac{\sigma^2}{2}\right)T}{\sigma\sqrt{T}}\\[2ex]d_2=\dfrac{\ln\left(\dfrac{S_0}{X}\right)+\left(r-\dfrac{\sigma^2}{2}\right)T}{\sigma\sqrt{T}}\end{cases}$$

13.2.2 欧式期权看涨-看跌平价公式

欧式看涨期权的价格与欧式看跌期权的价格有关．现在介绍一种方法，直接由看涨期权的价格求出看跌期权的价格．具体操作为：以V_0的价格卖出一份看涨期权，执行价为X，以S_0的价格买入一股股票，同时又买入一份价格为P_0的看跌期权，执行价也为X，到期时间和执行价与看涨期权相同．

当期日总资产为$S_T+P_T-V_T$，若$S_0\geqslant X$，则到期收益为X；若$S_0\leqslant X$，则到期收益为X，于是$(S_0+P_0-V_0)\mathrm{e}^{r\tau}=X$，则有

$$V_0-P_0=S_0-\mathrm{e}^{-r\tau}X$$

对于具有与欧式看涨期权定价相同参数的欧式看跌期权定价平价公式，

$$P_0=V_0-S_0+\mathrm{e}^{-r\tau}X$$

如果$P_0\neq V_0-S_0+\mathrm{e}^{-r\tau}X$，则通过买卖$S_0+P_0-V_0$存在套利机会．将欧式看涨期权定价的 Black-Scholes 公式代入，得

$$P_0=S_0\Phi(d_1)-\mathrm{e}^{-r\tau}X\Phi(d_2)-S_0+\mathrm{e}^{-r\tau}X$$

即

$$P_0=-S_0\Phi(-d_1)+\mathrm{e}^{-r\tau}X\Phi(-d_2)$$

从上面的讨论可以看出，只要求出了欧式看涨或看跌期权的价格，另一种期权的价格自然就得到了，不需另算．

13.2.3 用复制资产组合方法推导 Black-Scholes 公式

下面我们用复制资产组合方法来推导欧式期权在任一时刻的价格公式．

由于市场无套利，故存在自融资策略$\varphi=(\Phi, \Psi)$，使得期权的价格满足

$$V(t, S_t)=\phi(t)S_t+\psi(t)P_t$$

其中，$\phi(t)$是t时刻持有的股票数，$\psi(t)$是t时持有的无风险债券数．因为

$$dS_t=\mu S_t dt+\sigma S_t dB_t$$

由伊藤公式得

$$dV_t=\left(\frac{\partial V}{\partial t}+\mu S_t\frac{\partial V}{\partial S}+\frac{1}{2}\sigma^2 S_t^2\frac{\partial^2 V}{\partial S^2}\right)dt+\sigma S_t\frac{\partial V}{\partial S}dB_t \tag{13.9}$$

另一方面，因为

$$V(S_t, t)=\phi_t S_t+\psi_t P_t$$

由自融资策略知，

$$dV_t=\phi_t dS_t+\psi_t dP_t \tag{13.10}$$

结合

$$dS_t=\mu S_t dt+\sigma S_t dB_t, \quad dP_t=rP_t dt$$

于是式(13.10)可变为

$$dV_t=(\mu\phi_t S_t+r\psi_t P_t)dt+\sigma\phi_t S_t dB_t$$

令上式的右边等于式(13.9)的右边，得

$$(\mu\phi_t S_t+r\psi_t P_t)dt+\sigma\phi_t S_t dB_t=\left(\frac{\partial V}{\partial t}+\mu S_t\frac{\partial V}{\partial S}+\frac{1}{2}\sigma^2 S_t^2\frac{\partial^2 V}{\partial S^2}\right)dt+\sigma S_t\frac{\partial V}{\partial S}dB_t$$

选择ϕ和ψ，为了消去dB，$\mu\phi S$和$\mu S\dfrac{\partial V}{\partial S}$，令

$$\phi_t=\frac{\partial V(t, S_t)}{\partial S}$$

于是

$$r\psi P dt=\left(\frac{\partial V}{\partial t}+\frac{1}{2}\sigma^2 S^2\frac{\partial^2 V}{\partial S^2}\right)dt$$

由于

$$\psi P=V-S\frac{\partial V}{\partial S}$$

将其代入得

$$\frac{\partial V}{\partial t}+\frac{1}{2}\sigma^2 S^2\frac{\partial^2 V}{\partial S^2}+rS\frac{\partial V}{\partial S}-rV=0$$

这是著名的关于股票期权价格的Black-Scholes偏微分方程．由偏微分方程理论知，上述偏微分方程的唯一解为

$$V(t, S_t)=S_t\Phi(d_1)-Xe^{-r(T-t)}\Phi(d_2)$$

其中，

$$\begin{cases} d_1=\dfrac{\ln\left(\dfrac{S_t}{X}\right)+\left(r+\dfrac{\sigma^2}{2}\right)(T-t)}{\sigma\sqrt{T-t}} \\ d_2=\dfrac{\ln\left(\dfrac{S_t}{X}\right)+\left(r-\dfrac{\sigma^2}{2}\right)(T-t)}{\sigma\sqrt{T-t}} \end{cases}$$

13.3 欧式期权的一般价格公式

本节我们推导出一个任意欧式期权的价格公式，包括欧式看涨期权、亚式期权、障碍期权等.

仍然同上一节中的规定一样，假定市场上有两种资产：一种是风险型资产，如股票，其在 t 时刻的价格用 S_t 来表示；另一种是无风险资产，其在 t 时刻的价格为 S_t^0，如果利率 r 是一个非负的常数，则有

$$S_t^0 = e^{rt}$$

写成微分方程的形式为

$$d S_t^0 = r S_t^0 dt$$

我们仍然假定风险资产(股票)的价格 S_t 服从萨缪尔森模型，即满足下面的随机微分方程：

$$d S_t = S_t(\mu dt + \sigma d B_t)$$

我们假定到期日 T 是有限的，由 SDE 理论知，股票模型又可写为几何布朗运动：

$$S_t = S_0 \exp\left(\mu t - \frac{\sigma^2}{2} t + \sigma B_t\right)$$

很容易看出，由萨缪尔森模型描述的股票价格有下列性质：

(1)S_t 的路径是连续的；

(2)S_t 具有独立的相对增量，即如果 $u \leqslant t$，那么$\dfrac{S_t}{S_u}$或者相对增量$(S_t - S_u)/S_u$ 独立于$\sigma(S_v,\ v \leqslant u)$；

(3)S_t 具有平稳的相对增量，即如果 $u \leqslant t$，那么相对增量$(S_t - S_u)/S_u$ 的分布与相对增量$(S_{t-u} - S_0)/S_0$ 的分布是相同的.

以上这三个性质正是萨缪尔森模型对股票价格的具体描述.

如果我们用 H_t 表示我们在 t 时刻持有的股票单位数，用 H_t^0 表示此时持有的无风险资产的单位数，那么我们称二维过程 $\phi = \{\phi_t:\ 0 \leqslant t \leqslant T\} = (H_t^0,\ H_t)_{0 \leqslant t \leqslant T}$是一个策略，显然，它是在 $\mathbf{R}^2$ 中取值. 假定$\{\phi_t:\ 0 \leqslant t \leqslant T\}$适应于由布朗运动生成的自然域流，那么这个策略在 t 时刻的值就可以用我们在此时所持的无风险资产和股票所构成的组合的市场值来表示：

$$V_t(\phi) = H_t^0 S_t^0 + H_t S_t$$

与在离散型模型中对自融资策略的定义一样，如果一个策略的值变化纯粹是由于此内的资产价格变化而引起，则这个策略就是自融资策略，即

$$dV_t(\phi) = H_t^0 d S_t^0 + H_t d S_t$$

为了使得有关的积分有定义，我们需要假定

$$\int_0^T |H_t^0| dt < +\infty$$

$$\int_0^T H_t^2 dt < +\infty$$

此时积分

$$\int_0^T H_t^0 d S_t^0 = \int_0^T H_t^0 r e^{rt} dt$$

显然是存在的．又由于 $S(t)$是连续的，则随机积分

$$\int_0^T H_t \mathrm{d} S_t = \int_0^T H_t \mu S_t \mathrm{d}t + \int_0^T \sigma H_t S_t \mathrm{d} B_t$$

在$[0, T]$内是有意义的．

下面我们给出自融资策略的严谨数学定义．

定义 13.3.1 一个自融资策略 ϕ 可以定义成一对满足下列式子的适应过程$(H_t^0)_{0\leqslant t\leqslant T}$和$(H_t)_{0\leqslant t\leqslant T}$：

(1) $\int_0^T |H_t^0| \mathrm{d}t + \int_0^T H_t^2 \mathrm{d}t < \infty$；

(2) $H_t^0 S_t^0 + H_t S_t = H_o^o + H_0 S_0 + \int_0^t H_u^0 \mathrm{d}S_u^0 + \int_0^t H_u \mathrm{d}S_u$.

用 $\widetilde{S}_t = \mathrm{e}^{-rt} S_t$ 表示股票的贴现价格．我们有下列定理．

定理 13.3.1 设 $\phi = \{\phi_t: 0\leqslant t\leqslant T\} = (H_t^0, H_t)_{0\leqslant t\leqslant T}$是一个在 $\mathbf{R}^2$ 中取值的适应过程，满足

$$\int_0^T |H_t^0| \mathrm{d}t + \int_0^T H_t^2 \mathrm{d}t < +\infty$$

如果记 $V_t(\phi) = H_t^0 S_t^0 + H_t S_t$，$\widetilde{V}_t(\phi) = \mathrm{e}^{-rt} V_t(\phi)$，那么 ϕ 定义了一个自融资策略当且仅当

$$\widetilde{V}_t(\phi) = V_0(\phi) + \int_0^t H_u \mathrm{d}\widetilde{S}_u \tag{13.11}$$

证明 由于 $\widetilde{V}_t(\phi) = \mathrm{e}^{-rt} V_t(\phi)$，注意到 e^{-rt}是非随机的，我们有

$$\mathrm{d}\widetilde{V}_t(\phi) = -r\widetilde{V}_t(\phi)\mathrm{d}t + \mathrm{e}^{-rt}\mathrm{d}V_t(\phi)$$

下面先证明必要性．假定 ϕ 是一个自融资策略，则有

$$\mathrm{d}V_t(\phi) = H_t^0 \mathrm{d} S_t^0 + H_t \mathrm{d} S_t$$

于是我们有

$$\begin{aligned} \mathrm{d}\widetilde{V}_t(\phi) &= -r\widetilde{V}_t(\phi)\mathrm{d}t + \mathrm{e}^{-rt}\mathrm{d}V_t(\phi) \\ &= -r\,\mathrm{e}^{-rt}(H_t^0 S_t^0 + H_t S_t)\mathrm{d}t + \mathrm{e}^{-rt}(H_t^0 \mathrm{d} S_t^0 + H_t \mathrm{d} S_t) \\ &= H_t(-r\,\mathrm{e}^{-rt} S_t \mathrm{d}t + \mathrm{e}^{-rt}\mathrm{d} S_t) \\ &= H_t \mathrm{d}\widetilde{S}_t \end{aligned} \tag{13.12}$$

两边从 0 到 t 积分得

$$\widetilde{V}_t(\phi) = V_0(\phi) + \int_0^t H_u \mathrm{d}\widetilde{S}_u$$

再证充分性．从式(13.12)反推回去即可得到

$$\mathrm{d}V_t(\phi) = H_t^0 \mathrm{d} S_t^0 + H_t \mathrm{d} S_t$$

■

13.3.1 测度变化与鞅表示定理

在前面我们学习了测度变换与鞅表示定理，在这里，我们将需要用到的内容复习一下：

设$(\Omega, \mathscr{A}, P)$是一个概率空间，如果对于任一 $A\in\mathscr{A}$，有

$$P(A)=0 \Rightarrow Q(A)=0$$

则我们说基于$(\Omega, \mathscr{A})$上的测度 Q 是绝对连续于 P 的．

下面我们不加证明给出一个关于 Q 绝对连续于 P 的充要条件的引理.

引理 13.3.1 Q 绝对连续于 P 当且仅当在 $(\Omega, \mathscr{A})$ 上存在一个非负的随机变量 Z，使得对于任一 $A\in\mathscr{A}$，有

$$Q(A)=\int_A Z(\omega)\mathrm{d}P(\omega)$$

我们通常记 $Z=\frac{\mathrm{d}Q}{\mathrm{d}P}$，称它为测度 Q 对于 P 的密度.

如果 Q 绝对连续于 P，同时 P 也绝对连续于 Q，即它们相互绝对连续，则我们称二者是等价的.

如果 Q 绝对连续于 P，其密度为 Z，那么 Q 和 P 是等价的当且仅当 $P(Z>0)=1$. 因此测度变换的基本思路是：如果初始测度是 P，那么我们的任务是有目的地寻找一个与之等价的测度 Q，这里的"有目的地寻找"是指找一个鞅测度 Q.

为了寻找与 P 等价的测度 Q，或者说构造一个等价鞅测度 Q，我们有必要先复习一下下列形式的 Girsanov 定理.

Girsanov 定理 $\phi=\{\phi_t: 0\leqslant t\leqslant T\}$ 表示一个满足 $\int_0^T \theta_t^2\mathrm{d}t<\infty$ 的适应过程，且使得过程

$$L_t=\exp\left(-\int_0^t \theta_s\mathrm{d}B_s-\frac{1}{2}\int_0^t \theta_s^2\mathrm{d}s\right) \tag{13.13}$$

是一个鞅. 那么在绝对连续于 P，其密度为 L_T 的测度 Q 下，过程 $W=\{W_t: 0\leqslant t\leqslant T\}$：

$$W_t=B_t+\int_0^t \theta_s\mathrm{d}s \tag{13.14}$$

是一个标准布朗运动.

由于标准布朗运动是一个鞅，所以从上述定理我们知道 $\{B_t: 0\leqslant t\leqslant T\}$ 是一个 P 鞅，而上面定义的过程 $\{W_t: 0\leqslant t\leqslant T\}$ 则是一个 Q 鞅.

下面是与之相关的另一个引理.

引理 13.3.2 如果

$$E\left(\exp\left(\frac{1}{2}\int_0^T \theta_t^2\mathrm{d}t\right)\right)<\infty$$

则式(13.13)所定义的过程($\{L_t: 0\leqslant t\leqslant T\}$)是一个鞅. 习惯上，我们称这个条件为 Novikov 条件.

最后，我们复习一下鞅的表示定理和 Dudley 定理.

由鞅表示定理知，如果 $\{M_t: 0\leqslant t\leqslant T\}$ 是一个关于域流 $\{\mathcal{F}_t: 0\leqslant t\leqslant T\}$ 的平方可积鞅，则由于鞅也是局部鞅，故必存在一个适应过程 $\{H_t: 0\leqslant t\leqslant T\}\in L_T^2$，使得

$$M_t=M_0+\int_0^t H_s\mathrm{d}B_s, t\in[0,T]$$

从这个定理出发，我们很容易得到 Dudley 定理，即如果 U 是一个 $\mathcal{F}_T$ 可测且平方可积的随机变量，则我们就能把它写成

$$U=E(U)+\int_0^T H_t\mathrm{d}B_t$$

其中，$\{H_t: 0\leqslant t\leqslant T\}\in L_T^2$.

13.3.2 欧式期权的定价和保值

我们现在来讨论萨缪尔森模型下欧式期权的定价和保值．假定市场存在一种无风险资产，如银行账户，即存在一个常数利率 r. 另外设标的股票价格的微分方程为

$$\mathrm{d}S_t = S_t(\mu\mathrm{d}t + \sigma\mathrm{d}B_t)$$

则有

$$\mathrm{d}\widetilde{S}_t = \mathrm{d}(S_t\mathrm{e}^{-rt}) = -r\,\mathrm{e}^{-rt}S_t\mathrm{d}t + \mathrm{e}^{-rt}\mathrm{d}S_t = \widetilde{S}_t((\mu-r)\mathrm{d}t + \sigma\mathrm{d}B_r)$$

令

$$W_t = B_t + \frac{(\mu-r)t}{\sigma} \tag{13.15}$$

那么有

$$\mathrm{d}\widetilde{S}_t = \widetilde{S}_t\sigma\mathrm{d}W_t \tag{13.16}$$

于是我们取

$$\theta_t = \frac{\mu-r}{\sigma}$$

那么

$$\begin{aligned}
L_t &= \exp\left(-\int_0^t \theta_s\mathrm{d}B_s - \frac{1}{2}\int_0^t \theta_s^2\mathrm{d}s\right) \\
&= \exp\left(-\frac{1}{2}\frac{(\mu-r)^2}{\sigma^2}t\right)\exp\left(-\frac{\mu-r}{\sigma}B_t\right) \\
E(L_T) &= \exp\left(-\frac{1}{2}\frac{(\mu-r)^2}{\sigma^2}T\right)\cdot E\left(\exp\left(-\frac{\mu-r}{\sigma}B_T\right)\right) \\
&= \exp\left(-\frac{1}{2}\frac{(\mu-r)^2}{\sigma^2}T\right)\exp\left(\frac{1}{2}\frac{(\mu-r)^2}{\sigma^2}T\right) = 1 = L_0
\end{aligned}$$

故 $\{L_t:0\leqslant t\leqslant T\}$ 是一个鞅，故以 $L_T=\frac{\mu-r}{\sigma}$ 作为一个相对原始测度 P 的测度的密度，就得到了一个新的测度 Q，那么根据 Girsanov 定理，在测度 Q 下式(13.15)所定义的 $\{W_t:0\leqslant t\leqslant T\}$ 就是一个标准布朗运动．

于是根据式(13.16)，我们不难看出，由于 S_t 是关于 t 连续的，则 $\widetilde{S}_t$ 也是关于 t 连续的，即 $\widetilde{S}_t$ 是可料过程，所以根据第 4 章内容，我们知道 $\widetilde{S}_t$ 是一个 Q 鞅，不难解出方程(13.16)：

$$\widetilde{S}_t = S_0\exp\left(\sigma W_t - \frac{\sigma^2}{2}t\right)$$

在导出了标的股票价格 $\widetilde{S}_t$ 的 Q 鞅性质后，我们来研究基于其之上的欧式期权．设欧式期权的到期日为 T，不妨将该期权看作为一个非负 $\mathcal{F}_T$ 可测的随机变量 h：

$$h = f(S_T)$$

在看涨期权的情况下，$f(x)=(x-X)^+$，在看跌期权的情况下，$f(x)=(X-x)^+$，这里 X 是敲定价格．

像在第 1 章离散型模型中一样，我们也是采取复制期权的办法来对其进行定价，故我

们先给出可取策略的定义.

定义 13.3.2 如果一个策略 $\phi=\{\phi_t: 0\leqslant t\leqslant T\}=(H_t^0, H_t)_{0\leqslant t\leqslant T}$ 是自融资的，且对于所有的 t，其对应的资产值的贴现值

$$\widetilde{V}_t(\phi)=H_t^0+H_t\widetilde{S}_t$$

是非负的，且 $\sup\limits_{0\leqslant t\leqslant T}\widetilde{V}_t$ 在测度 P 下是平方可积的，那么称这个策略 ϕ 是一个可取策略.

在定义了可取策略后，只要一个期权在到期日的支付 $h=f(S_T)$ 等于对应的某一个可取策略的值，我们就说这个期权是可复制的. 资产组合值就是期权的值，且其值在 Q 测度是平方可积的.

按照这样的思路，我们得到下面的欧式期权定价基本定理.

定理 13.3.2 （欧式期权定价基本定理） 在萨缪尔森模型下，任一用非负 $\mathcal{F}_T$ 可测且在测度 Q 下平方可积的随机变量 h 所定义的期权都是可复制的. 其对应的复制的组合在 t 时的值可由下式给出：

$$V_t=E^Q(\mathrm{e}^{-r(T-t)}h \mid \mathcal{F}_t)$$

证明 首先我们假定有一可取策略 $\phi=\{\phi_t: 0\leqslant t\leqslant T\}=(H_t^0, H_t)_{0\leqslant t\leqslant T}$ 可以复制期权. 其对应的组合在 t 时刻的值则为

$$V_t=H_t^0S_t^0+H_tS_t$$

我们现在只要能证明 V_t 在 Q 测度下是平方可积的，该定理的前半部分就得到了证明.

事实上，因为 $\widetilde{V}_t=\mathrm{e}^{-rt}V_t$，所以我们有

$$\widetilde{V}_t=H_t^0+H_t\widetilde{S}_t$$

但策略是可取的，故它是自融资的，因此根据定理 13.3.1，有

$$\widetilde{V}_t=V_0+\int_0^t H_u\mathrm{d}\widetilde{S}_u$$

根据定义 13.3.2，$\sup\limits_{0\leqslant t\leqslant T}\widetilde{V}_t$ 在 Q 测度下是平方可积的，因此 V_t 在 Q 测度下是平方可积的. 进一步，注意到

$$\widetilde{V}_t=V_0+\int_0^t H_u\mathrm{d}\widetilde{S}_u=V_0+\int_0^t H_u\sigma\widetilde{S}_u\mathrm{d}W_\mu$$

我们不难看出 $\widetilde{V}_t$ 在 Q 测度下是平方可积鞅，因此有

$$\widetilde{V}_t=E^Q(\widetilde{V}_T\mid\mathcal{F}_t)=E^Q(\mathrm{e}^{-rT}\cdot V_T\mid\mathcal{F}_t)$$

则

$$V_t=E^Q(\mathrm{e}^{-r(T-t)}h \mid \mathcal{F}_t)$$

得证. ■

严格来说，上面的证明还没有完成，我们只是证明了如果策略 $\phi=(H_t^0, H_t)_{0\leqslant t\leqslant T}$ 是可取的，则它对应的组合在 t 时的值 V_t 是平方可积的，我们还应该求出 H_t^0 和 H_t 的表达式，这才算完全证明了这个定理. 下面我们补证可取策略 $\phi=\{\phi_t: 0\leqslant t\leqslant T\}=(H_t^0, H_t)_{0\leqslant t\leqslant T}$ 的存在性.

为了求出 H_t^0 和 H_t，我们有

$$H_t^0S_t^0+H_tS_t=\mathrm{e}^{-r(T-t)}E^Q(h\mid\mathcal{F}_t)$$

同时我们定义

$$M_t = E^Q(\mathrm{e}^{-rT}h \mid \mathcal{F}_t)$$

它在测度 Q 下是一个平方可积鞅，因此根据鞅表示定理，必存在适应过程 $\{K_t: 0\leqslant t\leqslant T\}$ 且有

$$E^Q\left(\int_0^T K_t^2 \mathrm{d}t\right) < \infty$$

使得对于任一 $t\in[0, T]$，有

$$M_t = M_0 + \int_0^t K_u \mathrm{d}W_u$$

但 Q 平方可积鞅

$$\widetilde{V}_t = V_0 + \int_0^t H_u\sigma \widetilde{S}_u \mathrm{d}W_u$$

因此，取

$$H_t\widetilde{S}_t\sigma = K_t$$

由于 K_t 存在，故

$$H_t = \frac{K_t}{\widetilde{S}_t\sigma}$$

因此有

$$H_t^0 = M_t - \frac{K_t}{\sigma}$$

对应的值

$$V_t = \mathrm{e}^{rt}M_t = E^Q(\mathrm{e}^{-r(T-t)}h \mid \mathcal{F}_t)$$

显然 V_t 是非负的，这样我们找到了一个可以复制 h 的可取策略．

根据以上定理，我们就可以把期权在 t 时的价格 $V(t, S_t)$ 表示为

$$V(t, S_t) = \mathrm{e}^{-r(T-t)}E^Q(h \mid \mathcal{F}_t) = \mathrm{e}^{-r(T-t)}E^Q(f(S_T) \mid \mathcal{F}_t) \tag{13.17}$$

13.4　用欧式期权的基本公式推导常用的欧式期权定价公式

虽然 13.3 节给出了欧式期权的基本公式，但由于公式中含有条件期望，所以实际应用时有很高的技巧性，本节我们推导欧式看涨期权、亚式期权、回望期权的定价公式．

13.4.1　欧式看涨期权的定价公式

设股票在 $t\in[0, T]$ 内的价格满足萨缪尔森模型，即满足下列微分方程：

$$\mathrm{d}S_t = S_t\mu\mathrm{d}t + S_t\sigma\mathrm{d}B_t = S_t r\mathrm{d}t + \sigma S_t\mathrm{d}W_t$$

如前所述，$\{B_t: 0\leqslant t\leqslant T\}$ 是 P 标准布朗运动，$\{W_t: 0\leqslant t\leqslant T\}$ 是 Q 标准布朗运动．基于该股票之上的欧式期权的到期日是 T，敲定价格是 K，则该期权未定权益为

$$h = f(S_T)$$

于是该期权在 t 时的价格为

$$V_t = E^Q(\mathrm{e}^{-r(T-t)}f(S_T) \mid \mathcal{F}_t)$$

使用技巧

$$S_T = S_t\mathrm{e}^{(r-\frac{\sigma^2}{2})(T-t)+\sigma(W_t-W_t)}$$

则有

$$V_t = E^Q(\mathrm{e}^{-r(T-t)} f(S_T) \mid \mathcal{F}_t)$$
$$= E^Q\left(\mathrm{e}^{-r(T-t)} f\left(S_t \exp\left(\left(r-\frac{\sigma^2}{2}\right)(T-t)+\sigma(W_T-W_t)\right)\right)\middle|\mathcal{F}_t\right)$$

注意到 S_t 是$\mathcal{F}_t$ 可测的，在 Q 测度下 $W_T - W_t$ 独立于$\mathcal{F}_t$，因此我们有

$$V_t = F(t, S_t)$$

这里

$$F(t, x) = E^Q\left(\mathrm{e}^{-r(T-t)} f\left(x \exp\left(\left(r-\frac{\sigma^2}{2}\right)(T-t)+\sigma(W_T-W_t)\right)\right)\right)$$

其中，计算时，将 x 当作一个常数，计算完成后，将 x 换成 S_t.

由于在测度 Q 下，$W_T - W_t \stackrel{\Delta}{=} Y$ 是一个均值为 0、方差为 $T-t$ 的正态随机变量，故有

$$F(t,x) = E^Q\left(\mathrm{e}^{-r(T-t)} f\left(x \exp\left(\left(r-\frac{\sigma^2}{2}\right)(T-t)+\sigma(W_T-W_t)\right)\right)\right)$$
$$= \mathrm{e}^{-r(T-t)} \int_{-\infty}^{\infty} f\left(x \exp\left(\left(r-\frac{\sigma^2}{2}\right)(T-t)+\sigma y\sqrt{T-t}\right)\right)\frac{\mathrm{e}^{-\frac{y^2}{2}}}{\sqrt{2\pi}}\mathrm{d}y$$

对欧式看涨期权，我们有

$$f(x) = (x-K)^+$$

为简化记号，记 $\tau = T-t$，于是我们有

$$F(t,x) = E^Q\left(\mathrm{e}^{-r\tau}\left(x \exp\left(\left(r-\frac{1}{2}\sigma^2\right)\tau+\sigma y\sqrt{\tau}\right)-K\right)^+\right)$$
$$= E^Q\left(x \exp\left(\sigma\sqrt{\tau}y-\frac{\sigma^2}{2}\tau\right)-K\,\mathrm{e}^{-r\tau}\right)^+$$

为了去掉“+”号，我们令

$$x \exp\left(\sigma\sqrt{\tau}y-\frac{\sigma^2}{2}\tau\right)-K\,\mathrm{e}^{-r\tau} \geqslant 0$$

即

$$\exp\left(\ln\frac{x}{K}+\sigma\sqrt{\tau}y-\frac{\sigma^2}{2}\tau\right) \geqslant \mathrm{e}^{-r\tau}$$

解得

$$\ln\frac{x}{K}+\sigma\sqrt{\tau}y+\left(r-\frac{\sigma^2}{2}\right)\tau \geqslant 0$$
$$\frac{\ln\frac{x}{K}+\left(r-\frac{\sigma^2}{2}\right)\tau}{\sigma\sqrt{\tau}}+y \geqslant 0$$

令

$$d_2 = \frac{\ln\frac{x}{K}+\left(r-\frac{\sigma^2}{2}\right)\tau}{\sigma\sqrt{\tau}}$$

和

$$d_1 = d_2+\sigma\sqrt{\tau} = \frac{\ln\frac{x}{K}+\left(r+\frac{\sigma^2}{2}\right)\tau}{\sigma\sqrt{\tau}}$$

于是有

$$F(t,x)=E^{Q}\left(\left(x\ \exp\left(\sigma\sqrt{\tau}y-\frac{\sigma^2}{2}\tau\right)-K\ e^{-r\tau}\right)I_{\{d_2+y\geqslant 0\}}\right)$$

$$=\int_{-d_2}^{-\infty}\left(x\ \exp\left(\sqrt{\tau}y-\frac{\sigma^2}{2}\tau\right)-K\ e^{-r\tau}\right)\frac{e^{-\frac{y^2}{2}}}{\sqrt{2\pi}}dy$$

$$=x\Phi(d_1)-K\ e^{-r\tau}\Phi(d_2) \tag{13.18}$$

这里 $\Phi(x)$为标准正态分布函数，即

$$\Phi(x)=\frac{1}{\sqrt{2\pi}}\int_{-\infty}^{x}e^{-\frac{t^2}{2}}dt$$

对于看跌期权，此时

$$f(x)=(K-x)^{+}$$

如果令看涨期权的价格为 C，看跌期权的价格为 P，那么注意到

$$\Phi(-d_1)=1-\Phi(d_1)$$

$$\Phi(-d_2)=1-\Phi(d_2)$$

我们不难得到这两种欧式期权价格之间的关系，即所谓的平价关系：

$$C+K\ e^{-r\tau}=P+x$$

式(13.18)就是所谓的 Black-Sholes 公式.

下面我们来寻找对期权保值的复制的组合$(H_t^0,\ H_t)_{0\leqslant t\leqslant T}$. 我们用未定权益函数 $h=f(S_T)$表示任一欧式期权，其复制的组合在 t 点的贴现值为

$$\widetilde{V}_t=e^{-rt}F(t,\ S_t)$$

其中，$F(t,\ S_t)$的定义与前面一致，令

$$\widetilde{F}(t,\ x)=e^{-rt}F(t,\ x\,e^{rt})$$

则有

$$\widetilde{V}_t=e^{-rt}F(t,\ S_t)=e^{-rt}F(t,\ \widetilde{S}_t e^{rt})=\widetilde{F}(t,\ \widetilde{S})$$

由伊藤公式知，对于任一 $t<T$，有

$$\widetilde{F}(t,\widetilde{S})=\widetilde{F}(0,\widetilde{S}_0)+\int_0^t\frac{\partial\widetilde{F}}{\partial x}(u,\widetilde{S}_u)d\widetilde{S}_u+\int_0^t\frac{\partial\widetilde{F}}{\partial t}(u,\widetilde{S}_u)du+\frac{1}{2}\int_0^t\frac{\partial^2\widetilde{F}}{\partial x^2}(u,\widetilde{S}_u)d\langle\widetilde{S}\rangle_u$$

又因为 $d\widetilde{S}_t=\sigma\widetilde{S}_t dW_t$，所以有

$$d\langle\widetilde{S}\rangle_u=\sigma^2\widetilde{S}_u^2du$$

从而得到，

$$\widetilde{F}(t,\widetilde{S}_t)=\widetilde{F}(0,\widetilde{S}_0)+\int_0^t\sigma\frac{\partial\widetilde{F}}{\partial x}(u,\widetilde{S}_u)\widetilde{S}_u dW_u+\int_0^t\frac{\partial\widetilde{F}}{\partial t}(u,\widetilde{S}_u)du+\frac{1}{2}\int_0^t\sigma^2 S_u^2\frac{\partial^2\widetilde{F}}{\partial x^2}(u,\widetilde{S}_u)du$$

又因为 $\widetilde{F}(t,\ \widetilde{S}_t)=\widetilde{V}_t$ 是一个 Q 鞅，故上式右边的最后两项之和是 0. 则

$$\widetilde{F}(t,\widetilde{S}_t)=\widetilde{F}(0,\widetilde{S}_0)+\int_0^t\sigma\widetilde{S}_u\frac{\partial\widetilde{F}}{\partial x}(u,\widetilde{S}_u)dW_u=\widetilde{F}(0,\widetilde{S}_0)+\int_0^t\frac{\partial\widetilde{F}}{\partial x}(u,\widetilde{S}_u)d\widetilde{S}_u$$

由上一节的讨论知，

$$H_t=\frac{\partial \widetilde{F}}{\partial x}(t,\ \widetilde{S}_t)=\frac{\partial F}{\partial x}(t,\ S_t)$$

$$H_t^0=\widetilde{F}(t,\ \widetilde{S})-H_t\widetilde{S}_t$$

进一步，我们还能证明下列关系式：在看涨期权的情况下，

$$H_t=\frac{\partial F}{\partial x}(t,\ S_t)=\Phi(d_1)$$

在看跌期权的情况下，

$$H_t=\frac{\partial F}{\partial x}(t,\ S_t)=-\Phi(-d_1)$$

在本章的最后，我们将给出上面两式的证明．

13.4.2　亚式期权的定价公式

亚式期权的未定权益依赖于资产在某一段时间内的平均价格．平均价格看涨期权的未定权益是$(S_{\text{ave}}-K)^+$，平均价格看跌期权的未定权益为$(K-S_{\text{ave}})^+$，其中S_{ave}是按某种方法计算的资产的平均价值．

另一种亚式期权是平均执行价格期权．平均执行价格看涨期权的未定权益为$(S_T-S_{\text{ave}})^+$，而平均执行价格看跌期权的未定权益为$(S_{\text{ave}}-S_T)^+$．

下面考虑两种连续时间的亚式平均价格看涨期权，记相应的未定权益分别为ξ_1和ξ_2，相应的价格分别为$C_t^{(1)}$和$C_t^{(2)}$．

定义 13.4.1　(1)称未定权益为

$$\xi_1=\left(\exp\left\{\frac{1}{T}\int_0^T\ln S_u\mathrm{d}u\right\}-K\right)^+$$

的期权为几何平均价格看涨期权．

(2)称未定权益为

$$\xi_2=\left(\frac{1}{T}\int_0^T S_u\mathrm{d}u-K\right)^+$$

的期权为算术平均价格看涨期权．

下面我们分别讨论这两种期权的价格公式：用P^*表示关于贴现价格$(\widetilde{S}_t)$的等价鞅测度，用E^*表示P^*下的期望，则有

$$C_t^{(1)}=\mathrm{e}^{-r(T-t)}E^*[\xi_1\mid\mathcal{F}_t]$$

下面我们介绍消去条件期望的技巧. 令

$$I_t=\int_0^t\ln S_u\mathrm{d}u$$

则有

$$\xi_1=\left(\exp\left\{\frac{1}{T}I_t+\frac{1}{T}\int_t^T\ln(S_uS_t^{-1})\mathrm{d}u+\frac{T-t}{T}\log S_t\right\}-K\right)^+\overset{\wedge}{=}(X_tY_t-K)^+$$

其中，

$$X_t=\mathrm{e}^{I_t/T}S_t^{(T-t)/T},Y_t=\exp\left\{\frac{1}{T}\int_t^T\ln S_uS_t^{-1}\mathrm{d}u\right\}$$

注意到

$$S_t = S_0 \exp\left\{\left(r-\frac{\sigma^2}{2}\right)t+\sigma W_t^*\right\}$$

我们有

$$Y_t = \exp\left\{\frac{1}{T}\int_t^T\left[\left(r-\frac{\sigma^2}{2}\right)(u-t)+\sigma(W_u^*-W_t^*)\right]du\right\} = e^{r^*(T-t)+Z_t}$$

其中，

$$r^* = \left(r-\frac{\sigma^2}{2}\right)\frac{T-t}{2T}, Z_t = \frac{1}{T}\int_t^T \sigma(W_u^*-W_t^*)\,du$$

因为 Z_t 与$\mathcal{F}_t$ 独立，X_t 关于$\mathcal{F}_t$ 可测，所以我们有

$$\begin{aligned}C_t^{(1)} &= e^{-r(T-t)}E^*[(xY_t-K)^+ \mid \mathcal{F}_t]\mid_{x=X_t}\\ &= e^{-r(T-t)}E^*[(xe^{r^*(T-t)+Z_t}-K)^+]\mid_{x=X_t}\end{aligned}$$

因为 Z_t 是期望为 0 的正态随机变量，由伊藤公式知，

$$d(tW_t^*)=W_t^*\,dt+t\,dW_t^*$$

所以

$$T(W_T^*-W_t^*) = \int_t^T(W_s^*-W_t^*)\,ds+\int_t^T s\,dW_s^*$$

故得到 Z_t 的方差为

$$\begin{aligned}E^*\,Z_t^2 &= \frac{\sigma^2}{T^2}E^*\left[\int_t^T(W_s^*-W_t^*)\,ds\right]^2\\ &= \sigma^2\left\{E^*(W_T^*-W_t^*)^2-\frac{2}{T}E^*\left(\int_t^T dW_s^*\int_t^T s\,dW_s^*\right)+\frac{\sigma^2}{T^2}E^*\left(\int_t^T s\,dW_s^*\right)^2\right\}\\ &= \sigma^{*2}(T-t)\end{aligned}$$

其中，$(\sigma^*)^2=\dfrac{\sigma^2(T^2+Tt+t^2)}{3T^2}$. 因此，

$$\begin{aligned}\psi(t,x) &\overset{\wedge}{=} E^*[(x\,e^{r^*(T-t)+Z_t}-K)^+]\\ &= \int_{-d_2^*}^{\infty}[x\,e^{r^*(T-t)+\sigma^*\sqrt{T-t}y}-K]\frac{1}{\sqrt{2\pi}}e^{-\frac{y^2}{2}}\,dy\\ &= x\,e^{(r^*+\sigma^{*2}/2)(T-t)}\Phi(d_2^*+\sigma^*\sqrt{T-t})-K\Phi(d_2^*)\\ &= x\,e^{(r^*+\sigma^{*2}/2)(T-t)}\Phi(d_1^*)-K\Phi(d_2^*)\end{aligned}$$

其中，

$$\begin{cases}d_1^* = \dfrac{\ln(x/K)+(r^*+\sigma^{*2})(T-t)}{\sigma^*\sqrt{T-t}}\\[2ex] d_2^* = \dfrac{\ln(x/K)+r^*(T-t)}{\sigma^*\sqrt{T-t}}\end{cases}$$

这就得到几何平均的亚式价格看涨期权的价格 $C_t^{(1)}$ 为

$$C_t^{(1)} = X_t e^{\left(r^*-r+\frac{\sigma^{*2}}{2}\right)(T-t)}\Phi(d_1^*)-K\,e^{-r(T-t)}\Phi(d_2^*)$$

下面我们讨论算术平均的亚式价格看涨期权的价格公式．由欧式期权的基本公式知，

$$C_t^{(2)} = E^*\left[\mathrm{e}^{-r(T-t)}\left(\frac{1}{T}\int_0^T S_t\mathrm{d}t - K\right)^+ \mid \mathcal{F}_t\right]$$

下面我们消除条件期望．我们采用参考文献[72]中的方法，令

$$M_t = E^*\left[\left(\int_0^T S_u\mathrm{d}u - TK\right)^+ \mid \mathcal{F}_t\right]$$

因为$\int_t^T S_t^{-1}S_u\mathrm{d}u$ 与$\mathcal{F}_t$ 独立，所以有

$$M_t = S_t E^*\left[\left(\int_t^T S_t^{-1}S_u\mathrm{d}u - S_t^{-1}\left(TK - \int_0^t S_u\mathrm{d}u\right)\right)^+ \mid \mathcal{F}_t\right] \triangleq S_t f(t,Y_t)$$

其中，

$$\begin{cases} f(t,x) = E^*\left[\left(\int_t^T S_t^{-1}S_u\mathrm{d}u - x\right)^+\right] \\ Y_t = S_t^{-1}\left(TK - \int_0^t S_u\mathrm{d}u\right) \end{cases}$$

当 $x<0$ 时，有

$$\begin{aligned} f(t,x) &= E^*\left\{\left(\int_t^T S_t^{-1}S_u\mathrm{d}u - x\right)\right\} = \int_t^T \mathrm{e}^{r(u-t)}\mathrm{d}u - x \\ &= r^{-1}\{\mathrm{e}^{r(T-1)} - 1\} - x \end{aligned}$$

所以

$$C_t^{(2)} = \frac{1-\mathrm{e}^{-r(T-t)}}{rT}S_t - \frac{\mathrm{e}^{-r(T-t)}}{T}\left\{TK - \int_0^t S_u\mathrm{d}u\right\}$$

当 $x\geqslant 0$ 时，由

$$\mathrm{d}S_t^{-1} = -S_t^{-2}\mathrm{d}S_t + S_t^{-3}\mathrm{d}\langle S, S\rangle_t = S_t^{-1}[(\sigma^2 - r)\mathrm{d}t - \sigma\mathrm{d}W_t^*]$$

我们有

$$\mathrm{d}Y_t = \left(TK - \int_0^t S_u\mathrm{d}u\right)\mathrm{d}S_t^{-1} - \mathrm{d}t = Y_t[(\sigma^2 - r)\mathrm{d}t - \sigma\mathrm{d}W_t^*] - \mathrm{d}t$$

从而

$$\mathrm{d}\langle Y, Y\rangle_t = Y_t^2\sigma^2\mathrm{d}t$$

由伊藤公式及可料交互变差的性质知，

$$\mathrm{d}\langle S, f(\cdot, Y.)\rangle_t = f_x(t, Y_t)\mathrm{d}\langle S, Y\rangle_t = -f_x(t, Y_t)S_tY_t\sigma^2\mathrm{d}t$$

由伊藤公式知，

$$\begin{aligned} \mathrm{d}M_t &= S_t\mathrm{d}f(t,Y_t) + f(t,Y_t)\mathrm{d}S_t + \mathrm{d}\langle S, f(\cdot,Y.)\rangle \\ &= S_t\left[f_t(t,Y_t)\mathrm{d}t + f_x(t,Y_t)\mathrm{d}Y_t + \frac{1}{2}f_{xx}(t,Y_t)\mathrm{d}\langle Y,Y\rangle_t\right] + \\ &\quad f(t,Y_t)\mathrm{d}S_t + \mathrm{d}\langle S, f(\cdot,Y.)\rangle_t \\ &= S_t\left(f_t - (1+rY_t)f_x + \frac{1}{2}\sigma^2Y_t^2f_{xx} + rf\right)(t,Y_t)\mathrm{d}t + (\cdots)\mathrm{d}W_t^* \end{aligned}$$

从而得

$$\mathrm{d}M_t - (\cdots)\mathrm{d}W_t^* = S_t\left(f_t - (1+rY_t)f_x + \frac{1}{2}\sigma^2Y_t^2f_{xx} + rf\right)(t, Y_t)\mathrm{d}t$$

两边在[0，t]上积分，左边是连续局部鞅，右边是有界变差过程，故

$$f_t-(1+rx)f_x+\frac{\sigma^2x^2}{2}f_{xx}+rf=0,\ x\geqslant 0$$

终端条件为

$$f(T,\ x)=0$$

边界条件为

$$f(t,\ 0)=r^{-1}(\mathrm{e}^{r(T-t)}-1)$$

而由

$$f_x(t,x)=-P^*\left(\int_t^T S_t^{-1}S_u\mathrm{d}u\geqslant x\right)$$

得到另一个边界条件为

$$\lim_{x\to\infty}f_x(t,\ x)=0$$

目前，方程

$$f_t-(1+rx)f_x+\frac{\sigma^2x^2}{2}f_{xx}+rf=0,\ x\geqslant 0$$

的解析解尚未得到，参考文献[72]也只得到了这个期权定价的下界．

13.4.3 欧式回望期权的定价公式

欧式回望期权的未定权益依赖于该期权在期限内资产价格的过支值．如同亚式期权一样，可分为回望价格期权与回望执行价格期权，每种期权又分为看涨期权与看跌期权两种．资产价格可以是连续的，也可以是离散的，离散情形上一章我们已经介绍了，这里我们只讨论连续情形．

欧式看涨回望执行价格期权的未定权益为

$$\xi=S_T-\min_{0\leqslant t\leqslant T}S_t$$

欧式看跌回望执行价格期权的未定权益为

$$\eta=\max_{0\leqslant t\leqslant T}S_t-S_T$$

记回望看涨期权的价格为 C_t，看跌期权的价格为 P_t．由欧式期权价格基本公式可知，

$$C_t=\mathrm{e}^{-r(T-t)}E^*[\xi\mid\mathcal{F}_t],\ P_t=\mathrm{e}^{-r(T-t)}E^*[\eta\mid\mathcal{F}_t]$$

因为

$$S_t(r)=S_0\exp\left\{\sigma W_t+\left(r-\frac{\sigma^2}{2}\right)t\right\}$$

接下来的计算需要用到有关 $M_t=\max\limits_{0\leqslant t\leqslant T}S_t$ 的分布与技巧．

引理 13.4.1（反射原理） 设 $\{W_t,\ 0\leqslant t\leqslant T\}$ 是扩散系数为 σ 的布朗运动，则对任意的 $x\in\mathbf{R}$，

$$\widetilde{W}_t=\begin{cases}W_t, & t\leqslant\tau_x\\ \dfrac{2x}{\sigma}-W_t, & t>\tau_x\end{cases}$$

仍是布朗运动，这里 $\tau_x=\inf\{t\geqslant 0;\ \sigma W_t\geqslant x\}$．

证明 令 $C([0,\ \infty))$ 为 $[0,\ \infty)$ 上连续函数的全体，$\mathcal{B}(C[0,\ \infty))$ 为 $C([0,\ \infty))$ 上的 σ 代数，由于在 $\tau\triangleq\tau_x=\infty$ 时，$\widetilde{W}_t=W_t$，因此，$\forall A\in\mathcal{B}(C[0,\ \infty))$，

$$P(\widetilde{W}\in A,\ \tau=\infty)=P(W\in A,\ \tau=\infty)$$

故只需证明

$$P(\widetilde{W}\in A,\ \tau<\infty)=P(W\in A,\ \tau<\infty)$$

令$W_t^\tau=W_{t\wedge\tau}$，$g(t,\ \omega)=W(\tau+t,\ \omega)-W(\tau,\ \omega)$，$t\geqslant 0$. 显然，$W_t^\tau\in\mathcal{F}_\tau$，$g(t,\ \omega)$与$\mathcal{F}_\tau$独立，而且$(g(t,\ \omega),\ \mathcal{F}_{\tau+t})$，$t\in\mathbf{R}_+$为布朗运动，因此，$(-g(t,\ \omega),\ \mathcal{F}_{\tau+t})(t\in\mathbf{R}_+)$也是与$\mathcal{F}_\tau$独立的布朗运动，从而$(W_t^\tau,\ \tau,\ g(t,\ \omega))$与$(W_t^\tau,\ \tau,\ -g(t,\ \omega))$同分布，而当$\tau<\infty$时，

$$\widetilde{W}_t=[W_t^\tau-g(t-\tau)]I_{\{\tau\leqslant t<\infty\}}$$

而

$$W_t=[W_t^\tau+g(t-\tau)]I_{\{\tau\leqslant t<\infty\}}$$

所以，$\widetilde{W}$与W同分布. ■

我们也将用到下面的两个引理.

引理 13.4.2 令 $M_t=\sup\limits_{0\leqslant s\leqslant t}W_s$，则对任意的 $x\geqslant 0$，$y\geqslant 0$，有

$$P(W_t<y-x,\ M_t\geqslant y)=P(W_t>y+x)$$

$$P(M_t\geqslant y)=2P(W_t\geqslant y)$$

证明 令 $\tau=\inf\{s\geqslant 0:\ W_s\geqslant y\}$，则由 W 样本的连续性知，$W_\tau=y$，且$(M_t\geqslant y)=(\tau\leqslant t)$，可以证明

$$P(\tau\leqslant t,\ W_t>y+x)=P(\tau\leqslant t,\ W_t<y-x) \tag{13.19}$$

事实上，若令 $\sigma=\inf\{s\geqslant 0:\ \widetilde{W}_s\geqslant y\}$，则由 $\widetilde{W}$ 与 W 同分布知，σ 与 τ 同分布. 从而

$$P(\tau\leqslant t,\ \widetilde{W}_t<y-x)=P(\tau\leqslant t,\ W_t<y-x)$$

而由 $\widetilde{W}_t=2W_\tau-W_t$，$W_\tau=y$，上式的左边恰为 $P(\tau\leqslant t,\ W_t>y+x)$，故式(13.19)得证.

由于$(W_t\geqslant y)\subseteq(\tau\leqslant t)$，从而$(W_t>y+x)\subseteq(\tau\leqslant t)$，由式(13.19)，并注意到$(\tau>t)\cap(W_t>y+x)=\phi$，所以

$$P(W_t>y+x)=P(\tau\leqslant t,\ W_t<y-x)=P(M_t\geqslant y,\ W_t<y-x)$$

第一个结论得证. 因为 $P(W_t=y)=0$，所以在第一个结论中取 $x=0$，就得

$$\begin{aligned}P(M_t\geqslant x)&=P(M_t\geqslant x,\ W_t<x)+P(M_t\geqslant x,\ W_t\geqslant x)\\&=P(W_t>x)+P(W_t\geqslant x)\\&=2P(W_t\geqslant x)\end{aligned}$$

第二个结论得证. ■

推论 13.4.1 W_t与M_t的联合分布密度$p(x,\ y)$为

$$p(x,\ y)=\begin{cases}0, & x>y \text{ 或 } y<0\\ \sqrt{\dfrac{2}{\pi}}\dfrac{2y-x}{t^{3/2}}\mathrm{e}^{-\frac{(2y-x)^2}{2t}}, & y\geqslant 0,\ y\geqslant x.\end{cases}$$

证明 在第一个结论中将 x 换为 $y-x$ 立得：当 $y\geqslant x$ 时，

$$P(W_t<x,M_t\geqslant y)=P(W_t>2y-x)=\frac{1}{\sqrt{2\pi t}}\int_{2y-z}^{\infty}\mathrm{e}^{-\frac{z^2}{2t}}\mathrm{d}z$$

求导即得. ■

引理 13.4.3　当 $x\geqslant 0$，$\lambda\in\mathbf{R}$ 时，有

$$P(\max_{s\leqslant t}(\sigma W_s+\lambda s)\leqslant x)=\Phi\left(\frac{x-\lambda t}{\sigma\sqrt{t}}\right)-\mathrm{e}^{2\lambda x/\sigma^2}\Phi\left(\frac{-x-\lambda t}{\sigma\sqrt{t}}\right)$$

当 $x\leqslant 0$ 时，

$$P(\min_{s\leqslant t}(\sigma W_s+\lambda s)\leqslant x)=\Phi\left(\frac{x-\lambda t}{\sigma\sqrt{t}}\right)+\mathrm{e}^{2\lambda x/\sigma^2}\Phi\left(\frac{x+\lambda t}{\sigma\sqrt{t}}\right)$$

证明　由反射原理，$\sigma\widetilde{W}_t$ 与 σW_t 有相同的分布. $\forall t\in\mathbf{R}_+$，令

$$Z_t^\lambda=\exp\left\{-\frac{\lambda}{\sigma}W_t-\frac{1}{2}\frac{\lambda^2}{\sigma^2}t\right\},\ \mathrm{d}P_t^\lambda=Z_t^\lambda\mathrm{d}P_t$$

则 $P_t^\lambda\sim P_t$，其中 $P_t^\lambda=P^\lambda\mid\mathcal{F}_t$，$P_t=P\mid\mathcal{F}_t$. 且 $W_t^\lambda=W_t+\frac{\lambda}{\sigma}t$ 在测度 P^λ 下仍是标准布朗运动. 我们得到

$$\begin{aligned}
&P(\max_{s\leqslant t}(\sigma W_s+\lambda s)>x,\sigma W_t+\lambda t\leqslant x)\\
&=\int_{\max\limits_{s\leqslant t}\sigma W_s^\lambda>x,\sigma W_t^\lambda\leqslant x}\frac{1}{Z_t^\lambda}\mathrm{d}P^\lambda\\
&=\int_{\max\limits_{s\leqslant t}\sigma W_s^\lambda>x,\sigma W_t^\lambda\leqslant x}\exp\left\{\frac{\lambda}{\sigma}W_t+\frac{\lambda^2}{2\sigma^2}t\right\}\mathrm{d}P^\lambda\\
&=\int_{\max\limits_{s\leqslant t}\sigma W_s^\lambda>x,\sigma W_t^\lambda\leqslant x}\exp\left\{\frac{\lambda}{\sigma}W_t^\lambda-\frac{\lambda^2}{2\sigma^2}t\right\}\mathrm{d}P^\lambda\\
&=\int_{\max\limits_{s\leqslant t}\sigma W_s>x,\sigma W_t\leqslant x}\exp\left\{\frac{\lambda}{\sigma}W_t-\frac{\lambda^2}{2\sigma^2}t\right\}\mathrm{d}P
\end{aligned}$$

故

$$\begin{aligned}
&P(\max_{s\leqslant t}(\sigma W_s+\lambda s)\leqslant x)\\
&=P(\sigma W_t+\lambda t\leqslant x)-P(\max_{s\leqslant t}(\sigma W_s+\lambda s)>x,\sigma W_t+\lambda t\leqslant x)\\
&=\Phi\left(\frac{x-\lambda t}{\sigma\sqrt{t}}\right)-E\exp\left\{\frac{\lambda}{\sigma}W_t-\frac{\lambda^2}{2\sigma^2}\right\}I_{\{\max\limits_{s\leqslant t}\sigma W_s>x,\sigma W_t\leqslant x\}}\\
&=\Phi\left(\frac{x-\lambda t}{\sigma\sqrt{t}}\right)-E\exp\left\{\frac{\lambda}{\sigma}\widetilde{W}_t-\frac{\lambda^2}{2\sigma^2}\right\}I_{\{\max\limits_{s\leqslant t}\sigma\widetilde{W}_s>x,\sigma\widetilde{W}_t\leqslant x\}}\\
&=\Phi\left(\frac{x-\lambda t}{\sigma\sqrt{t}}\right)-\mathrm{e}^{2\lambda x/\sigma^2}E\exp\left\{-\frac{\lambda}{\sigma}W_t-\frac{\lambda^2}{2\sigma^2}t\right\}I(\min_{0\leqslant s\leqslant t}\sigma W_s<x,\sigma W_t\geqslant x)\\
&=\Phi\left(\frac{x-\lambda t}{\sigma\sqrt{t}}\right)-\mathrm{e}^{2\lambda x/\sigma^2}E\exp\left\{-\frac{\lambda}{\sigma}W_t-\frac{\lambda^2}{2\sigma^2}t\right\}I(\sigma W_t\geqslant x)\\
&=\Phi\left(\frac{x-\lambda t}{\sigma\sqrt{t}}\right)-\mathrm{e}^{2\lambda x/\sigma^2}\frac{1}{\sqrt{2\pi t}}\int_{x/\sigma}^{\infty}\exp\left\{-\frac{\lambda}{\sigma}y-\frac{\lambda^2}{2\sigma^2}t-\frac{1}{2t}y^2\right\}\mathrm{d}y\\
&=\Phi\left(\frac{x-\lambda t}{\sigma\sqrt{t}}\right)-\mathrm{e}^{2\lambda x/\sigma^2}\frac{1}{\sqrt{2\pi t}}\int_{x/\sigma}^{\infty}\exp\left\{-\frac{1}{2t}\left(y+\frac{\lambda}{\sigma}t\right)^2\right\}\mathrm{d}y
\end{aligned}$$

$$= \Phi\left(\frac{x-\lambda t}{\sigma\sqrt{t}}\right) - e^{2\lambda x/\sigma^2}\Phi\left(\frac{-x-\lambda t}{\sigma\sqrt{t}}\right) \tag{13.20}$$

其中第四个等式说明如下：将 $A \stackrel{\Delta}{=} (\max_{s\leqslant t}\sigma\widetilde{W}_s > x,\ \sigma\widetilde{W}_t \leqslant x)$ 分解为

$$(A\cap(\tau_x > t))\cup(A\cap(\tau_x\leqslant t))$$

注意到在第一个集合上，$\widetilde{W}_t = W_t$，又因为 $(t<\tau_x)\subseteq(\max_{s\leqslant t}\sigma W_s < x)$，所以第一个集合为空，而在第二个集合上，根据 $\widetilde{W}_s$ 的定义，

$$(\sigma W_t \geqslant x)\subseteq(t\geqslant\tau_x)\text{及}\min_{s\leqslant t}\sigma W_t = 0\leqslant x$$

自然成立，可知

$$A\cap(\tau_x\leqslant t) = (\sigma W_t\leqslant x)$$

第一个结论得证，用 $-W_t$，$-x$，$-\lambda$ 代替相应的 W_t，λ，x 可证第二个结论. ■

定理 13.4.1 欧式看跌回望执行价格期权的价格为

$$P_t = S_t(-1+\Phi(d_3)(1+\sigma^2/2r)) + M_t e^{-r(T-t)}(\Phi(d_1) - \sigma^2/2r\,(S_t^{-1}M_t)^{(2r/\sigma^2)-1}\Phi(d_2))$$

欧式看涨回望执行价格期权的价格为

$$C_t = S_t\left(-1+\Phi(-a_1)\left(1-\frac{\sigma^2}{2r}\right)\right) - m_t e^{-r(T-t)}\left(\Phi(a_2) - \frac{\sigma^2}{2r}(S_t m_t^{-1})^{(1-2r/\sigma^2)}\Phi(-a_3)\right)$$

其中，d_1，d_2，d_3，a_1，a_2，a_3 的表达式将在证明过程中给出.

证明 记 $\lambda = r-\sigma^2/2$，$L_t = \exp\{\max_{t\leqslant s\leqslant T}\sigma W_s^* + \lambda s\}$，注意到 $S_t = S_0 e^{\sigma W_t^* + \lambda t}$，

$$S_t^{-1}L_t = \exp\{\max_{t\leqslant s\leqslant T}(\sigma(W_s^* - W_t^*) + \lambda(s-t))\}$$

$S_t^{-1}L_t$ 与 $\mathcal{F}_t$ 独立，

$$\begin{aligned} P_t &= e^{-r(T-t)}E^*[M_T - S_T \mid \mathcal{F}_t] \\ &= e^{-r(T-t)}S_t E^*[\max(S_t^{-1}M_t, S_t^{-1}L_t) \mid \mathcal{F}_t] - S_t \\ &= e^{-r(T-t)}S_t E^*[\max(y, S_t^{-1}L_t)]\,|_{y=S_t^{-1}M_t} - S_t \end{aligned}$$

这里第二个等式用到 $e^{-r(T-t)}E^*(S_T\mid\mathcal{F}_t) = S_t$，第三个等式用到了条件期望的性质. 由于式(13.20)就是 $\sup_{0\leqslant s\leqslant t}(\sigma W_s + \lambda s)$ 的分布函数，记为 $F_t(x)$，求导得其密度函数

$$\begin{aligned} p_t(x) = &\frac{1}{\sigma\sqrt{2\pi t}}\exp\left\{-\left(\frac{(x-\lambda t)^2}{2\sigma^2 t}\right)\right\} - \frac{2\lambda}{\sigma^2}\exp\left\{\frac{2\lambda x}{\sigma^2}\right\}\Phi\left(\frac{-x-\lambda t}{\sigma\sqrt{t}}\right) + \\ &\frac{1}{\sigma\sqrt{2\pi t}}\exp\left\{\frac{2\lambda x}{\sigma^2}\right\}\exp\left\{\left(-\frac{(x+\lambda t)^2}{2\sigma^2 t}\right)\right\},\quad x\geqslant 0 \end{aligned}$$

计算

$$\begin{aligned} &E^*[\max(y, S_t^{-1}L_t)] \\ = &E^*[\exp\{\max(\log y, \max_{t\leqslant s\leqslant T}[\sigma(W_s^* - W_t^*) + \lambda(s-t)])\}] \\ = &E[\exp\{\max(\log y, \max_{0\leqslant s\leqslant T-t}(\sigma W_s + \lambda s))\}] \\ = &yF_{T-t}(\ln y) + \int_{\ln y}^{+\infty} e^x p_{T-t}(x)\,dx \end{aligned}$$

经过相当繁杂的计算可得

$$P_t = S_t(-1+\Phi(d_3)\left(1+\frac{\sigma^2}{2r}\right)+M_t e^{-r(T-t)}\left[\Phi(d_1)-\frac{\sigma^2}{2r}(S_t^{-1}M_t)^{(2r/\sigma^2)-1}\Phi(d_2)\right]$$

其中，

$$d_1 = \frac{\log(M_t/S_t)-(r-\sigma^2/2)(T-t)}{\sigma\sqrt{T-t}}$$

$$d_2 = \frac{-\log(M_t/S_t)-(r-\sigma^2/2)(T-t)}{\sigma\sqrt{T-t}}$$

$$d_3 = \frac{-\log(M_t/S_t)+(r-\sigma^2/2)(T-t)}{\sigma\sqrt{T-t}}$$

类似于引理 13.4.3 的第二个结论，可得看涨期权的价格为

$$C_t = S_t\left(-1+\Phi(-a_1)\left(1-\frac{\sigma^2}{2r}\right)\right)-m_t e^{-r(T-t)}\left(\Phi(a_2)-\frac{\sigma^2}{2r}(S_t m_t^{-1})^{(1-2r/\sigma^2)}\Phi(-a_3)\right)$$

其中，

$$a_1 = \frac{\log(S_t/m_t)+(r+\sigma^2/2)(T-t)}{\sqrt{T-t}}$$

$$a_2 = a_1 - \sigma\sqrt{T-t}$$

$$a_3 = \frac{\log(S_t/m_t)-(r-\sigma^2/2)(T-t)}{\sqrt{T-t}}$$

$$m_t = \min_{0\leqslant u\leqslant t} S_u$$

■

13.5 对冲

本节我们讨论卖出欧式期权后，对冲风险的技巧．

13.5.1 欧式看涨期权的戴尔塔对冲系数

定义 13.5.1（戴尔塔对冲）　称比率$=\dfrac{\text{期权价格变化}}{\text{股票价格变化}}$为欧式期权的戴尔塔对冲系数，记为

$$\Delta = \frac{\partial V}{\partial S}$$

构造一个投资组合：在初始时刻买入股票（价格 S_0）α 股，卖空期权（价格 V_0）1 份，借入现金（无风险利率 r）C_0 元，使得初始资本为

$$\Pi_0 = \alpha S_0 - V_0 + C_0 = 0$$

则有

$$\Rightarrow \mathrm{d}\Pi_t = \alpha \mathrm{d}S_t - \mathrm{d}V_t + rC_t \mathrm{d}t$$

要使得投资组合的价值不受股价涨跌的影响，即希望找到一个 a，使得 $\mathrm{d}\Pi_t = r\Pi_t \mathrm{d}t$. 使用伊藤公式展开 $V(S, t)$得

$$\mathrm{d}V(t, S_t) = \frac{\partial V}{\partial S}\mathrm{d}S_t + \frac{\partial V}{\partial t}\mathrm{d}t + \frac{\sigma^2}{2}S_t^2\frac{\partial^2 V}{\partial S^2}\mathrm{d}t$$

由 Black-Scholes 公式得

$$\frac{\partial V}{\partial t}+\frac{1}{2}\sigma^2 S_t^2\ \frac{\partial^2 V}{\partial S^2}=rV-rS_t\ \frac{\partial V}{\partial S}$$

于是

$$\mathrm{d}V_{(t,S_t)}=\frac{\partial V}{\partial S}\mathrm{d}S_t+rV\mathrm{d}t-rS_t\ \frac{\partial V}{\partial S}\mathrm{d}t$$

$$\mathrm{d}\Pi_t=\alpha\mathrm{d}S_t-\left(\frac{\partial V}{\partial S}\mathrm{d}S_t+rV\mathrm{d}t-rS_t\ \frac{\partial V}{\partial S}\mathrm{d}t\right)+rC_t\mathrm{d}t$$

若 $\alpha=\frac{\partial V}{\partial S}$，则

$$\mathrm{d}\Pi_t=r(-V+S_t\alpha+C_t)\mathrm{d}t=r\Pi_t\mathrm{d}t$$

这表明不管 T 时刻股票价格 S_T 是多少，资产总值不受影响．

这样我们从理论上证明了 $\alpha=\frac{\partial V}{\partial S}$. 但这个表达式不易于计算，下面我们将证明 $\frac{\partial V}{\partial S}=\Phi(d_1)$，其中，$d_1=\frac{\ln\left(\frac{S_0}{X}\right)+\left(r+\frac{\sigma^2}{2}\right)T}{\sigma\sqrt{T}}$.

定理 13.5.1 戴尔塔对冲系数 $\alpha=\frac{\partial V}{\partial S}$ 满足 $\frac{\partial V}{\partial S}=\Phi(d_1)$，$d_1=\frac{\ln\left(\frac{S_0}{X}\right)+\left(r+\frac{\sigma^2}{2}\right)T}{\sigma\sqrt{T}}$.

证明 因为

$$V=S\Phi(d_1)-\mathrm{e}^{-rT}X\Phi(d_2)$$

$$\Rightarrow\frac{\partial V}{\partial S}=\Phi(d_1)+S\Phi'(d_1)\frac{\partial d_1}{\partial S}-\mathrm{e}^{-rT}X\Phi'(d_2)\frac{\partial d_2}{\partial S}$$

$$d_i=\frac{\ln S}{\sigma\sqrt{T}}+\text{常数}$$

$$\Rightarrow\frac{\partial V}{\partial S}=\Phi(d_1)+\frac{[S\Phi'(d_1)-\mathrm{e}^{-rT}X\Phi'(d_2)]}{(S\sigma\sqrt{T})}$$

$$d_2=d_1-\sigma\sqrt{T}$$

$$\Rightarrow\Phi'(d_2)=\frac{1}{\sqrt{2\pi}}\exp\left[-\frac{(d_1-\sigma\sqrt{T})^2}{2}\right]=\frac{1}{\sqrt{2\pi}}\mathrm{e}^{-\frac{d_1^2}{2}}\mathrm{e}^{\frac{(2d_1\sigma\sqrt{T}-\sigma^2T)}{2}}$$

$$d_1\sigma\sqrt{T}=\ln\left(\frac{S}{X}\right)+\frac{\sigma^2T}{2}+rT$$

$$\Rightarrow\Phi'(d_2)=\frac{1}{\sqrt{2\pi}}\mathrm{e}^{-\frac{d_1^2}{2}}\mathrm{e}^{\ln\left(\frac{S}{X}\right)+rT}=\frac{\Phi'(d_1)\mathrm{e}^{rT}S}{X}$$

所以

$$\frac{\partial V}{\partial S}=\Phi(d_1),\ d_1=\frac{\ln\left(\frac{S_0}{X}\right)+\left(r+\frac{\sigma^2}{2}\right)T}{\sigma\sqrt{T}}$$

■

13.5.2 历史波动率与隐含波动率

定义 13.5.2(历史波动率)　历史波动率是指某段预先给定时间区间上实际市场价格的标准差.

定义 13.5.3(隐含波动率)若已知欧式看涨期权的信息，S_0＝今日股票价格，K＝执行价格，T＝到期时间，r＝无风险利率，V＝今日期权的市场价格，则根据 Black-Sholes 公式，

$$V=S_0N(d_1)-K\mathrm{e}^{-rT}N(d_2)$$

解得的 σ 称为隐含波动率.

定义 13.5.4(波动率微笑)　Black-Scholes 公式假定(历史)波动率在期权的存续期间为常数. 那么从理论上讲，对于同一标的资产，不同存续期、不同执行价的期权的波动率应该是相同的，但实际计算结果并不是这样，这种现象称为波动率微笑.

13.5.3 几个常用的希腊字母

在看涨期权 $C(S, t)$的 Black-Scholes 公式

$$\frac{\partial C}{\partial t}+rS\frac{\partial C}{\partial S}+\frac{1}{2}\sigma^2S^2\frac{\partial^2 C}{\partial S^2}=rC$$

中，有三项同时出现，并且都在期权定价与对冲中具有重要作用：

$$\Delta=\frac{\partial C}{\partial S}=\Phi(d_1)$$

$$\Gamma=\frac{\partial^2 C}{\partial S^2}=\frac{1}{\sigma S\sqrt{2\pi T}}\mathrm{e}^{-d_1^2/2}$$

$$\Theta=\frac{\partial C}{\partial t}=-r\mathrm{e}^{-rT}X\Phi(d_2)-\frac{1}{2}\sigma^2S^2\Gamma$$

在 Black-Scholes 公式中，

$$\Theta+rS\Delta+\frac{1}{2}\sigma^2S^2\Gamma=rC$$

$$\lim_{t\to T}\Delta(t)=\begin{cases}0, & S<X\\ 1, & S>X\end{cases}$$

参数 Γ 和 Θ 既可以用来作为 Δ 对市场变化的反应，也可以用来进行更灵敏和更深入的对冲. 感兴趣的读者可以查阅相关资料.

13.6 连续时间的美式期权定价公式

我们在前面已经讨论了离散型模型下美式期权的定价，由于美式期权的特征，它的定价主要涉及期权执行的时间，即所谓的最优停时问题. 在萨缪尔森模型下计算美式期权的价格比欧式期权的价格要复杂得多.

首先，我们定义一个具有消费的组合.

定义 13.6.1　一个在 $\mathbf{R}^2$ 中取值的适应过程 $\phi=(H_t^0, H_t)_{0\leqslant t\leqslant T}$ 称为一个具有消费的交易策略，如果它满足下面的性质：

(1) $\int_0^T|H_t^0|\mathrm{d}t+\int_0^t H_t^2\mathrm{d}t<+\infty$；

(2)对于所有的 $t\in[0,\ T]$，有

$$H_t^0 S_t^0 + H_t S_t = H_0^0 + H_0 S_0 + \int_0^t H_u^0 \mathrm{d} S_u^0 + \int_0^t H_u \mathrm{d} S_u - C_t$$

这里 C_t 表示到 t 为止的累积消费，是一个适应的、连续可导的、在 $t=0$ 为 0 的不减过程.

定理 13.6.1 如果 $H=(H_t)_{0\leqslant t\leqslant T}\in L_T^2$，那么在测度 Q 下，t 时刻的上述策略的贴现值

$$\widetilde{V}_t(\phi)=H_t^0+H_t\widetilde{S}_t$$

是一个上鞅.

证明 由于 t 时刻该策略的资产值为

$$V_t(\phi) = H_0^0 + H_0 S_0 + \int_0^t H_u^0 \mathrm{d} S_u^0 + \int_0^t H_u \mathrm{d} S_u - C_t$$

那么

$$\mathrm{d}V_t(\phi)=H_t^0 \mathrm{d} S_t^0+H_t \mathrm{d}S_t-\mathrm{d}C_t$$

于是

$$\begin{aligned}
\mathrm{d}\widetilde{V}_t(\phi) &= -r\widetilde{V}_t(\phi)\mathrm{d}t+\mathrm{e}^{-rt}\mathrm{d}V_t(\phi)+\mathrm{d}\langle \mathrm{e}^{-r}\cdot V(\phi)\rangle_t \\
&= -r\,\mathrm{e}^{-rt}(H_t^0\,\mathrm{e}^{rt}+H_t S_t)\mathrm{d}t+\mathrm{e}^{-rt} H_t^0 \mathrm{d}(\mathrm{e}^{rt})+\mathrm{e}^{-rt} H_t \mathrm{d} S_t-\mathrm{e}^{-rt}\mathrm{d} C_t \\
&= H_t(-r\,\mathrm{e}^{-rt} S_t \mathrm{d}t+\mathrm{e}^{-rt}\mathrm{d} S_t)-\mathrm{e}^{-rt}\mathrm{d} C_t \\
&= H_t \mathrm{d}\widetilde{S}-\mathrm{e}^{-rt}\mathrm{d} C_t
\end{aligned}$$

故有

$$\widetilde{V}_t(\phi) = V_0(\phi) + \int_0^t H_u \mathrm{d}\widetilde{S}_u - \int_0^t \mathrm{e}^{-ru}\mathrm{d} C_u$$

由于 $H=(H_t)_{0\leqslant t\leqslant T}\in L_T^2$，$\widetilde{S}$ 在 Q 测度下是鞅，故在 Q 测度下，$\int_0^t H_u \mathrm{d}\widetilde{S}_u$ 也是鞅. 另外，由于 C_t 是不减的，即

$$\frac{\mathrm{d} C_t}{\mathrm{d}t}\geqslant 0$$

故我们有

$$\frac{\mathrm{d}}{\mathrm{d}t}\int_0^t \mathrm{e}^{-ru}\mathrm{d} C_u = \mathrm{e}^{-rt}\frac{\mathrm{d} C_t}{\mathrm{d}t}\geqslant 0$$

所以 $\int_0^t \mathrm{e}^{-ru}\mathrm{d}C_u$ 也是不减过程. 根据上鞅的 Doob 分解定理，我们得到在测度 Q 下，$\{\widetilde{V}_t(\phi)\}$ 是一个上鞅. 证毕. ■

类似于欧式期权，我们同样用一个非负的适应过程 $h_t=\psi(S_t)$ 来表示美式期权的未定权益，其中 ψ 是一个连续映射 $\mathbf{R}^+\to\mathbf{R}^+$，对任意的非负常数 A 和 B，它满足

$$\psi(x)\leqslant A+Bx,\ x\in\mathbf{R}^+$$

对于标准看涨期权，有 $\psi(x)=(x-K)^+$，而对于标准看跌期权，则有 $\psi(x)=(K-x)^+$.

如果对于具有消费的交易策略的值

$$V_t(\phi)=H_t^0 S_t^0+H_t S_t$$

当 $t\in[0, T]$时，均有

$$V_t(\phi)\geqslant\psi(S_t)$$

则我们说该策略 $\phi=(H_t^0, H_t)_{0\leqslant t\leqslant T}$是对美式期权 $h_t=\psi(S_t)$保值的策略，用 Φ^ψ 表示这些策略的集合．如果一个美式期权的卖者，用所卖的钱按照策略 $\phi\in\Phi^\psi$ 进行投资，则他在时刻 t 所持有的投资资产的值将不会小于$\psi(S_t)$，而后者则是美式期权的买者在 t 时刻执行期权所得的收益．

定理 13.6.2　设函数 u 定义的映射$[0, T]\times\mathbf{R}^+\to\mathbf{R}$：

$$u(t, x)=\sup_{\tau\in\mathcal{T}_t, T}E^Q\left(\mathrm{e}^{-r(\tau-t)}\psi\left(x\exp\left(\left(r-\frac{\sigma^2}{2}\right)(\tau-t)+\sigma(W_\tau-W_t)\right)\right)\right)$$

这里 $\mathcal{T}_{t,T}$表示所有在闭区间$[t, T]$内取值的停时的集合，则存在一个策略 $\bar{\phi}\in\Phi^\psi$，使得对所有的 $t\in[0, T]$，有 $V_t(\bar{\phi})=u(t, S_t)$；另外对任何一个策略 $\bar{\phi}\in\Phi^\psi$，我们有

$$V_t(\bar{\phi})\geqslant u(t, S_t)$$

证明　这个定理的证明有点烦琐，这里我们不给出严格的证明，只描述一下证明的框架．事实上，这里的 $\mathrm{e}^{-rt}u(t, S_t)$是过程 $\mathrm{e}^{-rt}\psi(S_t)$的 Snell 包络，亦即前者是优于后者的最小上鞅，而根据保值策略的定义和定理 13.6.1，$\mathrm{e}^{-rt}V_t(\phi)$是优于 $\mathrm{e}^{-rt}\psi(S_t)$的上鞅，所以对于任一 $\phi\in\Phi^\psi$，均有 $V_t(\phi)\geqslant u(t, S_t)$，而从集合 Φ^ψ 中找到一个 $\bar{\phi}$ 使得 $V_t(\bar{\phi})$在$\{V_t(\phi), \phi\in\Phi^\psi\}$中最小，就是 $V_t(\bar{\phi})=u(t, S_t)$．■

定理 13.6.2 引入了一个关于对美式期权进行保值的策略的最小值这一重要概念，它实际上就是我们所定义的美式期权的价格．

由于美式期权可以在区间$[0, T]$内任一时刻执行，因此它比只能在 $t=T$ 点执行的欧式期权具有更多的选择机会，因而欧式期权的值一般要不小于美式期权的值．但如果标的股票在$[0, T]$内没有送配股息，则基于以上的美式标准看涨期权不会在 $t<T$ 内执行，亦即在此种情况下，美式标准看涨期权的值与欧式看涨期权是一样的．下面我们来给出这个定理，并加以证明．

定理 13.6.3　如果在定理 13.6.2 中，对于所有的 x，ψ 定义为

$$\psi(x)=(x-K)^+$$

那么我们有

$$u(t, x)=F(t, x)$$

这里 $F(t, S_t)$是计算欧式看涨期权价格的 Black-Scholes 公式．

证明　由于$\{\widetilde{S}_t\}$在测度 Q 下是一个鞅，所以

$$\begin{aligned}\mathrm{e}^{-rT}E^Q(S_T-K)^+\mid\mathcal{F}_\tau)&=E^Q((\widetilde{S}_T-\mathrm{e}^{-rT}K)^+\mid\mathcal{F}_\tau)\\&\geqslant E^Q((\widetilde{S}_T-\mathrm{e}^{-rT}K)\mid\mathcal{F}_\tau)\\&=\widetilde{S}_\tau-\mathrm{e}^{-rT}K\end{aligned}$$

从而得到

$$E^Q((\widetilde{S}_T-\mathrm{e}^{-rT}K)^+\mid\mathcal{F}_\tau)\geqslant\widetilde{S}_\tau-\mathrm{e}^{-r\tau}K$$

这里是因为对于 $r>0$，$T>\tau$，有

$$\widetilde{S}_\tau - e^{-rT}K \geqslant \widetilde{S}_\tau - e^{-r\tau}K$$

再一次应用上式我们得

$$E^Q((\widetilde{S}_T - e^{-rT}K)^+ \mid \mathcal{F}_\tau) \geqslant (\widetilde{S}_\tau - e^{-r\tau}K)$$

但上式左边是非负的，故有

$$E^Q((\widetilde{S} - e^{-rT}K)^+ \mid \mathcal{F}_\tau) \geqslant (\widetilde{S}_\tau - e^{-r\tau}K)^+$$

对上式两边再取期望，则有

$$E^Q((\widetilde{S}_T - e^{-rt}K)^+) \geqslant E^Q((\widetilde{S}_\tau - e^{-r\tau}K)^+)$$

上式的右边即是在任一时刻 $t\in[0, T]$执行美式期权的期权价格，按照上式在 $t<T$ 内的任一时刻执行期权，美式期权的价格均小于欧式期权的价格，因此该美式期权的持有者只会在 $t=T$ 点执行该项权利，使它的价格达到最大值——对应的欧式看涨期权的价格．证毕．■

但是对于看跌期权，美式期权的值就不是等于欧式期权，而是大于它了．实际上对于美式看跌期权，我们一般导不出函数 $u(t, x)$的显式表达式，而只能采用数值解法了．

下面我们来讨论几种特殊情形下的美式看跌期权．欧式期权的难点是去掉条件期望，美式期权的难点是关于停时求上确界．因为

$$u(t, x) = \sup_{\tau\in\mathcal{T}_{t,T}} E^Q\left(e^{-r(\tau-t)}\psi\left(x\exp\left(\left(r-\frac{\sigma^2}{2}\right)(\tau-t)+\sigma(W_\tau-W_t)\right)\right)\right)$$

现在

$$\psi(x) = (K-x)^+$$

代入上式，改写一下，我们得到

$$u(t, x) = \sup_{\tau\in\mathcal{T}_{t,T}}\left[Ke^{-r(\tau-t)} - x\exp\left\{-\frac{\sigma^2}{2}(\tau-t)+\sigma(W_\tau-W_t)\right\}\right]^+$$

一般情况下，求解这个式子非常困难．现在我们只讨论 $t=0$ 时的永久期权的特殊情形，首先只讨论 $u(0, x)$. 由于

$$u(0, x) = \sup_{\tau\in\mathcal{T}_{t,T}} E^Q\left(Ke^{-r\tau} - x\exp\left(\sigma W_\tau - \frac{\sigma^2}{2}\tau\right)\right)^+$$

并且我们设该美式期权在任一时刻均可以执行，即它是一个永久的美式期权，我们将此时的函数 u 可以表示成

$$u^\infty(x) = \sup_{\tau\in\mathcal{T}_{0,\infty}} E^Q\left(\left(K e^{-r\tau} - x\exp\left(\sigma W_\tau - \frac{\sigma^2}{2}\tau\right)\right)^+ I_{\{\tau<\infty\}}\right)$$

这里 $\mathcal{T}_{0,\infty}$ 表示所有在$[0, \infty]$上取值的关于$\mathcal{F}_t = \sigma(W_s, s\leqslant t)_{t\geqslant 0}$ 的停时集合，显然有 $\mathcal{T}_{0,T}\subset\mathcal{T}_{0,\infty}$，则有

$$\begin{aligned} u(0,x) &= \sup_{\tau\in\mathcal{T}_{0,T}} E^Q\left(K e^{-r\tau} - x\exp\left(\sigma W_\tau - \frac{\sigma^2}{2}\tau\right)\right)^+ \\ &\leqslant \sup_{\tau\in\mathcal{T}_{0,\infty}} E^Q\left(K e^{-r\tau} - x\exp\left(\sigma W_\tau - \frac{\sigma^2}{2}\tau\right)\right)^+ I_{\{\tau<\infty\}}\Big) \end{aligned}$$

上式右边 $u^\infty(x)$是 $u(0, x)$的上界．下面我们来导出它的直接表达式．

定理 13.6.4　函数

$$u^{\infty}(x)=\sup_{\tau\in\mathscr{T}_{0,\infty}}E^{Q}\left(\left(K\,\mathrm{e}^{-r\tau}-x\exp\left(\sigma W_{\tau}-\frac{\sigma^{2}}{2}\tau\right)\right)^{+}I_{\{\tau<\infty\}}\right)\tag{13.21}$$

的计算可以用下列表达式进行：

$$u^{\infty}(x)=\begin{cases}K-x, & x\leqslant x^{*}\\(K-x^{*})\left(\dfrac{x}{x^{*}}\right)^{-\gamma}, & x>x^{*}\end{cases}$$

其中，$\gamma=2r/\sigma^{2}$，$x^{*}=rK/(1+r)$.

证明　从式(13.21)我们可得函数 $u^{\infty}(x)$是 $x\in[0,\infty]$上递减的凸函数，满足

$$u^{\infty}(x)\geqslant(K-x)^{+}$$

且对于任一 $T>0$，有

$$u^{\infty}(x)\geqslant E^{Q}\left(K\,\mathrm{e}^{-rt}-x\exp\left(\sigma W_{T}-\frac{\sigma^{2}}{2}T\right)\right)^{+}$$

那么我们不难得到对于所有的 $x\geqslant0$，有 $u^{\infty}(x)>0$.

现在我们定义

$$x^{*}=\sup\{x>0\mid u^{\infty}(x)=K-x\}$$

注意到 $u^{\infty}(x)$是 x 的减函数，且有 $u^{\infty}(x)>0$ 和 $u^{\infty}(x)>(K-x)^{+}$，于是对任一 $x\leqslant x^{*}$，则有

$$u^{\infty}(x)=K-x\tag{13.22}$$

而对于 $x>x^{*}$，则有

$$u^{\infty}(x)>K-x$$

另一方面，将离散型模型下的 Snell 包络概念扩展到连续型模型下，我们得到

$$u^{\infty}(x)=E^{Q}\left(\left(K\,\mathrm{e}^{-r\tau_{x}}-x\exp\left(\sigma W_{\tau_{x}}-\frac{\sigma^{2}}{2}\tau_{x}\right)\right)^{+}I_{\{\tau_{x}<\infty\}}\right)$$

这里 τ_{x} 是由

$$\tau_{x}=\inf\{t\geqslant0\mid \mathrm{e}^{-rt}u^{\infty}(X_{t}^{x})=\mathrm{e}^{-rt}(K-X_{t}^{x})^{+}\}\tag{13.23}$$

定义的有界停时，X_{τ}^{x} 为

$$X_{t}^{x}=x\exp\left(\left(r-\frac{\sigma^{2}}{2}\right)t+\sigma W_{t}\right)$$

根据 Snell 包络的性质，我们知 τ_{x} 是一个最优停时 .

根据式(13.21)和式(13.22)，我们得到

$$\tau_{x}=\inf\{t\geqslant0\mid X_{t}^{x}\leqslant x^{*}\}=\inf\left\{t\geqslant0\,\middle|\,\left(r-\frac{\sigma^{2}}{2}\right)t+\sigma W_{t}\leqslant\ln\frac{x^{*}}{x}\right\}$$

如果对于任一正实数 $z\in\mathbf{R}^{+}$，我们定义一个新的停时

$$\tau_{x,z}=\inf\{t\geqslant0\mid X_{t}^{x}\leqslant z\}$$

那么最优停时 τ_{x} 为

$$\tau_{x}=\tau_{x,x^{*}}$$

我们不妨再定义 z 的函数 ϕ 为

$$\phi(z)=E^{Q}(\mathrm{e}^{-r\tau_{x,z}}I_{\{\tau_{x,z}<\infty\}}(K-X_{\tau_{x,z}}^{x})^{+})\tag{13.24}$$

由于 $\tau_{x,x^{*}}=\tau_{x}$ 是最优停时，所以 $\phi(z)$在 $z=x^{*}$ 点取得最大值，这样我们就可以利用求

$\phi(z)$的极大值点来确定 x^*，进而得到 $u^\infty(x)=\phi(x^*)$.

事实上，我们可以把 z 看作标的股票在停时的价格．当 $z>x$ 时，由于 $u^\infty(x)$关于 x 是递减的，易知此时有 $\tau_{x,z}=0$，从而根据式(13.24)有

$$\phi(z)=(K-x)^+$$

如果 $z\leqslant x$，那么由 $\tau_{x,z}$的定义知，

$$x\geqslant z\geqslant X_t^x$$

若只有取等号上式才能严格成立，即

$$\tau_{x,z}=\inf\{t\geqslant 0 \mid X_t^x=z\}$$

则根据式(13.24)，进一步有

$$\begin{aligned}\phi(z)&=(K-z)^+=E^Q[\mathrm{e}^{-r\tau_{x,z}}I_{\{\tau_{x,z}<\infty\}}(K-X_{\tau_{x,z}}^x)]\\&=(K-z)^+E^Q(\mathrm{e}^{-r\tau_{x,z}})\end{aligned}\qquad(13.25)$$

因为 $z\leqslant x$，我们令 $u=\dfrac{r}{\sigma}-\dfrac{\sigma}{2}$，则有

$$\begin{aligned}\tau_{x,z}&=\inf\{t\geqslant 0 \mid X_t^x=z\}=\inf\left\{t\geqslant 0 \mid \left(r-\frac{\sigma^2}{2}\right)t+\sigma W_t=\ln\frac{z}{x}\right\}\\&=\inf\left\{t\geqslant 0 \mid \mu t+W_t=\frac{1}{\sigma}\ln\frac{z}{x}\right\}\end{aligned}$$

由布朗运动的性质，有

$$\begin{aligned}E^Q(\exp(-r\tau_{x,z}))&=\exp\left(-\frac{\mu}{\sigma}\ln\frac{x}{z}-\frac{1}{\sigma}\ln\frac{x}{z}\sqrt{\mu^2+2r}\right)\\&=\exp\left(\left(-\frac{2r}{\sigma^2}\right)\ln\frac{x}{2}\right)=\left(\frac{z}{x}\right)^\gamma\end{aligned}$$

其中，$\gamma=\dfrac{2r}{\sigma}$，由式(13.25)知，$\forall z\in[0,x]\cap[0,K]$，有

$$\phi(z)=(K-z)\left(\frac{z}{x}\right)^\gamma$$

两边对 z 求导，并令其等于零，得

$$\phi'(z)=-\left(\frac{z}{x}\right)^\gamma+\frac{\gamma}{x}(K-z)\left(\frac{z}{x}\right)^{\gamma-1}=0$$

解得

$$z=\frac{\gamma}{\gamma+1}K=x^*$$

这样，对于 $x\leqslant x^*$，

$$\phi(z)=\phi(x^*)=K-x$$

对于 $x>x^*$，则有

$$\phi(z)=\phi(x^*)=(K-x^*)\left(\frac{x}{x^*}\right)^{-\gamma}\qquad\blacksquare$$

以上我们讨论了永久美式看跌期权在 $t=0$ 时刻的定价，对于具有有限到期日 T 的美式看跌期权，我们就不作介绍了．

参考文献

[1] 胡迪鹤．随机过程论：基础、理论、应用[M].2版．武汉：武汉大学出版社，2005.
[2] 黄志远．随机分析学基础[M].2版．北京：科学出版社，2001.
[3] 闰理坦，鲁立刚，许志强．随机积分与不等式[M]. 北京：科学出版社，2004.
[4] ROSS S M. Stochastic processes[M]. 2nd ed. New York: John Wiley & Sons Inc., 1995.
[5] 林元烈．应用随机过程[M]. 北京：清华大学出版社，2002.
[6] 金治明．数学金融学基础[M]. 北京：科学出版社，2006.
[7] 龚光鲁，钱敏平．应用随机过程教程[M]. 北京：清华大学出版社，2004.
[8] 赵荣侠，崔群劳．测度与积分[M]. 西安：西安电子科技大学出版社，2002.
[9] 何声武，汪嘉冈，严加安．半鞅与随机分析[M]. 北京：科学出版社，1995.
[10] 胡适耕，黄乘明，吴付科．随机微分方程[M]. 北京：科学出版社，2008.
[11] 柳金甫，孙洪祥，王军．应用随机过程[M]. 北京：清华大学出版社，2006.
[12] 刘嘉焜．应用随机过程[M]. 北京：科学出版社，2002.
[13] 布林斯基，施里压耶夫．随机过程论[M]. 李占柄，译．北京：高等教育出版社，2008.
[14] 奚宏生．随机过程引论[M]. 合肥：中国科学技术大学出版社，2009.
[15] 方兆本，缪柏其．随机过程[M].2版．北京：科学出版社，2004.
[16] 伊藤清．随机过程[M]. 刘璋温，译．北京：人民邮电出版社，2010.
[17] 刘次华．随机过程[M].2版．武汉：华中科技大学出版社，2001.
[18] 王军，王娟．随机过程及其在金融领域中的应用[M]. 北京：清华大学出版社，2007.
[19] PROTTER P E. Stochastic integration and differential equations[M]. 2nd ed. New York: Springer, 2005.
[20] MIKOSCH T. Elementary stochastic calculus with finance in view[M]. Singapore: World Scientific, 1998.
[21] YONG J M, ZHOU X Y. Stochastic controls[M]. New York: Springer, 1999.
[22] 王梓坤．随机过程论[M]. 北京：科学出版社，1978.
[23] 金治明．最优停止理论及其应用[M]. 长沙：国防科学技术大学出版社，1995.
[24] 高飞，赵振全．随机控制理论与风险度量[J]. 数量经济技术经济研究，2002，19(6)：72-75.
[25] TOUZI N. Stochastic control problems: viscosity solutions and application to finance[M]. Basel: Birkhauser Verlag AG, 2007.
[26] LIPTSER R S, SHIRYAYEV A N. Statistics and random processes[M]. New York: Springer-Verlag, 1977.
[27] DUNCAN T E, HU Y, PASIK-DUNCAN B. Stochastic calculus for fractional Brownian motion[J]. SIAM journal of control and optimization, 2000, 38(2): 582-612.
[28] ELLIOTT R J, HOEK J V D. A general fractional white noise theory and applications to finance[J]. Mathematical finance, 2003, 13(2): 301-330.
[29] NUALART D. The Malliavin calculus and related topics[M]. New York: Springer, 1995.
[30] BIAGINI F, ØKSENDAL B, SULEM A, et al. An introduction to white noise theory and Malliavin calculus for fractional Brownian motion[J]. Proceedings of the Royal Society A, Mathematical Physical & Engineering Sciences, 2004, 460(2041): 347-372.
[31] HU Y. Integral transformations and anticipative calculus for fractional Brownian motions[J]. Memoirs of the American Mathematical Society, 2005(825): 127.

[32] CRANDALL M G, LIONS P L. Condition d'Unicité pour les solutions generalisées des equations de Hamilton-Jacobi du premier order[J]. C. R. Acad. Sci, 1981(292): 183-186.

[33] CRANDALL M G , EVANS L C, LIONS P L. Some properties of viscosity solutions of Hamilton-Jacobi equations[J]. Trans. Amer. Math. Soc. , 1984(282): 487-502.

[34] LIONS P L. Optimal control of diffusion processes and Hamilton-Jacobi-Bellman equations[J]. Communiations inpartial differential equations, 1983(10): 1101-1174.

[35] LIONS P L. Optimal control of diffusion processes and Hamilton-Jacobi-Bellman equations[J]. Acta applicandae mathematicae, 1983, 8(11): 1229-1276.

[36] ØKSENDAL B, PROSKE F, ZHANG T S. Backward stochastic differential equations with jumps and application to optimal control of random jump fields[J]. Stochastics, 2005, 77(5): 381-399.

[37] TANG S. The maximum principle for partially observed optimal control of stochastic differential equations [J]. SIAM J Journal on Control and Optimization, 1998, 36(5): 1596-1617.

[38] JENSEN R. The maximum principle for viscosity solutions of fully nonlinear second order partial differential equations[J]. Arch. Rat. Mech. Anal. , 1988(101): 1-27.

[39] JENSEN R, LIONS P L, SOUGANIDIS P E. A uniqueness result for viscosity solutions of second orderfully nonlinear partial differential equations[J]. Proc. Amer. Math. Soc. , 1988(102): 975-987.

[40] ÅSTRÖM K J. Introduction to stochastic control theory[M]. New York: Dover Publi-cations, 2006.

[41] ELLIOTT R J, KUEN S T. Stochastic control[M]. New York: John Wiley & Sons, Ltd, 2010.

[42] 王力，李龙锁．鞅与随机微分方程[M]. 北京：科学出版社，2015.

[43] 张波，张景肖．应用随机过程[M]. 北京：清华大学出版社，2004.

[44] 胡适耕．实变函数[M]. 北京：高等教育出版社，1999.

[45] 菲赫金哥尔茨．微积分学教程[M]. 余家荣，吴亲仁，译．北京：高等教育出版社，2006.

[46] STELAND A. Financial statistics and mathematical finance[M]. New York: Wiley, 2012.

[47] RAN Q K. BSDEs with coefficient of superquadratic growth and application to semilinear PDE[J]. 应用数学，2016，29(3)：600-605.

[48] HIRSA A, NEFTCI S N. An introduction to the mathematics of financial derivatives[M]. 3rd ed. New York: Elsevier, 2014.

[49] 王晓瑛．分数布朗运动的新表示[J]. 纯粹数学与应用数学，2002，18(4)：367-370.

[50] 王玉宝，胡迪鹤．均马式过程，马式过程，鞅及平稳过程的关系[J]. 武汉大学学报，2005，51 (1)：7-10.

[51] 张希林．离散鞅收敛定理的证明及应用[D]. 广州：中山大学，2005.

[52] 阚秀．基于分数布朗运动的 Wick 型积分随机微分方程解的存在唯一性[D]. 上海：东华大学，2009.

[53] ZHOU S W. Comparison theorem for multidimensional backward stochastic differential equations[J]. 应用概率统计，2004，20(3)：225-228.

[54] KOBYLANSKI M. Backward stochastic differential equations and partial differential equations with quadratic growth[J]. Ann. Probab. , 2000(28): 558-602.

[55] KOBYLANSKI M、Résultats d'existence et d'unicité pour des équations différentielles stochastiques rétrogrades avec des générateurs á croissance quadratique[J]. C. R. Acad. Sci. ParisSér. I Math, 1997, 324(1): 81-86.

[56] 张骅月．分数布朗运动及其在保险金融中的应用[D]. 天津：南开大学，2007.

[57] MAO X R. Adapted solutious of backward of stochastic differential equations with non-Lipschitz coefficients[J]. Stochastic processes and their applications, 1995(58): 281-292.

[58] LA S. The'orie du mouvement Brownian[J]. C. R. Acad. Sci. Paris, 1908(146): 530-533.

[59] 伊藤．On stochastic differential equations[J], Mem. Amem. Math. Soc. , 1951(4): 1-51.

[60] PARDOUS E, PENG S G. Adapted solution of a backward stochastic differential equation[J]. Systems and control letters, 1990, 14(1): 55-61.

[61] RICHOU A. Numerical simulation of BSDEs with drivers of quadratic growth[J]. The annals of applied probability, 2011, 21(5): 1933-1964.

[62] RAN Q K, ZHANG T S. Existence and uniqueness of bounded weak solutions of a semilinear parabolic PDE[J]. J. Theor. Probab., 2010(23): 951-971.

[63] BALLY V, MATOUSSI A. Weak solutions for SPDEs and backward doubly stochastic differential equations [J]. Journal of theoretical probability, 2001, 14(1): 125-164.

[64] MATOUSSI A, XU M Y. Sobolev solution for PDE with obstacle under monotonicity condition [J]. Journal URL, 2008(13): 1035-1067.

[65] 曹志刚，严加安. A comparison theorem for solutions of backward stochastic differential equations[J]. 数学进展，1999，28(4)：304-304.

[66] 王寿仁. 概率论基础和随机过程[M]. 北京：科学出版社，1986.

[67] 应坚刚，金蒙伟. 随机过程基础[M]. 上海：复旦大学出版社，2005.

[68] 程希骏. 金融资产定价理论[M]. 合肥：中国科学技术大学出版社，2006.

[69] 钱忠民，应坚刚. 随机分析引论[M]. 上海：复旦大学出版社，2017.

[70] STAMPFLI J, GOODMAN V. 金融数学[M]. 蔡明超，译. 北京：机械工业出版社，2004.

[71] DELLACHERIE C, MEYER P A. Probabilités et potentiel, Volume 1: chapitres I *à* IV[M]. 2nd ed. Paris: Hermann, 1975.

[72] ROGERS L, SHI Z. The value of an Asian option[J]. Journal of applied Probability, 1995(32): 1077-1088.